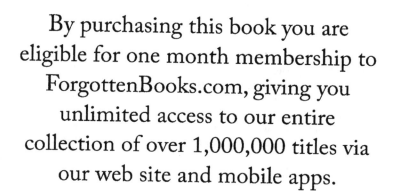

ISBN 978-0-656-63448-4
PIBN 10436595

TRAITÉ

DE LA

POLICE ADMINISTRATIVE,

GÉNÉRALE ET MUNICIPALE.

BIBLIOTHÈQUE
DE L'ADMINISTRATION FRANÇAISE

PUBLIÉE SOUS LA DIRECTION DE M. MAURICE BLOCK

TRAITÉ
DE LA POLICE ADMINISTRATIVE
GÉNÉRALE ET MUNICIPALE
PAR ALPHONSE GRÜN.

———

Volumes en vente :

Traité de l'Administration communale par L. Smith.

Traité des Établissements de Bienfaisance par Jules de Lamarque.

Volumes sous presse et en préparation :

Contributions directes.

Contentieux administratif.

Administration départementale.

Usines et manufactures.

Chemins de fer.

Administration de la ville de Paris.

Voirie.

Expropriation pour cause d'utilité publique.

PRIX DU VOLUME : 4 FRANCS.

BIBLIOTHÈQUE DE L'ADMINISTRATION FRANÇAISE

TRAITÉ

DE LA

POLICE ADMINISTRATIVE,

GÉNÉRALE ET MUNICIPALE.

PAR

ALPHONSE GRÜN

AVOCAT, CHEF DE LA SECTION LÉGISLATIVE ET JUDICIAIRE AUX
ARCHIVES DE L'EMPIRE, ETC.

VEUVE BERGER-LEVRAULT ET FILS, LIBRAIRES-ÉDITEURS

PARIS   STRASBOURG
Rue des Saints-Pères, | Rue des Juifs, 26

1862

STRASBOURG

IMPRIMERIE DE VEUVE BERGER-LEVRAULT

INTRODUCTION.

1. Si l'on s'en rapporte à son étymologie grecque, le mot *police* indique l'ensemble de la législation et du gouvernement d'une cité ; ni à Rome, ni dans le reste de l'Europe, pendant les siècles antiques et au moyen âge, il n'avait le sens restreint qu'on lui donne aujourd'hui. Ce n'est pas que les constitutions des empereurs, plus tard les actes des rois barbares, dans les temps du moyen âge et à des époques modernes, les ordonnances des rois et les décisions des grands corps politiques et judiciaires n'aient contenu des prescriptions appartenant à ce que nous appellerions la police, mais ces mesures ne sont point qualifiées par cette expression[1].

2. La Renaissance, pénétrée des souvenirs de l'antiquité, reprit le nom de police en lui donnant le sens qu'il avait chez les Grecs : c'est ainsi que l'emploient les écrivains du seizième siècle. Montaigne donne cette dénomination, non-seulement à l'ensemble du gouvernement d'un peuple, mais aussi à telle institution, à telle loi : il y a des *polices* qu'il loue, d'autres qu'il blâme. Au dix-septième siècle, le mot conserve encore son acception très-générale. En remontant à la source des lois nécessaires au maintien de l'ordre sans lequel aucune société n'est possible, Domat (*Traité des lois*, chap. 9 et 40) pose comme principes de l'ordre la *Religion* et la *Police*, fondements, l'une de la puissance spirituelle, l'autre de la puissance temporelle.

Mais en même temps déjà on entendait par police quelque chose de moins étendu : « Ce nom de police, dit Delamarre (*Traité de*

---

1. Il y a pourtant, au moyen âge, des exemples de l'emploi du mot police dans un sens analogue à celui qu'il présente aujourd'hui ; ainsi une ordonnance du 24 mars 1302, qui prescrit une enquête sur les désordres dont Paris était affligé, est intitulée *Commissio super facto policie ville Paris.* ; et porte dans ses considérants : .... « à la bonne police et au bon gouvernement d'icelle (ville de Paris) toutes les autres citez et villes de nostre royaume doivent prendre bon exemple. »

la police, p. 2), qui a passé des Grecs aux Romains, est parvenu jusqu'à nous dans cette même signification ; mais comme il renferme toutes les différentes formes de gouvernements , et qu'il y en a plusieurs espèces, il est équivoque. On le prend quelquefois pour le gouvernement général de tous les États, sous quelque forme qu'il soit établi, d'autres fois il signifie le gouvernement de chaque État particulier. Mais ordinairement, dans un sens plus limité, il se prend pour l'ordre public de chaque ville, et l'usage l'a tellement attaché à cette signification, que toutes les fois qu'il est prononcé absolument et sans suite, il n'est entendu que dans ce dernier sens. » Les jurisconsultes Loyseau et Bacquet le restreignent à l'idée de règlements faits pour une ville. Un publiciste, Lebret (*De la souveraineté du roi*, liv. 4, chap. 4), disait plus largement : « J'appelle police les lois et les ordonnances que l'on a , de tous temps, publiées dans les États bien ordonnés. pour régler l'économie des vivres, retrancher les abus et les monopoles du commerce et des arts , empêcher la corruption des mœurs, retrancher le luxe , et bannir des villes les jeux illicites, ce qui a mérité ce nom particulier de police... d'autant qu'il serait impossible qu'aucune cité pût longtemps subsister si ces choses y étaient négligées. »

.. On donne quelquefois le nom de police aux autorités chargées de l'exercer ; on dit : la police a prescrit telle mesure, a commis tel acte.

Enfin, par un abus regrettable, des préjugés, explicables mais injustes, réduisent l'expression police aux mesures gênantes que l'autorité, à tort ou à raison . peut être amenée à prendre, et aux agents d'ordre inférieur, dont le ministère secret est une des tristes nécessités des grandes villes et des sociétés avancées dans leur développement.

3. En prenant à chacune de ces diverses définitions, excepté la dernière, ce qu'elle a d'exact, on peut dire que la police est l'ensemble des lois, actes, mesures de l'autorité qui, dans tout le pays ou dans une partie du territoire, ont pour objet , à l'aide de fonctionnaires ou agents compétents, de maintenir la tranquillité et la sécurité de l'État, de protéger la liberté des cultes , la sûreté des personnes et des propriétés publiques ou privées, de surveiller les mœurs, d'assurer la salubrité publique et les subsistances, de régler , dans l'intérêt général , l'exercice de l'industrie et du commerce , de rechercher et constater les infractions, afin d'en livrer les auteurs aux tribunaux chargés de punir.

On voit par là toute l'étendue de cette branche importante de la législation et de l'administration.

4. Si l'on veut grouper en catégories les innombrables détails dont la police s'occupe, on peut les ranger presque tous dans les divisions suivantes, établies par M. Block (*Dict. de l'administr. française*, v° POLICE n° 4) : police politique, police des cultes, police des mœurs, police sanitaire, police de sécurité personnelle, police des subsistances, police rurale et forestière, police industrielle et commerciale, police de la voirie, police judiciaire. Delamarre, *Traité de la police*, liv. I, tit. 1er, n'établit pas le premier départ de la police selon les objets auxquels elle s'applique ; il se borne à énumérer ces objets de la manière suivante : «La police, selon nous, est toute renfermée dans ces onze parties : la religion, la discipline des mœurs, la santé, les vivres, la sûreté et la tranquillité publique, la voirie, les sciences et les arts libéraux, le commerce, les manufactures et les arts mécaniques, les serviteurs domestiques, les manouvriers et les pauvres.» Cette énumération donne le plan de tout le livre du savant commissaire au Châtelet. «La division par matières, dit M. Block, n'est jamais entrée complétement dans la pratique, car bien des attributions qui se rattachent en réalité à la police, sont classées sous un autre nom, surtout quand le fonctionnaire qui les exerce n'est pas un agent de police proprement dit.» Ajoutons, à l'appui de cette judicieuse observation, qu'il est extrêmement difficile d'établir une classification tranchée des matières qui forment le domaine de la police, matières dont la quotité peut s'augmenter avec les innovations produites par les progrès du temps, par exemple pour tout ce qui concerne les chemins de fer, et dont un nombre assez considérable peuvent, ou par elles-mêmes, ou par la manière dont chacun les envisage, appartenir à plusieurs ordres d'idées ; de là des embarras pour les recherches de ceux qui étudient, des nécessités de répétitions désagréables ou fastidieuses.

5. J'expliquerai bientôt la division que j'ai cru devoir adopter. Auparavant, je dois dire quelques mots des autorités auxquelles, en général, les pouvoirs de police sont confiés.

Il ne sera question ici que de la France. Un des caractères, on pourrait dire un des vices les plus saillants de l'ancienne organisation des pouvoirs publics, c'était la confusion des fonctions administratives avec les attributions judiciaires. Les baillis et sénéchaux, juges et administrateurs, disputèrent, pendant le moyen âge, la police aux prévôts ; l'édit de Crémieux, de juin 1536, la confia à ces derniers, en réservant certains droits aux baillis, sénéchaux, maires, échevins et consuls. Des conflits s'élevèrent entre les prévôts et les juges royaux et seigneuriaux ; à ce sujet intervinrent l'édit de février 1566, le règlement du 4 février et les lettres-patentes du 23 mars 1667 ; ces différents actes furent rappelés, confirmés et développés par l'édit de janvier 1572 et par le règlement général du 21 novembre 1577. Louis XIV fit remanier, dans le sens de la centralisation, l'administration de la police, comme d'autres parties des services publics et de la législation. L'édit d'octobre 1699 créa les lieutenants généraux de police pour les provinces ; un édit de novembre de la même année établit divers officiers de police. Des règlements ultérieurs ont maintenu les fonctions et prérogatives de ces fonctionnaires. (Delamarre, liv Ier, tit. 5, chap. 5.)

6. Paris, comme de nos jours, avait une organisation de police toute spéciale. Dans les temps reculés, le prévôt de Paris était seul magistrat de police en première instance ; le Parlement avait sur lui la haute juridiction, et il exerçait fréquemment le pouvoir réglementaire dans les matières de police. Depuis le commencement du seizième siècle, le prévôt cessa de rendre la justice et d'exercer la police en personne ; il en résulta une concurrence et des contestations, malheureuses pour l'ordre public, entre son lieutenant civil et son lieutenant criminel. Un arrêt du Parlement du 12 mars 1630 ordonna que la police serait tenue par le lieutenant civil, et par le lieutenant criminel seulement en cas d'empêchement. En vertu de cet article, le lieutenant civil fit, le 30 mars 1635, un règlement général sur la police de Paris. Louis XIV institua un conseil spécial pour s'occuper de cette police : le travail de la commission produisit l'arrêt du conseil du 5 novembre 1666, qui conserva au Chatelet, exclusivement aux autres juridictions, la police générale de Paris. En mars 1667 fut créé l'office de lieutenant de police de la ville, prévôté et vicomté de Paris. L'ancienne institution des commissaires au Chatelet fut conservée et dura jusqu'à la révolution de 1789 ; des commissaires de police avaient été établis dans les provinces sous Louis XIV.

7. Le nouveau régime que la France s'est donné en 1789 a renversé toute l'ancienne organisation de la police, en proclamant le principe de la séparation radicale de l'administration et de la justice ; ce principe a été formulé ainsi dans l'art. 13, tit. 2 de la loi du 16-24 août 1790 : les fonctions judiciaires sont distinctes et demeureront toujours séparées des fonctions administratives. Par

une exception qui dura peu, la même loi chargeait les assemblées municipales du pouvoir judiciaire en matière de police ; la seule trace qui reste de cette sorte d'anomalie, c'est l'attribution conférée aux maires de juger certaines contraventions de police dans les communes où il n'y a pas de juge de paix (*Const. crim., art.* 166 *et suiv.*). Il n'existe qu'un petit nombre de tribunaux tenus par les maires.

La police proprement dite fut confiée, dans chaque commune, à la municipalité ; les fonctions propres au pouvoir municipal, sous la surveillance et l'autorité des assemblées administratives, sont, dit-d'une manière générale la loi du 14 décembre 1789, de faire jouir les habitants des avantages d'une bonne police. La loi ci-dessus citée du 16-24 août 1790 énumère, dans les art. 3 et 4, tit. 11, les différents objets de police confiés à la vigilance et à l'autorité du pouvoir municipal. La loi du 18 juillet 1837 renvoie, quant aux objets des règlements municipaux, à cette énumération, et elle attribue, d'une manière générale, aux maires, la police rurale et la police municipale.

L'administration des départements, organisée sous la forme collective, fut investie aussi de pouvoirs de police ; on lit, en effet, dans la section 3 du décret du 22 décembre 1789 : les administrations de département sont chargées, sous l'autorité et l'inspection du roi, comme chef suprême de la nation et de l'administration du royaume, de toutes les parties de cette administration, notamment de celles qui sont relatives... à la police des mendiants et vagabonds, à l'inspection des hôpitaux, établissements et ateliers de charité, prisons, maisons d'arrêt et de correction, à la surveillance de l'éducation publique et de l'enseignement politique et moral, à la conservation des propriétés publiques, au maintien de la salubrité, de la sûreté et de la tranquillité publiques, au service et à l'emploi des milices ou gardes nationales.

8. Les assemblées administratives ont été remplacées, quant à l'action et à la police, par les préfets, en vertu de la loi du 28 pluviose an VIII. Pour Paris et plusieurs communes environnantes, la police a été attribuée à un préfet de police, sauf les actes réservés au préfet du département de la Seine. A une époque récente un partage des pouvoirs de police a été fait entre les maires et le préfet dans le departement du Rhône et dans les villes chefs-lieux dont la population excède 40,000 âmes.

9. Le but, l'objet, la division fondamentale de la police se trouvent nettement déterminés par le Code de brumaire an IV. La police est instituée pour maintenir l'ordre public, la liberté, la propriété, la sûreté individuelle (art. 16). Elle se divise en police administrative et police judiciaire (art. 18). La police administrative a pour objet le maintien habituel de l'ordre public dans chaque lieu et dans chaque partie de l'administration générale. Elle tend principalement à prévenir les délits (art. 19). La police judiciaire recherche les délits que la police administrative n'a pu empêcher de commettre, en rassemble les preuves, en livre les auteurs aux tribunaux chargés par la loi de les punir (art. 20).

Des deux parties si tranchées de la police, nous ne traiterons dans ce volume que de la police administrative.

10. On a vu, par les lois nouvelles que nous avons rappelées, que la police administrative a été, dès l'origine de la Révolution, attribuée aux assemblées départementales pour toute l'étendue du département, et aux municipalités sur le territoire de chaque commune. Des termes employés par ces lois, et de la répartition qu'elles font des pouvoirs de police, on est amené à tirer la division de la police administrative en police générale et police municipale. Toutes deux ont pour objet le maintien de l'ordre, la protection et le bien-être des populations. Toutes deux sont des délégations, entre les mains d'autorités désignées, d'une partie de la puissance nationale; elles diffèrent principalement par l'étendue du territoire sur lequel elles s'exercent, mais ne se distinguent pas, au fond, par leur essence.

Il importe de bien fixer ce dernier point. Dans ses attributions de police, le préfet agit bien évidemment comme le représentant du pouvoir central, dont il tient tous ses pouvoirs. En est-il de même du maire? Il faut distinguer : administrateur des intérêts de la commune, il peut être considéré comme le mandataire des habitants, comme leur homme d'affaires.

Lorsqu'il s'agit pour lui de l'exercice d'une portion de la puissance publique, d'une fonction relative à la liberté, à la sûreté, à la propriété des citoyens, et qui autorise ou nécessite des mesures restrictives des droits individuels, les habitants de la commune ne pourraient déléguer une pareille autorité, car elle ne leur appartient pas à eux-mêmes; la société entière a fait constitutionnellement le Gouvernement dépositaire de la force qui protège et garantit les droits, les existences et les intérêts des citoyens. Lors donc que le maire accomplit des actes de police, il agit comme délégué du Gouvernement, et sa compétence ne s'étend pas au delà des termes précis des lois spéciales qui la lui confèrent. Ainsi, quand on parle de police municipale (et la loi elle-même, celle du 18 juillet 1837 sur les attributions des municipalités, emploie cette expression), on ne doit point y attacher l'idée d'un pouvoir propre à la municipalité, prenant sa source en elle-même, mais bien l'idée d'un pouvoir délégué par le Gouvernement, relevant de lui et soumis à son contrôle. Cette doctrine, contraire à celle de M. Henrion de Pansey et de plusieurs autres auteurs, nous paraît conforme aux principes du droit public et à la jurisprudence de la cour de cassation ; elle est enseignée par M. Block, qui la résume avec beaucoup de justesse et de précision : « en un mot, la police municipale n'est pas une police d'une nature particulière, mais un démembrement de la police générale ; c'est une attribution que le législateur a confiée au maire, dans l'intérêt général aussi bien que dans l'intérêt de la localité. C'est dans ce sens seulement qu'on peut parler d'une police municipale. » (*Dict. de l'admin. franç.*, v° POLICE, n° 7.)

Entendue ainsi, la police générale et la police municipale ont de nombreux points de contact, qui peuvent causer quelquefois des embarras ; l'indépendance locale demeure subordonnée à l'intérêt général, et souvent même on verra cet intérêt imposer de grands sacrifices à l'action du pouvoir municipal. A cet égard nous n'entrons pas dans la voie de la critique ; nous voulons exposer plutôt que juger la législation et la jurisprudence.

11. Nous avons divisé notre travail en trois parties ou chapitres : la première, consacrée à la police générale, traite des actes qui la règlent, c'est-à-dire les lois et règlements, les arrêtés des autorités qui l'exercent, depuis le ministre et les préfets, jusqu'aux gendarmes et agents inférieurs ; de la forme des arrêtés préfectoraux et des moyens ouverts pour les attaquer.

La seconde partie embrasse la police municipale ; elle comprend les autorités qui exercent cette police, maires, commissaires de police, gendarmes et agents de police ; le pouvoir réglementaire des maires, son étendue, ses objets ; la publication des anciens règlements ; la forme des arrêtés municipaux, leur force exécutoire, les moyens de recourir contre eux.

La troisième partie traite des infractions aux lois, règlements et arrêtés de police ; du caractère et de la répression de ces infractions et des différentes autorités chargées de les constater, de les poursuivre et de les punir. Cette troisième partie a dû être restreinte particulièrement aux contraventions contre les arrêtés de police, et renfermée dans des limites étroites, afin de pas empiéter sur le domaine de la police judiciaire.

CHAPITRE PREMIER.

POLICE GÉNÉRALE.

12. Après avoir exposé sommairement par quelle nature d'actes la police générale est réglée, nous déterminerons les attributions des différentes autorités qui l'exercent.

SECTION Ire. — Actes qui règlent la police générale.

13. La police générale de la France est réglée par des lois émanées du pouvoir législatif, par des règlements d'administration publique, ou par les arrêtés et autres actes administratifs.

ARTICLE Ier. — Lois de police générale.

14. La police, entendue dans son acception la plus générale, embrassant tout ce qui concerne le maintien de l'ordre, la protection due aux personnes et aux choses, c'est au pouvoir législatif qu'il appartient de déterminer les bases des mesures à prendre relativement à ces objets essentiels. Ce sont donc des lois ou des actes ayant force de lois qui servent de point de départ à toute l'action de la police générale.

On peut regarder comme des lois de police le Code pénal et les lois spéciales destinées à réprimer certains crimes ou délits. La plupart des lois qui règlent quelque partie de la police générale sont accompagnées de dispositions pénales : c'est la sanction nécessaire des injonctions ou des prohibitions.

15. Les attributions des autorités chargées de diriger la police générale ou de participer à son action, reposent sur des lois ou des décrets ; nous entrerons dans le détail de ces attributions à la section 2 du présent chapitre, en remontant aux lois qui les ont fixées.

16. La sollicitude du législateur a réglé, au moins par des dispositions générales, abandonnant les mesures d'exécution au pouvoir réglementaire, les principaux objets formant le domaine de la police générale. Ainsi, indépendamment du Code pénal, nous citerons : pour la police des cultes, le concordat de 1801 et la loi du 18 germinal an X ;

Pour le maintien de l'ordre et de la tranquillité publique, les lois du 10 avril 1831 sur les attroupements, du 24 mai 1834 sur la détention d'armes de guerre ou de munitions, des 10 décembre 1830 et 16 février 1834 sur les afficheurs et crieurs publics ; la loi du 6 février 1793 et celle du 10 vendémiaire an IV, relatives aux passe-ports;

Pour les moyens de publicité et la répression des abus de la presse, les lois du 21 octobre 1814 sur l'imprimerie et la librairie, des 17 mai 1819 et 25 mars 1822 sur la presse et les délits commis par toute espèce de voies de publicité, le décret du 17 février 1852 sur l'organisation de la presse;

Pour la protection des mœurs et le maintien de l'ordre dans les lieux publics, le décret du 11 janvier 1811 sur les enfants trouvés, le décret du 30 mai 1790 sur la mendicité, celui du 29 décembre 1851 sur l'autorisation des cabarets, cafés et lieux quelconques où se débitent des boissons à consommer sur place, les décrets des 6 juillet 1853 et 23 juin 1854, concernant la censure dramatique; on peut rattacher à cette catégorie la loi du 2 juillet 1850 sur les mauvais traitements infligés publiquement aux animaux domestiques;

Pour la santé publique, le décret du 23 prairial an XII sur les cimetières, celui du 15 octobre 1810 sur les établissements insalubres, l'arrêté du Gouvernement du 18 décembre 1848 sur les conseils d'hygiène, la loi du 13 avril 1850 sur les logements insalubres, la loi du 3 mars 1822 sur le régime sanitaire, la loi du 19 ventôse an XI relative à l'exercice de la médecine et celle du 21 germinal an XI sur la pharmacie, l'ordonnance royale du 18 juin 1823 concernant les eaux minérales, les décrets du 25 prairial an XIII et 3 mai 1850 relatifs aux remèdes secrets, la loi du 19 juillet 1845 et l'ordonnance royale du 29 octobre 1846 sur la vente des substances vénéneuses;

Pour la garantie de l'alimentation publique, la loi du 15 avril 1832 sur l'importation et l'exportation des céréales, et les décrets ou ordonnances temporaires qui, selon les besoins, facilitent l'importation ou prohibent l'exportation de certaines denrées alimentaires;

Pour la conservation et la protection des produits ruraux et le maintien du bon ordre dans les campagnes, le Code rural du 6 octobre 1791, la loi du 26 ventôse an IV sur l'échenillage, le Code forestier du 21 mai 1827, la loi du 15 avril 1829 concernant la police de la pêche, et celle du 3 mai 1844 réglant la police de la chasse, l'ordonnance du 17 janvier 1815 sur les épizooties, l'arrêté du 9 ventôse an VI, la loi du 12 août 1790, celle du 29 avril 1845 concernant les eaux et l'irrigation, et celle du 10 juin 1854 relative au drainage;

Pour l'usage des moyens de communication et des routes et chemins, les arrêtés des 27 prairial an IX et 19 germinal an X, l'ordonnance du 19 février 1843 et la loi du budget de 1855 relatifs au monopole de la poste aux lettres, le décret du 27 décembre 1851 sur les lignes télégraphiques, la loi du 5 juillet 1845 sur la police des chemins de fer, et celle du 27 février 1850, sur la surveillance de ces chemins, la loi du 31 mai 1851 sur la police du roulage, les déclarations du roi, du 18 juillet 1729 et 18 août 1730 relatives à la démolition des édifices menaçant ruine, la loi du 29 floréal an X et celle du 23 mars 1842 sur les contraventions de grande voirie; les dispositions nombreuses des lois sur les municipalités, qui attribuent à cette autorité la surveillance des rues et places dans l'intérieur des communes;

Pour les relations de l'industrie privée avec l'intérêt public, la loi du 22 février 1851 concernant l'apprentissage des ouvriers, et celle du 22 mars 1841 relative au travail des enfants dans les manufactures, celle du 9 septembre 1848 qui fixe la durée du travail des ouvriers adultes; les lois des 14 mai 1851 et du 22 juin 1854 sur les livrets d'ouvriers; l'arrêté du directoire exécutif du 19 ventôse an VI portant règlement sur les usines établies sur des cours d'eau; la loi du 21 avril 1810 concernant les mines, minières et carrières; la loi du 5 juillet 1844 sur les brevets d'invention; les lois et décrets des 19 juillet 1793, 13 juin 1795, 1er et 7 germinal an XIII, 20 février 1809, 5 février 1810, 8 avril 1854 sur la propriété littéraire et artistique, les lois et décrets des 13 janvier et 19 juillet 1791, 1er septembre 1793, 8 juin 1806, 3 août 1844, 8 avril 1854, concernant les œuvres dramatiques et les compositions musicales;

Pour la garantie de l'exécution loyale des transactions commerciales, la loi du 28 ventôse an IX concernant la profession d'agent de change et de courtiers; la loi du 28 ventôse an IX, et les arrêtés consulaires du 29 germinal an IX et 27 prairial an X sur les bourses de commerce; la loi du 4 juillet 1837 sur les poids et mesures, et celle du 27 mars 1851 contre la tromperie dans la vente de certaines marchandises.

Nous n'avons pas besoin de dire que cette énumération des principales lois qui statuent sur les objets les plus importants de la police générale, est loin d'être complète; et encore nous en avons écarté la mention des nombreuses lois révolutionnaires ou de circonstances, par lesquelles les différents pouvoirs qui se sont succédé en France depuis 1789, se sont efforcés de maintenir leur domination ou d'assurer la tranquillité publique contre les agitations et les passions politiques.

17. Un caractère commun à toutes les lois de police, c'est l'universalité de leur application ; l'article 3 du Code Napoléon pose ainsi le principe : « Les lois de sûreté et de police obligent tous ceux qui habitent le territoire. » Les étrangers qui se trouvent momentanément en France, sont soumis à ces lois comme les Français eux-mêmes. On pouvait objecter que les étrangers ne connaissent pas les obligations ou les prohibitions résultant de la législation française, et que la règle *nul n'est censé ignorer la loi*, doit être entendue en ce sens que chacun est présumé connaitre la loi de son pays, mais non celle des pays étrangers. Si cette objection était fondée, les étrangers, en invoquant leur seule qualité, pourraient impunément oublier l'ordre et se soustraire aux répressions légales en France, danger bien autrement grave que celui de faire peser sur des étrangers des mesures qu'ils peuvent ne pas connaître. Quand on voyage hors de sa patrie, on sait d'avance qu'on aura à se soumettre à ce qu'exigent les législations très-diverses des contrées que l'on parcourra ou que l'on habitera. « Chaque État, a dit M. Portalis en présentant au Corps législatif les premiers articles du Code Napoléon, a le droit de veiller à sa conservation, et c'est dans ce droit que réside sa souveraineté ; or, comment un État pourrait-il se conserver et se maintenir, s'il existait dans son sein des hommes qui pussent impunément enfreindre sa police et troubler sa tranquillité. »

18. Que faut-il entendre par lois de police et de sûreté, applicables même aux étrangers ? Le sens de l'expression *lois de sûreté* n'est pas douteux : elle comprend tout ce qui touche directement le maintien de la tranquillité générale et la sécurité individuelle ; telles sont les lois sur les passe-ports, sur le port d'armes ; sur les attentats et complots contre l'État ou contre le souverain, etc. La signification des mots *lois de police* est plus étendue et moins facile à définir. Nous croyons qu'on doit y comprendre toutes les dispositions qui caractérisent un fait comme crime, délit ou contravention, et le frappent d'une peine ; toutes ces infractions intéressent la police, si bien que les fonctionnaires chargés de les rechercher et constater, s'appellent officiers *de police* judiciaire ; leur sanction pénale atteint donc les étrangers. La jurisprudence présente des exemples qui confirment cette doctrine ; ainsi, il a été jugé qu'un étranger peut être poursuivi en banqueroute frauduleuse devant les tribunaux français, à raison de fraudes commises en France (*Arr. de la cour de cassation du 1er septembre* 1827); qu'un étranger peut être poursuivi én France pour calomnie, même sur la requête d'un étranger non domicilié en France, pourvu que le délit de calomnie ait été commis en France (*Arr. du 22 juin* 1826). Quant aux faits civils, c'est-à-dire qui ne constituent ni crimes, ni délits, ni contraventions, les lois qui les régissent ne sont, comme lois de police, applicables aux étrangers qu'autant qu'elles portent sur des actes dont les conséquences pourraient affecter l'ordre et la tranquillité publics; ce caractère ne peut être déterminé d'une manière générale; c'est aux tribunaux à l'apprécier, et à juger si l'infraction pourrait causer assez de trouble pour que la disposition invoquée puisse être considérée comme loi de police, et, à ce titre, appliquée aux étrangers.

19. Une dernière observation sur les lois de police, c'est que lorsqu'elles chargent telle autorité de faire des règlements sur des objets intéressant l'ordre, dans toute la France, dans un département, dans une commune, ces règlements étant une émanation de la loi, sont obligatoires comme la loi, pour les étrangers aussi bien que pour les habitants. Nous reviendrons sur cela en parlant de la force obligatoire des arrêtés et règlements de police.

ARTICLE II. — Règlements d'administration publique.

20. Les constitutions de 1814 et de 1830, celle de 1852, art. 6, confèrent au chef de l'État le pouvoir de faire des règlements pour l'exécution des lois. On a distingué deux classes de ces règlements, à savoir les règlements administratifs, et les règlements d'administration publique; aucune loi ne fixe le caractère de chacune de ces deux espèces d'actes: aussi la distinction dont il s'agit n'a-t-elle pas été reconnue par tous les auteurs, et il demeure difficile d'en bien définir les deux termes. C'est M. Maurice Block qui, dans le *Dictionnaire de l'administration française*, v° RÈ-GLEMENT D'ADMINISTRATION PUBLIQUE, nous paraît avoir donné la meilleure définition et en avoir déduit avec le plus de sûreté les conséquences pratiques. Selon sa judicieuse doctrine, le règlement administratif est celui qui émane de l'exercice général du pouvoir réglementaire confié au chef de l'État quant à l'établissement des moyens d'exécution trop minutieux pour trouver place dans la loi. Le règlement d'administration publique est celui qui a son titre non pas seulement dans l'exercice général de l'autorité réglementaire qui appartient au pouvoir exécutif, mais dans une

délégation expresse ou spéciale de la loi ; cette volonté, particulièrement manifestée par le législateur, fait du règlement d'administration publique un acte législatif complémentaire. Un tel règlement ne peut être rendu qu'après une délibération du conseil d'État en assemblée générale ; mais cette formalité n'est pas ce qui constitue l'essence du règlement d'administration publique : car le chef de l'État peut consulter le conseil d'État pour tout règlement administratif, pour tout acte du pouvoir réglementaire : il en résulte alors un règlement en forme de règlement d'administration publique, mais non un véritable règlement d'administration publique.

21. Les exemples de délégation spéciale donnée par le pouvoir législatif au pouvoir exécutif sont assez nombreux ; on peut y rattacher l'autorisation donnée au chef de l'État par les lois de finances de décréter provisoirement des crédits supplémentaires ou extraordinaires, le droit de modifier, dans l'intervalle des sessions législatives, les tarifs de douanes, le droit d'autoriser ou d'ordonner tous les travaux publics, toutes les entreprises d'intérêt général, sauf à faire intervenir le pouvoir législatif, si les travaux ou entreprises ont pour condition des engagements ou des subsides du Trésor. (*Art. 4 du Sénatus-consulte du 25 décembre 1852.*)

Parmi les décrets qui doivent être rendus en vertu d'une loi spéciale qui les ordonne, et qui porte expressément qu'ils seront dans les formes prescrites pour les règlements d'administration publique, nous citerons ceux qui concernent la concession ou l'entreprise des travaux publics (*Sénatus-consulte ci-dessus du 25 décembre* 1852), ceux qui sanctionnent des tarifs de péage sur des ponts, bacs ou canaux (*Loi du 14 floréal an X*), le décret réglementaire du 10 août 1852 sur la police du roulage, rendu conformément aux prescriptions de la loi du 31 mai 1851 sur le même objet, celui du 4 août 1855 ordonné par la loi du 2 mai 1855 sur la taxe des chiens, etc.

22. Une conséquence importante du caractère législatif délégué aux règlements d'administration publique, c'est que ces règlements peuvent créer des peines, droit que les principes de notre législation ne reconnaissent qu'à la loi. L'article 5 de la loi du 2 mai 1855 sur la taxe des chiens, porte qu'un règlement d'administration publique déterminera les formes à suivre pour l'assiette de l'impôt et les cas où l'infraction donnera lieu à un accroissement de taxe ; conformément à cette délégation expresse, le dé-

cret du 4 août 1855 a fixé les peines auxquelles les infractions donneraient lieu. Il en est de même lorque la loi qui renvoie à un règlement d'administration publique les dispositions détaillées qu'elle n'a pas établies elle-même, ne mentionne pas expressément les peines à édicter. Voici un exemple où l'on voit cette doctrine consacrée par la cour de cassation.

L'article 10 de la loi du 27 juillet 1822 porte : « Des ordonnances détermineront les bureaux de douanes par lesquels il sera permis d'introduire les bestiaux au minimum des droits, lorsque les droits sont différents pour une même espèce; elles prescriront également les moyens d'ordre et de police jugés nécessaires pour empêcher la fraude que pourraient favoriser les établissements ruraux situés dans la demi-lieue de la frontière la plus rapprochée de l'étranger. » Une ordonnance royale du 28 juillet 1822, rendue en conséquence de cette disposition, assujettit les détenteurs de bœufs et de vaches, habitant à une demi-lieue des frontières, à des déclarations du nombre des pièces qu'ils auraient dans leurs étables, et établit la peine du double droit contre ceux qui seraient surpris avec un excédant ; un juge de police, et ensuite un tribunal d'arrondissement refusèrent d'appliquer la peine, parce qu'elle ne se trouvait édictée que par une ordonnance royale. L'administration des douanes se pourvut en cassation; par un arrêt du 12 août 1835, la cour suprême prononça l'annulation, attendu « que de la généralité des expressions de l'article 10 de la loi du 27 juillet 1822, il résulte que le législateur n'a pas seulement conféré au roi le droit (dont il est investi par la Charte) de faire des règlements pour l'exécution des lois, mais il a voulu de plus que ces règlements fussent le complément de la loi elle-même, et que le roi pût, en conséquence, en assurer l'exécution par une sanction pénale, sans laquelle les lois et les ordonnances rendues pour son exécution seraient toujours demeurées sans effet. »

23. Les règlements d'administration publique concernant la police ont le même effet que les lois de police et de sûreté; ils obligent tous ceux qui se trouvent sur le territoire français, les étrangers aussi bien que les nationaux.

ARTICLE III. — Actes administratifs, arrêtés.

24. Les autorités instituées par le gouvernement contribuent, dans les limites de leurs attributions, à assurer l'exécution des lois et règlements de police. Les ministres, chacun en ce qui concerne son département, émettent des circulaires, des instruc-

tions, qui ont pour principal objet de prescrire aux administrations ou fonctionnaires placés sous leurs ordres la manière d'exéter les lois et règlements dans les détails du service et les relations des agents de l'autorité avec les citoyens. C'est ainsi que de nombreuses circulaires ont réglé des modes d'action des fonctionnaires relativement à la police des cultes, à l'application des lois de sûreté publique, aux fonctions et aux droits des préfets, des préfets de police, des commissaires de police, des agents de surveillance des chemins de fer, de la gendarmerie, etc., etc.

25. Les arrêtés administratifs s'adressent le plus souvent, non aux agents inférieurs, mais aux administrés eux-mêmes. Les arrêtés de police émanent des préfets, des préfets de police, et des maires; ceux du préfet de police portent le nom d'ordonnances. Pour ne pas tomber dans des répétitions, nous renvoyons à l'exposé des attributions des préfets et des maires, tout ce qui concerne l'étendue et les limites du pouvoir réglementaire de ces fonctionnaires, la forme, l'exécution, les conditions de validité de leurs arrêtés.

26. En est-il des arrêtés comme des lois et des règlements de police? obligent-ils les personnes étrangères au territoire de la juridiction de l'administrateur qui les a rendus, et même les non nationaux? on comprend qu'un étranger séjournant ou voyageant en France soit soumis, par le seul fait de sa présence, aux lois de police et de sûreté; il savait d'avance que c'était la condition de son habitation permanente ou passagère; il pouvait même, par une étude préliminaire de la législation générale relative à la sûreté publique et à la police en France, connaître l'étendue des obligations qu'il allait contracter; mais comment prendre connaissance des arrêtés qui varient dans chaque département, et même dans chaque commune d'un département? à cet égard, il est difficile, même pour un Français habitant une localité, d'être informé de ce que prescrivent ou défendent les arrêtés de police des autres localités. Et pourtant tous indistinctement seraient condamnés à des peines s'ils ne les observaient pas! Cela peut paraitre rigoureux, surtout lorsqu'il s'agit de personnes qui ne font que traverser un département ou une commune, sans y avoir de relations habituelles; comment admettre contre elles la présomption que les arrêtés, comme les lois, leur étaient connus? Il est vrai que, pour être exécutoires, les arrêtés doivent être publiés, mais cette publication n'a lieu que dans le département du préfet ou dans la commune du maire qui les a rendus, à la différence des lois et des règlements d'administration publique, qui sont publiés dans toute la France.

On répond à ces raisons de douter : des lois générales de l'État, celles du 24 août 1790 et du 18 juillet 1837, confèrent à certaines autorités administratives le droit de prendre des arrêtés de police, que le Code pénal sanctionne par des peines; tout le monde est donc averti, et personne ne peut se soustraire à l'application d'actes autorisés ou prescrits par les lois. Les arrêtés ayant dû être publiés, on peut toujours arriver à les connaître. Ils peuvent être considérés comme des lois de police du département ou de la commune; il s'ensuit que dès qu'un arrêté de police a été dûment publié, il oblige tous les individus, même les simples passagers; la bonne foi, l'ignorance de l'arrêté ne pourraient soustraire le contrevenant à la peine légale, et le jugement d'un tribunal de police qui admettrait une telle excuse serait annulé; la cour de cassation a souvent jugé ainsi (*Arr.* 3 *février* 1827; 15 *février* 1828). On ne connaît plus aujourd'hui le tempérament équitable rappelé par Boullenois, et qui consistait à laisser aux étrangers un certain temps pour prendre connaissance des règlements de police. M. le professeur Demolombe, dans son *Cours de droit civil*, t. 1er, n° 75, enseigne qu'à la vérité un étranger prévenu de contravention à un arrête de police, ne pourrait invoquer l'excuse de l'ignorance, mais que le tribunal pourrait, selon les circonstances, considérer comme résultant d'une force majeure et d'une impossibilité la contravention commise par un étranger nouvellement arrivé, à la condition de déclarer que, dans l'état des faits, cet étranger n'avait pas pu connaître le règlement de police. Cette doctrine a pour elle l'appui d'un arrêt de la cour de cassation du 23 avril 1842; dans cette affaire il s'agissait d'un règlement de police qui avait ordonné que toutes les voitures de charge et chariots eussent un long timon et une plaque sur un de leurs côtés; des voituriers étrangers à la commune avaient été déchargés des poursuites dirigés contre eux pour contravention à cet arrêté: la cour de cassation rejeta le pourvoi dirigé contre le jugement. M. Dalloz (*v°* COMMUNE, n° 652) approuve la décision, pensant que dans l'hypothèse particulière on ne pouvait pas juger différemment; en effet, il est impossible que des voituriers puissent se conformer à toutes les prescriptions diverses qui peuvent exister, même avec des conditions contradictoires, dans les communes qu'ils traversent en voyageant. Toutefois M. Dalloz termine par cette réflexion qui résume très-bien les principes :

« Les exceptions, comme ici, doivent résulter nécessairement de la nature des choses, ou d'un texte de loi; hors ces deux circonstances, on doit appliquer à tous les contrevenants les dispositions des arrêtés municipaux: s'en écarter, ce serait tomber dans l'arbitraire. »

On ne peut regarder comme étrangers à une commune les personnes qui, sans y résider ou y être domiciliées, y ont des intérêts permanents; c'est ainsi que l'on a déclaré soumis aux arrêtés de police relatifs au balayage les propriétaires de maisons qu'ils n'habitent pas et qui demeurent dans d'autres communes; nous reviendrons sur cette jurisprudence.

SECTION II. — Autorités qui exercent la police générale.

27. Les autorités, fonctionnaires et agents qui se partagent le soin de veiller, avec des attributions plus ou moins étendues, à cette partie importante des services publics, sont: les ministres, les préfets des départements et le préfet de police de Paris, les sous-préfets, les maires, les commissaires de police, la gendarmerie, les agents chargés par les administrations d'un service de police.

ARTICLE Ier. — Des ministres.

28. Les ministres donnent des ordres, émettent des circulaires ou instructions, font des règlements, chacun en ce qui concerne les attributions de son département, qui peuvent contenir des mesures de police générale; ils peuvent annuler certains règlements locaux émanés des préfets. Celui des ministres qui exerce le plus d'action sur la police de l'État, c'est le ministre de l'intérieur; il est spécialement chargé de pourvoir à la sûreté publique; il a la surveillance des prisons, la police de la presse et du colportage, la direction du service télégraphique, etc. En 1852, un ministère spécial de la police avait été créé; il en existait aussi un sous le premier empire et dans les commencements de la restauration; depuis, il a été réuni au ministère de l'intérieur. Dans ce ministère il avait été formé une direction générale de la sûreté publique: elle a été supprimée. Un décret du 30 novembre 1859 avait confié la direction générale de la sûreté publique dans tout l'empire au préfet de police de Paris, sous l'autorité du ministre de l'intérieur. Le décret du 15 décembre 1860 crée de nouveau un directeur général de la sûreté publique.

Le ministre de la justice dirige la police judiciaire; le ministre de la guerre la police et la justice militaires; le ministre de l'agriculture, du commerce et des travaux publics a la police sanitaire et celle des poids et mesures, celle de la navigation, de la grande voirie, des chemins de fer; celui de la marine et des colonies dirige toutes les parties de la police générale des établissements maritimes, de l'Algérie et des possessions coloniales françaises.

La fonction des ministres quant aux affaires de police consiste principalement dans la haute direction, dans l'impulsion supérieure; les mesures d'exécution qu'ils prescrivent sont transmises ou accomplies par les fonctionnaires qui relèvent d'eux, et dont les plus élevés, les préfets, ont aussi des attributions qui exigent leur initiative personnelle : leurs arrêtés de police sont soumis au recours devant les ministres. (*Voy.* n° 116.)

ARTICLE II. — Des préfets des départements.

29. Le préfet, aux termes de l'art. 3 de la loi du 28 pluviôse an VIII, est seul chargé d'administrer dans le département. De la généralité de ce pouvoir il s'ensuit que le préfet, dans sa circonscription, représente les attributions gouvernementales : il a donc la surveillance et la police, et correspond avec tous les ministres; il relève nécessairement d'eux comme de ses supérieurs hiérarchiques. Le caractère et l'étendue des pouvoirs des préfets sont ainsi résumés par M. Vivien, *Études administratives*, t. 1er, p. 71 : « Particulièrement voués à l'administration, dans son acception la plus large, ils représentent l'ensemble du Gouvernement, et sont investis en quelque sorte d'une autorité générale, en vertu de laquelle ils exercent toutes les fonctions non conférées à un agent spécial, et même suppléent cet agent dans les lieux où il n'en est point établi. Le préfet, dans son département, est le représentant le plus élevé, et, si l'on peut ainsi dire, le plus complet du pouvoir exécutif. L'administration est dans ses mains, la force publique à sa disposition, le maintien de l'ordre et l'exécution des lois sous sa responsabilité. Les services mêmes auxquels il n'est pas préposé, il les surveille, et son devoir est d'informer le Gouvernement des abus qu'il y constate, de ceux même dont il est simplement informé. » Les pouvoirs du préfet, comme agent et représentant du Gouvernement, sont tellement étendus que, s'il y a lieu, il ne doit pas reculer devant l'initiative la plus spontanée et la plus résolue: «Les nécessités administratives sont-elles si pressantes, dit M. Dufour, *Droit administratif appliqué*, tit. 1er, chap. 3, n° 219, qu'il y ait péril à attendre l'intervention de l'Empereur et de ses ministres; il est dans le droit et dans le devoir du

préfet de statuer. Ce principe est la base légale de tous les arrêtés provisoires en matière d'ordre et de sûreté publics. Dans la sphère de ces intérêts le préfet a, en effet, le pouvoir de prendre jusqu'aux mesures réservées à l'autorité supérieure. L'exercice de ce pouvoir n'est subordonné qu'à deux conditions : la première est d'être motivé par l'urgence, et la seconde de ne se résoudre qu'en dispositions provisoires. » Il agit avec la plus entière latitude pour toutes les matières qui n'ont pas été expressément réservées à l'autorité supérieure. (*Eod.* n°° 220, 221.)

Lorsque plusieurs propositions connexes entre elles sont de nature à être autorisées, les unes par arrêté préfectoral, les autres par décret, il doit être statué par un acte collectif du Gouvernement. (*Bulletin offic. du min. de l'intér.*, année 1859.)

30. Pour ce qui concerne la police générale, le préfet a des attributions qui lui appartiennent exclusivement ; d'autres pour lesquelles il se trouve en concours avec les maires, et enfin des pouvoirs spéciaux qui lui ont été conférés dans les villes chefs-lieux de département, lorsqu'elles ont une population de 40,000 âmes et au-dessus. De là la division du présent article en trois paragraphes.

31. Avant d'aborder le détail, nous devons dire que si, dans l'exercice de leurs fonctions, les préfets commettent des faits qui donnent lieu à des poursuites civiles ou criminelles, ils ne peuvent être mis en jugement qu'après une autorisation du conseil d'État, conformément aux règles que nous retracerons en parlant des commissaires de police. Si le fait imputé à un préfet est un délit correctionnel, il ne peut être mis en jugement que suivant l'article 479 du Code d'instruction criminelle. (*L. du* 20 *avril* 1810.)

§ 1er. — DES ATTRIBUTIONS DIRECTES ET EXCLUSIVES DES PRÉFETS QUANT A LA POLICE.

32. Comme représentant du chef de l'État dans le département, le préfet possède en propre le droit de prendre toutes les mesures nécessaires au maintien de l'ordre dans sa circonscription ; de là aussi le pouvoir réglementaire qu'il exerce par des arrêtés applicables à toutes les communes du département. Il ne peut agir naturellement qu'à la charge de se conformer aux lois et règlements d'administration publique ou administratifs, et toujours sous le contrôle de l'autorité supérieure.

33. Les premières lois qui, depuis la révolution de 1789, ont inauguré un système d'administration entièrement nouveau, ont

dû conférer aux administrations départementales qu'elles insti-
tuaient des pouvoirs suffisants pour le maintien d'une bonne police. C'est ce que fit la loi du 22 décembre 1789, relative à la
constitution et aux fonctions des assemblées administratives de
département. L'article 2 de la section 3 charge les administrations
de département, sous l'autorité et l'inspection du roi, comme
chef suprême de la nation et de l'administration générale du
royaume, de toutes les parties de cette administration, notamment de celles qui sont relatives : 1° au soulagement des pauvres
et à la police des mendiants et vagabonds ; 2° à l'inspection et à
l'amélioration du régime des hôpitaux, Hôtels-Dieu, établissements et ateliers de charité, maisons d'arrêt et de correction ;
3° à la surveillance de l'éducation publique et de l'enseignement
politique et moral ; 4° à la manutention et à l'emploi des fonds
destinés à chaque département, à l'encouragement de l'agriculture, de l'industrie, et à toute espèce de bienfaisance publique ;
5° à la conservation des propriétés publiques ; 6° à celle des forêts,
rivières, chemins et autres choses communes ; 7° à la direction et
confection des travaux pour la confection des routes, canaux et
autres ouvrages publics autorisés dans le département ; 8° à l'entretien, réparation et reconstruction des églises, presbytères et
autres objets nécessaires au service du culte religieux ; 9° au maintien de la salubrité, de la sûreté et de la tranquillité publiques ;
10° enfin au service et à l'emploi des milices ou gardes nationales.
— Le décret du 15 mars 1791 porte que les actes des administrations départementales auront pour dénomination unique celle
d'*arrêtés*, et prescrit différentes mesures pour empêcher les usurpations de pouvoir et les résistances à l'autorité supérieure. Le
19 pluviose an V, un arrêté du Directoire confia à ces corps les
mesures concernant la chasse des animaux nuisibles ; ils furent
chargés, par le décret du 19 ventose an VI de pourvoir à l'exécution des mesures destinées à assurer le libre cours des canaux et
rivières navigables et flottables, et par la loi du 6 frimaire an VII
de toute la police et de la surveillance des bacs et bateaux sur les
fleuves, rivières et canaux navigables.

Confier à ces administrations, indépendamment des attributions
spéciales qu'on vient de voir énumérées, ce qui concerne la salubrité, la sûreté et la tranquillité publiques, c'était, à vrai dire,
leur remettre toute la police.

34. Les administrations collectives ont été remplacées, en vertu
de la constitution de l'an VIII et de la loi du 28 pluviôse an VIII,

par les préfets. Ces fonctionnaires ont succédé aux pouvoirs d'administration et de police qu'avaient les assemblées, et même le cercle de leur action s'est de plus en plus élargi. Nous n'avons à nous occuper ici que des circonstances où leur intervention s'exerce en vue de la police, ce qui a lieu tantôt par voie de surveillance, tantôt par des mesures préventives, enfin par des actes coercitifs. Les mesures que, sous ce rapport, prennent les préfets, se réfèrent à la sûreté générale de l'État, au culte et à l'instruction publique, à la sûreté des personnes, à la salubrité publique, aux voies de communication et de transmission, à l'industrie et au commerce, à la chasse et à la pêche. C'est en suivant cet ordre que nous grouperons les nombreux détails des attributions de police des préfets de départements. Pour Paris, il y a des règles particulières qui répartissent les pouvoirs entre le préfet de police et le préfet de la Seine (*Voy.* n° 14).

35. Avant d'entrer dans l'énumération des attributions, nous devons faire une observation générale qu'il importe de ne pas perdre de vue. Le décret de décentralisation du 25 mars 1852 augmente le pouvoir des préfets en les autorisant, comme on le verra, à statuer sur un grand nombre d'objets dont la décision était jusqu'alors réservée à l'administration centrale; il n'en résulte pas que, dans ce cas, les préfets soient devenus indépendants du Gouvernement. L'article 6 du décret porte que les préfets rendront compte de leurs actes aux ministres compétents dans les formes et pour les objets déterminés par les instructions que les ministres leur adresseront. Ceux de ces actes qui seraient contraires aux lois et règlements, ou qui donneraient lieu aux réclamations des parties intéressées, pourront être annulés ou réformés par les ministres compétents. Cet article est expliqué de la manière suivante par une circulaire du 5 mai 1852 : « De ce que les pouvoirs des préfets ont reçu un accroissement considérable, il n'en résulte pas que le Gouvernement se dépouille du droit de contrôle et de haute tutelle qui est un de ses attributs permanents; seulement ce droit ne se manifestant plus, comme par le passé, sous la forme d'une approbation directe, n'est qu'un droit de réforme et d'annulation. Il s'exercera aux termes de l'article 6 ci-dessus, sans limite de temps, toutes les fois que les actes des préfets dont il doit être rendu compte au Gouvernement lui paraîtront contraires aux lois, aux règlements ou à l'intérêt public, ou blesseront les intérêts privés. » D'un autre côté, les instructions ministérielles s'attachent à signaler ce point important que le décret de 1852 en

modifie les lois antérieures que quant à l'autorité chargée de prononcer, en ce qu'il autorise le préfet à statuer dans des cas précédemment attribués à l'administration supérieure, mais qu'il
ne change pas les formalités qui doivent précéder et préparer
la décision. Ce qui précède s'applique au décret du 13 avril
1861.

Quoique toujours soumis à l'examen de l'autorité supérieure,
les actes des préfets faits en vertu des décrets de décentralisation
sont, à moins d'exception expresse, immédiatement exécutoires.
C'est ce qui a été reconnu par plusieurs décisions ministérielles.

36. 1° POLICE RELATIVE A LA SÛRETÉ GÉNÉRALE DE L'ÉTAT. — Cette
partie de la police embrasse les actes qui troublent violemment la
tranquillité, tels que les attroupements et émeutes, les moyens
par lesquels les troubles peuvent être excités, les personnes considérées comme dangereuses pour le repos de l'État.

37. *Attroupements, réquisition de la force publique.* — Les
préfets sont nominativement compris dans la nomenclature des
fonctionnaires chargés de faire aux personnes qui forment des attroupements sur les places ou sur la voie publique, des sommations de se disperser; ils peuvent faire arrêter ceux qui, dès la
première sommation, continuent à faire partie de l'attroupement.
Pour faire reconnaître et respecter leur caractère public, les préfets, quand ils font les sommations, doivent porter une écharpe
tricolore. Il y a une distinction entre les attroupements armés et
les attroupements non armés. Si l'attroupement est armé, le préfet, aussitôt après le roulement du tambour qui annonce son arrivée, lui fait sommation de se dissoudre et de se retirer; s'il n'est
pas armé, le magistrat exhorte d'abord les citoyens à se retirer,
et ne fait les trois sommations que s'ils ne se retirent pas. (*L. du*
10 avril 1831, art. 1, 2; L. du 7 juin 1848, art. 3.)

Indépendamment du droit qu'il exerce en cas d'attroupement,
le préfet a l'attribution générale que le décret du 26 juillet 1794
sur l'emploi de la force publique conférait au procureur général
syndic du département, de requérir les gendarmes, la troupe de
ligne et la garde nationale, pour repousser les attaques de bri-
gands, de voleurs, dissiper les attroupements séditieux ou faire
cesser la résistance à la loi par violence ou voies de fait. La loi du
22 mars 1831 place la garde nationale sous les ordres et l'autorité
du préfet. Quant à ses rapports avec la gendarmerie pour le maintien de l'ordre, voy. *infra. n° 277 et suiv.*

On peut considérer comme des attroupements, non pas dans le

sens de la répression militaire, mais dans le sens des précautions de police, les grands rassemblements d'hommes causés par une circonstance religieuse ou politique. De ce nombre sont les réunions qui se forment pour des obsèques. Il est arrivé que le respect pour les morts a servi d'occasion à des démonstrations politiques; une circulaire du ministre de la police générale, du 15 mars 1853, engage les préfets à prendre les mesures nécessaires pour prévenir de pareilles manifestations; le meilleur moyen d'y parvenir, y est-il dit, sera d'empêcher une trop grande réunion à la maison mortuaire, de dissiper toute réunion qui aurait le caractère d'un attroupement, d'empêcher l'entrée au cimetière d'un trop grand nombre de personnes étrangères à la famille, et d'interdire toute espèce de discours. Ces moyens sont, sans doute, dans le droit des préfets; mais leur emploi, qu'il serait imprudent de trop généraliser, doit dépendre d'une foule de circonstances que le tact du magistrat apprécie, telles que l'état de l'opinion publique, la tranquillité ou l'agitation de la ville, le caractère du défunt. On a vu souvent, qu'à moins de symptômes d'hostilité évidents ou de danger public grave, il y a plus d'opportunité à laisser faire en surveillant, qu'à empêcher par des défenses ou des mesures acerbes.

33. *Théâtres.* — Le grand nombre de personnes qui se réunissent dans les théâtres, et les émotions qui les y agitent, appellent la surveillance de la police, qui est même armée, pour empêcher le mal possible et éventuel, d'une action préventive. Dans les villes de province, les théâtres ne peuvent exister sans une autorisation du préfet (*Décr. 8 juin 1806, art.* 7). Lorsque dans une ville, il y a deux théâtres, l'autorisation de ce magistrat est nécessaire pour que le principal puisse jouer, outre les pièces des grands théâtres, qui lui sont exclusivement réservées, quelques pièces des théâtres secondaires; le préfet peut aussi, chaque fois qu'il le juge convenable, autoriser le second théâtre à représenter des pièces du grand répertoire (*Arr. du 25 avril 1807, art.* 9; *art. 14 du règlem. du 30 août 1814*). C'est le ministre de l'intérieur qui autorise les troupes de comédiens ambulants: mais les préfets surveillent l'exécution des conditions auxquelles l'autorisation a été accordée (*art.* 13). Dans les villes où un spectacle peut subsister toute l'année l'autorisation d'y établir une troupe est donnée par le préfet (*art.* 15). Le préfet maintient l'ordre établi, par le ministre, de l'itinéraire des troupes ambulantes (*Règlem. du 30 août 1814, art.* 15). Les préfets sont tenus de ne souffrir, sous aucun prétexte, que les acteurs des théâtres de Paris ou des théâtres de toute autre ville, qui ont obtenu un congé pour aller dans les départements, y prolongent leur séjour au delà du temps fixé par le congé (*art.* 30). La loi du 9 septembre 1835 a fort étendu les pouvoirs de police des préfets en matière de spectacles publics. Aux termes des articles 21 et 22, l'autorisation de ces magistrats est nécessaire pour l'établissement, dans les départements, de tout théâtre ou spectacle, de quelque nature que ce soit, et pour les pièces qui y sont représentées ; de plus, l'autorité peut toujours, pour des motifs d'ordre public, suspendre la représentation d'une pièce et même ordonner la clôture provisoire du théâtre. La loi provisoire du 30 juillet 1850 porte aussi qu'aucun ouvrage dramatique ne pourra être représenté sans l'autorisation préalable du préfet dans les départements, et que l'autorisation pourra toujours être retirée. Le décret du 30 décembre 1852 rend ces dispositions définitives. Comme conséquence de leur droit relatif à la représentation des pièces, les préfets ont la surveillance des affiches qui annoncent les spectacles. Considérant comme un abus les changements ou additions que les directeurs introduisent, dans les affiches, à l'annonce et au titre des pièces, le ministre de l'intérieur a prescrit aux préfets de donner des ordres très-précis aux sous-préfets, maires et commissaires de police de leur département, pour que les affiches de théâtre n'annoncent au public que les titres des ouvrages dramatiques portés sur les brochures visées au ministère de l'intérieur ou sur les répertoires, et pour que, sous aucun prétexte, ces titres ne puissent être dénaturés ou doublés. (*Circ. du* 10 *juillet* 1853.)

39. *Presse, imprimerie, colportage.* — La presse peut être un puissant moyen de troubler l'ordre ; le préfet participe, en plusieurs cas, aux mesures qui ont pour but d'en prévenir les dangers. Il cote et paraphe le livre où chaque imprimeur doit inscrire, par ordre de date, le titre de chaque ouvrage qu'il veut imprimer et le nom de l'auteur s'il lui est connu ; il reçoit copie de la transcription faite sur son livre, et la déclaration de l'intention d'imprimer l'ouvrage ; il lui en donne récépissé, et communique chacune de ces déclarations au ministre de l'intérieur (*Déc.* 5 *février* 1850, *art.* 11 *et* 12). Tout ballot de livres venant de l'étranger est envoyé, sous corde et sous plomb, à la préfecture la plus voisine, pour y attendre la permission d'introduction (*art.* 36 *et* 37). Ces dernières dispositions ne reçoivent pas d'exécution pour les livres venant de pays étrangers avec lesquels il a été passé des traités contenant des clauses relatives à la faculté d'introduction. Les quantités et dimensions des ouvrages venant de l'étranger par une voie autre que la poste, doivent être déclarées, et sont vérifiées par des employés de la librairie, sinon par des délégués que le préfet nomme (*Décr. du* 1er *mars* 1852). Le préfet adresse au ministère de l'intérieur les procès-verbaux de délits et contraventions qui lui sont remis, et garde provisoirement les objets saisis (*art.* 45 *et* 46). Les préfets peuvent adresser aux commissaires de police des réquisitions pour la recherche et la constatation des contraventions relatives aux obligations imposées aux imprimeurs. (*Ord.* 24 *oct.* 1814, *art.* 7.)

40. En dehors de la profession d'imprimeur, nul ne peut, pour des impressions privées, être possesseur ou faire usage de presses de petite dimension, de quelque nature qu'elles soient, sans une autorisation préalable, qui, dans les départements, est donnée par le préfet. Le préfet doit recevoir copie de l'inscription, faite au fur et à mesure de chaque livraison, sur le registre que doivent tenir de toutes leurs ventes, les fondeurs de caractères, les clicheurs ou stéréotypeurs, les fabricants de presses en tous genres, les marchands d'ustensiles d'imprimerie. (*Décr. du* 22 *mars* 1852.)

41. Aucuns dessins, aucunes gravures, lithographies, médailles, estampes ou emblèmes, de quelque nature et espèces qu'ils soient, ne peuvent être publiés, exposés ou mis en vente sans l'autorisation préalable du préfet dans les départements. (*Décr. du* 17 *fév.* 1852, *art.* 22.)

C'est le préfet qui désigne chaque année les journaux où seront insérées les annonces judiciaires obligatoires, et qui fixe le tarif de l'insertion (*art.* 23). Comme intermédiaire du Gouvernement, il réclame des journaux périodiques, l'insertion des réclamations, et comme dépositaire de l'autorité publique, il peut exiger l'insertion, en tête du journal, des documents officiels, relations authentiques, renseignements et rectifications. (*Loi du* 27 *juillet* 1849, *art.* 13; *décr. du* 17 *février* 1852, *art.* 19.)

42. Ce sont les préfets des départements qui délivrent les autorisations nécessaires à tous distributeurs et colporteurs de livres, écrits, brochures, gravures et lithographies; ils ont le droit de retirer les autorisations (*L. du* 25 *juillet* 1849, *art.* 6). Par une exception qu'exigeait la liberté de discussion des candidatures électorales, pendant les 20 jours qui précèdent les élections, les circulaires et les professions de foi signées des candidats, peuvent, après dépôt au parquet du procureur impérial, être affichées

1*

et distribuées sans autorisation préalable (*L. du 16 juillet* 1850, *art.* 10). La règle générale reprend son empire pour les distributeurs anonymes de bulletins de vote, et l'autorisation doit être demandée, cette distribution ne pouvant être considérée comme une annexe naturelle de la circulaire avouée et signée de celui qui se porte candidat. C'est, du moins, ce que décide une circulaire du ministre de l'intérieur du 24 avril 1856; « Mais, ajoute la circulaire, comme l'a déclaré, au nom du Gouvernement, à la séance du corps législatif, M. le président du conseil d'État, vous devez, en statuant sur ces demandes, accorder à tous les citoyens la plus grande latitude. Vous n'oublierez pas que la prohibition doit être rare, exceptionnelle, motivée par le danger d'un scandale ou d'un trouble publics, et que jamais elle ne saurait être une faveur indirecte au profit d'une candidature préférée. »

43. Le colportage, proprement dit et exercé comme profession, est soumis non-seulement à l'autorisation, mais à la surveillance spéciale des préfets. Le ministre de l'intérieur a cru devoir, à plusieurs reprises, insister auprès des préfets pour bien préciser le sens et l'étendue des pouvoirs qu'ils exercent en cette matière. Ainsi on lit dans la circulaire spéciale du 21 novembre 1849 : « Il arrive que des colporteurs nantis d'une autorisation régulière, en disposent en faveur d'un autre individu dont les antécédents ne sont point connus et dont la moralité est loin d'être établie; on obviera à cet inconvénient en mentionnant toujours sur la permission le signalement du titulaire. D'autres colporteurs ne produisent qu'un catalogue fort incomplet, dont les énonciations sont vagues, et sur lequel ne figure pas, d'une manière précise, l'indication de tous les écrits, images ou emblèmes qu'ils entendent colporter. Nonobstant cette irrégularité fort grave, plusieurs de MM. les préfets apposent leur visa sur ce catalogue, et permettent de vendre, par voie de colportage, tous les articles qui y sont mentionnés. J'ai remarqué, par exemple, que des colporteurs obtenaient l'autorisation générale de vendre des portraits « d'hommes célèbres » et qu'à l'abri de cette permission ils débitaient des gravures ou lithographies représentant des personnages dont le nom seul est une menace à nos institutions ou à la cause de l'ordre. Je ne puis qu'appeler votre attention sur la nécessité de remédier à ce regrettable abus. — Beaucoup de préfets ont l'habitude de me demander s'il convient d'autoriser ou d'interdire le colportage, de tel journal, de tel almanach, ou de tel emblème imprimé. Vous remarquerez que la loi donne à cet égard aux préfets un pouvoir

discrétionnaire dont ils peuvent user sous leur responsabilité :
c'est à eux à prendre conseil des intérêts de l'ordre ou de la morale, et à n'autoriser que le colportage des écrits utiles ou complétement inoffensifs....... Quelques personnes ne veulent point
considérer comme subversifs ou malveillants les écrits et les journaux qui ont échappé à la répression des tribunaux ; j'insiste pour
qu'il soit bien entendu que du silence de la justice à l'égard de
certaines publications il ne suit pas que l'administration doive en
autoriser le colportage. En effet, pour les écrits judiciairement
condamnés, la saisie est de droit, et il n'y a pas lieu d'examiner si
on peut ou non les laisser colporter ; quant aux écrits ou journaux
non condamnés, l'autorité administrative doit distinguer ceux qui
sont inoffensifs ou utiles aux intérêts de l'ordre, de ceux qui, sous
certains rapports, sont dangereux ou hostiles. Les écrits de la
première catégorie peuvent être librement colportés : l'interdiction
devra peser sur les autres. » Une circulaire du 22 mai 1858 donne
aux préfets des instructions sévères sur les permis de colportage.
(*Bullet. offic. du min. de l'intér.*, année 1858.)

44. Plusieurs questions sont posées et résolues dans les termes
suivants par une circulaire du ministre de l'intérieur, du 30 novembre 1849 : « On m'a demandé quelle est, dans l'article 6 de la
loi du 27 juillet 1849 (celui qui exige l'autorisation du préfet), l'é-
tendue de signification du mot distribution ? quels sont les droits
de l'autorité administrative à l'égard des dépôts et des distributions dans les cabarets et ailleurs que dans les lieux publics ? une
distribution gratuite ou à prix d'argent dans un local particulier,
mais momentanément ouvert au public, constitue-t-elle le fait de
distribution, aux termes de l'article 6 ? Le mot distribution, dans
l'article 6 précité, a la signification la plus étendue ; il ne s'applique pas seulement à ces librairies ambulantes qui font le commerce de la librairie, mais encore à tous les distributeurs d'écrits ;
à la différence de la loi du 13 février 1834 sur les crieurs publics,
il atteint la distribution clandestine ou à domicile aussi bien que
la distribution sur la voie publique ; c'est ce qui résulte du texte
de la loi qui ne fait aucune distinction entre les divers genres de
distribution, de l'ensemble de la discussion à l'assemblée législative, et de l'intention clairement manifestée de mettre un terme
aux abus du colportage, sous quelque forme qu'il se présente. Il
suit de cette interprétation que les agents de l'administration ont
le droit de demander à tout distributeur, à tout colporteur, à tout
dépositaire d'écrits destinés à être distribués, quel que soit le lieu

de la distribution ou du dépôt, l'autorisation prescrite par l'article 6 de la loi du 27 juillet 1849, et si cette autorisation n'est pas représentée, de dénoncer les contrevenants au ministère public, qui agira suivant les circonstances. J'ajouterai, pour répondre à la troisième question, qu'il n'y a pas lieu de se préoccuper si la distribution est gratuite ou à prix d'argent, si elle est faite secrètement ou en public, puisque toute personne qui distribue sans autorisation des livres, écrits ou gravures, encourt, par le seul fait de la distribution, et indépendamment de toute autre circonstance, la peine prononcée par le § 3 de l'article 6. Il convient seulement d'excepter la simple communication d'un écrit, lorsqu'on ne peut supposer dans celui qui la fait, aucune intention de colportage ou de publication. »

La jurisprudence de la cour de cassation s'accorde avec les décisions ministérielles pour donner une large interprétation à la loi sur l'autorisation des distributions d'écrits. Ainsi un arrêt du 15 février 1850 juge qu'il n'y pas lieu de rechercher si l'agent de distribution exerce ou non la profession de distributeur, mais seulement s'il y a distribution illégale, que cette distribution soit accidentelle, gratuite ou à prix d'argent, à domicile ou sur la voie publique. Le 25 avril 1850, la cour suprême a décidé que la distribution ou la vente, à domicile, d'écrits ou d'imprimés, par des individus non autorisés, rentre dans la catégorie des faits de distribution ou colportage punis par la loi. Enfin, d'après divers arrêts, notamment ceux des 6, 18 juillet, 19 août 1850, et 17 février 1851, on ne doit pas considérer comme une infraction la présentation, de maison en maison, sans la permission du préfet, d'un écrit rédigé en forme de pétition, ni la remise d'une pétition à un tiers pour la faire signer.

45. Les brevets de libraires ne donnent le droit d'exercer cette industrie que dans la résidence des titulaires. Ceux qui veulent vendre des livres ailleurs qu'à leur magasin ou boutique, doivent obtenir du préfet une autorisation spéciale de colportage. Une tolérance ancienne admettait la vente des almanachs par d'autres marchands que les libraires; cet état de choses a été changé par la circulaire du 22 juillet 1853; le ministre de l'intérieur a pensé que l'usage n'avait pas d'inconvénients tant qu'il ne s'agissait que de vrais almanachs; mais, suivant lui, depuis que les almanachs sont devenus de véritables livres contenant des traités, des manuels, des notices historiques, on est contraint d'y reconnaître de véritables articles de librairie; la vente des almanachs à rési-

dence fixe ne doit donc être faite que par des personnes régulièrement autorisées, qui présentent à l'administration des garanties; il est juste, d'ailleurs, d'astreindre les éditeurs d'almanachs à prendre pour intermédiaires de leur placement des libraires qui, autrement, se trouvent privés, malgré la loi qui les protége, de bénéfices considérables : « Par ces motifs, et autant dans l'intérêt des libraires que dans celui de la surveillance, intérêts qui sont ici solidaires, il importe de ne pas laisser jouir plus longtemps les papetiers, merciers, épiciers et autres commerçants, d'une tolérance qui constitue un véritable abus ; » et les préfets sont invités à prendre les mesures nécessaires à cet effet.

46. Le préfet doit veiller, non-seulement à ce que chaque colporteur soit muni d'une autorisation, mais encore à ce que chacun des ouvrages qu'il vend soit muni de l'estampille apposée en vertu de l'examen fait par une commission permanente instituée à Paris par un arrêté ministériel en 1852.

L'estampillage apposée sur chaque exemplaire d'un ouvrage destiné au colportage, ne dispense pas celui qui veut le colporter d'obtenir du préfet une autorisation générale de colportage. (*Circ. du min. de la police générale*, *du 12 septembre 1852.*)

Les conditions de l'estampillage et de la surveillance imposées aux colporteurs le sont aussi aux libraires lorsque, usant de la tolérance accordée par une circulaire ministérielle du 16 juin 1830, eux ou leurs commis vont vendre des livres dans les foires. Une circulaire du 11 septembre 1853 invite les préfets à faire connaître aux libraires de leur département que toutes les fois qu'ils voudraient user de cette tolérance pour exploiter momentanément leurs brevets hors de leur domicile, même dans la ville où se trouve leur établissement, ils seraient assimilés aux colporteurs.

47. *Maisons de détention, détenus, libérés.* — La surveillance de la population des prisons, et des condamnés qui en sortent, intéresse directement la sûreté publique. Celle de chaque maison centrale est confiée au préfet du département où elle est située, sous l'autorité du ministre de l'intérieur (*Ord. du 2 avril 1817, art. 10*). C'est ce magistrat qui préside la commission de surveillance établie près de chaque maison centrale de force et de correction; il peut y faire appeler, avec voix consultative, le directeur de la maison; il transmet au ministre les procès-verbaux des séances. (*Ord. du 5 novembre 1847, art. 1, 2, 6, 8.*) Il nomme les membres des commissions de surveillance. (*Décr. de décentralisation du 13 avril 1861, art. 5.*)

Le transfèrement des condamnés se fait sous la surveillance et l'autorité des préfets; celui des détenus d'une prison départementale dans une autre prison du même département a lieu par son ordre (*Décr. 25 mars 1852, tableau A*). Les mesures d'ordre, de décence et de sûreté qu'exige ce service, ont été à plusieurs reprises l'objet de la sollicitude du Gouvernement. (*Circul. du ministre de l'intérieur, du 6 mars, du 30 décembre 1852; voy.* aussi ce que nous disons plus loin de la gendarmerie.)

Le préfet surveille les maisons et les colonies pénitentiaires où sont placés les jeunes détenus, en vertu de l'article 66 du Code pénal. Il nomme un délégué pour faire partie du conseil de surveillance établi près de toute colonie pénitentiaire. Il désigne les membres du conseil de surveillance des colonies correctionnelles établies en Algérie. Il délègue quatre dames pour faire partie du conseil de surveillance des maisons pénitentiaires de jeunes filles. (*L. du 5 août 1850, art. 8, 12, 18.*)

Le préfet surveille les forçats libérés, et tous les condamnés qui sont, soit de plein droit, en vertu des articles 47, 48 et 49 du Code pénal, soit en vertu d'une disposition particulière d'une loi ou de la justice, sous le coup de la surveillance légale; dispositions modifiées, quant aux condamnés aux travaux forcés pendant 8 années ou plus, par l'article 6 de la loi du 30 mai 1854. Toute personne condamnée au renvoi sous la surveillance de la police, devait, avant sa mise en liberté, déclarer le lieu où elle entendait fixer sa résidence (*Code pén., art.* 44) et qu'elle ne pouvait changer qu'avec une autorisation du préfet. Aujourd'hui, le renvoi sous la surveillance a pour effet de donner au Gouvernement le droit de déterminer le lieu où le condamné devra résider après sa mise en liberté (*Décr. du 8 décembre 1851, art. 3*). C'est le préfet seul qui a le pouvoir d'autoriser le changement de résidence (*Décr. du 18 juillet 1806, art. 10*). Une circulaire ministérielle du 1er septembre 1852 insiste sur ce que ce pouvoir est réservé exclusivement au préfet, et ne peut en aucun cas être exercé par les sous-préfets, les maires ni les commissaires de police, et sur la nécessité, soit de rendre les déplacements moins fréquents, soit d'entourer les autorisations de beaucoup de précautions. L'art. 6 du decret de décentralisation du 13 avril 1861 accorde aux sous-préfets le droit d'autoriser des changements de résidence, dans l'arrondissement, des condamnés libérés.

48. Mendiants. — En principe, la mendicité est interdite dans toute la France; pour que cette règle puisse devenir une réalité pratique, on a eu recours aux dépôts de mendicité, dont l'organisation n'est pas générale; quand il en est formé un, dans la quinzaine de son établissement, le préfet fait connaitre, par un avis, que ce dépôt étant établi et organisé, tous les individus mendiants et n'ayant pas de moyens de subsistance, sont tenus de s'y rendre (*Décret du 5 juillet* 1808). Il doit, de plus, adresser au ministre de l'intérieur un rapport détaillé sur cette maison (*art.* 8). L'administration et la surveillance des dépôts de mendicité sont déterminées dans un règlement étendu, du 27 octobre 1808, qui est encore suivi, quoique provisoire.

49. *Personnes à qui certains séjours sont interdits.* — Le préfet du Rhône et le préfet de police à Paris peuvent prendre des arrêtés interdisant le séjour des communes qui forment l'agglomération lyonnaise et celui du département de la Seine, pour un temps qui ne peut excéder deux ans, à ceux qui, n'y étant pas domiciliés, ont subi, depuis moins de dix ans, une condamnation à l'emprisonnement pour rébellion, mendicité ou vagabondage, ou une condamnation à un mois pour coalition, ou n'ont pas, dans ces lieux, des moyens d'existence; l'interdiction peut être renouvelée; l'arrêté, approuvé par le ministre de l'intérieur, est notifié, par le préfet, à l'individu qu'il concerne, avec sommation d'y obtempérer dans un délai déterminé. (*L. du 9 juillet* 1852.)

50. *Passe-ports.* — C'est dans la vue d'assurer l'ordre et la sûreté publics contre la circulation et l'éventualité des actes coupables de la part de personnes regardées comme dangereuses, qu'a été établie la précaution des passe-ports, devenue bien moins efficace depuis les facilités que présentent les masses de voyageurs transportés sur les chemins de fer. A Paris, c'est le préfet de police qui délivre tous les passe-ports; dans les départements, le préfet délivre seul ceux qui sont pour l'étranger. Par décision impériale, ils ne sont plus nécessaires, depuis le 1er janvier 1861, aux Anglais qui viennent en France, et les Français qui se rendent en Angleterre n'ont besoin que d'un passe-port pris pour l'intérieur et dispensé du visa diplomatique. Ceux qui sont destinés à l'intérieur doivent émaner du préfet dans les chef-lieux de département qui ont une population de plus de 40,000 âmes; dans les autres communes, c'est le maire qui les délivre (*L. du 10 vend. an IV, art.* 1 *et* 2; *L. du 5 mai* 1855). C'est aux préfets qu'appartient la délivrance des passe-ports gratuits avec secours de route. (*Circ. min. du 25 oct.* 1833.) L'art. 6 du décret de décentralisation du 13 avril 1861 accorde aux sous-préfets le pouvoir de délivrer des passe-ports.

51. *Étrangers.* — Les événements politiques ou d'autres causes amènent en France un grand nombre d'étrangers qui sont l'objet d'une surveillance particulière, et dont la conduite peut attirer sur eux des mesures rigoureuses. La loi du 21 avril 1832 a autorisé le Gouvernement à désigner aux réfugiés étrangers la ville où ils devront résider, et à leur enjoindre de sortir de France s'ils ne se rendent pas à cette destination, ou s'il juge leur présence susceptible de troubler l'ordre et la tranquillité publique ; ces dispositions, réservées au ministre de l'intérieur, n'étaient que temporaires, mais ont été successivement prorogées ; la loi définitive du 3 décembre 1849 permet aussi au ministre de l'intérieur de donner et faire exécuter, par mesure de police, l'ordre d'expulser les étrangers voyageant ou résidant en France ; l'article 7 donne le même droit aux préfets dans les départements frontières.

Le règlement du 1er juin 1848, relatif aux dispositions à observer à l'égard des étrangers réfugiés en France pour motifs politiques, confère diverses attributions aux préfets ; nous n'indiquerons ici que celles qui concernent la police, et non celles qui auraient pour objet la distribution des subsides. Le préfet du département frontière où s'est présenté un réfugié, lui délivre, s'il y a lieu, un passe-port pour le lieu d'habitation qu'il a choisi et en prévient le ministre de l'intérieur (*art.* 1er). Le préfet du lieu de destination recueille du réfugié tous les renseignements sur sa position et les transmet au ministre (*art.* 2). Les préfets sont chargés de surveiller et de protéger tous les réfugiés résidant dans leurs départements ; ils prennent les mesures nécessaires pour maintenir l'ordre parmi les étrangers. (*Art.* 18.)

52. Les réfugiés, non frappés de condamnations, peuvent changer le lieu de leur résidence sans autorisation ; ils doivent seulement en donner avis préalable au préfet et obtenir de lui un passe-port (*art.* 20). Sans la permission du ministre de l'intérieur aucun passe-port ne doit être délivré aux réfugiés pour le département de la Seine, pour l'agglomération lyonnaise ou pour Marseille, et des injonctions particulières sont faites aussi aux préfets pour la résidence des réfugiés espagnols, allemands ou polonais et italiens (*art.* 21 *et Circ. du* 9 *avril* 1853). Ce sont les préfets seuls qui ont le droit de délivrer aux réfugiés les passe-ports pour l'intérieur et pour l'extérieur, et les visas qui en changeraient la destination (*art.* 23 *et Circ. des* 27 *août* 1851 *et* 26 *mai* 1852). Sous aucun prétexte ils n'expédient de passe-ports avec ce libellé : *pour circuler ou voyager dans l'intérieur de la France* ; les départements où les réfugiés se proposeraient de séjourner doivent être nominativement indiqués (*art.* 25). Le préfet qui a donné un passeport ou un visa de changement de destination, doit immédiatement en donner avis au ministre de l'intérieur et au préfet du département où le titulaire a demandé à s̄ rendre. Chaque préfet doit, en outre, adresser mensuellement au ministre l'état nominatif des mutations survenues pendant le mois précédent, parmi les réfugiés placés sous la surveillance (*art.* 26). Ceux que des affaires personnelles appelleraient, pendant un intervalle de trois mois au plus, hors de France, peuvent obtenir des passe-ports limités, *avec faculté de retour ;* c'est le ministre qui autorise les préfets à donner des passe-ports de cette nature : mais en principe, aucun réfugié sorti de France n'est admis à y rentrer; les réfugiés qui demandent des passe-ports pour l'étranger, doivent être avertis par les préfets des conséquences de leur départ. (*Art.* 29 *et Circ. du* 13 *septembre* 1855.)

53. La loi du 3 décembre 1849 concerne, quant à l'expulsion, non-seulement les réfugiés, mais tous les étrangers en général. Plusieurs circulaires ministérielles ont réglé divers points de l'exécution de cette loi en ce qui concerne les attributions des préfets. « Il convient, porte la circulaire du 22 janvier 1852, que MM. les préfets reviennent à l'usage précédemment établi, et n'éloignent de France que les étrangers dont j'aurai préalablement approuvé l'expulsion dans la forme ordinaire. En attendant ma décision, les étrangers dangereux dont vous me proposerez l'expulsion, pourront être arrêtés et détenus par mesure de sûreté générale. Plusieurs de MM. les préfets ne craignent pas de renvoyer les réfugiés expulsés dans leurs propres pays ou dans d'autres contrées où ils ne peuvent rentrer sans tomber sous la vindicte des lois qu'ils ont enfreintes. Il est évident que c'est là méconnaître de la manière la plus grave le droit d'asile. Je vous recommande de vous abstenir avec soin, hors le cas d'extradition régulière, de diriger un étranger expulsé sur le pays où il ne saurait rentrer sans péril pour sa personne. Ces instructions sont précises et ne doivent point souffrir d'exception. » Une circulaire du 22 janvier 1856 prescrit aux préfets qui proposent l'expulsion, de joindre à leur rapport, quand il y a lieu, l'extrait authentique et dûment certifié du jugement ou de l'arrêt rendu contre l'individu qu'il s'agit d'éloigner de la France. Pour éviter les frais que cette mesure entraînerait, une autre circulaire, du 15 mars 1856, invite les préfets à utiliser, le cas échéant, les extraits qui se

trouvent entre les mains des gardiens chefs, et qui, à partir de la libération des condamnés, deviennent tout à fait inutiles.

54. 2° POLICE RELATIVE AUX CULTES ET A L'INSTRUCTION PUBLIQUE. — Le préfet intervient dans la police du culte catholique en se concertant avec l'évêque pour procurer un édifice convenable aux paroisses dans lesquelles il n'y a pas d'église, pour en choisir l'emplacement, pour régler la sonnerie des cloches et pour l'exécution des décrets dont l'objet est de prescrire des prières publiques (*L. du* 18 *germinal an X, art.* 48, 49). Le préfet a le droit de décider, avec l'assentiment de l'évêque, qu'une église projetée sera construite sur un terrain communal déterminé; le conseil municipal ne saurait s'y opposer (*Bull. offic. du min. de l'intér.*, année 1858). Il en est de même pour l'emplacement d'une église à reconstruire (*Bull.*, année 1859). L'autorisation du Gouvernement et la présence du préfet ou du sous-préfet sont nécessaires pour que les églises non catholiques puissent tenir leurs assemblées, synodes, inspections, consistoires généraux (*L. du* 18 *germinal an X, art.* 31, 38 et 42). A l'occasion des sépultures, nous parlerons ci-après des droits des préfets en cas de refus des prières et cérémonies du culte. L'ouverture de nouveaux temples ou autres lieux destinés à l'exercice public des cultes protestants organisés par la loi du 18 germinal an X, est autorisée par décrets. Le préfet peut seulement autoriser l'exercice public temporaire de ces cultes (*Décr. du* 19 *mars* 1859, *art.* 1 et 2). Il faut aussi un décret pour l'autorisation d'un culte non reconnu. Les préfets donnent les autorisations demandées pour des réunions accidentelles de ces cultes. (*Art.* 3.)

55. Quant à l'instruction publique, la surveillance et la police en sont généralement attribuées aux autorités universitaires et aux commissions instituées à cet effet. La loi du 14 juin 1854 et le décret du 22 août de la même année, confèrent aux préfets des attributions importantes concernant l'instruction primaire ; elles leur sont rappelées dans une instruction générale du ministre de l'instruction publique et des cultes, du 31 octobre 1854. Nous n'insistons pas, parce que ces attributions sont administratives ou disciplinaires, et n'appartiennent pas à la police proprement dite. Les préfets interviennent, dans plusieurs circonstances, lorsqu'il s'agit des salles d'asile, régies par la loi du 15 mars 1850, et par le décret du 21 mars 1855; l'article 14 de ce décret autorise le préfet à nommer, dans chaque commune où il existe des salles d'asile, un comité local de patronage. La pensée et les attributions de ces comités sont expliquées dans les instructions aux préfets, en date du 18 mai 1855, pour l'organisation des salles d'asile.

56. 3° POLICE RELATIVE A LA PROTECTION ET A LA SÛRETÉ DES PERSONNES. — L'intérêt dont il s'agit a inspiré plusieurs des restrictions apportées au libre exercice de diverses industries ; nous en parlerons plus loin.

Maisons d'aliénés. — Une des circonstances où la liberté individuelle a le plus besoin de protection, c'est lorsqu'il s'agit de placer et de faire rester des aliénés dans les établissements consacrés à cet usage. Les préfets ont le droit d'autoriser les asiles privés d'aliénés (*tableau A*, *annexé au décr. du 25 mars 1852*). La magistrature et l'administration, représentée par le préfet, ont reçu de la loi des pouvoirs de surveillance et de police efficaces, afin de prévenir les abus dont pourraient être victimes des aliénés ou des personnes considérées comme tels. D'abord le préfet, et les personnes spécialement déléguées par lui, sont, concurremment avec d'autres fonctionnaires, chargés de visiter les établissements publics ou privés consacrés aux aliénés; ils reçoivent les réclamations de ceux qui y sont placés, et prennent tous les renseignements propres à faire connaître leur position (*L. du 30 juin 1838, art.* 4). Lorsqu'il s'agit de placements volontaires, le bulletin d'entrée, mentionnant les pièces produites, est envoyé, dans les 24 heures, au préfet, avec un certificat du médecin de l'établissement (*art.* 8); dans les trois jours, si le placement a lieu dans un établissement privé, le préfet charge un ou plusieurs médecins d'aller constater l'état mental, et de lui en faire un rapport sur-le-champ (*art.* 9); en même temps, il notifie les noms, profession et domicile de la personne placée et de celle qui a demandé le placement et les causes de la mesure, au procureur impérial de l'arrondissement de la personne placée et à celui de l'établissement, public ou privé (*art.* 10); quinze jours après le placement, le préfet doit recevoir un nouveau certificat du médecin de l'établissement (*art.* 11). Si la sortie d'une personne a été requise par l'une des personnes ayant droit de la demande, mais que le médecin de l'établissement soit d'avis que l'état mental du malade pourrait compromettre l'ordre public ou la sûreté des personnes, il en est donné connaissance au maire, qui peut ordonner un sursis provisoire, à la charge d'en référer, dans les 24 heures, au préfet. Si le préfet n'a pas, dans la quinzaine, donné d'ordre contraire, le sursis provisoire cesse de plein

droit (*art.* 14); il est donné connaissance immédiate, par les chefs
de l'établissement, au préfet de la sortie, des personnes qui ont
retiré le malade et, autant que possible, du lieu où il a été conduit (*art.* 15). Le préfet peut toujours ordonner la sortie immédiate des personnes placées volontairement. (*Art.* 16.)

Quant au placement forcé de tout individu dont l'aliénation
compromettrait l'ordre public ou la sûreté des personnes, c'est le
préfet qui l'ordonne d'office; ses ordres sont motivés (*art.* 18);
les chefs et préposés des établissements, sont tenus d'adresser au
préfet, dans le premier mois de chaque semestre, un rapport du
médecin sur l'état de chaque personne qui y est retenue, sur la
nature de sa maladie et les résultats du traitement; le préfet prononce sur chacune individuellement, ordonne sa maintenue ou sa
sortie (*art.* 20); de même, lorsque l'ordre public ou la sûreté des
personnes peuvent être compromis par une personne dont le placement a été volontaire, il peut donner un ordre spécial pour empêcher qu'elle ne sorte sans son autorisation, si ce n'est pour
être placée dans un autre établissement (*art.* 21); les ordres donnés par le préfet sont notifiés au procureur impérial (*art.* 22); il
est référé au préfet, qui statue sans délai, lorsque dans l'intervalle
des rapports semestriels les médecins déclarent que la sortie peut
être ordonnée. (*Art.* 23.)

Une ordonnance royale du 18 décembre 1839 porte règlement
sur les établissements publics et privés consacrés aux aliénés.
Elle pose en principe que ces établissements sont administrés
sous l'autorité du ministre de l'intérieur et des préfets, et sous
la surveillance de commissions gratuites composées de cinq membres nommés et révoqués par le préfet (*art.* 1 *et* 2). Les commissions se réunissent tous les mois, et sont en outre convoquées
extraordinairement par le préfet, chaque fois que les besoins du
service l'exigent (*art.* 5). Si le médecin en chef et le médecin adjoint sont empêchés de délivrer les certificats exigés par la loi de
1838, le préfet pourvoit provisoirement à leur remplacement
(*art.* 9). Dans les hospices qui affectent un quartier aux aliénés,
le préfet agrée un préposé qui est responsable de toutes les obligations imposées par la loi de 1838 (*art.* 11). C'est au préfet que
doit être adressée la demande de quiconque veut former un établissement privé destiné au traitement des aliénés (*art.* 17); c'est
lui qui reçoit et transmet les actes exigés pour que l'autorisation
puisse être accordée par le Gouvernement. Il agrée, et peut révoquer avec l'approbation du ministre de l'intérieur, le médecin

s'engage à remplir les obligations légales, lorsque le requérant n'est pas docteur en médecine (*art.* 19); en cas de suspension du service, il peut constituer un régisseur provisoire (*art.* 26); il agit de même dans le cas de cessation des fonctions du directeur, sans que ses héritiers ou ayants cause aient désigné, dans les 24 heures, une personne chargée de la régie provisoire (*art.* 28). Lorsqu'il y a lieu au retrait de l'ordonnance royale d'autorisation, et pendant l'instruction qui se fait dans ce but, le préfet peut prononcer la suspension provisoire du directeur et instituer un régisseur provisoire. (*Art.* 32.)

Le ministre de l'intérieur a envoyé aux préfets de nombreuses circulaires relativement à la police des maisons d'aliénés, et principalement aux dispositions intéressant la liberté individuelle; il y prescrivait l'envoi d'avis individuels fréquents et détaillés. Ses exigences ont pu diminuer lorsque l'expérience eut prouvé que la loi était ponctuellement exécutée. C'est ce qui résulte des termes mêmes de la circulaire du 28 mars 1847: « Dans les premiers temps de l'application de cette loi, y est-il dit, les prescriptions pouvaient n'en être pas partout également bien comprises; le mode des avis individuels offrait des avantages incontestables; il sembla même indispensable pour arriver à l'organisation régulière de la police des aliénés. En 1842, les circonstances n'étaient plus les mêmes: la loi fonctionnait depuis quatre années; les exigences en étaient connues et les dispositions sainement interprétées. Il me parut possible, sans nuire à la régularité du service dont il s'agit, de simplifier et de réduire la correspondance qu'il nécessitait..... Depuis cette époque, MM. les préfets et les autres fonctionnaires administratifs auxquels a été conféré le droit d'ordonner et de surveiller la séquestration des aliénés, ont continué de justifier la confiance que la loi leur accorde; aucune plainte ne s'est élevée contre les nombreuses mesures émanées d'eux. Cette expérience de huit années offre pour l'avenir une garantie réelle, et le moment est dès lors arrivé d'introduire dans le service qui nous occupe une nouvelle simplification. » A cet effet, le ministre se borne à demander que les préfets lui envoient, dans le premier mois de chaque semestre: 1° un état de tous les placements d'aliénés opérés dans les établissements publics et privés du département durant le semestre précédent; 2° un état de tous les aliénés sortis de ces établissements pendant le même espace de temps; 3° un état de tous les aliénés placés volontairement ou d'office, existant au commencement du semestre dans les établissements.

« L'envoi de ces états, ajoute le ministre, me paraît satisfaire suffisamment aujourd'hui au vœu de la loi et aux besoins du service. Toutefois, s'il se présentait dans ce service quelque circonstance particulière et exceptionnelle dont vous jugeriez convenable de me rendre compte immédiatement, vous m'en informeriez par une lettre spéciale et sans retard. Mais l'aliéné qui aurait fait l'objet de cette communication n'en devrait pas moins figurer, pour ordre, sur les états semestriels suivants. » Le régime intérieur des maisons d'aliénés est fixé par un règlement du 20 mars 1857.

57. *Émigrants.* — Nous ne parlons pas ici de l'émigration provoquée dans l'intérêt du travail dans les colonies françaises, mais de ce mouvement d'émigration qui porte des individus et des familles dans des pays lointains pour y chercher des moyens de subsistance ou d'aisance que leur patrie ne leur offre pas. La situation des émigrants a donné lieu à des exigences et à des exploitations dont la France n'a pas voulu sanctionner les abus. Des mesures tutélaires ont été prises pour protéger d'une manière spéciale les personnes qui se croient dans la nécessité de s'expatrier. Tel est l'objet du décret du 15 janvier 1855 sur l'émigration européenne. Dans les ports où il n'existe pas de commissaire spécial d'émigration, l'exécution de ce décret est placée sous la surveillance des préfets, sous-préfets et ingénieurs en chef des ponts et chaussées (*Inst. du min. de l'int. du 15 juin* 1855). Le ministre de l'intérieur a donné, le 26 juin 1855, des instructions pour l'exécution du décret. Des instructions spéciales du même ministre, en date du 27 novembre 1855, règlent les formes des passe-ports des émigrants.

58. *Machines et bateaux à vapeur.* — C'est pour la sûreté des personnes et des habitations qu'ont été établies les mesures de précaution relatives aux machines à vapeur. Cette matière est régie principalement par l'ordonnance royale du 22 mai 1843, qui confère des pouvoirs étendus aux préfets. L'autorisation du préfet du département, donnée conformément à ce qui est requis pour les établissements insalubres et incommodes de deuxième classe, est nécessaire pour les machines et chaudières à vapeur, à haute ou à basse pression (*art.* 4). Il statue, dans le délai de 15 jours, sur la demande d'autorisation (*art.* 9), et, en cas de refus, le demandeur peut recourir au conseil d'État (*art.* 11). Les chaudières à vapeur ont été divisées en quatre catégories, pour les conditions qu'il faut remplir quant à la place qu'elles peuvent occuper, et qui varient selon le danger qu'elles présentent, c'est-à-dire selon la capacité de leur ensemble et la tension de la vapeur dans leur intérieur (*art.* 33). Les chaudières de la première catégorie doivent être établies en dehors de tout atelier et de toute habitation; néanmoins le préfet peut, avec l'approbation du ministre des travaux publics, en autoriser l'établissement dans l'intérieur d'un atelier qui ne fait pas partie d'une maison d'habitation, pourvu que rien ne soit changé aux conditions légales de distance prescrites à l'égard des maisons des tiers et de la voie publique (*art.* 34, 36). En outre le préfet doit, s'il y a lieu, fixer la direction de l'axe de la chaudière. (*Art.* 41.)

Les machines à vapeur établies dans les mines doivent être autorisées par le préfet, qui détermine les conditions relatives à l'emplacement, à la disposition et au service habituel des machines. (*Art.* 46.)

Aucune locomobile ne peut, sans une autorisation du maire, fonctionner à moins de 100 mètres de distance de tout bâtiment; en cas de refus, la partie intéressée peut recourir au préfet (*art.* 50). S'il est reconnu qu'une locomobile présente des dangers, le préfet peut en suspendre ou même en interdire l'usage. (*Art.* 51.)

Aucune locomotive ne peut être mise en service sans un permis de circulation délivré par le préfet du département où se trouve le point de départ de la locomotive (*art.* 55, 58). En cas de danger, le préfet peut suspendre ou même interdire l'usage d'une locomotive. (*Art.* 59.)

C'est sous l'autorité des préfets que les ingénieurs des mines, et, à leur défaut, ceux des ponts et chaussées sont chargés de la surveillance des machines et chaudières à vapeur, ce qui comprend les épreuves des chaudières, l'instruction des demandes en autorisation de faire fonctionner des appareils à vapeur, la surveillance des appareils existants. (*Art.* 61, 62, 63.)

Les lois et règlements n'ayant pas pu prévoir toutes les combinaisons d'appareils qui pourront être soumises à l'approbation de l'administration, l'article 67 de l'ordonnance de 1843 a formulé cette disposition générale: « Si, à raison du mode particulier de construction de certaines machines ou chaudières à vapeur, l'application à ces machines ou chaudières d'une partie des mesures de sûreté prescrites par la présente ordonnance se trouvait inutile, le préfet, sur le rapport des ingénieurs, pourra autoriser l'établissement de ces machines et chaudières, en les assujettissant à des conditions spéciales. Si, au contraire, une chaudière ou machine paraît présenter des dangers d'une nature particulière;

et s'il est possible de les prévenir par des mesures que la présente ordonnance ne rend point obligatoires, le préfet; sur le rapport des ingénieurs, peut accorder l'autorisation demandée sous les conditions reconnues nécessaires. Dans l'un et l'autre cas, les autorisations données par le préfet sont soumises à l'approbation du ministre des travaux publics. »

59. De nombreuses mesures de police sont aussi imposées pour la navigation des bateaux à vapeur, autres que les bâtiments de l'État, sur les fleuves et rivières. C'est le préfet du département où se trouve le point de départ qui délivre le permis de navigation nécessaire à tout bateau à vapeur (*Ord. du* 23 *mai* 1843, *art.* 2 *et* 3). Le préfet renvoie la demande à la commission de surveillance qui doit être établie dans le département (*art.* 4). Si, après la visite et l'essai du bateau, la commission déclare par un avis motivé que le permis peut être accordé, le préfet, quand il reconnaît que toutes les conditions exigées sont remplies, délivre le permis de navigation, qui n'est valable que pour un an (*art.* 8 *et* 9); il y prescrit toutes les mesures d'ordre et de police locale nécessaires; il transmet copie de son arrêté aux préfets des autres départements traversés par la ligne de navigation, lesquels prescrivent les dispositions du même genre à observer dans ces départements (*art.* 11). Si le préfet reconnait, d'après le procès-verbal de la commission de surveillance, qu'il y a lieu de surseoir à la délivrance du permis, ou même de le refuser, il notifie sa décision au propriétaire du bateau, qui peut recourir au ministre des travaux publics (*art.* 12). Il consulte la commission à chaque renouvellement du permis (*art.* 13). Si le bateau a été muni de son appareil moteur et mis en état de naviguer dans un département autre que celui où il doit entrer en service, le propriétaire doit obtenir du préfet du premier de ces départements une autorisation provisoire de navigation pour faire arriver le bateau au lieu de sa destination, où il doit ensuite être pourvu d'un permis définitif. (*Art.* 14 *et* 15.)

Le préfet donne l'ordre de faire, à la fabrique, les épreuves auxquelles toute machine à vapeur destinée à un service de navigation doit être soumise avant la livraison (*art.* 17 *et* 18). Il doit recevoir avis et ordonner de nouvelles épreuves quand des changements ou réparations notables ont eu lieu dans les pièces d'une machine. (*Art.* 26.)

Les mesures de police concernant le stationnement, le départ, le mouillage et la marche des bateaux à vapeur, sont aussi dans les attributions du préfet. Il peut accorder à chaque entreprise de bateaux, quand la localité le permet, un emplacement particulier pour son service, autorisation dont il détermine les conditions et qui est toujours révocable (*art.* 52). En cas de concurrence entre deux ou plusieurs entreprises, il règle les heures de départ de manière à éviter les accidents qui peuvent résulter de la rivalité (*art.* 53). Pour chaque localité, il détermine les conditions de solidité et de stabilité des batelets destinés au service d'embarquement et de débarquement des passagers, le nombre des personnes que ces batelets peuvent recevoir et le nombre des mariniers nécessaires pour les conduire (*art.* 54); sur les points où le service des batelets serait dangereux, il peut les interdire (*art.* 55). Il prescrit les dispositions nécessaires pour éviter, dans chaque localité, les accidents qui pourraient avoir lieu au départ et à l'arrivée des bateaux (*art.* 57). Le préfet désigne, par des arrêtés, les passes dans lesquelles il est interdit aux bateaux à vapeur de se croiser ou de se dépasser, et détermine, relativement à des points facilement reconnaissables, les limites de chacune de ces passes (*art.* 58). Il détermine également les précautions à prendre à l'approche des ponts, pertuis et autres ouvrages d'art, tant pour la sûreté des passagers que pour la conservation de ces ouvrages. (*Art.* 59.)

Dans les départements où existent des bateaux à vapeur, les préfets instituent une ou plusieurs commissions de surveillance ; elles visitent les bateaux non-seulement tous les trois mois, mais chaque fois que le préfet le juge convenable ; c'est à ce magistrat qu'elle adresse le procès-verbal de chacune de ses visites. Sur ses propositions, il ordonne, s'il y a lieu, la réparation ou le remplacement de toutes les pièces de l'appareil moteur ou du bateau dont un plus long usage présenterait des dangers ; il peut suspendre le permis de navigation jusqu'à l'entière exécution de ces mesures ; il peut aussi le suspendre et, au besoin, le révoquer, dans tous les cas où, par suite d'inexécution des dispositions de l'ordonnance réglementaire de 1843, la sûreté publique serait compromise (*art.* 70, 71, 73, 74, 75). S'il est survenu des avaries de nature à compromettre la sûreté de la navigation, le préfet doit en être aussitôt averti par la police locale, qui, en cas d'accident, doit lui envoyer le procès-verbal de la visite qu'elle aura faite ; la commission de surveillance doit aussi lui en adresser un rapport. (*Art.* 78.)

Si, à raison du mode particulier de construction de certaines

chaudières ou machines à vapeur, l'application des mesures de
sûreté prescrites par l'ordonnance devenait inutile, le préfet, sur
le rapport de la commission de surveillance, déterminerait les conditions auxquelles ces appareils seraient autorisés ; dans ce cas
le préfet ne délivrera les permis de navigation qu'après l'approbation du ministre des travaux publics. (*Art.* 80.)

60. *Navigation sur les canaux.* — Un règlement général sur
la police des canaux navigables et flottables a été fait le 21 juin
1855 ; il contient une foule de dispositions minutieuses et précises,
qui laissent peu de place à l'action des préfets et en accordent
davantage aux ingénieurs. Les bateaux destinés à naviguer sur les
canaux sont divisés en cinq classes : ceux des trois premières,
c'est-à-dire ceux qui sont mus par la vapeur ou halés par des
chevaux marchant au trot ou au pas, font un service appelé régulier quand ils partent et arrivent à jour fixe et ne s'arrêtent qu'à
des ports déterminés ; quand ils sont traînés par des chevaux,
l'autorisation de naviguer est donnée par le préfet si les points de
départ et d'arrivée sont compris dans le même département, et
par le ministre des travaux publics, si les points extrêmes sont
dans des départements différents ; c'est toujours le ministre qui
autorise la navigation des bateaux mus par la vapeur (*Règl. tit.* 2,
art. 2 et 4). Hors le cas de force majeure, la navigation ne peut
être suspendue que par un acte administratif (un arrêté préfectoral aurait ce caractère), qui fixe l'époque et la durée des chômages
(*tit.* 3, *art.* 2). Quand un propriétaire, en dehors des villes, bourgs
et villages et des ports publics, veut élever des constructions ou
faire des plantations sur ses terrains le long du canal, il ne peut
les commencer avant que, sur sa demande, le préfet ait fait reconnaître et tracer contradictoirement la limite du domaine public
(*tit.* 6, *art.* 5). Une autorisation, toujours révocable, de l'administration, terme sous lequel nous croyons qu'on entend le préfet,
représentant supérieur de l'administration dans le département,
est nécessaire pour établir les ouvertures ou sorties sur les digues
et francs-bords du canal ou des rigoles, les lavoirs ou abreuvoirs,
les prises d'eau sur le canal, les égouts dirigés vers le canal, les
ports privés, les grues, chèvres et autres appareils pour l'embarquement et le débarquement des marchandises, et tous autres
ouvrages qui s'étendraient sur le domaine du canal (*art.* 7). Les
particuliers peuvent obtenir *de l'administration* l'autorisation
d'avoir des barques pour leur usage et pour l'exploitation de leurs
propriétés. (*Art.* 8.)

61. *Ascensions aérostatiques.* — Elles intéressent évidemment la sûreté et la vie des personnes qui les entreprennent. N'étant pas réglementées par des actes législatifs, elles ne sauraient toutefois être abandonnées, sans aucune précaution, à la volonté des individus : la prévoyance de l'autorité est ici nécessaire. Les municipalités peuvent prendre des mesures pour éviter les incendies et les désordres dans la foule des spectateurs. Une circulaire du ministre de l'intérieur, du 7 octobre 1853, appelle l'intervention des préfets ; elle leur prescrit d'interdire absolument et de recommander aux sous-préfets et maires d'interdire partout les montgolfières à réchaud suspendu au-dessous du ballon. Quant aux ballons à gaz comprimé, le ministre veut que l'on distingue les expériences utiles à la science des dangers que feraient courir aux personnes des ascensions sans but sérieux. « Il est, dit le ministre, du devoir de l'administration, de soumettre ces ascensions aérostatiques à des mesures de précaution et de prudence, afin de concilier la sécurité des personnes et les intérêts sérieux de la science. Ainsi vous ne tolérerez aucune ascension aérostatique dont feraient partie des femmes ou des mineurs, à moins que les individus de cette catégorie n'exercent la profession d'aéronaute et n'accompagnent leur père ou leur mari. Vous interdirez toute ascension où figureraient des animaux d'un poids considérable. Vous prohiberez, en un mot, tout ce qui, sans nécessité, pourrait mettre en péril la vie des individus qui se livrent aux expériences aérostatiques.... Le devoir de l'administration consiste à soumettre ces expériences à des conditions de sécurité et d'ordre propres à mettre obstacle aux tentatives et aux fantaisies déraisonnables et inutiles qui seraient susceptibles de donner lieu à de fâcheux événements. » Ce sera se conformer à ces instructions que d'interdire les ascensions dans lesquelles des acrobates audacieux se livrent aux exercices les plus périlleux, dans le but de se procurer un bénéfice en offrant au public une source d'émotion, sans aucun résultat possible pour la science. La tolérance de pareils exercices serait un véritable tort de la part de l'administration, et pourrait lui faire encourir une grave responsabilité morale.

62. 4° POLICE RELATIVE A LA SALUBRITÉ, SÉPULTURES, INHUMATIONS. — C'est sous le rapport de la salubrité comme de la décence publique que la loi règle les précautions de police exigées pour les sépultures, les inhumations, les exhumations, le transport des corps des personnes décédées. Les maires ne peuvent régler que sous l'approbation du préfet le mode le plus convenable pour le transport des corps (*Déc. du 23 prair. an XII, art.* 21). Dans les communes où il n'existe pas d'entreprises et de marché pour les sépultures, le mode du transport des corps est réglé par les préfets et les conseils municipaux (*Déc. du 18 mai* 1806, *art.* 9). Les préfets règlent les tarifs des frais pour les services et pompes funèbres : cette attribution ne rentre qu'indirectement dans les affaires de police; elle n'y appartient qu'en ce que la fixation d'un tarif prévient les discussions scandaleuses entre l'entrepreneur et les familles. Cet objet est réglé, pour Paris, par le décret du 18 août 1811, par l'ordonnance du 11 septembre 1842 et par le décret du 2 octobre 1852.

Dans le cas de refus de sépulture par l'autorité ecclésiastique, les préfets, quand ils interviennent, comme c'est leur droit, ou les maires, doivent suivre les règles nettement tracées par les instructions du 16 juin 1847; on y lit : «la sépulture donnée aux morts peut être considérée sous deux points de vue : 1° l'acte pur et simple de l'inhumation que la loi civile régit, dont elle détermine les conditions, et pour lequel sont établies des règles fondées sur les convenances d'ordre public et de salubrité (c'est là un point de police municipale dont l'autorité administrative doit seule connaître, et pour lequel elle ne prend conseil que d'elle-même); 2° la cérémonie religieuse qui, de sa nature, touche au grand principe de la liberté des cultes, et à laquelle préside le ministre de chaque culte dans l'enceinte du temple. Il est important de ne laisser s'établir aucune confusion entre ces deux actes dont l'un n'est régi que par la loi civile, tandis que l'autre se rattache à un ordre d'idées exclusivement placées dans le domaine des choses religieuses. Des termes exprès des différentes lois, toujours invoquées, il résulte nécessairement que toute mesure dont l'objet légitime sera de porter atteinte à la liberté du culte catholique, de le contrarier dans l'exercice légitime de ses droits, d'enlever à ses ministres la surveillance qu'ils peuvent seuls exercer dans leurs temples, en matière de dogme, de discipline ou de prières, constituerait par ce seul fait une violation des droits garantis par la loi fondamentale et par la loi du 18 germinal an X; d'où il suit que l'art. 19 du décret du 23 prairial an XII ne saurait valablement attribuer à l'autorité civile le droit de faire ouvrir les portes d'une église, dans le but d'y introduire le corps d'un homme à qui le clergé refuserait la sépulture ecclésiastique. En procédant ainsi, elle dépouillerait le prêtre de la liberté d'ac-

tion dont il doit jouir dans l'exercice de ses fonctions spirituelles...
Si donc le cas de refus de sépulture ecclésiastique prévu par le
décret de prairial venait à se présenter, l'autorité civile, par respect pour le principe de la liberté religieuse, et pour la légitime
indépendance du culte, devrait formellement s'abstenir de tout
acte qui y porterait atteinte, comme d'introduire de force le corps
du défunt dans le temple, et de faire procéder à des cérémonies
qui, détournées de leur but, ne seraient plus qu'un acte de violence exercé contre la conscience du prêtre, et un scandale. Il
pourrait se faire que des préjugés populaires, fortifiés par l'habitude,
fussent le prétexte ou la cause de démonstrations malveillantes
ou contraires aux principes que je viens d'exposer : en pareille
occasion, le devoir de l'autorité sera de rappeler les esprits à la
raison et de maintenir la loi, elle veillera ensuite à ce que, dans
les cas bien et dûment constatés de sépulture ecclésiastique, le
corps de la personne défunte soit transporté dans le lieu des inhumations avec toute la décence convenable et avec tous les
égards dus aux familles.» Le 15 juin 1847, le ministre des cultes
a adressé aux préfets une circulaire exposant les mêmes principes.

63. Les exhumations et le transport d'un corps d'un lieu dans
un autre ne peuvent se faire sans une autorisation, délivrée par des
autorités différentes selon la distance du lieu où le transport devra se rendre, aux termes de la circulaire du 10 mars 1856. C'est
le préfet qui autorise le transport d'un arrondissement dans un
autre arrondissement du même département; pour sortir du département il fallait une permission du ministre de l'intérieur.
«Lorsque d'après cette circulaire, y était-il dit, le corps d'une
personne hors de France est présenté à la frontière de terre,
c'est au préfet du département frontière qu'il appartient d'autoriser le transport du corps dans l'étendue de sa juridiction;
mais s'il s'agit de transporter le corps dans un autre département, ou de lui faire traverser la France, l'autorisation du
ministre de l'intérieur est nécessaire. Toutefois, dans les cas
d'urgence, et lorsqu'ils auront la conviction qu'un retard serait
de nature à offrir des inconvénients, les préfets pourront accorder
exceptionnellement l'autorisation de transporter le corps; mais
alors ils auront soin de prévenir immédiatement ceux de leurs collègues que la translation devra intéresser, et d'en rendre compte
au ministre de l'intérieur par un rapport spécial indiquant les motifs qui n'auront pas permis d'attendre ses ordres. La décision du

ministre de l'intérieur devra toujours être réclamée lorsqu'il s'a-
gira de laisser entrer en France, par la frontière de terre, ou de
laisser passer d'un département dans un autre les corps de personnes décédées dans les pays où règnera une maladie contagieuse, et, dans ce cas, MM. les préfets, en provoquant l'autorisation du ministre, devront joindre à leur rapport l'avis du conseil
de salubrité. Les autorisations accordées dans les limites ci-dessus
indiquées ne changent rien, du reste, aux mesures prescrites dans
l'intérêt de la salubrité publique.» Cet état de choses a été
changé par le décret de décentralisation du 13 avril 1861, qui
place parmi les affaires sur lesquelles les préfets pourront statuer
« l'autorisation de transports des corps d'un département dans un
autre département et à l'étranger. » Dans les cas d'urgence bien
constatés, les sous-préfets, après s'être assurés qu'il n'existe
aucun empêchement, peuvent autoriser le transport d'un corps
dans l'arrondissement limitrophe de celui qu'ils administrent,
sauf à rendre compte au préfet. (*Circ. du 28 janv.* 1857.)

64. Des mesures spéciales de précaution ont été prescrites,
pour l'admission et l'inhumation en France du corps de personnes
décédés hors du territoire continental de l'Empire, par une instruction du ministre de l'agriculture, du commerce et des travaux
publics, en date du 25 janvier 1856. Le ministre de l'intérieur, en
adressant aux préfets cette instruction, par une circulaire du
29 février 1856, y ajoute les observations suivantes : « ces instructions... ont pour but d'indiquer aux agents du service sanitaire les
mesures de précaution dont ils devront exiger et assurer l'exacte
observation, afin que l'introduction en France des dépouilles
mortelles ne puissent présenter aucun danger pour la santé publique. Mais une fois que le cercueil a franchi l'enceinte du lazaret, le soin et la responsabilité de la surveillance incombent à
l'autorité chargée de la police générale du territoire et de la police spéciale des inhumations. Aussi, aux termes de l'art. 2, lorsque les directeurs de la santé ont autorisé l'admission en France
d'un corps, ils doivent informer immédiatement de leur décision
le préfet du département du port d'arrivée et celui du département dans lequel doit avoir lieu l'inhumation définitive, et jusqu'à
ce que ce dernier ait fait connaître qu'il autorise le transport et
l'inhumation du corps dans son département, le cercueil doit être
retenu dans le lazaret. Dans le cas où MM. les préfets ne croiraient
pas devoir autoriser l'inhumation dans leur département d'un individu dont le cercueil a été admis à la libre pratique par l'auto-

rité sanitaire, ils devront m'en référer sur-le-champ, en me faisant connaître le motif de leur refus. Indépendamment des mesures de surveillance auxquelles MM. les préfets auront à pourvoir, pendant le trajet, de concert avec leurs collègues des départements que devra traverser le corps pour arriver à sa destination définitive, j'appelle leur attention particulière sur les prescription de l'art. 6 de l'instruction dont il s'agit [1]; ils devront veiller avec le plus grand soin à ce qu'elles ne puissent être enfreintes dans aucun cas et sous aucun prétexte.» Une circulaire du ministre de l'intérieur, du 8 août 1859, précise les précautions de salubrité qui doivent être prises pour l'exhumation et le transport des corps. (*Bull. offic. du min. de l'intér., année* 1859.)

65. Nous dirons, en terminant ce qui concerne la surveillance des sépultures, que la translation d'un cimetière, lorsqu'elle devient nécessaire, est ordonnée par un arrêté du préfet, le conseil municipal de la commune entendu ; le préfet détermine le nouvel emplacement du cimetière, sur l'avis du conseil municipal, et après enquête *de commodo et incommodo*. (*Ord. du 6 décembre* 1849, *art.* 2.)

» 66. *Maintien de la salubrité.* — C'est un des objets que le décret du 22 décembre 1789 confie aux soins des administrations de département, aujourd'hui remplacées par les préfets. Cette attribution se combine avec celle de la même nature, qui appartient à chaque maire sur le territoire de sa commune (Voy. *infra chap. II*, sect. 2, *art.* 2, § 18). Les mesures de salubrité prises par le préfet embrassent tout le département. La compétence de ce haut fonctionnaire n'est pas supprimée par la loi du 3 mars 1822, qui détermine les règles et les autorités du régime sanitaire. Ainsi que l'a fait observer M. Dufour, t. Ier, n° 240, «cette loi ne concerne que la police sanitaire dans ses rapports avec les maladies pestilentielles ou contagieuses dont on a à prévenir l'invasion ou à combattre les progrès ; elle a laissé, sous cette restriction, subsister l'attribution résultant, pour le préfet, du décret de 1789 ; et le Gouvernement l'a si bien compris que dans l'ordonnance du 7 août 1822, il s'est étudié à faire de cette attribution la base du régime institué dans les prévisions de la loi du 3 mars elle-même. Les intendances et

---

1. Cet article est ainsi conçu : « Le sceau apposé par l'autorité sanitaire ne pourra être rompu, même après l'arrivée du cercueil dans la localité où l'inhumation doit avoir lieu, sauf le cas de force majeure. Il ne pourra être procédé, sous aucun prétexte, à l'ouverture du cercueil, sans une autorisation préalablement concertée entre le ministre de l'intérieur et celui de l'agriculture, du commerce et des travaux publics. »

commissions sanitaires ne remplissent leur mission que sous la
surveillance et l'autorité du préfet. C'est le préfet qui nomme les
membres des commissions. Il ordonne, en cas d'urgence, l'exécution des règlements faits par les intendances, sans attendre
que le ministre de l'intérieur les ait revêtus de son approbation; il
fait lui-même ces règlements pour les localités sises hors du ressort des intendances, et l'urgence le dispense encore d'attendre
l'approbation du ministre pour leur exécution. »

67. Les préfets ne peuvent rester inactifs dans les cas d'épidémie. Conforme à des instructions antérieures, une circulaire du
15 mars 1853 rappelle aux préfets qu'aussitôt qu'ils auront reçu
le premier rapport du médecin des épidémies, ils doivent le transmettre au ministre, en y joignant tous les renseignements, de nature à lui faire apprécier le véritable état sanitaire de la commune
affectée, ainsi que la convenance des mesures prises dans l'intérêt
particulier des malades et dans celui de la santé publique.

68. Les attributions sanitaires des préfets sont confirmées et
même étendues par le décret du 25 mars 1852 sur la décentralisation; l'art. 2 dit que les préfets statuent sous l'autorisation du
ministre de l'intérieur, sur les divers objets concernant les subsistances.... et la police sanitaire et industrielle, dont la nomenclature est fixée par le tableau B. Entre autres attributions données au préfets ce tableau comprend la réglementation complète
de la boucherie, boulangerie et vente de comestibles sur les foires
et marchés. L'art. 2 du décret de décentralisation du 13 avril 1861
donne aux préfets le droit d'autorisation des fabriques d'eaux minérales artificielles, et celui d'autorisation de dépôt d'eau miné-
rale, naturelle ou artificielle.

69. Une circulaire du ministère de l'intérieur, du 26 novembre
1852, prescrit aux préfets, dans l'intérêt de la santé publique et
dans celui de l'approvisionnement des marchés, de prendre des
mesures pour empêcher qu'on ne fasse faire aux bestiaux amenés
aux marchés des marches forcées déterminant des accidents de
nature à nuire à la qualité et même à la salubrité des viandes livrées à la consommation.

70. Aux termes d'un avis du conseil d'État, les préfets ont été
invités par le ministre de l'intérieur à ne point statuer sur la création d'abattoirs et sur les tarifs des droits d'abattage, attendu que
le décret de décentralisation ne leur donne pas ce pouvoir. (*Circ.
du 22 juin 1853.*)

71. *Épizooties.* — Les préfets sont spécialement chargés de

faire exécuter strictement, dans tous les lieux où a pénétré l'épizootie et dans ceux où elle pénétrera par la suite, les dispositions des arrêts des 10 avril 1714, 24 mars 1745, 19 juillet 1746, 18 décembre 1774, 30 janvier 1775, et 16 juillet 1784, et de l'arrêté du directoire exécutif du 26 messidor an V concernant les épizooties (*Ord. du 27 janv.* 1815, *art.* 1er). Dans les départements où la maladie n'a pas encore pénétré, les préfets ordonnent la visite des étables aussi souvent qu'ils le jugent utile : ils exercent une surveillance active, et font les dispositions nécessaires pour que l'on puisse exécuter sur-le-champ, partout où besoin serait, toutes les mesures propres à arrêter le progrès de l'épizootie, si elle venait à se manifester (*Art.* 3). A la première apparition des symptômes de contagion dans une commune, le préfet envoie des vétérinaires chargés de visiter les bestiaux et de reconnaître ceux qui doivent être abattus (*Art.* 4). Il est dressé des procès-verbaux à l'effet de constater le nombre, l'espèce et la valeur des animaux qui ont été ou qui seront abattus pour arrêter les progrès de la contagion : les extraits de ces procès-verbaux sont transmis par les préfets au ministère de l'agriculture et du commerce, pour faire établir les indemnités des propriétaires de ces animaux (*Art.* 5). Le préfet règle les frais de traitement des épizooties (*tabl. B. annexé au déc. du 25 mars* 1852).

72. *Hydrophobie.* — Une circulaire du 12 mai 1852 invite les préfets à se tenir exactement informés de tous les cas particuliers de rage qui se produiraient dans leur département, et à les soumettre à l'examen du conseil d'hygiène publique et de salubrité de l'arrondissement, qui doit en faire l'objet d'une étude spéciale, et adresser au préfet un rapport que celui-ci doit transmettre au ministre dans le plus bref délai. La circulaire détermine les indications que doivent renfermer les tableaux synoptiques rappelant les éléments de chaque observation particulière.

73. *Visites des pharmacies et magasins des droguistes.* — On peut regarder comme une attribution de police sanitaire le droit conféré aux préfets, par l'art. 1er du décret du 23 mars 1859, de désigner chaque année, par un arrêté spécial, les trois membres des conseils d'hygiène et de salubrité publique chargés de faire, au moins une fois par année, dans chaque arrondissement, l'inspection des officines de pharmaciens et des magasins des droguistes. L'exécution de ce décret a donné lieu à des instructions du ministre de l'agriculture, du commerce et des travaux publics, en date du 30 octobre 1859.

74. 5° POLICE RELATIVE AUX MOYENS DE COMMUNICATION ET DE TRANSMISSION. — Cette partie des attributions du préfet concerne la grande voirie, la voirie urbaine et vicinale, la police du roulage, les chemins de fer, les cours d'eau, les postes et les télégraphes.

75. *Grande voirie*. — Les pouvoirs d'administration et de police, en matière de grande voirie, appartiennent aux préfets, dans les limites et sous les conditions tracées par les lois. Nous considérons les alignements des routes et des rues qui en forment le prolongement, comme des objets de police; ils intéressent, en effet, la liberté, la sûreté de la circulation sur les routes et voies faisant partie de la grande voirie. Ce sont les préfets seuls qui, sur l'avis des ingénieurs des ponts et chaussées, sont compétents pour délivrer les alignements et les permissions de bâtir, que la loi exige impérieusement, aux propriétaires riverains des routes impériales et départementales, et des rues qui en sont la continuation dans les villes, bourgs et villages (*Décr. du 6 septembre 1791, 7 octobre 1791; L. du 28 pluviôse an VIII*). C'est un décret impérial qui détermine quelles sont les rues qui font partie des grandes routes. Dans la délivrance des alignements, le préfet doit se conformer aux plans généraux d'alignement s'il en existe; lorsqu'il n'en a pas été dressé, il délivre des alignements provisoires. Il faut une autorisation du préfet pour construire, sur quelque partie que ce soit des routes, dans ou hors les villes, bourgs ou villages, des ouvrages en saillie, tels que marches, perrons, bancs, balcons, bornes, auvents, enseignes, gouttières, etc.; car il pourrait en résulter de la gêne ou du danger. Ce sont aussi les préfets seuls qui peuvent autoriser, et toujours avec faculté de révocation, les dépôts sur les lieux soumis au régime de la grande voirie, de matériaux, fumiers, gravois, immondices, etc. La démolition de tout édifice menaçant ruine sur la voie publique doit être ordonnée, dans l'intérêt de la sûreté publique (*Déclar. du roi, 18 juillet 1729, 18 août 1730*). Le droit d'ordonner cette mesure appartient au préfet pour tout ce qui dépend de la grande voirie; il n'est réservé aux maires, dans l'intérieur des villes, bourgs et villages, que pour les rues et autres parties de la voie publique qui ne sont pas des continuations et dépendances des routes impériales ou départementales. Dans le cas où la sûreté de la voie publique est gravement compromise, le préfet peut prendre provisoirement toutes les mesures nécessaires commandées par les circonstances, et cela en vertu de ses pouvoirs généraux de police. Enfin, il doit toujours veiller à la réparation des routes. (*Décr. du 22 décembre 1789.*)

76. *Voirie urbaine et vicinale.* — L'article 1ᵉʳ du décret du 25 mars 1852 sur la décentralisation, tableau A, nº 50, donne aux préfets le droit d'approuver les plans d'alignement des villes autres que Paris; leurs arrêtés à ce sujet ne sont pas susceptibles de recours par la voie contentieuse, mais peuvent être annulés ou réformés par le ministre de l'intérieur (*art.* 6). Lorsqu'il s'agit de places de guerre, le préfet doit toujours communiquer à l'autorité supérieure les plans en cours d'instruction qui affectent les rues qui servent de communication directe avec la place d'armes, les bâtiments ou établissements militaires et la rue du rempart; les rues, carrefours et places qui environnent les bâtiments ou établissements militaires, ou qui sont consacrés, par le temps et l'usage, aux exercices ou rassemblements de troupes; il doit en être de même à l'égard des plans d'alignement affectant un monument historique ou précieux sous le rapport de l'art, ou un bâtiment quelconque appartenant au domaine de l'État. (*Décr. du 24 décembre 1811; Circ. du 5 mai 1852.*)

Le maire délivre, pour la voirie urbaine, les alignements individuels, les permissions de bâtir, et les autorisations d'établir sur la voie publique des ouvrages en saillie; mais il ne le fait qu'avec l'approbation du préfet, qui peut prononcer l'annulation ou suspendre l'exécution des autorisations accordées par le maire. C'est devant le préfet que doivent donc se porter les recours formés contre les arrêtés des maires en matière d'alignement. Lorsqu'on attaque les arrêtés du préfet qui ont statué sur ce recours, ils doivent, depuis le décret de décentralisation, être déférés au ministre de l'intérieur et non au conseil d'État. (Block, *Dictionnaire d'adm.*, vº Voirie, nº 116.)

77. Ce sont les préfets qui statuent sur l'établissement des trottoirs dans les villes, et qui font, à cet égard, la déclaration préalable d'utilité publique. (*L. du 7 juin 1845; Décr. de décentralisation du 25 mars 1852, tab. A, nº 54; Circ. du min. de l'int. du 5 mai 1852.*)

78. Les préfets fixent la largeur des chemins vicinaux (*L. du 24 mai 1836, art. 15*); ils ont dû, dans chaque département, faire, pour l'exécution de la loi sur les chemins, un règlement, soumis à la communication au conseil général et à l'approbation du ministre de l'intérieur, et fixant le maximum de la largeur, et statuant en même temps sur tout ce qui est relatif aux alignements, aux autorisations de construire le long des chemins, à l'écoulement des eaux, aux plantations, à l'élagage, aux fossés, à leur curage, et à tous autres détails de surveillance et de conservation (*art.* 21). Pour donner plus d'unité à l'application de la loi, ces règlements locaux ont été remplacés par un règlement général, communiqué aux conseils généraux et adressé aux préfets par une circulaire du 24 juin 1854, avec injonction de n'y apporter d'autres modifications que celles qui seraient commandées par les besoins et les circonstances particulières de chaque localité.

Une circulaire du ministre de l'intérieur, du 10 octobre 1839, fait connaître aux préfets un avis du conseil d'État relatif à leurs attributions concernant les plantations le long des chemins vicinaux; voici comment s'exprime le ministre: « 1° L'article 21 de la loi du 21 mai 1836 donne-t-il aux préfets le droit de régler la distance du bord des chemins vicinaux à laquelle les particuliers pourront planter sur leurs propriétés, ainsi que l'espacement des arbres entre eux? 2° Ce même article donne-t-il aux préfets le droit de défendre aux propriétaires riverains de planter sur le sol de ces chemins? Dans un avis délibéré le 9 mai 1838, le conseil d'État : considérant que l'article 21 de la loi du 21 mai 1836 charge les préfets de faire des règlements pour en assurer l'exécution ; que ces règlements doivent statuer sur tout ce qui est relatif aux plantations; qu'il résulte de ces expressions et du but de la disposition, considérée dans son ensemble, qu'il appartient aux préfets d'insérer dans les règlements dont il s'agit toutes les dispositions relatives à la plantation des arbres, qui sont de nature à assurer la conservation des chemins vicinaux et à en prévenir la dégradation; que c'est pour concilier les divers besoins de chaque localité que les préfets ont été investis du droit de faire sur ce point tous les règlements nécessaires ; que le pouvoir dont ils sont investis à ce titre n'a pas d'autre limite que l'intérêt spécial de chaque localité, et qu'ainsi ils sont autorisés à prescrire toutes les mesures qui leur paraissent convenables, en se conformant, du reste, aux formalités établies par les dispositions ci-dessus visées: Est d'avis que les deux questions ci-dessus énoncées, doivent être résolues affirmativement. » Quoique le ministre de l'intérieur se soit substitué, par la rédaction d'un règlement général, aux pouvoirs que la loi de 1836 avait conférés à chaque préfet en particulier, l'avis du conseil d'État que l'on vient de lire n'en garde pas moins son autorité, soit dans les cas où les besoins ou usages de la localité auront rendu nécessaire une dérogation au règlement général, soit dans les cas qui n'auront pas été prévus par ce règlement.

79. *Roulage et messageries.* — Le nombre de chevaux qui peuvent être attelés aux voitures circulant sur les routes impériales, départementales ou vicinales de grande communication, est déterminé par le décret du 10 août 1852 ; lorsqu'il y a lieu de transporter des blocs de pierre, des locomotives ou d'autres objets d'un poids considérable, les préfets des départements traversés peuvent autoriser l'emploi d'un attelage exceptionnel, sur l'avis des ingénieurs ou des agents voyers (*art.* 4). Les prescriptions relatives à l'attelage ne sont pas applicables sur les rampes d'une déclivité ou d'une longueur exceptionnelle; les limites de ces parties sont déterminées par des arrêtés du préfet, sur la proposition de l'ingénieur ou agent voyer en chef du département, et indiquées par des poteaux portant l'inscription : *chevaux de renfort;* l'emploi de chevaux de renfort peut être autorisé temporairement lorsque, par suite de travaux de réparation ou d'autres circonstances accidentelles, cette mesure est nécessaire : dans ce cas, le préfet fait placer des poteaux provisoires (*art.* 5). Les préfets, dans chaque département, déterminent les chemins sur lesquels les barrières de dégel peuvent être établies (*art.* 7). Le décret, par ce même article 7, déterminait cinq espèces de voitures pouvant circuler pendant la fermeture des barrières de dégel; pour la 4ᵉ et la 5ᵉ classe, ses dispositions ont été remplacées par l'article suivant du décret du 24 février 1858 : « 4ᵒ Les voitures chargées dont l'attelage n'excédera pas le nombre de chevaux qui sera fixé par le préfet, à raison du climat, du mode de construction et de l'état des chaussées, de la nature du sol et des autres circonstances locales. » Les arrêtés pris par les préfets en vertu de ce paragraphe doivent être approuvés par le ministre de l'agriculture, du commerce et des travaux publics.

Quant aux voitures qui ne servent pas au transport des personnes, les préfets des départements traversés peuvent délivrer des permis de circulation pour les objets d'un grand volume non susceptibles du chargement réglementaire maximum de 2 mètres 50 centimètres (*art.* 11). L'article 13 du décret du 10 août 1852 fixe le nombre de voitures dont se compose chaque convoi formé par des voitures marchant à la suite l'une de l'autre; les préfets, en vertu de l'article 3 du décret du 24 février 1858, peuvent restreindre le nombre des voitures dont la réunion en convoi est permise, lorsque la dimension des objets transportés donne au convoi une longueur nuisible à la liberté ou à la sûreté de la circulation. Des arrêtés des préfets peuvent appliquer aux voitures d'agriculture l'obligation imposée par le décret de ne circuler pendant la nuit que munies d'un fallot ou d'une lanterne allumée. (*Art. 15, décr. de 1852.*)

Les voitures particulières servant au transport des personnes ne se trouvent pas comprises dans les dispositions qui imposent l'éclairage ; c'était une lacune regrettable, cette espèce de voitures pouvant occasionner, pendant l'obscurité de la nuit, des embarras ou des accidents. Il y a été pourvu par le décret du 24 février 1858, dont l'article 2 autorise les préfets à appliquer, par des décrets spéciaux, aux voitures particulières, l'obligation de l'éclairage.

Le décret de 1852 prescrit aux conducteurs de voitures de messagerie ou de roulage l'éclairage *pendant la nuit*; il n'appartient pas aux préfets de fixer, dans leurs règlements, l'heure à partir de laquelle, dans chaque saison, les voitures devront être éclairées ; la détermination de la nuit est laissée aux tribunaux. (*Cass.* 7 *juin* 1860.)

80. Les préfets reçoivent les déclarations que doivent faire les entrepreneurs de voitures publiques allant à destination fixe (*art.* 17 *du décret du* 10 *août* 1852); aussitôt après les déclarations, ils font visiter les voitures par des experts ; ils prononcent sur le vu du procès-verbal d'expertise et du rapport du commissaire de police; avant leur autorisation, aucune de ces voitures ne peut être mise en circulation (*art.* 18). Aux termes de l'art. 6 du décret de décentralisation du 13 avril 1861, les sous-préfets peuvent autoriser la mise en circulation des voitures publiques. En pays de montagnes, les préfets ont le pouvoir d'autoriser les entrepreneurs, sur l'avis des ingénieurs et des agents voyers, à employer des largeurs de voies moindres que celles prescrites, mais toujours égales au moins à la voie la plus large des voitures usitées dans la contrée (*art.* 20). Ils peuvent dispenser de l'emploi des appareils d'enrayage les voitures qui parcourent uniquement des pays de plaine. (*Art.* 27.)

81. *Chemins de fer.* — Les chemins de fer construits ou concédés par l'État faisant partie de la grande voirie, le préfet y exerce les pouvoirs qu'il a relativement à la conservation et à la police des routes (*L. du* 15 *juillet* 1845, *art.* 1, 2, 15). L'autorisation pour bâtir sur un terrain bordant un chemin de fer, est ou n'est pas nécessaire, selon la distinction suivante, établie dans

la circulaire du 27 septembre 1855, spéciale sur cette question, et que le ministre termine ainsi : « En résumé, M. le préfet, je pense, avec le conseil général des ponts et chaussées, que les propriétaires riverains des chemins de fer qui veulent établir une construction touchant immédiatement le chemin de fer ou la zone de 2 mètres, mesurée comme le prescrit l'art. 5 de la loi du 15 juillet 1845, doivent demander alignement, mais qu'il n'y a pas lieu de verbaliser contre les propriétaires qui, sans en avoir demandé l'autorisation, bâtissent en dehors de ces limites. » Il faut une autorisation préalable aux riverains des chemins de fer qui se trouvent en remblai de plus de 3 mètres au-dessus du terrain naturel, pour pratiquer des excavations dans une zone de largeur égale à la hauteur verticale du remblai, mesurée au pied du talus (*art.* 6). Une autorisation, d'ailleurs toujours révocable, du préfet est nécessaire pour déposer, à une distance de moins de 5 mètres, des

pierres ou objets non inflammables ; il y a exception quand le chemin de fer est en remblai, pour les dépôts de matières non inflammables dont la hauteur n'excède pas celle du remblai, et pour les dépôts temporaires d'engrais et autres objets nécessaires à la culture des terres. (*Art.* 8.)

Des arrêtés du préfet du département, exécutoires après l'approbation du ministre des travaux publics, règlent l'entrée, le stationnement et la circulation des voitures publiques ou particulières destinées, soit au transport des personnes, soit au transport des marchandises dans les cours dépendant des stations des chemins de fer (*Ord. du 15 novembre 1846, art.* 1er). Aucune voiture pour les voyageurs ne sera mise en service sans une autorisation du préfet, donnée sur le rapport d'une commission constatant que la voiture satisfait aux conditions légales de construction (*art.* 13). Le préfet doit recevoir connaissance des affiches indiquant au public l'ordre et la marche des services avant qu'ils soient mis à exécution (*art.* 43) ; il doit être immédiatement averti, par les soins de la compagnie, de tout accident arrivé sur le chemin (*art.* 59). Aucun crieur, vendeur ou distributeur d'objets quelconques ne peut être admis par les compagnies à exercer sa profession dans les cours des bâtiments des stations et dans les salles d'attente destinées aux voyageurs, qu'en vertu d'une autorisation spéciale du préfet du département (*art.* 70). Lorsqu'un chemin de fer traverse plusieurs départements, les attributions des préfets peuvent être centralisées en tout ou en partie dans les mains d'un des préfets des départements traversés (*art.* 71) ; elles appartiennent au préfet de police de Paris dans toute l'étendue de sa juridiction. (*Art.* 72.)

82. *Cours d'eau.* — Les pouvoirs de police des préfets sur les cours d'eau résultent du chapitre 6 de la loi du 20 août 1790, de l'article 16 du Code rural, de l'arrêté du 19 ventôse an VI sur les cours d'eau navigables, pour le halage de l'article 6 de la loi du 7 septembre 1790 et de l'article 4 du décret du 22 janvier 1808, et pour le curage et l'entretien des ouvrages d'art dans les cours d'eau non navigables, de la loi du 14 floréal an XI. « En présence de ces dispositions, dit M. Dufour, *Droit administratif*, t. 1er, p. 271 à 273, on ne peut contester au préfet le droit de pourvoir aux exigences de la sûreté et de la salubrité publiques. La loi du 22 décembre 1789 a confié ces intérêts à l'administration départementale; sa mission est de les suivre et de les sauvegarder partout et toujours, et de là pour elle le droit et le devoir de prescrire le nécessaire pour prévenir les débordements, parer aux conséquences des inondations, ou faire disparaître les dépôts de vase dont les exhalaisons peuvent être dangereuses. Les lois et règlements sur la police des eaux ne lui ont rien enlevé des pouvoirs qu'elle tient des lois générales. Le même principe offre une base légale à tous les arrêtés préfectoraux dont le but est de maintenir la navigation libre et facile. On les rattache aux dispositions de la loi du 7 décembre 1790 et du décret du 22 janvier 1808 relatives à la grande voirie. Mais le droit des préfets n'est pas seulement de remédier aux inconvénients du voisinage des cours d'eau ou d'en assurer l'usage comme voie de circulation. Les lois des 20 août 1790 et 6 octobre 1791 et l'arrêté du 19 ventôse an VI leur enjoignent expressément de veiller à ce qu'il ne soit pas, sans autorisation, aucune entreprise sur les rivières et ruisseaux, soit qu'il s'agisse d'un obstacle à leur libre écoulement, soit qu'il s'agisse d'un détournement des eaux. » Le pouvoir des préfets ne s'étend pas sur les eaux qui ont un caractère de propriété privée; on considère comme telles les eaux provenant d'une source qui prend naissance dans une propriété; elles ne forment pas un cours d'eau, soumis, tant qu'elles y sont, au pouvoir réglementaire de l'administration; le préfet ne peut donc régler sur ce domaine la hauteur des eaux, ni y supprimer des ouvrages destinés à retenir les poissons; le tout, bien entendu, sauf aux tribunaux à statuer sur les discussions entre le propriétaire et les autres intéressés pour la jouissance des eaux de la source. (*Cons. d'Ét.* 23 *décembre* 1858, 1er *mars* 1860.)

83. Des difficultés s'étaient élevées sur le droit des préfets d'autoriser et réglementer les usines et ouvrages sur les cours d'eau, les attributions relatives à cet objet, ainsi qu'au curage et à l'entretien, ont été réglées de la manière suivante par le décret de décentralisation du 25 mars 1852, art. 4 : « Les préfets statueront sans l'autorisation du ministre des travaux publics, mais sur l'avis ou la proposition des ingénieurs en chef, et conformément aux règlements ou instructions ministérielles, sur tous les objets mentionnés dans le tableau D ci-annexé :

Tableau D : 1° Autorisation, sur les cours d'eau navigables ou flottables, des prises d'eau faites au moyen de machines, et qui, eu égard au volume du cours d'eau, n'auraient pas pour effet d'en altérer sensiblement le régime ; 2° autorisation des établissements temporaires sur lesdits cours d'eau, alors même qu'ils auraient pour effet de modifier le régime ou le niveau des eaux ; fixation de la durée de la permission ; 3° autorisation sur les cours d'eau non navigables ni flottables, de tout établissement nouveau, tel que moulin, usine, lavage, prise d'eau d'irrigation, patouillet, bocard, lavoir à mines ; 4° régularisation de l'existence desdits établissements lorsqu'ils ne sont pas encore pourvus d'autorisation régulière, ou modification des règlements déjà existants ; 5° dispositions pour assurer le curage et le bon entretien des cours d'eau non navigables ni flottables, de la manière prescrite par les anciens règlements ou d'après les usages locaux...... 7° autorisation et établissement de débarcadères sur les bords des fleuves et rivières, pour le service de la navigation....... 9° autorisation et établissement des bateaux particuliers. » Les dispositions du décret ont été expliquées et développées dans une circulaire du ministre des travaux publics, du 27 juillet 1852. Le décret du 13 avril 1861 ajoute aux pouvoirs du préfet celui d'accorder des prises d'eau, pour les fontaines publiques, dans les cours d'eau non navigables. Il faut observer que les préfets ont bien le droit de régler, dans un but de police, d'utilité générale, de salubrité, le régime des usines sur les cours d'eau non navigables, mais qu'ils ne peuvent user de ce droit dans un intérêt purement privé pour le profit d'un seul usinier, ou de quelques propriétaires. (*Cons. d'Ét.* 24 *mai et* 19 *juillet* 1860.)

84. *Transmissions par la poste.* — Les préfets sont au nombre des fonctionnaires chargés de veiller à l'exécution des dispositions relatives à la prohibition d'immixtion dans le transport des lettres, papiers et journaux, confié exclusivement à l'administration des postes (*Arr. du* 27 *prairial an IX* , *art.* 4.) L'administration supérieure reconnaît aux préfets le droit de saisir les lettres confiées à la poste , entre les mains des préposés. (*Circ. min. du* 15 *février* 1856.)

85. *Transmissions télégraphiques.* — Le préfet notifie administrativement, aux fermiers ou concessionnaires de canaux ou de chemins de fer, les procès-verbaux des contraventions d'où est résulté une interruption du service télégraphique (*Décr. du* 27 *décembre* 1851 , *art.* 6). Lorsque, sur une ligne de télégraphie aérienne, la transmission des signaux est empêchée ou gênée, soit par des arbres, soit par l'interposition d'un objet quelconque placé à demeure, mais susceptible d'être déplacé, un arrêté du préfet prescrit les mesures nécessaires pour faire disparaître l'objet, à la charge d'indemniser le propriétaire (*art.* 9). Le mode d'exécution du décret relatif aux télégraphes aériens est expliqué quant à l'établissement et à la police des lignes et des signaux télégraphiques ou réputés tels par une circulaire du ministère de l'intérieur du 25 novembre 1852 , et par une autre circulaire du 7 décembre 1859 concernant les conditions d'autorisation de lignes télégraphiques.

Les préfets ont à intervenir dans les communications privées faites par le moyen de la télégraphie électrique. Si le directeur d'un télégraphe refuse une dépêche , dans l'intérêt de l'ordre public ou des bonnes mœurs, et qu'il y ait réclamation , il en est référé , entre autres autorités, au préfet, qui statue d'urgence (*L. du* 29 *novembre* 1850 , *art.* 3). Une circulaire du ministre des travaux publics, adressée aux agents de la télégraphie, le 2 janvier 1855 , s'exprime ainsi : « Quelques difficultés s'étant élevées au sujet du plus ou moins d'extension à donner à ce contrôle , M. le ministre a informé MM. les préfets que les fonctionnaires et agents de l'administration des lignes télégraphiques étant responsables du secret des dépêches, ne peuvent les communiquer à l'autorité administrative que dans les circonstances prévues par la loi , ou sur la présentation d'une réquisition écrite se rapportant à certaines dépêches dont la connaissance paraîtrait indispensable au point de vue de la sûreté publique. Ainsi, en dehors du cas prévu par la loi , vous ne communiquerez aucune dépêche privée à MM. les préfets et sous-préfets , sans une réquisition écrite et spéciale de leur part. » La circulaire du 15 février 1856 , adressée aux mêmes agents, porte que les préfets ont le droit de requérir, dans les bureaux télégraphiques , la communication des dépêches privées qu'ils présument renfermer des indications utiles à la découverte des crimes et délits dont ils poursuivent la répression. — La sincérité de la signature d'une dépêche présentée à l'expédition peut être constatée par un visa du préfet. (*Décr. du 17 juin 1852, art. 5.*)

86. 6° POLICE RELATIVE A L'INDUSTRIE. — En général, l'industrie est libre, et ceux qui l'exercent répondent devant les tribunaux des infractions aux lois et règlements auxquels cet exercice est soumis. La police administrative du gouvernement et des préfets intervient dans quelques grandes exploitations, dans les établissements insalubres et dangereux, dans la surveillance de quelques industries ou professions de nature à compromettre l'ordre public, et dans les rapports des ouvriers avec les industriels qui les emploient.

87. *Mines, minières et carrières.* — Un régime spécial préside aux concessions et exploitations de mines. Dans tout ce qui concerne les concessions et ce qui précède l'exploitation, le préfet n'agit que comme intermédiaire, et pour activer et régulariser l'instruction qui doit préparer les mesures d'autorisation réservées au gouvernement central. Toutefois, il est un cas où le préfet pourrait intervenir activement avant toute concession : c'est celui où il s'agirait de recherches de minéral, soit dans un terrain où il n'existe aucune concession, soit dans un terrain où il y a une concession, mais pour un minéral d'une espèce différente. Le droit du propriétaire de fouiller dans son terrain ne saurait aller jusqu'à compromettre sa vie ou celle des ouvriers : « Le préfet, dit avec raison M. Dufour, t. 6, n° 227, serait fondé, sans nul doute, à prescrire certaines mesures de précaution, ou à interdire le creusement d'un puits dans lequel on aurait à redouter des éboulements. Le propriétaire pourrait en appeler à l'autorité supérieure; mais il n'en serait pas moins tenu d'obéir provisoirement. Les motifs qui, dans l'article 50 de la loi, ont fait autoriser le préfet à user des pouvoirs qui lui sont attribués en matière de grande voirie, ne s'appliquent pas moins aux travaux de recherches qu'à tous autres. »

C'est sous les ordres du ministre et des préfets que les ingénieurs des mines exercent la surveillance de police pour la conservation des édifices et la sûreté du sol (*L. du 21 avril 1810, art. 47*). Si l'exploitation est restreinte ou suspendue de manière à inquiéter la sûreté publique ou les besoins des consommateurs, les préfets, après avoir entendu les propriétaires, en rendent compte au ministre (*art.* 49). Si l'exploitation compromet la sûreté publique, la conservation des puits, la solidité des travaux, la sûreté des ouvriers mineurs ou des habitations de la surface, il y est pourvu par le préfet lui-même, ainsi qu'il est pratiqué en matière de grande voirie (*art.* 50). Le préfet reçoit le procès-verbal de l'ingénieur des mines, qui doit être averti du danger par le concessionnaire, et les observations et propositions du maire; il entend le concessionnaire, et ensuite ordonne telles mesures qu'il appartiendra; si le concessionnaire refuse de faire les travaux ordonnés par le préfet, il y est pourvu d'office et à ses frais (*Ord. du* 26 *mars* 1843). — Lorsqu'un puits, une galerie ou tout autre travail d'exploitation a été ouvert en contravention, le préfet peut l'interdire, sauf recours au ministre et, s'il y a lieu, au conseil d'État par la voie contentieuse, la suspension de tout ou partie de l'exploitation (*L. du* 27 *avril* 1838, *art.* 6 *et* 8). Il y a plus, l'administration ajoute à cette disposition répressive des dispositions préventives dans les cahiers de charges dont le modèle est annexé à une circulaire du 8 octobre 1843, et où se trouvent les deux clauses suivantes : « Art. *g.* Il ne pourra être procédé à l'ouverture de puits ou galeries partant du jour, pour être mis en communication avec les travaux existants, sans une autoritation du préfet, accordée sur la demande du concessionnaire et sur le rapport des ingénieurs des mines. Art. *h.* Lorsque le concessionnaire voudra ouvrir un nouveau champ d'exploitation, il adressera au préfet un plan qui devra se rattacher au plan général de la concession, et un mémoire indiquant son projet de travaux. Le préfet, sur le rapport des ingénieurs des mines, approuvera ou modifiera ce projet. »

88. Il faut une permission pour l'exploitation des minières, permission qui règle ce qui concerne la sûreté et la salubrité publiques (*art.* 57 *et* 58); mais aucune autorisation n'est nécessaire au propriétaire qui veut exploiter une minière de fer d'alluvion existant dans son terrain; il suffit qu'il déclare au préfet qu'il se propose d'exploiter, et la lettre ou l'arrêté du préfet qui lui donne acte de sa déclaration, vaut permission d'exploiter (*art.* 59). Lorsque le propriétaire n'exploite pas un terrain que les maîtres de forges du voisinage jugent renfermer du minerai, ils s'adressent au préfet pour obtenir la permission d'exploiter eux-mêmes; si, au bout d'un mois, le propriétaire ne déclare pas qu'il entend exploiter, il est censé avoir renoncé à l'exploitation, et le préfet statue, après avoir pris l'avis de l'ingénieur des mines, sur la

demande et sur les oppositions dont elle a pu être l'objet (*art.* 60). Si le propriétaire n'exploite pas en quantité suffisante, ou suspend ses travaux d'extraction pendant plus d'un mois sans cause légitime, les maîtres de forges demandent au préfet la permission d'exploiter à sa place; le préfet consulte l'ingénieur, prend des renseignements, et met le défendeur en demeure de fournir ses observations; le préfet décide à la fois et sur la demande et sur l'opposition qui est faite (*art.* 62). Lorsqu'une permission a été accordée à plusieurs maîtres de forges, le préfet détermine, sur l'avis de l'ingénieur, les proportions dans lesquelles chacun peut exploiter; il décide aussi quels sont les usiniers qui ont droit, en raison du voisinage, et dans quelles proportions ils ont droit à l'achat du minerai exploité par le propriétaire de la minière (*art.* 64). Les arrêtés du préfet peuvent être déférés au ministre des travaux publics. Lorsqu'une exploitation ne peut plus être poursuivie que par l'établissement de puits, galeries souterraines et autres travaux réguliers d'art, la minière tombe sous le régime de la concession, et le préfet ordonne la cessation des travaux. (*Art.* 69.)

89. L'exploitation des terres pyriteuses et alumineuses est soumise, quel que soit l'exploitant, à la même permission que les minières (*art.* 71). On doit y appliquer les règles que nous venons d'exposer relativement aux minerais de fer d'alluvion.

90. Les différents établissements destinés à traiter les substances minérales, c'est-à-dire les fourneaux, forges et usines, sont soumis par le décret du 21 avril 1810 à une permission qui ne peut être donnée que par décret. Une exception a été faite pour les usines servant de patouillets et bocards, par le décret de décentralisation du 25 mars 1852; le préfet peut les autoriser (*Voy. tabl. D*, *sup.* n° 83). Quant aux permissions émanées du Gouvernement, le préfet n'intervient que pour activer et régulariser l'instruction qui les prépare.

91. Le propriétaire de carrières qui veut les exploiter à ciel ouvert, n'a besoin d'aucune permission; les règlements, dont l'observation lui est imposée (*art.* 81), lui prescrivent seulement d'adresser au préfet une déclaration. Lorsque l'exploitation doit se faire par galeries souterraines, les carrières rentrent, comme les mines, sous la surveillance de l'administration. Il y a même des décrets, tels que celui du 22 mars 1813, concernant les carrières des départements de la Seine et de Seine-et-Oise, qui exigent une autorisation préalable du préfet.

2*

92. Enfin, quant aux tourbières, elles ne peuvent être exploitées que par le propriétaire ou de son consentement, et avec l'autorisation du préfet, qui prononce sur le vu de la déclaration faite à la sous-préfecture, et après avoir pris l'avis de l'ingénieur des mines. (*L. du 21 avril* 1810, *art.* 84; *Inst. du 3 août* 1810.)

93. *Établissements dangereux, insalubres ou incommodes.* — Depuis le décret de décentralisation, du 25 mars 1852 (*tabl. B*), les préfets ont le pouvoir d'autoriser les établissements rangés dans la première classe, à la condition de suivre les formes tracées par le décret du 15 octobre 1810 et l'ordonnance du 24 janvier 1815, pour l'instruction de ses affaires, et sauf recours au conseil de préfecture ou au conseil d'État, selon qu'il a accordé ou refusé l'autorisation. Les conditions de ce nouveau pouvoir sont rappelées aux préfets dans des circulaires du ministre de l'intérieur, du 6 avril 1852 et du 15 décembre 1852. Le préfet ne peut prononcer que sur les demandes d'autorisation des établissements de première classe, et non sur les demandes en suppression, fondées sur des considérations d'ordre public, et qui exigent un décret rendu en conseil d'État (*Décr. du 15 octobre* 1810, *art.* 15; *Circ. du 15 décembre* 1852); il n'a pas non plus le droit de classer, même provisoirement, dans la première classe, des établissements nouveaux qui sembleraient devoir y être rangés; il doit en référer au ministre, et, en attendant qu'un décret ait fixé le classement, suspendre, en cas de besoin, la formation ou l'exploitation de l'usine (*Même circul.*) Pour les établissements de deuxième classe, l'instruction est faite par le sous-préfet, et c'est le préfet qui prononce l'admission ou le rejet de la demande d'autorisation (*art.* 1er). Les personnes qui ont à se plaindre d'un arrêté préfectoral d'autorisation, peuvent l'attaquer devant le conseil de préfecture; le recours contre un arrêté de refus devrait être porté devant le conseil d'État (*Décr. art* 7; *Circ. min. du 3 novembre* 1832 *et* 15 *décembre* 1852). Le préfet statue dans les cas où des établissements existants ont besoin d'une nouvelle permission, sauf recours au ministre. Lorsque des établissements leur paraissent de nature à pouvoir être rangés dans la deuxième ou la troisième classe, ils peuvent, en suivant les formes prescrites par le décret de 1810, accorder des permissions, à la charge d'en rendre compte au ministre compétent. (*Ord. du 14 janvier* 1815, *art* 5.)

94. *Bureaux de placement.* — Ils ne peuvent exister qu'avec la permission du l'autorité municipale; l'approbation du préfet est nécessaire pour rendre exécutoires les retraits de permissions. (*Décr. du 25 mars 1852, art 7.*)

95. *Professions de saltimbanques, musiciens ambulants, etc.* — Les préfets, en vertu du pouvoir général de police qu'ils exercent pour le maintien général de l'ordre dans tout le département, peuvent surveiller les individus exerçant des professions qui intéressent la sécurité ou la tranquillité publique. De ce nombre sont les saltimbanques, bateleurs, escamoteurs, joueurs d'orgues, musiciens ambulants et chanteurs. Ces sortes d'industriels, sans cesse en rapport avec les classes inférieures de la société, occasionnant souvent des rassemblements, et pouvant servir d'intermédiaires à des menées secrètes, ou abuser de la curiosité ou de la crédulité des spectateurs, la police doit exercer sur eux son action. Le préfet de police de la Seine a rendu à cet égard une ordonnance détaillée en 1853; on verra, quand nous traiterons de la police municipale, que les maires prennent également, sur le même objet, des arrêtés réglementaires. Afin de régulariser, dans les départements, ce qui peut n'avoir été réglé que dans un certain nombre de communes, la circulaire du ministre de l'intérieur, du 13 décembre 1853, invite les préfets à mettre en vigueur, dans leurs départements, un arrêté consacrant es mesures relatives aux professions dont il s'agit, mesures dont le ministre indique lui-même les principales.

96. *Maisons de jeux de hasard et loteries.* — L'industrie des maisons de jeux de hasard est absolument interdite; les préfets ont le droit et le devoir de veiller à l'observation de cette prohibition (*Décr. du 24 juin 1806*). Il en est de même des loteries; elles sont prohibées par la loi du 21 mai 1836, dont l'article 5 excepte toutefois les loteries d'objets mobiliers destinés à des actes de bienfaisance ou à l'encouragement des arts, lorsqu'elles auront été autorisées. L'ordonnance du 29 mai 1844 attribue l'autorisation au préfet de police à Paris, et dans les autres départements au préfet, sur la proposition des maires. Une circulaire du ministre de l'intérieur, du 22 décembre 1845, donne aux préfets des instructions motivées sur les circonstances où ils doivent accorder ou refuser l'autorisation. Il avait été prescrit aux préfets d'en référer au ministre chaque fois qu'il s'agissait d'autoriser ou de repousser le projet d'une loterie dont le montant dépasserait le chiffre de 100,000 fr. Cette concession a paru trop large, et susceptible d'abus contraires à l'esprit de la loi; une circulaire du ministre de la police générale, du 13 novembre 1852, a décidé que les préfets ne pourraient au-

toriser les loteries exceptionnelles que lorsque le montant des billets à émettre ne dépasserait point le chiffre de 5,000 fr.; au delà ils doivent prendre les instructions du ministre; jusqu'à concurrence de 2000 fr. l'autorisation peut-être accordée par le sous-préfet. (*Décr. de décentralisation, du 13 avril 1861, art. 6.*) La circulaire ajoute que les billets ne doivent être émis, colportés ou placés que dans le département où le tirage aura lieu; pour s'étendre dans le ressort de la cour impériale, il faut une décision du ministre; l'infraction à cette règle pourra motiver le retrait de l'autorisation.

Une circulaire du ministre de l'intérieur, du 16 juin 1857, prescrit aux préfets d'insérer dans toutes les autorisations de loteries de bienfaisance une clause expresse, portant que tout lot gagné et non réclamé dans un délai déterminé, qui ne pourra excéder un an après le tirage et la publication des lots gagnants, sera acquis irrévocablement à la loterie. Les billets imprimés devront porter cette clause.

Livrets d'ouvriers. — Hors de Paris, les livrets d'ouvriers ne sont délivrés par le préfet que dans l'agglomération lyonnaise et dans les chefs-lieux des départements dont la population excède 40,000 âmes (*L. du 22 juin 1854, art. 2, et décr. du 5 mai 1855*). Dans les mêmes circonstances, le préfet donne le visa sur le livret pour tenir lieu de passe-port à l'ouvrier (*art.* 9); c'est lui aussi qui cote et paraphe le registre spécial que les chefs d'établissement doivent tenir (*Décr. du 30 avril 1855, art.* 8). L'article 13 du décret de 1855 autorise à Paris le préfet de police, et dans les départements, *les autorités locales*, à prendre, dans les limites de leur compétence, des dispositions spéciales aux livrets; par autorités locales', il faut entendre les maires des communes autres que les chefs-lieux de département ayant plus de 40,000 habitants; dans ces dernières, c'est le préfet seul qui pourrait faire les règlements dont il s'agit, puisqu'il a les attributions du préfet de police de Paris. Le ministre de l'agriculture, du commerce et des travaux publics a envoyé aux préfets, le 18 mai 1855, une circulaire explicative des dispositions de la loi et du décret.

97. *Travail des enfants dans les manufactures.* — Les préfets peuvent commettre un médecin chargé d'accompagner les inspecteurs qui surveillent et assurent l'exécution de la loi sur le travail des jeunes ouvriers industriels (*L. du 22 mars 1842, art. 10*). Le décret de décentralisation, du 13 avril 1861, art. 5, n° 11, leur donne le pouvoir de nommer les membres de la commission de surveillance établie dans le même but. Une circulaire du ministre de l'intérieur, du 28 février 1853, leur prescrit de se concerter avec l'autorité judiciaire, et d'ordonner, en ce qui les concerne, toutes les mesures nécessaires pour que les infractions commises soient constatées avec une égale vigilance sur tous les points de leur département et déférées aux tribunaux compétents. Au surplus, par une circulaire du 25 septembre 1854, le ministre de l'intérieur a groupé en faisceaux les instructions antérieures, en les rattachant aux diverses prescriptions de la loi, dans le but d'assurer de plus en plus l'accomplissement des intentions du législateur.

98. 7° POLICE RELATIVE AU COMMERCE. — La surveillance des poids et mesures est un des plus importants objets de la police commerciale; elle a été confiée aux préfets et sous-préfets, chargés de surveiller la vérification des poids et mesures destinés et servant au commerce (*Ord. du 17 avril 1839, art. 1er*). Le préfet peut proposer au ministre la création de plusieurs bureaux de vérification dans un même arrondissement (*art. 2*). Il a le droit de suspendre les vérificateurs (*art. 9*). Il dresse, pour son département, le tableau des professions qui doivent être assujettis à la vérification (*art. 15*). Il désigne, chaque année, les communes où les vérifications périodiques devront se faire, l'ordre dans lequel elles seront vérifiées (*art. 18*), l'époque où la vérification commence, et celle où elle doit être terminée (*art. 27*). Il est chargé, concurremment avec d'autres autorités, de l'inspection du débit des marchandises qui se vendent au poids et à la mesure (*art. 28*). Leurs arrêtés, sauf ceux qui règlent l'ordre des visites périodiques dans les communes, ne sont exécutoires qu'après l'approbation du ministre du commerce. (*Art. 33.*)

Ce sont les préfets qui, dans les villes où les besoins du commerce l'exigent, établissent des bureaux de pesage, mesurage et jaugeage publics (*Arr. du 7 brumaire an IX, art. 1er*). Dans le lieu où cet établissement n'est pas nécessaire, le préfet peut confier les fonctions de peseur, mesureur et jaugeur public à des citoyens d'une probité et d'une capacité reconnues (*art. 3*). Il approuve la délimitation, faite par l'autorité municipale, de l'enceinte des halles, marchés et ports où l'emploi des préposés est exclusif. (*Art 5.*)

99. *Bourses de commerce.* — La police de la bourse appartient, dans l'agglomération lyonnaise, et dans les villes chefs-lieux de département comptant plus de 40,000 habitants, au préfet; dans les autres localités aux maires (*Arr. du 29 germinal* *an IX*, *art.* 14; *L. du* 5 *mai* 1855). Dans les villes où ils ont la police de la bourse, les préfets peuvent proposer au ministre la suspension des agents de change qui ne se conforment pas aux lois et règlements ou prévariquent dans leurs fonctions ; dans les autres villes ils reçoivent du sous-préfet les propositions des maires à ce sujet (*art.* 17). Ils peuvent, sauf l'approbation du ministre de l'intérieur, faire les règlements locaux qu'ils jugent nécessaires pour la police intérieure de la bourse (*art.* 19). Les pouvoirs des préfets à l'égard des agents de change sont les mêmes à l'égard des courtiers (*art.* 18). Dans les villes où, aux termes de la loi du 5 mai 1855, ils exercent les fonctions de préfet de police, les préfets règlent, de concert avec le tribunal de commerce, les jours et heures d'ouverture, de tenue et de fermeture de la bourse. (*Arr. du* 27 *prairial an X*, *art.* 2.)

100· *Ouverture et réglementation des marchés.* — On peut regarder comme un pouvoir de police le droit que le tableau B annexé au décret de décentralisation du 25 mars 1852 donne aux préfets d'autoriser l'ouverture de marchés, sauf pour les bestiaux. Dans les marchés, une fois ouverts, la police appartient à l'autorité-municipale (*Voy. chap.* 2, *sect.* 2, *art.* 2, § 10) ; mais le tableau B attribue aux préfets la réglementation complète de la vente des comestibles sur les foires et marchés. Il leur donne aussi l'examen et l'approbation des règlements de police commerciale pour les foires, marchés, ports et autres lieux publics.

101. *Débits de boissons.* — C'est dans cette matière que le pouvoir des préfets a reçu l'extension la plus considérable ; elle va jusqu'à sacrifier entièrement le principe de la liberté commerciale ; plusieurs publicistes voient là un précédent dangereux ; il ne faut pas moins, pour se rassurer sur les conséquences, que la pensée de la gravité du mal social auquel on a voulu remédier. C'est parce que le nombre toujours croissant des cabarets, cafés et autres établissements de même nature, qui se multipliaient jusque dans les petits villages, a paru présenter des inconvénients et même des dangers, que cette espèce d'industrie a cessé d'être libre et a été assujettie à une permission de l'autorité. On a pensé que, dans la délivrance de ces permis, l'autorité municipale pourrait être influencée par des circonstances de localité ou de personnes ; le droit d'autorisation préalable a donc été conféré au préfet. Tel est l'objet de l'important décret du 29 décembre 1851, dont l'application a donné lieu à de fréquentes difficultés, et qui n'a été modifié que par le pouvoir attribué au sous-préfet d'accorder des autorisations purement temporaires. (*Décr. de décentralisation du 13 avril 1861.*)

Voici d'abord le texte du décret de 1851 : Art. 1er. Aucun café, cabaret ou autre débit de boissons à consommer sur place ne peut être ouvert sans la permission préalable de l'autorité administrative. — Art. 2. La fermeture des établissements désignés en l'art. 1er, qui existent actuellement ou qui seront autorisés à l'avenir, pourra être ordonnée par le préfet, soit après une condamnation pour contravention aux lois et règlements qui concernent ces professions, soit par mesure de sûreté publique. — Art. 3. Tout individu qui ouvrira un café, cabaret, ou débit de boissons à consommer sur place, sans autorisation préalable ou contrairement à un arrêté de fermeture pris en vertu de l'article précédent, sera poursuivi devant les tribunaux correctionnels, et puni d'une amende de 25 à 500 fr. et d'un emprisonnement de six jours à six mois.

Le but de ces dispositions est marqué par les expressions suivantes du préambule : « Considérant que la multiplicité toujours croissante des cafés, cabarets et débits de boissons est une cause de désordre et de démoralisation; considérant que, dans les campagnes surtout, ces établissements sont devenus, en grand nombre, des lieux de réunion et d'affiliation pour les sociétés secrètes, et ont favorisé, d'une manière déplorable, les progrès des mauvaises passions; considérant qu'il est du devoir du Gouvernement de protéger, par des mesures efficaces, les mœurs publiques et la sûreté générale.... » Les dispositions du décret n'ayant point d'effet rétroactif, l'autorisation n'est point nécessaire pour un débit de boissons qui existait déjà au moment où il a été promulgué. (*Arr. de cass. du 10 mai 1860.*)

102. Le Gouvernement a expliqué aux préfets dans quel sens, dans quel esprit ils doivent user du pouvoir arbitraire d'autorisation et de refus qui leur est attribué. Aux termes d'une circulaire du 3 janvier 1852 l'action du préfet doit être, en cette matière, à la fois protectrice et répressive; lorsqu'il s'agira d'autoriser l'ouverture de l'un des établissements mentionnés au décret, cette autorisation ne devra être accordée qu'après un examen minutieux et à des individus dont les antécédents et la moralité soient suffisamment garantis. S'il s'agit, au contraire, de la fermeture d'un établissement existant, le préfet doit, hors le cas de danger public, avertir d'abord le propriétaire par écrit, s'entourer, avant de sévir, de preuves et de renseignements certains, consulter la gen-

darmerie, les commissaires de police, les maires, les juges de
paix, les sous-préfets, et surtout se tenir en garde contre les dénonciations dictées par une concurrence cupide et jalouse ; mais
lorsqu'il est suffisamment éclairé, il doit agir résolument et avec
l'assurance que donne l'accomplissement d'un devoir à remplir
envers la société. Les cafés que l'on transforme en clubs ou foyers
de propagande politique, les cabarets qui deviendraient des rendez-vous de repris de justice, d'individus tarés, vivant de prostitution et de vol, doivent être impitoyablement fermés. La même
sévérité doit être déployée à l'égard des établissements où l'on
débiterait des boissons falsifiées ou altérées et de nature à nuire à
la santé du peuple. Du droit accordé aux préfets d'ordonner la
fermeture des débits on a induit celui de prescrire les mesures
propres a y maintenir l'ordre et à protéger les mœurs, par exemple en imposant aux débitants l'obligation de n'admettre dans leur
établissement des filles et femmes de service qu'avec l'agrément du
commissaire de police. (*Cass.* 9 *mars* 1860.)

103. On vient de voir les règles de conduite que les préfets doivent suivre à l'égard des établissements compris dans le décret ;
mais quels sont ces établissements ? L'article 1er, auquel se réfèrent
les articles 2 et 3, désigne les cafés, cabarets ou autres débits de
boissons à consommer sur place ; il est facile de reconnaitre un
café, un cabaret ; ils s'annoncent généralement pour ce qu'ils
sont, et d'ailleurs leur vrai caractère se manifeste publiquement.
Les établissements où à la consommation s'ajoute de la musique
ne cessent pas, par cette circonstance, d'être de véritables cafés
ou cabarets ; aussi les cafés-concerts sont-ils sujets à l'autorisation, toujours révocable, du préfet, et réglementés sous le double
rapport de la consommation et de la musique ; ils ont même été,
de la part du Gouvernement, l'objet de mesures spéciales destinées
au maintien de l'ordre ; aux termes d'une circulaire du ministre de
la police générale, en date du 6 avril 1853, le tarif des objets de
consommation et le programme des concerts du jour doivent être
ostensiblement affichés dans l'intérieur de l'établissement ; tout
chant contraire à l'ordre ou à la morale publique doit y être sévèrement interdit ; l'usage d'aucun instrument bruyant de nature
à troubler le repos public ne doit être toléré à l'orchestre ; un
double du programme de chaque concert doit être remis, vingt-
quatre heures au moins à l'avance, au commissaire de police, auquel on doit, d'ailleurs, rendre compte, avant l'ouverture du concert, de toutes les modifications que ce programme peut subir.

104. Généralement l'autorisation est accordée, non pas à un café ou cabaret abstraction faite du local, mais à un établissement de cette nature dans tel local désigné ; il s'ensuit que si ce café ou cabaret est fermé, le propriétaire ou industriel qui a obtenu l'autorisation doit en obtenir une nouvelle pour l'ouvrir dans un autre local, alors même que ce serait dans les limites de la même commune ; on considère, dans ce cas, les conditions d'existence de l'établissement comme changées, et on veut que l'autorité administrative puisse être mise à même de reconnaître préalablement si le nouvel établissement ne présente pas les dangers que le décret de 1851 a eu pour but de prévenir. Cette solution, quelque peu rigoureuse, a été consacrée par un arrêt de la cour de cassation du 6 janvier 1854. L'autorisation étant personnelle, il en faut une nouvelle en cas de cession de l'établissement. (*Cass. du 26 mai 1859.*)

105. L'autorisation donnée par le préfet aux cafés et cabarets n'a pas pour effet de les dispenser de l'observation des règlements locaux prescrivant des mesures d'ordre et de police pour les lieux publics, tels que ceux qui déterminent les heures d'ouverture et de fermeture des établissements dans lesquels le public est reçu.

106. Si le caractère de café, de cabaret, est facile à reconnaître, il peut n'en pas être toujours de même des établissements que le décret qualifie par la dénomination générale *de tous débits de boissons à consommer sur place.* Que faut-il entendre par cette qualification ? Il n'y a pas de doute quand il s'agit d'établissements qui ont pour objet unique le débit d'eau-de-vie ou autres liqueurs servies en détail à tout venant ; tels sont ces débits, nombreux à Paris, où se vendent et se consomment sur place des fruits de toute espèce confits dans l'eau-de-vie, et des liqueurs variées. Mais il n'est pas toujours aussi facile de reconnaître les établissements qu'on peut considérer comme débits de boissons, sujets, à ce titre, à une autorisation préalable du préfet. Voici les règles à l'aide desquelles on résout les questions de ce genre.

D'abord il ne faut pas oublier que, depuis la législation de 1789, les professions commerciales sont libres et s'exercent sans aucune concession de l'autorité ; ce n'est que par exception et pour des raisons d'intérêt général, que cette liberté est empêchée ou diminuée. Pour savoir s'il y a lieu de soumettre une industrie à l'autorisation exigée par le décret de 1851, on doit examiner si son exercice présente les inconvénients publics que ce décret a pour but de prévenir ; ces inconvénients, il ne faut pas le perdre de vue, ne sont pas d'une nature commerciale et ne tiennent pas surtout à la nature des choses vendues : ils sont relatifs à l'ordre public, et tiennent aux circonstances qui accompagnent le mode de vente sur place, c'est-à-dire que ce que le législateur a voulu, c'est de mettre un terme à la multiplication incessante des établissements où se forment des réunions de buveurs, rendez-vous dangereux pour les mœurs, pour la santé, pour la tranquillité générale ; ce n'est pas tant parce qu'on y vend des boissons que le Gouvernement s'est réservé le droit d'autorisation, que parce qu'on s'y assemble dans le but, peut-être sous le prétexte d'y consommer des liqueurs. Enfin, autre règle d'appréciation, quand il s'agit de déterminer le caractère d'un établissement, on doit le juger d'après son but principal et non par les actes qui s'y font d'une manière purement accidentelle et accessoire.

107. D'après ces principes, il a été jugé qu'un commerçant (par exemple un charcutier), qui ne fait du débit de boissons que l'accessoire de son commerce, n'est pas sujet au décret du 29 décembre 1851. (*Arrêts des* 21 *juillet* 1853, 19 *mai* 1854, 28 *mars* 1856 rendus par la Cour de cassation.) Le commerce de l'épicerie comporte la vente de certaines boissons, de certaines liqueurs ; il n'est pas pour cela soumis à l'autorisation, pourvu bien entendu, que les boissons achetées ne soient pas consommées sur place, mais emportées ; un épicier ne tomberait pas sous le coup du décret par cela seul qu'il aurait vendu accidentellement quelques verres d'eau-de-vie à des pratiques venues pour acheter d'autres choses ; mais un épicier chez lequel on viendrait d'habitude pour consommer des liqueurs, à plus forte raison celui qui aurait, pour recevoir des consommateurs de cette espèce, soit une table dans sa boutique, soit un cabinet à part, transformerait sa boutique d'épicerie en débit de boissons consommées sur place, offrirait dans son établissement des facilités à des réunions, et se mettrait en contravention s'il ne s'était pas pourvu de l'autorisation du préfet ; on en peut dire autant d'un marchand de tabac qui servirait des liqueurs dans sa boutique ou dans une pièce à part.

108. Ce que nous venons de dire des épiciers nous paraît devoir être appliqué aux aubergistes ou hôteliers ; la tenue d'une auberge ou d'un hôtel est une industrie libre. Il est vrai que, le plus souvent, les personnes qui y logent, y prennent aussi leur nourriture, et qu'on leur sert des boissons qu'elles consomment sur place. Mais ce qui constitue l'essence d'un hôtel ou d'une auberge, c'est l'admission des voyageurs qui viennent, soit pour

être logés seulement, soit pour être logés et nourris; si, dans les repas, il entre du vin ou de la bière, ce n'est là qu'un des éléments de la nourriture, mais noŋ l'objet d'un commerce spécial consistant à débiter des boissons; d'un autre côté, il y a une grande différence entre un hôtel ou auberge, dans lesquels des voyageurs se rencontrent fortuitement à une table commune ou. bien même se font servir à part, soit dans une salle à manger, soit dans leur appartement personnel, et un débit de boissons, où les consommateurs ont l'habitude de se réunir, où le public se rassemble pour boire, jouer, parler; il n'y a personne qui ne reconnaisse combien, sous ce rapport, un hôtel se distingue d'un café. Les choses changeraient, et l'autorisation préfectorale préalable serait nécessaire si un restaurateur, au lieu de servir à déjeuner, à dîner, à souper, donnait simplement à boire, à toute heure, aux personnes qui se présenteraient; si un aubergiste, comme cela se pratique dans un grand nombre de petites villes ou de bourgs, recevait, hors des heures de repas, ou à quelque heure que ce fût, des personnes autres que ses pensionnaires ou les individus logés chez lui, et leur servait à boire; dans ce cas, le restaurant, l'auberge seraient dénaturés, et deviendraient, par des actes de cette nature, des débits de boissons. Conformément à notre opinion, la Cour de cassation a jugé, notamment par un arrêt du 19 mai 1854, que l'ouverture d'un hôtel destiné à loger et nourrir des voyageurs, n'est pas soumise à une autorisation du préfet. Nous devons dire que cette jurisprudence n'est pas d'accord avec les procédés de l'administration; celle-ci regarde l'autorisation comme nécessaire aux auberges et hôtels; seulement elle a pour principe et pour habitude de ne pas refuser les autorisations demandées, à moins que de graves objections ne se présentent contre les personnes qui sollicitent.

109. Nous croyons que les simples logeurs qui, suivant nous, n'ont pas besoin non plus d'autorisation pour exercer leur industrie, y deviendraient sujets et devraient être considérés comme débitants de boissons, s'ils donnaient à boire, soit à d'autres personnes que celles qu'ils nourriraient en même temps qu'ils les logeraient, soit à leurs pensionnaires même à des heures qui ne seraient pas les heures des repas.

110. Nous terminons ce que nous avons à dire sur les débits de boissons en faisant observer que le préfet seul a le droit de les autoriser; son autorisation ne saurait être suppléée par la permission que le maire aurait cru pouvoir donner, et le contreve-

nant ne pourrait être excusé de ne s'être pas fait autoriser, en
s'appuyant sur sa bonne foi résultant de l'autorisation du maire ,
même quand cette dernière aurait été donnée par écrit et non verbalement. (*Arr. de cass. du* 29 *août* 1857.)

111. 8° Police de la chasse et de la pêche. — Des intérêts
de nature diverse, ceux de la sûreté publique, de la sécurité des
personnes, de la salubrité, de l'alimentation publique, sont pro-
tégés par les lois qui règlent la police de la chasse et de la pêche.
La destruction des loups étant d'une grande importance pour les
campagnes et pour la conservation des forêts, il a été créé, dans
ce but, des lieutenances de louveterie qui, autrefois, étaient des
dépendances de la liste civile comme rentrant dans les attributions du grand-veneur. Aujourd'hui, c'est le préfet qui nomme,
dans son département, les lieutenants de louveterie, sur l'avis du
conservateur des forêts, et qui en fixe le nombre sur la proposition de ce fonctionnaire. La demande de faire des battues est
adressée au préfet, qui peut lui-même les provoquer; il ordonne
les chasses : c'est d'accord avec lui et le conservateur que le jour,
le lieu et le nombre d'hommes sont déterminés. (*Réglem. du*
20 *août* 1814; *Décr. du* 25 *mars* 1852, *art.* 5; *Circ. du min. des*
fin., 3 *mai* 1852.) Le décret de décentralisation du 13 avril 1861,
art. 6, donne aux sous-préfets le droit d'autoriser les battues pour
la destruction des animaux nuisibles dans les bois des communes
et des établissements de bienfaisance. Indépendamment de l'organisation de la louveterie, l'arrêté du directoire exécutif du 19 pluviôse an V, avait déjà prescrit des battues périodiques pour la
destruction des loups, renards, blaireaux et autres animaux
nuisibles (*art.* 2), battues qui devaient être ordonnées par les administrations centrales des départements (aujourd'hui les préfets),
et les particuliers qui ont des équipages de chasse peuvent être
autorisés à s'y livrer (*art.* 3 *et* 5).

112. Pour la chasse du gibier ordinaire, le préfet détermine,
par des arrêtés publiés au moins dix jours à l'avance, l'époque
d'ouverture et de clôture (*L. du* 3 *mai* 1844; *art.* 3). Les permis
de chasse sont délivrés, sur l'avis du maire et du sous-préfet,
par le préfet du département de la résidence ou du domicile de
celui qui les demande; l'art. 6 du décret du 13 avril 1861 autorise
le sous-préfet à les délivrer; il peut les refuser dans les cas prévus
par la loi (*art.* 5 *et* 6). Sur l'avis des conseils généraux, les préfets
prennent des arrêtés pour déterminer : 1° l'époque de la chasse
des oiseaux de passage, autres que la caille, et les modes et

procédés de cette chasse; 2° le temps où il sera permis de chasser le gibier d'eau dans les marais, sur les étangs, fleuves et rivières; 3° les espèces d'animaux malfaisants ou nuisibles que le propriétaire du fermier peut détruire en tout temps sur ses terres, et les conditions de l'exercice de ce droit. Ils peuvent aussi, et, pour ces cas, ils ne sont pas astreints, la loi ne le disant pas expressément comme pour les cas précédents, à prendre l'avis du conseil général (*Circ. du 20 mai 1844*), faire des arrêtés : 1° pour prévenir la destruction des oiseaux; 2° pour autoriser l'emploi des lévriers à la destruction des animaux malfaisants ou nuisibles; 3° pour interdire la chasse pendant les temps de neige (*art.* 9). Les arrêtés des préfets, pris en vertu de cet article 9, sont, comme tous les actes préfectoraux, soumis au contrôle de l'autorité supérieure; en conséquence, ils doivent être adressés au ministre de l'intérieur, afin que celui-ci puisse examiner s'ils sont conformes à l'ensemble de la législation, et adresser, au besoin, aux préfets telles observations qu'il appartiendrait (*Circ. du 20 mai 1844*). Les droits et devoirs des préfets, quant à la police de la chasse, tels qu'ils résultent de la loi de 1844, ont été d'ailleurs expliqués par une circulaire du ministre de l'intérieur du 22 juillet 1851, qui traite, dans des paragraphes séparés, des permis de chasse, des formalités qui doivent en précéder l'obtention, des cas où le préfet peut les refuser, des arrêtés pris en vertu de l'article 3 de la loi du colportage, de la chasse des oiseaux de passage et du gibier d'eau, de la destruction des animaux malfaisants ou nuisibles, des observations générales sur les arrêtés à prendre en vertu des articles 3 et 9 de la loi, des agents chargés de la répression des délits de chasse, des battues. Une circulaire du 27 janvier 1857 prescrit aux préfets d'insérer dans leurs arrêtés relatifs à la destruction des animaux malfaisants et nuisibles, la clause qu'ils doivent être consommés sur place, et jamais vendus, transportés ni colportés.

113. Dans chaque département, le préfet détermine, sur l'avis du conseil général, et après avoir consulté les agents forestiers, les temps, saisons et heures pendant lesquels la pêche sera interdite dans les rivières et cours d'eau (*Ord. du 15 nov. 1830; art.* 5). Il fait également un règlement dans lequel il détermine les filets et engins qui doivent être interdits (*art.* 6). Sur l'avis du conseil général et après avoir consulté les agents forestiers, il peut prohiber les procédés et modes de pêcher qui lui semblent de nature à nuire au repeuplement des rivières (*art.* 7). Il déter-

mine dans quels lieux et à quelles conditions le mode spécial de la pêche des ablettes pourra être pratiqué (*Ord.*, **28 fév.** 1842). Les règlements des préfets en matière de pêche doivent être homologués par des décrets. (*Ord.* 15 nov. 1839, *art.* 8.)

114. Règlements préfectoraux. — Le préfet ayant la police de tout le département, une de ses plus importantes attributions consiste à prendre dans la circonscription les arrêtés destinés à assurer la sûreté générale, et l'exécution des lois, le tout conformément aux lois qui concernent la police ou aux lois spéciales qui confèrent aux préfets des pouvoirs de police dans certains cas déterminés. Nous avons énuméré ci-dessus la plupart des objets de police générale, confiés aux préfets ; c'est sur ces objets qu'ils ont le droit de faire des arrêtés réglementaires, pouvoir dont le principe se trouve déjà dans la loi du 22 décembre 1789. Ils sont spécialement autorisés par la législation dont nous avons résumé les dispositions, à en prendre pour la conservation des chemins vicinaux, et ce à l'exclusion de l'autorité municipale (*Arr. Cass. du 4 juill.* 1857), pour l'éclairage, sur les routes, des voitures d'agriculture et des voitures particulières servant au transport des personnes, pour la durée du travail des apprentis, pour l'indication des professions assujetties à l'assortiment et à la vérification des poids et mesures. Les cours d'eau traversant souvent plusieurs communes, ou bien tout un arrondissement ou un département, c'est le préfet qui a seul le droit d'en réglementer la police et l'usage, soit pour l'irrigation ou autrement ; il fait aussi les règlements pour la navigation sur les rivières navigables ou flottables, les bacs, bateaux, la police des bateaux à vapeur, pour la police et les conditions d'admission dans les établissements d'eaux minérales (*Arr. Cass.* 9 *janv.* 1858). Sur les chemins de fer, les arrêtés de police sont faits par le Gouvernement dans la forme des règlements d'administration publique. Les préfets peuvent prendre des arrêtés pour l'élagage des arbres qui bordent les chemins, pour l'échenillage, pour les livrets des ouvriers ou des domestiques, pour la pêche du goëmon ou du varech. L'avis du conseil de département et d'arrondissement leur est nécessaire pour la fixation des jours de marché ; ils peuvent, du reste, régler les conditions de local, d'heure, de mode d'admission dans les marchés, et toutes les mesures de police relatives à leur tenue.

Dans leurs arrêtés, les préfets sont obligés de respecter les principes de propriété, de liberté, qui sont la base de notre état social ; sinon leurs dispositions, comme celles des règlements municipaux, ne seraient point sanctionnées par les tribunaux par l'application d'aucune peine aux contrevenants. Ne serait pas légal un arrêté qui prétendrait assujettir une profession à des conditions non déterminées par les lois. Ainsi la Cour de cassation a jugé qu'un préfet ne peut assujettir les sages-femmes à inscrire sur un registre les personnes qui séjournent chez elles pour y faire leurs couches (*Arr. des 18 juin et 12 sept. 1846*). La liberté du commerce est un des principes de notre droit public; toutefois ce principe n'est pas absolu, et son exercice peut être soumis à des restrictions dans l'intérêt public; par exemple, il a été souvent jugé qu'un préfet peut légalement défendre de vendre et acheter ailleurs qu'au marché des denrées nécessaires à la subsistance publique, et interdire aux commerçants et revendeurs, dans l'intérêt de l'approvisionnement des communes, d'aller sur les routes et chemins pour acheter des grains avant leur arrivée au marché (*Arr. Cass. 28 sept. 1855, 21 août 1857*). Mais l'arrêté serait illégal et non obligatoire s'il n'appliquait pas l'interdiction seulement aux ventes faites en public, mais même aux ventes et achats faits dans les demeures et magasins des vendeurs et acheteurs (*Arr. Cass. 28 nov. 1856*); une telle prohibition ne concerne plus la police du marché, elle équivaudrait à l'interdiction complète de certains commerces.

115. Indépendamment des objets de police que les préfets réglementent en vertu de lois spéciales, il en est beaucoup qui sont les mêmes que ceux confiés, dans chaque commune, à la vigilance de l'autorité municipale. Le préfet prend des arrêtés de police pour tout le département ou pour plusieurs communes collectivement. Le maire de chaque commune a le même droit sur le territoire de sa commune; la concurrence de ces deux droits fait naître des difficultés dont nous parlerons ci-après § 2.

116. Les arrêtés réglementaires des préfets sont soumis au contrôle de l'autorité supérieure, et, en conséquence, susceptibles d'être suspendus, modifiés, annulés par elle : ce pouvoir est exercé par les ministres (Dufour, t. Ier, n° 397, 398). Les préfets prennent part à l'exercice de la police judiciaire (voy. chap. 4).

§ 2. — ATTRIBUTIONS DES PRÉFETS DANS LEURS RAPPORTS AVEC CELLES DES MAIRES.

117. Les lois qui ont organisé la police municipale, particulièrement celles des 14 décembre 1789, 24 août 1790, 22 juillet 1791, 18 juillet 1837, ont énuméré les différents objets sur lesquels les

municipalités ont le droit·de prendre des arrêtés ou de faire des
règlements de police. Cette attribution n'est pas exclusive des
pouvoirs de police qui appartiennent au préfet dans toute l'étendue du département, et elle doit être entendue seulement en ce
sens que le législateur n'a voulu qu'indiquer, parmi les objets de
police, ceux qui sont de nature à faire prendre dans les communes
des mesures spéciales appropriées aux besoins locaux. Aussi la
cour de cassation a solennellement reconnu (*Arrêt des chambres
réunies, 12 sept.* 1845) que le préfet peut, dans sa circonscription administrative, prendre les mesures de sûreté générale énoncées dans les lois où le maire trouve la source de son pouvoir ;
ces mesures peuvent embrasser, soit plusieurs communes collectivement, soit un ou plusieurs arrondissements du département,
soit le département entier; tels sont les arrêtés que des préfets
établissent pour réglementer, dans tout le département, la tenue
des foires et marchés, les heures d'ouverture et de fermeture des
cafés, cabarets, auberges et autres lieux publics. Il a été décidé
qu'un arrêté de police d'un préfet ne cesse pas d'être légal parce
qu'il excepte de ses dispositions certaines communes, surtout s'il
maintient les arrêtés spéciaux existant déjà dans ces communes,
ce qui justifie l'exception faite à leur égard. (*Cass.* 7 *mars* 1857.)

118. Lorsque le préfet a fait ainsi un règlement de police pour
tout ou partie du département, un maire ne peut en donner un à
sa commune en particulier qui abroge, modifie, ou remplace, en
quoi que ce soit, celui du préfet; il ne peut faire autre chose que
d'assurer l'exécution de l'arrêté préfectoral (*Arr. de Cass. du*
23 *avril* 1835). A plus forte raison, il n'est presque pas besoin
de le dire, le maire n'a aucun droit de contredire, par des arrêtés
municipaux, les règlements d'administration publique qui pourraient être pris par décrets sur des matières de police, soit pour
tout le territoire français, soit pour un département, soit même
pour une seule ville, comme cela a eu lieu pour la boulangerie.

Si l'arrêté du préfet laisse des lacunes, il n'est pas défendu à
un maire de les combler par des arrêtés pris spécialement pour sa
commune.

119. L'effet de la différence entre les mesures de police plus ou
moins générales prises par un préfet, et les mesures purement
locales édictées par un maire, a été l'objet d'une distinction.
Lorsque l'arrêté du maire est antérieur à celui du préfet, ce dernier, a-t-on dit, doit être exécuté de préférence, à cause de sa
généralité et à raison de la supériorité hiérarchique du fonction-

naire dont il émane; lorsque l'arrêté municipal pour une commune seule est postérieur à l'arrêté préfectoral embrassant tout le département ou une partie ou département, ou comprenant plusieurs communes, il doit, en ce qu'il aurait de différent de celui du préfet, être exécuté et reconnu obligatoire, après le délai du mois pendant lequel l'arrêté municipal, s'il porte un règlement permanent, reste à la préfecture avant de pouvoir recevoir son exécution; si, après ce délai, le préfet n'a ni suspendu ni réformé l'arrêté du maire, il est censé, du moins provisoirement, l'avoir approuvé et avoir reconnu que dans la commune l'arrêté préfectoral avait dû recevoir une modification. Sur ce dernier point, nous pensons que l'arrêté du maire n'est censé approuvé par le silence du préfet que lorsqu'il présente des différences avec l'arrêté préfectoral, mais non lorsqu'il y est positivement contraire; on ne saurait présumer que le magistrat dirigeant le département a entendu permettre à l'administrateur d'une commune de contredire les dispositions prises par l'autorité départementale; il est plus vraisemblable de supposer que le préfet a regardé comme non avenu, sans qu'il fût besoin de prendre une résolution à cet égard, l'arrêté municipal pris en opposition avec le sien. Ajoutons que la présomption d'approbation céderait devant la preuve contraire, qui résulterait de ce que, le mois écoulé, et après un temps plus ou moins long, le préfet réformerait l'arrêté du maire; on a demandé s'il en aurait encore le droit; nous examinerons cette question en traitant de la force exécutoire des arrêtés de police municipale.

120. Enfin, un conflit pourrait s'élever entre l'arrêté municipal pris pour une commune seulement, et l'arrêté préfectoral pris, sur le même objet, pour la même commune. Dans ce cas, l'arrêté du maire devrait avoir la préférence sur celui du préfet; l'autorité municipale ne peut, en général et sauf quelques exceptions dont nous parlerons bientôt, être exercée par un autre fonctionnaire que par le maire. Un arrêté préfectoral pris pour réglementer des objets de police dans une seule commune ne serait pas obligatoire devant les tribunaux, alors même que le préfet aurait pris l'initiative pour suppléer à l'inaction du maire. Toutefois, la loi a prévu et empêché les conséquences de la négligence ou de la mauvaise volonté d'un maire; en l'absence d'un arrêté municipal sur un objet qui exigerait une réglementation, le préfet peut, aux termes de l'article 15 de la loi du 18 juillet 1837, requérir l'autorité municipale, et, sur son refus et son inaction, prendre l'arrêté né--

cessaire qui, alors, est parfaitement légal et obligatoire. (*Instr. du min. de l'int. du 1er juill. 1840.*)

121. Dans toutes les autres circonstances, le préfet n'a sur les arrêtés de police municipale qu'un droit de contrôle et de révision ; nous traiterons ce sujet à l'article 1er, sect. 2 du chapitre II.

§ 3. — POUVOIRS SPÉCIAUX DES PRÉFETS DANS LES VILLES, CHEFS-LIEUX DE DÉPARTEMENT, AYANT UNE POPULATION DE PLUS DE 40,000 AMES.

122. Ici les attributions de police conférées à l'autorité municipale sont notablement modifiées. Le préfet, dans les grandes villes dont il s'agit, exerce non-seulement la police générale comme dans tout le reste du département, mais de plus, les fonctions de préfet de police, telles qu'elles sont déterminées pour Paris, et il entre en partage des attributions municipales ; ce partage consiste en ce que, pour les objets non réservés au maire, il fait seul les règlements et arrêtés de police applicables à la ville ; d'autre part, le maire n'agit plus, pour les objets dont il reste chargé, que sous la surveillance du préfet. Bien qu'il s'agisse, dans ces dispositions, de restrictions apportées au pouvoir municipal, et que nous dussions peut-être en renvoyer l'examen au chapitre relatif à ce pouvoir, nous croyons néanmoins devoir nous en occuper immédiatement, afin de ne pas scinder l'exposé des attributions de police des préfets, et parce que le droit de surveillance accordé au préfet sur le maire relève immédiatement de sa mission de police générale.

123. C'est la loi du 5 mai 1855 qui a conféré aux préfets des pouvoirs exceptionnels dans les villes chefs-lieux de département dont la population excède 40,000 âmes [1] ; les motifs qui ont guidé le législateur sont résumés avec précision par M. Block, dans le *Dictionnaire de l'administration française*, vº POLICE, nº 107: « Dans les grands centres de population, dit cet auteur, la loi a concentré entre les mains du préfet les attributions qui touchent le plus près à la paix publique et aux intérêts généraux. On a pensé que, dans les grandes villes où affluent les étrangers et ceux qui sentent le besoin de cacher plus facilement une vie irrégulière, la police devait avoir une organisation plus forte. Bien qu'animés des meilleures intentions, les maires de ces grandes cités, absorbés par la gestion des intérêts communaux et par les

_____

1. Un décret du 11 juillet 1860 déclare cette loi applicable à la ville de Nice, et règle l'organisation du personnel de la police dans cette ville.

soins de l'édilité, n'ont ni le temps ni peut-être les moyens de surveiller ces éléments de désordre; ils n'ont pas, d'ailleurs, soit avec
l'administration centrale, soit avec les autres autorités de l'Empire,
des rapports suivis, et sont dépourvus des moyens d'action éner-
giques et rapides que comportent les attributions des préfets. »

124. Le régime exceptionnel dont il s'agit ne s'applique ni à
Paris, qui a toujours eu une organisation administrative particulière, ni à l'agglomération des communes lyonnaises, auxquelles la
loi du 19 mai 1851 a donné aussi une organisation spéciale; ce
qui prouve que la loi nouvelle n'a pas dérogé à celles qui concernent Lyon, c'est que le décret du 26 septembre 1855, qui fixe
le cadre du personnel de la police des villes régies par la loi du
5 mai 1855, énumère les villes auxquelles il s'applique, et qui
sont : Amiens, Angers, Besançon, Bordeaux, Caen, Lille, Limoges,
Marseille, Metz, Montpellier, Nancy, Nantes, Nîmes, Orléans,
Rouen, Strasbourg et Toulouse; Lyon n'y est pas nommé.

La population est variable; elle se compte d'après le recense-
ment officiel quinquennal; les chefs-lieux qui, d'après ce docu-
ment, dépasseraient le chiffre de 40,000 habitants, deviendraient
passibles du régime de la loi de 1855: réciproquement, ceux dont
le chiffre de population deviendrait inférieur rentreraient dans le
droit commun.

125. C'est le préfet qui nomme, sans la participation du maire,
tous les employés et agents de police de tout ordre dans le chef-
lieu de plus de 40,000 âmes; ils reçoivent du préfet leur commission et prêtent serment entre ses mains. (*Décr. du* 26 *sept.* 1855,
art. 2.) Ce sont des arrêtés préfectoraux qui règlent, sous l'approbation du ministre de l'intérieur, les dispositions relatives à
l'organisation et aux détails du service, au costume, à l'arme-
ment. (*Art.* 4.)

126. Le maire ne perdant pas toutes ses attributions de police
par suite de l'extension donnée à celles du préfet, ne pourrait
s'acquitter de ses obligations s'il était dépourvu de toute action
sur les employés et agents dont la loi ne lui laisse plus la nomination et la révocation. En conséquence, pour les attributions
de police dont il reste chargé, il a sous son autorité le commissaire central, qui transmet ses ordres aux fonctionnaires et agents
de la police et qui en assure l'exécution. (*Art.* 3.)

127. Voyons maintenant le partage d'autorité que la loi de 1855
établit entre le préfet et le maire du chef-lieu. Le préfet exerce
les fonctions de préfet de police, telles qu'elles sont réglées par

les dispositions actuellement en vigueur de l'arrêté du 12 messidor an VIII; il résulte de ces termes de l'art. 50 de la loi que les préfets n'ont des attributions de la police municipale que celles qui sont détaillées dans l'arrêté de l'an VIII, et non celles qui auraient été conférées ultérieurement au préfet de police. Il est bien entendu aussi que l'assimilation au préfet de police n'entraîne pas l'application aux chefs-lieux de département de plus de 40,000 âmes, des dispositions des ordonnances prises par le préfet de police de Paris. Plusieurs préfets, se fondant sur ce que la loi nouvelle leur donne les attributions du préfet de police, parmi lesquelles l'arrêté de l'an VIII place la police des théâtres, ont prétendu avoir le droit de former des commissions chargées, pendant les représentations de débuts des comédiens, de statuer sur l'admission ou le rejet des artistes. Mais une circulaire du ministre de l'intérieur, du 16 juillet 1856, a décidé que c'est au maire de former ces commissions; c'est à lui aussi de les présider personnellement ou par un délégué. Le préfet est investi de la surveillance de l'action du maire; cette action se rapporte soit à l'administration communale, soit à la police municipale; il y a, en outre, des actes que les lois confient particulièrement aux maires, tels que visa, certificats, etc. : ce sont ces actes que la loi nouvelle laisse aux maires, et qu'elle indique par ces expressions : « sans préjudice des attributions, tant générales que spéciales, qui leur sont conférées par les lois. » L'article 50, qui s'exprime ainsi, énumère trois classes d'actes administratifs, et charge les maires de ces grandes villes : 1° de tout ce qui concerne l'établissement, l'entretien, la conservation des édifices communaux, cimetières, places, rues et voies publiques, ne dépendant pas de la grande voirie, c'est-à-dire la voirie urbaine; 2° de l'établissement et de la réparation des fontaines, aqueducs, pompes et égouts; 3° de la fixation des mercuriales; 4° des adjudications, marchés et baux. Quant à la police, dont nous nous occupons spécialement ici, l'art. 50 charge les maires de la police municipale, en tout ce qui a rapport à la sûreté et à la liberté du passage sur la voie publique, à l'éclairage, au balayage, aux arrosements, à la solidité et à la salubrité des constructions privées; aux mesures propres à prévenir et à arrêter les accidents et les fléaux calamiteux, tels que les incendies, les épidémies, les épizooties, les débordements; aux secours à donner aux noyés; à l'inspection de la salubrité des denrées, boissons, comestibles et autres marchandises mises en vente publique, et de la fidélité de leur débit.

128. Les termes de ces dispositions relatives à la police doivent être bien pesés. Voici ce qui en résulte : dans les communes ordinaires, la police municipale appartient tout entière aux maires; les objets qui, à ce titre, sont confiés à leur vigilance et à leur autorité, sont énumérés dans la loi générale du 24 août 1790, à laquelle se réfère celle du 18 juillet 1837, et dans quelques lois spéciales : il est même admis que si le maintien de l'ordre exige des mesures non comprises dans ces nomenclatures, les maires peuvent y pourvoir d'urgence par des arrêtés, sinon réglementaires, du moins individuels et temporaires. Dans les chefs-lieux de plus de 40,000 âmes, le maire n'est plus chargé de l'ensemble de la police municipale, mais seulement en ce qui a rapport à un certain nombre d'objets déterminés; dans ce nombre ne figure plus l'attribution comprise dans le n° 3 de l'art. 2, tit. II de la loi du 24 août 1790, celle de maintenir le bon ordre dans les lieux où il se fait de grands rassemblements d'hommes, tels que les foires, marchés, réjouissances et cérémonies publiques, spectacles, jeux, cafés, églises et autres lieux; il s'ensuit que les ordres nécessaires pour le maintien de la tranquillité sont alors donnés par le préfet, et que c'est lui aussi, et non plus le maire, qui peut faire les règlements concernant cette partie importante de la police municipale.

129. Il y a plus; il a été jugé que le préfet entre en partage du pouvoir réglementaire des maires, même quant aux objets qui leur ont été réservés par la loi du 5 mai 1855. A cet égard, on a posé la règle suivante : comme investi des pouvoirs du préfet de police, tels qu'ils sont réglés pour Paris, le préfet d'un département a, dans le chef-lieu possédant plus de 40,000 habitants, dans ses attributions, les mesures ayant pour objet la sûreté publique et la tranquillité générale des habitants, et, par conséquent, le droit de faire des règlements; si, au point de vue municipal, le maire peut donner des ordres et prendre des règlements sur des objets intéressant le bien-être et l'ordre dans la commune, ce droit ne saurait nuire à celui plus général du préfet. Ainsi, et c'est dans cette circonstance que la question s'est présentée, le préfet d'une ville chef-lieu de plus de 40,000 âmes prend un arrêté ordonnant que la porte extérieure des maisons restera fermée pendant certaines heures de la nuit; des contrevenants à cet arrêt prétendent qu'il est illégal, parce que les maires sont chargés, en vertu de l'art. 50 de la loi du 5 mai 1855, de tout ce qui a rapport à la sûreté et à la liberté du passage sur la voie publique. La cour de

cassation a décidé, le 15 décembre 1856, « qu'un arrêté qui prescrit la fermeture des portes extérieures des maisons pendant certaines heures, intéresse essentiellement la sûreté publique et la
tranquillité générale des habitants; que si une mesure de cette
nature peut, en certaines circonstances, avoir également pour
objet d'assurer la liberté et la sûreté du passage sur la voie publique, et peut, par suite, être prise par les maires, auxquels le
numéro 2 du paragraphe 2 de l'article 50 de la loi du 5 mai 1855
maintient le droit de réglementer ce qui y a rapport, le droit des
maires ne saurait nuire à celui que les préfets tiennent également
de la loi au point de vue de la sûreté publique. » En conséquence,
la cour a cassé un jugement qui avait déclaré non obligatoire pour
les tribunaux l'arrêté pris par le préfet. (*Même décision; Cass.
16 mars* 1860.)

130. On voit, par cet exemple, que les mêmes objets peuvent
être réglementés, dans les chefs-lieux de plus de 40,000 âmes,
par le préfet et par le maire; par le préfet, sous le rapport de la
sûreté générale, par le maire sous le rapport de la police communale et pour les objets spécifiés par la loi. Il ne faut pas se dissimuler que la distinction sur laquelle cette doctrine repose pourra
être souvent difficile à établir et à préciser.

131. Les communes auraient pu élever des objections contre le
paiement par elles, des dépenses occasionnées par les services de
police auxquels les maires des chefs-lieux de plus de 40,000 âmes
sont étrangers, et soutenir qu'une partie de ces dépenses devraient
être à la charge du département; la loi a prévu cette difficulté, et
elle a statué, dans un sens défavorable aux communes, par les
dispositions suivantes, qui terminent l'art. 50. Les conseils municipaux desdites communes sont appelés, chaque année, à voter,
sur la proposition du préfet, les allocations qui doivent être affectées à chacun des services dont les maires cessent d'être chargés;
ces dépenses sont obligatoires. Si un conseil n'allouait pas les
fonds exigés pour ces dépenses, ou n'allouait qu'une somme insuffisante, l'allocation nécessaire serait inscrite au budget par
décret impérial, le conseil d'État entendu.

§ 4. — FORMES ET FORCE EXÉCUTOIRE DES ARRÊTÉS DE POLICE DES
PRÉFETS, MOYENS DE RECOURS.

132. Les arrêtés préfectoraux sont datés et signés par le préfet
ou par le fonctionnaire qui a reçu sa délégation ou qui le remplace
légalement en cas d'empêchement; ils portent le timbre de la

préfecture. Ils visent les lois sur lesquelles ils sont fondés, donnent, avec plus ou moins de développement, les motifs qui les font émettre, et sont divisés en articles plus ou moins nombreux, suivant les besoins auxquels ils ont à pourvoir; l'exposé de motifs n'est pas indispensable pour la validité des arrêtés.

133. Quelle que soit leur forme, ainsi que leur objet, les arrêtés de police des préfets ne sont exécutoires que dans leur département. Par exemple, l'arrêté préfectoral qui règle le mode de déversement, dans la rivière, des eaux provenant des usines, est inapplicable à un usinier qui verse ses eaux dans la partie supérieure de la rivière, suivant un mode permis dans son département; s'il en résulte des inconvénients pour les riverains inférieurs, ceux-ci peuvent intenter contre l'usinier qui leur a nui une action civile en dommages-intérêts. (*Arr. de Cass.* 26 *févr.* 1858.)

134. Les préfets, par leurs arrêtés de police, prennent des mesures générales ou des dispositions individuelles. Des distinctions importantes se rattachent à cette classification, soit quant à l'exécution des arrêtés, soit quant au mode de recours à employer pour les faire réformer.

135. Pour qu'un arrêté ayant le caractère d'une mesure de police applicable à tout le département ou à une portion du département, puisse être exécuté, il faut qu'il soit connu de la population; de là la nécessité de le faire publier, et de laisser, pour qu'il devienne obligatoire, le même délai qui existe pour l'exécution des lois et décrets. Comment doit se faire la publication? aucune loi ne statuant sur ce point, il s'ensuit que les préfets ne sont assujettis à aucun mode spécial et exclusif de publicité. Le moyen le plus ordinaire est l'affichage dans les communes où les mesures prescrites doivent être exécutées, et l'envoi du bulletin administratif que les préfets adressent généralement aux maires du département. Par assimilation aux décrets non insérés au Bulletin des Lois, ou insérés seulement par leur titre, il a été décidé que les arrêtés préfectoraux sont suffisamment publiés par l'affichage dans les communes, mais que la seule insertion au bulletin administratif est insuffisante (*Arr. C. Cass.* 5 *juill.* ; 28 *nov.* 1845; 24 *juill.* 1852). Le simple envoi à un directeur de chemin de fer d'un arrêté préfectoral de sûreté publique a été reconnu suffisant (*C. Cass.* 9 *mai* 1844). Le préfet peut notifier ses arrêtés aux maires, avec ordre à chacun de les faire publier dans sa commune; alors l'autorité municipale emploie les moyens de publication dont elle se servirait pour la publication de ses propres arrêtés. Nous parle-

rons de ces moyens, quand nous traiterons des arrêtés de police municipale. Une circulaire du 19 décembre 1846, voulant assurer l'application légale des arrêtés, prescrit aux préfets quant à leurs arrêtés d'intérêt général ou contenant des prohibitions, de les insérer dans le mémorial, de les faire afficher dans toutes les communes du département, et publier par les soins des maires; enfin d'enjoindre aux maires de constater cette publication par un certificat inscrit au registre des actes de la mairie. Si un individu, traduit devant les tribunaux pour contravention à un règlement préfectoral, se défendait en alléguant le défaut de publication, ce fait étant négatif, et échappant par là à toute preuve, c'est l'officier du ministère public qui devrait prouver que la publication a eu lieu dans la commune où la contravention aurait été commise, preuve qui resulterait d'un certificat du maire, ou d'une attestation de la préfecture. La loi n'ayant pas déterminé un mode exclusif de publication, les tribunaux devant lesquels il serait prouvé par un certificat du maire, qu'un arrêté préfectoral a été publié, ne pourraient pas déclarer que la publication a été insuffisante et qu'il aurait fallu un procès-verbal. (*Arr. de Cass.* 18 *sept.* 1847.)

136. S'agit-il d'une mesure individuelle, par exemple de l'ordre donné à un propriétaire de démolir des travaux usurpant sur le lit d'une rivière, de la fixation de la hauteur d'un déversoir, de l'autorisation d'une usine, l'arrêté n'a besoin d'être connu que des personnes qu'il intéresse (sauf les cas où il s'agit de dispositions préalables qui doivent précéder les arrêtés définitifs, parce que des tiers peuvent y avoir des intérêts engagés). La connaissance des arrêtés individuels est donnée par une simple notification administrative. La notification par le préfet a lieu au moyen de la remise des arrêtés faite par un agent de son administration; elle peut même se faire par une lettre confiée au service de la poste. Les arrêtés individuels sont exécutoires du jour où ils ont été notifiés; cette date résulte du reçu que l'agent qui a notifié s'est fait délivrer, ou du timbre de la poste, si l'enveloppe est reproduite. Les préfets doivent toujours avoir soin de faire constater la date de la notification de leurs arrêtés.

137. Quelle que soit la nature d'un arrêté de police pris par un préfet, le gouvernement conserve, à l'égard de cet acte, son pouvoir de contrôle et de suprématie, ce qui toutefois ne soumet pas les préfets, pour que leurs arrêtés pris dans les limites des attributions légales, soient obligatoires, à une approbation explicite

de l'autorité supérieure (*Cass.* 7 *mars* 1857). Quand il s'agit de mesures urgentes, pour lesquelles le préfet a dû sortir de la sphère de ses attributions normales, et prendre momentanément le rôle du Gouvernement, les mesures n'ont qu'un caractère provisoire et cessent avec les circonstances qui les ont rendues nécessaires. L'autorité supérieure peut être appelée à en effacer ou réparer les conséquences, et les tribunaux ont le droit et le devoir de refuser la sanction pénale à de pareils arrêtés, si on les considérait comme permanents (DUFOUR, t. Ier, nos 392 à 394). Le Gouvernement a toujours le droit de suspendre ou d'interdire l'application d'un arrêté préfectoral contenant des prescriptions réglementaires. Le ministre compétent peut agir d'office. ou sur la provocation des particuliers qui se disent lésés, ou sur des observations qui lui sont transmises; mais personne n'a le droit d'agir par voie contentieuse.

138. Quant aux arrêtés individuels, ils peuvent toujours être attaqués devant le ministre compétent (*D.* 25 *mars* 1852, *art.* 6); c'est au conseil d'État qu'on les défère quand ils contiennent un excès de pouvoir ou quand ce mode de recours est expressément désigné par une loi. La décision du ministre est sujette au pourvoi devant le conseil d'État seulement quand elle était de nature contentieuse, c'est-à-dire quand on soutient qu'elle a violé un droit, ou commis ou confirmé un excès de pouvoir (voy. des exemples dans DUFOUR, t. Ier, nos 422 et suiv.). Nous n'avons point ici à entrer dans le détail des règles concernant les délais et les formes du pourvoi au conseil d'État.

139. Le recours d'un particulier, soit devant le ministre, soit devant le conseil d'État, contre un arrêté de police d'un préfet, n'a point pour effet de suspendre l'exécution de cet arrêté. (*Cass.* 8 *janv.* 1858.)

ARTICLE III. — Du préfet de police de Paris.

140. Il n'y a qu'un fonctionnaire, résidant à Paris, qui porte le titre de préfet de police. D'après la législation actuelle, plusieurs préfets de département ont été assimilés au préfet de police de Paris; ainsi, dans les villes chefs-lieux de département, où la population dépasse 40,000 habitants, le préfet remplit les fonctions de préfet de police telles qu'elles sont réglées par les dispositions en vigueur de l'arrêté des consuls du 12 messidor an VIII (*L.* 5 *mai* 1855; voy. ci-dessus no 127). Les attributions données, par exception, à ces préfets ne sont que celles qui ont été déter-

minées par l'arrêté de l'an VIII; elles ne peuvent être augmentées ni diminuées de celles que le décret impérial du 10 octobre 1859 a transférées au préfet de la Seine : le règlement d'attributions entre ce dernier et le préfet de police est complétement étranger aux autres départements, où le partage, quant aux affaires de police, se fait entre le préfet et le maire.

141. Les pouvoirs conférés aux préfets des chefs-lieux de plus de 40,000 âmes ont été calqués sur ceux attribués, depuis 1851, au préfet du Rhône; mais comme la compétence de ce dernier s'étend au delà de la commune de Lyon, sur tout le territoire qualifié agglomération lyonnaise, nous en avons fait l'objet d'un paragraphe spécial.

§ 1er. — FONCTIONS ET ORGANISATION DE LA PRÉFECTURE.

142. La constitution du 22 frimaire an VIII, en établissant le nouveau système administratif qui régit la France, porte, art. 16, qu'à Paris un préfet de police sera chargé de ce qui concerne la police, et aura sous ses ordres des commissaires distribués dans les douze municipalités. Le caractère, les attributions de cette administration et les services éminents qu'elle rend sont parfaitement résumés dans les *Études administratives* de M. VIVIEN, t. II, p. 168 et suivantes.

143. Les fonctions du préfet de police ont été déterminées par les arrêtés du 12 messidor an VIII et du 3 brumaire an IX, par le décret du 25 mars 1852, art. 7, par la loi du 10 juin 1853, et par le décret du 10 octobre 1859. Ce dernier décret a été rendu à la suite de longues discussions qui s'étaient élevées, depuis plusieurs années, entre le préfet de la Seine et le préfet de police, relativement à leurs attributions respectives : le conflit a été décidé en faveur du préfet de la Seine[1]. Nous reviendrons bientôt sur les dispositions de ces lois et décrets.

---

1. Le décret, dans son préambule, ne contient pas l'exposé des motifs qui l'ont déterminé; on peut suppléer à cette lacune par le passage suivant du discours que M. le préfet de la Seine a prononcé le 14 novembre 1859, dans la séance d'installation du nouveau conseil municipal de la ville de Paris. (Moniteur du 24 novembre 1859.)

« La police de Paris, reconstituée en l'an VIII, était bien loin d'avoir le caractère qu'elle a depuis lors acquis. Un petit nombre de commissaires de police et quelques officiers de paix étaient à peu près les seuls agents ostensibles; les autres, formant, la nuit, ce qu'on appelait des patrouilles grises, n'avouaient leur mandat qu'en cas d'impérieuse nécessité. Elle n'avait aucune force spéciale pour obéir immédiatement à ses réquisi-

144. Comme les préfets de départements, le préfet de police fait des injonctions individuelles, et prend, pour assurer l'exécution des lois et règlements de police, des arrêtés réglementaires, qui sont obligatoires après avoir été publiés : la publication se fait au moyen d'affiches imprimées, apposées dans les communes où l'exécution doit avoir lieu. Ces arrêtés portent le nom d'ordon-

---

tions. Aussi l'on conçoit que, peu après la loi du 28 pluviose an VIII, la nécessité ait été reconnue de détacher de l'administration municipale, placée sous l'autorité du préfet de la Seine, même au risque d'embarrasser la marche de celle-ci, quelques attributions plus ou moins importantes, pour les donner, comme occupation extérieure, comme enveloppe, à la police qui, au lendemain des plus mauvais jours, semblait craindre de se produire. Mais depuis lors la police s'est élevée et par l'exercice mieux entendu de ses droits tutélaires et par la franchise de ses actes. En créant les sergents de ville, en leur donnant un costume distinct, elle s'est fait voir au grand jour, et la valeur des services qu'elle rend au public a été bientôt comprise et mesurée. Peu à peu elle a développé son institution. Aujourd'hui, c'est une force considérable, présente partout, moitié civile, moitié militaire. Le sentiment public ne se trompe plus sur le rang mérité par ce grand service public, qui a pour but de garantir le salut de tous par la sûreté du Souverain, la tranquillité de l'État, la sécurité des personnes, et qui, tout en se montrant à découvert, sait protéger efficacement les intérêts dont il a le dépôt.

« Dès lors, les attributions d'édilité et d'administration qu'on avait soudées à la police avec plus ou moins d'adresse, et qui en gênaient plutôt qu'elles n'en secondaient l'action, pouvaient faire retour, sans nul inconvénient, au centre municipal. Au moment où l'importance de la préfecture de police allait s'étendre encore par l'accroissement du personnel de ses agents, aucune raison n'empêchait plus de céder à la logique, qui conseille de ne point scinder des services administratifs, si l'on ne veut doubler les dépenses, compromettre les résultats, donner au public le spectacle incessant, non pas d'affaires bien faites, mais de conflits surgissant à tout propos. »

« L'Empereur, par un décret du 10 octobre dernier, a remis au préfet de la Seine le soin de tout ce qui concerne la petite voirie, l'éclairage, le nettoiement de la voie publique, le curage des égouts, les fosses d'aisances, les tarifs et traités relatifs aux voitures publiques, les tarifs, l'assiette et la perception des droits municipaux de toute sorte, la boulangerie, tous les baux, marchés, adjudications relatifs aux services administratifs de la ville, etc. Le principe de la séparation rationnelle des attributions des deux préfectures, qu'on chercherait vainement dans les institutions municipales de l'ancien régime, parce qu'elles s'étaient formées successivement, sans plan d'ensemble, selon les besoins de chaque moment, ce principe posé dans la loi du 28 pluviose an VIII, abandonné le 12 messidor de la même année pour un expédient qu'on jugeait nécessaire, a désormais repris sa légitime autorité. »

nances et sont extrêmement nombreux; la collection en a été publiée, et, quoiqu'elle ne soit pas complète, elle forme déjà plusieurs volumes. Le préfet de police peut aussi, comme les maires dans les communes, publier de nouveau les lois et réglements de police (*Arr. 12 mess. an VIII, art. 2*). Le recours contre les actes du préfet de police est le même que contre ceux des autres préfets (*voy. n° 135*). Le préfet n'exerce ses fonctions que sous l'autorité immédiate des ministres; il correspond directement avec eux pour les objets qui dépendent de leurs départements respectifs. (*Arr. 12 mess. an VIII, art. 1er.*)

145. Jusqu'à ces derniers temps, le préfet de police n'avait aucune attribution qu'il pût exercer hors de Paris, du département de la Seine et d'un certain nombre de communes de Seine-et-Oise; une disposition récente avait étendu énormément son pouvoir. Le décret du 30 novembre 1859 le charge, sous l'autorité du ministre de l'intérieur, de la direction générale de la sûreté publique; les bureaux formant au ministère de l'intérieur la division de la sûreté générale, sont placés sous sa direction. Cette mesure de centralisation est expliquée dans un rapport à l'Empereur (*Monit. du 1er décembre 1859*), où il est dit qu'elle ne touche à aucune des lois existantes, ne trouble aucune des attributions qu'elles ont déterminées, ne crée aucune dépense nouvelle; le rapport résume en ces termes le résultat qu'on a voulu atteindre: « Ainsi cesseront toutes les complications inutiles: l'impulsion sera concentrée là où se trouvaient déjà réunis les plus puissants moyens d'action et d'information. Relié plus intimément encore au ministre dont il doit avoir toute la confiance, le tenant informé de tout, et recevant chaque jour de lui des instructions directes, correspondant en son nom et par son ordre avec tous les fonctionnaires qui relèvent du ministère de l'intérieur, le préfet de police trouvera dans cette situation agrandie une nouvelle force et tous les pouvoirs nécessaires pour donner à ce vaste service du maintien de la paix et de la sécurité publiques la direction unique et ferme, l'impulsion sûre et rapide qui sont les conditions fondamentales de son efficacité. » Les avantages recherchés par la nouvelle combinaison, on avait espéré les trouver d'abord dans le rétablissement d'un ministère spécial de la police, puis dans une direction générale de la sûreté publique dépendant du ministère de l'intérieur; les inconvénients d'une double police dans la capitale disparaissent dans la situation actuelle, qui augmente de beaucoup la responsabilité du préfet de police, diminué de quelques attributions récemment transférées au préfet de la Seine, mais chargé de la surveillance municipale directe de Paris accru de 8 nouveaux arrondissements. Un décret rendu au commencement de l'année 1861 a divisé le ministère de l'intérieur en cinq grandes directions, dont l'une est la direction générale de la sûreté publique ; elle a été confiée à M. le préfet de police, ce qui concilie, en fait, le retour à la direction dont il s'agit, avec la combinaison qui en avait transféré les attributions à la préfecture de police.

146. En dehors des bureaux de la préfecture et de ceux du ministère de l'intérieur qui lui sont adjoints, le préfet de police a pour auxiliaires de nombreux agents : il a sous ses ordres les commissaires de police distribués dans les quartiers de Paris, et dont nous parlerons en traitant de l'organisation des commissaires de police, les officiers de paix, le commissaire de police de la bourse, celui qui est chargé de la petite voirie, les commissaires et inspecteurs des halles et marchés, les inspecteurs des ports (*Arr. du 12 messidor an VIII*, art. 35). Le cadre personnel des services extérieurs a été déterminé par un décret du 17 septembre 1854, pour le temps où Paris ne comptait que 12 arrondissements. La division nouvelle de Paris en 20 arrondissements amène nécessairement l'augmentation de ce personnel, organisé, à partir du 1er janvier 1860, de la manière suivante par le décret du 27 novembre 1859 : 1° *Police municipale :* un commissaire de police, chef de la police municipale, un chef adjoint, un sous-chef, 20 commis, 4 inspecteurs spéciaux, 32 officiers de paix, 16 inspecteurs principaux, 78 brigadiers, 427 sous-brigadiers, 3,676 sergents de ville, 60 auxiliaires, un médecin chef du service médical, des médecins d'arrondissement; 2° *service du contrôle :* un commissaire de police, contrôleur des services extérieurs, un secrétaire, un officier de paix, un brigadier, 2 sous-brigadiers, 20 inspecteurs.

Indépendamment du personnel nombreux qu'il a sous ses ordres, le préfet a à sa disposition, pour l'exercice de la police, la garde nationale et la gendarmerie. Il peut requérir la force armée en activité. Il correspond, pour le service de la garde nationale, pour la distribution des corps de garde de la ville de Paris, avec le commandant militaire de Paris et le commandant de la division militaire. (*Arr. du 12 messidor an VIII*, art. 36.)

§ 2. — ATTRIBUTIONS DIVERSES DU PRÉFET DE POLICE.

147. Nous allons exposer les pouvoirs spéciaux du préfet de

police dans la ville de Paris, dans les communes du département de la Seine, et dans le département de Seine-et-Oise.

I. *Attributions du préfet de police dans la ville de Paris.*

Ces attributions se rapportent, les unes à la police générale, les autres à la police municipale; nous parlerons ici des secondes comme des premières, sans renvoyer à ce qui concerne spécialement la police municipale, parce que Paris est dans une situation particulière et parce que c'est le même acte, l'arrêté du 12 messidor an VIII, qui réglemente toutes les attributions du préfet de police; les lois postérieures n'ont fait qu'y introduire quelques additions ou modifications : nous aurons soin de signaler ces changements. Nous terminerons par l'exposé des dispositions relatives au budget et à la comptabilité de la préfecture pour tous ses services.

A. Police générale.

148. Aux actes concernant cette catégorie des pouvoirs du préfet de police, se rattache l'autorisation que lui confère l'article 10 du Code d'instruction criminelle de faire *personnellement* tous les actes de police judiciaire, ou de requérir, à cet effet, tous les officiers de police. Il est, à cet égard, mis sur la même ligne que les préfets des départements. Comme eux, il a le droit, non-seulement d'agir personnellement, mais de requérir les officiers de gendarmerie de faire, en leur qualité d'officiers de police judiciaire, tous les actes nécessaires à la constatation des crimes, délits et contraventions (*Décr. du 1er mars 1854, art. 116*). Le préfet de police et ses agents peuvent faire saisir et traduire aux tribunaux correctionnels les personnes prévenues de délits du ressort de ces tribunaux. Ils peuvent faire saisir et remettre aux officiers chargés de l'administration de la justice criminelle les individus surpris en flagrant délit, arrêtés à la clameur publique, ou prévenus de délits qui sont du ressort de la justice criminelle. (*Arr. du 12 messidor an VIII, art. 38 et 39.*)

149. *Passe-ports.* — Le préfet de police délivre les passe-ports pour voyager de Paris dans l'intérieur de la France. Il vise les passe-ports des voyageurs. Les militaires ou marins qui ont obtenu des congés limités ou absolus, et qui veulent résider ou séjourner à Paris, sont tenus, indépendamment des formalités prescrites par les lois militaires, de faire viser leurs permissions ou congés par le préfet de police (*Arr. 12 messid. an VII, art. 3*). C'est aussi à la préfecture de police que se délivrent les passe-ports pour les pays étrangers. Les principales ordonnances de police concernant les passe-ports sont celles des 13 thermidor an VIII, 8 avril 1808, 25 avril 1812.

150. *Livrets de domestiques et d'ouvriers.* — Aux termes d'un décret du 30 octobre 1810, le préfet de police désignait des bureaux où devaient se faire inscrire tous les individus qui servaient ou voulaient servir comme domestiques à Paris, sous quelque dénomination que ce fût; il devait être délivré un bulletin à chaque personne inscrite. L'ordonnance de police du 1er août 1853 considérant que depuis longtemps ce décret ne recevait plus qu'une exécution insuffisante, et qu'il résulte de l'inobservation des mesures qu'il a prescrites des abus qui compromettent à la fois l'ordre public, la sécurité des familles et l'intérêt des domestiques, a rappelé à son exécution par un ensemble de dispositions nouvelles. En vertu de l'article 2, le livret est délivré à la préfecture de police, sur la production de documents propres à établir l'identité de l'impétrant, et sur le vu d'un certificat délivré par le commissaire de police de sa section. Cette ordonnance ne parait pas être plus strictement exécutée que ce qui l'a précédée, beaucoup de maîtres négligeant d'exiger de leurs domestiques la possession d'un livret.

Quant aux livrets d'ouvriers, c'est sur les articles 2 et 9 de la loi du 22 juin 1854 et sur le décret réglementaire du 30 avril 1855 que se fonde l'ordonnance de police du 15 octobre 1855, d'après laquelle les livrets sont exclusivement délivrés à la préfecture de police, tant pour Paris que pour la banlieue et les communes rurales; il en est de même des visas de départ ou de voyage destinés à tenir lieu de passe-port à l'intérieur; la préfecture de police vise, vérifie et inscrit, avant qu'il puisse en être fait usage, les livrets délivrés hors de la circonscription administrative de la préfecture.

151. *Cartes de sûreté.* — Le préfet de police délivre les cartes de sûreté et d'hospitalité; s'il a besoin à cet effet de renseignements, il peut faire prendre communication par les commissaires de police, ou demander des extraits des registres civiques, des tableaux de population que tiennent les municipalités, et des états d'indigents; les bureaux de bienfaisance sont tenus de lui donner copie de leurs états de distribution (*Arr. du 12 messid. an VIII, art.* 4). Les dispositions des décrets du 19 septembre 1792, du 24 mars 1793, et 27 ventose an IV, pour les étrangers, et des 27 nivose et 19 pluviose an III, pour les habitants de Paris, sont tombés en désuétude en ce qui concerne les cartes de sûreté.

152. *Permis de séjour.* — Il accorde les permissions de séjour aux voyageurs qui veulent résider à Paris plus de trois jours (*Arr. du 12 messidor an VIII, art.* 5). Cette disposition ne s'exécute pas habituellement. Des précautions particulières sont prises à l'égard des étrangers, en vertu de la loi du 3 décembre 1849, par l'ordonnance de police du 8 septembre 1851 ; cette ordonnance distingue les étrangers qui veulent venir s'établir et les simples voyageurs ; tout étranger qui arrive dans le département de la Seine avec l'intention d'y résider ou d'y exercer une industrie doit se présenter, dans les trois jours, à la préfecture de police qui lui délivre, s'il y a lieu, un permis de séjour ; cette disposition n'est point applicable aux étrangers voyageant pour leurs affaires ou leurs plaisirs, sans intention de résidence, et munis de passe-ports réguliers de leur gouvernement.

Le séjour de Paris est interdit aux individus placés sous la surveillance de la haute police (*Décr. du 8 décembre* 1851). C'est le préfet de police qui doit veiller à l'exécution de cette disposition, en faisant arrêter et conduire hors Paris, par ses agents ou par la force publique qu'il peut requérir, les individus atteints par le décret.

153. *Mendicité, vagabondage.* — Le préfet de police fait exécuter les lois sur la mendicité et le vagabondage ; en conséquence, il peut envoyer les mendiants, vagabonds et gens sans aveu, aux maisons de détention, même à celles qui sont hors de Paris, dans l'enceinte du département de la Seine. Dans ce dernier cas, les individus détenus par ordre du préfet de police, ne pourront être mis en liberté que d'après son autorisation. Il fait délivrer, s'il y a lieu, aux indigents sans travail qui veulent retourner dans leur domicile, les secours autorisés par la loi du 30 mai 1790 (*Arr. du 12 messidor an VIII, art.* 5 *bis*). Nous ne pouvons ici rappeler toutes les lois qui ont été rendues contre la mendicité ; dans la vue d'assurer l'entière exécution des lois et règlements qui la répriment, le préfet de police a rendu l'ordonnance du 20 septembre 1828, aux termes de laquelle tous les mendiants étrangers à la circonscription de la préfecture de police doivent en quitter le territoire, et reçoivent du préfet des passe-ports gratuits avec secours de route, s'il est nécessaire. Les mendiants hors d'état de pourvoir à leur subsistance sont envoyés par le préfet, d'après leur demande, présentée au commissaire de police de leur quartier, au dépôt de mendicité de Villers-Cotterets. Tous les individus trouvés mendiants dans la circonscription de la préfecture de police sont, indépendamment des mesures administra-. tives dont ils peuvent être l'objet, traduits devant les tribunaux.

154. *Police des prisons.* — Le préfet de police a la police des prisons, maisons d'arrêt, de justice, de force et de correction de la ville de Paris ; il l'exerce aussi dans la maison de Bicêtre. Il a la nomination des concierges, gardiens et guichetiers de ces maisons. Il délivre les permissions de communiquer avec les détenus pour fait de police. Il fait délivrer aux détenus indigents, à l'expiration du temps de détention porté en leurs jugements, les secours pour se rendre à leur domicile (*Arr. du 12 mess. an VIII, art.* 6). Tout ce qui est relatif au régime administratif et économique des prisons de Paris et de la maison de répression de Saint-Denis a été placé dans ses attributions par l'article 18 de l'ordonnance du 9 avril 1819 sur la société pour l'amélioration des prisons.

155. *Maisons publiques.* — Il fait exécuter les lois et règlements de police concernant les hôtels garnis et les logeurs (*art.* 7). La principale obligation dont la police doit surveiller l'accomplissement, c'est la tenue du registre d'entrée et de sortie, qu'elle a le droit de se faire représenter chaque fois qu'elle le requiert (*C. pén., art.* 475, *reproductif de l'art.* 5, *tit.* 1er *de la loi du* 19 *juillet* 1791). Il se conforme, pour ce qui regarde la police des maisons de jeu, à ce qui est prescrit par la loi du 19 juillet 1791 (*art.* 8). Lui et ses agents peuvent entrer à toute heure du jour ou de la nuit dans les maisons de jeux de hasard où le public est admis, dans les lieux où sont établies des loteries non autorisées ; ils saisissent les fonds ou effets qui sont trouvés exposés au jeu ou mis à la loterie, les meubles, instruments, ustensiles, appareils, employés ou destinés au service des jeux ou loteries, les meubles et les effets mobiliers dont ces lieux sont garnis ou décorés (*C. pén., art.* 410 ; *L. du* 19 *juillet* 1791, *art.* 10). En conformité de la même loi du 19 juillet 1791, le préfet fait surveiller les maisons de débauche, ceux qui y résident ou s'y trouvent (*art.* 9) ; en conséquence, lui et ses agents peuvent y entrer à toute heure du jour et de la nuit, pour s'assurer de l'exécution des règlements et arrêter le trouble qui pourrait s'y manifester. Cette faculté de pénétrer à toute heure dans un domicile n'est accordée par la loi de 1791 qu'à l'égard des lieux *livrés notoirement à la débauche* ; s'il s'agissait de s'assurer si une maison ne récèle pas clandestinement un lieu de débauche non autorisé, la visite de la police ne pourrait avoir lieu que pendant le jour.

On voit que, sous le nom de maisons publiques, l'arrêté du
12 messidor an VIII comprend les hôtels garnis et logeurs, les
maisons de jeu et les maisons de débauche; il les classe parmi les
objets de police générale. Le préfet de police les aurait eus dans
ses attributions même sans cette mention classée dans un ordre
que peut expliquer l'importance des maisons publiques dans une
ville comme Paris; car il exerce en plein la police municipale
comme les maires dans les autres communes ; or, la loi générale
sur les municipalités confère aux maires le soin de maintenir l'ordre
dans tous les lieux publics, et, par suite, de faire des règlements
sur ce qui concerne la tenue de ces établissements (*Voy. chap.* 3,
sect. 2). C'est en vertu de la législation générale, que le préfet de
police, dont le pouvoir réglementaire a la même étendue et les
mêmes limites que celui de l'autorité municipale, a rendu l'ordonnance du 6 novembre 1812, sur la nécessité de l'autorisation et la
tenue des billards publics, celle du 31 mai 1833, qui prescrit une
autorisation et des conditions pour les bals et autres réunions publiques, et celle du 17 novembre 1849, concernant les cafés concerts.

156. *Attroupements.* — Le préfet de police prend les mesures
propres à prévenir ou dissiper les attroupements, les coalitions
d'ouvriers pour cesser leur travail ou enchérir le prix des jour-
nées, les réunions tumultueuses ou menaçant la tranquillité publique (*Arr. du 12 messidor an VIII, art.* 10). C'est encore une
attribution que le préfet de police aurait pu exercer comme dépositaire, dans Paris, des droits de l'autorité municipale quant au
maintien de l'ordre dans tous les lieux publics. Comme chargé de
la police municipale dans Paris, et investi, ainsi que les commissaires de police sous ses ordres, des fonctions de police judiciaire,
le préfet de police et les commissaires ont le droit de faire les
sommations qui doivent avoir lieu pour la dispersion des attroupements formés sur les places ou sur une partie quelconque de la
voie publique. (*L. du 10 avril 1831 et du 7 juin 1848.*)

157. *Police de la librairie et de l'imprimerie.* — Le préfet fait
exécuter les lois de police sur l'imprimerie et la librairie, en tout
ce qui concerne les offenses faites aux mœurs et à l'honnêteté
publique (*Arr. du 12 messidor an VIII, art.* 11). L'arrêté du
3 brumaire an IX attribue au préfet de police la délivrance, dans
Paris, des permissions nécessaires à l'établissement de presses.
C'est à lui aussi que doit être faite la déclaration imposée à tout
détenteur de presses non muni d'un brevet d'imprimeur actuellement en exercice. (*Décr. du 18 novembre 1810.*)

Dans l'intérêt des mœurs publiques, une autorisation préalable du préfet de police est exigée pour tout marchand étalagiste de livres, gravures, lithographies, etc., établi sur la voie publique (*Ord. du 31 octobre 1822*). Par les mêmes motifs, une permission préalable du préfet de police est prescrite pour l'exercice des professions, dans toute l'étendue du ressort de la préfecture de police, de crieur, chanteur, vendeur et distributeur, sur la voie publique, d'écrits, dessins ou emblèmes imprimés, lithographiés, autographiés, moulés, gravés ou à la main (*Ord. de pol. du* 19 oct. 1839). Ces permissions sont révocables, et les crieurs et distributeurs soumis à des conditions qui garantissent le loyal exercice de leur profession. Quant aux afficheurs, ils sont seulement tenus, en vertu de l'ordonnance de police du 3 septembre 1851, fondée sur la loi du 10 décembre 1830, de faire à la préfecture de police la déclaration de leur intention d'exercer, même temporairement, l'état d'afficheurs, sur la voie publique, d'écrits imprimés, lithographiés, gravés ou à la main ; l'ordonnance réglemente en détail ce qui concerne l'affichage.

158. *Police des théâtres.* — Le préfet de police a la police des théâtres, en ce qui touche la sûreté des personnes, les précautions à prendre pour prévenir les accidents et assurer le maintien de la tranquillité et du bon ordre tant au dedans qu'au dehors (*Arr. du 12 messidor an VIII, art. 12*). Ces attributions ne sont que des conséquences des pouvoirs généraux de surveillance sur les lieux publics, donnés aux municipalités dans toute la France et, par exception, au préfet de police à Paris. Il ne s'agit ici, comme le prouvent les termes de l'arrêté, que des mesures d'ordre et de sûreté, où les intérêts et les devoirs du public se trouvent plus particulièrement engagés ; le surplus, c'est-à-dire les intérêts purement administratifs ou littéraires, n'appartiennent point à la police.

Lorsqu'un théâtre n'a pas été autorisé conformément aux lois qui régissent la matière, c'est le préfet de police qui procède à la fermeture de l'établissement.

Les diverses dispositions concernant la police des théâtres ont été refondues dans l'ordonnance du préfet du 16 mars 1857. C'est le préfet de police qui, par ses agents, fait constater, avant l'ouverture d'un théâtre, que la salle est solidement construite, qu'elle est dans des conditions suffisantes de salubrité et de commodité pour les spectateurs, que la circulation est facile aux abords, et qu'on a pris toutes les précautions contre l'incendie exigées par les lois et règlements (*art.* 2 *de l'ord.*). Toute salle de spectacle autorisée peut être fermée par ordre de la police, si le directeur néglige un seul jour de tenir les réservoirs pleins d'eau, et de conserver en bon état le matériel destiné au secours contre l'incendie (*art.* 3). Une autorisation du préfet de police est nécessaire pour tout changement de construction, ou pour tout changement dans les distributions intérieures (*art.* 7), pour le changement de désignation ou destination des places de la salle aux représentations extraordinaires (*art.* 8), pour tout changement du prix des places (*art.* 13). Il faut une autorisation du préfet de police pour la vente et la distribution, dans les salles de spectacles, des programmes, journaux et imprimés, et des permissions spéciales pour vendre tels écrits dénommés, soit à l'intérieur, soit à l'extérieur des théâtres (*art.* 28). Les commissionnaires qui se trouvent, pour le service du public, à l'entrée des théâtres, doivent être munis d'une permission du préfet de police (*art.* 38). Le préfet fixe l'heure de clôture des représentations théâtrales ; à Paris cette heure est minuit (*art.* 50). Cette ordonnance contient beaucoup d'utiles dispositions ; elles pourront servir de modèle ou d'exemple à des arrêtés analogues que prendront les préfets de chefs-lieux qui exercent les fonctions de préfets de police : mais, nous répétons pour les théâtres ce que nous avons dit pour toutes les matières de la compétence du préfet de police, l'assimilation établie par la loi du 5 mai 1855 n'a point pour effet de rendre obligatoires au dehors des limites de la préfecture de police, les ordonnances faites pour cette circonscription.

159. *Vente de poudres et salpêtres.* — Le préfet de police surveille la distribution et la vente des poudres et salpêtres (*Arr. du* 12 *mess. an VIII*, *art.* 13). Il a aussi sous sa surveillance la vente et le tir de pièces d'artifices, objet qui est réglementé à Paris par une ordonnance du 7 juin 1856. Les principales lois dont l'exécution est confiée à la surveillance du préfet, sont celles du 13 fructidor an V sur la distribution des poudres, et du 24 mai 1834 sur les poudres de guerre. Le préfet de police a rendu, le 21 mai 1838, une ordonnance concernant la conservation et la vente des capsules et autres préparations détonnantes et fulminantes.

160. *Cultes.* — L'article 17 de l'arrêté du 12 messidor an VIII confère, relativement aux cultes, deux attributions au préfet de police ; la première consiste à recevoir le serment de fidélité des ministres du culte, serment qui, d'après l'article 6 de la loi du

18 germinal an X, est prêté par les évêques entre les mains du chef de l'État, et, par les ecclésiastiques de second ordre, entre les mains des autorités civiles désignées par le Gouvernement : or, ce dernier serment est complétement tombé en désuétude ; la seconde attribution consiste à surveiller les lieux où l'on se réunit pour l'exercice du culte ; celle-ci est toujours subsistante. Elle se rattache au droit de surveiller tous les grands rassemblements, droit établi par la législation générale. La surveillance de la police relativement aux cultes n'a pour objet que le maintien de l'ordre dans les temples, d'assurer aux ministres du culte et aux actes religieux la sécurité qui leur est due, de faire observer les lois relatives à la prohibition des cérémonies extérieures dans les localités où la pluralité des cultes les a fait interdire ; comme officiers de police judiciaire, le préfet de police et ses agents peuvent et doivent arrêter et traduire devant le tribunal compétent ceux qui troublent l'exercice du culte ou commettent à l'égard des ministres de la religion un délit prévu par les lois.

161. *Port d'armes.* — Le préfet de police reçoit les déclarations et délivre les permissions pour port d'armes à feu, pour l'entrée et la sortie de Paris avec fusils de chasse (*Arr. 12 mess. an VIII, art. 18*). D'après la loi du 3 mai 1844, les permis de port d'armes s'appellent aujourd'hui permis de chasse. Toute personne qui veut obtenir un permis doit se présenter à la préfecture de police pour en obtenir une autorisation, qui n'est délivrée que sur les certificats des maires ou commissaire de police. (*Ord. du 7 brumaire an IX.*)

162. *Recherche des déserteurs.* — Le préfet de police fait faire la recherche des militaires ou marins déserteurs, et des prisonniers de guerre évadés (*Arr. du 12 messidor an VIII, art. 19*). Ses agents sont appelés à concourir à l'arrestation des déserteurs : il fait, au besoin, appuyer la gendarmerie par les gardes nationales (*Ord. roy. du 8 août 1814*). Les circonstances où un militaire ou marin peut être considéré comme déserteur sont déterminées par les lois militaires.

163. *Fêtes publiques.* — Le préfet de police, dit l'article 20 de l'arrêté du 12 messidor an VIII, fait observer les lois et arrêtés sur les fêtes républicaines. Ces lois sont tombées avec le régime qui les avait établies. Aujourd'hui le décret du 12 février 1852 ne permet de reconnaître et de célébrer comme fête nationale que l'anniversaire du 15 août ; il est précédé de l'exposé de motifs suivant : « considérant que la célébration des anniversaires poli-

3 *

tiques rappelle les souvenirs des discordes civiles, et que, parmi les fêtes, c'est un devoir de choisir celles dont la consécration tend le mieux à réunir tous les esprits dans le sentiment commun de la gloire nationale. »

Quoique l'arrêté de l'an VIII ne parle que des fêtes politiques, le préfet de police est chargé de faire observer les autres fêtes publiques et d'en surveiller la célébration sous le rapport du maintien de l'ordre. C'est ce qui a lieu pour les quatre grandes fêtes religieuses conservées par l'arrêté du 29 germinal an X, Pâques, l'Ascension, l'Assomption, la Fête de tous les saints, pour les dimanches, en vertu de la loi du 18 novembre 1814, et, par suite de l'usage, pour le premier jour de l'année. Des fêtes publiques peuvent aussi être ordonnées par le Gouvernement pour des événements extraordinaires, comme une victoire, une paix, etc. Toutes les mesures destinées, dans une fête quelconque, à maintenir l'ordre et la sûreté politique, sont prises par le préfet de police, et présentent une grande importance dans les foules comme celles qui se pressent à Paris, surtout depuis que les chemins de fer amènent à la moindre occasion de fête des populations entières en addition à celle de la capitale. Les précautions varient selon les circonstances; la préfecture de police s'applique particulièrement et avec raison à celles qui concernent le parcours et la direction des voitures.

164. *Bureaux de placement.* — Nous venons d'épuiser la liste des objets que l'arrêté de messidor an VIII comprend parmi ceux de la police générale; sans une disposition légale expresse, ou s'il ne s'agit pas d'une mesure qui résulte comme une conséquence nécessaire de la législation générale sur les pouvoirs de police municipale, confiés à Paris au préfet de police, cette nomenclature ne peut être augmentée, ni pour le préfet de police, ni pour ceux des préfets de départements qui lui sont assimilés. Une mesure de police générale expressément confiée au préfet de police, pour tout le ressort de sa préfecture, comme elle l'est au maire dans les communes, sauf dans l'agglomération lyonnaise et dans les chefs-lieux de département de plus de 40,000 âmes, c'est le droit d'accorder ou de refuser la permission de tenir un bureau de placement, sous quelque titre et pour quelque profession, place ou emploi que ce soit; le décret du 25 mars 1852 qui crée cette attribution, charge la même autorité de surveiller les bureaux de placement pour y assurer le maintien de l'ordre et la loyauté de la gestion, de prendre des arrêtés nécessaires à cet effet, et de régler le tarif des droits qui peuvent être perçus par le gérant ; le préfet de police peut retirer la permission dans les cas spécifiés. (*Voy. le décr., art.* 1, 3, 5, 6.)

B. Police municipale.

165. Les maires de Paris et ceux des communes de la circonscription de la préfecture de police n'ont point en général l'exercice de la police municipale : ils n'en gardent que ce que des dispositions expresses peuvent leur en attribuer par exception.

L'arrêté du 12 messidor an VIII avait entendu déposer entre les mains du préfet de police tout le fardeau de la police municipale ; aussi était-il reconnu que si, en dehors de la longue nomenclature que nous examinerons bientôt, des mesures de sûreté, d'ordre, de salubrité, étaient nécessaires, le préfet de police pouvait les réglementer de la même manière et avec la même étendue que les maires en ont le droit dans les communes ordinaires (*Arr. de la C. de cass. du* 31 *novembre* 1834 *et du* 5 *février* 1841). On a cité, avec raison, comme exemple de cette plénitude de jouissance de l'autorité de police municipale, les ordonnances que le préfet de police a rendues souvent pour régler le service des chemins de fer de la banlieue de Paris ; ces ordonnances se fondent sur la loi de 1790 qui confie à la vigilance des municipalités tout ce qui intéresse la sûreté et la commodité du passage sur la voie publique. Depuis, et récemment, les pouvoirs municipaux du préfet de police ont été modifiés et diminués, sans qu'il ai d'ailleurs, rien changé à ses attributions de police généra

166. L'administration supérieure du département de la trouvant partagée entre le préfet de la Seine et le préfet de po et certaines mesures paraissant pouvoir être du ressort de ces deux magistrats, des dissidences se sont déclarées entre eux ; ces sortes de conflits ont nécessité l'intervention du chef de l'État ; après de longues discussions, le décret du 10 octobre 1859 a fait une nouvelle et plus large part aux pouvoirs du préfet de la Seine, en diminuant ceux du préfet de police.

Plusieurs observations ressortent de l'étude de ce décret. D'abord, il ne s'applique qu'au département et au préfet de la Seine ; par conséquent, les attributions du préfet de police restent ce qu'elles ont été jusqu'à présent dans le département de Seine-et-Oise. D'un autre côté, ses dispositions ne peuvent être invoquées pour le partage du pouvoir de police municipale entre le préfet du Rhône et le maire de l'agglomération lyonnaise, ni, dans le même but, entre les préfets et les maires des chefs-lieux départementaux ayant plus de 40,000 habitants. Dans ces localités, le préfet remplit les fonctions de préfet de police telles qu'elles sont déterminées par l'arrêté de l'an VIII, par la loi de 1851 et par l'art. 50 de la loi du 5 mai 1855 (*Voy. ci-dessus n° 127*). Il importe donc d'exposer ici les attributions du préfet de police détaillées dans l'arrêté de l'an VIII, en faisant connaitre ce qui en est détaché pour être transféré, quant à Paris, au préfet de la Seine, et quant à l'agglomération lyonnaise et aux grands chefs-lieux, aux maires de ces communes.

167. *Petite voirie.* — Le préfet de police, disait l'article 21 de l'arrêté du 12 messidor an VIII, sera chargé de tout ce qui a rapport à la petite voirie, sauf le recours au ministre de l'intérieur contre ses décisions ; il aura à cet effet, sous ses ordres, un commissaire chargé de surveiller, permettre ou défendre l'ouverture des boutiques, étaux de boucherie ou de charcuterie, l'établissement des auvents ou constructions du même genre qui prennent sur la voie publique, l'établissement des échoppes ou étalages mobiles ; d'ordonner la démolition ou réparation des bâtiments menaçant ruine.

Pour le département de la Seine, cette disposition est abrogée par l'article 1er du décret du 10 octobre 1859, qui porte qu'à l'avenir les attributions du préfet de la Seine comprendront la petite voirie telle qu'elle est définie par l'article 21 de l'arrêté du 12 messidor an VIII. Il résulte de ce changement que les employés de la préfecture de police chargés de tout ce qui concerne la petite voirie passent dans les services de la préfecture de la Seine ; c'est à cette dernière administration que les particuliers doivent s'adresser maintenant pour obtenir les permis de construire, ou d'établir des objets quelconques en saillie sur la voie publique, et pour acquitter les droits de voirie ; c'est au préfet de la Seine qu'appartiendra désormais le droit de faire des règlements de petite voirie : ceux qui existent sont maintenus jusqu'à réglementation nouvelle s'il y a lieu.

Les pouvoirs de petite voirie attribués au préfet de la Seine ne sont pas absolus, et trouvent un contre-poids dans les facultés conférées au préfet de police. Si ce dernier fait opposition à l'exécution de travaux pouvant gêner la circulation, ils ne pourront être commencés ou continués qu'en vertu de l'autorisation du ministre compétent (*Décr. du 10 octobre 1859, art.* 2). De plus, le préfet de la Seine ne pourra proposer au conseil municipal la concession d'aucun emplacement d'échoppe ou d'étalage fixe ou mobile, ni d'aucun lieu de stationnement de voiture sur la voie publique, et il ne pourra délivrer d'autorisation concernant les établissements sur la rivière, les canaux et leurs dépendances[1], qu'après avoir pris l'avis du préfet de police; en cas d'opposition de ce magistrat, il ne sera passé outre qu'en vertu d'une décision du ministre compétent (*art.* 3). Dans les circonstances motivant la concession de permissions d'étalage sur la voie publique d'une durée moindre de quinze jours, ces permissions pourront être accordées exceptionnellement par le préfet de police, après avoir pris l'avis du préfet de la Seine (*art..* 4). Le préfet de police a, en outre, un droit de réquisition, réglé par l'article 34 de l'arrêté de l'an VIII et que lui conserve expressément l'article 2 du *nouveau* décret.

Dans les communes, chefs-lieux de départements régies par la loi du 5 mai 1855, la petite voirie avec tous les droits qui en dépendent est, d'après le droit commun, laissée aux maires par l'article 50 de cette loi.

168. *Liberté et sûreté de la voie publique.* — Le préfet de police procure la liberté et la sûreté de la voie publique, et est chargé à cet effet : d'empêcher que personne n'y commette de dégradation, de la faire éclairer, de faire surveiller le balayage auquel les habitants sont tenus devant leurs maisons, et de le faire faire aux frais de la ville dans les places et la circonférence des jardins et édifices publics; de faire sabler s'il survient du verglas, et de déblayer au dégel, les ponts et lieux glissants des rues; d'empêcher qu'on n'expose rien sur les toits ou fenêtres qui puisse blesser les passants en tombant. Il fait observer les règlements sur l'établissement des conduits pour les eaux de pluie et les gouttières. Il empêche qu'on y laisse vaguer des furieux, des insensés, des animaux malfaisants ou dangereux; qu'on ne blesse les citoyens par la marche trop rapide des chevaux ou des voitures; qu'on n'obstrue la libre circulation, en arrêtant, ou déchargeant des voitures et marchandises devant les maisons, dans les rues étroites ou de toute autre manière. Le préfet de police fait effectuer l'enlèvement des boues, matières malsaines, neiges, glaces, décombres, vases sur les bords de la rivière après les crues des eaux. Il fait faire les arrosements dans la ville,

---

. 1. Ces concessions, ainsi qu'on le verra ci-après, appartenaient au préfet de police, en vertu de dispositions de l'arrêté de l'an VIII autres que celles relatives à la petite voirie.

dans les lieux et dans la saison convenables. (*Arr.* 12 *mess. an VIII, art.* 22.)

L'article 1er n° 2 du décret du 10 octobre 1859, transfère au préfet de la Seine, l'éclairage, le balayage, l'arrosage de la voie publique, l'enlèvement des boues, neiges et glaces. Cette attribution entraîne-t-elle celle de faire sabler en cas de verglas, et de déblayer lors du dégel, les lieux glissants? Nous serions portés à le croire, attendu que ces dernières opérations sont généralement faites par des préposés du service des balayages, qui passe au préfet de la Seine. Les autres soins concernant la liberté et la sûreté de la voie publique restent confiés au préfet de police.

Dans les communes soumises à la loi du 5 mai 1855, l'article 50 de cette loi réserve aux maires, sans restriction, tout ce qui a rapport à la sûreté et à la liberté du passage sur la voie publique, à l'éclairage, au balayage, aux arrosements. Les préfets, dans ces communes, ne peuvent revendiquer aucune des attributions énumérées dans l'article 22 de l'arrêté de l'an VIII, qui toutes sont comprises sous le titre de liberté et sûreté du passage sur la voie publique.

169. *Salubrité de la cité.* — Le préfet de police assure la salubrité de la ville en prenant des mesures pour prévenir et arrêter les épidémies, les épizooties, les maladies contagieuses; en faisant observer les règlements de police sur les inhumations; en faisant enfouir les cadavres des animaux morts, surveiller les fosses vétérinaires, la construction, entretien et vidange des fosses d'aisance; en faisant arrêter, visiter les animaux suspects de mal contagieux, et mettre à mort ceux qui en seront atteints; en surveillant les échaudoirs, fondoirs, salles de dissection et la basse géôle; en empêchant d'établir, dans l'intérieur de Paris, des ateliers, manufactures, laboratoires ou maisons de santé, quand ils doivent être hors de l'enceinte des villes, selon les lois et règlements; en empêchant qu'on ne jette ou dépose dans les rues aucune substance malsaine; en faisant saisir et détruire dans les halles, marchés et boutiques, chez les bouchers, boulangers, marchands de vin, brasseurs, limonadiers, épiciers, droguistes, apothicaires ou tous autres, les comestibles ou médicaments gâtés, corrompus et nuisibles. (*Arr. du* 12 *mess. an VIII, art.* 23.)

De ces attributions nombreuses et importantes, qui ont donné lieu à une foule d'ordonnances encore en vigueur, et qui comprennent, entre autres objets, la surveillance des lois et règlements sur les logements insalubres, le décret du 10 octobre 1859 n'a transféré au préfet de la Seine que le curage des égouts et des fosses d'aisance. (*Art.* 1er, no 3.)

Pour les communes régies par la loi du 5 mai 1855, l'article 50 de cette loi laisse aux maires la police municipale en ce qui a rapport à la solidité et à la salubrité des constructions privées, aux mesures propres à prévenir les épidémies, les épizooties, et l'inspection de la salubrité des denrées, boissons, comestibles et autres marchandises mises en vente publique. De ces énonciations restrictives, il suit que pour les autres objets de salubrité énumérés dans l'arrêté du 12 messidor an VIII, la compétence appartient au préfet du département, excerçant les fonctions de préfet de police. .

170. *Incendies, débordements, accidents sur la rivière.* — Le préfet de police est chargé de prendre les mesures propres à prévenir ou arrêter les incendies. Il donne des ordres aux pompiers, requiert les ouvriers charpentiers et couvreurs, requiert la force publique et en détermine l'emploi ; il a la surveillance des corps de pompiers, le placement et la distribution des corps de garde et magasins des pompes, réservoirs, tonneaux, seaux à incendie, machines et ustensiles de tout genre destinés à les arrêter. En cas de débordements et débâcles, il ordonne les mesures de précaution, telles que déménagements des maisons menacées, rupture de glaces, garage de bateaux. Il est chargé de faire administrer des secours aux noyés ; il détermine, à cet effet, le placement des boites fumigatoires ou autres moyens de secours. Il accorde et fait payer les gratifications et récompenses promises par les lois et règlements à ceux qui retirent les noyés de l'eau. (*Arr. du 12 mess. an VIII, art.* 24.)

A Paris, ces attributions restent entières entre les mains du préfet de police. Dans les départements, même dans les communes où le préfet exerce les fonctions de préfet de police, elles continuent d'appartenir aux maires. en vertu de la loi générale du 24 août 1790, et de l'article 50 de la loi du 5 mai 1855, qui charge les maires de la police municipale en ce qui concerne les mesures propres à prévenir et à arrêter les accidents et les fléaux calamiteux, tels que les incendies, les débordements, et en ce qui a rapport aux secours à donner aux noyés. La surveillance du corps des pompiers dans les villes où ils sont organisés, ayant pour but d'assurer les moyens d'arrêter les incendies, et les récompenses à ceux qui retirent les noyés de l'eau, tendant à garantir des secours aux personnes qui se noient, ces deux objets nous paraissent devoir être compris dans les attributions municipales des maires des chefs-lieux régis par la loi de 1855.

171. *Police de la bourse et du change.* — Le préfet de police a la police de la bourse et des lieux publics où se réunissent les agents de change, courtiers, changeurs, et ceux qui négocient et trafiquent sur des effets publics. (*Arr. du 12 mess. an VIII; art.* 25.) Cette attribution tenant autant à la police générale qu'à la police municipale, continue d'appartenir, à Paris au préfet de police, et dans les chefs-lieux de plus de 40,000 âmes, elle est conférée au préfet du département. C'est à ces magistrats qu'est dévolu le droit de régler les heures d'ouverture, de tenue, et de fermeture de la bourse, et les conditions d'admission dans ce local.

172. *Sûreté du commerce.* — Le préfet de police procure la sûreté du commerce, en faisant faire des visites chez les fabricants et les marchands, pour vérifier les balances, poids et mesures, et faire saisir ceux qui ne sont pas exacts ou étalonnés; en faisant inspecter les magasins, boutiques et ateliers des orfèvres et bijoutiers, pour assurer la marque des matières d'or et d'argent, et l'exécution des lois sur la garantie. Indépendamment de ses fonctions ordinaires sur les poids et mesures, le préfet de police fait exécuter les lois qui prescrivent l'emploi des nouveaux poids et mesures. (*Arr. du 12 mess. an VIII; art.* 26.)

La surveillance de la loyauté dans le débit des denrées, boissons et marchandises mises en vente publique est confiée aux maires dans les communes ordinaires; l'article 50 de la loi du 5 mai 1855 la leur laisse dans les grands chefs-lieux; l'inspection se fait à Paris par les agents de la préfecture de police.

173. *Taxes et mercuriales.* — Le préfet de police fait observer les taxes légalement faites et publiées (*Arr. du 12 mess. an VIII; art.* 27). Il fait tenir les registres des mercuriales, et constater le cours des denrées de première nécessité (*Art.* 28). Les mercuriales, et les taxes du pain et de la viande, les seules que la loi permette, sont plutôt des objets d'administration que de police. Aussi, dans les communes ordinaires sont-elles faites par les municipalités, et dans les grands chefs-lieux de plus de 40,000 âmes, la fixation des mercuriales est attribuée aux maires par l'article 50 de la loi du 5 mai 1855. Pour Paris, où la taxe n'existe plus que pour le pain, le décret du 10 octobre 1859, article 5, répartit l'attribution entre les deux préfets; le préfet de la Seine fixe la taxe du pain, d'après les déclarations reçues et

enregistrées à la caisse de la boulangerie, en exécution du décret du 27 décembre 1853 ; le préfet de police la fait observer, conformément à l'article 27 de l'arrêté du 12 messidor an VIII, et assure, en outre, la fidélité du débit du pain.

174. *Libre circulation des subsistances.* — Le préfet de police assure la libre circulation des subsistances, suivant les lois (*Arr. du 12 mess. an VIII, art.* 29). Cette fonction continue d'appartenir au préfet de police, et, comme conséquence, elle est attribuée au préfet dans les chefs-lieux de plus de 40,000 habitants.

175. *Patentes.* — Le préfet de police exige la représentation des patentes des marchands forains ; il peut se faire représenter les patentes des marchands domiciliés (*art.* 30). L'article 27 de la loi du 25 avril 1844, qui n'est point abrogée, accorde aux maires, adjoints, juges de paix et tous autres officiers de police judiciaire, le droit de requérir tout patentable, sans distinction de forains ou domiciliés, d'exhiber sa patente.

176. *Marchandises prohibées.* — Le préfet de police fait saisir les marchandises prohibées par les lois (*art.* 31): Le droit de saisie, qui appartient aussi aux préfets compris dans la loi de 1855, a pour effet de faire exécuter les lois de prohibition douanière dans l'intérieur de la France comme sur les frontières. Cette saisie ne peut s'exercer que sur les marchandises frappées d'une prohibition spéciale absolue, et non sur celles dont l'importation est seulement restreinte par des droits considérables. Les prohibitions, qui tendent à diminuer de plus en plus, suivent les variations de la législation des douanes et des tarifs qu'elle impose.

177. *Surveillance des places et lieux publics.* — Le préfet de police fait surveiller spécialement les foires, marchés, halles, places publiques, et les marchands forains, colporteurs, revendeurs, portefaix, commissionnaires ; la rivière, les chemins de halage, les ports, chantiers, quais, berges, gares, estacades, les coches, galiotes, les établissements qui sont sur la rivière, pour les blanchisseries, le laminage ou autres travaux, les magasins de charbons, les passages d'eau, bacs, batelets, les bains publics, les écoles de natation, et les mariniers, ouvriers, arrimeurs, chargeurs, déchargeurs, tireurs de bois, pêcheurs et blanchisseurs ; les abreuvoirs, puisoirs, fontaines, pompes, et les porteurs d'eau ; les places où se tiennent les voitures publiques pour la ville et pour la campagne, et les cochers, postillons, charretiers, brouetteurs, porteurs de chaises, porte-fallots ; les encans et maisons de prêt ou monts-de-piété, et les fripiers, brocanteurs, prêteurs sur gages, le bureau des nourrices, les nourrices et les meneurs. (*Art.* 32.)

Le droit de surveillance relativement à tous ces objets est conservé au préfet de police de Paris, ainsi que la réglementation qui en est la conséquence. Une grande extension a été donnée à ces attributions par la préfecture; quelques-unes des mesures prises par elle ayant paru avoir un caractère d'administration et de perception autant au moins que de police, le décret du 10 octobre 1859 modifie sous ce rapport la compétence du préfet de police, en attribuant au préfet de la Seine les permissions pour établissements sur la rivière, les canaux et les ports; les traités et tarifs concernant les voitures publiques et la concession des lieux de stationnement de ces voitures et de celles qui servent à l'approvisionnement des halles et marchés; les tarifs, l'assiette et la perception des droits municipaux de toute sorte dans les halles et marchés (*Art.* 1er, no 4, 5 et 6). Ces dérogations n'enlèvent rien au droit et à l'obligation de la surveillance que la préfecture de police exerce sur les cours d'eau, canaux et ports, sur les places où stationnent les voitures, et sur la tenue des halles et marchés; elle doit faire constater les contraventions qui se commettraient dans ces différents lieux aux lois, et à ses arrêtés ainsi qu'à ceux qui émaneraient légalement du préfet de la Seine.

178. *Approvisionnements.* — Le préfet de police fait inspecter les marchés, ports et lieux d'arrivage des comestibles, boissons et denrées, dans l'intérieur de la ville. Il continue de faire inspecter, comme par le passé, les marchés où se vendent les bestiaux pour l'approvisionnement de Paris, à Sceaux, Poissy, La Chapelle et Saint-Denis. Il rend compte au ministre de l'intérieur des connaissances qu'il a recueillies par ses inspections sur l'état des approvisionnements de Paris (*Arr. du* 12 *mess. an VIII; art.* 33). Cet article plaçait tout le commerce de la boulangerie du département de la Seine dans les attributions du préfet de police, qui a rendu, à cet égard, de nombreuses ordonnances. Le décret du 1er novembre 1854 ne change rien à cet état des choses; l'article 4 confère particulièrement au préfet de police le pouvoir d'autoriser les boulangers à acheter les fonds qui excéderaient les proportions du nombre des boulangeries. La caisse de la boulangerie, créée par le décret du 27 décembre 1853, est une institution spéciale pour Paris; ses combinaisons, quant à la répartition des attributions entre les autorités, n'ont pas d'application dans les autres départements.

Le décret du 10 octobre 1859, article 1er, n° 7, comprend dans les attributions du préfet de la Seine, la boulangerie et ses approvisionnements. Les approvisionnements d'autres denrées et comestibles, surtout de la viande de boucherie, demeurent dans le domaine du préfet de police; l'inspection et la police de la halle aux blés continuent aussi de lui appartenir : la compétence du préfet de la Seine ne comprend que l'exercice de la profession de boulanger et les approvisionnements imposés à ceux qui l'exercent.

Dans les chefs-lieux de plus de 40,000 âmes, l'article 33 de l'arrêté du 12 messidor s'applique dans toute son étendue, et les pouvoirs qu'il donne au préfet de police y appartiennent au préfet du département, l'article 50 de la loi du 5 mai 1855 n'ayant, à cet égard, établi aucune distraction d'autorité au profit des maires.

179. *Protection et préservation des monuments et édifices publics.* — Pour les édifices communaux de toute espèce, l'entretien et la conservation sont réservés à l'autorité municipale, c'est-à-dire pour Paris au préfet de la Seine par le n° 8 du décret du 10 octobre 1859, pour les chefs-lieux de département de plus de 40,000 âmes au préfet du département, et pour les autres communes aux maires en vertu de la législation générale sur l'autorité municipale.

Le préfet de police exerce, aux termes de l'article 34 de l'arrêté du 12 messidor an VIII, deux espèces de pouvoirs; premièrement il a le droit et l'obligation de veiller à ce que personne n'altère ou dégrade les monuments et édifices publics appartenant à la nation ou à la cité. L'article 50 de la loi du 5 mai 1855 n'ayant réservé aux maires des grands chefs-lieux que l'entretien et la conservation des édifices communaux, il semble que la conservation des édifices appartenant à l'État ou au département y soit placée dans les attributions du préfet du département et qu'il y doive être pourvu par ses ordres.

En second lieu, le préfet de police a un droit de réquisition, ainsi déterminé par l'article 34 : il indique au préfet de la Seine et requiert les réparations, changements ou constructions qu'il croit nécessaires à la sûreté et à la salubrité des prisons et maisons de détention qui sont sous sa surveillance; il requiert aussi, quand il y a lieu, les réparations et l'entretien des corps de garde de la force armée sédentaire, des corps de garde des pompiers, pompes, machines et ustensiles; des halles et marchés; de voiries et égouts, des fontaines, regards, aqueducs, conduits, pompes à feu et autres; des murs de clôture: des carrières sous la ville et hors les murs; des ports, quais, abreuvoirs, bords, francs-bords, puisoirs, gares, estacades, et des établissements et machines placés près de la rivière, pour porter secours aux noyés: de la bourse, des temples ou églises destinés au culte.

Ce droit de réquisition est conservé, réglementé, et même augmenté par le décret du 10 octobre 1859, dont l'article 2 porte : « le préfet de police exercera, à l'égard des matières énumérées en l'article précédent (ce sont celles que l'article 1er fait entrer dans les attributions du préfet de la Seine), le droit qui lui est conféré par l'article 34 de l'arrêté du 12 messidor an VIII. Si les indications et réquisitions du préfet de police ne sont pas suivies d'effet, il pourra en référer au ministre compétent. Dans les mêmes cas, si le préfet de police fait opposition à l'exécution de travaux pouvant gêner la circulation, ils ne pourront être commencés ou continués qu'en vertu de l'autorisation du ministre compétent. »

La loi du 5 mai 1855 conférant aux préfets, dans les villes dont elle s'occupe, les attributions énumérées dans l'arrêté du 12 messidor an VIII, ils ont le droit de réquisition réglé par l'article 34 de cet arrêté; mais il y a ici une différence évidente; à Paris, le partage d'attributions a lieu entre les deux préfets; dans les départements régis par la loi de 1855, le préfet agissant comme préfet de police, ne peut être en conflit avec lui-même agissant comme administrateur du département : l'article 34 reste donc essentiellement sans application pour les objets de l'administration départementale; il ne peut s'exercer que pour les objets d'administration locale ou de police municipale que la loi de 1855 a laissés aux maires; dans ces cas, la réquisition a toute son utilité, dans le but de prévenir la négligence ou le mauvais vouloir compromettant où les municipalités pourraient tomber.

C. Budget et comptabilité.

180. Le préfet de police règle, sous l'autorité du ministre de l'intérieur, le nombre et le traitement de ses employés et agents, ainsi que les dépenses de réparation et d'entretien de l'hôtel de la préfecture de police et des bâtiments renfermant ses bureaux (*Arr. du 12 mess. an VIII, art.* 40, 44). Il règle et arrête les dépenses pour les visites d'officiers de santé et vétérinaires, transport de malades et blessés, transport de cadavres, retrait des noyés et frais de fourrière; il ordonne les dépenses extraordinaires en cas d'incendies, débordements, débâcles (*art.* 42, 43). Dans les villes régies par la loi de 1855, ces dépenses sont faites par le préfet ou par le maire, selon le partage d'attributions de police que nous avons exposé ci-dessus.

Pour les baux, marchés et adjudications, l'article 44 de l'arrêté du 12 messidor an VIII, chargeait le préfet de police de tous ceux nécessaires au balayage, à l'enlèvement des boues, à l'arrosage et à l'illumination de la ville. Le décret du 10 octobre 1859 précise une distinction entre les marchés relatifs aux services administratifs et ceux relatifs aux services spéciaux de la préfecture de police; l'article 1er, n° 9, porte : « les baux, marchés et adjudications relatifs aux services administratifs de la ville de Paris (ils sont compris dans les attributions du préfet de la Seine). Toutefois lorsque ces baux intéresseront la circulation, l'entretien, l'éclairage de la voie publique et la salubrité, ils devront, avant d'être présentés au conseil municipal, être soumis à l'appréciation du préfet de police, et, en cas de dissentiment, transmis avec ses observations, au ministre de l'intérieur qui prononcera; les marchés et adjudications relatifs aux services spéciaux de la préfecture de police continueront à être passés par le préfet de police. »

Le conflit ne peut pas s'élever dans les chefs-lieux de plus de 40,000 âmes, l'article 50 de la loi du 5 mai 1855 ayant chargé les maires des adjudications, marchés et baux, sans distinction, pour tous les services intéressant l'administration et la police municipales.

Suivant l'article 45 de l'arrêté du 12 messidor an VIII, les dépenses générales de la préfecture de police sont acquittées sur les centimes additionnels aux contributions et sur les autres revenus de la ville de Paris, et ordonnancées par le préfet de police; le conseil général du département en emploie, à cet effet, le montant dans l'état des dépenses générales de la ville de Paris. Dans les grandes communes où le préfet est assimilé au préfet de police de Paris, le conseil municipal doit voter chaque année, sur la proposition du préfet, les allocations affectées aux services dont le maire cesse d'être chargé, et ces dépenses sont obligatoires (*L. du 5 mai* 1855, *art.* 50). Le budget de ces communes se règle, même pour cette partie, suivant les dispositions des lois sur le régime municipal ordinaire.

Il est ouvert au préfet de police un crédit annuel du montant de ses dépenses; le ministre de l'intérieur met chaque mois à sa disposition sur ce crédit, les fonds nécessaires pour l'acquit de ses ordonnances. Le préfet de police a entrée au conseil général du département, pour y présenter ses états de dépenses de l'année, tels qu'ils ont été réglés par le ministre de l'intérieur; il y présente aussi le compte des dépenses de l'année précédente. (*Arr. du 12 mess. an VIII, art.* 46 *à* 49.)

II. *Attributions du préfet de police dans les communes du département de la Seine.*

181. Un arrêté consulaire du 3 brumaire an IX ordonna que l'autorité du préfet de police de Paris s'étendrait sur tout le département de la Seine, mais en même temps il détermina d'une manière restrictive celles de ses attributions qui s'appliqueraient hors de la ville dans le département. Cette limitation a été abrogée par la loi du 10 juin 1853, mesure que le Gouvernement a justifiée en ces termes dans l'exposé des motifs : « plusieurs communes du département de la Seine qui existaient à peine en l'an IX, sont devenues des villes considérables entièrement mêlées au mouvement de Paris, et l'on ne peut voir en elles, nonobstant leur existence propre et leurs intérêts, que les prolongements de la capitale. Par la raison que les conditions matérielles y sont moins onéreuses que dans la ville de Paris, leur population s'accroît tous les jours. C'est là qu'affluent toutes les personnes qui, de tous les départements, se rendent à Paris pour y chercher, par le travail, leurs moyens d'existence. Comme l'action de la police y est moins rapide et moins complète qu'à Paris, c'est là aussi que vont se réfugier et se cacher les hommes dangereux, ceux qui vivent d'industries coupables et la plupart de ceux qui menacent la sûreté publique et la société. » Par suite de ces considérations, l'article 1er de la loi veut que le préfet de police de Paris exerce dans toutes les communes du département de la Seine, les fonctions qui lui sont déférées par l'arrêté des consuls du 13 messidor an VIII.

Toutefois, comme le législateur ne pouvait avoir en vue d'enlever aux communes de la Seine toute autorité de police municipale, l'article 2 statue, dans des termes analogues à ceux de la loi du 5 mai 1855 sur les chefs-lieux de plus de 40,000 habitants, que les maires des communes resteront chargés, sous la surveillance du préfet de la Seine, et sans préjudice des attributions, tant générales que spéciales, qui leur sont conférées par les lois, de tout ce qui concerne la petite voirie, la liberté et la sûreté de la voie publique, l'établissement, l'entretien et la conservation des édifices communaux, cimetières, promenades, places, rues et voies publiques ne dépendant pas de la grande voirie, l'éclairage, le balayage, les arrosements, la solidité et la salubrité des constructions privées, les mesures relatives aux incendies, les secours aux noyés, la fixation des mercuriales, l'établissement et la réparation des fontaines, aqueducs, pompes et égouts, les adjudications, marchés et baux. — Les autres attributions dont les municipalités sont investies, pour la police, par la loi générale du 24 août 1790, appartiennent au préfet de police de Paris, sauf celles que le décret du 10 octobre 1859 transfère, comme nous l'avons exposé, au préfet du département de la Seine.

La proportion dans laquelle chaque commune participe aux dépenses du service est fixée par le préfet de la Seine en conseil de préfecture.

L'extension récente donnée aux limites de Paris, qui incorpore dans les arrondissements de la capitale plusieurs communes de la banlieue, a eu pour effet d'enlever ces communes au régime de la loi de 1853, pour les placer complétement, comme les anciens arrondissements, sous l'empire de l'arrêté du 12 messidor an VIII, modifié par le décret du 10 octobre 1859.

III. *Attributions du préfet de police dans le département de Seine-et-Oise.*

182. Le préfet de police, aux termes de l'arrêté des consuls du 3 brumaire an IX, exerce son autorité dans les communes de Saint-Cloud, Meudon et Sèvres, du département de Seine-et-Oise, mais en limitant son autorité par les expressions que voici : « en ce qui touche les fonctions qui lui sont attribuées par l'arrêté des consuls du 12 messidor an VIII : art. 5, sur la mendicité et le vagabondage; art. 6, § 1, 2 et 3, sur la police des prisons; art. 7, 8 et 9, sur les maisons publiques; art. 10, sur les attroupements; art. 11, sur la librairie et l'imprimerie; art. 13, sur les poudres et salpêtres; art. 19, sur la recherche des militaires et marins, déserteurs, prisonniers de guerre, mais par droit de suite lorsqu'ils se sont réfugiés de Paris dans les autres communes du département; art. 23, sur la salubrité; art. 24, § 4, sur les débordements et débâcles; art. 27, sur la sûreté du commerce; art. 32, § 1, 2 et 3, sur la surveillance des places, lieux publics; art. 33, sur les approvisionnements. La loi du 7 août 1850, qui crée la commune d'Enghien, lui déclare ces dispositions applicables.

Le décret du 8 brumaire an IX apportait, comme on l'a vu, des restrictions à l'autorité du préfet de police dans les communes du département de la Seine et dans celles de Meudon, Sèvres et Saint-Cloud; la loi du 10 juin 1853 n'a levé ces restrictions que pour les communes du département de la Seine, et n'a rien changé, pour les trois communes du département de Seine-et-Oise; il résulte de là que ces dernières communes, ainsi que celle d'Enghien (pour laquelle la loi de 1850 ci-dessus citée le déclare expressément), restent sous le régime de l'arrêté du 3 brumaire an IX, qui laisse aux maires plus d'attributions de police municipale.

ARTICLE IV. — Du Préfet du Rhône.

183 Le préfet du Rhône exerce, à Lyon et dans les communes composant ce qu'on a nommé l'agglomération lyonnaise, les fonctions attribuées au préfet de police, par l'arrêté du 12 messidor an VIII (*Art. 1er de la loi du 19 juin 1851*). Pour connaître l'étendue de cette modification que la situation politique de la ville et des contrées de Lyon a fait apporter au droit municipal, il faut d'abord savoir à quelles communes s'applique le régime exceptionnel. La loi du 19 juin 1851 et le décret du 4 septembre 1851 mentionnent les maires des communes de Lyon, la Guillotière, la Croix-Rousse, Vaisse, Calluire, Oullens et Sainte-Foy; le décret du 24 mars 1852, réunit à la commune de Lyon celles de la Guillotière, la Croix-Rousse et Vaisse; il distrait les communes de Villeurbanne, Vaux, Bron et Venissieux du département de l'Isère pour les réunir au département du Rhône, et les place dans le canton de la Guillotière; enfin, il déclare l'article 1er de la loi du 19 juin 1851 sur l'agglomération lyonnaise, applicable aux communes de Saint-Rambert, Villeurbanne, Vaux, Bron et Venissieux. (*Art. 1, 8 et 9.*)

La règle générale est que, dans l'agglomération lyonnaise, le préfet du Rhône remplit les fonctions de préfet de police telles qu'elles sont déterminées par l'arrêté du 12 messidor an VIII. Quelles sont les attributions de police municipale qui restent aux maires? La ligne de démarcation est posée par l'article 2 de la loi du 19 juin 1851, dans les mêmes termes que la loi du 10 juin 1853 a employés pour les communes du département de la Seine: « les maires des communes de Lyon, la Guillotière, la Croix-Rousse, Vaisse (ces trois dernières réunies à celle de Lyon), Calluire, Oullens et Sainte-Foy (il faut ajouter, d'après le décret du 24 mars 1852, Saint-Rambert, Villeurbanne, Vaux, Bron et Venissieux), resteront chargés, sous la surveillance du préfet, et sans préjudice des attributions, tant générales que spéciales, qui leur sont conférées par les lois, de tout ce qui concerne l'établissement, l'entretien et la conservation des édifices communaux, cimetières, promenades, places, rues et voies publiques ne dépendant pas de la grande voirie, l'éclairage, le balayage, les arrosements, la solidité et la salubrité des constructions privées, les mesures relatives aux incendies, les secours aux noyés, la fixation des mercuriales, l'établissement et la réparation des fontaines, aqueducs, pompes et égouts, les adjudications, marchés et baux. »

Ce texte concis ne parut pas marquer suffisamment les nouvelles attributions du préfet du Rhône, comme préfet de police, dans leurs rapports avec celles des maires. Un décret du 4 septembre 1851, en développant les dispositions de la loi, précise les attributions laissées aux maires, et par conséquent distraites des pouvoirs du préfet; l'énumération explicative qu'on va lire semble plus favorable à l'autorité municipale que celle des attributions réservées aux maires des grands chefs-lieux par la loi du 1er mai 1855.

184. Les maires de l'agglomération lyonnaise continuent d'être chargés des attributions suivantes (*art. 1er*) : Ils surveillent, permettent ou défendent l'établissement des boutiques, étaux, auvents ou constructions du même genre qui prennent sur la voie publique, l'établissement des échoppes ou étalages mobiles. Ils prennent, conformément aux lois et règlements, les arrêtés relatifs au nombre et à la durée des marchés, aux places où ils se tiennent et aux lieux d'arrivage des denrées. Ils surveillent les marchés dans l'intérêt de la perception des droits et de la salubrité des denrées. Ils surveillent les établissements sur les rivières, les bains publics, les écoles de natation et les abreuvoirs. Ils sont chargés, s'il y a lieu, de pourvoir à l'éclairage de la voie publique, de faire surveiller le balayage auxquel les habitants sont tenus devant leurs maisons, et de le faire opérer aux frais de la commune dans les places et la circonférence des jardins et édifices publics; de prescrire les arrosements dans la commune, dans les lieux et la saison convenables, de faire sabler, s'il survient du verglas, et déblayer, au dégel, les ponts et lieux glissants des rues; de faire effectuer l'enlèvement des boues, matières malsaines, neiges, glaces, décombres, vases sur les bords de la rivière, après la crue des eaux. Ils sont également chargés, dans l'intérêt de la salubrité de la commune, de faire observer les lois et règlements sur les inhumations, de surveiller la construction, l'entretien et la vidange des fosses d'aisance, et d'empêcher qu'on ne jette sur la voie publique aucune substance malsaine. (*Art.* 2.)

Ils sont chargés d'ordonner la démolition ou réparation des bâtiments menaçant ruine, et de prendre les mesures propres à assurer la salubrité des habitations. (*Art.* 3.)

Ils veillent à ce qu'il ne soit fait aucune entreprise sur les aqueducs, égouts, puisards, pompes et fontaines. Ils assurent le libre écoulement des eaux ménagères et autres. Ils font observer les règlements sur l'établissement des conduits pour les eaux de pluies et les gouttières. (*Art.* 4.)

Ils veillent à ce que personne ne dégrade la voie publique et les monuments ou édifices communaux. (*Art.* 5.)

Ils sont chargés de prendre les mesures propres à prévenir ou arrêter les incendies. Ils requièrent, à cet effet, la force publique, et en déterminent l'emploi. Ils donnent des ordres aux pompiers, requièrent les ouvriers charpentiers, couvreurs et autres. Ils ont la surveillance des corps de pompiers, le placement et la distribution des corps de garde et magasins de pompes, réservoirs, tonneaux, seaux à incendie, machines et ustensiles de tout genre destinés à arrêter les incendies. Ils concourent aux mesures de précaution en cas de débordements ou de débâcles. (*Art.* 6.)

Ils sont chargés de faire administrer les secours aux noyés. Ils déterminent, à cet effet, le placement des boîtes fumigatoires et autres moyens de secours. Ils accordent et font payer les gratifications et récompenses promises à ceux qui retirent les noyés de l'eau. (*Art.* 7.)

Ils font constater le cours des diverses denrées, fixent et rédigent les mercuriales, et font observer les taxes légalement faites et publiées. (*Art.* 8.)

Les communes subviendront aux services dont les maires cessent d'être chargés, dans la proportion des sommes qui y étaient antérieurement employées. Pour déterminer cette proportion, il sera établi une moyenne des allocations portées au budget pour tous les services de police pendant les dix dernières années, en retranchant les deux années qui ont donné lieu à la dépense la plus élevée, et les deux années qui ont donné lieu à la dépense la moins élevée. Il sera déduit du montant de cette moyenne la dépense des services dont les maires restent chargés; la somme restant après cette déduction formera le contingent mis à la charge des communes. (*Art.* 9.) ·

185. L'article 10 du décret contient, sur son application territoriale, des dispositions modifiées, comme on l'a vu précédemment, par le décret du 24 mars 1852 ; il plaçait les maires, adjoints et commissaires de police des communes de Villeurbanne, Vaux, Bron et Venissieux, du département de l'Isère, sous les ordres du préfet du Rhône pour toutes les attributions énumérées en l'arrêté du 3 brumaire an IX, et non comprises parmi les attributions réservées aux maires par les autres articles du même décret ; ces communes, ayant été réunies, par le décret du 24 mars 1852, au département du Rhône et attachées au canton de la Guillotière, ont passé, avec toute l'agglomération lyonnaise proprement dite, sous le régime de l'arrêté du 12 messidor an VIII, sauf les restrictions apportées en faveur de l'autorité municipale. Les communes de Rillieux et Mirbel, du département de l'Ain, n'ayant pas été réunies au département du Rhône, leurs maires, adjoints et commissaires de police restent, à l'égard du préfet de ce département, sous le régime de l'arrêté du 3 brumaire an IX, concernant les communes de Saint-Cloud, Sèvres et Meudon, du département de Seine-et-Oise, à l'égard du préfet de police de Paris.

Les attributions respectives du préfet du Rhône et des municipalités de l'agglomération lyonnaise s'appliquent d'abord et nommément au maire de Lyon. Toutefois un décret spécial du 17 juin 1852, détermine les fonctions des maires et adjoints des arrondissements municipaux de la commune de Lyon ; cet acte est la conséquence du décret du 24 mars précédent, qui divise Lyon en cinq arrondissements, ayant chacun un maire et deux adjoints, les charge de la tenue des registres de l'état civil, et dit que leurs autres attributions seront déterminées par un règlement d'administration publique. Le décret du 17 juin remplit cette promesse en énumérant les nombreuses attributions administratives des maires des cinq arrondissements de Lyon : il ne mentionne qu'une fonction de police, en chargeant les maires, sous l'autorité du préfet, du service et de la police des inhumations. De ce que ce décret ne parle que de cette seule attribution de police, et ne réserve pas les autres, on ne saurait conclure que toute la police municipale a passé, depuis lors, dans les mains du préfet du Rhône. Il n'y a point de dérogation à l'administration de la police dans l'agglomération lyonnaise telle qu'elle est réglée par la loi du 19 juin 1851 et le décret du 4 septembre de la même année, et telle qu'elle est maintenue par le décret du 24 mars 1852, dont celui du 17 juin n'est que l'exécution; ces différents actes se coordonnent et se complètent sans nullement s'entre-détruire.

Article V. — Des sous-préfets.

186. Les sous-préfets, créés par la loi du 28 pluviose an VIII, ne représentent point, pour l'arrondissement, le chef de l'administration publique; leur caractère général est celui d'agent de transmission, d'information, de surveillance de l'administration locale. Ils veillent à l'exécution des mesures prescrites par le Gouvernement; ils sont les auxiliaires du préfet. Quoique, dans ce système, ils n'aient pas d'action propre, il est des cas que des publicistes éclairés, comme M. Vivien, trouvent trop rares, où, pour que l'expédition des affaires soit plus prompte et le maintien de l'ordre dans les différentes localités mieux assuré, des dispositions spéciales des lois et règlements leur donnent un pouvoir personnel. Les cas où ils statuent, soit directement soit par délégation du préfet, ont été augmentés par l'art. 6 du décret du 13 avril 1861. Nous allons indiquer les principales circonstances où ils interviennent activement, et prennent une décision en matière de police.

Le sous-préfet requiert et met en mouvement les détachements de la garde nationale en service ordinaire, pour agir dans toute l'étendue de l'arrondissement, aux cas prévus par l'article 109 du décret du 13 juin 1851 (*art.* 108). Il est au nombre des fonctionnaires que la loi charge de faire aux attroupements la sommation de se disperser (*L. du 10 avril 1831, art.* 1er). Il a, comme les préfets et les ingénieurs, la surveillance de l'exécution du décret du 15 janvier 1855 sur les émigrants, dans les ports où il n'existe pas de commissaire spécial d'émigration (*Instr. du 15 juin* 1855). Il peut autoriser, dans l'arrondissement, le changement de résidence des condamnés libérés (*Décr. du 13 avril* 1861). Une décision ministérielle du 22 octobre 1858 a permis à un certain nombre de sous-préfets, en résidence dans les principaux ports ou à la frontière, à délivrer par autorisation du préfet (ce qui ne leur attribue qu'un pouvoir délégué), à tout voyageur des passe-ports à l'étranger. Cette facilité a encore été élargie par la circulaire du 18 février 1859, qui autorise, sous la même forme de délégation, les sous-préfets de tous les arrondissements, autres que ceux de la Seine et du Rhône, à délivrer des passe-ports pour l'étranger aux habitants de leur arrondissement. C'est par suite de ces attributions que les sous-préfets des ports d'embarquement sont autorisés à délivrer des passe-ports à l'intérieur qui servent de permis d'embarquement aux voyageurs français, autres que les habitants des ports, qui se rendent dans les ports anglais correspondants pour de rapides excursions (*Décis. du min. de l'int. de* 1859). Enfin le décret du 13 avril 1861 fait rentrer dans leurs attributions, d'une manière générale, la délivrance des passe-ports. Il est tenu de ne souffrir, sous aucun prétexte, que les acteurs de Paris ou des départements, en congé, prolongent leur séjour au delà du temps fixé par leur congé (*Règlem. du 30 août 1814, art.* 30). Il a, comme le préfet, la surveillance du monopole de la poste aux lettres (*Circ. du 27 prair. an IX, art.* 4). Il peut statuer d'urgence sur le refus d'un directeur de télégraphe électrique, de transmettre une dépêche (*L. du 28 nov. 1850, art.* 3). Il peut viser la sincérité de la signature mise au bas d'une dépêche télégraphique (*Décr. du 17 juin 1852, art.* 5). Sa présence, ou celle du préfet est exigée pour la tenue des assemblées de communions non catholiques (*Art. 31, 38, 42, de la loi du 18 germ. an X*). C'est le sous-préfet qui autorise l'exhumation et le transport des corps, quand le transport doit avoir lieu d'une commune à une autre dans le même arrondissement (*Circ. du 10 mars 1856*), et, en cas d'urgence bien constatée, il autorise ce transport dans l'arrondissement limitrophe de celui qu'il administre (*Circ. du 28 juin 1857*). Il peut convoquer les commissions de surveillance des établissements d'aliénés, chaque fois qu'il le croira nécessaire (*Ord. du 18 déc. 1835, art.* 4). Il ordonne, par provision, et sauf recours au préfet, toutes les mesures nécessaires pour la réparation des dommages causés par les contraventions de voirie dont le procès-verbal lui est adressé (*L. du 29 floréal an X, art.* 3). Il reçoit le procès-verbal des contraventions en matière de police du roulage et des messageries publiques (*L.* 30 *mai* 1851); ainsi que le préfet, il a la police des barrières de dégel (*Décr.* 10 *août* 1852, *art.* 7); il reçoit la déclaration préalable des entrepreneurs de voitures publiques (*art.* 17, 19, 36); il ordonne la visite des voitures (*art.* 18), et peut en autoriser la mise en circulation (*Décr. du 13 avril 1861*). Il peut commettre un médecin pour accompagner les inspecteurs chargés de la surveillance de l'exécution de la loi sur le travail des enfants dans les manufactures (*L. 22 mars 1841, art.* 10). Il a le pouvoir d'autoriser les loteries de bienfaisance jusqu'à concurrence de 2000 fr. (*Décr. du 13 avril 1861.*)

Le sous-préfet autorise l'établissement des manufactures et

ateliers insalubres de 3ᵉ classe (*Ord. du 14 janv.* 1815, *art.* 3).
Il donne aux propriétaires de tourbières l'autorisation sans laquelle il leur est interdit de commencer l'exploitation (*L.* 21 *avril* 1810, *art.* 84). Il a, comme le préfet, la surveillance de la vérification des poids et mesures destinés et servant au commerce (*Ord. du* 17 *avril* 1839, *art.* 1ᵉʳ). Il est du nombre des fonctionnaires à la vigilance et à l'autorité desquels est spécialement confiée l'inspection du débit des marchandises qui se vendent au poids et à la mesure (*art.* 28). Ils donnent des permissions de débit temporaire de boissons. (*Décr. du* 13 *avril* 1861.)

C'est sur l'avis du sous-préfet et du maire que le préfet délivre les permis de chasse (*L.* 3 *mai* 1844, *art.* 5). Cet avis est une formalité préalable que le préfet ne peut omettre. Le décret du 13 avril 1861 donne au sous-préfet le droit de délivrer lui-même des permis de chasse ; il lui attribue aussi le pouvoir d'ordonner des battues pour la destruction des animaux nuisibles dans les bois des communes et établissements publics.

L'extension donnée aux attributions actives des sous-préfets a motivé la disposition suivante de l'art. 7 du décret du 13 avril 1861 : les sous-préfets rendront compte de leurs actes aux préfets qui pourront les annuler et les réformer, soit pour violation des lois et des règlements, soit sur la réclamation des parties intéressées, sauf recours devant l'autorité compétente.

ARTICLE VI. — **Des maires, des commissaires de police, de la gendarmerie, des gardes champêtres et forestiers, des officiers de paix et des agents de police.**

§ 1ᵉʳ. — DES MAIRES.

187. Les maires et leurs adjoints, dans les cas où ceux-ci les remplacent ou les suppléent, sont administrateurs des biens et intérêts de leur commune; de plus, ils participent à l'action de la police générale et de la police judiciaire, et ils exercent, dans de larges proportions, la police municipale. Nous n'avons à nous occuper en ce moment que de leurs attributions relatives à la police générale.

Le principe de leurs fonctions, sous ce rapport, se trouve dans ces termes de l'article 9 nᵒˢ 1 et 3 de la loi du 18 juillet 1837: le maire est chargé de la publication et de l'exécution des lois et règlements, de l'exécution des mesures de sûreté générale. La loi ajoute qu'il n'agit alors que sous l'autorité de l'administration supérieure ; il est donc, dans ces circonstances, entièrement le subordonné d   réfet. S'il commet un crime ou délit dans les actes qu'il fait comme délégué du pouvoir exécutif, il ne peut être mis en jugement que d'après une autorisation préalable du conseil d'État, de même que le commissaire de police (Voy. ci-après § 2, III). Il ne faudrait aucune autorisation si le maire avait agi dans une autre qualité.

Le maire puise, dans la loi de 1837 que nous venons de rappeler, le pouvoir et l'obligation de faire, par lui-même, ou par les agents placés sous ses ordres, en employant, soit l'injonction, soit la réquisition, tous les actes nécessaires pour maintenir ou procurer le maintien de l'ordre et l'exécution des lois. Dans ce but, des soins spéciaux ont été imposés aux maires par des lois particulières; nous rappellerons les plus importantes de ces dispositions.

188. *Affichage, vente et distribution d'écrits sur la voie publique.* — L'autorité municipale intervient dans la police de l'affichage; elle reçoit la déclaration préalable que doit lui faire quiconque veut exercer, même temporairement, dans la commune, la profession d'afficheur ou crieur, vendeur ou distributeur, sur la voie publique, d'écrits imprimés, lithographiés, gravés ou à la main. Pour qu'un écrit, autre qu'une feuille quotidienne ou périodique, puisse être crié sur la voie publique, il faut que l'autorité municipale ait eu connaissance du titre sous lequel on veut l'annoncer, et qu'un exemplaire de cet écrit lui ait été remis (*L. du* 10 *déc.* 1830, *art.* 1er et 3). La loi du 16 février 1834 exige de même l'autorisation préalable pour les crieurs, vendeurs ou distributeurs d'écrits sur la voie publique, et l'étend aux chanteurs; elle porte que l'autorisation pourra être retirée. Une circulaire importante, du 20 février 1834, sur les crieurs publics, a été adressée aux préfets par le ministre de l'intérieur; voici ce qu'on y lit relativement aux permissions délivrées par l'autorité municipale : « Dans l'intérêt des crieurs et colporteurs, comme dans celui de l'ordre, il est convenable d'exiger de tout individu qui sollicitera une autorisation, les garanties suivantes : 1° qu'il soit majeur; 2° qu'il sache lire et écrire, car autrement comment pourrait-il exécuter les règlements sur la matière, qui prescrivent de ne crier que le titre seul des écrits ainsi propagés? 3° qu'il soit domicilié dans la commune, pour assurer, d'un autre côté, l'action de l'autorité municipale et de la justice à son égard, en cas de contravention. Du reste, l'autorité municipale, en accordant les permissions demandées, prendra en considération la moralité et la bonne conduite des candidats et leur ancienneté dans cette profession... Les crieurs seront avertis, au moment où ils recevront leur permission, des devoirs qui leur sont imposés, des défenses qui leur sont faites. Il leur sera déclaré : 1° que les articles 2, 3, 4, 5 et 7 de la loi du 10 décembre 1830, en ce qui concerne les déclarations, le domicile, le titre des écrits, le dépôt, les faux extraits et la pénalité, sont toujours en vigueur; 2° que les articles 283, 284, 285, 286, 288 et 290 du Code pénal ne reçoivent aucune atteinte de la loi nouvelle, qui les laisse subsister dans leur entier; ...4° que les permissions accordées seront immédiatement retirées aux crieurs, vendeurs et distributeurs qui crieront, vendront ou distribueront des écrits, imprimés, gravures ou lithographies quelconques renfermant des provocations au désordre; des attaques contre la charte de 1830 (aujourd'hui contre la constitution), la royauté constitutionnelle (l'Empire) et les pouvoirs de l'État; des insultes au roi (à l'Empereur) et à la famille royale (impériale), des atteintes à la vie privée des citoyens, des outrages à la morale publique et aux bonnes mœurs; le retrait de l'autorisation ayant-lieu nonobstant toute excuse tirée de l'accomplissement des formalités préalables;.... 5° que l'autorisation sera également retirée aux crieurs et distributeurs d'écrits qui, sans être passibles peut-être de poursuites judiciaires, auraient été annoncés sous un titre injurieux ou inconvenant; 6° que la loi, en confiant aux autorités municipales le soin de son exécution, a entendu que cette exécution s'étendrait à tous les lieux publics, soumis, comme la voie publique elle-même, à la surveillance municipale par les lois des 19 juillet 1791 et 28 pluviose an VIII....

En vertu du décret du 25 août 1852, intervenu pour l'exécution de la loi du 8 juillet de la même année, sur les affiches peintes, une autorisation ou permis préalable d'afficher doit être obtenu de l'autorité municipale, qui ne doit le délivrer qu'au vu et sur le dépôt de la déclaration portant quittance du droit d'affichage; chaque permis doit être enregistré, sur un numéro spécial, par ordre de date et de numéro (*art.* 1er et 3). Dans une circulaire du 20 octobre 1852, M. le ministre de l'intérieur a indiqué aux préfets les instructions à donner aux maires pour bien leur faire connaître la part d'action qui leur appartient en vertu de cette loi et de ce décret.

A Paris, non-seulement la profession d'afficheur est réglementée par la loi de 1830, mais aucune affiche imprimée ou manuscrite ne peut être apposée sur les murs ou clôtures bordant la voie publique, sans avoir été préalablement autorisée, à l'exception des affiches concernant les actes de l'autorité, les annonces judiciaires et les affiches des théâtres, bals et concerts publics (*Ord. du 18 mai 1853*). Les considérations de moralité et de convenance qui ont inspiré cette prescription seraient de nature à faire adopter la même mesure par les préfets pour leur département et par les maires pour leur commune; les arrêtés qui seraient pris à ce sujet nous paraîtraient rester dans les limites du pouvoir réglementaire municipal, à raison de la surveillance générale et du maintien de l'ordre dans tous les lieux publics.

189. *Armes de commerce.* — C'est le maire qui paraphe le registre dont tous les armuriers ou fabricants d'armes doivent être munis, et sur lequel ils inscrivent l'espèce et la quantité d'armes qu'ils fabriquent ou achètent, l'espèce et la quantité de celles qu'ils vendent, les noms et domiciles des vendeurs et acquéreurs; le maire arrête ce registre tous les mois; il exerce la surveillance sur les fabriques et ateliers d'armes qui existent dans sa commune.

190. *Associations, réunions.* — C'est l'autorité municipale qui autorise les réunions d'associations même autorisées, même pour l'exercice d'un culte. (*C. pén.*, art. 294.)

191. *Attroupements.* — Les maires sont du nombre des fonctionnaires auxquels la loi confère le droit de faire aux attroupements formés sur la voie publique les sommations de se disperser; pour que leur caractère public ne soit pas méconnu, les maires doivent, dans ces graves circonstances, se présenter avec leur costume, s'ils en ont un, et, dans tous les cas, avec leur écharpe, signe distinctif de leurs fonctions. (*L. du 10 avril 1834.*)

192. *Salubrité.* — A l'occasion de leur pouvoir réglementaire, on verra que les maires peuvent prendre les mesures nécessaires pour assurer la salubrité de la commune. Il y a exception pour les ports maritimes de commerce, dont la police appartient aux officiers de port. Toutefois le règlement relatif à cet objet autorise l'intervention des maires pour faire enlever d'office les marchandises infectes, dont le séjour sur les quais pourrait présenter quelques dangers.

193. *Épidémies.* — Les maires doivent, dès que la mortalité excède les proportions ordinaires, dans leurs communes respectives, avertir le sous-préfet de l'arrondissement, et ce dernier se trouve appelé alors à envoyer le médecin des épidémies dans les localités atteintes, afin de s'assurer de la nature de l'affection régnante, et d'en rendre compte au préfet, en sollicitant, au besoin, les secours qui peuvent être alloués sur les fonds départementaux. (*Circ. du 15 mars 1853.*)

194. *Cimetières, inhumations.* — Les lieux de sépulture sont soumis à l'autorité, police et surveillance des autorités municipales, représentées par le préfet dans les chefs-lieux de département de plus de 40,000 âmes. Ils doivent veiller à l'exécution des lois et règlements qui prohibent les exhumations non autorisées, et prendre des mesures pour qu'il ne se commette dans les cimetières aucun désordre, aucun acte contraire au respect dû aux morts (*Décr. du 23 prair. an XII, art.* 16 *et* 17). Aucune inscription ne peut être placée sur les pierres tumulaires ou monuments funèbres sans avoir été préalablement soumise à l'approbation du maire (*Ord. du 6 déc. 1843, art.* 6). Les pierres sépulcrales peuvent subsister tant que le service des inhumations ne nécessite pas la réouverture des fosses (*Bull. offic. du Min. de l'Int., année* 1858). De ce que l'autorité municipale a la police et la surveillance des cimetières, une décision du ministre de l'intérieur, rendue en 1856, a conclu que le maire et non le curé doit avoir la clef du cimetière; « cette mission, dit le ministre, ne pourrait pas être exactement remplie, et l'administration municipale serait fondée à décliner la responsabilité qui en résulte, si elle était tenue de remettre au curé une clef du cimetière. Il existe bien quelquefois, dans les cimetières, des chapelles où l'on célèbre des services religieux; mais ces chapelles ne se trouvent guère que dans les grandes villes et, en pareil cas, il est permis de croire que les maires s'empressent de faciliter l'accès des lieux de sépulture pour l'accomplissement des services religieux. »

Le décret du 24 prairial an XII permet, moyennant autorisation, l'inhumation dans une propriété particulière; l'autorisation ne peut comprendre une famille entière; il faut se pourvoir d'un permis du maire à chaque décès d'un membre de la famille. C'est ainsi que l'administration interprète le décret. Elle n'admet point non plus la création de cimetières privés, la loi n'autorisant que des sépultures individuelles sur une propriété particulière. (*Bull. offic. du Min. de l'Int., année* 1859.)

Des difficultés peuvent se présenter, quant aux attributions de police, dans les cimetières, entre les maires de deux communes contiguës; voici comment elles sont résolues par l'administration supérieure : « Toutes les fois que le cimetière d'une commune est situé sur son propre territoire, le droit d'y exercer la police appartient entièrement et exclusivement au maire. Si la commune n'a point de dépendances rurales, ou si son territoire n'offre aucun emplacement convenable pour l'établissement de son cimetière, il n'y a point d'obstacle légal à ce que ce cimetière soit établi sur le territoire d'une commune voisine. Mais, dans ce cas, le droit de police attribué au maire de la commune propriétaire du sol du cimetière est restreint à ce qui concerne les inhumations. A celui de la commune du lieu reste dévolue la juridiction de police municipale comme sur les autres parties du territoire communal dont cet emplacement ne cesse pas de faire partie, c'est-à-dire qu'en cas de désordre, de tumulte, de vol ou de tout autre délit ou crime qui pourrait s'y commettre, c'est à ce dernier magistrat d'intervenir, de verbaliser et de provoquer les poursuites nécessaires. (*Bull. offic. du Min. de l'Int., année* 1857.)

L'autorité municipale a bien pour mission de surveiller les lieux d'inhumation au point de vue général de la police, de la décence et de la salubrité; mais l'entretien et la conservation des sépultures particulières échappe à ses attributions, et on ne verrait, par conséquent, aucun motif de la faire intervenir pour cet objet. (Même bulletin, *Avis.*)

Le ministre de l'intérieur, consulté par le préfet sur le point de savoir si le maire peut, non-seulement dans la commune qu'il administre, mais au delà de ses limites, surveiller le transport des corps exhumés du cimetière; s'il a la faculté de confier cette surveillance à un employé de la mairie, et si celui-ci ne pourrait pas exiger de la famille du défunt une indemnité, a répondu : « le maire a sans aucun doute le droit de surveiller, dans toute l'étendue de sa commune, le transport des corps. Mais ce droit, dérivant du pouvoir de police qui ne lui appartient, d'après l'esprit des lois et règlements, que dans la localité où il remplit ses fonctions, il ne saurait l'exercer sur un autre territoire. Rien, au surplus, ne s'oppose à ce qu'il en fasse usage, dans son ressort, au moyen d'un agent de l'administration municipale; mais la famille du défunt ne peut être tenue de payer une indemnité à cet auxiliaire dont elle n'a pas réclamé le concours, et qui accomplit un service de la nature de ceux à raison desquels il doit être rémunéré par la commune. » (*Bull. offic. du Min. de l'Int., année* 1858.)

195. *Cloches.* — Il faut une permission de la police locale, qui, dans les communes ordinaires, appartient au maire, pour que

l'on puisse sonner les cloches des églises, pour toute autre cause que l'appel des fidèles au service divin (*L. du 18 germin. an X, art. 42*). Le maire peut disposer des cloches pour usages civils, en se concertant préalablement avec le curé ou desservant, et dans les cas de péril commun, tels qu'incendie, ou dans les circonstances où des lois ou règlements ordonnent des sonneries. Si le curé ou desservant n'obtempérait pas aux réquisitions du maire, celui-ci pourrait faire sonner les cloches de sa propre autorité. (*Bull. offic., année 1859.*)

196. *Cours d'eau.* — Les maires des communes riveraines d'un cours d'eau navigable et flottable sont tenus de veiller à la conservation des ouvrages construits pour la sûreté et la facilité de la navigation et du halage (*Arr. du C. du 24 juin 1777*). L'autorité municipale prend des mesures pour assurer la salubrité des cours d'eau qui traversent la commune. (Voy. *Police municipale.*)

197. *Chemins de fer.* — Il résulte d'une décision du ministre de l'intérieur, du 7 janvier 1855, que la police municipale s'exerce sur la partie du territoire communal occupée par les gares des chemins de fer et par leurs abords, pour ce qui concerne ses attributions ordinaires dans toute la commune, mais qu'il s'arrête quand il rencontre la police spéciale de l'exploitation. La limite entre les deux autorités peut être difficile à marquer; en cas de conflit, c'est le ministre qui se réserve d'indiquer à l'autorité municipale le point où cesse sa compétence. La question s'était élevée à l'occasion d'une fête publique extraordinaire à organiser dans l'intérieur d'une gare. C'était un des cas où le maire doit intervenir, mais en se concertant avec l'administration du chemin de fer.

198. *Matières d'or et d'argent.* — Le maire de la commune où réside un individu qui veut exercer la profession de fabricant d'ouvrages d'or et d'argent, doit recevoir sa déclaration, et l'inscription de son prénom particulier avec son nom sur une planche de cuivre à ce destinée; il doit veiller à ce que le même symbole ne soit pas employé par deux fabricants du même arrondissement (*L. du 19 brum. an VI, art. 72*). Une simple déclaration à la mairie, sans nécessité d'un poinçon, est exigée du simple marchand qui fait le commerce sans fabriquer (*art. 73*). L'autorité municipale cote et paraphe le registre où les fabricants et marchands d'or et d'argent sont tenus d'inscrire sans délai la nature, le nombre, le poids et le titre des matières qu'ils achètent ou vendent ou qui leur sont confiées, avec les noms et demeures de ceux qui les leur ont vendues ou confiées (*art.* 74). Les marchands sont tenus de présenter ce registre au maire chaque fois qu'il le requiert (*art.* 76). L'administration municipale doit se faire présenter par les marchands forains ou ambulants, à leur arrivée dans la commune, les bordereaux des orfévres qui leur ont vendu les ouvrages d'or et d'argent dont ils sont porteurs; elle fait examiner les marques de ces ouvrages par des orfévres, ou, à leur défaut, par des personnes connaissant les marques et poinçons, afin d'en constater la légitimité; elle fait saisir et déposer au greffe du tribunal correctionnel les ouvrages non accompagnés de bordereaux ou non marqués des poinçons voulus. (*Art.* 92, 93, 94.)

199. *Imprimerie, librairie.* — C'est le maire qui cote et paraphe le registre que chaque imprimeur demeurant dans la commune est tenu d'avoir pour y inscrire le titre de chaque ouvrage qu'il se propose d'imprimer. Il en est de même, en vertu du décret du 22 mars 1852, pour le registre où les fondeurs de caractères doivent inscrire leurs ventes quotidiennes. Ce n'est point l'autorité municipale qui délivre les brevets de libraires, mais c'est elle qui accorde des permissions aux libraires étalagistes qui vendent sur la voie publique, et elle soumet ces permissions aux conditions qu'elle regarde comme nécessaires dans l'intérêt public.

200. *Mendicité.* — Les municipalités peuvent prendre des arrêtés pour l'exécution, dans la commune, de cette partie importante de la police générale; la loi leur donne, en outre, des attributions spéciales : c'est elles qui payent le secours de 30 centimes par myriamètre, payable de 5 en 5 myriamètres, que le décret du 30 mai 1790 accorde à tout mendiant qui voyage muni d'un passe-port; elles visent le passe-port et y mentionnent la somme délivrée. Les maires des communes placées sur la route indiquée par le passe-port du mendiant font seulement l'avance sur les fonds communaux, les secours étant acquittés sur les fonds des dépenses obligatoires des départements. Tout membre d'une municipalité qui fait payer le secours à un mendiant hors de sa route n'en est pas remboursé. (*Décr.* 30 *mai* 1790, *art.* 7; *Circ. du* 11 *août* 1808.)

201. *Passe-ports.* — Le maire, dans les communes ordinaires, le préfet dans les chefs-lieux de département ayant plus de 40,000 habitants, les sous-préfets, le préfet de police à Paris, délivrent les passe-ports pour l'intérieur (*L.* 10 *vendém. an IV; L. du* 5 *mai* 1855).

Si le maire ne connaît pas personnellement l'individu qui demande un passe-port, il doit exiger l'assistance de deux témoins connus et domiciliés, lesquels sont désignés dans le passe-port (*L. vendém. an IV*, *art.* 1er). Le maire perçoit 2 francs pour prix du passe-port; les visas des passe-ports sont gratuits (*Décr.* 11 *juillet* 1810). C'est le préfet, et non le maire, qui a le droit de délivrer des passe-ports gratuits avec secours de route. (*Circ. du* 25 *oct.* 1833.)

202. *Poids et mesures.* — Comme officiers de police judiciaire, les maires et adjoints constatent les contraventions. aux lois et règlements sur les poids et mesures. En leur qualité d'agents de la police générale ils sont tenus de faire plusieurs fois, chaque année, des visites dans les magasins, boutiques, foires et marchés et autres lieux publics, pour s'assurer de l'exactitude, du bon état et du fidèle usage des poids et mesures, des balances et autres instruments de pesage et mesurage; pour constater si le poinçon de vérification a été apposé; pour veiller à la fidélité du débit dans la vente des marchandises, surtout de celles qui, fabriquées au moule ou à la forme, se vendent à la pièce ou au paquet, comme correspondant à un poids déterminé. (*Ord. du* 17 *avril* 1839.)

203. *Postes.* Les maires sont chargés de veiller à l'exécution des lois qui autorisent les agents de l'administration des postes à faire des perquisitions et saisies sur les messagers, piétons, conducteurs de voitures publiques pour constater les contraventions relatives au monopole de la poste aux lettres.

204. *Poudres.* — Le maire intervient dans quelques circonstances de la vente des poudres; c'est lui qui délivre le bon au consommateur quand le préfet a usé du pouvoir de ne permettre la vente de la poudre qu'aux débitants des chefs-lieux d'arrondissement, et sous la condition de ne la livrer que sur le vu d'un bon de l'autorité. Le maire délivre aussi aux carriers ou autres consommateurs le certificat nécessaire pour qu'ils puissent acheter de la poudre de mine.

205. *Théâtres et spectacles publics.* — L'autorisation de l'établissement des théâtres proprement dits n'appartient pas aux maires; mais c'est l'autorité municipale dans les communes ordinaires, le préfet dans les chefs-lieux de département ayant plus de 40,000 âmes de population, à Paris le préfet de police, qui accordent ou refusent l'autorisation nécessaire pour l'établissement des spectacles de curiosité, tels que ménageries, exercices équestres, joutes, dioramas, parades de saltimbanques, etc. (*Déc. du 8 juin 1806*; *L. du 5 mai 1855*). La police des théâtres entre dans les attributions de la police municipale, dont nous parlerons plus loin. Dans cette police entre la surveillance des affiches qui annoncent les représentations. (Voy. ce qui a été dit à ce sujet relativement aux préfets n° 38.)

206. *Voirie.* — Les maires ont qualité pour constater les contraventions de grande voirie (*L. du 29 flor. an X*); ils sont chargés, comme on le verra au chapitre de la police municipale, de tout ce qui concerne la petite voirie, ou voirie urbaine.

207. *Maisons d'aliénés.* — La loi sur les aliénés confie aux maires plusieurs fonctions de police. Elle les charge, conjointement avec d'autres fonctionnaires, de visiter les établissements publics ou privés consacrés aux aliénés; ils reçoivent les réclamations des personnes qui y sont placées, et prennent, à leur égard, tous renseignements propres à faire connaître leur position (*L. du 30 juin 1838*). Le maire cote et paraphe, pour chaque établissement, un registre où sont immédiatement inscrits les noms, profession et tous les détails concernant la personne et l'état des aliénés; le maire se fait soumettre ce registre lorsqu'il se présente pour faire la visite de l'établissement; après la visite, il met son visa, sa signature, et ses observations s'il y a lieu (*art. 12*). En cas de danger imminent, attesté par le certificat d'un médecin ou par la notoriété publique, les commissaires de police à Paris, les maires dans les autres communes, ordonnent à l'égard des personnes atteintes d'aliénation mentale, toutes les mesures provisoires nécessaires, à la charge d'en référer dans les 24 heures au préfet, qui doit statuer sans délai (*art. 19*). Les ordres concernant le placement dans un établissement, le maintien ou la sortie des aliénés sont notifiés au maire du domicile des personnes soumises au placement, qui doit en donner immédiatement avis aux familles. (*Art. 22.*)

208. *Établissements dangereux, insalubres ou incommodes.* Les maires ont la surveillance de tous ces établissements situés dans leur commune: ils exercent, en cela, des fonctions de police municipale, qui participent, par des motifs de sûreté ou de salubrité, à la police générale. Ils doivent donner préalablement leur avis pour que les établissements de 3ᵉ classe puissent être autorisés (*Décr. du 15 oct. 1810, art. 1ᵉʳ*). Ils doivent rendre compte aux préfets et sous-préfets de tous les faits qui concernent la police et l'exploitation des divers établissements, du défaut d'autorisation, des dangers des établissements non classés, etc.

209. *Travail des enfants dans les manufactures.* — Les enfants admis dans les ateliers doivent suivre l'enseignement des écoles; pour en dispenser les enfants âgés de plus de douze ans, il faut un certificat du maire attestant qu'ils ont reçu l'instruction primaire élémentaire (*L. du 22 mars 1841, art.* 5). Le maire doit délivrer au père, à la mère ou au tuteur, un livret sur lequel sont portés l'âge, le nom, les prénoms, le lieu de naissance et le domicile de l'enfant, et le temps pendant lequel il aurait suivi l'enseignement primaire. (*Art.* 6.)

210. *Apprentissage.* — Pour que des individus devenus, par suite de condamnations judiciaires, indignes et incapables de recevoir chez eux des apprentis, puissent être relevés de leur incapacité par le préfet, il faut que le maire de la commune dans laquelle ils ont résidé pendant trois années après l'expiration de leur peine, ait donné préalablement son avis. (*L. du 22 février* 1851, *art.* 7.)

211. *Livrets des ouvriers.* — C'est le maire qui délivre aux ouvriers leurs livrets; à Paris cette fonction est attribuée au préfet de police, dans l'agglomération lyonnaise au préfet du Rhône, dans les chefs-lieux de département ayant plus de 40,000 habitants, au préfet du département. Lorsque le chef ou le directeur de l'établissement ne peut remplir l'obligation de mettre sur le livret le jour de la sortie et l'acquit des engagements, le maire ou commissaire de police constate la cause de l'empêchement, et inscrit, sans frais, le congé d'acquit. Le maire vise gratuitement le livret destiné à servir à l'ouvrier de passe-port à l'intérieur (*L. du 22 juin* 1854, *art.* 2, 7, 9). Un décret réglementaire sur les livrets d'ouvriers a été rendu le 30 avril 1855. Les attributions des maires en cette matière sont rappelées dans le § 3 d'une circulaire ministérielle du 18 mai 1855.

212. *Logements militaires, auberges.* — La délivrance des billets de logement aux troupes en passage n'est pas, à proprement parler, une attribution de police. Mais la surveillance des auberges où les militaires sont envoyés quand les citoyens ne peuvent pas les loger, est un devoir de police municipale. Souvent des plaintes se sont élevées sur la mauvaise tenue de ces gîtes momentanés, d'où résultaient pour les soldats des maladies graves; une circulaire du ministre de l'intérieur du 14 février 1852, rappelle aux préfets les inconvénients de cet état de choses; elle termine ainsi : « Je ne puis que vous recommander avec les plus vives instances d'exiger des maires de toutes les communes de votre département que les logements destinés à recevoir les militaires, tels que casernes de passage, auberges ou hôtelleries, soient soumis à des investigations fréquentes faites par les commissaires de police, la gendarmerie et les hommes de l'art, dans le but de s'assurer des conditions hygiéniques que présentent les chambres destinées au logement des militaires, ainsi que de la propreté des fournitures de literie et surtout des draps. »

213. Nous n'avons pas voulu, dans l'exposé qui précède, faire une énumération complète des attributions des maires quant à la police administrative; leur intervention est réglée par les lois spéciales reudues sur chaque matière de police.

§. 2. — DES COMMISSAIRES DE POLICE.

214. Nous ne rechercherons point, dans l'histoire des anciennes institutions, s'il y avait des fonctionnaires dont les attributions étaient analogues à celles des commissaires de police actuels; l'organisation administrative de la France a été si radicalement changée par la révolution de 1789, que c'est seulement aux lois de cette époque et des temps qui l'ont suivie que nous rattacherons les commissariats de police. Comme c'est la première fois que nous avons à parler de cette magistrature, nous en exposerons l'organisation générale, avant d'examiner la partie de ses attributions qui concerne plus spécialement la police générale.

215. Les commissaires de police ont un triple caractère, qui les soumet à trois autorités différentes; comme agents administratifs (et c'est sous ce rapport que nous les considérons dans ce paragraphe), ils dépendent du préfet de leur département; comme agents de police municipale, ils sont sous l'autorité du maire de la commune où ils résident; comme agents de police judiciaire, ils relèvent du procureur impérial.

I. — *Organisation, prérogatives, et obligations générales des commissaires de police.*

216. Le décret du 21 mai 1790 établit un commissaire de police dans chacune des sections de Paris; le décret du 21 septembre 1791 décida qu'il serait établi des commissaires de police dans toutes les villes où on les jugerait nécessaires. L'article 10 de la loi du 19 vendémiaire an IV, et la loi du 28 pluviose an VIII (sur la division et l'administration de la France), article 12, avaient attribué des commissaires de police aux villes de 5,000 habitants, et, en plus grand nombre, selon le chiffre de la population; chaque ville doit avoir un commissaire de police par 10,000 habitants,

disposition dont une circulaire du ministre de l'intérieur, du 10 mars 1855, a prescrit l'exécution, souvent négligée dans les villes, pour des motifs d'économie.

217. Le système des commissaires de police cantonaux a été consacré en principe; la règle admise est qu'il y aura un commissaire de police par canton. Pour atteindre ce but, le ministre de l'intérieur désigne successivement ceux des cantons qui doivent être, chaque année, pourvu d'un commissaire de police (*Décr. du 28 mars 1852, art.* 7). Il avait d'abord été dit, par l'article 1er du décret, que dans tout canton où il existe un ou plusieurs commissaires de police, la juridiction de ces magistrats pourrait être étendue à tout ou partie des communes composant ce canton. Le décret du 17 janvier 1853 est allé plus loin : l'article 1er, après avoir ordonné l'établissement d'un commissariat de police dans chacun des cantons désignés dans un tableau annexé, déclare, d'une manière impérative, que la juridiction du commissaire de police s'étendra à toutes les communes du canton. L'art. 2 ajoute : dans tout canton où il existe actuellement un commissaire de police, soit au chef-lieu, soit dans une commune dépendant du canton, sa juridiction s'étendra à toutes les communes du canton. Dans tout canton où il existera plus d'un commissaire de police, la juridiction de chacun de ces fonctionnaires s'étendra à toutes les communes du canton. Néanmoins, le préfet pourra, dans l'intérêt du service, déterminer les limites de la circonscription placée spécialement sous la surveillance de chacun d'eux. Dans les villes divisées en plusieurs cantons et dans lesquelles il n'existe qu'un commissaire de police, la juridiction de ce fonctionnaire s'étendra à toutes les communes de ces cantons. Dans les villes où il existe plusieurs cantons et plus d'un commissaire de police, la juridiction de chacun de ces fonctionnaires s'étendra à toutes les communes de ces cantons; néanmoins le préfet pourra, dans l'intérêt du service, déterminer les limites de la circonscription placée spécialement sous la surveillance de chacun d'eux.

218. Les commissaires de police cantonaux ne sont pas seulement préposés à la police des localités soumises à leur juridiction; ils participent à l'action de la police générale sous l'autorité des préfets; il importe que cette action soit en communication rapide avec celle de l'autorité supérieure, qu'elle reçoive une impulsion propre, et soit concentrée dans une organisation spéciale. Diverses combinaisons ont été tentées pour réaliser cette pensée gouvernementale; après les commissaires généraux de police (*L. du*

28 *pluv. an VIII*), viennent les commissaires de police spéciaux (*Décr. du* 25 *mars* 1811), et, dans les cent jours, les lieutenants de police (*Décr. du* 28 *mars* 1815). Les conflits fréquents qui s'élevaient entre ces fonctionnaires exceptionnels et les préfets, les sous-préfets et les maires, firent abandonner cette organisation. Sous la Restauration, l'on ne conserva que les commissaires ordinaires; seulement l'administration donna, dans les villes, à l'un d'eux, le titre de commissaire central, avec une certaine suprématie sur ses collègues. Les choses restèrent en cet état jusqu'au décret du 30 janvier 1852, qui créa des inspecteurs spéciaux de police; le décret du 5 mars 1853 les remplaça par des commissaires départementaux; ceux-ci furent à leur tour supprimés, sauf dans quelques localités, et bientôt dans toute la France, et l'on adopta le système des commissaires centraux. Le ministre de l'intérieur en institua d'abord dans un certain nombre de villes, et le décret du 22 mars 1854 en a étendu la création aux chefs-lieux de département et d'arrondissement où il existe plusieurs commissaires de police, et qui n'en étaient pas encore pourvus. Rappelons que, dans les chefs-lieux de département ayant une population de plus de 40,000 âmes, toute l'action de la police générale est concentrée entre les mains du préfet. (*L. du* 5 *mai* 1855.)

Les causes et les conséquences de la suppression des commissaires départementaux sont exposées en ces termes dans une circulaire du ministre de l'intérieur, du 3 avril 1854 : « Le service de la police est une des branches les plus intimes de l'administration, et l'on ne saurait l'en isoler pour le soumettre à une direction distincte sans s'exposer à de graves inconvénients. L'expérience qui vient d'être faite à l'égard des commissaires départementaux est tout à fait décisive. C'est dans les bureaux des préfectures et des sous-préfectures qu'il y a lieu de centraliser tout ce qui se rattache à la surveillance administrative et politique du département et des arrondissements. Toutes les communications doivent aboutir au préfet ou au sous-préfet, et c'est à eux qu'il appartient, chacun dans sa circonscription administrative, de transmettre les instructions, de donner les ordres, en un mot de diriger personnellement tout le service sans le concours d'intermédiaires dont la coopération obligée, quelque docile qu'elle fût, était une cause inévitable de tiraillements, d'embarras et de regrettables lenteurs. »

La même circulaire prend soin de motiver ensuite la création des commissaires centraux, et, ce qui est d'une haute importance, elle détermine les rapports de service et de hiérarchie qui doivent exister entre eux et les commissaires cantonaux. « Toutefois, continue le ministre, dans les localités dont le service de la police exige le concours simultané de plusieurs commissaires, il y aurait des inconvénients à laisser ces agents procéder isolément, et l'on a reconnu la nécessité de les soumettre à une direction commune et de les placer sous l'autorité d'un chef responsable (celle d'un commissaire central)........ Cette institution qui, il n'est pas sans intérêt de le rappeler, a pour elle la consécration de l'expérience, répond au besoin universellement senti d'imprimer au service de la police une direction unique, sans déplacer ni affaiblir l'action incessante que doit avoir sur lui l'autorité administrative. Indépendamment des attributions dont il est investi par son titre de commissaire de police, le commissaire central est le chef responsable, vis-à-vis de l'autorité, de tout le service de la ville chef-lieu de sa résidence. Les autres commissaires de police du chef-lieu sont sous son autorité directe. C'est à lui qu'ils adressent leurs rapports, et c'est par son intermédiaire qu'ils reçoivent les instructions et les ordres relatifs à leur service, sauf toutefois les exceptions motivées par des circonstances particulières, et dont l'appréciation est laissée entièrement aux représentants de l'autorité administrative ou judiciaire.

« A ces attributions permanentes, en ce qui concerne la ville où il réside, et à raison desquelles il est investi d'une initiative complète, le commissaire de police réunit le pouvoir exceptionnel d'instrumenter dans toute l'étendue de l'arrondissement ; mais l'exercice de ce droit est subordonné à une autorisation spéciale du préfet ou du sous-préfet.

« Vous reconnaîtrez par ces détails, M. le préfet, que l'institution des commissaires centraux qui, ainsi que je l'ai déjà fait remarquer d'ailleurs, n'est pas une innovation, ne remplace en aucune manière les commissaires départementaux, dont les attributions, trop étendues ou mal comprises, ont fait naître si souvent des difficultés administratives. L'autorité donnée au commissaire départemental sur tout le personnel de la police, disparaît avec l'institution, et ne passe pas en d'autres mains. Les commissaires de police ayant la même résidence que le commissaire central, sont les seuls placés sous l'autorité de celui-ci dans les conditions que j'ai déjà fait connaître. Les commissaires résidant dans les autres parties de l'arrondissement, sont chefs de service dans l'étendue de leurs circonscriptions respectives. Ils correspondent directement, suivant les cas, avec les représentants de l'autorité administrative ou de l'autorité judiciaire. Le commissaire central n'a point sur ces commissaires une autorité directe et permanente. Le préfet peut, toutefois, lui déléguer, en tout ou partie, celle dont il est investi lui-même, et il lui appartient, dans ce cas, d'en régler l'exercice suivant les circonstances, une entière latitude lui étant laissée à cet égard. »

Les commissaires de police devront bien se pénétrer des principes posés dans cette circulaire, afin d'éviter les dissentiments qu'a fait naître déjà la coexistence de deux commissaires dans une même circonscription, bien que l'un ait reçu autorité sur tous ceux de la ville où il réside.

219. Une circulaire du ministre de l'intérieur, du 24 juillet 1858, intitulée « Instruction à MM. les commissaires de police, » maintient l'organisation que nous venons d'exposer; elle envisage d'abord les commissaires de police comme agents de l'autorité administrative; c'est sous ce rapport seulement que nous les considérons ici. Elle retrace les relations respectives des commissaires cantonaux avec les commissaires centraux et les commissaires de police de chef-lieu d'arrondissement; elle n'innove point aux circulaires précédentes, sinon par cette déclaration que le commissaire central exerce, dans toute l'étendue de l'arrondissement, les fonctions d'officier de police judiciaire, et par la dénomination de commissaire de police de chef-lieu d'arrondissement, qui semble entraîner l'assimilation au commissaire central. Le commissaire de police central, y est-il dit, ou le commissaire d'arrondissement se présente chaque jour chez le préfet, ou le sous-préfet, ou le maire, pour lui rendre compte du service et prendre ses ordres. Il adresse à ce fonctionnaire des rapports spéciaux toutes les fois qu'il est nécessaire, et chaque semaine un rapport sommaire sur les faits importants parvenus à sa connaissance. L'obligation ainsi imposée au commissaire central à l'égard du maire ne peut concerner que le service de la police municipale, car ce n'est que pour la direction de cette police locale qu'il agit sous l'autorité du maire.

L'instruction résume ainsi les obligations générales des commissaires cantonaux: « Le commissaire cantonal est placé sous l'autorité immédiate du préfet ou du sous-préfet. Il doit informer, sans retard, ce fonctionnaire de tout fait grave arrivé à sa connaissance. Il lui adresse, en outre, un rapport bi-mensuel contenant principalement les faits qui se sont produits dans le canton,

4*

l'énumération des contraventions, délits et crimes, les renseignements qui peuvent intéresser la police générale.

« Il rend compte de ses tournées dans les communes, de l'exécution des ordres qu'il a reçus, de ses conférences avec les gardes champêtres et forestiers, et de toutes les missions spéciales dont il a été chargé.

« Selon les cas et l'urgence, les communications ont lieu dans les rapports de quinzaine ou dans des rapports spéciaux. Le commissaire cantonal prend des instructions du maire de sa résidence et de tous ceux de son canton pour ce qui concerne la police municipale, et les informe de tout ce qui peut intéresser la tranquillité de leur commune. Il reçoit les instructions du commissaire central, s'il y en a un dans l'arrondissement, et en assure l'exécution.

« Il exécute les ordres qui lui sont donnés par le préfet ou le sous-préfet et le procureur impérial, et leur rend compte exact et détaillé.

« *Des tournées.* — Les commissaires cantonaux se transportent, au moins une fois tous les trois mois, dans chaque commune de leur canton. Ils font, autant que possible, coïncider le jour de leur tournée avec celui des foires importantes de l'année et des fêtes votives. [1]

« Ils exercent, dans chaque commune de leur ressort, les fonctions qui leur sont attribuées par les lois, décrets et ordonnances en vigueur.

« Une fois par mois, au moins, le commissaire cantonal confère avec les gardes champêtres des communes du canton. Il les convoque par une réquisition, fixant le lieu, le jour et l'heure. Les convocations doivent être combinées de telle sorte qu'elles aient lieu successivement et sans porter préjudice au service de la police rurale.

« La gendarmerie, les gardes champêtres, les gardes forestiers (en cas de nécessité seulement) et les gardes particuliers, peuvent être requis par les commissaires de police, aux termes de l'art. 3 du décret du 28 mars 1852 [2]. Les gardes doivent, conformément

---

1. Une circulaire du 3 avril 1859 dispense les commissaires de tournées périodiques ; elle laisse aux préfets le soin de régler eux-mêmes, suivant les besoins du service et l'importance des localités, les tournées que les commissaires de police auront à faire dans l'étendue de leur juridiction, ainsi que les rapports qu'ils devront adresser à cette occasion.

2. Une circulaire du 4 octobre 1850 portait déjà que le droit de réqui-

au même article, les informer, sans retard, de tout ce qui intéresse la tranquillité publique.

« Le commissaire de police doit informer les gardes de ces obligations et veiller à ce qu'elles soient exactement remplies. Il doit aussi signaler ceux que l'âge, l'inconduite rendraient impropres au service.

« Les commissaires de police doivent aux juges de paix tout leur concours, toute leur déférence ; ils ne refuseront jamais les renseignements qui pourraient leur être demandés par ces magistrats, dans l'intérêt du service, et s'éclaireront souvent de leurs conseils.

« Les rapports des commissaires de police avec la gendarmerie doivent être fréquents et faciles. Ils doivent, dans l'intérêt du service, s'informer mutuellement de tous les faits intéressant la sûreté publique. Le commissaire de police a le droit de requérir la gendarmerie ; mais il doit en user avec réserve, et seulement quand il est nécessaire d'appuyer l'autorité d'une force matérielle (ici la circulaire entre dans quelques détails que nous ne reproduisons pas, afin de ne pas faire double emploi avec ce que nous dirons en parlant de la gendarmerie). C'est toujours au commandant du lieu de l'exécution que la réquisition doit être adressée ; s'il y a refus de sa part, elle peut être faite à l'officier immédiatement supérieur ; en cas de nouveau refus, le commissaire de police dresse un procès-verbal, qu'il adresse immédiatement au procureur impérial. Le commissaire de police ne peut, en aucune manière, s'immiscer dans les opérations militaires ordonnées en suite de sa réquisition ......

« Le commissaire de police doit être constamment accessible au public et recevoir les plaintes et réclamations qui lui sont adressées.

« Sont indispensables à un commissaire de police : 1° un journal agenda, ou main-courante, registre sur lequel le commissaire de police tient note de ses opérations quotidiennes ; 2° un répertoire servant à l'enregistrement et à l'analyse de ses procès-verbaux ; 3° un registre d'ordre sur lequel chaque commissaire inscrit, à la date de leur arrivée, et sous une série de numéros reproduits sur

---

sition directe des gardes champêtres et forestiers ne doit être exercé que lorsque le maintien de l'ordre, la tranquillité publique, la sécurité des personnes, en un mot des circonstances exceptionnelles réclament le concours immédiat de ces agents.

la pièce, l'analyse des différents actes, documents, procès-verbaux, lettres qui lui sont adressées concernant le service (*Circ. du* 8 *fév.* 1855). Les divers documents déposés au bureau appartiennent à l'administration ; le commissaire n'en est que le dépositaire responsable. Aussi, à la cessation de ses fonctions, un procès-verbal, dressé sous le contrôle et avec la signature du maire, doit-il, après inventaire, constater leur remise au nouveau titulaire ou leur existence aux archives du commissariat.

« Toutes les pièces qui émanent du bureau d'un commissaire de police, doivent porter le sceau du commissariat. [1]

« La surveillance de la police doit se porter sur les points suivants : surveillance des malfaiteurs connus, des individus mal famés ou dont les moyens d'existence sont suspects, des vagabonds, des mendiants ; surveillance exacte des hôtels, auberges, garnis, et, en général de tous les lieux où se retirent les étrangers et la population flottante ; des maisons de prostitution, des voitures publiques ; des bateaux à vapeur, des chemins de fer, en un mot, du mouvement des voyageurs.

« Toutes les fois qu'un crime est commis, les commissaires doivent être avertis et agir. En cas d'incendie, tumulte, inondation, ou de tout autre danger de jour et de nuit, ils doivent se transporter sur les lieux, et faire prévenir immédiatement le préfet ou le sous-préfet et le procureur impérial. Dans tous les cas, en attendant l'arrivée de ces fonctionnaires, ils doivent procéder à tous les actes de leurs fonctions, et, sous leur responsabilité, prescrire les mesures d'urgence. »

220. Ce dernier paragraphe de l'Instruction générale présente une lacune et a fait naître une difficulté. On a demandé si, en cas d'incendie, par exemple, l'obligation, imposée au commissaire de

---

1. A ce sujet, une circulaire du ministre de l'intérieur du 12 mars 1856, rappelle et confirme l'obligation imposée aux commissaires, par celle du 18 mars 1853, d'avoir un timbre-cachet et de l'apposer sur tous les actes de leurs fonctions ; ce timbre doit porter en haut de l'exergue le nom de la circonscription du commissariat, en bas le nom du département, et sur le champ du cachet ces mots : commissaire de police, ou, suivant le cas, commissaire central, ou commissaire cantonal, ou spécial ; il ne doit jamais porter le nom du commissaire. Il est acheté par le commissaire ou fourni par la commune ; en aucun cas, il ne doit être déplacé, de sorte que, quand il y a une mutation dans le personnel, le nouveau titulaire reçoit de son prédécesseur, moyennant indemnité s'il y a lieu, le timbre-cachet du commissariat. Jamais les commissaires ne doivent, au bas de leurs actes, substituer une griffe à leur signature.

police, de prévenir immédiatement le préfet ou le sous-préfet et le procureur impérial, le dispense d'avertir aussi le maire de la commune où l'incendie a éclaté. La solution négative, donnée par le *Journal des commissaires de police*, volume de 1859, p. 49, nous paraît devoir être adoptée. En effet, on ne peut pas supposer que le ministre de l'intérieur ait entendu porter atteinte à la considération des maires et aux attributions que la loi leur confère, en les laissant à l'écart dans les cas d'accidents ou de fléaux qui frapperaient la commune. Il était nécessaire d'ordonner au commissaire de police d'avertir *immédiatement* le préfet ou sous-préfet et procureur impérial, parce que ces fonctionnaires peuvent résider loin du lieu où le fait se passe, et que, sans cette injonction, l'avis aurait pu ne leur être donné qu'après. Il n'en est pas de même à l'égard du maire de la commune où l'événement a lieu; l'autorité municipale y a toujours un représentant que le commissaire de police doit avertir; il le doit parce que, pour la police municipale, les commissaires de police sont les subordonnés des maires : c'est à raison de cette subordination que le commissaire central doit se présenter chaque jour chez le maire pour lui rendre compte et prendre ses ordres, quand c'est le maire et non le préfet qui exerce l'autorité municipale, et le commissaire cantonal est tenu de prendre les instructions du maire de sa résidence et de ceux du canton pour ce qui concerne la police municipale et de les informer de tout ce qui peut intéresser la tranquillité de leur commune. Ces prescriptions de l'instruction ministérielle elle-même (*Voy.* n° 219) seraient-elles accomplies si le commissaire de police laissait ignorer au maire la survenance d'un incendie, à l'égard duquel il devrait prendre ses instructions?

221. Autre question, résultant du même paragraphe de l'instruction, et qui doit aussi être décidée dans le sens de l'action de l'autorité municipale. Le ministre dit que, dans tous les cas, en attendant l'arrivée du préfet, du sous-préfet, ou du procureur impérial, les commissaires de police doivent faire les actes de leurs fonctions et prescrire les mesures d'urgence. Quels sont, dans ce cas, les actes de leurs fonctions et les pouvoirs dont ils sont investis? C'est l'autorité municipale que la loi du 24 août 1790 et celle du 18 juillet 1837 chargent de prendre les mesures propres à prévenir les incendies ou autres fléaux, et, quand ils ont éclaté, à en arrêter les effets; les maires doivent donc prendre la direction des mesures recommandées par les circonstances ; ce sont eux qui ordonnent, et non le commissaire de police, qui doit

prendre leurs instructions et les faire exécuter; ce que l'instruction a voulu, c'est que, si le maire ou son adjoint ne sont pas encore arrivés, le commissaire de police prenne provisoirement les mesures d'urgence, et que, même en présence de l'autorité municipale, il fasse les actes de police judiciaire qu'un incendie peut souvent rendre nécessaires.

222. Parmi les obligations des commissaires de police se trouve celle de résider dans la commune pour laquelle ils ont été nommés. Ils ne peuvent s'absenter, quand ce n'est pas pour les besoins du service, sans en avoir obtenu l'autorisation. Un règlement ministériel du 30 avril 1853 réservait au ministre le droit d'accorder des congés aux commissaires de police; seulement, dans les cas d'urgence et à charge d'en rendre compte, les préfets pouvaient autoriser des absences de cinq jours au plus; une circulaire du ministre de l'intérieur du 15 avril 1854 permet aux préfets d'accorder aux commissaires de police des congés au-dessus de quinze jours, à la condition d'en donner avis au ministre. Cet objet est réglé de la manière suivante par l'instruction du 21 juillet 1858 : « Les demandes de congé doivent toujours être motivées. Les préfets peuvent accorder aux commissaires de police des congés au-dessous de six jours. S. Exc. le ministre de l'intérieur statue sur les congés d'une plus longue durée ou sur les prolongations de congés qui entraineraient une absence totale de plus de cinq jours. Les prolongations de congé ne sont accordées que dans le cas de nécessité absolue ou d'utilité constatée. Tout commissaire de police qui s'absente de sa résidence sans autorisation, est privé de traitement pendant le temps de son absence, et peut même être suspendu, sans préjudice des mesures plus sévères qui peuvent être prises contre lui. » Enfin l'art. 1ᵉʳ n° 14 du décret du 13 avril 1861 permet aux préfets de délivrer aux commissaires de police des congés n'excédant pas 15 jours.

223. La correspondance que les commissaires de police sont dans le cas d'entretenir pour l'exercice de leurs fonctions, est adressée par eux aux maires, au préfet, au sous-préfet, au procureur impérial, aux diverses autorités du canton ou de l'arrondissement. Ils ne doivent point écrire directement au ministre ni au ministère de l'intérieur; cette règle a été assez souvent enfreinte, surtout en vue d'affaires d'intérêt personnel, pour qu'il devint nécessaire de la rappeler avec sévérité : c'est ce qu'a fait, en motivant ses prescriptions, la circulaire suivante du ministre de l'intérieur, en date du 25 novembre 1853 :

« M. le préfet, quelques commissaires de police croient devoir s'adresser directement à l'administration centrale, soit dans le but d'obtenir de l'avancement, soit pour tout autre motif d'intérêt personnel.

« En outre, plusieurs de ces fonctionnaires ont l'habitude d'écrire à des employés du service pour solliciter un appui qui, dans aucun cas, ne saurait être sérieux, ou pour connaître le résultat de leurs instances.

« Il y a là un double abus que je veux faire cesser.

« Je vous prie en conséquence, M. le préfet, de faire savoir aux commissaires de police de votre département, que hors les cas d'extrême urgence intéressant l'ordre ou la sûreté publique, ils ne doivent correspondre avec le ministre de l'intérieur qu'en se conformant aux règles hiérarchiques.

« Je désire, en outre, que vous fassiez bien comprendre à ces fonctionnaires que c'est par le témoignage de leurs supérieurs, ou d'après leur avis, que je peux et que je dois seulement apprécier leurs services ou le mérite de leurs réclamations. Il est donc indispensable que ces demandes me parviennent par votre intermédiaire. A l'avenir, celles qui seraient adressées directement au ministère, resteraient sans réponse et seraient classées sans examen.

« Quant aux communications adressées aux bureaux, elles ne peuvent avoir qu'un résultat fâcheux : c'est de mettre en jeu, sans utilité pour leurs auteurs, la responsabilité, et même, selon le cas, la position des employés qui les reçoivent. J'ai donné l'ordre aux employés de présenter immédiatement à leurs chefs les lettres de cette nature qu'ils pourraient recevoir, et mon intention est de sévir contre les commissaires de police qui ne tiendraient pas compte de l'avertissement que vous allez leur adresser. »

L'instruction du 24 juillet 1858 reproduit ces dispositions en les résumant dans quelques lignes.

Pour leur correspondance officielle, les commissaires de police ont la franchise à l'égard des fonctionnaires désignés par une décision du ministre des finances du 2 décembre 1853. Par une autre décision, du 23 juillet 1854, notifiée aux préfets par une circulaire du ministre de l'intérieur, du 5 août 1854, les préfets sont autorisés à correspondre en franchise, sous bandes et par lettres fermées, en cas de nécessité, avec tous les commissaires de police de leur département. Les commissaires n'ont pas le droit de requérir la transmission gratuite, par la voie télégraphique, de leurs dépêches, soit entre eux soit avec d'autres fonctionnaires : car ils ne sont point compris dans la liste des fonctionnaires auxquels l'arrêté du ministre de l'intérieur du 19 avril 1859 accorde ce privilége.

224. Il nous reste à parler du mode de nomination et de révo-cation des commissaires de police en général, du serment qu'ils doivent prêter en entrant en fonctions, de leur traitement, des fonctions qu'ils ne peuvent exercer, de leur remplacement momentané, de leur costume, et de leur assistance aux cérémonies publiques.

Les commissaires de police, dans les villes de 6,000 âmes et au-dessous, sont nommés et révoqués par les préfets; la révocation, pour être définitive, doit être approuvée par le ministre ; dans les villes au-dessus de 6,000 âmes, ils sont, comme auparavant, nommés par l'Empereur, sur la proposition du ministre de l'intérieur (*Décr. du* 28 *mars* 1852, *art.* 6). L'art. 5 du décret du 13 avril 1861 a modifié cela en ce qu'il place la nomination des commissaires de police dans les villes de 6,000 âmes et au-dessous parmi celles qu'ils peuvent faire sans intervention du Gouvernement et sur la présentation des divers chefs de service.

225. Au moment de leur installation, et avant de commencer l'exercice de leurs fonctions, les commissaires de police doivent prêter serment. Des difficultés s'étaient élevées sur la compétence de l'autorité appelée à recevoir ce serment, et les usages administratifs n'étaient pas uniformes dans tous les départements : dans certaines localités, par interprétation de la loi du 8 juin 1792, les préfets et sous-préfets restaient étrangers à la prestation du serment des commissaires de police, laquelle n'était reçue que par les maires ou adjoints. Pour faire cesser les incertitudes, M. le ministre de l'intérieur avait rendu, le 12 décembre 1854, une circulaire enjoignant aux préfets de recevoir à l'avenir le serment professionnel et politique des commissaires de police, ou, en cas d'empêchement, de déléguer, à cet effet, le sous-préfet. On lit dans cette circulaire: «Ce n'est pas dans la loi du 8 juin 1792 qu'il faut chercher devant quelle autorité doit être prêté le serment des commissaires de police. Cette question veut être examinée à un point de vue plus élevé. Les commissaires de police sont nommés par l'Empereur, ou par les préfets, par délégation de l'Empereur. Bien que, sous certains rapports, ils soient des agents de l'administration municipale, de même qu'à certains égards ils entrent dans la hiérarchie des pouvoirs judiciaires, ils n'en est pas moins vrai qu'ils sont, avant tout, des fonctionnaires politiques placés sous l'autorité directe et immédiate du préfet. C'est donc entre ses mains qu'ils doivent déposer leur promesse de bien servir, comme c'est à lui qu'ils ont à rendre compte de l'accomplissement de leur mandat. Ces considérations, tirées du mode de leur nomination et de la nature de leurs fonctions, s'appliquent tout aussi bien à la prestation du serment professionnel qu'à celle du serment politique. La formule du premier est conçue en termes généraux, et renferme tous les devoirs de leurs attributions diverses. » L'instruction du 24 juillet 1858 porte que le serment professionnel et politique des commissaires de police est ainsi conçu : « Je jure fidélité à l'Empereur et obéissance à la Constitution; je jure de remplir les fonctions qui me sont confiées en bon et loyal magistrat. » Elle ajoute que leur traitement ne court qu'à dater du jour de la prestation de serment et de l'installation.

226. Il y a des fonctions que ne peuvent exercer ceux qui ont accepté celles de commissaires de police et y ont été installés. Ils ne peuvent être ni maires, ni adjoints, ni conseillers municipaux (*L. du 5 mai 1855, art.* 5 et 10). Cela se conçoit aisément, les commissaires de police étant, sous le rapport de la police municipale, des agents municipaux. Plusieurs commissaires de police étaient en même temps secrétaires de la mairie de leur résidence; le Gouvernement a défendu ce cumul par une circulaire du ministre de l'intérieur du 23 novembre 1854 : « Aucune loi n'indique, il est vrai, d'une manière formelle, qu'il y ait incompatibilité entre les fonctions de commissaire de police et l'emploi de secrétaire de mairie; mais cette incompatibilité résulte de la nature même des attributions conférées au commissaire de police, qui sont à la fois municipales, politiques et judiciaires. D'ailleurs, les travaux de la mairie ont quelquefois assez d'importance pour absorber une trop grande partie du temps du secrétaire, et pour distraire des devoirs du commissariat les fontionnaires qui voudraient suffire à cette double tâche. Ce dernier inconvénient est d'autant plus grave qu'il est préjudiciable au service, non-seulement dans la commune du chef-lieu, mais encore dans celles qui, étant annexées au commissariat et fournissant leurs contingents au traitement du titulaire, ont le droit de se plaindre qu'il soit empêché, par des occupations étrangères à ses attributions légales, de faire de fréquentes tournées dans toute l'étendue de sa circonscription. Il paraît donc nécessaire d'interdire l'exercice simultané des fonctions de commissaire de police et de secrétaire de mairie. » L'ar-

ticle 3 de la loi du 4 juin 1853 déclare les fonctions de juré incompatibles avec celles de commissaire de police.

227. Les fonctions de commissaire de police sont exclusivement personnelles, et ne peuvent être l'objet d'aucune délégation de la part de ceux qui les exercent. En cas d'absence, maladie ou autre empêchement, il est pourvu au remplacement du fonctionnaire conformément à ce que prescrivent les articles 13 et 14 du Code d'instruction criminelle : lorsque l'un des commissaires de police d'une même commune se trouve légitimement empêché, celui de l'arrondissement voisin est tenu de le suppléer, sans qu'il puisse retarder le service pour lequel il sera requis, sous prétexte qu'il n'est pas le plus voisin du commissaire empêché, ou que l'empêchement n'est pas légitime, ou n'est pas prouvé ; dans les communes où il n'y a qu'un commissaire de police, s'il se trouve légitimement empêché, le maire, ou, à défaut de celui-ci, l'adjoint du maire, le remplace tant que dure l'empêchement. Les préfets ne pourraient procéder au remplacement d'un commissaire de police autrement que la loi ne le veut ; le ministre de l'intérieur le leur a rappelé par une circulaire du 10 février 1855, où on lit : « Les dispositions du Code d'instruction criminelle sont on ne peut plus précises à cet égard, et la désignation qui serait faite par le préfet, soit d'un commissaire de police appartenant à une autre résidence, soit d'un agent auxiliaire pour remplacer le commissaire de police absent ou empêché, constituerait une infraction à la loi. Il importe d'autant plus de rappeler les vrais principes à cet égard, qu'ils ont quelquefois été perdus de vue, et qu'une irrégularité de cette nature compromettrait la validité de certains actes dont il appartient aux tribunaux d'apprécier la légalité. En conséquence, lorsqu'un commissaire de police sera absent ou empêché, comme en cas de vacance de l'emploi, s'il appartient à une commune ayant plusieurs titulaires, vous aurez à désigner, après avoir consulté M. le maire, celui qui sera chargé de l'intérim ; mais s'il s'agit d'une commune ayant un seul commissaire de police, vous devez vous abstenir de toute désignation, et vous borner à prévenir officiellement les maires, tant de la commune où est établi le chef-lieu du commissariat, que des différentes communes composant la circonscription, qu'ils sont investis, chacun en ce qui le concerne, des attributions et des devoirs appartenant au commissaire de police pendant toute la durée de l'empêchement ou de la vacance. » La décision du ministre, si on la prenait dans un sens absolu, serait aussi contraire à la loi que le procédé qu'elle a interdit ; en effet, le Code veut que, dans les communes où il y a plusieurs commissaires de police, ce soit le voisin de l'empêché qui le remplace, et le ministre semble accorder, dans ce cas, la désignation au préfet; sans doute, la circulaire ne doit s'appliquer qu'au cas où plusieurs titulaires seraient également voisins de l'empêché, comme s'il s'agissait d'un canton ou quartier entouré de plusieurs autres; mais si un seul canton était contigu, ce serait, aux termes de la loi, le commissaire de celui-ci qui seul aurait droit de faire l'intérim.

228. Dans l'exercice de leurs fonctions, les commissaires de police sont-ils astreints à porter un costume officiel? un décret du 31 août 1852 règle leur costume; mais il ne porte pas que ce costume soit obligatoire. Évidemment, pour celles de leurs fonctions que les commissaires de police remplissent dans leur cabinet, pour les rapports ordinaires et officiels qu'ils ont avec l'autorité municipale, avec les préfets ou sous-préfets, les juges de paix, la gendarmerie, ils n'ont pas besoin de porter un costume particulier. La loi ne l'exige pas non plus dans les circonstances où leurs attributions les mettent au dehors en relation avec le public, par exemple quand ils assistent à des opérations où leur présence est exigée, telles que des exhumations; il n'y sont pas même tenus lorsqu'ils ont à faire reconnaître leur qualité qui leur donne le droit d'agir, par exemple quand ils font des réquisitions, des saisies, quand ils procèdent aux sommations voulues pour disperser les attroupements séditieux; mais comme dans les cas de cette dernière espèce, il faut un signe extérieur qui fasse reconnaître leur caractère et atteste l'autorité en vertu de laquelle ils agissent, ils doivent porter leur écharpe. « Les commissaires de police, dit l'instruction du 24 juillet 1858, doivent toujours être munis de l'écharpe tricolore, qui est le signe distinctif de leur autorité lorsqu'ils sont en fonctions; ils sont tenus de la ceindre pour assurer l'exécution des actes de leurs fonctions, maintenir force à la loi, et à leur caractère qui pourrait être méconnu. »

De ce que le costume n'est pas indispensable, il s'ensuit que les procès-verbaux des commissaires, qui n'en ont pas au moment où ils agissent, ne sont pas moins valables (*Arr. de la Cour de cass. des 6 juin 1807 et 10 mars 1845*). Si un commissaire de police ne porte ni costume ni écharpe, les outrages dont il est l'objet dans l'exercice de ses fonctions ne sont punis que comme ayant été commis envers un particulier, si le prévenu ignorait la qualité du fonctionnaire; mais ils seraient considérés et punis comme faits à un fonctionnaire public si le ministère public prouvait que le prévenu connaissait la qualité du commissaire de police. (*Arr. de la C. de cass. du* 5 *sept.* 1812 *et du* 6 *mars* 1813.)

On a demandé si les commissaires de police doivent être revêtus de leur costume lorsqu'ils siégent au tribunal de police comme officiers du ministère public. Cela est convenable, et l'audience du juge ne peut qu'y gagner une solennité efficace ; toutefois la loi ne l'ordonne pas ; en tous cas, le commissaire de police ne doit exercer cette partie de ses fonctions qu'en ceignant son écharpe.

Le port du costume est pour les commissaires de police une convenance, conforme au désir du Gouvernement, plutôt qu'une obligation rigoureuse ; ils doivent d'autant plus, sous ce rapport, déférer au vœu de l'autorité supérieure, que leur position pécuniaire a été sensiblement améliorée. Dans les fêtes et cérémonies publiques, le costume est plus convenable que partout ailleurs ; le commissaire de police qui ne l'aurait pas encore, ne peut se présenter qu'avec son écharpe : sans cela il serait traité comme un simple particulier.

Lorsque les commissaires de police revêtent leurs costume, ils portent l'épée, qui en fait essentiellement partie ; mais si, dans l'exercice de leurs fonctions, dans des tournées ou voyages, ils n'ont pas leur costume, ils ont, comme tout autre citoyen, le droit de porter des armes pour leur défense, pourvu qu'elles soient apparentes et n'appartiennent pas à la classe des armes prohibées, telles que sont les pistolets de poche.

229. Dans les cérémonies publiques, l'ordre suivant lequel doivent marcher ou être placées les diverses autorités qui y assistent, n'est point arbitraire ; leurs rangs et préséances ont été fixés par le décret du 24 messidor an XII. L'article 8 contient les dispositions que voici : les corps marcheront dans l'ordre suivant : .... Les membres des tribunaux de première instance, le corps municipal, les officiers de l'état-major de la place, les membres du tribunal de commerce, les juges de paix, les commissaires de police. On voit bien par là que le juge de paix a la préséance sur le commissaire dè police : mais si son greffier l'accompagne, doit-il aussi précéder le commissaire de police? cette question a été controversée ; d'une part, on a dit : le décret a placé le commissaire de police, non pas après le tribunal de paix, mais après le juge de paix ; ce n'est qu'à la personne de ce magistrat que la préséance est réservée, à la différence des tribunaux de première instance dont il a classé *les membres* collectivement ;

il s'ensuit que si d'autres que le juge de paix, c'est-à-dire son greffier ou ses suppléants se présentent, ils ne doivent point primer le commissaire de police ; quant aux suppléants, il a même été décidé, pour Paris, par une circulaire du ministre de la justice du 1er mars 1852, qu'ils n'ont pas droit à une place officielle, dans les cérémonies publiques, à côté du juge de paix. D'une autre part, on a répondu : le juge de paix, le commissaire de police, et le greffier composent ensemble le tribunal de police; suivant leur ordre hiérarchique le juge de paix marcherait en avant, le commissaire de police viendrait ensuite et le greffier suivrait en dernier ; mais comme il y aurait quelque chose de ridicule dans cette disposition de trois fonctionnaires marchant isolément à la file l'un de l'autre, il est préférable que le juge de paix marche au milieu, ayant à sa droite le commissaire de police, à sa gauche le greffier. S'il y a un seul juge de paix et plusieurs commissaires, il faut ou que celui de ces commissaires qui remplit au tribunal les fonctions du ministère public soit à la droite du juge de paix, le greffier à gauche et les autres commissaires par derrière, ou que le juge ait de chaque côté de lui un commissaire et que les autres avec le greffier marchent derrière. S'il y a deux juges de paix et un seul commissaire, celui-ci se met à la gauche du plus ancien juge. S'il y a plusieurs juges de paix et plusieurs commissaires, les juges marchent en tête, les commissaires viennent ensuite, et les greffiers suivent en troisième. Il serait à désirer que, pour éviter tout conflit, une décision du Gouvernement donnât une interprétation certaine à l'article 8 du décret du 24 messidor an XII.

Si le juge de paix est empêché d'assister à la cérémonie, le commissaire de police prend sa place ; aucune autre autorité ne pourrait l'occuper à son détriment. L'ordre légal des préséances doit être respecté dans les églises comme au dehors ; un curé ni aucun autre membre du clergé n'aurait le droit, dans le cas où le juge de paix manquerait, de faire placer avant le commissaire de police des marguilliers de la fabrique, ou une corporation ou congrégation religieuse.

230. La situation pécuniaire des commissaires de police a été régularisée et améliorée depuis la nouvelle organisation qui a été donnée en 1852 à l'institution. La loi du 29 septembre 1794 avait, en principe, mis leur traitement à la charge des communes; le chiffre en fut diversement fixé par des arrêtés du Gouvernement des 23 fructidor an IX et 18 germinal an XI, et par un décret du

22 mars 1813, l'État y prenait une part. L'insuffisance des traitements réglés, il y a plus de 40 ans, avait amené des municipalités à y ajouter des allocations sous différentes dénominations; ces sortes de suppléments variaient suivant les localités, et avaient quelque chose qui pouvait paraître nuire à l'indépendance des commissaires. Pour faire disparaître ces inconvénients, le décret du 28 mars 1852, sur les commissariats de police, disposa d'abord, par son article 5, que les commissaires seraient répartis en cinq classes, dont les traitements seraient fixés par un règlement d'administration publique. Cette fixation promise a été établie par le décret du 27 février 1855; le ministre de l'intérieur, dans son rapport à l'Empereur, en expose ainsi les bases : « Je me suis préoccupé surtout de la nécessité d'élever le traitement attribué aux commissaires de police de la dernière classe à un chiffre qui appelle des candidats sérieux. J'ai dû chercher en même temps à régler le traitement des quatre classes supérieures de manière à assurer à tous les commissaires de police une rétribution suffisante, sans augmenter sensiblement la charge des communes et en transformant seulement en dépenses obligatoires des allocations jusqu'à présent facultatives, et que les municipalités avaient elles-mêmes reconnues indispensables au bien du service.» La classification repose sur l'importance relative des villes où réside le commissaire. Voici les dispositions du décret :

Les traitements et les frais de bureau des commissaires de police sont fixés de la manière suivante. (*Art. 1er.*)

Classes.	Traitement.	Frais de bureau et de tournées.	Total.
1re classe	4,000f	800f	4,800f
2e classe	3,000	600	3,600
3e classe	2,000	400	2,400
4e classe	1,500	300	1,800
5e classe	1,200	240	1,440

La répartition, entre les classes ci-dessus déterminées, des commissariats de police, est réglée par des décrets impériaux, dans les limites établies par les articles suivants. (*Art. 2.*)

Peuvent être portés à la première classe : 1° les commissaires de police ayant le titre de commissaires centraux dans les villes qui ont cinq commissaires de police et au-dessus, y compris le commissaire central; 2° les commissaires de police des villes ayant une population supérieure à 100,000 habitants; les commissaires centraux des villes qui sont le siége d'une cour impériale ou d'une cour d'assises, le chef-lieu d'une division militaire ou le siége d'une préfecture maritime, lorsque lesdites villes ont au moins trois commissaires de police, y compris le commissaire central. (*Art.* 3.)

Peuvent être portés à la 2e classe : 1° les commissaires centraux de police institués dans les villes qui ne sont pas comprises dans la première classe ; 2° les commissaires de police des villes dans lesquelles les commissaires centraux appartiennent à la première classe d'après les dispositions ci-dessus ; 3° les commissaires de police des villes dont la population excède 20,000 habitants et qui n'ont pas de commissaire central ; 4° les commissaires de police des villes qui sont le chef-lieu d'un département, d'une cour d'assises, d'un arrondissement de sous-préfecture ou d'un tribunal civil, et dont la population est de 15,000 habitants et au-dessus. (*Art.* 4.)

Peuvent être portés à la 3e classe : 1° les commissaires de police des villes dont la population est supérieure à 7,000 habitants, et qui ne sont comprises dans aucune des catégories déjà indiquées ; 2° les commissaires de police des villes qui sont le chef-lieu d'un département, alors même que la population desdites villes est inférieure à 7,000 habitants. (*Art.* 5.)

Peuvent être portés à la 4e classe : les commissaires de police des villes et communes dont la population, inférieure à 7,000 habitants, est supérieure à 5,000 habitants, ou qui, ayant une population inférieure à 5,000 habitants, sont le siége d'une sous-préfecture ou d'un tribunal civil ou de commerce. (*Art.* 6.)

Les commissaires de police des villes et communes dont la population est inférieure à 5,000 habitants et qui ne seraient pas comprises dans l'une des quatre premières catégories, appartiennent à la cinquième classe. (*Art.* 7.)

Le présent décret n'est pas applicable aux commissaires de police compris dans le ressort de la préfecture de police de la Seine et dans celui de l'agglomération lyonnaise, ni aux commissaires spéciaux dont le traitement est à la charge de l'État. (*Art.* 8.)

Une circulaire explicative de ce décret a été adressée aux préfets des départements par le ministre de l'intérieur, le 10 mars 1855. La classification et les traitements qui s'y rattachent sont reproduits par l'instruction du 21 juillet 1858. Une classification particulière a été établie pour les commissaires de police spéciaux, non compris dans le décret du 27 février 1855 (voy. n° 237 et suiv.).

231. Au moyen du traitement et des frais de bureau réglés comme il vient d'être dit, il est pourvu à la situation pécuniaire des commissaires de police d'une manière suffisante et uniforme ; ils ne peuvent demander et ne doivent accepter aucune autre rétribution. Ceci est une règle que le Gouvernement a plusieurs fois proclamée et d'où découlent de nombreuses conséquences. D'abord, il en résulte que les commissaires de police ne peuvent recevoir de l'administration municipale de leur résidence, en dehors du traitement réglementaire, des allocations en argent et des avantages en nature. « Ces suppléments de rétribution, porte une circulaire du 23 janvier 1855, ont des inconvénients sérieux ; ils établissent entre des fonctions d'une même importance des inégalités que rien ne justifie. Concédés ou retirés par suite d'appréciations qui seraient en désaccord avec celles de l'administration supérieure, ils peuvent gêner, dans certains cas, l'indépendance et la liberté d'action du commissaire de police qui les reçoit. Lorsque le traitement légal des commissaires de police était insuffisant, il était difficile de ne pas tolérer ces allocations exceptionnelles et facultatives ; mais aujourd'hui ces fonctionnaires jouissent d'une rétribution en rapport avec toutes les nécessités de leur situation....... Si l'administration municipale veut bien installer le bureau du commissaire de police dans un édifice communal, il n'y a pas lieu de s'opposer à une mesure utile aux intérêts du service. Mais la concession gratuite au commissaire de police d'un logement pour lui et pour sa famille, rentre dans les avantages que la présente circulaire a pour but d'interdire d'une manière absolue. Dans le cas où un local convenable pour cette destination serait actuellement ou pourrait être utilement affecté au commissaire de police, il conviendrait qu'un bail de 3, 6 ou 9 ans fût passé entre l'administration municipale et ce fonctionnaire, agissant pour lui et ses successeurs. » Ce bail serait soumis à l'approbation du préfet.

232. Le principe de l'exclusion de toute autre rétribution que le traitement et les frais de bureau, a été appliqué même aux indemnités et vacations. La question s'est présentée surtout relativement à l'indemnité de déplacement, que des commissaires de police réclamaient dans des circonstances où ils avaient agi en qualité d'officiers de police judiciaire. Un avis du conseil d'État, approuvé le 9 décembre 1823, et une circulaire du ministre de la justice, du 12 mai 1855, leur refusent cette allocation, sauf le remboursement facultatif de leurs dépenses, lorsqu'ils se sont déplacés par suite de commissions rogatoires. Nous n'avons pas à nous occuper ici des fonctions judiciaires des commissaires de police ; mais, en leur qualité de fonctionnaires administratifs, les

mêmes règles leur sont applicables. Il est admis donc que, pour aucun acte de leurs fonctions accomplies dans l'intérêt public, de l'ordre et de la sûreté, ils ne peuvent demander ni recevoir aucune allocation spéciale, et que si leur intervention a été provoquée par un intérêt particulier, ils n'ont droit à une allocation quelconque qu'autant qu'elle leur est expressément attribuée par une loi, ou par un règlement d'administration et suivant les tarifs dûment arrêtés. Conformément à ces idées, le ministre de l'intérieur a décidé que le commissaire de police n'a droit à aucune indemnité, pour avoir assisté, avec un expert, à la visite des voitures publiques avant leur mise en service; car il assiste à l'opération dans un intérêt public, comme délégué de l'administration. Par le même motif, il ne leur est rien dû pour avoir, sur un arrêté du maire, assisté à l'abattage d'un cheval morveux. Pour l'assistance à une exhumation ou réinhumation, non pas dans un intérêt de salubrité publique, mais sur la demande d'une famille, dans un intérêt de convenance, les commissaires de police ont droit à une allocation, qui est de 7 fr. à Paris, en vertu d'un arrêté préfectoral du 10 avril 1827, et qui est réglée, dans les autres localités, par le maire. Lorsqu'un huissier requiert le commissaire de police par suite du refus d'un saisi d'ouvrir la porte de la maison, il est dû une indemnité, paree qu'elle est expressément accordée par l'article 587 du Code de procédure civile, disposition qui ne doit pas s'étendre au cas où le commissaire de police est requis par des porteurs de contraintes pour la rentrée des contributions, auxquels un contribuable refuse l'entrée de son habitation. Il n'est rien dû, par exemple, à un commissaire de police qui a assisté au déballage de marchandises pour en constater l'état matériel, ou dans toute autre circonstance où il ne s'agirait que de protéger un intérêt privé, indépendamment de toute constatation de délit, et où la loi n'attribue aucune vacation au commissaire. La réquisition adressée aux commissaires de police, pour un acte de leurs fonctions publiques, ne donne lieu, en leur faveur, ainsi que cela résulte de ce que nous venons de dire, à aucune indemnité de déplacement, à aucune allocation de vacation; par exemple, s'ils ont été requis par des employés des contributions indirectes, pour les assister dans une visite faite dans une maison éloignée de plus de 5 kilomètres, cette assistance étant une obligation prescrite aux commissaires de police, par la loi du 28 avril 1816. Une disposition qu'on ne saurait étendre à d'autres cas, se trouve dans une décision du ministre des finances, du 22 avril

1823, qui alloue aux commissaires de police des vacations pour visites chez des assujettis à la garantie pour les matières d'or et d'argent.

233. Les commissaires de police étant rétribués par les communes, ils n'ont pas droit, quand ils quittent leurs fonctions, à une pension de retraite; cette pension n'est accordée par les lois qu'aux fonctionnaires payés sur les fonds de l'État; c'est ce qu'a décidé le conseil d'État, le 1er décembre 1854. Pour suppléer à cette lacune, divers plans de caisses de retraite ont été combinés : le Gouvernement, auquel ils ont été soumis, n'a pas encore statué. Les commissaires spéciaux dont nous allons parler, étant payés sur le budget de l'État, ont droit à une pension de retraite.

II. — *Commissaires de police de Paris, et commissaires spéciaux.*

234. Jusqu'ici nous avons traité de ce qui concerne les commissaires de police centraux et cantonaux; les commissaires de police de Paris et ceux qui reçoivent une mission spéciale, sont soumis comme eux aux dispositions générales, inhérentes à la nature des fonctions de tout commissaire de police: mais leur organisation et leur régime sont, sur certains points, déterminés par des dispositions particulières et exceptionnelles.

235. A Paris, il y avait un commissaire de police dans chaque quartier; la même règle devait, aux termes de l'article 1er du décret du 8 décembre 1859, être appliquée depuis l'aggrandissement de Paris; en conséquence, le nombre des commissaires devait, à raison d'un par quartier, être porté de 48 à 80; mais l'article 5 déclarait que ce nombre pourrait provisoirement rester inférieur, et, en effet, le décret du 17 décembre 1859, porte que le nombre des commissaires de police de Paris est fixé provisoirement à 66, et il détermine ceux des quartiers réunis qui n'auront qu'un commissaire. Il y a, de plus, des commissaires affectés aux délégations judiciaires, un commissaire chargé de la surveillance de la bourse, deux commissaires interrogateurs, un qui remplit les fonctions du ministère public auprès du tribunal de police municipale, un qui est vérificateur en chef et sept qui sont inspecteurs des poids et mesures; il y en a un qui contrôle les services extérieurs de la préfecture de police, et un est le chef de la police municipale. Les commissaires de quartier peuvent remplir leurs fonctions dans tous les arrondissements de la ville, sans qu'on puisse attaquer leurs actes pour cause d'incompétence; si une cir-

conscription particulière est assignée à chacun d'eux, c'est pour l'ordre du service, et afin qu'un commissariat soit assuré à chaque quartier, dans l'intérêt de la sûreté publique. Chaque commissaire a, pour l'assister, un secrétaire, nommé par le préfet de police; le secrétaire peut préparer les actes nécessaires, mais il n'a jamais le droit de les signer : en cas d'absence ou d'empêchement du commissaire, il les fait signer par celui qui remplace celui-ci ou qui fait l'intérim.

Les commissaires de police de quartiers étaient divisés en deux classes, l'une de 28, l'autre de 20, division qui a été changée par suite de l'augmentation du nombre des arrondissements; le décret du 8 décembre 1859 établit trois classes, et statue qu'on ne pourra monter de l'une dans l'autre qu'après deux ans d'exercice dans la classe inférieure. Le préfet de police désignait les commissariats qui feraient partie de la première classe et ceux qui appartiendront à la seconde. Cette désignation pouvait être renouvelée de cinq ans en cinq ans. Un traitement de 6000 fr. et une indemnité de 1500 fr. pour frais de bureau, étaient affectés aux commissariats de police de première classe; un traitement de 5400 fr. et une indemnité de 1200 fr. pour frais de bureau, aux commissariats de police de seconde classe. Telles étaient les dispositions d'une ordonnance royale du 31 août 1830. Le commissaire, chef de la police municipale, avait un traitement de 10,000 fr., et le commissaire contrôleur des services extérieurs de la préfecture en a un de 8000 fr. (*Décr. du* 17 *sept.* 1854). En vertu du décret du 8 décembre 1859, le traitement des commissaires de première classe est fixé à 7000, celui de la deuxième à 6000, celui de la troisième à 5000. Pour les frais de bureau, il y a deux catégories; ils sont de 1500 fr. pour la première, et de 1200 fr. pour la seconde; le ministre de l'intérieur fait la répartition des commissaires dans ces deux catégories. Un décret du 27 novembre 1859 fixe le traitement du chef de la police municipale à 12,000 fr., celui du contrôleur des services extérieurs à 10,000 fr. et arrête aussi celui de tous les agents de la police municipale. Un arrêté du ministre de l'intérieur du 21 décembre 1860 fixe à 7000 fr. le traitement, et à 1200 fr. les frais de bureau du commissaire de police de Paris attaché au service de l'état-major de la place; un autre arrêté, du 5 janvier 1861, porte à 12,000 fr. le traitement du commissaire de police de la ville de Paris, chargé des fonctions d'inspecteur général de police des résidences impériales.

236. Quant aux communes du département de la Seine, le

nombre et le traitement des commissaires de police, secrétaires et agents qui y sont affectés à la police, ont été fixés par un décret du 23 novembre 1853, aux termes duquel les commissaires employés dans le département de la Seine (Paris excepté), prennent le titre de commissaires de police des communes du département de la Seine. Cette matière a dû être réglée à nouveau, depuis l'aggrandissement de Paris; un décret du 17 décembre 1859, accompagné d'un tableau arrêtant le nombre, le chef-lieu, la juridiction des commissaires de police des communes du département de la Seine (Paris excepté), et le personnel des agents attachés à chacun d'eux, divise ces commissaires en deux classes, la première ayant un traitement de 3500 fr., la seconde un traitement de 3000 fr.; les secrétaires des commissaires sont aussi divisés en deux classes, avec un traitement de 1800 fr. pour la première, et de 1500 fr. pour la seconde.

237. Le Gouvernement institue, pour des destinations particulières, des commissaires de police spéciaux, rétribués sur les fonds de l'État, et qui n'ont rien de commun que le nom avec les anciens commissaires spéciaux, supprimés depuis longtemps (voy. n° 218). De ce nombre sont les commissaires nommés pour la surveillance des frontières, pour celle du départ des émigrants, pour l'agglomération lyonnaise. Le plus important de ces services spéciaux est celui de la surveillance des chemins de fer. Il ne doit point être confondu avec celui du contrôle, par l'autorité, de l'exploitation commerciale, avec lequel il n'a point de rapport, ni avec celui de la surveillance administrative, dont l'existence séparée, dépendant d'un autre ministère que celui qui a dans ses attributions la police générale, a présenté des difficultés pratiques parfois assez graves.

238. La police des chemins de fer est si importante qu'elle a excité la sollicitude du pouvoir législatif et du Gouvernement, lorsque ces nouvelles voies de communication ont commencé à prendre du développement. La loi du 11 juin 1842 sur l'établissement des grandes lignes, a été suivie, le 15 novembre 1846, d'une ordonnance royale portant règlement sur la police, la sûreté et l'exploitation des chemins de fer; le titre 6 de cette ordonnance organisait un système de surveillance mixte, exercé par des agents relevant à la fois de deux ministères différents, source d'embarras et de conflits. Ce titre entier a été abrogé par un décret du 22 février 1855, précédé d'un rapport à l'Empereur où sont clairement et brièvement résumés l'ancien état de la législa-

tion et le but, ainsi que les moyens du nouveau système[1]. D'après ce décret, la surveillance des chemins de fer et de leurs dépen-

---

[1] « Aux termes de l'ordonnance réglementaire du 15 novembre 1846, la surveillance des chemins de fer était exercée concurremment :

« Par les commissaires royaux chargés de surveiller l'exploitation commerciale dans ses rapports soit avec le public, soit avec l'État;

« Par les ingénieurs des ponts et chaussées et des mines, les conducteurs, les gardes-mines et autres agents sous leurs ordres, chargés de surveiller l'état de la voie de fer, des terrassements, des ouvrages d'art et des clôtures, l'état des machines fixes et locomotives employées à la traction des convois, et, en général, de tout le matériel roulant servant à l'exploitation;

« Par les commissaires spéciaux de police et les agents sous leurs ordres, chargés particulièrement de surveiller la composition, le départ, l'arrivée, la marche et le stationnement des trains, l'entrée, le stationnement et la circulation des voitures dans les cours et stations, l'admission du public dans les gares et sur les quais des chemins de fer;

« Les commissaires spéciaux de police, nommés par le chef de l'État, sur la proposition du ministre de l'intérieur et sur la présentation du ministre des travaux publics, réunissaient une double attribution; ils faisaient exécuter les lois et règlements concernant la police spéciale de l'exploitation du chemin de fer, en même temps qu'ils exerçaient leur surveillance sur tout ce qui pouvait intéresser la police générale et la sûreté publique. Cette organisation eut à subir une première modification par l'effet d'un arrêté de M. le ministre des travaux publics, du 20 mai 1848, qui institua des inspecteurs spéciaux chargés de la surveillance économique et commerciale des chemins de fer. Elle disparut tout à fait, peu de temps après, en vertu d'un arrêté du président du conseil des ministres, chef du pouvoir exécutif, du 29 juillet 1848, portant :

« Art. 1er. Les commissaires de police et agents de surveillance préposés à la surveillance de l'exploitation des chemins de fer sont supprimés. Ils seront remplacés par des agents qui prendront le titre de commissaires et de sous-commissaires spéciaux de surveillance administrative. Ces agents seront nommés directement par le ministre des travaux publics.

« Art. 2. Les commissaires et sous-commissaires spéciaux de surveillance des chemins de fer seront assermentés, conformément à l'art. 23 de la loi du 15 juillet 1845. Ils seront placés sous la direction des ingénieurs des ponts et chaussées, des ingénieurs des mines et des inspecteurs de l'exploitation commerciale.

« Des doutes s'élevèrent sur la légalité de ces deux arrêtés. A l'époque où ils avaient été rendus, le ministre des travaux publics et le président du conseil des ministres, n'avaient plus le pouvoir dictatorial dont ils s'étaient trouvés investis par la force des choses après la révolution de février, et on leur contestait, non sans raison, le droit de modifier de leur propre autorité un règlement d'administration publique.

dances est exercée par des commissaires de police, dont la résidence, le nombre et les traitements, et frais de bureau seront

« La loi du 27 février 1850 eut pour objet de couvrir cette irrégularité. Cette loi attribua formellement au ministre des travaux publics la
nomination des commissaires et sous-commissaires, et conféra à ces
agents, pour la constatation des crimes, délits et contraventions commis
dans l'enceinte des chemins de fer et de leurs dépendances, les pouvoirs
d'officiers de police judiciaire.

« Les arrêtés du 20 mai et du 20 juillet 1848 avaient supprimé en
fait comme en droit, le service de police établi sur les chemins de fer
par l'ordonnance du 15 novembre 1846. La loi du 27 février 1850 n'a
point changé cet état de choses. Les commissaires et sous-commissaires
de surveillance administrative, placés sous l'autorité exclusive de M. le
ministre des travaux publics, ne peuvent être chargés d'un service de
police dont la direction appartient au ministre de l'intérieur. La qualité
d'officier de police judiciaire dont ils sont investis, est pour eux une
attribution accessoire; et s'ils peuvent, dans certains cas, constater les
délits venus accidentellement à leur connaissance, ils s'abstiennent de
toute initiative pour les rechercher ou les prévenir.

« La surveillance des chemins de fer est ainsi aujourd'hui complète-
ment nulle au point de vue de la police générale. Le ministre de l'intérieur, qui a pour mission spéciale de veiller à la sûreté de l'État, ne dispose, à cet égard, d'aucun moyen d'investigation. Les individus dont il
aurait intérêt à connaitre toutes les démarches, échappent à ses recherches avec une déplorable facilité; et dans l'état actuel des choses, il
se trouve, par le fait, dans l'impossibilité absolue d'exercer, sur le
nombreux personnel des employés de chemin de fer, la surveillance
dont le décret du 27 mars 1852 lui a fait une obligation.

« Le système de surveillance mixte, institué par l'ordonnance du
15 novembre 1846, ne suffirait plus aujourd'hui. Sous l'énergique impulsion donnée par le Gouvernement de Votre Majesté à toutes les
branches des services publics, la circulation sur les chemins de fer a
pris, dans ces dernières années, un développement qui, il y a huit ans,
ne pouvait être prévu, et les mesures de cette époque ne répondraient
plus aux besoins actuels. Rétablir, dans les conditions de l'ordonnance
du 15 novembre 1846, des agents investis d'attributions complexes et
relevant à la fois des deux ministères, serait s'exposer à faire naître des
tiraillements et des conflits, qui tourneraient, en définitive, au détriment des deux services. La police générale à exercer sur les chemins de
fer, outre qu'elle exige une direction unique, a d'ailleurs une importance
suffisante pour que les agents, qui en seront chargés, doivent s'y consacrer tout entiers. Il semble, dès lors, qu'il y a lieu de laisser intactes
les attributions que la loi du 27 février 1850 a conférées à M. le ministre
des travaux publics, et d'organiser un système tout nouveau, qui place
entre les mains du ministre de l'intérieur les moyens de surveillance
répondant aux besoins actuels.

« A cet effet, je propose de créer, pour être attachés à la surveillance établis conformément au tableau suivant: ici le détail de 30 villes ayant des commissaires avec des traitements qui varient, selon l'importance des localités, de 8000 à 2000 fr., et des frais de bureau de 1600 à 400, sauf le commissaire de Paris, dont le traitement est de 36,000 fr. avec 9000 fr. de frais de bureau (*art.* 1er).

Il est créé 70 inspecteurs de police spécialement attachés au service de la surveillance des chemins de fer. Ces inspecteurs sont nommés par un arrêté du ministre de l'intérieur qui fixe leur traitement et leur résidence. Ils sont divisés en trois classes : le traitement des inspecteurs de première classe est de 2400 fr.; le traitement des inspecteurs de deuxième classe est de 1800 fr.; celui des inspecteurs de troisième classe est de 1500 fr. (*art.* 2). Les pouvoirs des commissaires de police et des inspecteurs de police s'étendent à toute la ligne à laquelle ils sont attachés; les décrets de nomination des commissaires de police déterminent leur résidence, et, s'il y a lieu, les sections de la ligne sur lesquelles s'étendra plus particulièrement leur juridiction (*art.* 3). Les inspecteurs de police sont placés sous l'autorité immédiate et la direction des commissaires de police. Les uns et les autres prêtent serment entre les mains du préfet de police à Paris, et devant le préfet dans les départements (*art.* 4). Les commissaires de police rendent compte aux préfets de tous les faits intéressant leur service; ils adressent en même temps copie de leurs rapports au ministre de l'intérieur (*art.* 5). Les commissaires de police établis dans des localités traversées par des chemins de fer continuent à exercer leur autorité sur la partie de ces lignes comprise dans leur circonscription, concurremment avec les commissaires de police créés pour la surveillance spéciale des chemins de fer (*art.* 6).

Un décret du 28 mars 1855 crée à Paris un commissariat central de police des chemins de fer; un traitement de 7000 fr. est attaché à cet emploi, dont le titulaire reçoit, en outre, 1500 fr. de frais de bureau.

---

des chemins de fer, des commissaires de police investis des attributions et des pouvoirs que les lois actuelles confèrent aux commissaires de police actuellement existants. Ces commissaires, dont le service embrasserait dans son ensemble toute la police des chemins de fer, résideraient aux points extrêmes des lignes et à chacune des stations intermédiaires qui seraient reconnues d'une importance suffisante. Ils auraient sous leurs ordres des agents assermentés qui exploreraient la ligne et se transporteraient sur tous les points où leur présence serait utile. »

239. L'article 5 du décret du 22 février 1855 règle, comme on l'a vu, les rapports des commissaires spéciaux avec les préfets et avec le ministre de l'intérieur. L'envoi des rapports au ministre directement n'a pas pour but de diminuer l'autorité des préfets sur ces commissaires; c'est ce qu'explique une circulaire du ministre de l'intérieur du 25 janvier 1856, qui se termine ainsi : « De ces explications on peut déduire les principes suivants, dans lesquels se résume la situation que l'article 5 a réglée: autorité immédiate de chaque préfet sur les commissaires de son département; action immédiate et générale des préfets sur la marche et sur les détails du service; communication directe au ministère de l'intérieur de tous les rapports concernant ce service, et transmission directe, en cas de besoin, des instructions du ministre aux agents. »

240. La nouvelle organisation de la surveillance des chemins de fer, sous le rapport de la police, laisse subsister le service de surveillance administrative de l'exploitation. Ces deux services ont des attributions distinctes, mais dont les limites peuvent, toutefois, demeurer assez indécises pour créer des difficultés; et des embarras peuvent naître aussi de la concurrence accordée, dans certains cas, aux agents des deux administrations. C'est pour prévenir les conflits que les deux ministres de l'intérieur et des travaux publics ont rendu ensemble la circulaire suivante, en date du 1er juin 1855, adressée par le ministre des travaux publics aux agents relevant de son département :

« Un décret impérial du 22 février dernier a créé, pour la surveillance des chemins de fer et de leurs dépendances, des commissaires spéciaux et des inspecteurs de police, placés sous l'autorité du ministre de l'intérieur. Pour empêcher toute cause de conflit entre ces fonctionnaires et les commissaires et sous-commissaires de surveillance administrative attachés au contrôle des chemins de fer, il est nécessaire de déterminer, aussi exactement que possible, les attributions respectives de chaque service. Tel est l'objet des présentes instructions, arrêtées de concert avec M. le ministre de l'intérieur.

« La nature et le but de la nouvelle institution se trouvent clairement expliqués dans le rapport qui précède le décret du 22 février dernier. Pour donner au ministre de l'intérieur l'action qui lui appartient, au point de vue de la police générale et de la sûreté de l'État, dans la surveillance des chemins de fer, il a paru utile d'attacher à cette surveillance des commissaires de police spéciaux, investis des pouvoirs et des attributions conférés par les lois actuelles aux commissaires de police locaux. La police générale à exercer sur les chemins de fer a d'ailleurs une importance suffisante pour que les agents qui en seront chargés s'y consacrent tout entiers, et il y a lieu, dès lors, de laisser intactes les attribu--tions confiées au ministre des travaux publics par la loi du 27 février 1850.

« Le service de surveillance administrative conserve donc les attributions spéciales qui lui ont été conférées par les lois et les règlements actuellement en vigueur, et qui se trouvent résumées d'une manière complète dans l'instruction du 15 avril 1850. Ce sont les commissaires et sous-commissaires administratifs qui recueillent les plaintes et les réclamations du public, ayant pour objet des faits d'exploitation, qui prennent les mesures nécessaires pour assurer le maintien du bon ordre dans les cours et à leurs abords, dans les salles d'attente et sur les quais d'embarquement, qui surveillent l'exécution des mesures relatives à la composition, au départ et à l'arrivée des convois, et qui constatent les irrégularités de l'exploitation. En cas d'accident ayant causé la mort ou des blessures, ils se transportent immédiatement sur les lieux, dressent procès-verbal des circonstances et des résultats de l'accident, et s'assurent que l'autorité locale et l'autorité judiciaire ont été prévenues. Ils sont enfin chargés de la constatation des crimes et délits spéciaux à l'exploitation des chemins de fer, ainsi que des contraventions qui ne sont pas spécialement de la compétence des conducteurs des ponts et chaussées et des gardes-mines.

« Les commissaires spéciaux de police ont dans leurs attributions tout ce qui regarde les mesures de sûreté et de police générale, et les mesures de police ordinaire qui ne se rattachent pas au service de l'exploitation des chemins de fer. Il y a lieu d'y ajouter la constatation et la poursuite des délits communs.

« Le partage d'attributions ne paraît pas offrir jusqu'ici de difficultés sérieuses d'application. Tous les faits relatifs à l'exploitation des chemins de fer sont du domaine des commissaires et sous-commissaires de surveillance administrative; tout ce qui se trouve en dehors de l'exploitation appartient aux commissaires de police.

« On n'aperçoit aucune cause de conflit pour les affaires qui rentrent nettement dans l'une ou dans l'autre catégorie: les dissentiments ne peuvent arriver que pour les affaires qui, par leur nature mixte, se rattacheraient également aux deux services.

Mais il semble difficile de résoudre à l'avance les questions qui pourront surgir à ce sujet, et d'en déduire des règles générales. Ces règles s'établiront peu à peu au moyen des solutions données sur certain nombre d'espèces particulières. C'est une œuvre à laquelle chacun devra concourir en apportant, dans l'examen des questions amenées par les circonstances diverses, de la bonne volonté et un sage esprit de conciliation.

« Bien que, dans un intérêt d'ordre et de partage équitable des attributions, il ait paru convenable de réserver particulièrement aux commissaires de police la constatation des crimes et délits communs, et aux commissaires et sous-commissaires administratifs celle des crimes et délits spéciaux à l'exploitation, on ne saurait enlever aux uns ni aux autres le droit que leur donne leur qualité d'officiers de police judiciaire, de concourir à la répression des crimes et délits de toute nature commis dans l'enceinte des chemins de fer. Ils pourront donc, pour cette partie de leurs fonctions, se prêter un mutuel secours et se suppléer en cas d'absence ou d'empêchement. Il ne vous échappera pas toutefois, que si cette immixtion réciproque de chaque service dans les attributions spéciales de l'autre a l'avantage de rendre plus sûre et plus prompte la répression des crimes et délits, elle pourrait avoir, d'un autre côté, surtout si elle devenait trop fréquente, l'inconvénient de jeter de l'incertitude dans la distinction des attributions et d'augmenter ainsi les causes de conflit. Vous devrez donc, en ce qui vous concerne, prendre les dispositions nécessaires pour rendre aussi assidue que possible la présence des commissaires et sous-commissaires de surveillance administrative dans les gares dont le service leur est confié. Vous leur recommanderez, d'un autre côté, de ne procéder aux constatations réservées aux commissaires de police, qu'après s'être assurés que ceux-ci se trouvent absents ou empêchés, et il me paraît convenable qu'ils en fassent mention dans leurs procès-verbaux. Ils devront, en outre, donner immédiatement avis à leurs collègues et les mettre ainsi à même de continuer, s'il y a lieu, l'instruction commencée par eux. Il est bien entendu que la réserve qui leur est recommandée à cet égard, ne saurait devenir pour eux un motif d'abstention préjudiciable à l'ordre public. Ils ne doivent perdre de vue aucune des obligations qu'ils peuvent avoir nécessairement à remplir en leur qualité d'officiers de police judiciaire; et dans le cas même où la présence des commissaires de police les dispense d'intervenir officiellement, leur surveillance peut encore avoir un résultat utile, en leur permettant de signaler à leurs collègues, à charge de réciprocité, des faits répréhensibles dont ceux-ci n'auraient pas eu connaissance. Les commissaires administratifs et les commissaires de police, n'oublieront jamais que s'ils appartiennent à deux administrations distinctes, ils sont tous également serviteurs de l'État, et remplissent une même mission d'ordre public et de protection pour les intérêts privés. C'est le sentiment bien compris de cette communauté de devoirs, qui doit surtout aplanir les difficultés résultant de la nouvelle organisation. »

241. Dans les localités où il n'y a point de commissaire spécial de police pour les chemins de fer, et où se trouve un commissaire de surveillance administrative, l'exécution des mesures de police prescrites par l'autorité municipale, dans les limites de ses attributions, pour des faits qui doivent se passer dans la gare du chemin de fer, appartient au commissaire de police ordinaire, ainsi que l'a reconnu une décision du ministre de l'intérieur, du 7 janvier 1855, sur laquelle nous reviendrons en traitant de la police municipale.

242. Les commissaires spéciaux, et le commissaire de police central des chemins de fer, établi à Paris, étant payés sur le budget de l'État, et non sur celui des communes, ont droit, comme tous les fonctionnaires salariés par le Trésor public, et soumis à une retenue sur leur traitement, à une pension de retraite dans les conditions réglées par la loi générale des pensions du 9 juin 1853.

Les pensions sont proportionnées au traitement d'activité. Ce traitement a été fixé, comme on l'a vu ci-dessus, d'une manière particulière et selon l'importance de chaque localité, pour les commissaires de police spécialement attachés aux lignes de chemins de fer. Les autres commissaires spéciaux n'étant pas répartis sur le territoire d'une manière régulière et stable, mais étant, par la nature des choses, établis, changés, supprimés d'après les besoins variables du service, il n'était pas possible de proportionner leurs émoluments d'avance aux différentes localités. Afin de donner de la fixité à leur situation et une base à leur pension de retraite, le Gouvernement a créé pour eux une classification spéciale. Par le décret du 26 octobre 1859, il les a divisés en cinq classes, dont le traitement et les frais de bureau sont fixés de la manière suivante :

1re classe, traitement 4000 fr., frais de bureau 800 fr.

2ᵉ classe, traitement 3000 fr., frais de bureau 600 fr.
3ᵉ classe,   —   2000   —   400
4ᵉ classe,   —   1500   —   300
5ᵉ classe,   —   1200   —   240

L'article 3 du décret porte expressément que ces dispositions ne sont point applicables aux commissariats spéciaux de police des chemins de fer, qui continuent à être régis par le décret du 27 février 1850.

III. — *Poursuites des faits commis contre les commissaires de police, et des faits commis par eux.*

243. Les commissaires de police sont du nombre des fonctionnaires que la loi qualifie officiers de la police administrative ou judiciaire ; en conséquence, lorsqu'ils agissent pour l'exécution des lois ou des ordres de l'autorité publique, la rébellion commise contre eux est punie des peines portées par les articles 209 et 221 du Code pénal.

Ils sont agents de l'autorité publique, et la diffamation commise envers eux dans l'exercice de leurs fonctions rentre, à ce titre, sous la répression des lois du 17 mai 1819 et du 25 mars 1822.

Les articles 222 et 223 du Code pénal punissent les outrages et violences envers les magistrats de l'ordre administratif ou judiciaire dans l'exercice ou à l'occasion de l'exercice de leurs fonctions ; on a demandé si cette disposition s'applique aux commissaires de police ; on a soutenu qu'ils ne sont magistrats que lorsqu'ils exercent les fonctions du ministère public, et un arrêt de la Cour de cassation du 7 août 1818 avait prononcé en ce sens ; mais cette décision isolée n'a pas fait jurisprudence. La qualité de magistrat a été reconnue aux commissaires de police, et par suite, c'est l'article 222 du Code pénal qui a été appliqué en cas d'outrages commis contre eux, et non l'article 224, qui concerne les outrages commis contre les officiers ministériels et les agents de la force publique ; c'est ce qui a été jugé par la cour de cassation à plusieurs reprises, notamment le 9 mars 1837, le 2 mars 1838, le 4 juillet 1843 ; l'arrêt du 2 mars 1838 a été précédé d'un réquisitoire de M. le procureur général Dupin, où la question a été approfondie, et il est motivé en ces termes :

« Attendu qu'il résulte de toute l'économie de nos lois, comme des principes les plus anciens, que l'autorité publique et la force publique sont deux choses essentiellement différentes ; que la première a, selon les limites de ses attributions légales, caractère pour ordonner, tandis que la seconde n'a mission que pour contraindre à l'exécution ;

« Attendu que les articles 222, 223 et 224 du Code pénal ont manifestement pour base cette distinction fondamentale, énoncée à la rubrique même qui les précède; qu'en effet les deux premiers de ces articles règlent ce qui concerne les dépositaires de l'autorité publique et punit les outrages qui leur sont faits dans l'exercice de leurs fonctions ou à l'occasion de cet exercice ; que l'article 224 au contraire n'est relatif qu'aux officiers ministériels ou agents dépositaires de la force publique et punit d'une peine moins forte les outrages qui leur sont faits dans l'exercice ou à l'occasion de l'exercice de leurs fonctions ;

« Attendu que les commissaires de police ne peuvent être rangés ni parmi les officiers ministériels, ni parmi les agents dépositaires de la force publique ; qu'en effet, il résulte, tant des lois relatives à leur institution et à leurs attributions, que du Code d'instruction criminelle, qu'ils exercent, par délégation directe de la loi, une partie de l'autorité publique, soit dans la police administrative et municipale, sous la surveillance des préfets, soit dans la police judiciaire, comme officiers de police auxiliaires du procureur du roi, et même comme officiers du ministère public près les tribunaux de simple police; que ce concours d'attributions prouve seulement qu'ils appartiennent à la fois à l'ordre administratif et à l'ordre judiciaire ; que le droit qu'ils ont de requérir la force publique distingue encore leur caractère légal de celui de la force publique qu'ils requièrent ; d'où il suit que les commissaires de police sont compris, quant à la répression des outrages par paroles à eux faits dans l'exercice de leurs fonctions ou à l'exercice de cet exercice, dans la qualification générale de magistrats de l'ordre administratif ou judiciaire, que porte l'article 222 du Code pénal, et qui se réfère aux divers genres de dépositaires de l'autorité publique. »

Quant aux crimes, délits ou contraventions qui, dirigés contre la personne des commissaires de police, seraient complétement étrangers à leurs fonctions, ils seraient punis comme ceux qui atteindraient un simple particulier.

244. Il en est de même pour les infractions que des commissaires de police pourraient commettre en dehors de leurs fonctions; la poursuite et la peine ne différeraient pas à l'égard de ce qu'elles sont pour tout citoyen mis en jugement. Pour les faits relatifs aux fonctions, les commissaires de police ayant incontestablement la

qualité de fonctionnaires publics, ils tomberaient, le cas échéant, sous le coup des dispositions de l'article 166 du Code pénal, qui définit forfaiture tout crime commis par un fonctionnaire public dans l'exercice de ses fonctions, et des articles 169 et suivants, qui qualifie forfaitures les concussions, la participation à des affaires incompatibles avec la qualité du fonctionnaire, la corruption, les abus d'autorité, soit contre les particuliers, soit contre la chose publique, notamment la violation du domicile, les violences, la suppression ou l'ouverture des lettres confiées à la poste, l'emploi de la force publique contre l'exécution d'une loi, d'une ordonnance ou mandat de justice, ou d'un ordre émané de l'autorité légitime, l'exercice de l'autorité publique illégalement anticipé ou prolongé, etc. Les faits commis par un commissaire de police dans ses fonctions et qui n'auraient que le caractère de délits, ne lui feraient pas encourir la peine de la forfaiture. (*Art.* 168.)

245. Le mode de poursuites varie selon la qualité dans laquelle le commissaire a agi. Si le fait reproché a eu lieu dans l'exercice des fonctions de ministère public près le tribunal de police, ou quand le commissaire agissait comme officier de police judiciaire, la poursuite se fait directement devant la cour impériale avec les formes prescrites pour les magistrats par les articles 479 et 483 du Code d'instruction criminelle. Si le commissaire a agi comme agent de la police générale ou municipale, la question s'élève de savoir s'il est nécessaire, avant toutes poursuites, qu'elles aient été autorisées par le conseil d'État. L'article 75 de la Constitution de l'an VIII, qui a été souvent déclaré encore en vigueur malgré les changements des institutions politiques, porte : « Les agents du Gouvernement autres que les ministres ne peuvent être poursuivis pour des faits relatifs à leurs fonctions qu'en vertu d'une décision du conseil d'État. » Que faut-il entendre, dans le sens de cette disposition, par agents du Gouvernement ? Cette qualité ne peut être attribuée à tous les employés des administrations que le Gouvernement nomme. La cour de cassation a jugé, notamment le 3 mai 1838, que, pour jouir de la garantie établie par l'article 75 de la Constitution de l'an VIII, il faut être dépositaire d'une partie de l'autorité du Gouvernement, agir en son nom et sous sa direction médiate ou immédiate, et faire partie de la puissance publique. Les commissaires de police remplissent ces conditions : aussi est-il reconnu qu'ils ne peuvent, en tant qu'agents de la police administrative, être poursuivis qu'après l'autorisation du conseil d'État.

Cette autorisation n'est nécessaire que lorsqu'il s'agit de faits relatifs à l'exercice des fonctions : pour les faits de cette nature, il faut l'obtenir avant d'intenter, contre les commissaires de police, soit une action civile soit une action criminelle, même pour les faits còmmis incidemment à l'exercice des fonctions, et quand l'action civile est dirigée contre les héritiers du commissaire aussi bien que contre sa personne. (*Arr. de la C. de cass.*, 24 déc. 1824, 14 *janv.* 1832, 6 *fév.* 1836, 13 *nov.* 1846.)

246. Les demandes d'autorisation, portées au conseil d'État, y sont instruites par la section de législation, de la justice et des affaires étrangères. Si on ne demande qu'à intenter une action civile contre un commissaire de police, on adresse au conseil d'État une requête ou lettre, qui est renvoyée au ministre, lequel fait prendre des renseignements auprès des autorités locales. Quand il s'agit d'une poursuite criminelle, la partie lésée ne peut adresser sa requête au conseil d'État, avant d'avoir déposé une plainte devant l'autorité judiciaire, qui fait une instruction préliminaire ; sans la justification du dépôt préalable de la plainte, le conseil d'État ne recevrait pas la demande d'autorisation (*Décis. du cons. d'État du* 3 *nov.* 1854, *approuvé le* 8). L'information préliminaire se borne à la constatation du fait par des procès-verbaux, à l'audition des témoins et à la réunion des renseignements ; mais avant l'autorisation du conseil, si on l'obtient, le commissaire de police ne peut être juridiquement interrogé, ni frappé d'aucun mandat, sous peine, contre les juges qui auraient ordonné illégalement, ou contre le ministère public qui aurait requis le mandat, d'une amende de 100 à 500 fr. (*Déc. du* 9 *août* 1806 ; *Code pén. art.* 129.) Quand l'information première est terminée, le procureur impérial la transmet, avec ses observations, au procureur général, qui communique le tout au ministre de la justice, et celui-ci au ministre de l'intérieur ; alors seulement le ministre de la justice soumet l'affaire au conseil d'État. S'il n'y a pas eu de plainte de la partie lésée et que la poursuite ait lieu d'office, l'instruction préalable se fait sur la réquisition du procureur impérial, et ensuite le procureur général demande, s'il y a lieu, l'autorisation de poursuivre le commissaire de police inculpé. Devant le conseil d'État, celui-ci peut se défendre par des mémoires envoyés au secrétariat du conseil ; si la demande d'autorisation est rejetée, tout est terminé ; si elle est accueillie, l'autorisation est donnée en forme de décret, lequel n'est susceptible d'aucun recours.

247. Le conseil d'État peut accorder ou refuser l'autorisation suivant les circonstances ; il peut, en refusant la demande de pour-

suites criminelles, accorder celle de l'action civile. Des nombreux arrêts qui ont été rendus au conseil d'État sur cette matière, on peut induire une jurisprudence dont les résultats principaux se trouvent résumés ainsi dans le *Dictionnaire de l'administration française*, au mot *Fonctionnaires*, n° 92. « L'autorisation est refusée en général : 1° lorsque le fait incriminé a été régulièrement autorisé ou approuvé par qui de droit, ou n'est que l'exécution d'une loi ou d'ordres émanés d'une autorité à laquelle l'agent devait obéir ; 2° lorsque le fait incriminé ne constitue pas le délit dont l'agent est inculpé, ou ne lui est pas imputable ; 3° lorsque le fait a été commis sans intention coupable, par ignorance ou par erreur, ou que l'agent, reconnaissant sa faute, l'a réparée autant qu'il était en son pouvoir ; 4° quand un agent, inculpé d'homicides, de coups ou de blessures, n'a commis ces actes que forcé de se mettre en légitime défense ; 5° lorsqu'il y a eu provocation ; 6° lorsque les preuves sont insuffisantes, ou que le plaignant est convaincu de calomnie envers l'agent qu'il accuse ; 7° quand la partie lésée ne se plaint pas, ou qu'elle s'est désistée de sa plainte, ou que le procureur général et le ministre auquel l'agent est subordonné sont d'avis de ne pas autoriser la poursuite ; 8° quand le fait est suffisamment puni par une peine disciplinaire, ou constitue un acte administratif dont les tribunaux ne peuvent connaître ; 9° quand la poursuite n'est qu'une sorte de représailles ; 10° quand le fait est couvert par la prescription ou effacé par une amnistie.

« L'autorisation est accordée lorsque le fait imputé à un agent est suffisamment établi ; qu'il constitue un crime ou un délit prévu par la loi ; qu'il a été commis sciemment, avec une intention coupahle, sans nécessité, sans ordres, sans autorisation, ni approbation, ni provocation, ni autre excuse. »

IV. — *Attributions diverses des commissaires de police.*

248. Comme agents de la police générale, et indépendamment de leurs attributions municipales et judiciaires, les commissaires de police ont la mission générale de veiller, par eux-mêmes ou par leurs subordonnés, au maintien de l'ordre et à l'exécution des lois, des règlements d'administration publique, des arrêtés des préfets, dans toute l'étendue de leur circonscription.

Leur action est en quelque sorte spécialisée et réglée dans certaines circonstances ou situations qui engagent plus gravement la sécurité publique ou la sûreté des relations commerciales et individuelles. Nous allons parcourir les principaux actes législatifs ou réglementaires qui statuent sur cette intervention spéciale des commissaires de police.

249. *Attroupements séditieux.* — L'article 26 de la loi du 26 juillet 1791 comprend nommément les commissaires de police parmi les fonctionnaires chargés de faire les sommations exigées avant qu'il puisse être fait usage de la force. La loi du 10 avril 1831 contre les attroupements ne nomme pas, dans son article 1er, les commissaires de police, mais elle les comprend nécessairement dans la dénomination de « magistrats et officiers civils chargés de la police judiciaire. » L'article 3 de la loi du 7 juin 1848, sur les attroupements, porte que lorsqu'un attroupement, armé ou non armé, se sera formé sur la voie publique, le maire ou l'un de ses adjoints, à leur défaut le commissaire de police ou tout autre agent de la force publique et du pouvoir exécutif, portant l'écharpe tricolore, se rendra sur le lieu de l'attroupement. De fait, ce sont presque toujours les commissaires de police que l'on voit, dans les jours de trouble, se présenter en face des rassemblements, pour les sommer de se disperser.

250. *Poudres et salpêtres.* — La fabrication, la vente, la détention de la poudre à tirer sont des objets qui importent beaucoup à la sûreté publique. Les officiers de police, ce sont les termes de la loi du 13 fructidor an V, et ces termes embrassent incontestablement les commissaires de police, sont du nombre des fonctionnaires chargés de la surveillance des dispositions qui interdisent la fabrication et la vente des poudres à tous les citoyens autres que ceux qui y sont autorisés par une commission spéciale de l'administration, et défendent aux particuliers non autorisés de conserver chez eux aucune quantité de poudre de guerre, et deux kilogrammes au plus de toute autre poudre (*L. du 13 fruct. an V, art. 24, du 24 mai 1834*). Le commissaire de police, requis à cet effet, doit assister le maire ou l'adjoint lorsqu'il fait une perquisition pour saisir, dans une maison, des poudres fabriquées ou vendues en fraude. (*Décr. du 10 sept. 1808.*)

251. *Passe-ports.* — A Paris ceux qui veulent obtenir un passe-port pour voyager à l'intérieur et qui ne sont pas connus, doivent se présenter au commissaire de police de leur quartier, assistés de deux témoins, et se faire délivrer par lui un certificat d'identité sans lequel le passe-port ne sera pas obtenu à la préfecture. Le commissaire de police ne peut, sans motif grave, refuser ce certificat ; il peut et doit exiger que les témoins produits habitent l'arrondissement et soient citoyens français. Dans les villes de plus de 40,000 habitants, et dans l'agglomération lyonnaise, le préfet du département remplit les fonctions de préfet de police et délivre les passe-ports. Partout ailleurs, c'est le maire qui donne les passe-ports. Dans aucune commune, les commissaires de police n'ont le droit de les viser. On lit, à ce sujet, dans une circulaire du ministre de l'intérieur, du 1er mars 1856 : « Le visa apposé au passe-port constitue une extension du titre de voyage, et sous ce rapport, il ne peut être régulièrement donné que par le fonctionnaire qui aurait qualité pour délivrer lui-même le passe-port d'après les distinctions qui viennent d'être établies. Je suis informé cependant que, dans certaines localités, les commissaires de police visent les passe-ports pour les destinations demandées par les porteurs, substituant ainsi leur autorité à celle des maires et des préfets. Il importe de faire cesser cet usage, qui constitue un véritable excès de pouvoir. Les commissaires de police ont le droit de se faire représenter les passe-ports des personnes étrangères qui se trouvent momentanément dans l'étendue de leur juridiction ; d'en vérifier la régularité, de constater au besoin l'identité des porteurs, et de faire connaître, s'il y a lieu, leurs appréciations à l'autorité administrative ou judiciaire. Mais là se borne leur mission, et il ne leur appartient, dans aucun cas, de donner un visa qui constitue en réalité un nouveau titre de voyage pour une destination différente de celle qui était primitivement indiquée...... Cette interdiction ne s'applique, toutefois, ni aux commissaires spéciaux de police établis à la frontière, ni aux commissaires de police auxquels les préfets, dans les villes placées sous le régime de l'article 50 de la loi du 5 mai 1855, et le maire dans les autres villes, auraient spécialement délégué le droit de viser les passe-ports. Dans le premier cas, le visa du commissaire spécial de police n'a d'autre objet que de constater la régularité du passe-port ; dans le second cas, les pouvoirs du préfet ou du maire sont transportés momentanément au commissaire de police, qui n'agit plus, dès lors, de son autorité propre. Mais, pour être valable, cette délégation doit être nominative, et je désire, en outre, que les arrêtés qui seront pris à cet effet par les maires, soient soumis à votre approbation (celle du préfet). Vous aurez ainsi le moyen de vous assurer que ce déplacement exceptionnel d'attributions est commandé par la nécessité du service et de prévenir les abus qui pourraient en résulter. »

252. L'article 8 de l'arrêté du directoire exécutif du 2 vendémiaire an IV ordonne aux commissaires de police de veiller à ce que nul individu non domicilié dans le canton ne puisse s'y introduire sans passe-port, et de faire arrêter sur-le-champ tout individu voyageant et trouvé hors de son canton sans passe-port, jusqu'à ce qu'il ait justifié être inscrit sur le tableau de la commune de son domicile. Ces dispositions, surtout depuis que les voyages d'affaires et de plaisirs se sont multipliés, ne sont pas et ne peuvent pas être exécutées rigoureusement; mais elles subsistent néanmoins et elles couvrent du manteau de la légalité les mesures qu'elles prescrivent, à l'égard de voyageurs dont la présence paraîtrait suspecte, ou les redoublements de surveillance que la police exercerait dans des moments de trouble ou d'effervescence politique.

253. *Aubergistes et logeurs.* — Le même arrêté directorial du 2 vendémiaire an IV prescrit, par son article 9, aux commissaires de police de tenir la main à la sévère exécution de l'article 5 du titre 1er de la loi du 19 juillet 1791, relatif au registre à tenir, dans les villes et dans les campagnes, par les aubergistes, maîtres de maisons garnies et logeurs, pour l'inscription des noms, prénoms, professions et domiciles habituels, dates d'entrée et de sortie de tous ceux qui coucheraient chez eux, même une seule nuit; ils doivent se faire représenter ce registre tous les quinze jours, et plus souvent s'ils le jugent nécessaire; s'il n'est pas déféré à leur réquisition, ils en dressent procès-verbal, et les contrevenants sont punis de la peine de police portée contre eux par l'article 475 n° 2 du Code pénal.

254. *Réfugiés étrangers.* — Ce sont les préfets qui délivrent aux réfugiés étrangers pour causes politiques les passe-ports et les visas qui en changent la destination; il est expressément défendu aux commissaires de police d'accorder aux réfugiés aucun visa spécial de déplacement. (*Régl. du* 1er *juin* 1848, *art.* 23.)

255. *Émigration.* — Dans les ports où il existe un commissaire spécial de police pour la surveillance de l'émigration et l'application du décret rendu sur ce sujet le 15 janvier 1855, les diverses opérations qui doivent avoir lieu sont exécutées par les officiers visiteurs, par l'officier de port et les commissaires de police. Indépendamment des attributions générales que les lois et règlements leur confèrent pour la surveillance des voyageurs, les commissaires de police doivent veiller particulièrement aux mouvements de l'émigration. Ils s'assurent qu'aucune compagnie ou agence ne se livre au recrutement ou au transport des émigrants, sans avoir été préalablement autorisée à cet effet par M. le ministre de l'agriculture, du commerce et des travaux publics, en vertu de l'art. 4 du décret. Ils veillent à ce que les agents employés par les compagnies ou agences autorisées soient munis d'une procuration régulière[1]. Ils assurent l'exécution des dispositions du décret qui ont pour objet de soumettre à des règles équitables l'exécution des contrats passés entre les entrepreneurs et les émigrants. Ils fournissent à ces derniers les indications qui pourraient leur être utiles, et ils les protégent contre les exactions dont ils sont parfois victimes dans certains ports. Ils adressent au préfet un rapport après le départ de chaque navire chargé d'émigrants, et des rapports spéciaux toutes les fois que se présenteront, en matière d'émigration, des incidents dignes d'être mentionnés. Ils doivent constater avec soin et signaler sans retard toutes les contraventions aux dispositions du décret. La surveillance de l'émigration établit entre les officiers de port et les commissaires de police des rapports fréquents. Ces rapports, commandés par l'intérêt du service, doivent être conformes à l'esprit de conciliation et de bon vouloir qui doit animer tous les agents appelés à concourir à l'application du nouveau décret. (*Instructions du min. de l'int.*, *du 15 juin 1855.*)

256. *Théâtres.* — Parmi les lieux publics, les théâtres sont au nombre de ceux où l'action vigilante de la police doit le plus constamment s'exercer. A Paris, de nombreuses ordonnances du préfet ont réglé cette matière. Celle du 16 mars 1857 résume et complète les dispositions antérieures. Le commissaire de police qui doit se trouver au théâtre pendant les représentations peut, aux termes de l'article 48, requérir la garde de police d'entrer dans l'intérieur de la salle si la sûreté publique l'exige ; d'après l'article 49, tout individu arrêté, soit à la porte du théâtre, soit dans l'intérieur de la salle, doit être conduit devant le commissaire, qui ordonne son renvoi devant l'autorité compétente ou sa mise en liberté.

Ce sont les préfets qui, dans les villes ou agglomérations où ils sont assimilés au préfet de police de Paris, ont la police des théâtres. Dans les autres communes, elle appartient aux maires, et c'est alors comme agents de police municipale que les commis-

---

1. Cela veut-il dire que le commissaire de police doit exiger la présentation d'une procuration passée par acte authentique? nous ne le pensons pas; une procuration est en règle quand elle est signée par le chef de la compagnie, écrite sur papier timbré, et légalisée par les autorités compétentes: on ne peut rien demander de plus.

saires y procèdent pour maintenir l'ordre et l'exécution des règlements administratifs.

257. *Maisons de jeux.* — L'article 1er du décret du 24 juin 1806, qui prohibe les maisons de jeux de hasard, a chargé les commissaires de police, ainsi que les préfets et les maires, de veiller à l'exécution de ses dispositions.

258. *Maisons d'aliénés.* — Les commissaires de police ont le droit de recevoir les demandes tendant à faire admettre des personnes dans un établissement d'aliénés, lorsque ces demandes sont formées par des personnes qui ne savent pas écrire, et ils doivent en donner acte (*L. du 30 juin* 1838, *art.* 8). Si aucune demande d'admission n'a été présentée, et que la liberté laissée à un individu atteint d'aliénation mentale donne lieu à un danger imminent, les commissaires de police à Paris, et les maires dans les autres communes, ordonnent toutes les mesures provisoires nécessaires, à la charge d'en référer dans les 24 heures au préfet. (*Art.* 19.)

259. *Bourses de commerce.* — Un commissaire de police est désigné, par le préfet de police à Paris, dans les départements par le préfet ou par le maire, pour être présent à la bourse, et en exercer la police pendant sa tenue (*Arr. du* 20 *germin. an IX, art.* 15). Le préfet de police de Paris, les maires et *officiers de police* (ces expressions comprennent-elles les commissaires de police?) sont chargés de prendre les mesures nécessaires pour assurer l'exécution des dispositions qui défendent de s'assembler ailleurs qu'à la bourse et à d'autres heures que celles fixées par les règlements pour les négociations, et des dispositions qui défendent aux banquiers ou commerçants de confier des négociations ou de payer des commissions ou courtages à d'autres que des agents de change ou courtiers, et ils doivent dénoncer les contraventions. Les commissaires de police sont spécialement chargés de veiller à ce qu'il ne soit pas contrevenu à la défense faite à toutes autres personnes que celles nommées par le Gouvernement, de s'immiscer, en façon quelconque, et sous quelque prétexte que ce puisse être, dans les fonctions des agents de change et courtiers de commerce; en cas de contravention, ils font connaître les contraventions, à Paris au préfet de police, aux préfets qui en remplissent les fonctions, et, dans les autres communes, aux maires et *officiers de police* (*Arr. du* 27 *prair. an X, art.* 3, 4, 5 et 6). Ces derniers mots répondent négativement à la question que nous nous adressions quelques lignes plus haut, de savoir s'ils s'appliquent aux commissaires de police ; les *commissaires de police* devant faire connaître les contrevenants aux *officiers de police*, évidemment il s'agit de deux fonctions différentes. Nous avouons ne pas bien comprendre quels sont les officiers de police municipale, autres que les maires ou adjoints, auxquels les commissaires de police pourraient adresser un rapport quelconque.

260. *Bateaux à vapeur naviguant sur les fleuves et rivières.* — Les commissaires de police doivent exercer une surveillance journalière sur les bateaux à vapeur, tant aux points de départ et d'arrivée qu'aux lieux de stationnement intermédiaires. (*Ord. royale du 23 mai 1843, art.* 76.)

261. *Police du roulage.* — Indépendamment du droit de constater les contraventions en cette matière, ce qui rentre dans leurs attributions de police judiciaire, les commissaires de police doivent être présents à la visite, faite par un expert, des voitures publiques, avant qu'elles puissent être mises en circulation (*art. 18 du décr. du 10 août 1852*) ; il ne leur est dû aucune allocation pour cette assistance qui est requise dans l'intérêt public et comme acte de leurs fonctions. Lorsqu'un roulier ou conducteur de voiture n'a pas cédé la moitié de la chaussée à une voiture publique, le conducteur ou postillon qui aurait à se plaindre de cette contravention, doit en faire la déclaration à *l'officier de police* du lieu le plus rapproché (*art.* 35). Il ne nous semble pas douteux que par officier de police il faut entendre ici soit le commissaire de police ou le maire, soit le maire dans les communes où il n'y a pas de commissaire.

262. *Transport des lettres, journaux et papiers.* — Les commissaires de police sont, avec d'autres fonctionnaires, chargés de veiller à l'exécution des dispositions qui défendent à tous les entrepreneurs de voitures libres et à toute autre personne étrangère au service des postes, de s'immiscer dans le transport des lettres, journaux, feuilles à la main et ouvrages périodiques, papiers et paquets dont le port est exclusivement confié à l'administration de la poste aux lettres (*Arr. du 27 prairial an IX, art.* 1er *et* 4 ; *L. du 25 juin 1856*). Pour s'assurer s'il se fait un transport illégal, les commissaires de police peuvent faire des perquisitions dans les voitures publiques, sur la personne des conducteurs, sur celle des messagers ou piétons, dont la profession est de transporter des objets ou marchandises ; mais ils n'ont pas le droit de fouiller les voyageurs, ni d'ouvrir les portefeuilles qui seraient dans leurs vêtements ; en ce faisant, ils commettraient un abus d'autorité.

263. *Douanes et contributions indirectes.* — Les commissaires de police peuvent être requis par les employés des contributions indirectes, et doivent prendre ou prescrire les mesures nécessaires pour faire cesser tout obstacle à l'exercice ou aux recherches de ces employés (*L. du 28 avril 1816, art. 245*). Les employés du bureau de garantie peuvent aussi se faire accompagner du commissaire de police dans les visites qu'ils font chez les marchands et fabricants d'ouvrages d'or et d'argent. Lorsqu'il y a soupçon de fraude à l'égard de particuliers non sujets à l'exercice, les employés des contributions indirectes ne peuvent faire de visites dans l'intérieur des habitations qu'en se faisant assister du juge de paix, du maire ou du commissaire de police, lesquels sont tenus de déférer à la réquisition ; ces visites ne peuvent avoir lieu que d'après l'ordre d'un employé supérieur du grade de contrôleur au moins (*Même loi, art. 237*). Les employés des douanes ont besoin de l'assistance du commissaire de police pour se transporter dans les maisons et endroits situés dans les villes et communes de leur rayon qui leur auraient été indiquées comme recélant des tissus prohibés.

264. *Saisie-exécution.* — L'assistance du commissaire de police est prescrite, à défaut du juge de paix, dans le cas où un huissier, chargé de pratiquer une saisie-exécution, se présente devant lui et le requiert de l'accompagner s'il a trouvé les portes fermées ou si le débiteur lui en a refusé l'ouverture. Le commissaire de police requis est tenu de se rendre sur les lieux avec l'huissier, et d'assister à l'ouverture des portes et des meubles fermants, au fur et à mesure de la saisie. Il ne dresse aucun procès-verbal, mais il signe celui de l'huissier. (*Code de procéd. civ., art. 587.*)

265. *Propriété littéraire et industrielle, contrefaçon.* — Les commissaires de police, remplaçant, à cet effet, les officiers de paix primitivement chargés de cette mission, sont tenus de faire saisir, à la réquisition et au profit des auteurs, compositeurs, peintres ou dessinateurs et autres, leurs héritiers ou cessionnaires, tous les exemplaires des éditions imprimées ou gravées sans la permission formelle et par écrit des auteurs (*Décr. du 19 juillet 1793, art. 3 ; Décr. du 2 prair. an III*). Les commissaires de police ne peuvent refuser d'agir, pourvu que la partie requérante justifie de son droit, et du dépôt légal qu'elle a dû faire des ouvrages qui en sont susceptibles. Les articles 425 à 429 du Code pénal ont qualifié et puni les atteintes portées à la propriété littéraire et artistique, qu'ils considèrent comme des délits correctionnels; il en résulte que, comme pour les délits en général, la poursuite peut en être faite d'office, par le ministère public, sans plainte de la partie intéressée; lorsque cette dernière a requis une saisie, la saisie doit se faire conformément aux règles imposées par le Code d'instruction criminelle aux officiers de police judiciaire.

Quant à la contrefaçon en matière de propriété industrielle, le ministère public ne peut poursuivre que sur la plainte de la partie lésée; celle-ci peut, en vertu d'une ordonnance du président du tribunal de première instance, faire procéder par tout huissier à la description détaillée, avec ou sans saisies, des objets prétendus contrefaits. Ce sont donc les huissiers et non les commissaires de police qui agissent; ils ne peuvent intervenir que dans le cas où ils sont requis par les huissiers, afin de faire ouvrir les portes et les meubles comme pour les saisies-exécutions. Il en est de même pour la contrefaçon des marques de fabrique et de commerce. (*L. du 5 juillet 1844 et du 23 juin 1857.*)

266. *Imprimerie et librairie.* — La législation sur la presse impose de nombreuses obligations aux imprimeurs et libraires, et elle édicte des peines contre les contrevenants; lorsqu'il y a lieu à des poursuites, les commissaires de police agissent comme officiers de police judiciaire; ils ont, en outre de ce droit général, reçu diverses attributions spéciales, auxquelles il faut ajouter les devoirs de surveillance qui peuvent leur être imposés par le préfet de police, le préfet du département ou le maire. Les commissaires de police ont le droit de requérir la représentation du registre sur lequel les imprimeurs sont tenus d'inscrire les ouvrages qu'ils impriment, et de saisir les estampes mises en vente avant le dépôt (*Décr. du 5 févr. 1810, art. 11; Ord. du 24 déc. 1814, art. 2 et 10*). L'ordonnance du 13 septembre 1829 supprima les inspecteurs de la librairie, et investit les commissaires de police, par toute la France, de leurs attributions. Ces attributions, expliquées et développées par une circulaire du 16 juin 1830, comprennent : 1° la surveillance des imprimeurs et des libraires, en ce qui concerne les imprimeries clandestines, les libraires qui exercent sans brevet et ceux qui font abus de leur brevet; 2° la surveillance spéciale des opérations de l'imprimerie, la tenue des registres prescrits, etc., la visite fréquente des imprimeries, le tout pour arriver à la constatation des contraventions, et à la saisie des ouvrages imprimés sans l'accomplissement préalable des formalités prescrites par les lois; 3° l'introduction frauduleuse des livres et gravures venant de l'étranger. Les commissaires de police veillent aussi à l'exécution du décret du 22 mars 1852, qui défend à toute personne d'être en possession ou de faire usage de presses de petite dimension, dé quelque nature qu'elles soient, sans une autorisation du préfet.

267. *Établissements dangereux, insalubres ou incommodes.* — Cette classification des établissements industriels, et les conséquences qui en résultent pour leur création et leur police, ont été réglées par le décret du 15 octobre 1810. La nature de ces établissements appelle la surveillance de la police; autrement les précautions légales pourraient être constamment éludées, au détriment de la sûreté et de la santé publiques. Cette surveillance est de droit commun, et quoique l'article 1er du décret de 1810 n'en parle que pour les établissements seulement incommodes, elle ne doit pas être restreinte à cette classe, et elle doit s'étendre aux deux autres, qui présentent plus d'inconvénients et de dangers. La surveillance de la police a pour objet de s'assurer si les précautions exigées par les lois, ordonnances, instructions, arrêtés administratifs sont observées; si les conditions particulières que l'administration supérieure aurait cru devoir prescrire sont exécutées; si les établissements autorisés présentent, dans leur exploitation, des inconvénients ou des dangers que l'autorité n'aurait pas prévus. Sous le rapport de la police générale, cette surveillance est spécialement exercée par les commissaires de police. Leur droit à cet égard étant certain, il entraîne celui de pénétrer dans l'intérieur des établissements chaque fois que leur mission le rendra nécessaire, et même de s'y faire accompagner par leurs agents; s'ils rencontraient de la résistance, ils auraient le droit de requérir la force publique. Lorsque des établissements ont été classés seulement provisoirement, les commissaires de police peuvent y exercer leur surveillance comme dans ceux qui sont classés définitivement. Quant aux établissements non classés, quoique présentant des inconvénients ou des dangers, ils ne sont soumis qu'aux arrêtés administratifs du préfet ou du maire; les commissaires de police et les maires qui les surveillent, comme toutes les autres exploitations non sujettes à une législation spéciale, doivent signaler à l'autorité supérieure les motifs qui en rendraient le classement nécessaire. Si, dans les établissements classés, ils constatent des contraventions, les commissaires de police verbalisent, et alors commence l'exercice de leurs fonctions de police judiciaire.

268. *Livrets d'ouvriers.* — Lorsqu'un chef ou directeur d'établissement industriel ne peut remplir l'obligation d'inscrire sur le livret, à la sortie de l'ouvrier, la date de la sortie et l'acquit des engagements, le maire ou le commissaire de police, après avoir constaté la cause de l'empêchement, inscrit, sans frais, le congé d'acquit (*L. du 24 juin* 1855, *art.* 4 *et* 7). Le registre spécial que les chefs d'établissement doivent tenir, est communiqué au commissaire de police chaque fois qu'il le demande. (*Décr. du 30 avril* 1855, *art.* 8.)

269. *Vérification des poids et mesures.* — Les commissaires de police sont au nombre des fonctionnaires à la vigilance et à l'autorité desquels la loi confie spécialement l'inspection du débit des marchandises qui se vendent au poids et à la mesure. Ils font, dans leur circonscription, et plusieurs fois dans l'année, des visites dans les boutiques, magasins, places publiques, foires et marchés; ils surveillent les bureaux publics de pesage et mesurage dépendant de l'autorité municipale; ils s'assurent que les poids et mesures ont été vérifiés, et n'ont subi, depuis, aucune altération. Ils visitent fréquemment les instruments de pesage, et s'assurent de leur justesse et de la liberté de leurs mouvements. Ils veillent à la fidélité dans le débit des marchandises qui, fabriquées au moule ou à la forme, se vendent à la pièce ou au paquet, comme correspondant à un poids déterminé. Lorsque les commissaires de police sont requis par les vérificateurs des poids et mesures, de les assister en cas de refus d'exercice ou de visite à opérer avant ou après le coucher du soleil, ils ne peuvent se refuser à accompagner sur-le-champ les vérificateurs, et de signer le procès-verbal fait par ces derniers en leur présence. Ils sont tenus de signaler au receveur de l'enregistrement les affiches ou annonces contenant des dénominations illégales de poids ou mesure. (*Ord. du* 17 *avril* 1839, *art.* 28, 29, 30, 31, 39, 40, 45.)

270. *Légalisation, certificats de vie.* — Il nous reste à parler de deux attributions refusées ou contestées aux commissaires de police. La légalisation des signatures des actes de l'état civil, des expéditions notariées, des certificats de vie, des actes administratifs, des jugements dont il doit être fait usage à l'étranger, est confiée aux différentes lois, et suivant la nature des actes, aux préfets ou sous-préfets, aux maires, receveurs généraux ou autres agents supérieurs de l'administration des finances, recteurs, présidents des tribunaux civils ou de commerce, les consuls à l'étranger. Quant aux commissaires de police, à l'exception de ceux établis près des bourses de commerce, et seulement, quant aux actes des courtiers constatant le cours des marchandises, ils ne sont point compris parmi les fonctionnaires autorisés à donner des légalisations. Ceux d'entre eux à qui on viendrait en demander peuvent donc et même doivent les refuser. Ils n'ont pas le droit de légaliser comme suppléant, en cas de besoin, les fonctionnaires chargés de cette opération; cette espèce de délégation éventuelle ne pourrait être exercée qu'autant qu'elle serait expressément autorisée par une loi.

A l'exception des certificats de vie exigés des pensionnaires de l'État, lesquels certificats ne peuvent être délivrés que par des notaires, ceux que doivent produire les personnes qui demandent à toucher des rentes viagères sur particuliers, ou des pensions accordées par des administrations, ou qui se trouvent dans des situations particulières définies par les lois, décrets, règlements spéciaux prescrivant la production des certificats de vie, ces actes sont délivrés par le président du tribunal civil ou par le maire du domicile du demandeur (*L. du 6 mars 1791, art. 11*). On s'adresse habituellement au maire: le commissaire de police n'aurait aucun droit de délivrer un pareil acte, qui, émanant de lui, n'aurait aucune valeur légale; le maire ne pourrait pas lui déléguer ce droit, aucune loi ne permettant au maire de transmettre son pouvoir, à cet égard, au commissaire de police; il doit exercer lui-même ses fonctions municipales: elles ne sont pas sa propriété, et il ne peut les déléguer, à qui que ce soit, que dans les cas où il y est expressément autorisé par le législateur.

§ 3. — DE LA GENDARMERIE.

271. La gendarmerie a été organisée par la loi du 28 germinal an VI, par l'ordonnance du 26 octobre 1820, et par le décret du 1er mars 1854. Le premier de ces actes sert de base aux autres, et a seul le caractère législatif proprement dit; ses dispositions essentielles subsistent, et n'ont reçu de l'ordonnance et du décret postérieurs que des développements et quelques modifications, dont il serait inutile de critiquer la légalité absolue. Le dernier règlement, celui du 1er mars 1854, a eu pour but de refondre toutes les dispositions précédentes: c'est donc à lui que nous nous arrêterons.

La gendarmerie est une force publique organisée militairement;

nous ne dirons rien de sa composition, de sa discipline, ni d'aucune partie de sa constitution ou de ses fonctions ou devoirs militaires. Nous n'avons à la considérer ici que comme un service d'agents appartenant à la police générale; elle prend part, ainsi que nous le dirons ailleurs, à la police municipale et à la police judiciaire.

272. *Caractère spécial du service de la gendarmerie.* — Elle est une force instituée pour veiller à la sûreté publique et pour assurer le maintien de l'ordre et de l'exécution des lois. Une surveillance continue et répressive constitue l'essence de son service. Son action s'exerce dans toute l'étendue du territoire continental et colonial de l'empire, ainsi que dans les camps et armées. Elle est particulièrement destinée à la sûreté des campagnes et des voies de communication (*Décr. du 1er mars 1854, art. 1er*). En raison de la nature de son service, la gendarmerie se trouve placée dans les attributions des ministres de la guerre, de l'intérieur, de la justice, de la marine et des colonies (*art.* 5). Nous ne la considérons ici que sous le rapport de la partie de son service qui la subordonne au ministre de l'intérieur.

273. *Serment.* — Tous les militaires de la gendarmerie, avant d'entrer en fonctions, sont tenus de prêter serment à l'audience publique du tribunal de première instance. (*Art.* 6 et 7.)

274. *Devoirs de la gendarmerie dans ses relations avec le ministre de l'intérieur.* — Les mesures prescrites pour assurer la tranquillité du pays, pour le maintien de l'ordre et pour l'exécution des lois et règlements d'administration publique, émanent du ministre de l'intérieur. Il lui appartient de donner des ordres pour la police générale, pour la sûreté de l'État, et pour le rassemblement des brigades en cas de service extraordinaire. (*Art.* 79.)

275. Il est rendu compte périodiquement, au ministre, du service habituel de la gendarmerie. A cet effet, les chefs de légion transmettent chaque mois au ministre un état récapitulatif de tout le service ordinaire et extraordinaire, exécuté pendant le mois précédent (*art.* 79 *et* 80). La surveillance exercée par la gendarmerie sur les repris de justice, mendiants, vagabonds, gens sans aveu, condamnés libérés, et de tous autres individus assujettis à l'internement ou à toute autre mesure de sûreté générale, est du ressort du ministre de l'intérieur; les chefs de légion doivent lui envoyer chaque mois un résumé de ce qui concerne ce service spécial (*art.* 81). Les chefs de légion lui adressent aussi, au commencement de chaque année, un tableau récapitulatif et sommaire du service fait par chaque compagnie pendant les douze mois précédents. (*Art.* 82.)

276. Indépendamment de ces comptes périodiques, il est donné connaissance immédiatement, au ministre de l'intérieur, par les chefs de légion, les chefs de compagnie, ou les commandants, de tous les événements qui peuvent être de nature à compromettre la tranquillité publique, et des mesures que la gendarmerie peut avoir prises pour l'exécution des ordres directs du ministre ou des réquisitions de ses agents. Il est impossible de prevoir tous les faits qui pourront nécessiter des rapports d'urgence : la législation a indiqué les principaux, laissant au zèle et à l'intelligence de la gendarmerie le soin d'apprécier quelles sont les circonstances où il importe que le ministre de l'intérieur soit renseigné sans retard. Aux termes du décret, les événements extraordinaires qui doivent donner lieu à des rapports immédiats des officiers de gendarmerie, sont principalement : les vols avec effraction, commis par des malfaiteurs au nombre de plus de deux ; les incendies, les inondations et autres sinistres de toute nature, et les assassinats ; les attaques des voitures publiques, des courriers, des convois de deniers de l'État ou de munitions de guerre ; l'enlèvement et le pillage des caisses publiques et des magasins militaires ; les arrestations d'embaucheurs, d'espions employés à lever le plan des places et du territoire, ou à se procurer des renseignements sur la force et les mouvements des troupes ; la saisie de leurs correspondances et de toutes pièces pouvant donner des indices, ou fournir des preuves de crimes et de complots attentatoires à la sûreté intérieure et extérieure de l'empire ; les provocations à la révolte contre le Gouvernement ; les attroupements séditieux ayant pour objet le pillage des convois de grains ou farines ; les émeutes populaires ; les découvertes d'ateliers et instruments servant à fabriquer la fausse monnaie, l'arrestation des faux monnayeurs ; les assassinats tentés ou consommés sur les fonctionnaires publics ; les attroupements armés ou non armés, qualifiés séditieux par les lois ; les distributions d'argent, de vin, de liqueurs enivrantes, et les autres manœuvres tendant à favoriser la désertion ou à empêcher les militaires de rejoindre leurs drapeaux ; les attaques dirigées et exécutées contre la force armée chargée des escortes et des transférements des prévenus et condamnés ; les rassemblements, excursions et attaques de malfaiteurs réunis et organisés en bandes, dévastant et pillant les propriétés ; les découvertes de dépôts d'armes cachées, d'ateliers clandestins de fabrication de poudre, de lettres comminatoires, de signes et mots de ralliement, d'écrits, d'affiches et de placards incendiaires provoquant à la révolte, à la sédition, à l'assassinat et au pillage; l'envahissement, avec violences, d'un ou de plusieurs postes télégraphiques et la destruction, par des individus ameutés, des appareils de télégraphie, soit électrique, soit aérienne: la dégradation d'une partie quelconque de la voie d'un chemin de fer, commise en réunion séditieuse, avec rébellion ou pillage; et généralement tous les événements qui exigent des mesures promptes et décisives, soit pour prévenir le désordre, soit pour le réprimer (*art.* 76, 77, 83). En dehors de ces cas exceptionnels, les chefs de légion correspondent seuls directement avec le ministre de l'intérieur, pour tous les faits qui leur paraîtraient de nature à intéresser la tranquillité publique. (*Art.* 84.)

277. *Rapports de la gendarmerie avec les autorités civiles; réquisitions; préfets et sous-préfets.* — L'action des autorités civiles, administratives ou judiciaires, ne peut s'exercer sur la gendarmerie, en ce qui concerne son emploi, que par des réquisitions (*art.* 91). Les réquisitions sont toujours adressées au commandant de la gendarmerie du lieu où elles doivent recevoir leur exécution, et, en cas de refus, à l'officier sous les ordres duquel est immédiatement placé celui qui n'a pas obtempéré à ces réquisitions. Elles ne peuvent être données ni exécutées que dans l'arrondissement de celui qui les donne et de celui qui les exécute (*art.* 92). La main-forte est accordée toutes les fois qu'elle est requise par ceux à qui la loi donne le droit de requérir (*art.* 93). Les cas où la gendarmerie peut être requise sont tous ceux prévus par les lois et les règlements, ou spécifiés par les ordres particuliers de service (*art.* 94). Les réquisitions doivent énoncer la loi qui les autorise, le motif, l'ordre, le jugement ou l'acte administratif, en vertu duquel elles sont faites (*art.* 95). Les réquisitions sont faites par écrit, signées, datées et dans la forme ci-après :

De par l'Empereur,

Conformément à la loi du...., en vertu de.... (loi, arrêté, règlement), nous requérons le (grade et lieu de résidence) de commander, faire.... se transporter.... arrêter, etc...., et qu'il nous fasse part (si c'est un officier)...., et qu'il nous rende compte (si c'est un sous-officier) de l'exécution de ce qui est par nous requis au nom de l'Empereur. (*Art.* 96.)

Les réquisitions ne doivent contenir aucuns termes impératifs, tels que : ordonnons, voulons, enjoignons, mandons, etc., ni aucune expression ou formule pouvant porter atteinte à la considération de l'arme, et au rang qu'elle occupe parmi les corps de l'armée (*art.* 97). Lorsque la gendarmerie est légalement requise pour assister l'autorité dans l'exécution d'un acte ou d'une mesure quelconque, elle ne doit être employée que pour assurer l'effet de la réquisition, et pour faire cesser, au besoin, les obstacles et empêchements. (*Art.* 98.)

278. La gendarmerie ne peut être distraite de son service, ni détournée des fonctions qui font l'objet principal de son institution, pour porter les dépêches des autorités civiles ou militaires, l'administration des postes devant expédier des estafettes extraordinaires, à la réquisition des agents du Gouvernement, quand le service ordinaire de la poste ne fournit pas des moyens de communications assez rapides. Ce n'est donc que dans le cas d'extrême urgence, et quand l'emploi des moyens ordinaires amènerait des retards préjudiciables aux affaires, que les autorités peuvent recourir à la gendarmerie pour la communication d'ordres et d'instructions qu'elles ont à donner. Hors de ces circonstances exceptionnelles et très-rares, il ne leur est point permis d'adresser des réquisitions abusives qui fatiguent inutilement les hommes et les chevaux (*art.* 99). Avant d'être inscrites dans le décret, ces dispositions avaient été l'objet d'une circulaire adressée aux préfets par le ministre de l'intérieur, le 5 août 1852. La gendarmerie obtempère aux réquisitions qui lui sont faites par écrit et lorsque l'urgence est indiquée; mais elle rend compte immédiatement de ce déplacement aux ministres de la guerre et de l'intérieur. (*Art.* 99.)

279. La gendarmerie doit communiquer sans délai aux autorités civiles, les renseignements qu'elle reçoit et qui intéressent l'ordre public. Les autorités civiles lui font les communications et réquisitions qu'elles reconnaissent utiles au bien du service. Ces communications, verbales ou par écrit, sont toujours faites au commandant de la gendarmerie du lieu ou de l'arrondissement. Les autorités ne peuvent s'adresser à l'officier supérieur en grade que dans le cas où elles auraient à se plaindre de retard ou de négligence. Les communications écrites entre les magistrats, les administrateurs et la gendarmerie, doivent toujours être signées et datées (*art.* 100). Tout officier ou sous-officier de gendarmerie qui a fait le rapport d'un événement, doit rendre compte successivement des opérations qui en sont la suite, ainsi que de leur ré-

sultat ; ces comptes doivent toujours rappeler la date du rapport primitif. (*Art.* 101.)

280. Indépendamment des réquisitions et des rapports, la gendarmerie peut être tenue de se présenter devant les autorités, dans des cas déterminés. Les magistrats d'un ordre supérieur, désignés par la loi, et les préfets peuvent appeler auprès d'eux, par écrit, le commandant de la gendarmerie pour conférer sur des objets de service ; celui de l'arrondissement peut être mandé, par écrit, auprès des sous-préfets (*art.* 102). Les communications verbales ou par écrit, entre les autorités judiciaires ou administratives et la gendarmerie, doivent toujours avoir un objet déterminé de service, et n'imposent nullement aux militaires de cette arme l'obligation de se déplacer chaque jour, pour s'informer du service qui pourrait être requis. Dans les cas extraordinaires, les officiers de gendarmerie doivent se rendre chez les autorités aussi fréquemment que la gravité des circonstances peut l'exiger, sans attendre les invitations de leur part. Toutes les fois qu'ils ont à conférer avec les autorités locales, les officiers de gendarmerie doivent être en tenue militaire. (*Art.* 103.)

281. Les préfets ont des relations très-suivies avec la gendarmerie, ainsi que les sous-préfets. Chaque jour, s'il y a lieu, le commandant de la gendarmerie du département adresse au préfet le rapport de tous les événements qui peuvent intéresser l'ordre public ; il lui communique également tous les renseignements que lui fournit la correspondance des brigades, lorsque ces renseignements ont pour objet le maintien de l'ordre, et qu'ils peuvent donner lieu à des mesures de précaution ou de répression. De semblables rapports sont adressés aux sous-préfets par les commandants d'arrondissement (*art.* 110). Les commandants d'arrondissement adressent, en outre, tous les cinq jours, aux sous-préfets, un tableau sommaire de tous les délits et de toutes les arrestations dont la connaissance leur est parvenue par les rapports des brigades ; pour le chef-lieu du département, ce tableau est remis au préfet par le commandant de la compagnie (*art.* 111). Il est bien entendu que ces rapports périodiques ne sont dressés et envoyés que quand il se présente des faits qui y donnent lieu ; les commandants de gendarmerie ne sont pas tenus à des rapports négatifs, lorsque les correspondances des brigades ne donnent lieu à aucune communication. (*Art.* 112.)

282. Si les rapports de service font craindre quelque émeute populaire ou attroupement séditieux, les préfets, après s'être

concertés avec l'officier général commandant le département, s'il est présent, et avec l'officier le plus élevé en grade de la gendarmerie, en résidence au chef-lieu du département, peuvent requérir la réunion, sur le point menacé, du nombre de brigades nécessaires au rétablissement de l'ordre. Il en est rendu compte sur-le-champ au ministre de l'intérieur par le préfet, et au ministre de la guerre par l'officier général ou par l'officier de gendarmerie. (*Art.* 113.)

283. Lorsque la tranquillité publique est menacée, les officiers de gendarmerie ne sont point appelés à discuter l'opportunité des mesures que les préfets croient devoir prescrire pour assurer le maintien de l'ordre; mais il est de leur devoir de désigner les points qui ne peuvent être dégarnis sans danger, et de communiquer à ces fonctionnaires tous les renseignements convenables, tant sur la force effective des brigades et leur formation en détachements, que sur les moyens de suppléer au service de ces brigades pendant leur absence. (*Art.* 114.)

284. Lorsque les autorités administratives ont adressé leurs réquisitions aux commandants de la gendarmerie, conformément à la loi, elles ne peuvent s'immiscer en aucune manière dans les opérations militaires ordonnées par ces officiers pour l'exécution desdites réquisitions. Les commandants de la force publique sont dès lors seuls chargés de la responsabilité des mesures qu'ils ont cru devoir prendre, et l'autorité civile qui a requis ne peut exiger d'eux que le rapport de ce qui aura été fait en conséquence de sa réquisition. (*Art.* 115.)

285. Dans les cas urgents, les sous-préfets peuvent requérir, des officiers commandant la gendarmerie de leur arrondissement, le rassemblement de plusieurs brigades, à charge d'en informer sur-le-champ le préfet, lequel, pour les mesures ultérieures, se concerte avec l'officier général et le commandant de la gendarmerie du département. (*Art.* 117.)

286. Les commissaires de police, dans l'exercice de leurs fonctions peuvent, ainsi que nous l'avons dit ailleurs, requérir la gendarmerie, en se conformant aux règles prescrites pour la forme et la rédaction des réquisitions. (*Art.* 118.)

287. Dans aucun cas, ni directement ni indirectement, la gendarmerie ne doit recevoir de missions occultes, de nature à lui enlever son caractère véritable. Son action s'exerce toujours en tenue militaire, ouvertement, et sans manœuvres de nature à porter atteinte à la considération de l'arme. (*Art.* 119.)

288. *Règles générales sur les rapports des autorités avec la gendarmerie.* — En plaçant la gendarmerie auprès des diverses autorités pour assurer l'exécution des lois et règlements émanés de l'administration publique, l'intention du Gouvernement est que ces autorités, dans leurs relations et dans leurs correspondances avec les chefs de cette force publique, s'abstiennent de formes et d'expressions qui s'écarteraient des règles et des principes posés ci-dessus, et qu'elles ne puissent, dans aucun cas, prétendre exercer un pouvoir exclusif sur cette troupe, ni s'immiscer dans les détails intérieurs de son service. Les militaires de tout grade de la gendarmerie doivent également demeurer dans la ligne de leurs devoirs envers lesdites autorités, en observant constamment avec elles les égards et la déférence qui leur sont dus. (*Art.* 141.)

289. *Service spécial de la gendarmerie.* — Le service de la gendarmerie dans les départements se divise en service ordinaire et en service extraordinaire. Le service ordinaire est celui qui s'opère journellement ou à des époques périodiques, sans qu'il soit besoin d'aucune réquisition de la part des autorités; le service extraordinaire est celui dont l'exécution n'a lieu qu'en vertu d'ordres ou de réquisitions. L'un et l'autre ont essentiellement pour objet d'assurer constamment, sur tous les points du territoire, l'action directe de la police. (*Art.* 269 *et* 270.)

290. 1° *Service ordinaire.* — Il embrasse un très-grand nombre d'objets relatifs à la police en général, puis des dispositions spéciales sur la police des routes et des campagnes, sur la police militaire, sur les correspondances et le transfèrement des prisonniers.

291. a) *Mesures de police en général.* — Les fonctions habituelles et ordinaires des brigades sont de faire des tournées, courses ou patrouilles sur les grandes routes, chemins vicinaux, dans les communes, hameaux, fermes et bois, enfin dans tous les lieux de leur circonscription respective (*art.* 271). Chaque commune doit être visitée au moins deux fois par mois et explorée dans tous les sens, indépendamment des jours où elle est traversée par les sous-officiers, brigadiers et gendarmes. (*Art.* 272.)

292. Dans leurs tournées, les sous-officiers, brigadiers et gendarmes s'informent avec mesure et discrétion, auprès des voyageurs, s'il n'a pas été commis quelque crime sur la route qu'ils ont parcourue; ils prennent les mêmes renseignements dans les communes auprès des maires ou de leurs adjoints (*art.* 273). Ils tâchent de connaître ceux qui ont commis des crimes et délits, et font, à cet égard, des recherches, constatations, arrestations, qui rentrent dans les actes de leurs fonctions d'officiers de police judiciaire. (*Art.* 274 à 277.)

293. En cas d'incendie, d'inondation et d'autres événements de ce genre, ils se rendent sur les lieux au premier avis ou signal qui leur est donné, et préviennent, sans délai, le commandant de l'arrondissement; s'il ne s'y trouve aucun officier de police ou autre autorité civile, les officiers et même les commandants de brigade ordonnent et font exécuter toutes les mesures d'urgence; ils font tous leurs efforts pour sauver les individus en danger; ils peuvent requérir le service personnel des habitants, qui sont tenus d'obtempérer sur-le-champ à leur sommation, et même de fournir les chevaux, voitures et tous autres objets nécessaires pour secourir les personnes et les propriétés; les procès-verbaux font mention des refus ou retards qu'ils éprouvent à cet égard (*art.* 278). Lors d'un incendie, le commandant de la brigade prend, dès son arrivée, toutes les mesures possibles pour le combattre; il distribue ses gendarmes de manière qu'ils puissent empêcher le pillage des meubles et effets qu'ils font évacuer de la maison incendiée; il ne laisse circuler dans les maisons, greniers, caves et bâtiments, que les personnes de la maison et les ouvriers appelés pour éteindre le feu; il protége l'évacuation des meubles et effets dans les dépôts qui ont été désignés par les propriétaires ou intéressés (*art.* 279). On remarque que les mesures contre l'incendie ne sont prises par le commandant qu'à défaut de présence, sur les lieux, de l'autorité civile; c'est aux maires et adjoints qu'est confié, en général, le soin de faire tout ce qui est nécessaire pour arrêter les incendies; voyez aussi ce que nous avons dit, à ce sujet, concernant les commissaires de police (n° 220, 221). Les sous-officiers, brigadiers et gendarmes s'informent auprès des propriétaires et des voisins, des causes de l'incendie, s'il provient du défaut d'entretien des cheminées, de la négligence ou de l'imprudence de quelques personnes de la maison, qui auraient porté ou laissé du feu près des matières combustibles, ou par suite d'autres causes qui peuvent faire présumer qu'il y a eu malveillance (*art.* 280). Si les déclarations inculpent quelques particuliers, la gendarmerie fait les interrogatoires, et procède à des actes qui appartiennent aux attributions de la police judiciaire (*art.* 281). Les brigades qui se sont transportées sur les lieux où un incendie a éclaté ne rentrent à la résidence qu'après l'extinc-

tion du feu, et après s'être assurées que leur présence n'est plus nécessaire pour la conservation des propriétés, pour le maintien de la tranquillité publique et pour l'arrestation des délinquants. (*Art.* 282.)

294. La gendarmerie constate par procès-verbal la découverte de tous cadavres trouvés sur les chemins, dans les campagnes, ou retirés de l'eau ; elle prévient les autorités compétentes et le commandant, qui doit se transporter aussitôt sur les lieux ; elle constate toutes les circonstances dans son procès-verbal, elle appréhende les personnes suspectes et s'en assure pour les livrer à l'autorité compétente. En attendant l'arrivée de l'officier de police judiciaire ou du commandant de l'arrondissement, elle recueille les déclarations, preuves, indices ou renseignements sur les auteurs ou complices de la mort de la personne tuée. (*Art.* 283 *à* 285.)

295. Dans ses tournées, correspondances, patrouilles et service habituel à la résidence, la gendarmerie exerce une surveillance active et persévérante sur les repris de justice, sur les condamnés libérés, sur ceux qui sont internés et qui cherchent à faire de la propagande révolutionnaire ; elle rend compte immédiatement de la disparition de ceux qui ont quitté, sans autorisation, la résidence qui leur est assignée ; elle envoie leur signalement aux brigades voisines, ainsi qu'à celles qui ont la surveillance des communes où l'on suppose qu'ils se sont retirés. Elle se met à leur poursuite, et si elle les arrête, elle les conduit devant l'autorité compétente. (*Art.* 286.)

Elle s'assure de la personne des étrangers et de tout individu circulant dans l'intérieur de la France sans passe-ports ou avec des passe-ports qui ne sont pas conformes aux lois, à la charge de les conduire sur-le-champ devant le maire ou l'adjoint de la commune la plus voisine ; en conséquence les militaires de tout grade de la gendarmerie se font représenter les passe-ports des voyageurs, et nul ne peut en refuser l'exhibition lorsque l'officier, sous-officier, brigadier ou gendarme qui en fait la demande est revêtu de son uniforme et décline ses qualités. Il est enjoint à la gendarmerie de se comporter, dans l'exécution de ce service, avec politesse, et de ne se permettre aucun acte qui puisse être qualifié de vexation ou d'abus de pouvoir (*art.* 287). Une personne qui croirait avoir à se plaindre des procédés d'un militaire de la gendarmerie dans la demande, l'examen et la restitution d'un passe-port, pourrait s'adresser au chef militaire ; si l'acte reproché avait le caractère d'un abus d'autorité, il y aurait lieu à une plainte dans la forme prescrite par les lois de l'instruction criminelle, sans que, pour intenter des poursuites, il soit besoin d'une autorisation du conseil d'État. Du reste, l'exhibition des passe-ports est une mesure laissée à la prudence et au discernement de la gendarmerie et non une consigne absolue qu'il n'est pas permis de modifier ou d'interpréter. Elle ne peut, sous le simple prétexte de visiter les passe-ports d'un individu, pénétrer dans la chambre où il est logé ; elle doit attendre, pour faire cet examen, le moment de son départ ou de son stationnement dans la salle ouverte aux voyageurs, si c'est une auberge ou hôtellerie. A moins de circonstances extraordinaires ou d'ordres spéciaux, les passe-ports des personnes voyageant en voiture particulière ne doivent être demandés que dans les auberges, hôtelleries et relais de poste. (*Art.* 288.)

296. Les signalements des personnes évadées des prisons et bagnes, ou contre lesquelles il est intervenu des mandats d'arrêt, sont délivrés à la gendarmerie, qui, en cas d'arrestation, les conduit, de brigade en brigade, jusqu'au lieu indiqué (*art.* 289). Pour faire la recherche de ces personnes, les sous-officiers et gendarmes visitent les auberges, cabarets et autres maisons ouvertes au public ; ils se font représenter, par les propriétaires ou locataires de ces établissements, leurs registres d'inscription des voyageurs, et ces registres ne peuvent leur être refusés, sous les peines portées par l'article 475 du Code pénal ; s'ils remarquent des oublis ou négligences dans la tenue de ces registres, ils en dressent procès-verbal pour être remis au maire ou au commissaire de police (*art.* 290). Si la gendarmerie peut entrer dans tous les lieux et établissements publics, il n'en est pas de même des maisons particulières ; la maison de chaque citoyen est un asile où la gendarmerie ne peut entrer sans se rendre coupable d'abus de pouvoir, sauf les cas déterminés par la loi, prohibition qui ne s'applique, bien entendu, qu'au cas où un membre de la gendarmerie se présente pour exercer un acte de ses fonctions, et où la porte de domicile ne lui est pas ouverte comme elle le serait à toute personne non revêtue d'un caractère public. La loi fait une distinction entre le jour et la nuit ; pendant le jour, la gendarmerie peut pénétrer dans une maison particulière pour un motif formellement exprimé par une loi, ou en vertu d'un mandat spécial de perquisition décerné par l'autorité compétente ; pendant la nuit, elle peut y pénétrer seulement dans les cas d'incendie, d'inondation ou de réclamation venant de l'intérieur de la maison. Dans tous les autres cas elle doit se borner à prendre, jusqu'à ce que le jour ait paru, les mesures nécessaires pour l'accomplissement de sa mission. Pour qu'il n'y ait, quant au droit d'introduction nocturne dans l'intérieur des maisons, aucun doute ni arbitraire, le temps de nuit est ainsi réglé : du 1er octobre au 31 mars, depuis six heures du soir jusqu'à six heures du matin ; du 1er avril au 30 septembre, depuis neuf heures du soir jusqu'à quatre heures du matin (*art.* 291). Si, de jour ou de nuit, le maître d'une maison en refuse l'entrée, la gendarmerie ne peut s'y introduire que dans un seul cas, celui de flagrant délit. Lorsqu'elle est chargée d'exécuter les notifications de jugements, elle doit toujours exhiber les extraits de mandats ou de jugements (*art.* 292). Lorsqu'il y a lieu de supposer qu'un individu frappé d'un mandat d'arrêt, ou prévenu d'un crime ou délit pour lequel un mandat ne serait pas encore décerné, s'est réfugié dans la maison d'un particulier, la gendarmerie peut seulement garder à vue cette maison, ou l'investir, en attendant les ordres nécessaires pour y pénétrer, ou l'arrivée de l'autorité qui a le droit d'exiger l'ouverture de la maison, pour procéder à l'arrestation de l'individu ou réfugié (*art.* 293). Lorsque la gendarmerie arrête des personnes en vertu des dispositions ci-dessus, elle est tenue de les conduire aussitôt devant l'officier de police judiciaire le plus à proximité et de lui remettre tous les objets et pièces de conviction. (*Art.* 294.)

297. Remarquez que la distinction entre le jour et la nuit, qui est faite pour l'entrée dans les domiciles privés, ne l'est pas pour les auberges, cabarets, et autres maisons ouvertes au public. Il semble que la gendarmerie peut y pénétrer à toute heure du jour et de la nuit ; toutefois, comme ces lieux sont fermés aux heures réglées par les arrêtés administratifs ou municipaux, on a prétendu que pendant ces heures de fermeture, ils deviennent les domiciles particuliers comme les autres maisons, qu'en conséquence la gendarmerie ne peut y entrer que suivant les dispositions relatives aux maisons particulières. Cela n'est pas vrai pour les auberges et hôtels dans lesquelles les voyageurs arrivants sont reçus à toute heure de la nuit, et où habitent des personnes étrangères. Au surplus, la question s'est présentée aussi pour les commissaires de police, et nous la traiterons en parlant des arrêtés de police municipale sur la fermeture des lieux publics.

298. La gendarmerie est chargée spécialement de protéger la libre circulation des subsistances et de saisir ceux qui s'y oppo-

sent par la violence. En conséquence, elle se transporte sur les routes ou dans les communes dont elle a la surveillance, dès qu'elle apprend que des attroupements s'y sont formés dans le dessein d'empêcher cette libre circulation des grains, soit par l'appât du pillage, soit pour tout autre motif. (*Art.* 295.)

299. Elle dissipe les rassemblements de toutes personnes s'opposant à l'exécution d'une loi, d'une contrainte, d'un jugement; elle réprime toute émeute populaire dirigée contre la sûreté des personnes, contre les autorités, contre la liberté absolue du commerce des subsistances, contre celle du travail et de l'industrie; elle disperse tout attroupement armé ou non armé formé pour la délivrance des prisonniers et condamnés, pour l'invasion des propriétés publiques, pour le pillage et la dévastation des propriétés particulières (*art.* 296). Quand la gendarmerie, employée à dissiper un attroupement, est accompagnée d'une des autorités civiles que la loi désigne, elle ne peut faire usage de ses armes qu'après les trois sommations qui doivent avoir été préalablement adressées. Mais quand l'autorité administrative ou judiciaire est absente, la gendarmerie ne peut déployer la force des armes que dans les deux cas suivants : 1° si des violences ou voies de fait sont exercées contre elles; 2° si elle ne peut défendre autrement le terrain qu'elle occupe, les postes ou les personnes qui lui sont confiés, ou enfin si la résistance est telle qu'elle ne puisse être vaincue autrement que par la force des armes (*art.* 297). Lorsqu'une émeute populaire prend un caractère et un développement tels que la gendarmerie, après une intervention énergique, se trouve impuissante pour vaincre la résistance par la force des armes, elle dresse un procès-verbal dans lequel elle signale les chefs et fauteurs de la sédition : elle prévient immédiatement l'autorité locale, ainsi que le commandant de la compagnie ou de l'arrondissement, afin d'obtenir des renforts des brigades voisines, et, suivant le cas, de la troupe de ligne ou de la garde nationale (*art.* 298). Dans aucun cas, les brigades ne doivent quitter le terrain ni rentrer à leur résidence avant que l'ordre ne soit parfaitement rétabli. Elles doivent se rappeler que force doit toujours rester à la loi. Le procès-verbal qu'elle rédige contient le détail circonstancié des faits qui ont précédé, accompagné ou suivi la formation de ces attroupements. Quant aux prisonniers qu'elles ont faits, et dont elles ne doivent se dessaisir à aucun prix, ils sont immédiatement conduits sous bonne escorte devant le procureur impérial. (*Art.* 299.)

300. Elles saisissent tous ceux qui portent atteinte à la tranquillité publique, en troublant les citoyens dans l'exercice de leur culte, ainsi que ceux qui sont trouvés exerçant des voies de fait ou des violences contre les personnes (*art*. 300). Tout individu qui outrage les militaires de la gendarmerie dans l'exercice de leurs fonctions, ou qui leur fait la déclaration mensongère d'un délit qui n'a pas été commis, est immédiatement arrêté et conduit devant l'officier de police judiciaire de l'arrondissement pour être poursuivi conformément aux lois. (*Art*. 304.)

301. La gendarmerie surveille le colportage des livres, gravures, lithographies; elle réprime la contrebande en matière de douanes et de contributions indirectes, et saisit les marchandises transportées en fraude; elle dresse des procès-verbaux de ces saisies et arrête les délinquants. (*Art*. 302.)

302. La gendarmerie est spécialement appelée à assurer le service de la poste aux lettres. Elle est autorisée à faire directement, ou en prêtant main-forte aux inspecteurs, directeurs et employés des postes, des visites et perquisitions sur les messagers et commissionnaires allant habituellement d'une ville à une autre, sur les voitures de messageries et autres de cette espèce portant des dépêches, et à saisir tous les objets transportés en fraude (*art*. 303). Afin de ne pas retarder la marche de celles de ces voitures qui transportent des voyageurs, les visites et perquisitions n'ont habituellement lieu qu'à l'entrée et à la sortie des villes ou aux relais (*art*. 304). Sur les routes il n'est fait de visite qu'en vertu d'un ordre de l'administration des postes (*art*. 305). Toutes visites et perquisitions, même sans saisie, doivent être constatées par un procès-verbal. En cas de découverte de lettres ou journaux transportés en fraude, le procès-verbal doit contenir l'énumération de ces objets, en reproduire l'adresse, et mentionner, autant que possible, le poids de chaque lettre (*art*. 306, 307). La gendarmerie ne peut faire des perquisitions, dans un but postal, sur des voyageurs étrangers au service des postes et n'exerçant aucune profession relative au transport des lettres ou papiers; la saisie qu'elle opérerait serait nulle (*art*. 309). Les voyageurs sont donc en droit de refuser à la gendarmerie d'exhiber leur portefeuille qu'elle leur demanderait pour s'assurer qu'il ne s'y touverait pas de lettres indûment transportées. La gendarmerie peut verbaliser contre un voiturier trouvé porteur de lettres cachetées contenues dans des boîtes fermées, la bonne foi ne pouvant, dans ce cas, servir d'excuse et le voiturier devant refuser les boîtes s'il n'a pas constaté qu'elles ne contiennent pas d'objets frauduleux ; elle peut aussi verbaliser contre tout commissionnaire ou messager portant une lettre décachetée qui n'est pas exclusivement relative aux commissions dont il est chargé ; elle ne peut saisir les lettres et papiers uniquement relatifs au service personnel des entrepreneurs de voitures que lorsque ces lettres sont fermées et cachetées, alors même qu'elles seraient, en effet, relatives à ce service. (*Art.* 340 à 342.)

303. *b.* POLICE DES ROUTES ET DES CAMPAGNES. — Un des devoirs principaux de la gendarmerie est de faire la police sur les grandes routes, et d'y maintenir la liberté des communications. Elle dresse des procès-verbaux de contraventions de grande voirie et de détérioration des routes, arbres, fossés, etc.; elle en dénonce.les auteurs à l'autorité compétente; elle agit de même pour les dégradations commises, par imprudence ou involontairement, sur les appareils des lignes de télégraphie électrique, ou les machines des télégraphes aériens (*art.* 343). Elle arrête ceux qui coupent ou dégradent les arbres plantés sur les chemins, promenades publiques, remparts et ouvrages extérieurs des places, ou en détériorant les monuments; elle saisit et conduit immédiatement devant l'officier de police judiciaire quiconque est surpris détruisant ou déplaçant les rails d'un chemin de fer, ou déposant sur la voie des matériaux ou autres objets, dans le but d'entraver la circulation, ainsi que ceux qui, par la rupture des fils, par la dégradation des appareils, ou par tout autre moyen, tentent d'intercepter les communications ou la correspondance télégraphique (*art.* 345). Elle surveille l'exécution des règlements sur la police des fleuves et des rivières navigables ou flottables, des bacs et bateaux de passage, des canaux, des plantations de dunes, des ports maritimes de commerce; elle verbalise contre les contraventions et en fait connaître. les auteurs aux autorités compétentes (*art.* 344). Elle verbalise contre les contraventions de petite voirie sur les voies de terre et d'eau, contre les contraventions à la police du roulage. (*Art.* 346 à 349.)

304. Elle dresse encore procès-verbal contre ceux qui exercent publiquement de mauvais traitements envers les animaux domestiques (*art.* 320). Elle veille à ce que les conducteurs d'animaux féroces suivent les grands chemins sans jamais s'en écarter : elle leur défend d'aller dans les bourgs et hameaux, d'entrer dans les bois et de se trouver sur les routes avant le lever ou après le coucher du soleil; elle évite qu'aucun danger ne puisse exister pour la

sécurité publique ; en cas de désobéissance, elle les conduit devant le maire de la commune la plus voisine. (*Art.* 321.)

305. Elle est chargée de protéger l'agriculture et de saisir tous individus commettant des dégâts dans les champs et les bois, dégradant les clôtures, de saisir ceux qui sont surpris commettant des larcins de fruits ou d'autres productions d'un terrain cultivé. Elle fait enlever, pour les remettre à l'autorité locale, les coutres de charrue, pinces, barres, barreaux, instruments aratoires, échèlles ou autres objets dont peuvent abuser les malfaiteurs, et qui ont été laissés dans les rues, chemins, places, lieux publics, ou qui sont dans les champs ; elles dénoncent ceux à qui ils appartiennent. (*Art.* 322, 323.)

306. Il est expressément ordonné à la gendarmerie, dans ses tournées, courses ou patrouilles, de porter la plus grande attention sur ce qui peut être nuisible à la salubrité, afin de prévenir, autant que possible, les ravages de maladies contagieuses ; elle est tenue, à cet effet, de surveiller les mesures de police prescrites par les règlements, et de verbaliser contre les contraventions (*art.* 324). Lorsqu'elle trouve des animaux morts sur les chemins ou dans les champs, elle en prévient les autorités locales et les requiert de les faire enfouir ; elle se porte, au besoin, de nouveau sur les lieux pour s'assurer que les ordres donnés à cet égard par les autorités ont été exécutés ; en cas de refus ou de négligence, les chefs de la gendarmerie en informent les préfets ou sous-préfets, afin qu'il soit pris des mesures à cet égard. Les mêmes précautions sont prises par la gendarmerie dans les cantons où des épizooties se sont manifestées ; elle veille, de plus, à ce que les animaux atteints et morts de cette maladie, ainsi que les chevaux morveux qui ont été abattus, soient enfouis avec leur cuir, pour prévenir et arrêter les effets des maladies contagieuses. (*Art.* 325 *et* 326.)

307. Elle dénonce à l'autorité locale tous ceux qui, dans les temps prescrits par les arrêtés, ont négligé d'écheniller, ainsi que ceux qui sont en contravention aux règlements de police rurale donnés par les préfets, sous-préfets et maires des communes dont ils ont la surveillance. (*Art.* 327.)

308. Elle verbalise contre les délits de chasse ; elle saisit tous les engins prohibés et les armes abandonnées par les délinquants ; elle réprime la mise en vente, la vente, l'achat, le transport et le colportage du gibier pendant le temps où la chasse est interdite (*art.* 328). Il lui est expressément défendu de désarmer un chas-

seur ; elle doit seulement lui déclarer saisie de son arme, en l'en laissant dépositaire ; elle doit arrêter ceux qui font résistance, lui adressent des menaces, refusent de se faire connaître par leurs papiers, donnent de faux noms, ceux qui sont masqués ou chassent pendant la nuit (*art.* 329). Elle seconde les agents des eaux et forêts pour les délits forestiers et de pêche. (*Art.* 330.)

309. Elle doit toujours se tenir à portée des grands rassemblements d'hommes, tels que foires, marchés, fêtes, cérémonies publiques, pour y maintenir le bon ordre et la tranquillité ; et, sur le soir, faire des patrouilles sur les routes et chemins qui y aboutissent, pour protéger le retour des particuliers et marchands. Elle saisit ceux qui dans ces rassemblements tiennent des jeux de hasard et autres jeux défendus par les lois et règlements de police (*art.* 331, 332). Ces dernières dispositions sont placées dans la section du décret spécialement relative à *la police des routes et des campagnes*, tandis que l'article 475 du Code pénal défend les jeux de hasard et les loteries en public dans toutes les localités, sans distinction entre les villes et campagnes. S'ensuit-il que, dans l'intérieur des villes et bourgs, les gendarmes n'ont pas le droit de saisir ceux qui tiennent, au mileu des grands rassemblements, par exemple les jours de foire ou de fête publique, des jeux prohibés ou des loteries, et qu'ils ne peuvent agir ainsi que dans les communes rurales ? nous ne le pensons pas : le décret n'a parlé que des campagnes, parce que dans les villes il y a toujours des officiers ou agents de police en suffisante quantité pour procurer l'exécution des lois ; il ne semble pas que, par là, son intention ait été d'empêcher les gendarmes d'agir quand les autres agents de police ne sont pas là pour arrêter les inconvénients de ces jeux destinés à tromper à ses dépens la crédulité publique.

310. La gendarmerie surveille les mendiants, vagabonds et gens sans aveu parcourant les communes et les campagnes. Elle arrête ceux qui ne sont pas connus de l'autorité locale et qui ne sont porteurs d'aucuns papiers constatant leur identité, mais surtout les mendiants valides, qu'on voit encore trop souvent exercer, dans les villes et dans un grand nombre de communes où la surveillance municipale se ralentit, leur déplorable industrie. Ces mendiants valides peuvent être saisis et conduits devant l'officier de police judiciaire, pour être statué, à leur égard, conformément aux lois sur la répression de la mendicité, lorsqu'ils mendient avec violences ou menaces, ou avec armes, ou nuitamment, ou en s'introduisant dans les maisons, ou plusieurs ensemble, ou avec

de faux certificats ou de faux passe-ports, ou infirmités supposées ou déguisement, ou après avoir été repris de justice, enfin lorsque d'habitude ils mendient hors du canton de leur domicile. (*Art.* 333.)

311. Lorsqu'on présume que, par suite d'une grande affluence à des assemblées publiques, l'ordre peut être menacé, le commandant de l'arrondissement, après s'être concerté avec le sous-préfet, ou sur sa réquisition, peut réunir et envoyer sur le lieu plusieurs brigades; il les commande lui-même si sa présence est jugée nécessaire, et il en est toujours ainsi dans les diverses circonstances où plusieurs brigades sont réunies pour un service de ville ou de campagne. Les brigades ne rentrent à leur résidence que lorsque leur présence n'est plus jugée nécessaire, et elles se retirent assez lentement pour observer ce qui se passe et empêcher les rixes qui ont lieu fréquemment à la suite de ces assemblées. (*Art.* 334.)

312. En tout temps, les sous-officiers, brigadiers et gendarmes doivent faire des patrouilles et des embuscades de nuit pour protéger le commerce intérieur, en procurant la plus parfaite sécurité aux négociants, marchands, artisans et à tous les individus que leur commerce, leur industrie et leurs affaires obligent à voyager. (*Art.* 335.)

313. *c.* Des correspondances et des transfèrements des prisonniers. — L'une des fonctions habituelles et ordinaires des brigades de la gendarmerie est de correspondre périodiquement entre elles, à des jours et sur des points déterminés par les chefs de l'arme. Ces correspondances périodiques ont essentiellement pour objet le transfèrement des prisonniers de brigade en brigade, et la remise des pièces qui les concernent. Elles ont également pour objet, de la part des sous-officiers et gendarmes qui s'y rendent, de se communiquer réciproquement les renseignements et avis qu'ils ont pu recevoir, dans l'intervalle d'une correspondance à l'autre, sur tout ce qui intéresse la tranquillité publique; de concerter leurs opérations relativement à la recherche des malveillants de toute espèce dont ils auraient connaissance; de se remettre réciproquement les signalements des individus prévenus de crimes et délits, évadés de prison ou de bagnes, et enfin de s'éclairer mutuellement sur les moyens à prendre pour concourir à la répression de tout ce qui peut troubler l'ordre social. (*Art.* 366, 367.)

314. Le décret règle, avec de minutieux détails, tout ce qui concerne les ordres de transfèrement et le mode d'accomplissement de l'opération (*art.* 368 *et suivants*) ; nous n'en relèverons que quelques dispositions d'un intérêt général. Dans chaque lieu de gîte, les prévenus ou condamnés sont déposés dans la maison d'arrêt ; dans le cas où il n'y a pas de maison d'arrêt ou de détention dans le lieu de résidence d'une brigade, les prévenus ou condamnés sont déposés dans la chambre de sûreté de la caserne de gendarmerie ; ils y sont gardés jusqu'au prochain départ de la correspondance ; si les prisonniers sont de différents sexes, les femmes sont remises à la garde de l'autorité locale, qui pourvoit à leur logement. En cas de refus du maire de pourvoir à la subsistance des prisonniers déposés dans la chambre de sûreté, la gendarmerie, après l'avoir constaté, leur fournit les aliments, sauf remboursement par l'autorité administrative (*art.* 371, 372). Les conduites extraordinaires ne doivent avoir lieu qu'en vertu d'ordres ministériels, réquisitions des magistrats des cours impériales, et sur les demandes particulières faites par les pères, mères, tuteurs ou conseils de famille ; hors ces cas, les conduites sont toujours faites de brigade en brigade. Si la translation par voie extraordinaire est nécessitée par l'impossibilité du prévenu de faire ou continuer le voyage à pied, l'impossibilité est constatée par un certificat de médecin ou de chirurgien. Ceux qui peuvent faire les frais de leur transport et du retour de l'escorte, sont conduits directement à leur destination, en se soumettant aux mesures de précaution prescrites par le magistrat qui a autorisé la translation. (*Art.* 373 *à* 375.)

315. Il est expressément recommandé aux gendarmes sous l'escorte desquels marchent des prévenus ou condamnés, d'empêcher qu'ils fassent un usage immodéré de vin, cidre et autres boissons enivrantes, et aucun usage des liqueurs spiritueuses ; ils peuvent aussi interdire l'emploi du tabac à fumer, s'ils croient cette précaution nécessaire (*art.* 381). La mendicité étant un délit, la gendarmerie s'oppose, par tous les moyens en son pouvoir, à ce que les individus confiés à sa garde sollicitent ou reçoivent des secours de la charité publique, et cela sous la responsabilité personnelle des chefs d'escorte. (*Art.* 382.)

316. Les militaires de la gendarmerie qui ne ramènent pas de prisonniers ne reviennent pas par la même route ; ils doivent se porter dans l'intérieur des terres, visiter les hameaux, fouiller les bois et les lieux suspects, et prendre dans les fermes et maisons isolées toutes les informations qui peuvent être utiles. (*Art.* 383.)

317. Avant d'extraire des prisons les individus qu'ils doivent conduire, les militaires de la gendarmerie s'assurent de leur identité et vérifient s'ils n'ont pas sur eux des objets tranchants ou quelque instrument qui puisse servir à favoriser leur évasion ; ils exigent le dépôt de l'argent ou des valeurs, en en faisant mention ; ces objets sont restitués lors de l'arrivée à destination (*art.* 386). Pendant le trajet, les gendarmes sont toujours armés et équipés complétement, ne doivent pas perdre de vue un seul des mouvements des prisonniers ; ils doivent observer s'ils ne tentent pas de s'évader par ruse ; ils les surveillent de très-près, surtout dans les passages qui peuvent favoriser leur évasion, tels que bois, ravins, fossés, rivières, chemins encaissés, montagnes, ou autres lieux accidentés dont le site rendrait la poursuite difficile, et lorsqu'il y a affluence de monde sur la route qu'ils ont à parcourir. (*Art.* 384, 387.)

318. Si un prisonnier tombe malade ou arrive malade dans une résidence de brigade où il n'y a ni prison ni hôpital, il reste déposé dans la chambre de sûreté de la caserne ; les secours lui sont administrés par les soins du maire ou adjoint, jusqu'au moment où il peut être transféré sans danger dans la maison de détention ou dans l'hôpital le plus à proximité (*art.* 388). Si le prisonnier meurt entre les mains des gendarmes de l'escorte, ou à la chambre de sûreté, ils doivent en prévenir immédiatement le maire de la commune, et l'inviter à faire procéder à l'inhumation ; ils signent l'acte de décès, ils s'en font délivrer une copie, et l'envoient au commandant de l'arrondissement, lequel se conforme à ce qui est prescrit pour les prisonniers morts dans un hôpital. (*Art.* 389.)

Lorsqu'un prévenu ou condamné conduit à pied par la gendarmerie tombe malade en route, le maire ou l'adjoint du lieu le plus voisin, sur la réquisition des gendarmes de conduite, est tenu de pourvoir aux moyens de transport jusqu'à la résidence de la brigade, la maison de détention ou l'hôpital le plus à proximité. Si c'est une maison de détention, le prisonnier y est placé à l'infirmerie ; si c'est un hôpital civil, il y est soigné dans un lieu sûr, sous la surveillance des autorités locales. Les commandants de gendarmerie doivent veiller à ce que les prisonniers entrés aux hôpitaux ne restent pas au delà du temps nécessaire pour leur rétablissement (*art.* 390). En cas d'évasion, le commandant de la brigade, au premier avis reçu, fait rechercher et poursuivre l'évadé ; il se rend sur les lieux pour s'enquérir s'il y a eu connivence ou seulement défaut de surveillance des gardiens. Il constate ses recherches et envoie les pièces au commandant de la compagnie, qui en rend compte à l'autorité compétente.

En cas de mort dans les hôpitaux civils, le commandant de brigade se fait délivrer une expédition de l'acte de décès, et l'envoie dans les 24 heures, avec toutes les pièces concernant le décédé, au commandant de l'arrondissement, qui les transmet au commandant de la compagnie, lequel envoie le tout, selon qu'il s'agit d'un condamné pour crime ou puni de plus d'un an d'emprisonnement, ou d'un prévenu de délit ou d'un condamné de la même catégorie, au ministre de l'intérieur, à l'officier de police judiciaire qui a décerné le mandat ou requis le transfèrement, enfin au procureur impérial qui a requis la condamnation. Il est également donné connaissance de l'évasion ou du décès d'un prisonnier à l'autorité devant laquelle il devait être conduit. (*Art.* 391 *à* 394.)

319. Des règles particulières sont prescrites à la gendarmerie pour le transfèrement des prisonniers militaires. (*Art.* 395 *à* 414.)

320. Sa responsabilité dans les transfèrements de prisonniers est proclamée et définie. Il est prescrit aux sous-officiers et gendarmes de prendre toutes les précautions pour mettre les prisonniers confiés à leur garde dans l'impossibilité de s'évader; toute rigueur inutile pour s'assurer de leur personne est expressément interdite. La loi défend à tous, et spécialement aux dépositaires de la force armée, de faire aux personnes arrêtées aucun mauvais traitement, ni outrage, même d'employer contre elles aucune violence, à moins qu'il n'y ait résistance ou rébellion, auquel cas seulement ils sont autorisés à repousser par la force les voies de faits commises contre eux dans l'exercice de leurs fonctions (*art.* 415). Toutefois les gendarmes ayant, en cas d'évasion, une responsabilité qu'il importe essentiellement de ne pas leur ôter, il y a lieu de leur laisser quelque latitude dans l'emploi des moyens qui, selon les circonstances, peuvent être indispensables pour prévenir les évasions; il leur est recommandé de préférence d'employer des chaînettes en corde de fil de fer, ou des gourmettes fermant à cadenas, comme réunissant les conditions de solidité, de légèreté et de flexibilité. Cependant, dans des cas rares, et lorsqu'il s'agit de la conduite d'un grand criminel, ou s'il y a mutinerie ou tentative d'évasion, on peut recourir aux poucettes. Mais il est interdit de se servir de grosses chaînes ou de menottes à vis, ou colliers de chiens, qui sont susceptibles de blesser les prisonniers et d'occasionner des accidents graves; il est également formellement défendu de fixer à l'une des parties du harnachement le bout du lien qui retient un prisonnier. Il importe d'indiquer, sur l'ordre de conduite, les tentatives d'évasion qui ont eu lieu pendant la route, et de veiller à ce que les prisonniers ne s'enivrent pas. (*Art.* 416.)

Dans les cas où il y a rébellion de la part des prisonniers et tentative violente d'évasion, le commandant de l'escorte, dont les armes doivent être toujours chargées, leur enjoint, au nom de la loi, de rentrer dans l'ordre, en leur déclarant que, s'ils n'obéissent pas, ils vont y être contraints par la force des armes. Si cette injonction n'est pas écoutée et si la résistance continue, la force des armes est déployée à l'instant même, pour contenir les rebelles, fuyards et révoltés (*art.* 41). Si, par suite de l'emploi des armes, un ou plusieurs prisonniers transférés sont restés sur place, le commandant de l'escorte fait prévenir immédiatement le juge de paix du canton ou tout autre officier de police judiciaire le plus à proximité, afin qu'il se rende sur les lieux; il dresse un procès-verbal circonstancié, lequel, signé par tous les gendarmes de l'escorte, est remis à l'officier de police judiciaire; une copie en est envoyée immédiatement aux chefs de l'arme, afin que les diverses autorités compétentes en soient informées; le chef de l'escorte doit requérir le maire de la commune, afin qu'il dresse l'acte de décès et pourvoie à l'inhumation, après en avoir reçu l'autorisation du procureur impérial. La conduite n'est pas retardée, à moins qu'il n'y ait décision contraire de l'autorité civile ou judiciaire, prise à l'occasion de cet événement. (*Art.* 419 *et* 420.)

321. Dans le cas où des prisonniers en route s'évadent, ceux qui restent sont toujours conduits à destination. Autant que possible, le chef de l'escorte se met aussitôt sur les traces des individus évadés, et requiert les agents de l'autorité et les citoyens de lui prêter aide et assistance pour les rechercher et les arrêter; les citoyens ne peuvent, s'ils n'ont pas de motifs légitimes à opposer, refuser ou négliger d'obtempérer à cette réquisition qui a pour objet un service public, sans s'exposer aux peines de l'article 475 n° 12 du Code pénal. Le chef d'escorte donne partout le signalement des évadés, et ne cesse la poursuite que lorsqu'il a la certitude qu'elle est sans résultat. Il dresse procès-verbal et rend compte au commandement de l'arrondissement, qui prend tous les renseignements nécessaires pour savoir s'il y a eu connivence ou seulement négligence de la part des gendarmes; le commandant ordonne de son côté les recherches et poursuites qu'il juge

convenables; il est rendu compte au procureur impérial et aux chefs militaires supérieurs (*art.* 422). Si l'évasion a eu lieu par suite de négligence, les gendarmes chargés de la conduite sont passibles de peines proportionnées à la nature des délits imputés aux évadés, ou de la peine infligée aux condamnés; le procès-verbal doit mentionner tous les détails qui peuvent faire préciser la responsabilité attachée à l'évasion. (*Art.* 423.)

322. Tout sous-officier, brigadier ou gendarme, convaincu d'avoir emprunté ou reçu, à quelque titre que ce soit, de l'argent ou des effets des prévenus et condamnés qu'il transférait, est réformé, sans préjudice des peines qui peuvent être prononcées contre lui d'après le Code pénal. Si l'argent ou les effets ont été reçus par un officier, il y a crime de concussion. (*Art.* 425.)

323. Les sous-officiers, brigadiers ou gendarmes, sont tenus de veiller à ce que les prisonniers reçoivent exactement leurs subsistances pendant la route; ils préviennent les maires ou adjoints des infractions et négligences qu'ils remarqueraient sur la fourniture de la subsistance et du couchage. Ils s'assurent, la veille du départ, que les prévenus ou condamnés qu'ils doivent conduire, ne sont point malades, et qu'ils sont munis des chaussures et vêtements nécessaires pour faire la route (*art.* 426). Les commandants de brigade exercent la surveillance pour les militaires détenus: en cas de plaintes, ils en vérifient l'exactitude, et s'il y a des abus, ils en donnent aussitôt connaissance au préfet ou à l'autorité militaire. (*Art.* 427.)

324. La gendarmerie surveille le transport des condamnés par les voitures cellulaires. Sur réquisition du préfet, il est fourni un brigadier pour accompagner la voiture jusqu'à destination; ce brigadier a la police de la voiture : il s'assure de son état, et de l'identité des individus qui doivent y être transportés (*art.* 429 à 434). Le brigadier doit refuser tout condamné malade ou en état d'ivresse, toute femme allaitant son enfant, ou dans un état de grossesse apparent, à moins que dans ce dernier cas, un certificat de médecin n'atteste que le transfèrement peut se faire sans danger (*art.* 435). Il veille à l'exécution des mesures de précaution et de sûreté, à ce que les vêtements dus par les entrepreneurs aux condamnés, selon la saison, leur soient fournis propres et en bon état, à ce que les condamnés reçoivent les aliments déterminés par les règlements, et de bonne qualité; en cas de contestation, c'est le maire qui prononce, et définitivement (*art.* 436 à 439). S'il y a des événements graves, il en rend compte immédiatement au

ministre. Il prononce les peines à infliger aux condamnés coupables d'infraction au règlement, lequel leur est lu et reste affiché dans chaque cellule. Il prête, au besoin, main-forte aux gardiens pour maintenir les condamnés dans l'obéissance, réprimer les tentatives d'évasion et repousser toute attaque du dehors. Il veille à ce que les gardiens s'abstiennent de toute injure et de toute menace envers les condamnés, et à ce que ceux-ci n'aient aucune communication avec le public. Il constate les changements d'itinéraire, les retards forcés, les temps d'arrêt et de repos, les faits d'évasion, les dégradations faites méchamment par les condamnés à la voiture et au mobilier de l'entreprise, l'abandon de la voiture par les deux gardiens à la fois. (*Art.* 440 à 445.)

325. S'il est absolument nécessaire de s'arrêter pour donner du repos aux condamnés, le brigadier choisit pour lieu de repos un chef-lieu de préfecture ou de sous-préfecture; il avertit le maire, et le préfet ou sous-préfet, pour qu'ils prennent des mesures jusqu'au moment du départ. Les condamnés sont déposés provisoirement dans la maison d'arrêt ou de justice, où il est pourvu à leur nourriture et aux frais du coucher. Le repos n'est jamais de plus de six heures, et a lieu pendant le jour. Si, par suite d'accident survenu à la voiture sur un point éloigné de toute population agglomérée, il est nécessaire de s'arrêter et de mettre à pied les condamnés, il donne l'ordre aux postillons de se rendre à cheval et en toute hâte à la brigade de gendarmerie la plus voisine, pour y porter avis et demander main-forte; il prescrit toutes les mesures extraordinaires qu'il juge nécessaires pour prévenir les évasions. Si des condamnés ont été blessés, il pourvoit, de même, ou par tout autre moyen plus prompt, s'il est possible, à leur soulagement, et fait appeler un médecin. (*Art* 447 *et* 448.)

326. Si, pendant le voyage, les condamnés sont reconnus, par des médecins, hors d'état d'être transportés plus loin, ils sont remis, suivant les localités, à la disposition du préfet, du sous-préfet ou du maire, qui prescrivent telle mesure qu'il appartient. Hors les cas prévus, aucun condamné ne peut quitter sa cellule, même momentanément. En cas de décès d'un condamné pendant le trajet, il est pourvu à sa sépulture par les soins du maire de la commune, et aux frais de l'entreprise. (*Art.* 449 *et* 451.)

En cas d'évasion, le brigadier remet au préfet, au sous-préfet ou au maire, le signalement du condamné évadé, et tous autres renseignements pouvant servir à son arrestation; il les transmet, sans délai, au ministre de l'intérieur. (*Art.* 452.)

327. Dans l'intérêt des mœurs, chaque cellule de femme a une seconde serrure dont la clef est remise au brigadier, sans le concours duquel aucune détenue ne peut être sortie de sa cellule. La clef est remise aux agents de l'entreprise quand le voyage est terminé. (*Art.* 455 *et* 456.)

328. Lorsque des voitures cellulaires sont affectées au transport des prévenus, accusés et de condamnés, la garde et la conduite peuvent être confiées aux mêmes sous-officiers, brigadiers ou gendarmes. (*Art.* 457.)

329. 2° *Service extraordinaire des brigades.* — Il consiste à prêter main-forte : 1° aux préposés des douanes, pour la perception des droits, pour la répression de la contrebande ; 2° aux administrateurs et agents forestiers, pour la répression du maraudage dans les forêts, et sur les fleuves, lacs ou rivières ; 3° aux agents et receveurs des deniers de l'État, pour la rentrée des contributions ; ces fonctionnaires, lorsqu'ils craignent une attaque sur les fonds existants entre leurs mains, doivent s'adresser au maire et le prier de requérir de la gendarmerie une escorte ; 4° aux huissiers et autres exécuteurs des mandements de justice, porteurs de réquisitions ou jugements spéciaux, dont ils doivent justifier ; 5° aux commissaires et sous-commissaires, gardes-barrières et autres agents préposés à la surveillance des chemins de fer (*art.* 459). Bien que cet article ne prévoie que certains cas où la gendarmerie doit prêter main-forte, il ne faut pas moins classer dans le service extraordinaire tout ce que la gendarmerie fait en vertu de réquisitions d'une autorité quelconque ; car l'article 269 définit le service extraordinaire, celui dont l'exécution n'a lieu qu'en vertu d'ordres ou de réquisitions. Sur le droit de réquérir la gendarmerie, voyez les articles 94 et suivants, plus haut n° 277.

330. La gendarmerie fournit les escortes légalement demandées, notamment celles pour la sûreté des recettes générales, convois de poudre, courriers des malles, voitures et messageries publiques chargées des fonds du Gouvernement. Elle est également chargée de fournir des escortes pour la surveillance des transports et mouvements d'espèces entre les départements et les hôtels des monnaies, lorsqu'elle en est requise par les autorités. Mais cette surveillance ne doit s'exercer, en général, qu'au moyen des patrouilles et embuscades, dans les circonstances et sur les points des grandes routes où il y a quelque danger à craindre ; il n'est fourni d'escorte, que si ce service est le seul qui offre une garantie réelle. Au surplus, le service des escortes pour le transport des fonds de l'État et pour celui de la poudre, est réglé en détail par le décret du 1er mars 1854. (*Art.* 461 à 486.)

331. *Procès-verbaux de la gendarmerie.* — Toutes les fois que la gendarmerie est requise pour une opération quelconque, elle en dresse procès-verbal, même en cas de non-réussite, pour constater son transport et ses recherches. Elle dresse également procès-verbal des crimes, délits ou contraventions, de toute nature, qu'elle découvre, des crimes et délits qui lui sont dénoncés, de tous les événements importants dont elle a été témoin, de tous ceux qui laissent des traces après eux, et dont elle va s'enquérir sur les lieux, de toutes les déclarations qui peuvent lui être faites par les fonctionnaires publics et les citoyens qui sont en état de fournir des indices sur les crimes ou délits, enfin de toutes les opérations qu'elle opère dans son service. Un gendarme peut verbaliser seul; mais il est à désirer que tous les actes de la gendarmerie soient constatés par deux gendarmes au moins, afin de leur donner toute la force possible, en opposant en justice leurs témoignages aux dénégations des délinquants. Les sous-officiers, brigadiers et gendarmes requis de prêter main-forte aux fonctionnaires et aux agents de l'autorité administrative ou judiciaire, peuvent signer les procès-verbaux dressés par les fonctionnaires et agents, après en avoir pris connaissance; mais ils ne dressent pas eux-mêmes de procès-verbaux de ces opérations.

Les procès-verbaux de la gendarmerie sont faits sur papier libre (*art.* 487 à 494). Tous les procès-verbaux dressés par les brigades sont généralement établis en double expédition, dont l'une est remise, dans les vingt-quatre heures, à l'autorité compétente, et l'autre est adressée au commandant de l'arrondissement; ceux d'arrestation des forçats évadés et des déserteurs sont en quadruple expédition; ceux qui concernent le roulage et la grande voirie doivent être faits en triple expédition, deux pour le préfet et le sous-préfet, une pour le commandant de la compagnie; ceux relatifs à la contrebande sont en triple expédition, dont deux pour le directeur des douanes et des contributions indirectes. (*Art.* 495.)

Dans les résidences où il n'y a pas d'officiers de la gendarmerie, les procès-verbaux rédigés par les militaires de cette arme sont adressés directement aux autorités compétentes pour accélérer la transmission des dépêches. (*Art.* 496.)

Les formes et l'autorité des procès-verbaux des militaires de la gendarmerie considérés comme officiers de police judiciaire, en général, sont spécialement déterminées par les articles 492, 497 à 499.

332. *Crimes et délits commis par la gendarmerie.* — Les officiers, sous-officiers et gendarmes sont justiciables des tribunaux ordinaires et des cours d'assises, pour les délits et crimes commis hors de leurs fonctions ou dans l'exercice de leurs fonctions relatives à leur service de police administrative ou judiciaire, et des tribunaux militaires pour les délits relatifs au service et à la dicipline militaire. Les militaires de tout grade de la gendarmerie sont réputés être dans l'exercice de leurs fonctions, lorsqu'ils sont revêtus de leur uniforme (*art.* 576). Si l'officier, sous-officier, brigadier ou gendarme, est accusé tout à la fois d'un délit ou crime militaire, et de tout autre délit ou crime de la compétence des tribunaux ordinaires et des cours d'assises, la connaissance en appartient à ces tribunaux ou cours d'assises, d'après l'article 577, lequel a été modifié par l'article 60 du Code de justice militaire du 9 juin 1857, qui veut que, dans ce cas, l'individu justiciable des conseils de guerre, soit traduit d'abord devant le tribunal auquel appartient la connaissance du fait le plus grave, et renvoyé ensuite, s'il y a lieu, pour l'autre fait, devant le tribunal compétent; si les deux crimes ou délits emportent la même peine, le prévenu est d'abord jugé pour le fait de la compétence des tribunaux ordinaires.

333. Si un particulier a à se plaindre d'un militaire de la gendarmerie à raison d'un fait commis dans l'exercice des fonctions, il peut agir devant les tribunaux, suivant les règles générales du droit commun, sans avoir besoin d'une autorisation préalable du conseil d'État. (*Arr. de la C. de Cass. du 5 mars 1835.*)

334. *Devoirs généraux et droits de la gendarmerie dans l'exécution du service.* — Une des principales obligations de la gendarmerie étant de veiller à la sûreté individuelle, elle doit assistance à toute personne qui réclame son secours. Dans un moment de danger, tout militaire du corps de la gendarmerie qui ne satisfait pas à cette obligation, lorsqu'il en a la possibilité, se constitue en état de prévarication dans l'exercice de ses fonctions. (*Art.* 643.)

335. Tout acte de la gendarmerie qui trouble les citoyens dans l'exercice de leur liberté individuelle est un abus de pouvoir : les officiers, sous-officiers, brigadiers et gendarmes qui s'en rendent coupables encourent une peine disciplinaire, indépendamment des poursuites judiciaires qui peuvent être exercées contre eux (*art.* 614). Hors le cas de flagrant délit déterminé par les lois, la gendarmerie ne peut arrêter aucun individu, si ce n'est en vertu d'un ordre ou d'un mandat décerné par l'autorité compétente; tout officier, sous-officier, brigadier ou gendarme qui, en contravention à cette disposition, donne, signe, exécute ou fait exécuter l'ordre d'arrêter un individu, ou l'arrête effectivement, est puni comme coupable de détention arbitraire. Il en est de même de tout militaire de la gendarmerie qui, dans les cas d'arrestation autorisée par la loi, conduit ou retient un individu dans un lieu de détention non légalement et publiquement désigné par l'autorité administrative pour servir de maison d'arrêt, de justice ou d'arrêt. Tout individu arrêté en flagrant délit par la gendarmerie et contre lequel il n'existe ni mandat d'arrestation, ni condamnation, est conduit à l'instant même devant l'officier de police : un mandat de celui-ci est indispensable à la translation dans une maison d'arrêt ou de justice. Dans le cas seulement où, par l'effet de l'absence de l'officier de police, le prévenu arrêté en flagrant délit ne peut être entendu immédiatement après l'arrestation, il est déposé dans l'une des salles de la mairie, où il est gardé à vue, ou dans la chambre de sûreté de la caserne, jusqu'à ce qu'il puisse être conduit devant l'officier de police : sous aucun prétexte, cette conduite ne peut être différée au delà de vingt-quatre heures; l'officier, sous-officier, brigadier ou gendarme qui a retenu plus longtemps le prévenu, sans le faire comparaître devant l'officier de police, est poursuivi comme coupable de détention arbitraire. Lorsque la gendarmerie a un mandat à notifier à un individu qui a quitté l'arrondissement, elle doit se renseigner sur le lieu de sa retraite; et, dans le cas où elle parvient à le découvrir ou à recueillir des indices qui puissent mettre la justice sur les traces, elle doit en faire mention dans son procès-verbal de recherches infructueuses : elle adresse ce procès-verbal, en y joignant le mandat, au procureur impérial, qui demeure chargé des opérations ultérieures. (*Art.* 615 à 619.)

336. Si la gendarmerie est attaquée dans l'exercice de ses fonctions, elle requiert, de par la loi, l'assistance des citoyens présents, à l'effet de lui prêter main-forte, tant pour repousser les attaques dirigées contre elle, que pour assurer l'exécution des réquisitions et ordres dont elle est chargée. (*Art.* 621.)

337. La force publique ne peut être requise par les autorités civiles que dans l'étendue de leur territoire : elle ne peut non plus se transporter dans un autre arrondissement sans ordres spéciaux.

Les militaires du corps de la gendarmerie, qui refusent d'obtempérer aux réquisitions légales de l'autorité civile, peuvent être réformés, sans préjudice des peines dont ils sont passibles si, par suite de leur refus, la sûreté publique a été compromise. (*Art.* 620 *et* 622.)

٬ **338.** Les gardes forestiers étant appelés à concourir au besoin, avec la gendarmerie, pour le maintien de l'ordre et de la tranquillité publique, et les brigades de la gendarmerie devant les seconder et leur prêter main-forte pour la répression des délits forestiers, les inspecteurs ou sous-inspecteurs des eaux et forêts, et les commandants de gendarmerie se donnent réciproquement connaissance des lieux de résidence des gardes forestiers, et des brigades et postes de gendarmerie, pour assurer, de concert, l'exécution des mesures et des réquisitions toutes les fois qu'ils doivent agir simultanément (*art.* 623). Les gardes champêtres des communes sont placés sous la surveillance des commandants de brigade de gendarmerie. qui les inscrivent sur un registre en prenant note de leur conduite et de leur manière de servir. Les officiers, sous-officiers et brigadiers s'assurent, dans leurs tournées, si les gardes champêtres remplissent bien leurs fonctions; ils donnent connaissance aux préfets ou sous-préfets de ce qu'ils ont appris sur la moralité et le zèle de chacun d'eux. Dans les cas urgents ou pour des objets importants, les sous-officiers et brigadiers de gendarmerie peuvent mettre en réquisition les gardes champêtres d'un canton, et les officiers ceux d'un arrondissement, soit pour les seconder dans l'exécution d'ordres reçus, soit pour le maintien de la police et de la tranquillité publique; mais ils sont tenus de donner avis de cette réquisition aux maires et aux sous-préfets, et de leur en faire connaître les motifs généraux. Les gardes champêtres sont tenus d'informer les maires, et ceux-ci les officiers ou sous-officiers et brigadiers de la gendarmerie, de tout ce qu'ils découvrent de contraire au maintien de l'ordre et de la tranquillité publique; ils leur donnent avis de tous les délits commis dans leurs territoires respectifs (*art.* 623 à 928). Par les dispositions qui précèdent, on voit que la gendarmerie a une surveillance et une sorte de supériorité sur les gardes champêtres et forestiers, qu'elle a le droit de les réquérir, mais sans être autorisée, dans le cours du service, à leur donner des ordres, qu'ils ne reçoivent que de leurs chefs administratifs, les préfets, sous-préfets ou maires.

339. Il en est de même à l'égard des cantonniers, pour lesquels le décret du 1ᵉʳ mars 1854 porte expressément que la gendarmerie a le droit de surveillance, *sans avoir des ordres à leur donner*; elle prend note de leurs absences, qu'elle signale à leurs commandants ou officiers, lesquels font parvenir le relevé des notes d'absence au préfet. Les cantonniers, par leur état et leur position, pouvant mieux que personne donner des renseignements exacts sur les voyageurs à pied, à cheval ou en voiture, et étant d'utiles agents auxiliaires de la gendarmerie pour faire découvrir les malfaiteurs, doivent obtempérer à toutes les demandes et réquisitions qui leur sont faites par les sous-officiers, brigadiers et gendarmes. (*Art.* 629 à 633.)

340. Dans le cas de soulèvement armé, les commandants de la gendarmerie peuvent mettre en réquisition les agents subalternes de toutes les administrations publiques et des chemins de fer; ces réquisitions sont adressées aux chefs des administrations, qui sont tenus d'y obtempérer, à moins d'impossibilité dont ils devront justifier sous leur responsabilité. (*Art.* 634.)

341. Les officiers, sous-officiers, brigadiers et gendarmes, dans l'exercice de leurs fonctions, et revêtus de leur uniforme, ont le droit de s'introduire dans les enceintes, gares et débarcadères des chemins de fer, d'y circuler et stationner, en se conformant aux mesures de précaution déterminées par le ministre des travaux publics. (*Art.* 635.)

342. Les officiers, sous-officiers, brigadiers et gendarmes sont exempts des droits de péage et de passage des bacs, ainsi que les voitures, chevaux et personnes qui marchent sous leur escorte; ils ont droit à la réduction accordée aux militaires voyageant en chemin de fer, à la charge de justifier qu'ils voyagent pour cause de service. (*Art.* 636.)

343. Les militaires de la gendarmerie ne peuvent être distraits de leurs fonctions pour être employés à des services personnels; les officiers ne peuvent non plus, pour les devoirs qui leur sont propres, interrompre les tours de service d'aucun sous-officier, brigadier ou gendarme. Les commandants de compagnie seuls ont le droit de disposer d'un gendarme de l'une des brigades du chef-lieu, pour les travaux d'écriture de la compagnie. Tout officier de gendarmerie de service et à cheval a le droit de se faire accompagner par un gendarme d'ordonnance dans ses courses et tournées; mais il ne peut le conserver pour s'en faire accompagner dans toute sa tournée; ce gendarme est relevé de brigade en brigade et ne peut découcher. (*Art.* 638 *et* 639.)

344. Les corps de la garde de Paris et de la gendarmerie d'élite conservent, en raison de la spécialité de leur service, la constitution particulière qui leur a été donnée par les décrets d'organisation. Ils sont soumis, d'ailleurs, aux règles établies pour la police et la discipline de la gendarmerie, dont ils font partie intégrante. (*Art.* 643.)

§ 4. DES GARDES CHAMPÊTRES ET FORESTIERS.

345. Les gardes champêtres et forestiers ont des fonctions de police locale et de police judiciaire; en même temps, ils sont appelés à participer à l'action de la police générale; c'est sous ce dernier rapport seulement que nous avons à les considérer ici.

346. 1° *Gardes champêtres.* D'abord facultative, aux termes du Code rural de 1791, leur existence dans chaque commune a été rendue obligatoire par les articles 1er et 3 du décret du 20 messidor an III; aussi, d'après la loi du 18 juillet 1837, leur traitement est une dépense obligatoire du budget de la commune.

347. Autrefois nommés par les maires, les gardes champêtres le sont aujourd'hui par les préfets, sur la présentation des maires (*Décr.* 25 *mars* 1852, *art.* 25, *n°* 21). Pour pouvoir être nommé, il faut avoir 25 ans, et faire preuve de bonnes vie et mœurs (*Cod. rural, tit. Ier, sect.* 7, *art.* 5; *Déc.* 20 *mess. an III, art.* 2). D'après l'arrêté du 25 fructidor an IX et le décret du 8 mars 1811, ces emplois sont spécialement affectés aux anciens militaires.

348. Avant d'entrer en fonctions, les gardes champêtres prêtent le serment de veiller à la conservation de toutes les propriétés qui sont sous la foi publique, et de toutes celles dont la garde leur aura été confiée par l'acte de leur nomination; à ce serment professionnel se joint en même temps celui de fidélité à la constitution. C'est le juge de paix qui les reçoit qui leur fait prêter ce double serment. (*Cod. rural, art. cité; Déc. du* 5 *avr.* 1852.)

349. Le préfet qui a le droit de nommer les gardes champêtres, a aussi celui de les révoquer, sauf recours au ministre de l'intérieur. Le sous-préfet ne peut ni les suspendre ni les révoquer, mais seulement rendre compte aux préfets de leur conduite, et provoquer à leur égard les mesures qu'ils croiront nécessaires.

350. Indépendamment du droit et du devoir de rechercher et

6.

constater des contraventions spéciales dans un certain nombre de matières, ce qui appartient à la police judiciaire, les gardes champêtres sont chargés de veiller à l'exécution des mesures propres à prévenir la contagion des épizooties ; les maires peuvent, à cet effet, les requérir (*Ord.* 27 *janv.* 1815, *art.* 2) ; ils peuvent aussi être requis par les agents des douanes pour parvenir à la saisie des objets introduits en fraude (*Déc.* 1er *germ. an XIII, art.* 51). Ils ont, pour le maintien de l'ordre général, des rapports obligés et fréquents avec la gendarmerie ; ils doivent, dans les huit jours de leur installation, se présenter à l'officier ou sous-officier de gendarmerie du canton, qui inscrit leur nom, leur âge, leur domicile, sur un registre spécial. Ils sont tenus de prévenir les maires et la gendarmerie, lorsqu'il s'établit dans leur commune des individus étrangers à la localité. Les sous-préfets, après avoir pris l'avis des maires et des officiers de la gendarmerie, désignent aux préfets, et ceux-ci à l'administration forestière, ceux d'entre les gardes champêtres de leurs arrondissements et de leurs départements respectifs qui, par leur bonne conduite et par leurs services, méritent d'être appelés aux fonctions de gardes forestiers. C'est ce que porte le décret du 11 juin 1806, avec d'autres dispositions que nous ne reproduisons pas ici, parce qu'elles se trouvent répétées identiquement dans le décret du 1er mars 1854, concernant la gendarmerie (voy. n° 338). Les gardes champêtres sont chargés, concurremment avec les maires, commissaires de police, gendarmes et cantonniers, de veiller à la conservation des plantations des routes. (*Déc.* 16 *déc.* 1811, *art.* 106.)

351. Ils ont le caractère d'agents de la force publique ; c'est en cette qualité qu'on leur reconnaît le droit, par exemple, de faire les significations relatives au conseil de discipline de la garde nationale (*L.* 13 *juin* 1851, *art.* 97; *Arr. Cass.* 28 *déc.* 1832), de faire exécuter les arrêtés pris par les maires dans les limites de leurs attributions. (*Arr. Cass.* 2 *mai* 1839.)

352. Dans l'exercice de leurs fonctions, ils ont le droit de porter les armes que le préfet juge leur être nécessaires. Ils ne peuvent, sous aucun prétexte, vendre, échanger ni mutiler leurs armes; lorsqu'elles sont hors de service, elles doivent être versées dans les arsenaux, et remplacées, selon qu'il y a lieu, aux frais de l'État ou aux frais des gardes. Ils ont sur le bras une plaque de métal ou d'étoffe où sont inscrits ces mots : *la loi,* le nom de la municipalité et celui du garde. (*Cod. rural, tit. Ier, sect.* 7, *art.* 4; *Ord.* 24 *juill.* 1816, *art.* 4.)

353. Les opérations journalières des gardes champêtres sont ainsi précisées dans le *Dictionnaire de l'administration française*, de M. Block, v° *Garde champêtre*, n° 12 : « Tout garde champêtre doit visiter, au moins une fois par jour, souvent même pendant la nuit, le territoire confié à sa garde. Il peut parcourir tous les champs, sans suivre les chemins et sentiers, mais en évitant de commettre les moindres dégâts; il peut pénétrer dans les clos adjacents à des bâtiments et cours, pourvu qu'ils ne soient pas garnis de portes ni de barrières fermant à clefs; mais il ne doit pas entrer dans ceux adjacents à des bâtiments, quoiqu'ils n'aient ni portes ni barrières, à moins que le propriétaire ne l'y autorise. Sauf le cas de perquisition, il n'a pas le droit de s'introduire dans les maisons, bâtiments, cours adjacentes et enclos. »

354. Les gardes champêtres, sous le rapport de la police générale, sont sous la surveillance des maires, sous-préfets et préfets. S'ils ont commis, dans l'exercice de leurs fonctions, un acte illégal, préjudiciable à un particulier, ils peuvent être poursuivis en dommages-intérêts devant les tribunaux civils. Si l'acte a le caractère de crime ou de délit, ils sont passibles de poursuites devant les tribunaux criminels, dans les formes spéciales tracées par les art. 483 et suivants du Code d'instruction criminelle. En aucun cas, l'autorisation préalable du conseil d'État n'est nécessaire pour qu'ils puissent être poursuivis; telle est la jurisprudence de la cour de cassation et du conseil d'État. (*Arr. Cass.* 19 *août* 1808, 2 *août* 1809, 4 *juin* 1812; *Arr. du Cons.* 4 *août* 1819, 18 *juin* 1823.)

355. 2° *Gardes forestiers.* Nous ne les considérons ici ni dans leurs fonctions d'agents forestiers, ni comme officiers de police judiciaire ou comme chargés par diverses lois de rechercher et constater plusieurs espèces de contraventions; nous n'en parlons qu'à raison de la part qu'ils prennent à la police générale.

356. Pour pouvoir être nommé garde forestier, il faut avoir 25 ans accomplis (*Cod. forest.*, art. 3); cet emploi est incompatible avec toute autre fonction administrative ou judiciaire (*art.* 4); avant d'entrer en fonctions, les gardes prêtent le serment professionnel et politique devant le tribunal de première instance de leur résidence (*art.* 5). Ils sont nommés par l'administration forestière, et doivent être pris parmi les anciens sous-officiers et soldats (*art.* 4, *Déc.* 8 *mars* 1811). Ils sont sous la surveillance immédiate de leur brigadier. Ils peuvent être affectés au service militaire, et organisés par compagnies dites des guides, en cas d'invasion du territoire. (*Ord.* 27 *août* 1831.)

357. Les attributions relatives au service forestier sont nombreuses et occupent presque tout leur temps; c'est par exception et quand les circonstances l'exigent que les gardes forestiers peuvent être distraits de leurs fonctions habituelles, dans des intérêts d'ordre public, par des réquisitions soit des commissaires de police, soit de la gendarmerie. (Voy. ci-dessus, n° 338.)

358. A la différence des gardes champêtres, les gardes forestiers, considérés comme fonctionnaires publics, ne peuvent être poursuivis judiciairement, même devant les tribunaux civils, pour un fait relatif à leurs fonctions, qu'après une autorisation du conseil d'État. Si la poursuite a été autorisée, elle s'instruit et se juge dans les formes déterminées par les art. 483 et suiv. du Code d'instruction criminelle.

§ 5. — DES OFFICIERS DE PAIX ET AGENTS DE POLICE.

359. Les officiers de paix, qui occupent une situation intermédiaire entre les commissaires et les agents de police, sont des fonctionnaires particulièrement institués pour la ville de Paris. Créés par la loi du 21 septembre 1791, supprimés par décret du 29 vendémiaire an IV, ils ont été rétablis par la loi du 23 floréal an IV. Aux termes de cette dernière loi, ils sont chargés de veiller à la tranquillité publique, de se porter dans les endroits où elle serait troublée, d'arrêter les délinquants, et de les traduire devant l'autorité compétente. Ils sont nommés par le préfet de police. Ils ont pour marque distinctive une ceinture de soie bleu de ciel; ils portent une canne sur laquelle sont gravés ces mots : « Force à la loi; » sur le pommeau est peinte la surveillance, sous la forme d'un œil. Les citoyens sont tenus de leur prêter assistance à leur réquisition. Le nombre des officiers de paix, primitivement fixé à 24, est resté le même dans l'organisation du personnel de la préfecture de police, fixée par le décret du 17 septembre 1854; par suite de l'extension des limites de Paris, il a été porté à 32 par le décret du 27 novembre 1859. Leur traitement varie de 3,000 à 6,000 fr., selon la nature du service qui leur est confié.

Il entre dans les attributions des officiers de paix de diriger les inspecteurs de police et les sergents de ville.

360. Les nécessités de la surveillance ont fait créer dans la plupart des villes, des agents nommés par l'autorité municipale, sous des dénominations diverses, telles que sergents de ville,

gardes de ville, gardes de police, appariteurs, agents de police. Ils sont employés, soit ostensiblement, soit d'une manière occulte, à la police municipale et à la police générale. Ils sont payés par la commune où ils ont été jugés nécessaires.

Dans les communes où il n'existe pas de commissariat de police, ils sont sous les ordres directs du maire. Là où il y a un commissaire de police, c'est lui qui les dirige, et ils sont ses subordonnés.

361. Les individus qui les injurient pour des faits relatifs à leurs fonctions de surveillance administrative sont punis des peines portées contre ceux qui outragent les agents d'une autorité publique (*art.* 19, *L.* 17 *mai* 1819; *C. cass.* 29 *août* 1829). S'ils sont l'objet de violences ou de coups, pendant qu'ils remplissent un service d'ordre public, par exemple en conduisant une patrouille, le prévenu doit être renvoyé devant la juridiction criminelle (*C. de Cass.* 6 *oct.* 1831). Protection est due à ces agents, qui se trouvent forcément en relations avec les éléments les plus dangereux de la société, et en butte aux vengeances soit des individus, soit des partis politiques.

CHAPITRE II.

POLICE MUNICIPALE.

362. La police municipale est celle qui s'exerce sur le territoire et par les autorités de chaque commune. Elle embrasse toutes les parties de la commune. Quand elle s'applique aux parties extérieures des villes ou villages, elle prend le nom de police rurale. Pour le dedans comme pour le dehors, elle est entre les mains des maires et adjoints, et des agents placés sous leur autorité : elle s'exerce par le moyen d'ordres verbaux, d'ordres écrits, de réquisitions, d'arrêtés pris pour une affaire particulière, ou pour tous les cas d'une même nature, ce qui constitue alors des règlements de police. Nous allons examiner les attributions des autorités chargées de la police municipale, les conditions du pouvoir réglementaire des maires, enfin, les formes et la force exécutoires des arrêtés municipaux.

SECTION 1re. — Autorités qui exercent la police municipale.

363. La nature de la police municipale, c'est-à-dire de cette partie de la police qui a pour but de maintenir l'ordre dans une commune relativement aux faits qui concernent seulement la localité, semblerait indiquer qu'elle devrait rentrer exclusivement dans les attributions de l'autorité municipale exécutive, c'est-à-dire, du maire et de ses adjoints. Mais comme il est difficile de séparer absolument la police municipale de la police générale, les autorités qui dirigent cette dernière ont une immixtion naturelle dans la police locale des communes. Cette immixtion est plus ou moins considérable, selon que la centralisation gouvernementale a plus ou moins de développement. Dans le système de la loi du 18 juillet 1837, le préfet n'agissait directement sur la police des communes que pour la sanction des arrêtés de police, ainsi qu'on le verra plus tard, et indirectement en prenant lui-même des arrêtés de police applicables à toutes les communes du département, ou d'un ou plusieurs arrondissements. Depuis lors, la législation a été sensiblement modifiée. Sans parler du régime spécial de Paris, où la police municipale est répartie entre le préfet de police et le préfet du département de la Seine, de la manière que nous avons fait connaître (voy. n° 140), une partie notable des attributions de la police municipale a été transférée des maires au préfet, d'abord dans les communes de l'agglomération lyonnaise, ensuite dans toutes les villes chefs-lieux de département ayant une population de plus de 40,000 âmes (voy. n° 122). Nous n'avons à parler dans ce chapitre que de la police municipale, telle qu'elle est régie dans les communes où elle appartient au maire, sans concurrence avec le préfet.

Paris et plusieurs communes du département de la Seine sont soumis à un régime particulier ; la police municipale y est principalement exercée par le préfet de police. (Voy. n⁰ˢ 181 et 182.)

Article 1er. — Des Maires.

364. Quand les maires prennent une mesure concernant la police générale, ils n'agissent que comme délégués, et sous la direction immédiate de l'autorité administrative supérieure (*Voy. chap. 2, sect. 2, art.* 4). Il n'en est pas de même lorsqu'ils exercent la police municipale ; ils agissent alors dans la jouissance d'un pouvoir qu'ils tiennent directement de la loi. Ils ne doivent pas, dans cette sphère, attendre les ordres de l'autorité supérieure, et n'ont aucun besoin de son approbation pour rendre leurs actes valables. Toutefois, leur indépendance n'est pas absolue ; le législateur a prévu un double danger, celui de l'inaction d'un maire dans le cas où son action serait nécessaire, et celui où il ferait des règlements dépassant les limites de ses attributions ou renfermant des dispositions mauvaises ; il y a été pourvu.

365. 1° Dans le cas où le maire refuserait ou négligerait de faire des actes qui lui sont prescrits par la loi, le préfet, après avoir requis, peut y procéder d'office, par lui-même ou par un délégué spécial. Telle est la disposition de l'art. 15 de la loi du 18 juillet 1837, expliquée par la circulaire suivante du 1er juillet 1840 : « Il est incontestable que la loi du 18 juillet 1837, a laissé entre les mains des maires les pouvoirs propres dont les lois des 14 décembre 1789 et 19 juillet 1791 les avaient investis, et les préfets ne peuvent, en thèse générale, se substituer aux maires en prenant des arrêtés qui rentrent dans les attributions de la police municipale ; mais si cette autorité reste inactive malgré la réquisition de l'autorité supérieure, celle-ci peut et doit agir comme lui en donne le droit l'art. 15 de la loi du 18 juillet 1837. L'arrêté que prendra le Préfet dans ces limites, pour assurer l'exécution d'une disposition de loi, sera donc parfaitement légal et obligatoire pour les citoyens, comme l'aurait été l'arrêté municipal qu'il est destiné à remplacer. » Le sous-préfet n'a pas, comme le préfet, le pouvoir d'accomplir un acte que le maire aurait refusé de faire. (*Arr. de cass. du* 25 *nov.* 1853.)

366. 2° Le préfet peut annuler ou suspendre l'exécution des arrêtés de police municipale ; nous traiterons ce sujet en détail en parlant des formes et de la force exécutoire des arrêts (*ci-après, sect.* 3).

367. Sauf ces deux modifications, les maires sont investis de la plénitude des attributions de police municipale. Le droit leur en a été reconnu par toutes les lois rendues sur cette matière depuis la révolution de 1789. Les fonctions propres au pouvoir municipal, porte l'article 49 de la loi du 14 décembre 1789 sur les municipalités, sont de faire jouir les habitants des avantages d'une bonne police, notamment de la propreté, de la salubrité, de la sûreté et de la tranquillité dans les rues, lieux et édifices publics. Les attributions de la police municipale sont détaillées dans le titre XI de la loi du 24 août 1790 ; aux termes de l'article 1er, les corps municipaux veillent et tiennent la main, dans l'étendue de chaque municipalité, à l'exécution des lois et règlements de police. L'article énumère les objets confiés à la vigilance et à l'autorité des municipalités ; afin d'éviter des répétitions, nous donnerons cette nomenclature en parlant des règlements de police, qui portent sur ces objets. Mais il ne faut pas perdre de vue que les maires statuent sur tous, non-seulement par voie réglementaire, mais au moyen de mesures particulières prises chaque fois que les circonstances en font sentir le besoin. L'énumération contenue dans la loi doit être augmentée des objets confiés aux autorités municipales par des lois particulières; sous ce rapport la liste n'est qu'énonciative et non limitative. Il faut même dire plus: s'il se présente, dans une commune un fait qui trouble ou menace l'ordre, la sécurité des habitants, mais qui ne soit pas prévu spécialement par une loi, le maire n'en aura pas moins le droit de prendre les mesures nécessaires pour prévenir ou faire cesser le désordre, et détruire les obstacles qui s'y opposeraient. Les énumérations légales sont limitatives en ce sens que les maires ne peuvent émettre des arrêtés réglementaires sur d'autres objets que ceux qui leur sont expressément confiés; nous reviendrons sur ce principe.

368. Un droit conféré aux maires, par la loi du 24 août 1790, et qui n'est que la conséquence de celui qu'ils ont d'établir des règlements, est le droit de publier de nouveau les anciens règlements de police et de rappeler les citoyens à leur exécution.

369. La police municipale s'étendant sur tout le territoire de la commune, il s'ensuit que le maire l'exerce sur les parties de ce territoire qui sont hors des agglomérations d'habitations. Pour qu'il ne puisse pas exister le moindre doute à cet égard, l'article 10 de la loi du 18 juillet 1837 dit expressément que le maire est chargé, sous la surveillance de l'autorité supérieure, de la police municipale, *de la police rurale*, et de la voirie municipale, et de pourvoir à l'exécution des actes de l'autorité qui s'y rattachent. Déjà le Code rural du 6 octobre 1791, titre II, article 1er, déclarait que la police des campagnes était spécialement sous la juridiction des juges de paix et des officiers municipaux, et l'art. 3 contenait, avec la confirmation du principe, une de ses applications: les officiers municipaux, dit-il, veilleront généralement à la tranquillité, à la salubrité et à la sûreté des campagnes; ils seront particulièrement tenus de faire, au moins une fois par an, la visite des fours et cheminées de toutes maisons et de tous bâtiments éloignés de moins de cent mètres d'autres habitations. Ces visites seront préalablement annoncées huit jours d'avance; après la visite, ils ordonneront la réparation ou la démolition des fours et cheminées qui se trouveront dans un état de délabrement qui pourrait occasionner des incendies ou autres accidents. Les différents objets qui concernent la police des campagnes appartenant aux maires, ceux-ci peuvent prendre des arrêtés et faire des règlements sur tous; nous entrerons dans plus de détails en traitant du pouvoir réglementaire des maires.

370. Le maire est seul et personnellement investi des attributions de la police municipale ; toutefois, il peut déléguer ses pouvoirs à un adjoint ; et, en l'absence des adjoints, à ceux des conseillers municipaux qui les suppléent ; quand il est absent ou empêché, il est remplacé par l'adjoint disponible, le premier dans l'ordre des nominations, et, à son défaut, par le premier conseiller municipal dans l'ordre du tableau. (*L. 18 juill. 1837, art. 14 ; L. 21 mars 1831, art. 5.*)

371. Quand le maire agit au dehors pour le maintien de l'ordre, il doit se montrer avec les insignes qui le font reconnaître, c'est-à-dire avec la ceinture tricolore à franges d'or, qu'il doit revêtir par-dessus son costume officiel, s'il en a un, ou par-dessus son habit ordinaire.

Article 2. — Des Commissaires de police.

372. Nous rappellerons d'abord que les commissaires ont des attributions de trois espèces, qui les font relever de trois autorités : agents de la police générale, ils sont subordonnés du préfet ; agents de la police municipale, ils le sont du maire ; agents de la police judiciaire, ils le sont du procureur impérial. De leur triple caractère ressortent des obligations auxquelles ils doivent également satisfaire, et qu'ils doivent s'efforcer de concilier. Depuis leur organisation cantonale, et quoique rétribués sur les fonds des communes, ils sont, avant tout, fonctionnaires de l'État, agissant sous l'autorité du préfet. S'ils sont les subordonnés du maire, ce n'est que sous le rapport de la police municipale ; mais, dans ces limites, ils lui doivent toute déférence, ainsi que leur concours le plus complet. Le maire aurait le droit d'exiger que le commissaire de police de sa commune lui rende compte tous les jours des faits de police qui s'y seraient passés.

373. La loi les charge, d'une manière générale, de veiller au maintien et à l'exécution des lois et règlements de police municipale (*Décr. 21 septembre 1791, art. 2*). Si cela est nécessaire, ils peuvent requérir les gardes champêtres et forestiers de leur circonscription, ainsi que les gendarmes (*Décr. 28 mars 1852 et 1er mars 1854*). Lorsque le commissaire de police va, pendant la nuit, soit dans la commune de sa résidence, soit dans les communes de sa circonscription, s'assurer de l'exécution des arrêtés de police municipale ou de ceux du préfet, concernant les heures de fermeture des lieux publics, il n'a pas, en général, le droit de requérir l'assistance de la gendarmerie, qui pourrait élever des objections contre sa réquisition. Nous disons, en général : car la régle précisée par l'instruction générale du 24 juillet 1858, et portant que les commissaires peuvent requérir la gendarmerie seulement quand il est nécessaire d'appuyer l'autorité d'une force matérielle, règit tous les cas où il s'agit pour les commissaires de voir si des règlements sont observés et de constater les infractions ; pour cela, aucun déploiement de force n'est nécessaire. Il en serait autrement, et la réquisition deviendroit légitime si les maîtres des établissements visités en refusaient l'entrée ou faisaient rébellion, ou si des circonstances, connues au moment du transport du magistrat, faisaient prévoir le besoin de l'assistance de la force publique.

374. Ainsi que nous l'avons déjà dit, les maires peuvent requérir les commissaires de police, et ceux-ci sont tenus d'obtempérer à leurs réquisitions et injonctions relativement aux actes de police : il n'en serait pas de même des actes de pure administration, lesquels restent dans les attributions exclusives des maires ou de leurs employés. Ainsi, un commissaire de police pourrait se refuser à tenir des écritures de bureau, ou à remplir tout autre office intérieur ou même extérieur, qui ne rentrerait pas dans la nature spéciale de ses fonctions.

375. On a demandé si le maire pourrait requérir le commissaire de police de faire, dans les rues et places de la commune, et étant accompagné d'un tambour ou trompette, la publication des actes de l'autorité. Nous tenons, sans hésiter, pour la négative. La mission de crieur public est le fait, non d'un fonctionnaire, mais d'un agent inférieur ; c'est un ministère purement passif, l'accomplissement matériel d'une formalité qui ne pourrait être imposée aux commissaires de police sans blesser leur dignité, sans nuire à la considération dont ils doivent jouir auprès de la population. Il ne s'agit pas, dans un pareil acte d'agents subalternes, d'une de ces mesures de sûreté, de salubrité, de tranquillité publique qui forment les attributions propres des commissariats de police. Il n'y a qu'une sorte de circonstances où les commissaires de police sont tenus personnellement de descendre dans la rue et d'y faire des publications ; c'est lorsqu'il s'agit de dissiper un rassemblement, et de faire les sommations prescrites pour qu'il ait à se disperser ; alors le commissaire agit au nom de la loi, il remplit une mission d'ordre public, et il vient occuper un poste où il peut rencontrer des résistances et des périls. On

voit combien, dans ce cas, sa position diffère de celle qu'il subirait s'il lui fallait, sans danger, sans honneur, sans trouble à prévenir ou à réprimer, parcourir les rues en criant à haute voix les actes du pouvoir ou les arrêtés de l'administration.

376. Lors même qu'il s'agirait d'actes de police, le maire ne pourrait les imposer aux commissaires si la loi les a mis à sa charge personnelle ; il n'appartient pas à un fonctionnaire public de déléguer à un autre les pouvoirs que la loi lui confère ou les obligations qu'elle lui impose. Ces principes s'appliqueraient à la visite annuelle des fours et cheminées que les maires sont tenus de faire dans les communes rurales. Cette opération doit être considérée comme une opération personnelle des maires ; en effet, l'art. 9, tit. II de la loi du 6 octobre 1791, après l'avoir prescrite aux officiers municipaux (aujourd'hui les maires et adjoints), ajoute : « après la visite, ils ordonneront la réparation ou démolition des fours ou cheminées qui se trouveront dans un état de délabrement qui pourrait occasionner un incendie ou d'autres accidents ; il pourra y avoir lieu à une amende au moins de six livres, et, au plus, de 24 livres. » Ce droit d'ordonner une réparation ou une démolition, ne saurait appartenir à un commissaire, lequel a le pouvoir seulement de constater et de poursuivre les contraventions, mais nullement de prendre aucune décision sur le fait, décision qui touche même à la propriété : cela est réservé à l'autorité municipale, à laquelle il n'appartient pas d'étendre les attributions du commissaire de police, ni de déléguer à celui-ci les pouvoirs à elle conférés par la loi. Le droit de réquisition du maire trouve donc ici sa limite dans le texte même de la loi. Le maire a d'autant moins le droit de se plaindre que, pour la visite annuelle des fours et cheminées de sa commune, il peut être suppléé par ses adjoints, tandis que le commissaire de police ne peut se substituer personne ; d'un autre côté, le maire n'a le droit et le devoir que d'opérer dans une seule commune, tandis que le commissaire cantonal doit agir dans toutes les communes du canton, et il ne pourrait se livrer à un examen consciencieux des fours et cheminées de toutes les communes sans prendre une trop grande portion du temps qu'il doit consacrer à ses autres fonctions.

377. La question s'est élevée de savoir si un maire peut déléguer à un commissaire de police l'obligation que lui impose l'art. 77 du Code Napoléon, de constater les décès avant la délivrance des permis d'inhumation, et si, en conséquence, il a droit de requérir

le commissaire de procéder à ces constatations ? En principe général, on serait conduit à nier la légalité d'une pareille délégation : car la mission de constater les décès à domicile fait partie des fonctions propres au maire de la commune, et aucun texte de loi ne l'autorise à se décharger de ce devoir sur aucun autre fonctionnaire; quand l'adjoint l'accomplit, c'est comme substituant légalement le maire, et non comme délégué de ce dernier. Toutefois, la difficulté, et, dans les communes populeuses, l'impossibilité pour les maires de se rendre eux-mêmes au domicile de chacun des décédés pour constater la mort, ont fait admettre comme une nécessité, le remplacement du maire, par une personne qu'il nomme, pour l'accomplissement de cette pénible obligation ; c'est une tolérance contraire à la loi, mais sanctionnée généralement par l'usage, en attendant que le législateur régularise cet état de choses vicieux ; c'est ce que reconnaissent, avec regret, les auteurs qui ont écrit sur les actes de l'état civil (*Voy. notre Guide pour la rédaction des actes de l'état civil* n° 262). De la différence qui existe entre l'usage de la loi, il résulte que si un commissaire de police a accepté la mission de vérifier les décès dans la commune de sa résidence, la délégation du maire couvre sa responsabilité et les actes auxquels il vaque ; mais le commissaire de police peut invoquer la rigueur du principe pour refuser la délégation que le maire voudrait lui donner malgré lui : il serait en droit d'opposer que la vérification des décès ne rentre dans aucune de ses fonctions de police, et que, d'ailleurs, la fréquence des déplacements qu'elle entraîne nuirait à l'accomplissemant exact de ses devoirs comme officier de police. Si le maire insistait, le commissaire pourrait et devrait en référer au préfet.

378. Le maire de chaque commune peut requérir le commissaire de police pour les actes de police qui y sont nécessaires ; nulle difficulté pour les réquisitions adressées par le maire de la commune où le commissaire de police réside ; mais celui-ci a la juridiction dans toutes les communes du canton lorsqu'il est commissaire cantonal ; s'ensuit-il qu'il soit aux ordres et qu'il doive se rendre, de jour et de nuit, aux réquisitions de tous les maires du canton ? La question doit être résolue d'après les principes que j'ai eu occasion de résumer en ces termes dans le *Journal des commissaires de police,* année 1856, p. 220 : « l'acte de nomination de chaque commissaire lui prescrit sa résidence, qui est obligatoire pour lui ; sa surveillance doit néanmoins s'étendre sur tout le canton, mais sans le tenir éloigné du chef-lieu,

où il doit se trouver pour recevoir les ordres du préfet. D'un autre côté, les commissaires de police sont, pour ce qui concerne la police municipale, subordonnés au maire, qui peut les requérir pour tout ce qui se rattache aux objets soumis à son autorité, quant au maintien de l'ordre, et ils lui doivent leur concours franc et entier : cette obligation s'applique aux commissaires de police, non-seulement pour le chef-lieu, mais pour toutes les communes du canton. Ils se trouvent ainsi en présence de deux devoirs qu'il faut concilier, celui de la résidence obligée dans une commune déterminée, et celui de la surveillance dans tout le canton. Lorsqu'ils sont requis par un maire autre que celui de leur résidence, pour un objet de la police municipale, ils doivent s'y rendre, si le motif de la réquisition leur fait juger leur présence nécessaire, et, s'il n'y a pas sur les lieux des agents de surveillance qui puissent aisément les suppléer, ils ne doivent jamais refuser leur déplacement quand il y a des mesures à prendre qui exigent leur initiative ou l'emploi de leur autorité personnelle. S'ils pensent que leur présence n'est pas indispensable, ils doivent s'expliquer sans retard au maire qui les a requis, donner les indications, les instructions et les ordres que comportent les circonstances, et en rendre compte au préfet, leur chef administratif. S'ils se déplacent sur la demande du maire, ils doivent abréger le plus qu'ils peuvent leur absence, et, à moins de nécessités bien constatées, ne point déférer aux réquisitions qui auraient pour effet d'en prolonger la durée. »

379. D'après ces considérations, un maire n'aurait pas le droit d'exiger que le commissaire de police résidant dans une autre commune, vînt périodiquement, et, à plus forte raison, tous les soirs, pendant un temps plus ou moins long, veiller à l'exécution des règlements sur l'heure de fermeture des établissements publics ; il peut requérir le commissaire de police accidentellement pour cet objet si les circonstances le commandent. D'ailleurs, la surveillance dont il s'agit peut être confiée à des agents de police municipale et, s'il n'y en a pas, c'est le maire lui-même et ses adjoints qui doivent prendre ce soin. Quand le commissaire de police obtempère à la réquisition, le maire n'a pas le droit d'exiger qu'il reste après l'heure de la fermeture des lieux publics, ni qu'il passe la nuit dans la commune où il est venu.

380. De même ; les maires ne peuvent prescrire au commissaire de police du canton de faire des tournées dans leur commune, soit la nuit ou le jour, soit les jours de dimanche et de fête, pour

s'assurer de l'exécution des règlements des lieux publics, ou pour veiller à ce que les cafés et cabarets n'ouvrent pas pendant la durée des offices religieux.

381. S'il s'agit de constater un crime, ou un délit, ou une contravention dans une commune du canton, autre que celle de sa résidence, le commissaire de police ne saurait être, en aucun cas, requis par le maire ; car il procède alors comme officier de police judiciaire, et, en cette qualité, il n'a d'ordre à recevoir que du procureur impérial et du procureur général.

Article 3. — De la gendarmerie et des agents de police.

382. Les maires ne peuvent donner aucun ordre à la gendarmerie pour aucun acte relatif à la police municipale ; ils ne peuvent que lui adresser des réquisitions pour les cas où son concours deviendrait nécessaire. Ses rapports avec les autorités locales sont réglés par les art. 94 et suivants du décret du 1er mars 1854. (*Voy.* n° 227.)

383. Les agents de police, institués par les maires sous différents noms, tels que sergents de ville, gardes de ville, gardes de police, appariteurs, inspecteurs, etc., servent à la police municipale en même temps qu'à la police générale. Ils sont sous les ordres du maire, ainsi que nous l'avons dit, dans les communes où il n'existe pas de commissaire de police ; l'autorité municipale dispose d'eux pour toutes les missions de police et de surveillance dans la commune : elle a le droit de les destituer.

SECTION II. — Du pouvoir réglementaire des municipalités.

384. La mission du pouvoir municipal serait imparfaitement remplie si elle se bornait à des mesures spéciales prises pour chaque cas particulier où l'action de la police serait nécessaire ; elle doit embrasser les prévisions de l'avenir en même temps que les interventions actuelles. Il faut, dans la commune, pour la protection des intérêts et le maintien de l'ordre, une sorte d'autorité législative, comme il en faut une dans l'État pour le maintien de la police et la protection des citoyens sur tout le territoire. C'est ce pouvoir qui constitue l'essence des attributions réglementaires des municipalités ; il est susceptible des applications les plus variées ; et, comme il est impossible au législateur de les prévoir et de les déterminer d'avance, il a nécessairement quelque chose d'élastique et même d'arbitraire. Ce n'est pas que le représentant de l'autorité municipale puisse s'ériger, dans la commune, en législateur au petit pied ; il n'a pas le droit de créer des lois, mais seulement de prendre des mesures pour exécuter celles qui existent. Il peut être quelquefois difficile de distinguer entre l'usage et l'abus du pouvoir réglementaire. On ne saurait guère à cet égard que poser les deux règles suivantes, dont l'application est abandonnée à l'appréciation des tribunaux : 1° l'autorité municipale ne peut réglementer que des objets qui lui sont confiés par la loi ; 2° un règlement municipal qui n'est l'exécution d'aucune loi est nul.

385. Les actes des pouvoirs réglementaires des municipalités s'appellent indifféremment arrêtés, règlements, ordonnances. Le décret du 15 mars 1791 avait défendu de leur donner le nom de règlements ; on voulait, par là, empêcher le retour de ces usurpations par lesquelles les cours souveraines, sous prétexte de règlement, portaient atteinte au pouvoir de la royauté et à ses ordonnances. Dans la nouvelle organisation politique de la France, on ne peut plus rien craindre de semblable ; aussi la loi, notamment celle du 18 juillet 1837, emploie l'expression de règlement de police municipale.

386. L'autorité réglementaire dans chaque commune appartient au maire et non au conseil municipal, qui n'a jamais à intervenir quand il s'agit de police, urbaine ou rurale, mais seulement dans lés cas de mode de jouissance des biens communaux ou de répartitions à ordonner. Les attributions réglementaires du maire étant exclusives, aucun agent du Gouvernement ne peut prendre, pour la commune, des arrêtés de police. Ce droit n'appartient pas même au préfet du département, lequel ne peut prendre que des arrêtés d'une application collective, c'est-à-dire concernant toutes les communes du département ou d'un arrondissement, et non des arrêtés destinés à une commune isolément (*Voyez ce que nous avons dit à ce sujet, chap.* 3, *sect.* 2, *art.* 2, § 2). Le préfet ne peut donc se substituer au maire d'une commune, pour prendre des arrêtés à l'effet d'ordonner des mesures locales sur des objets confiés à la vigilance de l'autorité municipale. (*Cons.* 23 *sept.* 1853 ; 2 *janv.* 1854.)

387. Il y a des exceptions à faire au droit exclusif des maires de donner des règlements de police. D'abord, le Gouvernement central, chargé de la police de tout l'Empire, peut réglementer des objets importants pour des communes considérables ; c'est ainsi que des ordonnances royales et des décrets impériaux ont réglementé, dans un certain nombre de villes, l'exercice de la profession de boulanger. En second lieu, le pouvoir exclusif du maire cesse lorsqu'il se trouve en présence des attributions spéciales conférées à certaines autorités pour des objets déterminés; c'est ainsi qu'il a été decidé qu'un conseil de préfecture peut prendre, en matière d'ateliers insalubres, des arrêtés assimilés, quant à la répression, aux arrêtés de police des maires (*Arr. de cass. 2 janv.* 1829). Il en est de même pour les objets spécialement réservés aux préfets seuls; les règlements municipaux qui les concerneraient ne seraient point obligatoires, alors même que le préfet les aurait approuvés (*Cass. 25 nov.* 1853). Le décret de décentralisation du 25 mars 1852 donne au préfet la réglementation complète de la boulangerie et de la boucherie; nous ne pensons pas qu'il ait entendu par là interdire aux maires tout règlement sur ces matières; il a voulu, non restreindre les pouvoirs des maires vis-à-vis les préfets, mais augmenter ceux des préfets à l'égard du ministre : cela résulte de son texte et de son but.

Nous allons examiner l'étendue et les limites, en principe général, du pouvoir réglementaire des maires, les objets sur lesquels il peut s'exercer, et le droit des maires de publier à nouveau les anciens règlements de police.

ARTICLE 1er. — Règles générales sur l'étendue et les limites du pouvoir réglementaire des maires.

388. Le pouvoir réglementaire de la municipalité ne s'exerce que dans la circonscription de la commune; les arrêtés de police d'un maire ne sont donc obligatoires et ne peuvent recevoir leur exécution que dans les limites du territoire de la commune pour laquelle ils ont été faits; ils ne sauraient s'appliquer à aucune partie, quelque minime qu'elle soit, d'une commune limitrophe. Sur ce point, la jurisprudence est constante (*Arr. cass. 20 août* 1841, *1er juin* 1855, *26 févr.* 1858). D'un autre côté, le règlement fait pour une commune embrasse toutes les parties de cette commune; c'est ce qui a lieu quand une commune est partagée en deux parties, l'une *intra muros*, l'autre *extra muros*, et qu'un arrêté de police ne fait aucune distinction entre ces deux fractions (*Arr. Cass. 18 oct.* 1827, *5 févr.* 1844). Mais le règlement qui prescrit des mesures de salubrité *pour la ville et les faubourgs,* ne s'étend pas aux dépendances rurales de la commune, qui en sont séparées, et avec lesquelles il n'y a pas continuité de maisons (*Arr. Cass. 7 juill.* 1851). Il peut arriver que, par suite des

changements amenés par le temps, et des déplacements de population, des maisons, des rues tout entières se trouvent jointes,
sans solution de continuité, à une ville, quoiqu'elles soient construites sur un terrain dépendant d'une commune voisine. On
demande, dans ce cas, si un règlement municipal pris par le maire
de la ville peut atteindre les annexes dont il s'agit ; l'affirmative
semblerait résulter d'un arrêt de la cour de cassation du 17 juin
1830; mais M. Dalloz, *Répert.*, v° *Commnne*, n° 654, fait remarquer que le contrevenant que l'on poursuivait en vertu de l'arrêté
municipal devait, d'après les circonstances, être considéré comme
habitant de la ville ; à défaut de faits particuliers, le règlement de
la ville ne pourrait, en droit rigoureux, être appliqué aux maisons
ou rues situées hors des limites, quoique faisant suite immédiate
à celles qui se trouveraient en dedans. Pourtant, les intérêts de
deux agglomérations ainsi contiguës étant les mêmes, il serait
étrange que des règlements différents, peut-être contradictoires,
pussent être appliqués à des citoyens demeurant pour ainsi dire
porte à porte. Les préfets doivent prendre des mesures pour prévenir ou faire cesser de telles anomalies.

389. Si les règlements municipaux ne peuvent recevoir leur
application hors de la commune pour laquelle ils sont faits, d'un
autre côté, dans les limites de ce territoire, ils obligent tous les
habitants de la commune, et même toutes les personnes qui s'y
trouvent sans y être domiciliées (*Arr. Cass.* 2 *mai* 1846). Quant
aux habitants, il ne saurait y avoir de doute. Il n'y en a pas non
plus pour ceux qui, demeurant dans une commune voisine, ou y
transportant leur domicile, prétendraient se soustraire à des règlements municipaux, par exemple s'il s'agissait de propriétaires
de voitures publiques transportant des voyageurs d'une commune
extérieure à une autre commune extérieure ; ils ne seraient pas
recevables à se prétendre non soumis aux arrêtés de police pris
par la municipalité d'une commune intermédiaire pour les conditions de stationnement des voitures à heures fixes, ou la circulation dans l'intérieur. (*Arr. Cass.* 20 *oct.* 1841.)

390. Les arrêtés de police, comme les lois de police, obligent
tout le monde, les étrangers à la commune, et même les étrangers
non français, aussi bien que les habitants de la commune (*Arr.
Cass.* 27 *févr.* 1847; 30 *mai* 1857), lesquels étrangers ne peuvent
s'excuser de leur contravention sous prétexte que n'étant pas
domiciliés dans la commune, ils n'en connaissent pas les règlements. Tel est le droit rigoureux; toutefois, il y a, entre les lois

et les arrêtés municipaux une grande différence ; si tout le monde est censé connaître les lois, et si, en conséquence, elles obligent même les étrangers, c'est que tout le monde a été mis à même de les connaître, par l'insertion dans le recueil officiel ou bulletin des lois, et, le plus souvent, dans le *Moniteur*, publications officielles, répandues partout, et que de plus, les lois reçoivent une nouvelle publicité dans le département. Mais quel moyen une personne étrangère à une commune qu'elle n'a jamais peut-être ni connue, ni visitée, a-t-elle pour être informée des règlements locaux ? ne serait-il pas excessif de lui imposer des obligations qu'elle ne peut pas connaître et de la punir pour ne les avoir pas remplies ? Un voyageur s'arrête quelques heures dans une ville, et il sera passible de peine s'il contrevient à des règlements dont il ne se doute pas, et qui ont pu être publiés par des moyens qui n'ont pas laissé de traces ! Pour donner à la règle une portée raisonnable, on pourrait dire que les étrangers à la commune et à la contrée qui l'entoure, ne sont passibles de peine pour l'inobservation des règlements locaux que lorsqu'ils sont avertis par des affiches, des inscriptions sur les murs, des indications mises sur des poteaux, des avis placardés ou déposés sur les édifices, ou dans les lieux publics. Alors on ne peut prétexter cause d'ignorance. Il faut dire aussi qu'il y aurait lieu de punir s'il y avait violation d'un arrêté municipal qui ne ferait qu'assurer par des dispositions locales l'exécution d'une réglementation générale.

La cour de cassation a fait une équitable application des principes, en déclarant qu'il n'y avait pas lieu de punir un voiturier qui, en traversant une commune, ne s'était pas soumis à un arrêté municipal ordonnant que toutes les voitures eussent un long timon (*Arr.* 23 *avril* 1842). La cour a considéré que, dans ce cas, et nous croyons qu'il faudrait décider de même dans des cas analogues, non prévus par des lois ou par des règlements généraux, il y avait impossibilité et force majeure ; comment pourrait-on exiger qu'un voiturier, traversant momentanément une commune, s'informât de tous les règlements de police qui peuvent le concerner, et qu'il recommençât cette enquête dans chaque commune qu'il traverserait ? M. Dalloz, v° *Commune,* n° 652, approuve l'arrêt ; mais il pense que hors les deux cas où il y a exception écrite dans la loi, ou circonstances qui la motivent, comme une impossibilité, les arrêtés municipaux obligent même ceux qui se trouvent momentanément dans la commune.

391. Ces règlements atteignent les propriétés situées dans la

commune aussi bien que les personnes ; lorsqu'ils ont prescrit des mesures relatives, par exemple, à la propreté, à la sûreté publiques, et qu'elles sont imposées à raison de la propriété, les propriétaires ne peuvent se soustraire à la peine des contraventions, sous prétexte qu'elles ont été commisés en leur absence, qu'ils y sont donc étrangers; c'est ce qui arrive pour le défaut de balayage, pour les précautions contre l'incendie des maisons, à moins que les règlements eux-mêmes ne déclarent leurs dispositions applicables aux locataires ou habitants de la propriété : alors le propriétaire, suivant les termes des arrêtés, est déchargé ou n'a plus qu'une responsabilité partagée.

392. Les arrêtés de police pris par un maire embrassent des mesures générales applicables à toutes les personnes qui se trouveront dans la même situation relativement à la police de la commune; c'est leur généralité même qui leur donne le caractère de règlement. Il n'en résulte pas toutefois que des arrêtés de police dirigés seulement contre un ou plusieurs individus ne soient pas obligatoires pour les tribunaux; ce ne sont pas des règlements proprement dits, mais des mesures d'utilité publique qui, dans certaines limites, et sous certaines conditions, rentrent dans le domaine légal de l'autorité municipale. «On pourrait poser en principe, dit M. Dalloz, v° *Commune,* n° 669, que l'arrêté de police municipale, concernant seulement une ou plusieurs personnes, est obligatoire quand les actes qu'il ordonne ou qu'il défend peuvent ou doivent avoir des conséquences sur l'intérêt communal, et que, d'ailleurs, il s'applique à des objets spécialement confiés à la vigilance de l'autorité municipale, comme la voirie, la propreté, la salubrité des rues; en un mot, quand l'arrêté spécial pris par le maire n'a été qu'un moyen de police employé dans l'intérêt général. Si l'arrêté sort de cette limite, s'il devient, par exemple, un moyen de faveur pour quelques personnes, s'il constitue un privilège exceptionnel, il n'a plus le caractère légal voulu, il ne commande plus le respect dû par la justice aux règlements légalement faits pour la police municipale. Le soin de faire la distinction est nécessairement abandonné à l'appréciation variable des tribunaux, qui, avec le temps, pourront trouver, pour se guider, des lumières dans les théories résultant de l'expérience ou formulées par la jurisprudence. »

Déjà les arrêts ont fourni plusieurs exemples de décisions qui justifient et éclaircissent la doctrine qui vient d'être exposée; ainsi, il a été jugé que les autorités de police municipale peuvent, dans un intérêt général et public, contenir des prohibitions particulières exclusivement applicables à un établissement déterminé, qu'en conséquence, un maire peut défendre à un distillateur de donner aux eaux insalubres de sa distillerie un écoulement qui pourrait être nuisible à la salubrité publique (*Cass.*, 2 *oct.* 1824); que l'arrêté d'un maire qui, dans l'intérêt de la liberté du passage sur un chemin vicinal, enjoint à un individu de combler un fossé dans les vingt-quatre heures, est obligatoire (*Cass.*, 8 *oct.* 1836); que l'autorité municipale, ayant le droit de prescrire, même à un particulier, des travaux qui lui paraissent nécessaires à la sûreté publique, elle peut ordonner, par un arrêté, à un citoyen, de clore un terrain qui se trouve ouvert sur une rue (*Arr.*, 2 *fév.* 1837). Dans le cours de ce traité, on rencontrera encore des applications analogues du même principe.

393. Une condition essentielle de la légalité des règlements de police municipale, c'est qu'ils statuent sur des objets confiés par la loi à l'autorité et à la vigilance des maires; nous donnerons, dans l'article II, la nomenclature de ces objets.

394. Il faut, de plus, quel que soit l'objet d'un arrêté réglementaire, qu'il ne soit contraire à aucune loi; destinés à régler l'exécution des lois, de tels arrêtés ne peuvent jamais y porter atteinte. Les tribunaux de police devant lesquels on poursuit l'application d'une peine par suite de la violation d'un arrêté municipal, ont le droit d'examiner si l'arrêté est légal; s'il ne l'est pas, ils ont le droit et le devoir de refuser toute condamnation, sans qu'il soit nécessaire que l'arrêté illégal ait été annulé par l'autorité administrative supérieure. La jurisprudence de la cour de cassation est fixée en ce sens; on en verra de nombreux exemples. (*Arr.* 18 *janv.* 1838; 4 *janv.* 1839; 5 *mars* 1840.)

395. Un arrêté de police municipale reste aussi sans force obligatoire, s'il contrevient aux principes généraux de l'ordre constitutionnel et du droit public; les tribunaux de police devront évidemment préférer le maintien de ces règles fondamentales à celui d'un règlement local. Il est souvent difficile d'apprécier jusqu'à quel point un arrêté s'écarte des principes qu'il doit toujours respecter; ce sont les tribunaux de police qui en jugent, sauf à être ramenés par l'autorité suprême de la cour de cassation, à la saine application de la loi et à l'unité de jurisprudence, qui sont les plus précieux bienfaits de notre nouvel ordre judiciaire.

396. D'après ce que nous venons de dire, un règlement municipal serait nul s'il portait atteinte à la liberté religieuse, à la liberté individuelle, à la liberté du commerce et de l'industrie, à l'égalité civile, à la propriété.

397. 1° *Liberté religieuse.* Consacrée par les lois, depuis la révolution de 1789, et reconnue par la constitution comme un des grands principes constitutionnels qui régissent la France, elle doit être respectée par l'autorité municipale. Il y serait porté atteinte par un règlement de police qui obligerait un citoyen à un acte extérieur qui serait contraire au culte qu'il professe sous la garantie de la constitution. C'est ainsi qu'après de vives et solennelles discussions, la cour de cassation a déclaré non obligatoire un règlement municipal qui prescrivait à tous les habitants, même protestants, de tendre le devant de leurs maisons pour les cérémonies extérieures du culte catholique. (*Arr.*, 20 *nov.* 1818; 26 *nov.* 1819.)

398. 2° *Liberté individuelle.* Toute personne est investie, par la nature et par les lois, du droit d'agir comme il lui convient toutes les fois qu'une loi expresse ne le lui défend pas, ou qu'il n'en résulte pas de dommage pour autrui. Cette liberté ne saurait être enlevée par le pouvoir municipal. Les atteintes directes à ce droit sacré ne sont guère vraisemblables; mais il est parfois difficile aux maires de reconnaître la limite qui sépare le droit des individus, qui, pas plus qu'aucun autre droit de ce genre, n'est absolu, des nécessités de l'ordre social qui peut exiger des sacrifices de la part des citoyens. Voici différentes circonstances dans lesquelles la question s'est présentée.

399. Chacun est libre de prendre des domestiques à son service, et chaque domestique peut entrer au service de qui bon lui semble. Des arrêtés municipaux ont prescrit de ne recevoir aucun domestique non pourvu d'un livret; la cour de cassation a déclaré qu'aucune peine ne pouvait être appliquée à l'inobservation de tels règlements, parce qu'ils ne rentrent dans aucun des objets confiés à la vigilance et faisant partie des attributions du pouvoir municipal (*Arr.*, 14 *nov.* 1840). Ce motif n'est pas complétement déterminant, la jurisprudence reconnaissant aux maires le droit de veiller, par leurs arrêtés, au maintien de l'ordre et de la tranquillité de la commune, alors même qu'il s'agirait de mesures non prévues par les diverses catégories d'objets sur lesquels la loi de 1790 permet au pouvoir municipal de faire des règlements. La raison principale qui doit empêcher de regarder l'arrêté dont il s'agit comme obligatoire, c'est que l'existence préalable d'un livret entre les mains d'un domestique qui se présente pour servir dans une maison n'intéresse pas assez l'ordre public pour autoriser une gêne imposée à la liberté des personnes et des conventions. Un livret entre les mains d'un domestique ne constate rien de plus que ce que peuvent apprendre des renseignements particuliers, et les faits qu'ils mentionnent ne suffisent certainement pas pour édifier les maîtres sur la valeur des domestiques qui demandent à s'engager envers eux. C'est surtout à l'égard des maîtres qu'il ne serait pas légal de prononcer une peine. Le livret des domestiques a été de nouveau prescrit par une ordonnance du préfet de police de Paris du 1er août 1853, sous des peines sévères portées par des décrets impériaux, et qui n'atteignent que les domestiques. Cette ordonnance, dont la légalité, ainsi que nous venons de l'établir, est au moins douteuse, tend à tomber en désuétude comme celles qui l'avaient précédée. Quant aux livrets d'ouvriers, ils sont l'objet d'une législation particulière, dont nous n'avons pas à nous occuper ici.

400. On a demandé si les maires ont droit de prendre des arrêtés défendant à toute personne de prendre des domestiques ou des ouvriers qui ne seraient pas nés dans la commune, sans se faire représenter par eux une carte de sûreté délivrée par le bureau de la police. La cour de cassation, qui avait d'abord reconnu force obligatoire à un arrêté de ce genre (*Arr.* 26 *mars* 1825), a bientôt après déclaré que les tribunaux de police ne doivent pas y avoir égard (*Arr.* 16 *avr.* 1825; 15 *juill.* 1830; 18 *juill.* 1839). La cour s'est fondée sur ce que le droit d'exiger, en pareil cas, une carte de sûreté ne rentre dans aucune des attributions conférées au pouvoir municipal; ce motif, comme nous l'avons dit pour les livrets d'ouvriers, n'est pas d'accord avec l'extension que le maintien de l'ordre a fait accorder aux attributions municipales. «Toute la question, dit sagement M. Dalloz, semblerait, dès lors, devoir se résoudre dans celle de savoir, si la délivrance forcée d'une carte de sûreté aux individus étrangers à une commune, qui y viennent pour y prendre du service comme ouvriers ou comme domestiques, touche d'assez près à la tranquillité de la commune pour que cette condition puisse être imposée par un simple arrêté municipal. La négative, adoptée par la cour de cassation, est plus conforme au principe de la liberté individuelle et industrielle; c'est, nous le croyons, le parti le plus sage dans les circonstances ordinaires; mais des conjonctures exceptionnelles pourraient légitimer la décision contraire, et faire prendre le dessus aux considérations d'ordre public; par exemple, si des

calamités, guerres, inondations, mouvements politiques, faisaient affluer tout à coup la population sur une partie du territoire, les autorités municipales pourraient ordonner que momentanément les communications avec leurs communes seraient interdites à tous ceux qui ne justifieraient pas de telles ou telles conditions qu'elles prescriraient. »

401. C'est une conséquence de la liberté individuelle que tout particulier puisse s'établir dans le lieu où il lui convient; il n'y a d'exception que pour les fonctionnaires publics qui ont leur résidence obligée là où ils exercent leurs fonctions, et pour les individus placés sous la surveillance de la police. Les maires n'ont pas le droit d'empêcher ou d'entraver cette liberté du choix de la demeure. La jurisprudence actuelle de la cour de cassation, qui avait d'abord jugé différemment par un arrêt du 28 août 1807, est conforme à ces principes de notre droit public. Elle a décidé que l'autorité municipale n'a pas le droit d'enjoindre aux étrangers à la ville, qui veulent y demeurer, d'en faire la déclaration au bureau de la mairie, pour y être inscrits sur un registre, y déposer leurs passe-ports et autres pièces, en échange d'une carte de sûreté (*Arr.* 1er *août* 1845); qu'on doit regarder comme illégal et non obligatoire l'arrêté municipal qui enjoint à tout individu venant fixer son domicile dans la commune, d'en faire la déclaration à la mairie dans la huitaine, ou, quittant la commune, d'en faire la déclaration trois jours avant son départ, ou changeant de logement, d'en faire la déclaration dans la huitaine, et qui déclare les propriétaires responsables du défaut de déclaration de leurs locataires. (*Arr.* 8 *oct.* 1846.)

402. Par les mêmes considérations, on doit regarder comme excédant les limites du pouvoir réglementaire des municipalités, et déclarer nul l'arrêté d'un maire portant qu'aucun individu, étranger à la commune, ne pourra s'y fixer et y établir son domicile, s'il ne justifie pas qu'il a des moyens d'existence, un métier ou un répondant. Aucun texte de loi n'autorise cette restriction à la liberté de la translation du domicile; il ne peut y être suppléé par un arrêté municipal, quelles que soient les bonnes intentions qui l'aient dicté, par exemple, celles de préserver la commune de l'invasion d'une population excessive ou de l'augmentation du nombre des pauvres. Sauf le cas où un individu inconnu se présente dans la commune sans passe-port ou sans papiers, le maire ne peut restreindre le droit que les citoyens ont de venir s'y établir. Il est bien entendu qu'il ne s'agit ici que des Français; les

non-nationaux sont soumis à des précautions particulières, qui préviennent les dangers de leur séjour et de leur établissement dans une commune.

403. 3° *Liberté industrielle.* Les lois de 1789, garanties par la constitution, consacrent la liberté industrielle, c'est-à-dire, le droit, pour chaque citoyen, de choisir et d'exercer la profession, le métier, l'industrie qui lui convient. Dans un intérêt général, certaines industries ou professions ont été érigées en fonctions publiques, par exemple, l'enseignement public, les offices de notaires, avoués, huissiers, agents de change, commissaires-priseurs ; d'autres ont été constituées en monopoles que l'État s'est réservés, comme la fabrication des poudres à tirer, des tabacs. Hors des exceptions de cette nature, établies par les lois, la liberté des industries ne peut être empêchée par les municipalités.

404. Il est important, et pas toujours aisé de se fixer sur ce qu'il faut considérer comme des atteintes à la liberté de l'industrie. On doit attribuer ce caractère aux arrêtés qui constitueraient de véritables priviléges au profit d'une ou plusieurs personnes. Tel serait l'arrêté d'un maire qui défendrait aux habitants d'une commune de s'approvisionner de viande ailleurs que dans la commune, ce qui équivaudrait à la proscription de tous les bouchers des communes voisines (*Arr.* 11 *août* 1842) : celui qui interdirait d'exercer la profession de porteurs de billets, cartes ou annonces (*Arr. Cass.* 1er *avril* 1826), décision qui ne nous paraît pas plus légale que celle qui porte qu'un maire peut défendre à toute autre personne que celle qu'il désigne d'apposer des affiches (*Arr.*, 26 *fév.* 1823) : le maire a sans doute le droit de faire afficher par un individu de son choix, les affiches de la municipalité, mais non d'interdire à d'autres l'affichage opéré dans un intérêt privé.

Le ministre de l'intérieur, répondant à un préfet relativement à la légalité de l'arrêté d'un maire portant : il est interdit de puiser de l'eau aux fontaines appartenant à la ville pour la vendre au public ; il est également défendu de faire le commerce d'eau dans la commune, en concurrence avec la compagnie, s'est exprimé ainsi : « Le premier paragraphe n'est susceptible d'aucune objection. Il est incontestable, en effet, que la ville a le droit de régler l'usage des eaux amenées aux fontaines et d'empêcher que les habitants n'en prennent au delà de leurs besoins pour en tirer profit. Mais il n'en est pas de même du second paragraphe, qui tend à interdire, d'une manière absolue, le commerce de l'eau dans la commune, pour en assurer le monopole à une compagnie.

Une semblable disposition est inconciliable avec les lois qui ont proclamé la liberté du commerce et de l'industrie, et il doit être bien entendu, au contraire, que tout particulier qui aurait des eaux à sa disposition, reste maître de faire concurrence à la compagnie concessionnaire, sous la seule condition de se soumettre aux mesures que l'autorité municipale jugerait convenable de prendre dans l'intérêt de la police et de la salubrité. » (*Bull. off. Min. Int.*, *ann.* 1857.)

405. Les maires ne peuvent créer, par leurs règlements, des associations ou corporations, chargées de certaines fonctions (*Circ. Min. Int.*, 3 *juill.* 1818); tels seraient des arrêtés qui conféraient à une entreprise ou association le service des commissions dans une ville, ou celui du ramonage des cheminées.

406. L'emploi exclusif de personnes ou de corporations, quelque ressemblance qu'il ait avec un privilége ou un monopole, doit être néanmoins regardé comme légal quand il a pour base, non un intérêt privé, mais le besoin de maintenir l'ordre, d'éviter les collisions sur la voie publique. Ce motif de restriction à la liberté des professions a été poussé très-loin; il sert de fondement aux arrêtés ou ordonnances de police qui chargent exclusivement, dans les grandes villes, des commissionnaires attitrés de prendre les bagages des voyageurs arrivant par les chemins de fer ou les messageries, d'ouvrir les voitures aux abords des théâtres, etc. La question s'est élevée surtout à l'occasion des portefaix qui, dans plusieurs ports, notamment à Marseille, forment des espèces de corporations puissantes. Il a été jugé plusieurs fois, notamment par arrêt de la cour de cassation du 27 novembre 1844, que l'autorité municipale a le droit de défendre d'employer d'autres personnes que les portefaix pour le chargement et le déchargement des marchandises dans les ports; d'où l'on a déduit la légalité des arrêtés qui assujettissent les portefaix à se faire inscrire, pour qu'ils jouissent du droit exclusif de faire le débarquement et le transport des marchandises, s'ils ne sont pas effectués par le maître de ces marchandises, ses intermédiaires ou gens de service (*Arr. Cass.* 22 *août* 1848, 3 *juill.* 1852). Les réserves faites aux particuliers et à leurs serviteurs ou employés pour le droit d'opérer les débarquements et transports de leurs marchandises, dépendent, quant à leur étendue, des termes qui les expriment; elles donnent souvent matière à des contestations de la part des compagnies de portefaix (*Arr. Cass.* 3 *juill.*, 3 *déc.* 1852; 23 *sept.* 1853). Il est hors de doute qu'un voyageur arrivé à sa destination a le droit, quels que soient les arrêtés municipaux commissionnant des agents spéciaux, de rapporter chez lui ses bagages, par lui-même ou par ses domestiques, venus au-devant de lui. On verra encore de nombreux exemples de l'influence que peut exercer sur la liberté des professions cette circonstance, qu'elles s'exercent sur la voie publique ou dans des lieux publics, comme celles des transports des personnes ou des marchandises, des étalagistes, des aubergistes, limonadiers, cabaretiers, des vendeurs dans les foires et marchés, etc.

407. Quant à la question des monopoles, réels ou apparents, dont nous nous occupons en ce moment, elle s'est présentée relativement aux entreprises de vidanges. La cour de cassation avait d'abord reconnu aux maires le droit de prescrire que l'ouverture des fosses et la vidange fussent opérées par un individu ou par une compagnie déterminés (*Arr.* 20 *pluv. an XII*; 27 *déc.* 1832; 19 *juill.* 1833; 22 *août* 1834). Mais cette jurisprudence a été abandonnée; on a fait une distinction judicieuse entre l'industrie de la vidange considérée comme un droit, et les conditions d'intérêt public imposées à cette industrie; on a, en conséquence, décidé que le maire dépasse la limite de ses attributions, en conférant, par adjudication, à certains individus, le droit exclusif de faire la vidange, et qu'aucune peine ne peut être appliquée aux vidangeurs qui, malgré de tels arrêtés, continuent à exercer leur profession (*Arr. Cass.* 18 *janv.* 1838; 4 *janv. et* 28 *juin* 1839; 5 *mars* 1840); d'un autre côté, attendu qu'il est dans les fonctions du maire de surveiller la vidange des fosses d'aisance sous le rapport de la salubrité publique, la cour de cassation a jugé qu'il peut, par des arrêtés obligatoires, prendre, dans ce but, les précautions nécessaires pour la manière de faire l'opération, par exemple, en ordonnant l'emploi de telle espèce de récipient ou de voitures (*Arr. Cass.*, 1er *déc.* 1838; 23 *août* 1839), en enjoignant le dépôt immédiat des matières dans les récipients avant tout transport (*Arr.*, 23 *avr.* 1835), en prescrivant les heures de la vidange et de l'enlèvement (*Arr. Cass..* 23 *avr.* 1845), le lieu où les matières doivent être transportées (*Arr. Cass.*, 31 *déc.* 1846), les ustensiles nécessaires pour chaque voiture (*Arr. Cass.*, 13 *août* 1847). Les principes qui viennent d'être exposés ont été résumés ainsi dans une circulaire du ministre de l'intérieur, en date du 13 mars 1839 : «Les maires peuvent, en principe, prescrire toutes les précautions nécessaires dans l'intérêt de la salubrité et même de la commodité des habitants,. relativement au curage des fosses d'aisance. Mais ce droit de police, qu'ils tiennent de l'art. 3, tit. II de la loi du 24 août 1790, et de l'art. 11 de la loi du 18 juillet 1837, ne s'étend pas jusqu'à pouvoir interdire à quelques-uns la profession des entrepreneurs de vidanges, pour en attribuer le privilége exclusif à quelques autres. Ce serait violer les lois, qui, en abolissant les priviléges et corporations de métiers, ont assuré à tous le libre exercice de l'industrie, sous la seule condition de ne point nuire à la sûreté et à la commodité publiques. »

408. Il rentre dans les attributions de la police municipale de veiller à ce que l'exercice d'aucune profession ne trouble le repos des habitants; c'est pourquoi on reconnaît la validité des règlements qui ordonnent à ceux qui ont des états bruyants, comme les chaudronniers, serruriers, maréchaux et autres professions à marteau, de suspendre leurs travaux pendant certaines heures, ou de ne les exercer que dans un local couvert et fermé, mais non de déterminer la partie de la commune où ils pourront, et non ailleurs, exercer leur état. (*Arr. Cass.*, 3 *mars* 1842, 18 *mars* 1847, 4 *août* 1853.)

409. Si les règlements municipaux sont obligatoires quand ils prennent des mesures d'ordre pour la police des auberges, ils perdent le caractère de légalité s'ils vont jusqu'à défendre ou ordonner aux aubergistes de loger telle personne : en agissant ainsi, les maires interviennent directement dans l'exercice d'une industrie, pour l'entraver, et dépassent la mesure de la surveillance. La question du droit des aubergistes s'est présentée plusieurs fois devant les tribunaux dans des cas où il n'existait point d'arrêté de police; on prétendait qu'il y avait lieu d'appliquer une ancienne ordonnance de Charles IX, du 20 janvier 1563, punissant, par son art. 19, d'une amende de 10 livres, l'hôtelier qui refuse par malice de loger un voyageur. A plusieurs reprises, la cour de cassation a déclaré cette ordonnance abrogée par les lois nouvelles qui consacrent la liberté de l'industrie, liberté qui n'existerait plus si un aubergiste pouvait être obligé d'admettre des individus qu'il ne lui conviendrait pas de loger, même quand il aurait de la place à leur donner. (*Arr. Cass.*, 2 *juill. et* 3 *oct.* 1857.)

410. Lorsqu'une profession ne s'exerce pas dans un lieu public ou sur la voie publique, l'autorité municipale n'a pas le droit de s'immiscer dans l'exercice de cette profession et de lui imposer des règlements qui ne soient pas l'exécution d'une loi expresse, ou qui, si elle s'exerce dans un endroit public, ne soient pas des mesures de police. En conséquence, est illégal l'arrêté municipal qui ordonne à tout brocanteur d'avoir un registre pour y inscrire les objets qu'il aura achetés (*Arr. Cass.* 15 *oct.* 1842; 27 *sept.* 1851, 5 *juill.* 1860); celui qui défend aux fripiers et brocanteurs de trafiquer d'autres objets que ceux spécifiés dans une déclaration préalable exigée d'eux (*Arr.* 15 *oct.* 1842); celui qui prescrit aux marchands forains de ne vendre qu'après la visite de leurs marchandises par des experts, et l'inscription lisible, sur ces marchandises, de leurs tares et défectuosités, ou la production des factures légalisées, ou la pesée ou mesurage préalable devant l'acheteur avant la vente publique de ces mêmes marchandises (*Arr. Cass.* 8 *mai* 1841); mais doit être exécuté l'arrêté municipal qui veut que les marchands ne puissent vendre publiquement qu'à la mesure légale, et qui interdit de vendre des coupons d'étoffe sans indication d'aunage (*Arr.* 7 *mai* 1841). — N'est pas obligatoire l'arrêté municipal qui ordonne, même temporairement, aux marchands domiciliés dans une commune, de vendre leurs denrées ailleurs que dans un lieu déterminé : c'est là une violation de la liberté du commerce et de l'industrie; une pareille mesure ne peut être prise légalement qu'à l'égard des marchands forains (*Arr. Cass.* 12 *juill.* 1849). Voy. ce que nous disons, art. 2, relativement aux ventes dans les foires et marchés.

411. A la différence de ce qui avait lieu sous l'ancienne législation, l'administration, et particulièrement l'autorité municipale n'a plus aucun pouvoir pour réglementer le mécanisme intérieur des moulins (*Arr. Cass.* 12 *mars* 1858); elle ne peut non plus régler la construction et les conditions d'exploitation des moulins à vent, voisins des grandes routes, en les considérant comme établissements dangereux ou incommodes. (*Arr. Cass.* 25 *nov.* 1853.)

412. 4° *Égalité civile.* Tous les citoyens étant égaux devant la loi, les règlements municipaux ne peuvent accorder à certaines personnes des avantages particuliers qu'ils ne conféreraient pas à d'autres; cela s'applique surtout aux arrêtés qui ont pour objet de dispenser un ou plusieurs individus d'exécuter des règlements ou certaines clauses de règlements de police municipale. Ces dispenses, quand elles ont été invoquées devant les tribunaux, ont toujours été déclarées sans valeur, et reconnues insuffisantes pour empêcher l'application de la peine légale aux contraventions constatées (*Arr. Cass.* 1er *juill.* 1830; 30 *juin* 1832; 29 *mai* 1835; 15 *déc.* 1836; 19 *déc.* 1833; 19 *juin* 1857); de pareilles dispenses

ne sont pas plus valables quand elles viennent des préfets, pour leurs arrêtés, que quand elles émanent des maires, pour les règlements municipaux. (*Arr. Cass.*, 25 *fév.* 1859.)

413. 5° *Propriété.* Elle constitue un des droits les plus précieux de l'homme et du citoyen; aussi est-elle entourée de garanties spéciales; elle ne peut être enlevée à personne sans l'accomplissement de formalités protectrices, et sans indemnité (*Cod. Nap.*, *art.* 545); un règlement de police ne suffirait donc pas pour priver un propriétaire de ce qui lui appartient.

414. Toutefois, le droit de propriété n'est pas plus absolu qu'aucun de ceux dont l'homme jouit dans la société; loin de là : c'est un des droits qui reçoit des besoins de la police et de l'intérêt général les plus nombreuses restrictions. L'autorité municipale, spécialement chargée de tout ce qu'exige la sûreté et la salubrité de la commune, apprécie, par ses règlements, les sacrifices que ces grands intérêts commandent à l'intérêt privé, et les tribunaux décident si, pour cette appréciation, les maires sont restés dans la limite légale de leurs attributions. Il est impossible de tracer d'avance les règles générales pour la conciliation des deux droits qui se trouvent en présence. Les décisions rendues en pareil cas ne peuvent guère être citées que comme des exemples.

415. On a regardé comme portant atteinte au droit de propriété et comme n'étant pas obligatoire, l'arrêté de police qui défend aux habitants de pénétrer dans leurs champs couverts de récoltes ou dans leurs vignes non encore vendangées : en agissant ainsi, ces propriétaires ne font qu'un légitime usage de leur droit, et ne sauraient pour cela être passibles d'aucune interdiction ni d'aucune peine (*Arr. Cass.*, 28 *nov.* 1839). Il en est de même d'un arrêté qui ordonne aux propriétaires de n'enlever leurs chaumes et de n'en disposer que jusqu'à telle concurrence, le reste demeurant réservé aux pauvres : par là, le maire distribuerait la propriété des particuliers, c'est-à-dire, usurperait une prérogative réservée exclusivement au propriétaire. (*Arr. Cass.*, 29 *therm. an IX.*)

416. Il est entendu que lorsqu'un particulier, poursuivi pour contravention, prétend n'avoir agi comme il l'a fait qu'en vertu d'un droit de propriété, il ne lui suffit pas d'élever cette allégation; il doit prouver son droit par des titres, ou, au moins, par des actes de possession qui fassent présumer sa qualité de propriétaire.

417. La sécurité publique impose de graves restrictions à l'exercice du droit de propriété, et fait reconnaître comme obligatoires les arrêtés municipaux qui les établissent. Indépendamment des règlements de voirie, et surtout des alignements, des arrêtés municipaux peuvent déterminer le maximum de hauteur des maisons, le minimum d'élévation des pièces et la proportion des cours (objets qui concernent surtout la salubrité), le placement des gouttières et des pierres à évier donnant sur la voie publique, défendre tout objet en saillie sur les rues ou places, interdire tout changement à l'extérieur des maisons sans l'autorisation du maire; nous reviendrons sur cette matière, dont nous ne parlons ici qu'au point de vue de la propriété. On a vivement débattu la question du droit des municipalités à l'égard de la manière de couvrir les maisons. On a fait, à ce sujet, une distinction : on a décidé qu'un arrête municipal n'est pas obligatoire quand il ordonne la destruction des couvertures des maisons en paille, chaume ou roseau, qui présentent de grands dangers d'incendie : on a considéré un tel règlement comme portant atteinte à la propriété, à la jouissance acquise (*Arr. Cass.*, 3 *déc.* 1840); mais que les tribunaux de police doivent faire exécuter comme légal l'arrêté qui ordonne, par précaution et pour l'avenir, que les couvertures ne se feront plus en chaume, paille ou roseau, et ne pourront plus être établies ou réparées qu'avec des tuiles ou ardoises, même pour les maisons isolées ou situées à la campagne (*Arr. Cass.*, 19 *mars* 1836, 11 *sept.* 1840). On conçoit qu'il y a une différence entre un arrêté qui obligerait des propriétaires à remplacer un toit existant, en bon état, par un autre plus cher, et l'arrêté qui prescrit un mode particulier de couverture ou de réparation pour l'avenir; la différence s'explique d'ailleurs, historiquement, par les troubles violents qui ont été la conséquence des efforts de l'administration pour faire exécuter des arrêtés de la première espèce.

418. L'autorité municipale doit veiller avec le plus grand soin à la salubrité de la commune; elle ne peut accomplir complétement ce devoir sans apporter des restrictions à l'exercice de la propriété privée; nous en verrons encore ailleurs des exemples; nous nous bornons ici à en faire ressortir quelques-uns où l'on voit le mieux l'intérêt général en lutte avec l'intérêt particulier. Il est de règle, à ce sujet, que si un propriétaire est maître de faire chez lui ce qui lui convient, il ne lui est pas permis de se livrer à aucun acte qui pourrait avoir des conséquences extérieures nuisibles à la salubrité publique, et que, dans ce dernier cas, l'autorité réglementaire de la municipalité peut intervenir légalement. Ainsi, on a déclaré obligatoire l'arrêté municipal qui défend de jeter des immondices dans les cours des maisons, parce que les exhalaisons qui s'en échappent gagnent les rues voisines et en vicient l'air (*Arr. Cass. 21 juill.* 1838); celui qui ordonne la suppression des cimetières privés (*Arr. Cass.,* 28 *déc.* 1839); celui qui défend d'entretenir, dans l'intérieur des maisons et dans les cours, des immondices ou fumier, prohibition qui, du reste, ne s'étend pas à des décombres déposés (*Arr. Cass.,* 10 *mai* 1841); celui qui défend les cloaques, même dans l'intérieur des propriétés (*Arr. Cass.,* 2 *juin* 1838). La cour de cassation est allée bien loin en reconnaissant comme légal un règlement municipal qui défend aux habitants d'une ville d'y élever et tenir des lapins, cochons, oies, canards et autres volailles, à moins que ce ne soit dans des maisons d'exploitation, ou dans des cages ou volières. (*Arr. Cass.,* 1er *déc.* 1839.)

419. Quoique restreignant la liberté des propriétaires, l'arrêté municipal qui ordonne que, dans un délai déterminé, toutes les maisons de la ville devront être pourvues de fosses d'aisance fixes ou mobiles, est obligatoire, et s'applique aux maisons existantes aussi bien qu'aux maisons à construire. (*Arr. Cass.,* 13 *fév.* 1857.)

420. Les mesures prises pour assurer la salubrité, quant à des constructions ou objets situés sur la voie publique, sont certainement dans les limites des attributions du pouvoir réglementaire municipal; de là, la légalité des arrêtés relatifs au balayage et nettoyage des rues et places (voy. plus bas, *art.* 2); par les mêmes considérations a été déclaré obligatoire, l'arrêté d'un maire qui fixe les dimensions que doivent avoir les grilles placées sur un canal, afin que les immondices ne puissent pas s'accumuler, ou qui enjoint à un particulier d'enlever un grillage placé sur un ruisseau à l'endroit où les eaux entrent sur la propriété (*Arr. Cass.,* 29 *mars* 1838); celui qui défend d'obstruer le canal destiné à recevoir les eaux insalubres d'une ville et qui enjoint aux propriétaires, sur l'héritage desquels ces eaux se sont amassées dans des mares de les combler. (*Arr. Cass.,* 2 *juin* 1838.)

421. Ce n'est pas seulement lorsqu'il porte atteinte à un des grands principes de liberté, d'égalité, de propriété, qu'un règlement municipal manque de force obligatoire, c'est, nous l'avons déjà dit, quand ses dispositions sont contraires à celles d'une loi quelconque, ajoutons, ou d'un règlement d'administration publique, émané du chef de l'État (*Arr. Cass.*, 31 *janv.* 1857), on regarderait comme renfermant un vice de cette nature, l'arrêté municipal qui établirait une peine différente de celle que la loi prescrivait pour les faits qui seraient l'objet de la réglementation : les autres dispositions du règlement qui ne dépasseraient point les limites des attributions municipales, devraient être observées, seulement les tribunaux ne pourraient avoir aucun égard à la sanction pénale, autre que celle de la loi. Lors même, ce qui arrive quelquefois, qu'un arrêté frappe les contraventions qu'il prévoit de la même peine que celle qui est portée par la loi, le juge de police ne doit appliquer la peine qu'en vertu de la loi, et non en se fondant sur un simple acte municipal ; nous reviendrons sur cette solution.

422. Pour qu'un arrêté de police municipale soit obligatoire, il faut encore qu'il accomplisse une autre condition, celle de n'avoir pas été abrogé : l'abrogation peut résulter, soit d'un règlement postérieur qui le révoque expressément, ou qui établisse des dispositions inconciliables avec les anciennes, soit d'un changement dans la législation. La révocation d'un arrêté ne résulte point de ce qu'un arrêté postérieur le rappelle, sans même reproduire ou rappeler ses dispositions, si ces dernières ne sont pas inconciliables avec le nouvel arrêté (*Arr. Cass.*, 19 *avril* 1834). Pour qu'un règlement de police municipale puisse être abrogé par un autre, il faut que le nouveau soit aussi relatif à la police ; un règlement municipal concernant la gestion des intérêts particuliers de la commune ne produirait point cet effet. (*Arr. Cass.*, 29 *mars* 1856.)

Un règlement municipal qui se référerait à une institution abolie serait de plein droit abrogé : il n'aurait plus d'application possible. Mais quand il s'agit d'un règlement municipal valable par lui-même, et, dès son principe, il ne peut être considéré comme abrogé par cela seul qu'il ne reçoit pas son exécution : la désuétude, la tolérance de l'autorité, ne constituent point des causes ou des preuves d'abrogation. Ce moyen de défense de la part d'un individu prévenu de contravention à un règlement municipal, ne pourrait surtout être invoqué si le règlement était peu ancien (*Arr. Cass.*, 6 *août* 1836), et cela même si l'autorité tolérait l'infraction (*Arr. Cass.*, 3 *mars* et 8 *avril* 1854, 28 *août* 1858). La désuétude ne pourrait évidemment être invoquée contre un règlement qui aurait été récemment publié de nouveau, et exécuté naguère par des poursuites devant le tribunal de police. (*Arr.* 26 *juill.* 1828.)

Les anciens règlements de police, antérieurs à 1789, conservent toute leur autorité, et les tribunaux sont tenus de les exécuter, à moins qu'ils ne s'occupent de matières sur lesquelles des lois postérieures ou le Code pénal aient statué; dans ce dernier cas, leur abrogation est tacite, mais certaine (*C. pén.*, *art.* 484). Il est bien entendu que les anciens règlements ne sont en vigueur qu'autant que d'autres dispositions de police, prises par des autorités modernes compétentes, ne les ont pas modifiés ou abrogés. (*Arr. Cass.*, 11 *juin* 1818, 2 *juin* 1825.)

423. Les arrêtés de police municipale sont obligatoires pour les tribunaux, en ce sens que lorsque la contravention est établie, ils doivent appliquer la peine légale, prononcée par l'art. 471, n° 15, ou une autre loi spéciale, et qu'ils ne doivent admettre, en faveur du prévenu, aucune excuse qui ne soit formellement prévue, ou par une loi, ou par le règlement municipal lui-même. La force obligatoire des arrêtés de police a encore cet effet, que les tribunaux qui prononcent la peine doivent, de plus, ordonner la destruction de tout ce qui a été fait contrairement à leurs dispositions, par exemple, la démolition d'ouvrages indûment élevés. Nous aurons souvent occasion de constater l'application des principes que nous venons de poser.

ARTICLE 2. — Objets sur lesquels peut s'exercer le pouvoir réglementaire des municipalités.

424. La loi du 18 juillet 1837, qui confirme, à cet égard, la législation antérieure, charge les maires de la police municipale, de la police rurale et de la voirie municipale (*art.* 10); elle autorise, par son art. 11, les maires, à ordonner des mesures locales sur les objets confiés par les lois à leur vigilance et à leur autorité. On voit, par ces expressions, que le législateur ne confère pas aux maires un pouvoir réglementaire absolu, qu'il ne leur permet pas de prendre des arrêtés sur tous les objets quelconques, mais seulement sur ceux qui leur sont confiés *par les lois.* Pour connaître les limites du pouvoir réglementaire municipal, il faut consulter les lois spéciales, qui déterminent les matières sur lesquelles elles autorisent ce pouvoir à s'exercer. Les principales de ces lois sont d'abord, indépendamment de l'art. 10 de la loi de 1837, que nous venons de rappeler, celles du 14 décembre 1789, sur les municipalités, du 24 août 1790, du 22 juillet 1791 et du 6 octobre 1791.

L'art. 49 de la loi du 14 décembre 1789 porte que les fonctions propres au pouvoir municipal sont de faire jouir les habitants des avantages d'une bonne police, notamment de la propreté, de la salubrité, de la sûreté et de la tranquillité dans les rues, lieux et édifices publics. Dans cette disposition on voit d'abord un principe général, puis, à titre d'exemples seulement, l'indication de quelques-unes de ses applications. Du principe posé il résulte que les arrêtés de police municipale ne sont valables que lorsqu'ils ont pour objet une véritable mesure de police, c'est-à-dire tendant à faire jouir les habitants de l'ordre considéré dans toutes ses conditions : des règlements touchant à d'autres intérêts, tels que ceux de l'administration des propriétés communales, ne seraient point des règlements de police, et en conséquence ne seraient pas obligatoires, avec sanctions pénales, pour les tribunaux de police.

425. L'art. 3, tit. II, de la loi du 16-24 août 1790 contient l'énumération suivante d'objets placés dans les attributions de la police municipale ; « les objets de police confiés à la vigilance et à l'autorité des corps municipaux sont: 1° tout ce qui intéresse la sûreté et la commodité du passage dans les rues, quais, places et voies publiques, ce qui comprend le nettoiement, l'illumination, l'enlèvement des immondices, encombrements, la démolition ou la réparation des bâtiments menaçant ruines, l'interdiction de rien exposer aux fenêtres ou autres parties des bâtiments qui puisse nuire par sa chute, et celle de rien jeter qui puisse blesser ou endommager les passants ou causer des exhalaisons nuisibles ; 2° le soin de réprimer et punir les délits contre la tranquillité publique, tels que les rixes et disputes accompagnées d'ameutements dans les rues, le tumulte excité dans les lieux d'assemblée publique, les bruits et attroupements nocturnes qui troublent le repos des citoyens ; 3° le maintien du bon ordre dans les endroits où il se fait de grands rassemblements d'hommes, tels que les foires, marchés, réjouissances et cérémonies publiques, spectacles, jeux, cafés, églises, et autres lieux publics ; 4° l'inspection de la fidélité du débit des denrées qui se vendent au poids, à l'aune ou à la mesure, et sur la salubrité des comestibles exposés en vente publique ; 5° le soin de prévenir par des précautions convenables, et celui de faire cesser par la distribution des secours nécessaires, les accidents et fléaux calamiteux, tels que les incendies, les épidémies, les épizooties, en provoquant aussi, dans les deux derniers cas, l'autorité des administrations de départe-

ment et de district ; 6° le soin d'obvier ou de remédier aux événements fâcheux qui pourraient être occasionnés par les insensés
ou les furieux laissés en liberté, et par la divagation des animaux
malfaisants ou féroces. »

426. Remarquez que cet article emploie les mêmes expressions
que la loi de 1837, *les objets confiés à la vigilance et à l'autorité
des corps municipaux ;* d'où il semblerait résulter que la nomenclature qu'il contient est exclusive ; mais tel n'est pas le système de la loi de 1837, qui parle des objets confiés à la vigilance
et à l'autorité des maires *par les lois* et non pas seulement par
la loi du 24 août 1790 ; d'ailleurs cette dernière ajoute elle-même
à la nomenclature de l'article 3, en disant dans son article 4 : les
spectacles publics ne peuvent être permis et autorisés que par
les officiers municipaux. De ce que l'énumération contenue dans
l'art. 3 de la loi de 1790 n'est qu'énonciative et non limitative, il
s'ensuit qu'un arrêté qui se fonderait sur cette loi et sur celle de
1789 pour établir des dispositions de police relatives à des faits
qui n'y sont point prévus non plus que dans des lois spéciales
postérieures, ne serait pas nul, si d'ailleurs il avait réellement
pour but d'assurer le repos, la sûreté, la salubrité de la commune,
sans porter atteinte, comme nous l'avons dit dans l'article précédent, aux principes essentiels de notre droit public. C'est
d'après ces considérations que les tribunaux sanctionnent par la
peine légale la violation des ordonnances du préfet de police de Paris,
rendues en vertu de l'arrêté consulaire de l'an VIII (modifié depuis)
comprenant des faits non mentionnés dans la loi du 24 août 1790.

427. La loi du 19-22 juillet 1791 donne aux autorités municipales le droit de fixer la taxe du pain et de la viande de boucherie,
et par suite, de faire des règlements sur cette matière.

428. Le Code rural du 28 septembre - 6 octobre 1791 impose
aux municipalités le devoir de veiller à la tranquillité, à la salubrité et à la sûreté des campagnes (art. 9 tit. 2). De là leur droit de
faire des règlements sur tout ce qui concerne la police rurale ;
le Code du 6 octobre les autorise à prendre des bans de vendange
(tit. I, sect. 3, art. 2); c'est aussi comme chargés de la police
rurale qu'ils peuvent faire des arrêtés pour fixer l'époque pendant
laquelle les pigeons doivent être renfermés (*L.* 4 *août* 1780, *art.* 2).
Il en est de même de l'échenillage, quoique cette opération se
pratique aussi dans les jardins situés à l'intérieur des villes. Nous
allons entrer dans le détail des règlements municipaux concernant
la police rurale.

429. Auparavant nous devons faire observer que, bien que la loi de 1791 confère des attributions générales aux municipalités en matière de police rurale, néanmoins ces attributions cessent pour les objets spéciaux que des lois particulières ont confiées à d'autres autorités. C'est ce qui arrive pour la chasse et pour la pêche, dont la police et la réglementation appartiennent aux préfets, en vertu des lois du 3 mai 1844, et 15 avril 1829. Toutefois on admet généralement que les maires peuvent prendre légalement des arrêtés relatifs à la pêche dans les étangs et les mares, si elle tendait à compromettre la salubrité publique. Il a été jugé aussi que le règlement municipal qui, dans le but d'assurer la circulation dans les campagnes, interdit de chasser à moins de 100 mètres des vignes non vendangées, est légal et obligatoire. (*Arr. Cass. 4 sept. 1847.*)

§ 1er. — Des arrêtés municipaux concernant la police rurale.

430. Ces arrêtés ont pour but de rappeler l'existence et d'assurer l'exécution des lois qui protègent les campagnes, leur tranquillité, leur sûreté, leur salubrité ; telles sont celles qui défendent aux habitants des campagnes d'allumer du feu dans les champs plus près que cinquante toises des maisons, bois, bruyères, vergers, hales, meules de grains, de paille ou de foin ; l'art. 9, tit. 2 du Code rural qui ordonne de ramoner et entretenir les fours et les cheminées ; les mesures réglementaires et de détail que les maires peuvent prescrire pour que ces dispositions légales reçoivent leur exécution pleine et entière, sont obligatoires.

431. *Divagation des animaux nuisibles et malfaisants.* — Le soin de prendre des mesures à ce sujet est imposé aux municipalités dans les campagnes comme dans les villes ; il rentre dans leur obligation de maintenir partout la sûreté. Il faut, pour que leurs arrêtés soient légaux, qu'ils s'appliquent aux précautions à prendre contre des animaux qui ont, par nature, un caractère nuisible et malfaisant ; le pouvoir réglementaire municipal n'irait pas jusqu'à la défense du fait de circulation d'animaux habituellement inoffensifs, comme les chevaux, les chats, les chiens, les ânes, etc. Il faut ici admettre une distinction ; certains animaux, qui ne peuvent être qualifiés nuisibles dans les villes ou à l'intérieur des communes, peuvent et doivent l'être relativement à la conservation des propriétés rurales et des fruits de la terre, de sorte que, selon l'une ou l'autre de ces situations, des animaux peuvent ou ne peuvent pas donner lieu à des règlements municipaux obligatoires; par exemple les chèvres, qui n'ont pas, en général, d'inconvénients dans les villes, en présentent dans les campagnes : c'est pourquoi on a regardé comme légal un arrêté municipal portant que les chèvres qui traverseront les chemins d'un territoire déterminé seront muselées, attachées deux à deux, et auront chacune une clochette (*Arr. Cass.* 20 *févr.* 1835). Il en est de même des pigeons, qui sont pour les campagnes, durant une partie de l'année, des animaux nuisibles; ils le sont à l'époque des semailles et des récoltes : aussi les municipalités sont-elles autorisées à ordonner qu'ils soient enfermés durant ce temps. Telle est la prescription de la loi du 4 août 1789, relative, il est vrai, à l'abrogation des anciens priviléges féodaux, et celle aussi de la loi du 22 juillet 1791; les conseils municipaux fixent la durée de la clôture annuelle des colombiers, et ce sont des arrêtés du maire qui rendent, après l'approbation du préfet, la délibération exécutoire. Les contraventions à ces arrêtés font encourir les peines de police; c'est à cette solution que la jurisprudence s'est arrêtée, après avoir d'abord penché pour l'avis contraire, et après des débats approfondis auxquels ont pris part, dans des sens opposés, MM. Henrion de Pansey et Toullier (*Arr. Cass.* 5 *déc.* 1834, 5 *janv. et* 19 *mars* 1836, 28 *sept.* 1837, 5 *févr.* 1844).

432. La voracité des porcs, qui les pousse quelquefois à des actes dangereux, surtout pour les enfants, semblerait devoir faire considérer ces animaux comme malfaisants. Toutefois, la cour de cassation refuse de leur attribuer ce caractère, et veut qu'on les regarde comme des animaux domestiques, à moins qu'un instinct particulier ne signale dans certains d'entre eux des animaux malfaisants ou féroces. Mais, en même temps, la cour n'a porté ces décisions que dans des cas où il s'agissait d'appliquer, en l'absence de tout arrêté, l'article du Code pénal relatif à la divagation des animaux, et elle reconnaît qu'il en serait autrement dans les communes où il existerait des règlements sur la divagation des porcs, ce qui est une consécration de la légalité de pareils règlements. (*Arr. Cass.* 9 *déc.* 1854, 21 *sept.* 1855.)

433. Sous le rapport de la police rurale, les chiens ne peuvent être placés dans la classe des animaux malfaisants; un règlement excèderait donc les attributions municipales, s'il interdisait d'une manière absolue la divagation des chiens dans la campagne, et surtout s'il proscrivait ainsi une espèce particulière de chiens inoffensifs, par exemple les chiens lévriers, et cela pendant toute l'année, même aux époques où leur circulation ne peut nullement préjudicier aux récoltes (*Arr. Cass.* 16 *déc.* 1826 ; 30 *juin* 1842). Ce n'est pas à dire que les maires n'aient pas le droit de prendre des précautions contre les inconvénients de la circulation des chiens dans les campagnes ; loin de là, les mesures qui ont cet objet rentrent dans leurs attributions, non pas parce que les chiens sont des animaux malfaisants, mais parce que leur divagation peut nuire à la sûreté des chemins ou à la conservation des propriétés. Aussi a-t-on regardé comme valable et obligatoire un arrêté municipal prescrivant d'attacher au cou des chiens, pendant la saison des vendanges, un de ces bâtons d'un tiers ou d'une moitié de mètre, qui ralentissent la course des chiens ou les empêchent de pénétrer, à travers les haies, dans les champs ou dans les vignes (*Arr. Cass.* 10 *janv.* 1834). Souvent, quand un maire prend des précautions contre la divagation des chiens dans les campagnes, il a soin d'en exempter les chiens de berger ; quand cette exception n'a pas été faite par les arrêtés municipaux, le tribunal de police appelé à statuer sur les contraventions n'a pas le droit de la suppléer.

Le principal danger des chiens errant dans les campagnes, c'est celui de la rage. Soit comme chargés de la police municipale, soit comme autorisés et obligés à prendre toutes les précautions nécessaires pour prévenir les accidents ou fléaux, telle que serait l'invasion dans la commune d'un mal aussi terrible que la rage, les maires prennent légalement des arrêtés destinés à prévenir un pareil malheur. Si des chiens enragés ont été vus auprès d'une commune, le maire peut ordonner aux habitants de tenir enfermés ceux de leurs chiens qu'ils laissent vaguer ordinairement ou dont ils se font accompagner sur les routes ou à travers champs, ou dans les bois. Si un ou plusieurs chiens ont été mordus par un chien enragé ou présumé tel, le maire peut ordonner que des personnes désignées à cet effet abattent tous les chiens trouvés errants sur le territoire de la commune ; il est bon que l'arrêté qui prescrit cette mesure soit publié à l'avance, afin que les propriétaires des chiens puissent les enfermer, et pour que les animaux utiles et non dangereux ne soient pas confondus avec ceux dont il peut être urgent de se défaire ; sur ce dernier point, le conseil donné par M. Boyard, dans son *Manuel municipal,* est approuvé par M. Dalloz, *Répertoire, v° Commune*, n° 1325.

434. Lorsqu'un troupeau est atteint d'une maladie épizootique, des arrêtés municipaux peuvent ordonner que le chien ou les

chiens qui le gardent soient enfermés, ou même, au besoin, abattus, afin que la contagion ne soit pas portée d'un troupeau à un autre. M. Dalloz pense même que, dans ce cas, le maire a le pouvoir de faire abattre tous les chiens errants.

435. Dans les villes et bourgs, la circulation des chiens est assujettie à de nombreuses restrictions, dont la légalité a été reconnue. (Voy. ci-après § 19.)

Échenillage. — Au droit de prévenir les ravages des animaux nuisibles se rattache celui de réglementer l'échenillage. Cette opération, quoiqu'elle doive se pratiquer aussi dans les villes où la police l'ordonne, est plus particulièrement du domaine de la police rurale. L'art. 471 n° 8 du Code pénal punit· d'une amende de 1 à 5 francs ceux qui ont négligé d'écheniller dans les campagnes ou jardins où ce soin est prescrit par la loi ou par les règlements. Ces dernières expressions consacrent le droit réglementaire de la municipalité ; l'exercice de ce droit se renferme dans la publication annuelle de la loi du 26 ventôse an IV sur l'échenillage, et dans l'émission d'arrêtés de police contenant des dispositions destinées à assurer l'exécution de cette loi ; de ce nombre sont les arrêtés fixant l'époque à laquelle l'échenillage devra être fait.

436. *Bans de vendange et autres.* — Le Code rural, art. 1, sect. 5, tit. 1er, proclame en principe que chaque propriétaire a la liberté de faire sa récolte, de quelque nature qu'elle soit, avec tout instrument et quand il lui conviendra. Il ne saurait dépendre de l'autorité municipale, sous prétexte qu'elle a dans ses attributions la police rurale, de porter atteinte à ce droit des propriétaires ou des fermiers qui les représentent dans l'exploitation des terres. Aussi la cour suprême a-t-elle déclaré nul un règlement municipal qui interdisait à toute personne, même aux cultivateurs dans leurs propriétés, d'aller faire de l'herbe dans les blés. (*Arr. Cass. 3 déc.* 1859.)

Par respect pour les usages établis, et dans le but de ménager les convenances locales favorables à la culture, le Code rural, après avoir posé la règle de la liberté, ajoute que, cependant, dans les pays où les bans de vendange sont en usage, il pourra être fait, à cet égard, un règlement chaque année par le conseil général de la commune, mais seulement pour les vignes non closes. Avant de commenter ce texte, nous devons faire observer que les bans de vendange n'étant admis qu'à titre d'exception, la jurisprudence tend à revenir au principe de la liberté chaque fois que l'interprétation de la loi laisse des doutes.

437. Remarquez d'abord que le Code rural ne parle que des bans de vendanges, quoique les usages ruraux admettent encore des bans d'une autre nature. Un arrêté du Directoire, du 14 germinal an VI, porte que la loi de 1791 n'a point entendu interdire les bans de vendange ou *autres bans autorisés par les règlements*. De même, l'art. 475 v°, du Code pénal, punit les contraventions aux bans de vendange, *ou autres*. Ces derniers mots semblent se référer à une loi existante, et pourtant cette loi n'existe pas, celle de 1791 n'autorisant que les bans de vendange ; on a prétendu en conséquence qu'il n'était pas légal de créer par simple induction une législation applicable avec une sanction pénale. D'une autre part, on a considéré que les mots *ou autres*, insérés dans le Code pénal, et dont le sens ne peut laisser aucun doute, doivent recevoir leur exécution, qu'ils entraînent forcément la légalité des bans autres que ceux de vendanges, puisqu'ils prononcent une peine contre ceux qui y contreviennent. C'est ainsi que la cour de cassation interprète l'art. 475 ; elle a jugé qu'il peut être publié des bans de fauchaison, lesquels sont obligatoires. (*Arr.* 6 *mars* 1834). Cette doctrine, néanmoins, est encore contestée.

438. Le Code rural confiait au conseil de la commune le soin de faire chaque année le règlement des bans de vendanges ; aujourd'hui cette mesure rentre dans les attributions du maire, chargé de tout ce qui concerne la police rurale.

439. La légalité des arrêtés de bans de vendanges est soumise à la condition qu'ils aient lieu dans un pays où ils sont en usage, et, pour ceux de vendanges, qu'ils ne s'appliquent qu'aux vignes non closes.

D'abord, quant aux usages anciens, il faut qu'ils soient constatés. Si un individu, poursuivi comme contrevenant à des bans de vendanges ou autres, niait l'existence des usages sur lesquels devait se fonder l'arrêté du maire, que devrait faire le tribunal de police ? Il ne pourrait pas, de sa seule autorité décider que les usages n'existaient pas ; en statuant ainsi, il méconnaîtrait la limite de ses attributions, et ferait entrer le pouvoir judiciaire dans le domaine administratif, puisqu'il annulerait dans sa base un règlement fait par l'administration municipale. L'existence d'un usage méconnu, et par suite, le maintien d'un arrêté de bans de vendange, doivent être décidés par l'autorité administrative. (*Arr. Cass.* 19 *nov.* 1859.) S'ensuit-il que le tribunal de police devant lequel un prévenu prétend s'excuser en soutenant que dans la commune il n'y avait pas d'usage relatif aux bans, doive s'abstenir et ordonner un sursis jusqu'à ce que le préfet ait statué sur l'existence ou le non-usage de l'usage ? Nous serions portés à le penser ; cette solution nous paraîtrait concilier les droits des deux autorités judiciaire et administrative ; mais la cour de cassation a jugé autrement : elle a décidé que le tribunal de police devait condamner le prévenu, quoiqu'il soutînt que l'usage des bans n'était pas constant, par le seul motif que le préfet n'aurait pas annulé les arrêtés ordonnant les bans ; aux yeux de la cour, la publication des bans sans opposition du préfet implique leur légalité, et les rend obligatoires ; si un particulier veut s'y soustraire, il doit user de la faculté de faire décider par le préfet que le ban n'était pas en usage dans la commune (*Arr. Cass.* 24 *avril* 1858). Cette décision repose, comme on le voit, sur la présomption que l'usage des bans résulterait suffisamment de ce que le maire en a fait un que le préfet n'a pas annulé, présomption qui n'est point écrite dans la loi. Le même arrêt annule, avec raison, pour incompétence, le jugement de police qui déclare que l'usage des bans ne résulte pas d'une série d'arrêtés de bans non interrompue depuis la loi de 1791 ; prononcer ainsi, c'est en effet statuer sur un objet qui doit être réservé à l'autorité administrative.

S'il est indispensable que les arrêtés de ban se fondent sur d'anciens usages locaux, il n'est pas nécessaire qu'ils reproduisent les dispositions réglementaires de ces usages ; ainsi, dans un pays où, quant à l'ouverture des vendanges, l'usage distinguait entre les vignes basses et les hautes, l'arrêté municipal qui fixe l'époque de la vendange pour toutes les vignes indistinctement, doit être observé (*Arr. Cass.* 3 *janv.* 1828), mais l'usage ancien peut être maintenu, pour l'application d'un arrêté de ban lorsqu'il n'a rien de contraire à ce dernier acte ; tel est l'usage de commencer la vendange la veille du jour indiqué par le ban, et de considérer le samedi comme la veille du lundi. Des exceptions pareilles ne peuvent pas être étendues par les juges ; ainsi de ce que le samedi est regardé comme la veille du lundi on ne peut induire que le dimanche est la veille du mardi. (*Arr. Cass.* 31 *janv.* 1833.)

440. Quels que soient les termes employés par les arrêtés du maire, les bans de vendange qu'ils établissent ne peuvent jamais concerner que les vignes non closes ; le texte du Code rural le veut expressément. Quand une vigne doit-elle être réputée close, et ainsi soustraite aux dispositions du ban de vendange ? Il suffit,

pour cela, que la clôture soit conforme à l'un des modes déterminés par la loi du 6 octobre 1791 ; d'après un arrêt de la cour
de cassation, du 11 septembre 1847, il importerait peu que la
clôture ne fût pas conforme à celle qui aurait été indiquée par la
municipalité. D'un autre côté une vigne n'est pas close, dans le
sens de l'affranchissement du ban de vendange, si elle est entourée
de fossés qui n'ont pas la dimension prescrite par cette même
loi rurale (*Arr. Cass.* 24 *juill.* 1845) ; a été déclarée close une
vigne entourée de trois côtés par une haie vive, et, sur le qua-
trième, séparée d'une route par un fossé de 1 mètre 50 centim.
de large, dépendant de la route, et un talus d'une élévation de
3 mètres 50 cent., ce qui en rend l'accès impossible. (*Arr. Cass.*
22 *mars* 1855.)

Une fois qu'il est reconnu qu'il n'y a pas de clôture, toute vigne
ne peut être vendangée qu'à l'époque fixée par le ban, qu'il s'a-
gisse de vignes basses, plantées en raisins précoces, ou de vignes
hautes (*Arr. Cass.* 13 *févr.* 1845) ; il n'y a aucune distinction à
faire là où l'autorité municipale n'en a pas fait. Si donc le ban de
vendanges porte sur toutes les vignes non closes, il n'est pas
permis d'excepter les clos appartenant à plusieurs propriétaires,
quand il n'y a point de séparation en clôture entre les diverses
portions (*Arr. Cass.* 18 *août* 1827). La cour suprême a même
refusé d'appliquer le bénéfice des vignes closes à celles qui ap-
partiendraient à plusieurs propriétaires, alors même que ceux-ci
s'entendraient pour vendanger à la même époque (*Arr. Cass.* 5
août 1830). Cela nous paraît excessif, et il nous semble qu'on ne
peut se montrer plus exigeant que la loi qui exempte de l'assu-
jettissement du ban, et rend au principe de la liberté de culture,
toute vigne qui est close, sans distinguer si les terrains compris
dans la clôture appartiennent à un ou à plusieurs propriétaires.
Du reste, les vignes non closes, qu'elles soient isolées ou non,
sont soumises aux prescriptions du ban (*Arr. Cass.* 6 *févr.* 1858).
Il a été jugé avec raison, par ce dernier arrêt, qu'une dispense du
maire, accordée à un individu, ne saurait empêcher la condamnation s'il y a eu contravention au ban.

441. Lorsque les bans de vendange sont conçus en termes généraux, et ne spécifient pas les actes que les propriétaires ne
peuvent faire avant l'époque fixée, il est entendu que le ban
n'empêche que la vendange, c'est-à-dire la récolte de tous les
raisins d'une vigne dans la vue de les vendre ou d'en faire du vin.
La fixation du ban ne saurait avoir pour but de transformer en

acte punissable le fait, de la part d'un propriétaire, d'aller dans sa vigne, cueillir quelques raisins pour son usage et pour celui de sa famille (*Arr. Cass.* 7 *déc.* 1855, *et* 9 *févr.* 1856). Évidemment l'arrêté d'un maire serait illégal s'il ne se bornait pas à fixer l'époque des vendanges, mais s'il défendait à tout propriétaire d'entrer dans sa vigne avant cette époque ; ce serait une atteinte formelle, et non motivée, au droit de propriété. (*Arr.* 21 *oct.* 1841.)

442. On regarde comme obligatoire la disposition d'un ban de vendange, ou autre, qui fixe les heures pendant lesquelles on pourra entrer sur les propriétés pour y faire les opérations dont il s'agit, qui défend, par exemple d'y aller avant le soleil levé ou d'en sortir après le soleil couché ; c'est un moyen d'empêcher des abus qui rendraient les bans illusoires. Telle est l'opinion de Fournel, reproduite par M. Dalloz, v° *Commune,* n° 787.

443. Ce sont les propriétaires des vignes non closes qui doivent être punis pour contravention aux bans, alors même qu'ils n'habiteraient pas la commune, ainsi que le fait remarquer M. Dalloz, n° 786, ce qui est d'ailleurs conforme au principe général de la force obligatoire des arrêtés municipaux, qui s'appliquent, indépendamment du fait de la résidence des personnes, aux propriétés qui en sont l'objet. On a demandé si les propriétaires ou fermiers sont seuls punissables pour infraction aux arrêtés de ban, ou si la peine doit atteindre chacun des ouvriers ou autres personnes trouvés en contravention de vendange opérée hors du temps déterminé. Il faut répondre que ces derniers ne sauraient être poursuivis ; ils ne sont que les instruments du propriétaire ou fermier, qui les retient, pour travailler dans son intérêt, à partir de tel jour ; le décret du 5-12 juin 1781 et le Code rural, en posant la règle de la liberté de culture, et l'exception concernant les bans de vendange ou autres, ne parlent que des propriétaires. Peu importe que l'art. 475 du Code punisse *ceux* qui contreviennent aux bans, cette expression générale s'entend naturellement dans un sens conforme aux lois antérieures qui avaient réglé cette matière.

444. Les arrêtés de bans, souvent pris d'après le rapport de commissaires envoyés pour examiner la maturité des produits, doivent être publiés comme tous les arrêtés de police municipale, et cela au moins 24 heures à l'avance. Si un préfet a réglé l'ouverture des vendanges pour tout le département, et qu'un maire fixe un autre jour, c'est l'arrêté du préfet qui doit être exécuté. (*Arr. Cass.* 14 *sept.* 1833.)

445. *Ratelage, glanage et grappillage.* — Un arrêté municipal peut-il interdire aux cultivateurs dans l'intérêt des glaneurs, le ratelage pendant les deux jours qui suivent l'enlèvement des récoltes ? Le ministre de l'intérieur, consulté par un préfet, a répondu : « aux termes de l'art. 2, sect. V, tit. Ier de la loi du 6 octobre 1791, chaque propriétaire est libre de faire sa récolte avec tout instrument et au moment qu'il lui convient, pourvu qu'il ne cause aucun dommage aux propriétaires voisins. D'un autre côté, l'art. 21 du tit. II de la même loi dispose que les glaneurs ne peuvent entrer dans les champs qu'après l'enlèvement entier des fruits. En présence de ces dispositions, il semble que les cultivateurs ont le droit de recourir au ratelage pour compléter l'enlèvement de leurs récoltes, et qu'un simple règlement de police ne saurait s'opposer à l'exercice de ce droit, lorsqu'il n'y a pas d'usage local qui le prohibe ou le restreigne. » (*Bullet. offic. du minist. de l'intér.*, *année* 1857.)

Les conditions du glanage, du ratelage et du grappillage sont réglées par l'art. 471, n° 10 du Code pénal. Le pouvoir municipal ne saurait les rendre plus rigoureuses, par exemple, en interdisant ces actes pendant une certaine heure de la journée (*Cass.* 8 *déc.* 1860), mais le maire peut interdire le grappillage des raisins jusqu'à l'entière terminaison des vendanges, ce n'est que régler l'exercice du grappillage et non faire obstacle. (*Cass.* 27 *janv.* 1860.)

446. *Parcours et vaine pâture.* — Les règlements concernant ces droits ne sont pas abandonnés à l'autorité des maires seuls ; les conseils municipaux doivent intervenir : aussi cette matière ne se rattache qu'indirectement aux droits de la police municipale, ou, du moins, elle forme une série particulière des attributions municipales.

447. Après avoir parlé du pouvoir réglementaire des maires en ce qui touche la police rurale, nous aurions à traiter d'un autre objet, que la loi du 18 juillet 1837 place aussi dans les attributions municipales : nous voulons dire la voirie municipale ; c'est une partie importante de la police intérieure des villes, bourgs et villages ; mais, à raison même de son importance, ce sujet doit être exposé à part dans un traité qui embrasse tout l'ensemble des règle concernant tant la grande que la petite voirie. (Voy. *Traité de la voirie.*)

Nous ne retiendrons ici que ce qui a rapport à la sûreté, à la salubrité, au maintien de l'ordre dans les rues et places de l'intérieur des communes ; c'est la loi sur la police municipale qui s'en occupe et non la législation spéciale de la voirie.

La troisième grande division des attributions de police des maires, c'est la police municipale proprement dite : nous allons suivre l'énumération des principaux objets qui s'y rattachent, considérés sous le rapport du pouvoir réglementaire des maires.

§ 2. — Mesures concernant la sureté et la commodité du passage dans les rues, places, quais et voies publiques.

448. L'article de la loi du 24 août 1790 qui détaille les objets confiés à la vigilance de l'autorité municipale, met en première ligne tout ce qui intéresse la sûreté et la commodité du passage dans les rues, quais, places et voies publiques ; après avoir posé cette règle générale, il cite, non pour limiter les objets compris dans cette catégorie, mais seulement à titre d'exemple (ce qu'il exprime par le mot *notamment*), le nettoiement, l'illumination, l'enlèvement des immondices et encombrements, la démolition ou la réparation des édifices menaçant ruines, l'interdiction de rien exposer aux fenêtres ou aux parties du bâtiment qui puisse nuire par sa chute, et celle de rien jeter qui puisse blesser ou endommager les passants ou causer des exhalaisons nuisibles. Nous suivrons l'ordre tracé par cet article ; en conséquence, nous exposerons les règles concernant les arrêtés de police sur divers objets de sûreté ou commodité non spécifiés, et ensuite nous reprendrons chacun de ceux qui sont énumérés par la loi.

449. Les alignements et les permissions de construire le long d'une voie publique quelconque se rattachent à la sûreté et à la commodité du passage dans les rues et places ; à cet égard, les anciens règlements généraux qui avaient force de loi, sont encore en vigueur dans tout l'empire (Voy. le *Traité de la voirie*). Le maire, qui est chargé de donner des alignements, a le pouvoir de prendre des arrêtés pour rappeler aux citoyens l'obligation où ils sont d'obtenir ces alignements, ou pour tracer les formalités que doivent remplir ceux qui veulent se faire autoriser à construire le long de la voie publique. (*Arr. Cass.* 3 *juill.* 1835.)

450. Le soin d'assurer la sûreté du passage dans les voies publiques, a fait considérer comme obligatoires des arrêtés municipaux qui défendaient, dans les constructions ou réparations, l'emploi de mauvais matériaux, ou des procédés qui offriraient des dangers pour l'incendie. De pareilles prescriptions, quand elles ne contiennent pas de distinction, s'appliquent aux entrepreneurs aussi bien qu'aux propriétaires qui font construire. (*Arr. Cass.* 20 *juin* 1829, 13 *juin et* 13 *nov.* 1835, 25 *juin*

1836, 12 *nov.* 1840.) Les mêmes motifs de sûreté ont fait attribuer le caractère obligatoire aux arrêtés qui défendaient d'exécuter sur la voie publique aucune construction sans une autorisation municipale ; et quand l'arrêté ne fait pas de distinction, le tribunal de police doit appliquer de tels arrêtés, non-seulement aux constructions portant sur le sol ou à la hauteur des personnes qui circulent, mais même aux ouvrages placés au-dessus de la tête des passants, tels que les balcons, corniches, etc.; car des ouvrages de cette nature peuvent, par leur poids, menacer la sûreté des personnes qui passent dessous (*Arr. Cass.* 4 *oct.* 1839) ; on a étendu cette décision à tout ce qui serait établi sur la façade des maisons. (*Arr. Cass.* 19 *juin* 1835.)

451. Au lieu de soumettre à son autorisation les ouvrages compromettants pour la sûreté ou la commodité du passage sur la voie publique, le maire peut défendre ces ouvrages d'une manière absolue ou ne les permettre que sous certaines conditions qu'il détermine : ses arrêtés, à cet égard, sont d'une entière légalité, de même que ceux qui ordonnent la destruction de ces ouvrages qui existeraient déjà. La jurisprudence a consacré ces principes. Elle a reconnu aux tribunaux de police le droit et le devoir d'appliquer la sanction pénale à l'infraction des arrêtés ou règlements municipaux qui défendraient pour l'avenir ou ordonneraient de détruire les bornes en saillie dans les rues (*Arr. Cass.* 4 *juin* 1830, 9 *févr.* 1835, 30 *juin* 1836); les bancs ou établis placés en saillie au-devant d'une maison sur une rue ou une place (*Arr. Cass.* 22 *mars* 1822); les escaliers ou perrons extérieurs formant saillie sur une voie publique ; les barrières ou clôtures assises sur la voie publique ; les échoppes appuyées devant une maison sur une rue ou une place (*Arr. Cass.* 11 *germ. an XI*); les jalousies posées à la façade extérieure des maisons (*Arr. Cass.* 12 *févr.* 1847) ; les gouttières saillantes dans les rues, avec injonction de les remplacer par des tuyaux de descente (*Arr. Cass.* 3 *avril* 1841), quelque peu fréquentée que soit la voie publique sur laquelle se trouverait la gouttière, et alors même que ce ne serait qu'une impasse à laquelle on arriverait par une voûte (*Arr. Cass.* 15 *nov.* 1839) ; les grands balcons donnant sur les places et dans les rues (*Arr. Cass.* 30 *mars* 1827). Il est bien entendu que les prohibitions ou injonctions concernant les ouvrages en saillie ne s'appliquent qu'à ceux qui s'avancent sur une voie publique, mais nullement à ce qui est construit dans l'intérieur des cours, jardins ou dépendances d'une maison particulière ; ici la propriété reprend l'entier exercice de tous ses droits : aucune raison d'intérêt public ne lui impose plus de restriction.

452. Du droit d'empêcher ou de réglementer la construction des ouvrages en saillie, et de l'obligation de faire tout ce qui peut garantir la sûreté du passage sur les voies publiques, on a induit que les maires n'excèdent pas les limites de leurs attributions en prescrivant la hauteur à laquelle pourront s'élever les tuyaux de poêle (*Arr. Cass.* 14 *mars* 1835), ainsi que la hauteur et les dimensions des cheminées ; en fixant une hauteur que les bâtiments ne devront pas dépasser (*Arr. Cass.* 30 *mars et* 7 *déc.* 1827), pouvoir qu'on pourrait être tenté de considérer comme contraire aux droits de la propriété privée, mais qui est indispensable pour prévenir les accidents de chute de constructions sur la voie publique, pour assurer la circulation de l'air, et faciliter les secours en cas d'incendie ; les tribunaux de police ne peuvent se déclarer incompétents et refuser d'appliquer la peine à de tels arrêtés. Il en est de même de ceux qui vont jusqu'à ordonner, afin d'empêcher des constructions dangereuses ou nuisibles, qu'aucun ouvrage ne soit établi sur la voie publique sans une autorisation préalable du maire, ce qui est une des règles ordinaires de la voirie municipale dans les communes où il existe un alignement ; les arrêtés dont il s'agit sont obligatoires pour toutes les maisons, qu'elles soient ou non dans l'alignement, et pour toute espèce de travaux à l'égard desquels ils n'auraient pas admis une exception (*Arr. Cass.* 7 *sept.* 1838). On a jugé ainsi même pour le badigeonnage de la façade d'une maison (*Arr. Cass.* 20 *juillet* 1838), l'arrêté soumettant à l'autorisation les changements, de quelque nature qu'ils fussent. Nous penserions, toutefois, qu'un simple badigeonnage, le blanchîment d'une façade, une peinture extérieure, un ornement quelconque, sont des travaux qui n'offrent aucun inconvénient pour la sûreté du passage, à moins qu'ils ne nécessitent l'établissement, sur la voie publique, d'échelles, échafaudages, ou autres appareils ; qu'en conséquence ils doivent être laissés à la libre volonté des propriétaires, et ne rentrent point légalement dans le domaine de la réglementation municipale ; dans ce sens, la cour de cassation a annulé un arrêté qui avait défendu de blanchir les maisons en se fondant sur le besoin de prévenir dans la commune le développement des ophthalmies (*Arr. Cass.* 25 *août* 1832) ; M. Dalloz, v° *Commune*, n° 871, fait observer que, dans l'espèce particulière, il n'existait dans la commune aucune épidémie ophthalmique et il ajoute, avec raison, que si une telle maladie s'était déclarée, et que les hommes de l'art eussent déclaré que le blanchîment des façades de maisons pût exercer quelque influence sur l'épidémie régnante, le règlement, temporaire ou permanent, devrait recevoir son exécution.

453. Là où la sûreté de la voie publique n'est point intéressée, et quand il s'agit seulement d'embellissement ou de symétrie, l'autorité municipale n'a pas le droit de gêner, par ses règlements, la liberté des propriétaires. Aussi a-t-on refusé le caractère obligatoire à un arrêté qui ne permettait de construire sur les places et dans les rues que des maisons ayant un rez-de-chaussée et deux étages, qui déterminait l'élévation de chacun de ces étages, qui exigeait que les bâtiments autres que les maisons d'habitation aient la même hauteur, de manière que les cordons et les corniches soient sur la même ligne : un particulier, poursuivi pour avoir manqué à l'une de ces conditions ne pourrait être condamné par le tribunal de police (*Arr. Cass.*, 13 *janv.* 1844). Il résulte, de même, d'un arrêt du conseil d'État, du 1er décembre 1859, que les préfets ou les maires ne peuvent régulièrement prescrire, en vue de l'embellissement de la voie publique, qu'il n'y ait d'autres ouvertures aux combles des maisons, que des fenêtres à tabatière; l'inexécution de cette condition ne pourrait constituer une contravention susceptible d'être réprimée par une peine. Quelquefois, comme cela s'est vu à Paris, des conditions de symétrie et d'uniformité sont imposées pour les constructions sur la voie publique; mais c'est une loi ou un décret qui l'ordonne, ou si cela se trouve dans les conditions d'une vente ou d'une adjudication, l'infraction ne peut donner lieu à une poursuite pénale, comme s'il s'agissait d'une contravention à un règlement de police municipale.

454. Un maire ne peut, par ses arrêtés, priver les propriétaires des servitudes que la loi ou la situation de leurs immeubles leur attribuent sur la voie publique; mais il a le droit d'empêcher toute autre servitude, ou d'établir des prescriptions qui écartent de l'exercice des servitudes légales tout ce qui pourrait nuire à la sûreté et à la commodité du passage dans les rues et places. Ainsi le Code Napoléon, autorisant les propriétaires à laisser les eaux de leurs toits tomber sur la voie publique, des règlements municipaux qui leur interdiraient ce droit ne seraient pas obligatoires, non plus que ceux qui défendraient d'ouvrir des vues ou portes sur une rue, une place, un quai. Mais la servitude légale ne permettant que la chute des eaux pluviales, les maires ont le droit de défendre que l'on laisse écouler au dehors d'autres eaux, telles que les eaux ménagères, ou autres provenant de l'intérieur, qui pourraient nuire aux passants ou qui auraient des inconvénients pour la salubrité publique. Toutefois, l'autorité permet ordinairement l'écoulement des eaux ménagères dans les rues, au moyen de précautions qui consistent à prescrire l'établissement de bacs ou éviers descendant très-près du sol; c'est ce que fait, par exemple pour Paris, une ordonnance du préfet de police du 24 décembre 1823. Quant aux eaux pluviales, si le maire ne peut pas empêcher qu'elles s'écoulent sur la voie publique, il est parfaitement dans son droit, en interdisant les modes de construction qui feraient que les passants s'en trouveraient inondés, et qui pourraient compromettre la sécurité; on devrait donc regarder comme obligatoires les arrêtés qui proscriraient les gargouilles ou autres gouttières saillantes, qui ordonneraient l'établissement de conduites d'eaux descendant le long des murs jusqu'au niveau du sol, qui défendraient aux propriétaires qui poseraient des gouttières, tout ce qui serait nuisible à la sûreté et à la commodité du passage; on ne serait pas reçu à prétendre que de pareils arrêtés sont contraires aux articles du Code qui autorisent l'écoulement des eaux pluviales sur la voie publique. (*Arr. Cass.* 14 *oct.* 1813; 21 *nov.* 1834.)

455. Les édifices menaçant ruine compromettent gravement la sûreté du passage, et les objets qui encombrent la voie publique gênent la commodité de la circulation; cette matière étant comprise dans des dispositions particulières de la loi de 1790, nous en parlerons dans des paragraphes spéciaux, ainsi que de quelques autres faits qui se rattachent à ce qui peut se passer dans les rues et places.

456. La peine applicable à l'infraction de tous les arrêtés de police municipale de la nature de ceux que nous venons de mentionner est, aux termes de l'art. 471, n° 15 du Code pénal, d'un à cinq francs d'amende. Le tribunal de police doit, en outre, ordonner la destruction de tous les ouvrages faits en contradiction avec ce que prescrivent les règlements violés. C'est une règle générale, suivie pour tous les cas qui se présentent en matière de voirie municipale, et le tribunal de police ne doit faire aucune exception, ni restriction, pas même celle qui résulterait d'une exemption, verbale ou écrite, du maire lui-même. Sur ces divers points, la jurisprudence est constante.

457. Indépendamment des ouvrages qui peuvent être incommodes ou dangereux pour les passants, il y a des circonstances qui présentent le même caractère, et qui, par ce motif, tombent sous l'autorité réglementaire du maire; la loi les comprend sous la généralité de ses termes, car il serait impossible de les prévoir toutes et de leur appliquer les précautions convenables. Le maire peut donc légalement prendre des arrêtés, afin de défendre tout ce qui peut gêner le passage dans les rues, places, quais, promenades, sur les ports, les canaux, les cours d'eau non navigables ni flottables (les autres relèvent de l'administration supérieure) existant dans la commune, et, surtout, tout ce qui peut nuire à la sûreté des passants ou des promeneurs.

Dans l'intérêt de la sûreté des personnes, un maire peut défendre de passer dans un endroit où le passage pourrait être dangereux; par exemple, interdire la promenade dans ou le long d'une rue où l'on fait des réparations à des bâtiments ou au pavé, ou dans tout autre cas où la sécurité publique serait compromise; il peut, par exemple, interdire de passer autrement qu'à pied sur une promenade communale publique, et cela, bien que cette promenade n'ait pas été classée par l'administration comme voie publique (*Arr. Cass.* 8 *avril* 1852). La cour de cassation a reconnu la légalité des arrêtés municipaux qui défendent de passer dans une rue ou sur le bord d'une rivière (*Arr.* 19 *sept.* 1806; 19 *mars* 1836). Dans les jours de fête ou de grandes cérémonies, qui activent la circulation ou portent la foule vers certains points, le maire a le droit d'interdire, dans les parties de la ville les plus exposées, la circulation des voitures, des chevaux et même des piétons; à Paris, des ordonnances de police prennent des précautions de cette nature pour les jours de fêtes nationales, ou pour les fêtes accidentelles et extraordinaires.

Dans les parties de la voie publique où le passage est laissé libre, malgré des travaux entrepris au haut des maisons ou autres édifices, des arrêtés de police peuvent ordonner que les entrepreneurs de ces travaux placent des objets apparents (ordinairement une croix de bois suspendue) qui avertissent les passants du danger, ou un ouvrier qui les fasse passer au large.

458. Quand l'autorité supérieure n'a pas fait de règlements relatifs au passage sur les rivières navigables ou flottables, sur les chemins de halage et les marchepieds, l'autorité municipale peut prendre des mesures de sûreté sur cet objet, par exemple, ordonner que les capitaines de navires, les maîtres et patrons de barques n'amarrent point leurs embarcations aux arbres d'une promenade longée par la rivière. (*Arr. Cass. 8 oct. 1842.*)

Lorsque les eaux d'une rivière ont une crue extraordinaire, ou si elles présentent habituellement des dangers pour les bateaux, l'autorité municipale peut défendre le passage soit d'une manière absolue, soit sur certains points ou pour un temps limité (*Arr. Cass. 16 oct. 1835*). Lorsqu'il y a danger réel, le passage peut être interdit (*Arr. Cass. 19 mars 1836, 18 avr. 1837*); mais c'est seulement dans ce cas que des voies de communication aussi précieuses que les cours d'eau seraient légalement enlevées aux citoyens. Sont obligatoires les arrêtés municipaux qui ordonnent des mesures propres à prévenir l'encombrement d'une rivière ou d'un canal (*Arr. 13 mars 1842*). On rattache aux précautions de sûreté prises sur la voie publique, et obligatoires pour les particuliers et pour les juges, les arrêtés qui défendent de traverser les rivières, étangs, lacs, canaux, pièces d'eau, pendant les grandes gelées, ou qui n'autorisent ce passage que lorsque des poteaux ou écriteaux placés sur les bords l'ont permis. Il en est de même du passage dans des endroits dangereux, marqués par des écriteaux portant l'interdiction.

459. La conduite des chevaux ou bestiaux à un abreuvoir, dans l'intérieur des communes, surtout des villes, peut compromettre la sûreté du passage. Il rentre donc dans les attributions réglementaires de l'autorité municipale de fixer le mode et les conditions de cette conduite, par exemple, en l'interdisant aux femmes et aux enfants, en limitant le nombre des animaux qu'une personne peut mener (*Arr. Cass. 24 avril 1834*), en défendant de laisser aller à l'abreuvoir des chevaux sans y être conduits (*Arr. Cass. 18 mai 1844*), en déterminant les limites hors desquelles il ne sera pas permis de mener les chevaux dans la rivière ou à l'abreuvoir, même pour les faire baigner.

460. Les chevaux et les voitures peuvent présenter des inconvénients et des dangers pour la sûreté publique : nous parlerons dans un paragraphe particulier des mesures municipales prises pour empêcher l'encombrement des rues et places par les voitures, et auxquelles se rattachent les arrêtés concernant l'exploitation des voitures publiques et le monopole des entreprises de transport en commun dans les villes. Au nombre des mesures qu'un maire peut prendre légalement pour la sûreté du passage, à l'égard des chevaux et voitures qui circulent dans l'intérieur des

communes, on peut citer : la fixation du nombre de chevaux qu'une même personne peut conduire, surtout de front, l'interdiction, même pour les postillons de la poste aux chevaux, de faire claquer des fouets dans les rues (*Arr. Cass.* 18 *nov.* 1824), la prohibition de faire galoper les chevaux dans les villes, ce qui constitue une contravention de police et non une infraction justiciable du conseil de préfecture (*Arr. Cass.* 11 *déc.* 1846); la défense aux conducteurs d'être assis sur leurs chevaux (*Arr. Cass.* 25 *vent. an XII*), l'injonction aux postillons et charretiers de tenir les rênes de leurs chevaux sans jamais les laisser libres (*Arr. Cass.* 20 *janv.* 1837); l'ordre à tous les rouliers et conducteurs, aux laitiers, bouchers et autres, qui portent leurs marchandises dans des voitures attelées, de toujours marcher à côté de leurs chevaux (*Arr. Cass.* 8 *janv.* 1830). Sur les routes et chemins vicinaux de grande communication, l'obligation pour les conducteurs de rester à portée de leurs chevaux de manière à pouvoir toujours les guider, ne résulte pas des arrêtés municipaux, mais de la loi du 31 mai 1831 et du décret réglementaire du 10 août 1852.

461. Quand des arrêtés de police concernant les voituriers ou charretiers ne distinguent pas les différentes espèces de voitures qu'ils conduisent, ils doivent être appliqués indifféremment à tous (*Arr. Cass.* 20 *janv.* 1837); seulement, il a été reconnu que s'ils atteignent les postillons de la poste aux chevaux conduisant des voitures ou chars quelconques, appartenant à des particuliers ou à des administrations, ils ne sont point applicables aux malles-postes (*Arr. Cass.* 8 *avril* 1836). Un maire pourrait défendre à toutes personnes de mendier autour des voitures publiques ou particulières, et de s'en approcher pour vendre des fruits ou autres objets; si les termes de l'interdiction sont généraux, ils concernent aussi bien ces actes accomplis autour des voitures stationnant sur la voie publique que ceux qui ont lieu autour des voitures en circulation; pour la restreindre à ce dernier cas, il faut que les termes de l'arrêté y autorisent ou que quelque circonstance particulière y oblige, par exemple, si l'autorité supérieure a refusé son approbation à la partie de l'arrêté concernant les voitures en stationnement. (*Arr. Cass.* 15 *avril* 1842.)

462. L'existence ou la nature des clôtures des propriétés joignant la voie publique intéressent la sûreté du passage. C'est donc avec raison qu'il a été décidé qu'un maire a le droit de prescrire la clôture d'un terrain joignant la rue, s'il y a danger à ce qu'il reste ouvert (*Arr. Cass.* 19 *août* 1836, 2 *fév.* 1837). De même, l'autorité municipale pourrait légalement interdire tel genre de clôture qui lui paraîtrait dangereux, par exemple, des fossés longeant la voie publique, ou ordonner que le côté de ces fossés touchant à la rue ou au chemin vicinal soit protégé par une clôture. (*Arr. Cass.* 4 *janv.* 1840.)

463. Si un travail est nécessaire pour prévenir des accidents sur une voie publique, l'autorité municipale est en droit de le prescrire : la sûreté du passage l'exige ; ainsi serait légal et obligatoire l'arrêté qui ordonnerait aux riverains d'un canal des ouvrages destinés à empêcher les inondations (*Arr. Cass.* 27 *sept.* 1839) : celui qui imposerait aux propriétaires la charge de combler les trous ou excavations survenus devant leurs maisons (*Arr. Cass.* 7 *déc.* 1826, 17 *mars* 1838) ; mais la force obligatoire manquerait aux arrêtés qui imposeraient aux habitants des travaux simplement dans des vues d'ornement ou de facilité de la circulation.

464. Ce que nous avons dit des clôtures, légalement ordonnées quand la sûreté du passage sur la voie publique le demande, peut s'appliquer à la fermeture des maisons donnant sur les rues ou places. Durant le jour, il n'est guère probable que la sûreté publique soit intéressée à la fermeture des portes des maisons particulières ; il n'en est pas de même pendant la nuit, les allées et les cours pouvant, surtout dans des quartiers peu fréquentés, servir d'asile à des malfaiteurs. La cour de cassation a déclaré obligatoire un règlement qui prescrivait la fermeture, à partir d'une certaine heure, des portes, allées et cours communes d'une maison (*Arr.* 27 *août* 1841, 8 *juin* 1850, 3 *oct.* 1851). Il a été jugé de même, par arrêt du 13 décembre 1856, dans une affaire où il s'agissait de la légalité de l'arrêté d'un préfet exerçant, au nom de la loi, l'autorité de police municipale dans un chef-lieu de plus de 40,000 âmes.

465. On peut rattacher aux mesures concernant la sûreté du passage aussi bien qu'à celles relatives au maintien du bon ordre les arrêtés interdisant de lancer des boules de neige sur les passants (*Arr. Cass.* 17 *mars* 1808), de jeter par les fenêtres de l'eau ou d'autres objets : nous reviendrons ailleurs sur les faits de cette nature.

§ 3. — NETTOYEMENT DE LA VOIE PUBLIQUE, BALAYAGE.

466. La loi de 1790 place explicitement le nettoiement parmi les objets qui intéressent la sûreté et la commodité du passage sur la voie publique, et qui, par conséquent, rentrent dans le domaine de l'autorité et du pouvoir réglementaire des municipalités. Le droit des maires est implicitement reconnu et même nécessairement supposé par l'art. 471, n° 3 du Code pénal, qui punit d'une amende de un à cinq francs ceux qui auront négligé de nettoyer les rues ou passages dans les communes où ce soin est laissé à la charge des habitants; c'est l'autorité municipale qui leur impose ce soin. Nous avons donc à nous occuper ici des communes où il existe des arrêtés concernant le nettoiement de la voie publique. Le cas où le balayage n'est pas laissé à la charge des habitants est celui où la commune a traité, pour cet objet, avec un adjudicataire.

La légalité des règlements municipaux sur le balayage a été constamment reconnue (*Arr. Cass.* 7 avr. 1809, 16 *mars* 1821, 4 *oct.* 1827, 9 *juin* 1832, 13 *fév.* 1834); le juge de police doit donc les appliquer, et ne peut excuser le prévenu par aucun autre motif que ceux qui seraient prévus par une loi ou par les arrêtés eux-mêmes; un simple retard pourrait préserver de la condamnation s'il était prouvé qu'il résultait d'une force majeure. (*Arr. Cass.* 19 *déc.* 1811.)

467. Les règlements peuvent prescrire le mode et toutes les conditions du balayage: ainsi, ordonner qu'il aura lieu ou une fois par semaine, et alors pour que l'arrêté soit violé, il ne suffit pas de constater que le balayage n'a pas été fait tel jour de la semaine, il faut établir qu'il n'a été exécuté à aucun des autres jours de la semaine (*Arr. Cass.* 28 *mai* 1825), ou un certain nombre de fois par semaine (*Arr. Cass.* 28 *mai* 1825), ou à des jours fixes de chaque semaine (*Arr. Cass.* 4 *oct.* 1827); dans ce dernier cas, il est bon que le procès-verbal de contravention soit dressé le jour même où le balayage aurait dû se faire; mais il n'est pas nul pour n'être fait que le lendemain ou un autre jour; il a même été décidé que, dans cette hypothèse, il n'est pas indispensable que le procès-verbal mentionne le jour pour lequel l'obligation était prescrite et n'a pas été accomplie, et qu'il s'y réfère nécessairement, puisque autrement il n'y aurait pas contravention (*Arr. Cass.* 11 *juill.* 1857). Le maire peut légalement prescrire que le balayage se fasse à certaines heures; les tribunaux de police sont tenus d'appliquer ces arrêtés tant qu'ils n'ont pas été abrogés (*Arr. Cass.* 28 *août* 1848), et ne sauraient excuser un prévenu par cela qu'il allait se conformer aux règlements au moment où la contravention a été constatée (*Arr. Cass.* 7 *déc.* 1826, 10 *avril*

1856). La municipalité est dans son droit en ordonnant que, lorsque la voie publique est bordée de chaque côté par des constructions particulières, le balayage soit exécuté, pour moitié de la largeur, par chaque riverain, et pour la totalité, s'il n'y a de constructions que d'un côté (*Arr. Cass.* 30 *mai* 1856); elle a aussi le droit d'ordonner que les débris de vidanges des maisons soient déposés dans des tombereaux au moment du passage de ces voitures, avec défense de les déposer sur la voie publique après le passage des tombereaux. (*Arr. Cass.* 13 *juin* 1856.)

468. Tout ce que les arrêtés de police prescrivent pour le nettoiement ne concerne que les rues ou autres parties de la voie publique; ils ne sauraient s'appliquer à des portions de propriété privée par cela seul qu'elles aboutiraient à une voie publique, à moins qu'il n'y eût dans la commune un règlement défendant aux particuliers de laisser ou déposer sur leur terrain des immondices insalubres à portée de la voie publique ou de nature à y envoyer des exhalaisons nuisibles. A défaut d'un tel règlement, il a été jugé que celui qui prescrit aux habitants de balayer devant leurs maisons ne s'applique pas à un dépôt d'immondices ou de fumiers dans une ruelle faisant partie d'une propriété privée, alors même que cette ruelle serait sans clôture et aboutirait à la voie publique. (*Arr. Cass.* 22 *nov.* 1856.)

469. Quand des arrêtés sur le balayage ont été pris dans les limites du pouvoir réglementaire municipal, ils doivent être appliqués par le juge de police tels qu'ils sont, sans restriction ni distinction, règle consacrée fréquemment en cette matière comme dans toutes celles de la police municipale. Jugé, en conséquence, que la contravention à ces arrêtés ne peut être affranchie de peine sous prétexte qu'il n'est pas constaté que le balayage fût nécessaire, ou qu'il existât des ordures ou de la poussière devant la maison du contrevenant (*Arr. Cass.* 22 *nov.* 1849), ou parce que la maison était située dans une impasse non pavée où il existait un amas de pavés (*Arr. Cass.* 2 *oct.* 1851), ou que la rue n'étant point pavée, mais seulement empierrée, dans sa plus grande partie, constituait plutôt un chemin qu'une rue (*Arr. Cass.* 10 *oct.* 1851), ou que la partie macadamisée de la voie publique n'est pas soumise à l'obligation du balayage, parce qu'il y serait inefficace, et qu'il ne s'applique qu'à la partie pavée (*Arr.* 30 *mai* 1856); ou que le fait aurait eu lieu dans des cours communes ne formant pas un passage public, s'il n'est pas déclaré que les cours étaient closes et séparées de la voie publique (*Arr.*

Cass. 22 *avril* 1842); ou que le prévenu a pu se borner à pousser les boues et immondices devant la maison du voisin, si celui-ci y a consenti (*Arr. Cass.* 2 *août* 1850). L'obligation de balayer *les quais*, doit s'entendre de toute la partie comprise entre les maisons et l'eau, et pas seulement de la partie formant la continuation des rues, par opposition à celle qui sert plus particulièrement au chargement et déchargement des navires. (*Arr. Cass.* 2 *juill.* 1858.)

470. D'un autre côté, les termes d'un arrêté sur le balayage ne doivent pas plus être étendus que limités. Ainsi quand un arrêté prescrit le balayage des *rues habitées*, il ne peut servir de base à une condamnation contre les prévenus qui n'ont pas balayé dans une ruelle que le procès-verbal n'a pas déclaré être habitée (*Arr. Cass.* 23 *nov.* 1833); le règlement qui oblige à balayer devant les maisons, ne soumet pas les propriétaires de jardins isolés à balayer la rue le long du mur de ces jardins (*Arr. Cass.* 17 *juin* 1847); l'arrêté municipal qui prescrit aux propriétaires et locataires de rez-de-chaussée joignant les rues et lieux publics, de balayer au-devant de leurs maisons, cours, jardins, vergers et autres emplacements, est inapplicable au propriétaire d'un pré sur lequel n'existe aucune construction ou habitation. (*Arr. Cass.* 7 *oct.* 1853.)

471. Sur qui pèse l'obligation du balayage ordonné en termes généraux, par des règlements de police municipale? Il est admis, en principe, que le balayage est une charge de la propriété des maisons au-devant desquelles il doit être fait. De là, plusieurs conséquences importantes : 1° la qualité de propriétaire étant la base de l'obligation, le fait de l'habitation dans la maison, lequel ne modifie en rien le droit de propriété, n'est point à considérer ici ; et, à cet égard, l'art. 471 du Code pénal qui met le balayage à la charge des habitants, s'interprète de la même manière que les arrêtés municipaux qui ne spécifient pas les classes d'habitants auxquelles leurs prescriptions s'adressent : nous ne faisons donc pas de différence entre le cas où la contravention résulte d'une infraction de la loi et celui où c'est à un règlement municipal que le prévenu a désobéi. Il a été jugé que le propriétaire est tenu du balayage, alors même qu'il n'habite pas sa maison, louée ou non louée. (*Arr. Cass.* 9 *juin* 1832, 6 *avril* 1833, 25 *juill.* 1845, 1er *mars* 1851.)

2° C'est le propriétaire d'une maison louée, et non les locataires, qui est chargé du balayage, soit qu'il habite, soit qu'il n'habite pas la maison; l'obligation seulement est encore plus étroite pour le propriétaire qui demeure dans sa maison, ainsi que l'a jugé un arrêt de la cour suprême du 24 mai 1855; lors même qu'un locataire occuperait le rez-de-chaussée de la maison où demeure le propriétaire, c'est celui-ci qui demeure chargé de faire balayer devant la maison (*Arr. Cass.* 11 *sept.* 1847); si les locataires n'ont pas balayé, le propriétaire est personnellement responsable de la contravention (*Arr. Cass.* 25 *juill.* 1845, ou 4 *mai* 1848). S'il n'y a qu'un locataire, et qu'il soit absent, le défaut de balayage n'en reste pas moins à la charge du propriétaire (*Arr. Cass.* 31 *mars* 1848). Il en est de même si la maison est entièrement inhabitée (*Arr. Cass.* 6 *nov.* 1857); le propriétaire doit, dans ce cas, prendre des précautions pour que le balayage soit exécuté par une personne qu'il en charge.

472. Que faut-il décider quand les arrêtés municipaux portent que *les propriétaires ou locataires* seront tenus d'opérer le balayage? Il ne résulte pas de ces termes que les poursuites, en cas de contravention, puissent être dirigées à la fois contre les propriétaires et contre les locataires; les expressions employées par le maire n'admettent pas le cumul, et autorisent seulement un choix; toutefois, ce choix est plus apparent que réel; car il a été décidé que, dans ce cas, surtout si le propriétaire habite sa maison, c'est contre lui que la poursuite doit être dirigée (*Arr. Cass.* 13 *nov.* 1834, 24 *mai* 1855), et qu'il en doit être de même, quoique la maison soit habitée par un locataire (28 *mars* 1857, 19 *fév.* 1858 et 15 *juill.* 1859); cette solution repose sur ce que le balayage est une charge de la propriété; s'il en était autrement, il arriverait, pour les maisons à plusieurs locataires, dont aucun n'habiterait le rez-de-chaussée ouvert sur la voie publique, que le commissaire de police ne saurait pas contre qui il devrait agir. Il nous semble cependant que la poursuite dirigée contre un locataire du rez-de-chaussée, en vertu des termes de l'arrêté, ne serait pas nulle, particulièrement si le propriétaire n'habitait pas la maison.

Les conventions intervenues entre un propriétaire et son locataire, qui mettraient le balayage à la charge de ce dernier, n'arrêteraient, en aucun cas, l'action publique contre le propriétaire; elles auraient seulement cet effet que si, faute de balayage, le propriétaire avait été condamné, il aurait son recours contre le locataire pour se faire indemniser de tout ce que la poursuite et le jugement lui auraient coûté.

473. Le propriétaire étant tenu de l'obligation du balayage, c'est lui qui est passible de la peine, quand la contravention a été commise par une personne commise par lui et dont il répond, par exemple ses domestiques, son concierge (*Arr. Cass.* 6 *sept.* 1822). Il en serait autrement à l'égard des concierges, si un arrêté municipal les chargeait expressément du soin du balayage; dans une commune où un règlement municipal prescrivait le balayage à tous les habitants, et particulièrement aux concierges et aux gardiens des églises, il a été jugé que ce règlement était applicable au carillonneur dépositaire des clefs de l'église, et dès lors considéré comme gardien, quoique la fabrique de la paroisse ne l'ait pas spécialement soumis à l'obligation de balayer. (*Arr. Cass.* 16 *mars* 1821). Dans un établissement public, tel qu'une caserne, le concierge est tenu au balayage. (*Arr. Cass.* 30 *mai* 1846.)

474. Le propriétaire est déchargé de l'obligation dont il s'agit, quand il a un représentant légal qui tient sa place, par exemple son principal locataire; celui-ci ne peut se soustraire à la poursuite personnelle en alléguant qu'il n'habite pas la maison, et qu'il a un sous-locataire qui s'est chargé du balayage (*Arr. Cass.* 10 *août* 1833); un négociant failli étant représenté par le syndic de la faillite, c'est ce syndic qui doit être poursuivi pour défaut de balayage. (*Arr. Cass.* 23 *mai* 1846.)

475. Quand le propriétaire a traité, pour faire le balayage devant sa maison, avec un entrepreneur (individu ou compagnie), il n'en reste pas moins passible des contraventions, l'entrepreneur n'étant que civilement responsable. (*Arr. Cass.* 31 *août* 1854.)

476. En est-il de même quand ce ne sont pas les particuliers, mais bien l'autorité municipale qui a traité avec une compagnie pour le nettoiement de la voie publique? L'arrêt que nous venons de citer répond que non. Mais cette solution a été contestée, et la jurisprudence ne l'a pas toujours tranchée d'une manière uniforme. Si les traités passés avec les entrepreneurs pour le balayage et l'enlèvement des boues et immondices doivent être considérés comme des règlements de police, les adjudicataires, a-t-on dit, sont punissables pour ne s'être pas conformés aux clauses de leurs baux; or, de pareilles conventions sont de véritables arrêtés de police, par lesquels l'autorité municipale assure la propreté, la salubrité, la sûreté de la voie publique; à la vérité, des conventions, quel qu'en soit l'objet, ne peuvent donner lieu, en cas d'inexécution, qu'à une action civile; mais ici le bail a pour effet nécessaire de subroger l'entrepreneur aux obligations des habitants, et ces obligations passent sur sa tête avec la sanction pénale qui en garantit l'accomplissement. On a répondu que le bail passé avec un entrepreneur n'a pas le caractère de généralité qui constitue les règlements; que, quant à la subrogation, elle n'existe pas parce que l'entrepreneur n'a agi qu'en son propre nom, et sans s'occuper des autres personnes de la commune; telle est l'opinion de MM. Chauveau et Faustin Hélie. On ajoute que les peines sont personnelles, et que le Code pénal n'a frappé que les habitants qui négligent le balayage quand il a été laissé à leur charge. Ce système paraît avoir été adopté par la cour de cassation (arrêt du 24 août 1821); le système contraire l'avait été par un précédent arrêt du 12 novembre 1813. Depuis lors, la cour semble avoir cherché des raisons de décider dans les faits de chaque cause, et dans la rédaction des cahiers des charges. Quelques arrêts admettaient une distinction; ils ont jugé que l'entrepreneur est subrogé aux obligations personnelles des habitants, et puni, le cas échéant, des mêmes peines, si le traité en contient la stipulation positive (*Arr. Cass.* 10 *juill.* 1835, 13 *juill.* 1838, 2 *mars* 1841); d'autres arrêts ont soumis l'adjudicataire à la peine personnelle pour contravention à son marché, alors même que le cahier des charges et l'adjudication ne contiennent aucune clause à cet égard (*Arr. Cass.* 4 *fév.* 1831, 19 *juill.* 1838, 17 *sept.* 1841, 10 *mai* 1842). La contradiction apparente de ces décisions laisse supposer qu'elles ont été influencées par les circonstances particulières sur lesquelles elles sont intervenues. Un arrêt récent et très-explicite semble devoir lever les incertitudes. Il décide, en droit, que lorsque le balayage prescrit aux habitants par un arrêté de police municipale, a été mis en adjudication, l'adjudicataire est personnellement passible des contraventions, et soumis à la peine de l'art. 471 du Code pénal, alors même que l'adjudication ne l'y assujettit pas (*Arr. Cass.* 27 *juill.* 1856). La cour admet bien, dans une phrase très-courte des considérants, l'idée contestée d'une subrogation aux obligations des habitants, mais elle s'appuie principalement sur un arrêt du conseil du roi, du 21 novembre 1577, non abrogé, et conciliable avec la loi du 24 août 1790, l'art. 471 du Code pénal, et la loi du 18 juillet 1837, sauf la peine qui doit être réduite à l'amende de simple police; cet arrêt du conseil autorise le nettoiement, par voie d'adjudication, des rues et places des villes et des bourgs, et rend les adjucataires responsables de l'inexécution, sous peine d'une amende de 20 livres parisis. Le principe de la subrogation aux obligations des habitants a encore été consacré par un arrêt du 22 novembre 1856, rendu contre un adjudicataire des droits de place dans un marché; son contrat l'obligeait à un nettoiement que les règlements de police locale imposaient aux habitants en général.

477. Sous le nom de *nettoiement* qu'emploie la loi de 1790, il ne faut pas comprendre seulement le balayage : cette expression autorise les municipalités à prendre des arrêtés pour prescrire l'enlèvement de toute espèce d'immondices. On a considéré comme obligatoires des règlements ordonnant aux propriétaires de faire arracher l'herbe qui croît devant leurs maisons (*Arr. Cass.* 17 *déc.* 1824), et qui peut entretenir l'humidité ou couvrir des immondices, ou prescrivant aux personnes qui conduisent des animaux à l'abreuvoir, d'être munies d'un panier, d'une pelle et d'un balai pour enlever les ordures que ces animaux laisseraient sur la voie publique (*Arr. Cass.* 18 *juin* 1836); ou ordonnant, comme le fait l'ordonnance du préfet de police de Paris du 17 décembre 1842, de balayer les neiges et de les mettre en tas sur les côtés de la voie publique, pour faciliter leur enlèvement. Mais le pouvoir réglementaire municipal ne va pas jusqu'à permettre aux maires, ou aux préfets qui exercent la police, d'imposer aux habitants l'obligation de fournir des voitures et des chevaux pour cette opération, ni à autoriser des réquisitions aux propriétaires d'attelage. Ainsi l'a jugé la cour de cassation. (*Arr. Cass.* 15 *déc.* 1855.)

§ 4. — Des arrêtés sur l'éclairage de la voie publique.

478. La loi de 1790 range l'*illumination* dans ce qui intéresse la sûreté du passage sur la voie publique. Cette disposition est implicitement confirmée par l'art. 471, n° 3 du Code pénal, qui punit les aubergistes *et autres*, qui, étant obligés à l'éclairage, l'ont négligé, expressions d'où il résulte deux choses : 1° que les aubergistes sont, de droit, et sans qu'il soit besoin d'aucun arrêté, assujettis à éclairer le devant de leur établissement; 2° que d'autres personnes sont tenues de la même obligation : ces autres personnes sont celles à qui l'éclairage est imposé par une loi, comme les voituriers pour leurs voitures circulant la nuit sur les routes, ou par des règlements de police. Nous n'avons à nous occuper que de ce dernier cas.

479. L'éclairage de la voie publique, dans les communes de quelque importance, est généralement opéré par des entrepreneurs ou compagnies, en vertu de traités passés avec la municipalité. Le plus souvent, les particuliers ne sont tenus, en vertu de règlements de police, d'éclairer le devant de leurs maisons que dans des circonctances spéciales, intéressant la sûreté publique; par exemple, un maire peut légalement prescrire aux habitants d'éclairer, quand un incendie se manifeste dans la localité, afin de faciliter le service des pompes et autres secours envoyés à travers les rues, où il importe que l'obscurité ne règne pas. Quant aux illuminations qui n'ont pas pour but la sûreté de la commune et l'intérêt général, mais qui sont des signes de réjouissances publiques, elles ne sont pas obligatoires; un maire peut bien engager les citoyens à y prendre part, mais ceux qui s'y refusent ne sauraient être atteints d'aucune condamnation pénale par les tribunaux de police.

480. Indépendamment de l'éclairage de la voie publique, la loi et les règlements prescrivent d'éclairer les matériaux qui y sont déposés, ou les excavations qui y sont faites; il va en être question.

§ 5. — Des arrêtés concernant l'enlèvement des immondices et encombrements, les dépôts de matériaux et embarras de la voie publique, le stationnement et le service des voitures.

481. Nous avons exposé au § 3 les règles relatives à l'enlèvement des immondices considérées, non comme encombrant la voie publique, mais comme nuisant à la propreté. La loi de 1790 regarde comme un objet intéressant la sûreté et la commodité du passage sur la voie publique, l'enlèvement des immondices et encombrements. Il faut rapprocher cette disposition de celle des art. 471 n° 4, et 479 n° 4, du Code pénal qui la complètent et la développent. L'art. 471 n° 4, punit « ceux qui auront embarrassé la voie publique en y déposant ou y laissant, sans nécessité, des matériaux ou des choses quelconques qui empêchent ou diminuent la liberté ou la sûreté du passage; ceux qui, en contravention aux lois et règlements, auront négligé d'éclairer les matériaux par eux entreposés, ou les excavations par eux faites dans les rues et places. L'art. 479 n° 4, atteint ceux qui auront occasionné la mort ou blessure des animaux ou bestiaux appartenant à autrui, par l'encombrement ou l'excavation, ou telles autres œuvres dans ou près les rues, chemins, places ou voies publiques, sans les *précautions ou signaux ordonnés* ou d'usage.

482. Pour concilier ces textes avec les règles relatives aux attributions du pouvoir municipal, il faut reconnaître que les arrêtés

des maires ne peuvent étendre le cercle pénal tracé par la loi, et que les mesures qu'ils ont droit de prendre n'ont légalement pour objet que d'assurer l'exécution de la loi ou de prévenir les inconvénients que pourrait produire l'absence de règles bien précises sur l'application de ses dispositions. Ils ne peuvent changer la peine prononcée par la loi.

Nous allons examiner successivement dans quels lieux les maires ont le droit de faire des règlements relatifs aux encombrements, à quels faits peuvent s'appliquer ces arrêtés, et enfin ce qui concerne l'éclairage des objets déposés et des excavations.

483. 1° *Lieux auxquels s'appliquent les règlements.* — Les maires ont le droit de prendre des mesures pour empêcher les encombrements, dans toutes les parties de l'intérieur de la commune qui servent de voie publique; cela doit s'entendre même des chemins vicinaux de grande communication, et des portions de routes qui traversent les villes et y forment des rues, bien que ces sortes de chemins soient placés dans les attributions de l'autorité administrative supérieure : à l'intérieur, le maire a la police et la surveillance de tous les lieux publics, et notamment de tous ceux qui servent à la circulation. La partie des routes qui traverse les villes peut donc être réglementée par l'autorité municipale, et les contraventions à ces règlements sont jugées, non par les conseils de préfecture, mais par les tribunaux de police. (*Arr. Cass. 4 juill.* 1828.)

484. Les arrêtés tendant à empêcher les encombrements sur *la voie publique* seraient exécutoires sur les places aussi bien que sur les rues.

485. La jurisprudence généralise ici beaucoup dans l'intérêt de la sûreté communale; elle reconnaît la légalité des règlements en ce qui concerne les voies d'eau et les chemins vicinaux. Ainsi, ont été déclarés obligatoires les arrêtés municipaux pris pour régler le stationnement des bateaux qui naviguent sur un fleuve, et les heures de départ de ces bateaux (*Arr. Cass. 4 juill.* 1828); le lieu des amarres et le placement des bâtiments dans un port (*Arr. Cass. 8 juin* 1844); ceux qui, soit par voie réglementaire générale, soit par injonction individuelle, ont pour objet de prévenir ou de faire cesser l'encombrement d'un chemin vicinal, par exemple, l'arrêté qui enjoint à un habitant d'abattre ses arbres s'avançant sur un terrain communal contigu, de manière à rendre le passage impossible à des voitures chargées d'objets d'un grand volume (*Arr. Cass. 7 fév.* 1824), ou d'enlever des terres éboulées de sa propriété sur un chemin public (*Arr. Cass.* 7 *juill.* 1836); de combler une rigole creusée sur un chemin (*Arr. Cass.* 4 *avril* 1835), ou de combler des excavations pratiquées sous le sol d'un chemin (*Arr. Cass.* 12 *mai* 1843); d'enlever des matériaux déposés sur un terrain présumé communal (*Arr. Cons. d'État du* 8 *mars* 1811) sauf au tribunal de police à renvoyer devant les tribunaux civils, si le prévenu élevait l'exception préjudicielle de propriété.

486. 1° *Faits auxquels s'appliquent les règlements sur les encombrements de la voie publique.* — Le pouvoir de police et de réglementation attribué aux maires, par les lois de 1790 et de 1837, en matière d'embarras de la voie publique, ne peut pas aller jusqu'à dépasser l'art. 471, n° 4 du Code pénal, et à rendre obligatoires des arrêtés contenant des conditions contraires à cet article. Ainsi, le Code pénal n'atteint pas, d'une manière absolue, tout encombrement de la voie publique : il ne punit que les encombrements faits *sans nécessité;* on comprend, en effet, qu'il serait inique de prononcer une peine contre un citoyen qui, par suite d'un accident, se trouve forcé de déposer momentanément ou de laisser une chose sur la voie publique, en attendant qu'il puisse la faire enlever; tel serait le cas d'une voiture renversée et brisée. L'arrêté d'un maire qui méconnaîtrait cette exception, et prescrirait d'obtenir son autorisation pour tout encombrement, ne serait pas obligatoire puisqu'il irait au delà des termes de la loi (*Arr. Cass.* 10 *déc.* 1824, 16 *fév.* 1833, 10 *avril.*1841), non plus que celui qui défendrait, sans restriction, de laisser séjourner sur la voie publique, pendant plus de vingt-quatre heures, des dépôts de terre, etc. (*Arr. Cass.* 26 *mars* 1825), la nécessité pouvant forcer à prolonger l'existence du dépôt des matériaux; ni celui qui soumettrait les citoyens qui voudraient construire ou réparer des édifices, à l'obligation de se faire autoriser d'avance et par écrit, à déposer leurs matériaux sur la voie publique, et pour un temps dont le maire déterminerait la durée. (*Arr. Cass.* 17 *sept.* 1857.)

487. Toutes les précautions que les maires prennent contre les encombrements que n'excuse aucune nécessité, sont légales; car ils sont constitués, par la nature de leurs fonctions, juges de ce qu'exigent la sûreté et la commodité du passage public (*Arr. Cass.* 7 *déc.* 1826). Ainsi doivent être exécutés par les tribunaux de police les règlements municipaux qui, dans une ville, ne permettent que provisoirement, ou sous condition, ou en cas d'urgence, de déposer des bois dans certaines parties de la voie publique, et

cela moyennant un permis de la mairie, et pour un temps limité (*Arr. Cass.* 13 *déc.* 1832); ceux qui défendent de déposer sur la voie publique des fumiers ou décombres, et qui ordonnent d'enlever ceux qui existent, et le tribunal de police ne pourrait refuser de condamner, sous prétexte que la commune, à cause de sa faible population, serait soumise à la police rurale, ou que les fumiers n'exhaleraient rien d'insalubre (*Arr. Cass.* 19 *prairial an XII*, 6 *fév.* 1823): ceux qui defendent à des marchands de bois de déposer leur marchandise dans un lieu désigné, sans avoir averti un garde, chargé d'indiquer les lieux de déchargement autorisés (*Arr. Cass.* 18 *août* 1809); ceux qui interdisent d'éteindre de la chaux sur la voie publique, disposition obligatoire même pour les entrepreneurs de travaux publics (*Arr. Cass.* 23 *janv.* 1841). Les contraventions aux arrêtés qui défendent le dépôt non autorisé de matériaux dans la rue, ne peuvent être excusées par la bonne foi du prévenu, qui soutiendrait n'avoir pas eu l'intention de commettre une contravention (*Arr. Cass.* 16 *mars* 1843); celles à un arrêté prohibant le dépôt ou gisement de marchandises sur les quais ne peuvent être excusées sous prétexte que les marchandises gisantes n'avaient pas séjourné assez longtemps pour que les voitures fussent en retard de les enlever (*Arr. Cass.* 8 *févr.* 1845). Lorsqu'un règlement de police défend de placer des tables devant les cafés sans autorisation, cette autorisation nécessaire pour empêcher qu'il y ait contravention ne résulte pas suffisamment d'une lettre collective du maire à plusieurs cafetiers portant que l'administration avait reconnu qu'elle pourrait tolérer des tables sur les places et quais selon les localités. (*Arr. Cass.* 12 *août* 1841.)

488. L'étalage sur la voie publique est une cause d'encombrement; il appartient donc au maire, non pas de le prohiber d'une manière absolue, ce qui serait contraire au principe de la liberté du commerce, mais de le réglementer de manière à ce qu'il ne nuise point à la sûreté ni à la commodité du passage; il pourrait aller jusqu'à l'interdiction totale s'il ne se trouvait pas dans la commune de rue assez large pour y admettre ce mode de vente. C'est en ce sens qu'il faut entendre la défense des étalages; toutefois, les particuliers qui auraient à se plaindre d'un arrêté d'interdiction ne devraient point passer outre, mais demander à l'autorité administrative supérieure la réformation de la mesure excessive prise par le maire. La cour de cassation a reconnu la légalité d'un règlement de police défendant de former sur la voie

publique aucun étalage, et a cassé un jugement qui avait admis l'excuse du prévenu fondée sur ce que son étalage ne pouvait pas diminuer la liberté et la sûreté du passage (*Arr.* 20 *avril* 1844 ; 17 *juil.* 1851) ; elle a jugé aussi qu'un maire pouvait défendre le ravalage exercé, les dimanches et fêtes dans certaines rues, pour vendre des chapeaux aux passants. (*Arr. Cass.* 4 *mai* 1821.)

489. Les maires ont le droit de défendre de faire ou laisser stationner des bêtes de somme dans telle partie de la ville, ou dans telle rue ou place ; la contravention ne serait pas excusée par cela seul que l'animal aurait été trouvé stationnant devant l'établissement d'un industriel, tel qu'un bourrelier, qui avait besoin de l'avoir près de sa boutique pour essayer les harnachements qu'il vendait ou réparait pour lui (*Arr. Cass.* 9 *févr.* 1832). Cette convenance de profession ne peut être considérée comme la nécessité que la loi admet comme une excuse pour le stationnement ou toute autre cause d'encombrement de la voie publique. Est obligatoire le règlement de police qui porte que les bêtes de somme et les voitures de marchands seront, aussitôt après le déchargement, conduites hors des marchés, avec défense aux conducteurs de donner à manger à leurs chevaux sur la voie publique, et de les délaisser, sans qu'aucune excuse puisse les soustraire à la peine (*Arr. Cass.* 4 *nov.* 1841 ; 3 *déc.* 1841). L'autorité municipale prend souvent, et à bon droit, des arrêtés pour régler l'heure après laquelle certains industriels ou marchands ne pourront plus stationner sur la voie publique avec leurs voitures ou charrettes ; c'est ce qui est prescrit, dans plusieurs grandes villes, pour les laitiers, maraîchers, blanchisseurs. Le stationnement, après l'heure réglementaire, entraîne les peines de police. (*Arr. Cass.* 9 *avril* 1857.)

490. L'espèce d'encombrement qu'il importe le plus de prévenir, surtout dans les grandes villes, c'est celle qui résulte du stationnement des voitures. Les besoins et les inconvénients, on peut même dire les dangers de l'active circulation des véhicules de toutes sortes qui sillonnent sans cesse les rues de Paris ont déterminé la publication d'un grand nombre d'ordonnances de la préfecture de police sur cette matière ; le pouvoir municipal s'y montre très-étendu et la cour de cassation a été souvent appelée a décider s'il était resté dans les limites légales de ses attributions. Quelques grandes villes ont eu l'occasion de prendre des mesures analogues à celles qui ont été adoptées à Paris, par exemple pour les voitures de transport en commun dans l'intérieur des communes.

491. Dans le but d'éviter des accidents, les maires peuvent et doivent réglementer la marche des voitures dans les villes. Il leur appartient de déterminer les lieux où les voitures doivent stationner, ou même leur défendre de stationner, sans qu'on puisse opposer qu'une pareille prohibition nuit aux intérêts du commerce (*Arr. Cass.* 23 *mars* 1832). Cette défense recevrait exception pour le cas de nécessité : mais il est bien entendu qu'il ne s'agit alors que d'une nécessité accidentelle, momentanée, et non d'un stationnement habituel, tel que serait le stationnement de voitures de roulage devant une auberge, motivé sur ce que l'aubergiste n'aurait pas de local suffisant pour y retirer les voitures (*Arr. Cass.* 24 *déc.* 1847). Le maire lui-même ne pourrait autoriser un stationnement fait sans nécessité : son autorisation ne saurait empêcher le tribunal de police d'appliquer la peine (*Arr. Cass.* 19 *août* 1847). Un arrêté de police qui autorise le stationnement, sous certaines conditions, des voitures de marchands de bois, sur les foires et marchés, ne reconnaît point par là la nécessité du stationnement dans un lieu quelconque de la commune, mais seulement permet de l'autoriser sur les places et marchés (*Arr. Cass.* 6 *févr.* 1858). La cour de cassation a donné une sage interprétation d'un règlement municipal défendant le stationnement des voitures, en décidant qu'il n'était pas enfreint par un entrepreneur de voitures publiques qui avait fait arrêter sa voiture dans la rue, seulement pendant le temps nécessaire pour laisser monter ou descendre les voyageurs, ou l'avait fait marcher lentement, ou même arrêter pour faciliter l'approche des voyageurs (*Arr. Cass.* 20 *août* 1841); sans cette latitude, qu'on peut véritablement regarder comme une nécessité, l'exploitation d'une entreprise ne serait pas possible, et on ne doit pas supposer que l'intention du règlement municipal ait été de créer des obstacles absolus à l'exercice d'une industrie.

492. Le stationnement des voitures de louage dans les rues de Paris peut être légalement défendu par les ordonnances du préfet de police (*Cons. d'Et.* 5 *févr.* 1841). Cette interdiction s'entend avec le tempérament dont nous venons de parler, et aussi avec la tolérance, pour les voitures de place prises à l'heure, du stationnement près de la maison où est entrée la personne qui doit les reprendre pour continuer le voyage.

Tout ce qui regarde le stationnement et les conditions de circulation, sur la voie publique, des fiacres et autres voitures de place, rentre essentiellement dans le domaine de l'autorité municipale, qui fixe les lieux de stationnement, le nombre de voitures qui peuvent rester à chaque place, les formalités que les cochers doivent remplir en y arrivant et en les quittant, etc.

493. Il est défendu à Paris, en vertu d'une ordonnance de police du 18 septembre 1828, à toutes entreprises ou compagnies non munies d'autorisation, de faire arrêter leurs voitures sur une partie quelconque de la voie publique, pour prendre ou décharger des voyageurs, de stationner ou de circuler à vide pour proposer des places aux voyageurs. Cette ordonnance a été attaquée comme contraire au principe de la liberté des industries ; mais sa légalité a été reconnue par un arrêt de la cour de cassation, du 10 octobre 1835. Déjà un arrêt du 3 septembre 1831 avait sanctionné ces dispositions en jugeant qu'il suffisait qu'un conducteur de voiture non autorisée eût été trouvé faisant signe aux voyageurs de monter, avec la portière de sa voiture ouverte, pour que la condamnation pénale dût être prononcée, les voyageurs étant appelés du geste aussi bien que de la voix.

494. De même qu'un maire peut légalement défendre aux conducteurs de stationner ou prendre des voyageurs, de même il a le droit de subordonner l'autorisation d'exploiter un service de voitures publiques à la condition de ne pas déposer des voyageurs dans l'intérieur de la ville ; les exigences des voyageurs ne sauraient, en aucun cas, excuser la contravention à l'arrêté municipal dont il s'agit. (*Arr. Cass.* 7 *juin* 1849.)

495. Les voitures de remise présentent, à l'égard des voitures de place, cette différence qu'elles ne stationnent pas sur la voie publique même, et par conséquent ne l'encombrent pas, mais dans des locaux ouverts et qui y sont attenants. On a contesté à l'autorité municipale (à Paris le préfet de police) le droit de réglementer le service des voitures de cette espèce, qui se tiennent dans des lieux particuliers non classés parmi ceux sur lesquels s'exerce le pouvoir de la police municipale, et l'on a prétendu que la surveillance sur les voitures de remise ne peut commencer qu'à partir du moment où elles ont quitté leur abri pour circuler sur la voie publique. On a répondu que la loi de 1790 confie aux municipalités tout ce qui intéresse la sûreté et la commodité du passage dans les rues, places, etc. ; dès que leurs arrêtés ont pour but d'atteindre ce but important, ils sont dans la légalité. C'est en se fondant sur ces considérations que la cour de cassation a jugé que l'autorité municipale (ou le préfet de police) a le droit de prescrire aux propriétaires des voitures de remise de déclarer le

nombre de leurs voitures et le lieu où ils se proposent de remiser, et qu'elle peut subordonner à son autorisation préalable le stationnement de ces voitures dans les lieux indiqués par la déclaration (*Arr. Cass.* 21 *déc.* 1738). Le même arrêt résout la question, encore plus délicate, de la légalité de l'ordonnance de police du 28 août 1837, en ce qu'elle fixait le prix des courses des voitures de remise marchant à l'heure ou à la course, et prescrivait aux propriétaires de ces voitures de placer dans leur intérieur une plaque indicative du tarif fixé. On attaquait ces prescriptions par le motif qu'elles étaient préventives, et que la loi ne confie à l'autorité municipale un pouvoir préventif que lorsqu'il s'agit d'actes qui troubleraient l'ordre public, et qu'il importe d'empêcher, parce que le mal qu'ils produiraient ne serait pas réparé par la répression ultérieure; et que, hors ce cas de péril public, et lorsqu'il s'agit de délit, tel que rixe, tumulte dans les lieux publics, l'autorité municipale ne peut que faire punir; il ne lui appartient pas de prévenir sous prétexte qu'indirectement tels faits pourraient produire des rixes ou tumultes.

A cela on répondait que précisément il y avait ici un intérêt de tranquillité publique engagé; on disait qu'en fait, la fixation du prix de louage des voitures de remise et des conditions de leur marche causait fréquemment des discussions, des rixes, des collisions, et, par suite, des attroupements entravant la circulation et compromettant la sûreté publique. On concluait de là que l'ordonnance qui avait pour objet de mettre un terme aux rixes et aux attroupements entrait dans les attributions des municipalités, chargées de faire jouir les habitants de la tranquillité dans les rues et places (*L.* 14 *déc.* 1789), et de maintenir le bon ordre dans les endroits où il se fait de grands rassemblements d'hommes (*L.* 24 *août* 1790). On n'a jamais contesté la légalité des ordonnances de police prescrivant un tarif pour les voitures de place qui stationnent sur la voie publique; pourquoi y aurait-il une différence à l'égard des voitures de remise qui stationnent dans des locaux ouverts sur la voie publique, et qui, une fois sur la voie publique, avec laquelle elles communiquent immédiatement, se trouvent, à l'égard de la sécurité, de la tranquillité publiques, dans la même situation que les voitures de place? Il n'y a de différence que quant au lieu où elles attendent les voyageurs. Les voitures de remises peuvent donc être soumises aux mêmes règlements que les voitures de place, et ces règlements doivent être appliqués par les tribunaux de police. C'est en ce sens que la cour de cassation s'est prononcée.

Elle a décidé, le 8 mars 1845, que l'autorité municipale a le droit de réglementer le mode de chargement, d'entrée ou de sortie des voitures de remise, ou autres voitures de louage stationnant dans des locaux particuliers, mais ouverts, attenant à la voie publique et tenus à la disposition du public.

496. L'usage des voitures servant au transport des voyageurs en commun s'est généralisé dans les grandes villes, où les communications des habitants entre eux obligent à parcourir des distances considérables, et il s'est étendu à un très-grand nombre de localités qui possèdent des gares de chemins de fer, où les voyageurs sont attendus à leur arrivée pour être conduits dans des hôtels ou à leur domicile, ou bien où ils sont amenés au moment du départ des trains. Ces sortes de voitures appellent plus qu'aucune autre la surveillance et l'intervention du pouvoir réglementaire des municipalités, parce qu'elles réunissent un grand nombre de personnes comme dans un lieu public, parce qu'elles opèrent une circulation active, et présentent des dimensions plus fortes que les autres voitures de louage qui parcourent l'intérieur des communes, et enfin parce que, lorsqu'elles font le service des chemins de fer, elles opèrent aux abords des gares, où l'accumulation des personnes qui attendent ou qui partent peut avoir des inconvénients ou des dangers pour la sûreté publique.

497. Appréciateur de tout ce qui peut gêner ou rendre dangereuse la circulation des voitures dans la commune ou y produire des encombrements sur la voie publique, le maire peut soumettre à son approbation l'établissement des voitures-omnibus, leur désigner leurs lieux de stationnement, la ligne obligée de leur parcours, etc. L'arrêté qui défendrait la circulation, sans autorisation, à l'intérieur d'une ville, de voitures-omnibus, s'appliquerait à une entreprise de cette nature, dont les voitures conduiraient d'une commune extérieure à une autre commune extérieure, mais circuleraient périodiquement dans l'intérieur de la ville et y prendraient des voyageurs (*Arr. Cass.* 20 oct. 1841). Mais lorsqu'il s'agit de voies publiques non communales, telles que grandes routes, routes départementales, chemins vicinaux de grande communication, l'autorité municipale ne peut réglementer le service des voitures de transport en commun que pour la partie de ces routes qui traversent la commune (*Arr. Cass.* 15 fév. 1856). Est légal et obligatoire l'arrêté municipal qui enjoint aux conducteurs d'omnibus de ne pas stationner sur la voie publique pour appeler et recevoir des voyageurs, d'observer un intervalle entre le départ de chacune de leurs voitures, et de suivre toujours l'itinéraire fixé (*Arr. Cass.* 2 *déc.* 1841). La défense de s'arrêter pour appeler des voyageurs n'empêche pas les conducteurs d'attendre ceux qui, à une certaine distance, leur font signe qu'ils veulent prendre la voiture, pourvu que la distance ne soit pas telle qu'il en résulte une longue station; quant au stationnement nécessaire pour donner le temps aux voyageurs de descendre, il est évident qu'il ne peut être un motif de poursuites contre les conducteurs. Étant reconnu légal un arrêté qui défend aux voitures de transport en commun de stationner ou circuler à vide, d'aller de rue en rue pour proposer des places et s'offrir ainsi aux voyageurs, de s'arrêter sur des points où le stationnement n'est pas autorisé, de racoler les passants, etc.; il y a contravention punissable de la part d'un cocher qui traverse une rue avec sa voiture, se dirige vers une autre rue sur l'ordre de son maître qui y avait accosté un voyageur et l'y a fait monter. (*Arr. Cass.* 15 *fév.* 1856.)

498. Le droit de soumettre l'établissement des voitures de transport en commun dans l'intérieur d'une ville à une autorisation préalable, étant reconnu à l'autorité municipale, on lui attribue, par là même, le droit de refuser l'autorisation à d'autres entrepreneurs, si elle y voyait un danger qui pourrait se produire par un excès de circulation ou d'encombrements sur la voie publique. Il résulte bien de là, si on ne considère que l'intérêt des entrepreneurs, un monopole ou un privilége, ce qui semble contraire à la liberté de l'industrie; mais on doit répondre à cette objection que la restriction de l'exercice des entreprises de voitures n'a pas ici pour objet de favoriser une ou plusieurs personnes, au détriment des autres qui pourraient demander à établir des services du même genre, mais de prévenir des dangers qui pourraient se manifester dans les rues, places, etc.; c'est bien là un des principaux objets confiés au pouvoir municipal, et pour lesquels l'intérêt général légitime les sacrifices imposés à l'intérêt privé. La légalité du règlement municipal pris dans ce sens a été contestée, mais expressément consacrée par la cour de cassation (*Arr.* 31 *mai* 1856). Les particuliers qui se trouvaient poursuivis pour contravention à cet arrêté ne pourraient donc pas échapper à la condamnation en prétendant qu'il était excessif; ils ne pourraient, indépendamment de la répression qu'ils auraient encourue, obtenir satisfaction que de la part de l'autorité supérieure qui aurait le droit de réformer, si elle pensait qu'il y aurait lieu, la partie

de l'arrêté municipal qui aurait constitué un monopole au profit d'une compagnie unique. C'est aussi ce que décide l'arrêt ci-dessus cité. La légalité d'un arrêté de même nature a été encore explicitement reconnue par un autre arrêt, du 15 février 1856, lors duquel le condamné n'en attaquait pas le principe, mais seulement l'application qui lui en avait été faite; cet arrêt a décidé que le fait, par un conducteur de voitures de place, de s'arrêter dans lès rues pour y prendre successivement plusieurs voyageurs, est une contravention à l'arrêté municipal qui, ayant donné à une entreprise le droit exclusif de transport en commun, a défendu à tous autres entrepreneurs de voitures de s'arrêter sur quelque partie que ce soit de la voie publique.

499. On a demandé s'il faut considérer comme légales et obligatoires les dispositions d'un arrêté municipal établissant, d'après les heures, le nombre de personnes transportées et la distance à parcourir, un tarif pour les voitures affectées au transport en commun des voyageurs entre une ville et un établissement de bains voisin, et si, dans le cas où les conducteurs refuseraient de se conformer à ce tarif, ils pourraient être traduits devant le tribunal de police? La solution de cette question dépend d'abord de la décision de celle de savoir si la municipalité a le droit de conférer aux voitures d'une ou plusieurs entreprises le privilége du transport en commun, non plus dans l'intérieur de la commune, mais à un établissement de bains situé dans une localité voisine. L'affirmative nous semble résulter des considérations d'ordre et de tranquillité publique qui ont fait reconnaître la légalité du monopole de voitures publiques dans l'intérieur de la commune; il importe, en effet, qu'au moment du départ des voitures il ne se forme pas d'attroupements où l'on se dispute les places et où l'on débatte avec une vivacité qui, souvent, peut dégénérer en rixes tumultueuses, les conditions du transport; la surveillance est plus facile et plus efficace si les lieux de départ des voitures ne sont pas multipliés et disséminés dans différentes parties de la ville. Ces raisons de bonne police s'appliquent aussi au lieu d'arrivée, et le même arrêté municipal peut y régir le service des voitures, si cette localité dépend de la même commune. La fixation du prix des places est justifiée par les mêmes motifs qui légitiment le monopole du service; il faut écarter les discussions sur la voie publique entre les voyageurs et les conducteurs, discussions qui retarderaient les départs et prolongeraient les stationnements, qui produiraient des rixes et attroupements des passants, de manière à troubler l'ordre et à entraver la circulation. Ces inconvénients se manifesteraient surtout dans les localités où la saison des bains attire un grand concours d'étrangers; le règlement des conditions et des prix de transport prévient les causes de désordre et de discussions violentes. A l'appui de cette solution l'on peut invoquer la jurisprudence qui consacre, comme on l'a vu, la légalité des ordonnances de police fixant le prix de la course ou de l'heure des voitures de remise, lesquelles ne stationnent même pas sur la voie publique même, comme font le plus souvent les omnibus.

500. 3° *Défaut d'éclairage des objets déposés ou des excavations.* — Il n'est pas question ici du défaut d'éclairage des voitures circulant sur les grandes routes, les routes départementales ou les chemins vicinaux : c'est un objet de voirie, réglé par la loi du 31 mai 1851 et le décret du 10 août 1852; il s'agit du défaut d'éclairage prescrit par les arrêtés municipaux pour prévenir, sur la voie publique, dans l'intérieur des communes, les graves inconvénients que présente le stationnement nocturne des voitures ou le dépôt de matériaux laissés sans éclairage. La négligence d'éclairer, en contravention aux règlements, les matériaux entreposés ou les excavations faites dans les rues et places est punie par l'art. 471 du Code pénal. L'étendue et le mode de l'obligation d'éclairer, quand elle ne résulte pas d'une loi, mais d'un règlement de police, dépendent des termes de ce règlement, lequel, du reste, quels que soient ses termes, ne peut s'appliquer qu'à la voie publique et non aux propriétés particulières; ainsi l'injonction d'éclairage qu'il contiendrait en termes généraux n'atteindrait pas les cours communes à plusieurs propriétaires, quoique, ouvertes sur la voie publique, elles ne fussent point fermées pendant la nuit (*Arr. Cass.* 7 *juill.* 1854). Si le règlement ne contient pas de restriction, il doit être appliqué d'une manière générale, sans que le juge appelé à prononcer sur les contraventions puisse suppléer aucune exception. Ainsi, le prévenu ne pourrait être renvoyé de la poursuite sous prétexte qu'il était de bonne foi (*Arr. Cass.* 15 *juin* 1832), ou que le dépôt de matériaux non éclairés n'était pas de nature à compromettre la sûreté du passage. (*Arr. Cass.* 6 *mars* 1845.)

501. Par la même raison, quand l'arrêté municipal n'a pas fait de distinction, il est défendu aux juges d'en admettre aucune fondée sur l'état du ciel : ainsi le propriétaire de matériaux, qui ne s'est pas conformé au règlement qui ordonne de les éclairer, doit être condamné, soit que la nuit fût obscure, soit qu'il fît clair de lune (*Arr. Cass.* 1er *mai* 1823, 23 *avril* 1835), ou quoiqu'il fasse jour à l'heure où l'arrêté prescrit d'éclairer. (*Arr. Cass.* 12 *juill.* 1838.)

Quand le fait du non-éclairage est constaté, il ne peut être excusé par cela que la lumière aurait été éteinte par le mauvais temps (*Arr. Cass.* 12 *juill.* 1832, 2 *déc.* 1841), ni parce que les matériaux se sont trouvés accidentellement éclairés par un réverbère, allumé d'ailleurs sans la participation du prévenu. (*Arr.* 3 *sept.* 1825, 19 *mars* 1835.)

502. Si l'arrêté muuicipal prescrit d'éclairer les matériaux ou excavations de telle heure à telle heure, l'étendue de l'obligation ne peut faire de doute; s'il se borne à ordonner l'éclairage pendant la nuit, à quelle heure cet éclairage devra-t-il commencer, et quand pourra-t-il finir? On ne peut déterminer ce qu'il faut entendre par nuit en se référant à l'état du ciel pendant chaque jour en particulier; il y aurait trop d'arbitraire et trop de difficulté de constatation. Dans certains cas, la loi a elle-même précisé les heures de nuit; l'art. 1037 du Code de procédure, pour les actes de signification et d'exécution, l'art. 291 du décret du 1er mars 1854 pour l'entrée des gendarmes dans les maisons particulières, règlent ainsi le temps de nuit : du 1er octobre au 31 mars, depuis six heures du soir à six heures du matin, et du 1er avril au 30 septembre, depuis neuf heures du soir jusqu'à quatre heures du matin. Ces prescriptions si précises ne peuvent s'appliquer qu'aux circonstances pour lesquelles elles ont été établies, et elles ne sauraient être une règle pour les tribunaux de police jugeant une contravention à un arrêté municipal. La loi n'ayant pas dit, d'une manière générale, ce qu'il faut entendre par nuit, et cependant cette circonstance de la nuit étant souvent un élément de faits légaux, le plus sûr est de suivre, sur ce point, l'ordre de la nature, et de regarder comme la nuit l'intervalle de temps qui sépare le coucher du lever du soleil; cette durée n'a rien d'arbitraire, les observations astronomiques ayant fixé pour toutes les saisons le moment du lever et du coucher du soleil. Cette interprétation est celle qu'a adoptée la jurisprudence, et spécialement un arrêt de la cour de cassation du 2 juin 1848, relatif à un règlement municipal sur l'éclairage.

503. Si on n'avait à appliquer que l'art. 471 du Code pénal pour l'objet dont nous nous occupons, l'abandon d'une voiture non éclairée pendant la nuit sur la voie publique ne pourrait peut-être

pas donner lieu à une condamnation : car il est douteux que des voitures soient comprises sous la dénomination de *matériaux*. Mais il n'y a aucune incertitude lorsque la municipalité, comme c'est son droit et son devoir, a pris des précautions pour l'éclairage des voitures laissées sur la voie publique, et même pour l'éclairage des voitures circulant dans l'intérieur de la commune : les arrêtés et ordonnances de police de cette nature doivent être exécutés selon leur teneur, sans restriction comme sans extension de leurs termes. Ainsi l'arrêté d'un maire ordonnant aux propriétaires de voitures d'en allumer la lanterne quand ils les laissent stationner dans la rue n'est pas obéi, si un propriétaire a éclairé une fenêtre de sa maison donnant sur la rue que la voiture obstruait (*Arr. Cass.* 11 *mai* 1810); un arrêt du 15 octobre 1852, qui prononce dans le même sens, rejette en même temps l'excuse tirée de ce que la violence du vent n'aurait pas permis d'exécuter l'arrêté. Lorsqu'un règlement a prescrit l'éclairage de toutes les voitures suspendues, le tribunal de police ne saurait refuser de l'appliquer aux voitures dites tapissières, qui servent aux blanchisseurs à transporter du linge (*Arr. Cass.* 28 *avril* 1837). La contravention à une ordonnance de police prescrivant l'éclairage de voitures de vidange ne pourrait être excusée sous prétexte que les secousses des voitures et les exhalaisons méphitiques auraient éteint les lumières (*Arr. Cass.* 4 *août* 1832); un conducteur de voiture ne devrait pas être condamné pour défaut d'éclairage, s'il prouvait qu'aussitôt que sa lanterne s'était éteinte, il avait arrêté sa voiture, et s'était occupé de rallumer la lanterne.

504. L'obligation d'éclairer les voitures laissées sur la voie publique pendant la nuit concerne les propriétaires ou conducteurs de ces voitures. Nous aurions quelque peine à souscrire à l'arrêt de la cour de cassation du 2 février 1844, qui a étendu cette obligation aux personnes devant la maison desquelles les voitures stationnent, sans qu'elles puissent s'en décharger par la raison que c'est une charge imposée au propriétaire ou conducteur; mais il faut observer que l'arrêt a relevé cette circonstance importante que c'était du consentement de ces personnes que les voitures s'étaient arrêtées, ce qui semblerait leur rendre propre l'obligation de les éclairer. La cour a jugé que l'injonction faite aux aubergistes par un arrêté municipal, d'éclairer la façade de leurs hôtelleries, n'emporte pas celle d'éclairer les voitures des voyageurs qui stationnent en face (*Arr.* 24 *août* 1850); cela reste l'affaire des propriétaires ou conducteurs de ces voitures.

§ 6. — Des arrêtés sur la réparation ou la démolition des batiments menaçant ruine.

505. La police municipale ayant dans ses attributions, aux termes de la loi du 24 août 1790, la réparation et la démolition des édifices menaçant ruine, elle prend valablement des arrêtés sur cet objet. L'art. 471, n° 5, du Code pénal confirme et sanctionne ce droit, en prononçant une amende de 1 à 5 fr. contre ceux qui négligent ou refusent d'obéir à la sommation émanée de l'autorité administrative de réparer ou de démolir les édifices menaçant ruine. Cette disposition spéciale a été laissée dans le Code lors de la révision de 1832, quoiqu'elle se trouve comprise dans la disposition générale du § 15 du même article, ajouté à cette dernière époque pour les contraventions aux arrêtés administratifs.

506. Il est hors de doute que les mots *autorité administrative*, employés par l'art 471, n° 5, comprennent les maires; ils ont pour but de donner aux préfets, sur les routes et chemins de grande voirie, les droits qui appartiennent aux maires quant à la voirie urbaine. Ceux-ci peuvent ordonner la réparation ou démolition des édifices ou murs menaçant ruine, même s'ils longent une voie publique relevant de la grande voirie, lorsqu'elle est située dans l'intérieur des villes ou bourgs. (*Ord. Cons. d'Ét.* 16 *juin* 1824, *Arr. Cass.* 13 *oct.* 1820, 21 *oct.* 1821, 28 *avril* 1827.)

507. Les arrêtés municipaux sont obligatoires sous la sanction pénale, soit quand ils prescrivent des mesures générales de précaution concernant les édifices qui pourraient menacer ruine, soit quand ils portent des injonctions individuelles à un propriétaire d'immeuble déterminé.

508. Ce n'est pas exclusivement le propriétaire qui peut se trouver sous le coup d'une injonction d'avoir à réparer ou à démolir une construction dangereuse; il est possible que le propriétaire soit, physiquement ou légalement, hors d'état d'agir; l'injonction est obligatoire pour tous ceux qui gèrent les biens d'autrui, par exemple, le tuteur, le séquestre, l'héritier bénificiaire, les syndics d'un failli auquel appartiendrait la maison, ainsi que l'a jugé un arrêt de la cour de cassation, du 21 décembre 1821.

509. Au lieu d'agir par voie d'injonction administrative, comme cela arrrive le plus habituellement, le maire peut procéder judiciairement; dans ce cas, s'élève la question de savoir comment doit se donner l'assignation. Aux termes de deux déclarations du roi, du 18 juillet 1729 et du 18 août 1730, spéciales pour Paris, mais appliquées même sous la législation moderne, il a été jugé que si l'autorité municipale croit devoir faire ordonner judiciairement la démolition ou la réparation de constructions menaçant ruine, elle n'est tenue d'assigner au domicile du propriétaire qu'autant que ce domicile est connu, sinon que la citation peut être donnée dans la maison même en péril, en parlant au principal locataire ou à quelqu'un des locataires, ou au mandataire du propriétaire, et on est allé jusqu'à considérer comme mandataire à l'effet de recevoir l'assignation, l'individu qui, dans l'intérêt du propriétaire, a concouru à la nomination de l'expert chargé de reconnaître l'imminence du péril (*Arr. Cass.* 30 *août* 1833). Cette décision, ainsi que le pense M. Dalloz, v° *Commune*, n° 892, n'est pas à l'abri de toute contestation ; « la règle générale est que les citations doivent être données à personne ou à domicile, et la cour de cassation, en écartant de la cause les art. 145 et 146 du Code d'instruction criminelle pour s'en tenir aux déclarations de 1729 et 1730, nous paraît avoir été trop loin : car s'il est vrai que le droit commun ne déroge pas au droit spécial, on doit tenir pour certain que, dans notre procédure, tout accusé doit être mis à même de se défendre ; et comme d'ailleurs la cour appliquait les dispositions des déclarations précitées à une ville autre que celle pour laquelle elles avaient été faites, elle étendait au delà de ses termes une disposition pénale et une procédure exceptionnelle qui doit être restreinte dans ses termes positifs. »

510. Revenons aux procédés administratifs. Pour que le juge de police puisse punir la contravention soit aux règlements généraux, soit aux arrêtés individuels, il faut que l'état menaçant des édifices ou constructions soit constaté. Sans cette constatation préalable, le maire ne peut valablement faire aucune injonction de démolir; à cet égard, il faut distinguer les cas où il y a urgence, et ceux où le péril n'est pas imminent. « S'il y a urgence et péril imminent, porte un avis du comité de l'intérieur du conseil d'État, en date du 10 août 1845, le maire, après en avoir fait dresser procès-verbal par des gens de l'art et l'avoir dénoncé au propriétaire, peut ordonner, sur sa responsabilité, toutes les mesures qu'il juge nécessaires, pour la sûreté publique, et même faire exécuter d'office la démolition. Hors ce cas d'urgence absolue, le maire doit faire dresser procès-verbal circonstancié des dégradations existantes, le dénoncer aux propriétaires, avec injonction

d'abattre, dans un délai qu'il détermine, selon les circonstances, et lui désigner en même temps l'expert qu'il a nommé dans l'intérêt public. Si le propriétaire mis en demeure se refuse à obtempérer à la décision du maire, il fait choix d'un expert contradictoire et forme son recours devant le préfet. Le préfet, s'il y a lieu, nomme un tiers expert et prononce en conseil de préfecture sur le dire des parties et des experts. » Un arrêt du conseil d'État du 24 février 1860, décide, suivant les mêmes principes, que, s'il y a péril imminent, le maire peut ordonner la démolition immédiatement et avant toute expertise.

511. Lorsqu'il est constant, ou reconnu par le propriétaire, qu'une construction menace ruine, et qu'un arrêté municipal en a ordonné la démolition, cet arrêté est notifié au propriétaire ou à son représentant, et, en cas de contravention, c'est-à-dire de refus ou de négligence de se conformer à l'injonction, le prévenu est poursuivi par le commissaire de police devant le tribunal de police du canton, ou devant le maire dans les communes où le tribunal de police municipale est organisé. La peine est une amende : mais cela ne suffit pas, et le juge peut et doit, en même temps, ordonner la démolition ; autrement les arrêtés dont il s'agit ne seraient pas efficacement sanctionnés et demeureraient sans exécution. Le tribunal ne pourrait refuser d'ordonner la démolition sous prétexte que l'arrêté du maire suffit à cette fin (*Arr. Cass.* 20 *août* 1844); il n'a pas non plus le droit d'accorder un délai en sus de celui que le maire aurait donné (*Arr. Cass.* 2 *oct.* 1847. L'exécution de la sentence de démolition est poursuivie, comme celle de tous les jugements de police, par le commissaire de police, ou par la municipalité là où il n'y a pas de commissaire, au moyen d'ouvriers requis, et dont le travail est mis au compte du propriétaire récalcitrant.

512. Il arrive assez souvent que le maire, en ordonnant la démolition d'un édifice menaçant ruine, prescrive que si la mesure ordonnée n'est pas exécutée dans un certain délai, l'édifice sera démoli par les soins de l'autorité et aux frais du contrevenant. Une disposition de cette nature n'est légale que lorsqu'il y a péril pour la sûreté publique ; dans tout autre cas, l'arrêté ordonnant la démolition par les soins de l'autorité ne peut faire obstacle à ce que ce soit exclusivement le pouvoir judiciaire qui condamne le contrevenant et lui ordonne de faire disparaître le fait constitutif de la contravention, c'est-à-dire l'édifice qui aurait dû être démoli ; c'est ce qui résulte d'un arrêt de la cour de cassation du 26 avril 1834.

513. Les maires ne peuvent ordonner les démolitions et réparations que pour les édifices menaçant ruine ; en dehors de cette circonstance, ils n'ont aucun droit d'ordonner des travaux en réparations de solidité. Ainsi un tribunal de police refuse légalement de condamner pour contravention à un arrêté prescrivant de placer une pile étrière pour joindre une maison à une autre. (*Arr. Cass.* 14 *août* 1830.)

La jurisprudence considère comme une réparation civile jointe à la condamnation pénale à une amende, le chef des jugements de police qui ordonne la démolition d'ouvrages conservés malgré l'arrêté municipal qui en prescrivait la destruction pour cause de danger public. On a conclu de ce caractère de réparation civile que le maire peut poursuivre la démolition seule devant les tribunaux civils (*Arr. cour de Montpellier*, 25 *mai* 1830) ; ce qui, du reste, n'empêcherait pas le tribunal de police de prononcer sur l'action publique et d'infliger la peine d'amende.

§ 7. — DES ARRÊTÉS CONCERNANT L'EXPOSITION OU LE JET D'OBJETS NUISIBLES SUR LA VOIE PUBLIQUE.

514. L'article de la loi du 24 août 1790 concernant les attributions de l'autorité municipale relativement à la sûreté et la commodité du passage sur la voie publique, comprend l'interdiction de rien exposer aux fenêtres ou autres parties des bâtiments qui puisse nuire par sa chute, et celle de rien jeter qui puisse blesser ou endommager les passants, ou causer des exhalaisons nuisibles. Les mêmes faits sont punis, alors même qu'ils ne sont interdits par aucun règlement municipal, aux termes de l'art. 471, n° 6 du Code pénal ainsi conçu : seront punis d'amende, depuis 1 franc jusqu'à 6 francs inclusivement ; 6° ceux qui auront jeté ou exposé au-devant de leurs édifices des choses de nature à nuire par leur chute ou par des exhalaisons insalubres. De l'analogie des textes et de l'identité d'objet il ne faut pas conclure que le Code pénal a abrogé la loi antérieure de 1790. Il s'ensuit seulement que les arrêtés municipaux ne peuvent, dans leurs dispositions réglementaires, dépasser les limites tracées par les expressions du Code pénal. Les deux textes s'expliquent l'un par l'autre. Sous la condition de ne pas aggraver le Code, l'autorité municipale est en droit de prendre toutes les mesures qui peuvent le mieux en assurer l'exécution.

515. L'interdiction d'exposer des objets dont la chute puisse nuire est commune aux deux articles ; elle ne s'applique qu'aux objets exposés sur la voie publique; cela résulte, pour les règlements municipaux, de la place même qu'occupe l'article qui autorise l'interdiction; on ne peut pas entendre autrement les mots *exposer aux fenêtres ou autres parties des bâtiments :* il ne s'agit évidemment là, comme dans ceux du Code : exposé *au-devant de leurs édifices,* que des portions de bâtiments donnant sur la voie publique. Un arrêté municipal qui défendrait d'exposer dans l'intérieur des habitations privées, aux fenêtres ou ailleurs, certains objets tels que pots ou caisses de fleurs, cages, etc., ne serait pas obligatoire pour les tribunaux.

516. Quand des objets, tels que des vases de fleurs ou autres, sont placés au-devant des maisons, de manière à ne pas pouvoir tomber dans la rue, par exemple s'ils sont posés derrière des balcons, ou des grillages en fer, ou retenus d'une manière solide, il n'y a pas lieu à poursuite. Dans des cas semblables, serait obligatoire le règlement municipal qui déterminerait les appareils au moyen desquels l'exposition serait permise; cela est d'autant plus évident que la municipalité aurait pu prononcer une interdiction absolue. Le droit du maire de soumettre à certaines conditions des faits que la loi semble défendre sans restriction a paru contestable : mais la cour de cassation l'a admis, en jugeant explicitement que l'art. 471 ne fait pas obstacle à ce que l'autorité municipale permette d'exposer certains objets sur la voie publique, en imposant certaines mesures de précaution. Ainsi ne peut être condamné celui qui s'est conformé à un arrêté défendant de placer sur les croisées des pots de fleurs, cages, à moins qu'ils ne soient solidement assujettis par des barres de fer à scellement (*Arr. Cass.* 17 *juin* 1853). Mais dans ce cas est en contravention celui qui n'a retenu un pot de fleurs qu'au moyen d'une corde ; et il ne peut être excusé sous prétexte que la corde suffisait pour empêcher la chute. (*Arr. Cass.* 3 *oct.* 1851.)

517. Si des objets exposés aux fenêtres ou façades des maisons, sans faire saillie sur la voie publique, ne pouvaient compromettre en rien la sûreté ni la commodité du passage, c'est-à-dire s'ils n'étaient pas susceptibles de nuire par leur chute, les règlements municipaux qui en défendraient l'exposition ne pourraient, en cas de contravention, donner lieu à l'application d'une peine, car ils iraient au delà des termes de la loi. Mais dès qu'il s'agit d'objets qui sont de nature à nuire par leur chute, ils rentrent dans la sphère du pouvoir réglementaire municipal, et le simple fait

d'exposition constitue la contravention, sans qu'il soit nécessaire, pour qu'on puisse poursuivre, qu'il y ait eu une chute qui ait porté préjudice : c'est pour prévenir les accidents et non pour les réprimer seulement, que sont faits les arrêtés dont il est ici question. La défense, très-légale, d'avoir sur les fenêtres des pots de fleurs, ou autre chose dont la chute puisse blesser les personnes ou gâter leur habillement, s'applique aux matelas, traversins ou oreillers qu'une fripière exposerait à une fenêtre de sa maison et en saillie sur la rue. (*Arr. Cass.* 24 *nov.* 1848.)

518. Les règles concernant les choses exposées devant les maisons s'appliquent aux objets qui en sont jetés, et qui peuvent blesser ou endommager. Les règlements municipaux relatifs à cette matière sont soumis aux mêmes limites et conditions. Seraient donc obligatoires des arrêtés qui défendraient de jeter par la fenêtre de l'eau ou d'autres objets nuisibles ou dommageables : la contravention ne pourrait être excusée sous prétexte que l'objet jeté n'aurait atteint personne (*Arr. Cass.* 26 *juill.* 1828); ni parce que l'on aurait pris des précautions pour ne blesser personne en jetant par la fenêtre du bois ou du foin, quand un arrêté municipal a interdit ce fait sans restriction (*Arr. Cass.* 5 *déc.* 1833). Dans une ville où un règlement municipal défend de jeter quoi que ce soit dans les rues par les fenêtres, même en avertissant par un cri préalable, le fait, par un maçon, d'avoir jeté des décombres dans la rue par une fenêtre d'une maison où il travaillait ne peut être excusé sous prétexte qu'il n'y aurait en pareil cas, qu'un fait de dépôt nécessaire de matériaux sur la voie publique. (*Arr. Cass.* 1er *avril* 1854.)

519. L'eau est une des choses que les règlements municipaux peuvent défendre de jeter par les fenêtres : en tombant, elle peut endommager les vêtements des passants, ou des objets qu'ils portent avec eux ; le prévenu ne pourrait invoquer pour excuses ni que l'eau jetée n'était pas sale (*Arr. Cass.* 3 *janv.* 1835), ni qu'en la jetant il n'avait l'intention de nuire à personne, ni que l'eau ne pouvait occasionner aucune exhalaison malsaine, ni qu'elle ne pouvait atteindre personne, en raison de l'heure avancée (*Arr. Cass.* 22 *févr.* 1844) ; on voit encore ici une des applications de ce principe que, dès que le fait d'une contravention de police est constaté régulièrement, le juge est tenu de prononcer la peine, sans avoir égard à aucun fait d'excuse non expressément établi comme tel par la loi ou par le règlement.

520. Quant aux objets qui peuvent causer des exhalaisons in-

salubres, il y a une légère différence de rédaction entre la loi de 1790 et le Code pénal. L'art. 471 du Code punit ceux qui ont *jeté ou exposé des choses de nature à nuire par leur chute ou par des exhalaisons insalubres* ; la loi de 1790 ne parle des exhalaisons insalubres que pour les objets jetés et non pour les objets exposés ; il ne s'ensuit pas qu'à l'égard de ces derniers les arrêtés municipaux seraient illégaux : car ils règleraient un point de police et de salubrité, qui rentre dans leur compétence générale ; ils ne feraient que statuer sur des moyens d'exécution de la loi pénale ; enfin il n'y aurait aucune raison de décider dans un cas autrement que dans l'autre. Aussi, dans une affaire qui lui était soumise, la cour de cassation a fait l'application du règlement sans en contester la légalité ; elle a décidé que le fait d'avoir laissé, au-devant de sa maison, contrairement aux prescriptions d'un règlement, des choses produisant des exhalaisons insalubres, ne peut être excusé sous le prétexte qu'il n'est pas sûr que le dépôt de ces immondices soit le fait du prévenu, et que l'enlèvement des boues et immondices est affermé par la commune. (*Arr. Cass. 24 févr.* 1855).

521. Nous terminerons en faisant observer que l'interdiction de jeter des objets, principalement des liquides, ne doit pas seulement s'entendre de l'acte de lancer par les fenêtres, par les portes, du haut des toits, etc. ; mais de l'acte de verser des liquides de telle façon que, venant de l'intérieur, ils soient projetés sur la voie publique de manière à blesser ou endommager les passants ; tels seraient les liquides brûlants, ou salés, ou autrement dommageables, qui sortiraient avec une certaine violence par l'extrémité d'un conduit ou tuyau dirigé sur la voie publique, de manière à pouvoir atteindre les passants.

§ 8. — DES ARRÊTÉS CONCERNANT LA TRANQUILLITÉ PUBLIQUE EN GÉNÉRAL.

522. La mission que la loi de 1790 confie aux municipalités de *réprimer* et *punir* les délits contre la tranquillité publique semble ne pouvoir s'appliquer qu'à des poursuites et condamnations judiciaires pour des faits accomplis, et non à des mesures qui ont pour objet de prévenir le trouble pour l'avenir. Mais si ces expressions se réfèrent à l'organisation municipale telle qu'elle existait alors, le pouvoir réglementaire des maires, sur les faits dont nous allons nous occuper, résulte d'une manière générale de la loi de 1837 qui l'étend à tous les objets confiés à la vigilance et à l'autorité des maires.

523. Parmi les faits qui troublent la tranquillité publique, la loi énumère les rixes et disputes accompagnées d'ameutements dans les rues, le tumulte excité dans les lieux d'assemblée publique, les bruits et attroupements nocturnes qui troublent le repos des citoyens. Cette énumération n'est donnée qu'à titre d'exemple, et n'a rien de limitatif : elle n'empêche donc pas les maires de prendre des arrêtés de police pour toutes les circonstances où la tranquillité publique peut être compromise d'une manière quelconque : ils ont un droit de surveillance très-étendu sur les lieux publics, dont la loi a fait une catégorie spéciale.

524. Les grands faits qui mettent en danger la tranquillité publique sont généralement prévus par les lois ; les maires ont plus particulièrement à s'occuper, pour les prévenir par des mesures de précaution, des méfaits qui causent des préjudices peu sensibles à l'ordre général, et ne l'affectent même quelquefois qu'indirectement. La tranquillité d'une ville peut être troublée par l'introduction de malfaiteurs dans les maisons ; sont donc valables et obligatoires, sous ce rapport, comme sous celui de la sûreté du passage sur la voie publique, les arrêtés municipaux qui ordonnent aux habitants d'une ville de fermer à clef les portes de leurs maisons à une heure fixée (*Arr. Cass.* 31 *mars* 1845), et en pareil cas, le propriétaire d'une maison ne peut être excusé de la contravention sous prétexte qu'il n'habite pas sa maison (*Arr. Cass.* 2 *févr.* 1837) ; quoique absent, il est punissable, à moins qu'il ne désigne ceux qui ont commis la contravention (*Arr. Cass.* 27 *août* 1841) ; on peut donc considérer un tel arrêté comme une charge de la propriété, de telle sorte que le propriétaire ne doit pas être relaxé par cela seul qu'il n'était pas poursuivi comme auteur personnel de la contravention (*Arr. Cass.* 13 *déc.* 1856). Toutefois, il a été jugé qu'une infraction de cette nature peut être poursuivie indistinctement contre le propriétaire ou contre des locataires qui habitent la maison ; si un seul locataire a été assigné, il ne peut être renvoyé de la poursuite sous le prétexte que tous les autres auraient dû être cités en même temps. (*Arr. Cass.* 9 *mars* 1838.)

525. L'art. 479, n° 8, punit les auteurs ou complices de bruit on tapages injurieux ou nocturnes, troublant la tranquillité des habitants. L'article de la loi de 1790 que nous commentons en ce moment parle aussi de bruits nocturnes qui troublent le repos des citoyens. Les deux dispositions ne doivent pas être confondues l'une avec l'autre ; d'abord la pénalité est différente : les faits caractérisés par l'art. 479 entraînent condamnation à une amende de 40 à 45 fr.; l'infraction à un arrêté municipal pris en vertu de la loi de 4790 est punie par l'art. 474, n° 45 du Code pénal, de la simple amende de 4 à 5 fr. En second lieu, la loi de 4790 n'est pas limitative comme l'art. 479, qui ne permet de condamner que lorsqu'il y a bruit nocturne, ou, si l'acte a eu lieu pendant le jour, lorsqu'il est injurieux, et, dans l'un et l'autre cas, lorsque le repos des habitants a été troublé : elle permet aux municipalités et elle leur ordonne d'agir chaque fois qu'il y a infraction à la tranquillité publique. Si elle mentionne les rixes et disputes, les tumultes dans les réunions publiques, les bruits nocturnes, ce n'est que comme exemples de manifestations qu'il est du devoir des maires de prévenir par leurs arrêtés ou règlements.

526. De ce qu'on ne doit voir ici que des dispositions énumératives et non limitatives, il s'ensuit que l'autorité municipale prend valablement des arrêtés contre les bruits qui, même pendant le jour, troubleraient le repos des citoyens. Ainsi on reconnaît aux maires le droit de fixer l'heure après laquelle ceux qui exercent des professions bruyantes doivent cesser leurs travaux, et l'heure avant laquelle ils ne peuvent les reprendre, ce qui a lieu surtout pour les métiers à marteaux (*Ordonn. du préfet de police de Paris, du* 31 *oct.* 1829; *Arr. Cass.* 3 *mars* 1842). Dans l'intervalle de ces heures, les professions bruyantes s'exercent librement; les inconvénients qui en peuvent résulter ne sauraient être mis en balance avec le droit de chacun d'exercer l'état qui le fait vivre et qui rend d'ailleurs des services à l'ensemble de la communauté. Du devoir d'assurer le repos des habitants contre des bruits qui le troubleraient sans nécessité, résulte le droit de défendre, par des arrêtés, aux cochers ou postillons, de faire claquer leurs fouets (*Arr. Cass.* 48 *nov.* 4824), ou de sonner de la trompette en traversant la ville; à toutes personnes de sonner du cor ou de la trompe de chasse dans l'intérieur des villes ou bourgs, ce qui est interdit à Paris par ordonnance du préfet de police du 30 septembre 4837; de donner des charivaris, de tirer des pétards, de pousser des cris ou des hurlements en procédant à certains travaux, comme font souvent les boulangers, en pétrissant le pain (*Arr. Cass.* 24 *nov.* 4828), d'agiter des sonnettes pour signaler la présence de certaines industries, de pousser des cris violents en annonçant la vente de certaines marchandises, etc. Remarquez, quant aux professions bruyantes, que le droit d'en défendre l'exercice pen-

dant certaines heures, n'entraîne nullement d'autres limitations
de la liberté d'industrie, par exemple le droit de soumettre ces
états à une autorisation préalable, de les reléguer dans certains
quartiers déterminés. (Voy. ce que nous avons dit sect. 2, art. 1er.)

527. Des réunions publiques, même dans un but innocent,
tombent dans le domaine du pouvoir réglementaire des municipalités. C'est ainsi qu'il a été jugé que le maire peut prendre un
arrêté pour défendre aux habitants de teiller du lin dans l'enceinte de la ville, après et avant une heure déterminée (*Arr. Cass.*
12 *nov.* 1812). Si, comme les termes de cette décision autorisent à le penser, le fait incriminé s'est passé dans une habitation
particulière, l'arrêt nous semblerait être allé trop loin, la police
municipale excédant ses pouvoirs quand elle interdit aux citoyens
de recevoir chez eux qui bon leur semble pour procéder à des
faits qui, par eux-mêmes, n'ont rien de compromettant pour
l'ordre public. La cour de cassation est revenue à une doctrine qui
nous paraît meilleure en décidant (ce qui a une grande analogie
avec l'espèce qui vient d'être rappelée) que le maire n'a pas le
droit de défendre que des réunions privées (dites *veillées*) aient
lieu dans des maisons particulières sans sa permission (*Arr.* 21
juin 1855). Cet arrêt a sauvegardé les principes de l'ordre, en
déclarant que le tribunal dont il maintenait la décision s'était
fondé uniquement pour relaxer les prévenus, sur ce que la réunion dans la maison de l'un d'eux, laquelle n'était ni une auberge,
ni un cabaret, ni un autre lieu public, n'avait point présenté le
caractère de publicité et de périodicité qui constituaient seules,
selon les usages de la localité, les veillées auxquelles pouvait
s'appliquer un règlement municipal. Il est clair, en effet, que si
un particulier admet chez lui, à des réunions periodiques, tous
ceux qui se présentent, il convertit lui-même sa maison en un
lieu public, et qu'alors la police a le droit d'intervenir.

528. Les mascarades peuvent donner lieu à des rixes, à des
désordres de plus d'une espèce: les maires ont le droit de ne les
permettre qu'à certaines époques et sous certaines conditions; ils
peuvent même les interdire absolument dans les lieux publics; et,
dans ce cas, les contrevenants ne pourraient invoquer pour excuser leur ignorance de l'arrêté, leur bonne conduite habituelle,
ou l'ancienneté de l'usage de cette sorte d'amusements (*Arr. Cass.*
9 *mars* 1838). Il en est de même de la défense, très-légale et
très-convenable, de certaines cérémonies ridicules, telles que
charivaris, promenades à rebours sur un âne, ou autres démons-

trations ayant pour but de tourner en dérision ce qui se passe dans des ménages.

529. Les querelles, parfois sanglantes, qui s'élèvent entre des corporations rivales doivent appeler la sollicitude des maires, et leur faire prendre toutes les mesures propres à prévenir de malheureuses collisions. La prohibition faite, par l'autorité municipale, aux compagnons, garçons du devoir, etc., de se montrer en groupes dans les lieux publics, armés de cannes et décorés de rubans, est légale et obligatoire (*Arr. Cass.* 18 *mai* 1844); la contravention à un tel arrêté ne peut être excusée sous prétexte que les prévenus s'étaient présentés pour obtenir l'autorisation exigée, qu'ils n'avaient trouvé personne, et qu'ils étaient prêts à cacher les rubans qu'ils portaient sous leur habit en le boutonnant. (*Arr. Cass.* 5 *août* 1836.)

530. L'inconduite et l'immoralité des mauvais ouvriers ou des mauvais domestiques, de même que l'introduction d'éléments suspects dans la population des communes, sont des causes indirectes de troubles ; les maires peuvent donc en faire l'objet d'arrêtés de police : mais ils ne sauraient aller jusqu'à apporter des entraves à la liberté des engagements entre maîtres et ouvriers ou domestiques, non plus qu'au droit que chaque citoyen a de choisir son domicile. (*Voy. sect.* 2, *art.* 1er.)

§ 9. — Des arrêtés concernant le maintien de l'ordre dans les lieux publics en général, et particulièrement quant aux professions qui s'exercent dans les rues et places.

531. La loi de 1790 charge les municipalités du maintien de l'ordre dans les endroits où il se fait de grands rassemblements d'hommes ; elle indique, par forme d'exemples, quelques-uns de ces endroits, et elle dit, en terminant l'énumération, et *autres lieux publics*; d'où il résulte que le pouvoir municipal a la police de tous les lieux publics. Nous réservons pour des paragraphes spéciaux, et dans l'ordre où la loi les a placées, les circonstances particulières qu'elle énumère, à savoir : les foires et marchés, les réjouissances et cérémonies publiques, les spectacles et jeux publics, les cafés, les églises; nous y ajouterons d'autres établissements publics non mentionnés. Ici nous ne parlerons que des lieux entièrement publics et ouverts, les rues, places, quais et autres parties de la voie publique, principalement considérés sous le rapport des professions qui s'y exercent.

532. Comme chargés, ainsi qu'on l'a vu dans les paragraphes précédents, de tout ce qui peut assurer la sûreté ou la commodité du passage sur la voie publique, du soin de faire disparaître les encombrements, et de maintenir la tranquillité publique en général, les maires peuvent et doivent réglementer les professions qui s'exercent, comme on dit, en plein vent, du moins en tant que leur exercice entrave la circulation, produit des encombrements, ou occasionne des rassemblements plus ou moins tumultueux. C'est sous le rapport de la police seulement que les maires ont le droit d'agir, et non pour dicter des conditions industrielles ou commerciales qui y seraient étrangères.

533. Il y a des professions que la loi défend, et que les maires n'ont pas le droit de réglementer, parce que les soumettre à des conditions, c'est admettre leur existence; ils ne peuvent pas les autoriser, ni même les tolérer. Ainsi les maires ne peuvent prendre des arrêtés relatifs aux diseurs de bonne aventure, à ceux qui voudraient tenir publiquement des loteries et jeux de hasard, que pour empêcher qu'ils ne s'introduisent frauduleusement, et pour déjouer les manœuvres à l'aide desquelles ils chercheraient à tromper la crédulité publique. L'art. 475, n° 5, du Code pénal défendant les loteries et jeux de hasard, les autorisations les plus expresses, données même pour les temps de foires ou de fêtes publiques, ne pourraient empêcher les poursuites, confiées aux gendarmes et aux commissaires de police. La tolérance, trop ordinaire, de ces jeux appelés *à tout coup l'on gagne*, est contraire à la loi, et ne saurait fournir une excuse aux contrevenants. L'abus n'existe pas à Paris, si on exécute à la lettre l'ordonnance de police rendue sur ce sujet, le 28 octobre 1830.

534. Pour ce qui est des professions non défendues qui s'exercent sur la voie publique, il appartient à l'autorité municipale de les réglementer de manière à ce qu'elles ne présentent pas d'inconvénient pour l'ordre matériel ni pour les mœurs. C'est ainsi qu'à Paris il a été rendu des ordonnances de police sur les saltimbanques, baladins, bateleurs, escamoteurs, faiseurs de tours, musiciens ambulants, sur les chiffonniers, les filles publiques, sur les porteurs d'eau, les commissionnaires de place. Les règlements sur les professions ne peuvent donner aux maires le droit de constituer des monopoles en faveur de certains individus, à moins que les restrictions à la liberté de l'industrie ne soient commandées par des nécessités de tranquillité publique. (Voy. même sect., art. 1er, et ce que nous avons dit ci-dessus, § 5, relativement aux voitures publiques circulant dans les communes.) A Paris, une ordonnance de police, du 20 janvier 1832, défend tout étalage ou stationnement des personnes qui exercent les professions d'étalagistes, décrotteurs, savetiers, rempailleurs de chaises, débitants de comestibles ou de lait, les marchands d'habits ou de ferrailles, quand ces industries ou commerces se font sur la voie publique, et elle réserve au profit de la police le droit d'accorder des permissions et de déterminer les lieux où l'on pourra exercer.

535. Il est reconnu, en général, par la jurisprudence, que l'autorité municipale peut imposer des conditions à tous les individus ou entreprises qui exercent leur industrie sur la voie publique, rue, place ou rivière. (*Arr. Cass.* 18 *août* 1809; 12 *avril* 1722; 14 *nov.* 1835.)

536. Les enseignes et affiches intéressent, sous plusieurs rapports, la police de la voie publique. Quand les enseignes font saillie sur les rues ou places, elles forment un empiétement, et tombent sous l'autorité municipale, comme tout autre objet qui s'avance sur la voie publique; quelque faible que soit la saillie, le juge doit condamner le contrevenant à l'amende, et ordonner l'enlèvement de l'enseigne (*Arr.* 13 *nov.* 1847), et il ne pourrait l'acquitter sous prétexte que l'enseigne, quoique faisant légèrement saillie, ne nuirait ni à la vue des voisins ni à celle des locataires (*Arr. Cass.* 20 *sept.* 1839); à part la question d'empiétement sur la voie publique, l'arrêté municipal qui défend de poser ostensiblement aucune enseigne, écriteau, inscription ou devise sans l'autorisation préalable du maire, est obligatoire. (*Arr. Cass.* 19 *juin* 1835; 26 *fév.* 1842.)

Le droit du maire repose sur ce que des enseignes peuvent attirer assez l'attention des passants pour occasioner des rassemblements, et, par suite, embarrasser la voie publique; il en est, à cet égard, des enseignes, comme des affiches, dont il nous reste à parler. Une loi du 10 décembre 1830 a réglé la profession d'afficheur, et, en exécution de cette loi, le préfet de police a rendu deux ordonnances des 12 décembre 1830 et 4 août 1836; les autorités investies, dans les provinces, du pouvoir municipal, ont pu prendre des arrêtés analogues.

537. La loi du 10 décembre 1830 a prohibé, d'une manière absolue, les affiches politiques, et n'excepte que les actes de l'autorité publique; pour les autres affiches, elle les laisse dans la sphère du pouvoir réglementaire des municipalités. En vertu de

cette attribution, le préfet de police de Paris a rendu, le 4 août 1836, une ordonnance qui défend d'apposer des affiches sur les monuments publics, et, le 8 novembre 1841, une autre ordonnance qui interdit l'affichage aux angles des rues, places, carrefours, quais et boulevards, défend de placer les affiches des spectacles, bals et concerts publics ailleurs que dans les endroits où le préfet aura reconnu qu'elles ne nuisent pas à la circulation, interdit d'afficher la nuit, et d'employer, pour la pose des affiches, des échelles hautes de plus de 2 mètres 50 centimètres. Le droit, pour les maires, de désigner les lieux où les affiches des particuliers peuvent être apposées résultait déjà du décret du 18 mai 1790. Il est bien entendu que les précautions prises par les municipalités pour l'affichage ne concernent point les affiches de l'autorité publique, administrative ou judiciaire, celles, par exemple, qui auraient pour objet d'annoncer une vente ordonnée par la justice (*Arr. Cass.* 9 *août* 1838); mais serait applicable à l'affichage, par un huissier, d'une vente volontaire de meubles, l'arrêté qui interdirait d'apposer aucune affiche sans la permission de l'autorité municipale, et sans le dépôt, à la mairie, d'un exemplaire daté et signé par l'afficheur. (*Arr. Cass.* 28 *déc.* 1856.)

538. Depuis comme avant la loi du 10 décembre 1830, la jurisprudence a reconnu la légalité des arrêtés municipaux qui exigent, soit pour les spectacles, soit pour tout autre objet, l'autorisation du maire pour poser des affiches ou annonces, et qui interdit l'affichage à toute personne qui n'est pas afficheur public, bien que cette dernière clause puisse paraître rigoureuse : mais il ne faut pas oublier que l'apposition des affiches se fait sur la voie publique et qu'elle peut avoir une influence directe sur la tranquillité de la commune. Pour les spectacles, la cour de cassation s'est prononcée par un arrêt du 3 janvier 1834. Pour les autres affiches, elle a jugé, par exemple, que doit être poursuivi comme contrevenant à un arrêté exigeant la permission municipale pour l'affichage, le particulier qui a placardé lui-même des avis à la main annonçant que sa propriété est à louer (*Arr. Cass.* 13 *fév.* 1834); que celui qui a affiché sans la permission exigée ne peut être excusé sous prétexte qu'il ne connaissait pas l'arrêté (*Arr.* 25 *mars* 1839); que quand l'autorisation est prescrite, il ne suffit pas de l'avoir demandée, qu'il faut l'avoir obtenue. (*Arr. Cass.* 3 *janv.* 1834.)

539. C'est de l'apposition des affiches qu'il peut résulter des troubles, et non de leur simple impression; ce dernier fait, isolé

de toute publicité ultérieure, échappe au pouvoir réglementaire municipal ; les tribunaux de police ne pourraient donc appliquer aucune peine pour contravention à des arrêtés de maires qui défendraient d'imprimer sans autorisation des affiches de spectacles ou autres ; de tels arrêtés sont entachés d'excès de pouvoir, et, en conséquence, ne sauraient servir de base à aucune condamnation. (*Arr. Cass. 11 janv. 1834.*)

§ 10. — DES ARRÊTÉS CONCERNANT LES FOIRES ET MARCHÉS.

540. Les premiers endroits parmi ceux où se font de grands rassemblements d'hommes et où la police municipale est chargée de maintenir l'ordre, sont, dans les énumérations de la loi de 1790, les foires et marchés. C'est par des actes de l'autorité supérieure que s'établissent les marchés et les foires. Le préfet, en vertu du décret du 25 mars 1852 sur la décentralisation, ayant le droit d'autoriser l'ouverture d'un marché, un arrêté municipal qu'il approuve, et qui ouvre un marché de comestibles, devient, par cette approbation, légal et obligatoire ; les contraventions à ses prescriptions doivent donc être poursuivies (*Arr. Cass. 6 déc. 1855*). Dès que les marchés ont été créés, c'est l'autorité municipale qui en réglemente la tenue ; ses arrêtés sur cette matière ont reçu de la jurisprudence une grande extension ; ils ont été reconnus comme légaux quand ils prescrivent le lieu, le jour, l'heure où les marchés s'ouvrent ou se ferment, les places où les denrées ou marchandises doivent être vendues ; ce sont là principalement les points sur lesquels les maires ont à statuer. Ils n'ont pas le droit de sortir de la sphère des mesures de police et de prendre des arrêtés exécutoires avec sanction pénale, quand il s'agit de prescriptions ou de droits établis dans l'intérêt pécuniaire de la commune (*Arr. Cass. 14 août 1829, 9 mars 1854 et 14 août 1856*). Leurs arrêtés, quoique relatifs à la police des marchés, ne sont pas non plus obligatoires s'ils portent atteinte à la libre circulation des grains, sous prétexte d'assurer l'approvisionnement de la commune.

541. La fixation du lieu où se tiennent les foires et marchés, la démarcation de l'enceinte qui forme l'emplacement des marchés, halles ou ports, sont dans les attributions du maire, qui doit soumettre ses arrêtés sur cet objet à l'approbation du sous-préfet (*Arr. 7 brum. an IX, art. 4*) ; le contrevenant poursuivi pour avoir vendu hors de l'endroit déterminé ne peut être excusé sous prétexté que le lieu est trop éloigné des habitations et sans abri

(*Arr. Cass.* 8 *juin* 1810) ou par toute autre considération d'é-
quité (*Arr. Cass.* 3 *juin* 1858). Le maire peut, de même, fixer le
terrain sur lequel, un jour de foire, les marchands devront exposer leurs marchandises (*Arr. Cass.* 10 *oct.* 1823). Il a été jugé
que par cela même qu'il fixe le lieu où se tiendra un marché, par
exemple, celui des volailles et des œufs, un arrêté municipal défend de les vendre ailleurs (*Arr. Cass.* 8 *sept.* 1837). Comme
tous les arrêtés municipaux, celui qui fixe l'emplacement d'un
marché communal peut être annulé par le préfet. Mais ce magistrat usurperait les attributions du maire, si, en annulant un
arrêté de cette nature, il fixait lui-même le lieu du marché. (*Arr.
Cass.* 25 *nov.* 1859.)

542. Très-fréquemment des règlements municipaux se sont
prononcés explicitement, et ont formellement défendu aux marchands de vendre ou d'exposer en vente des denrées ou marchandises ailleurs que dans les halles ou marchés; souvent aussi les
prescriptions de cette nature ont excité des réclamations devant
les tribunaux. Pour les apprécier, il faut d'abord faire une distinction entre les marchands forains et ceux qui sont domiciliés
et ont leurs boutiques ou magasins dans la commune. On comprend aisément que si les marchands arrivant du dehors pouvaient
librement venir s'installer dans les communes, à des jours fixes,
pour y faire leurs ventes, il en résulterait un encombrement et
probablement des discussions qui présenteraient de graves inconvénients ; rien donc de plus naturel et de mieux justifié que les
arrêtés qui défendent aux marchands forains de vendre ailleurs
qu'au local de la halle ou du marché, ou dans l'emplacement désigné à cet effet. Le contrevenant ne pourrait en attaquer la légalité sous prétexte qu'ils empêcheraient de louer les maisons de la
commune et entraveraient la liberté du commerce (*Arr. Cass.*
12 *juill.* 1838), ou qu'eux contrevenants étaient en possession de
l'usage de vendre leurs produits dans des boutiques ou autres
lieux indépendants de la halle ou du marché (*Arr. Cass.* 6 *janv.*
1827). Non-seulement on regarde comme légaux les arrêtés qui
défendent aux marchands forains de vendre ailleurs que dans un
lieu désigné, mais on reconnaît le même caractère à ceux qui
ajoutent à cette interdiction la défense faite aux aubergistes ou
autres de vendre les mêmes objets apportés du dehors dans leurs
locaux, cours, écuries, etc. (*Arr. Cass.* 8 *déc.* 1827, 19 *juill.*
1839, 21 *avril* 1860.)

543. La prohibition de vendre, les jours de marché, ailleurs

qu'au marché, s'applique à toute opération de vente, et atteint l'acheteur aussi bien que le vendeur; elle s'étend même à un acheteur qui prétendrait n'acheter que pour l'exportation : cette exception ne saurait être suppléée par le juge si elle ne se trouve pas dans le règlement. (*Arr. Cass.* 23 *juill.* 1858.)

544. On tient surtout à la stricte exécution des arrêtés qui défendent de vendre ailleurs qu'au marché quand il s'agit de grains ou farines, et des précautions prises pour assurer l'approvisionnement des communes en denrées. Nous y reviendrons bientôt. Auparavant nous devons achever de nous expliquer sur la différence entre les forains et les domiciliés. Quand un arrêté municipal défend de vendre dans tout autre local que celui de la halle ou du marché, cette défense ne peut concerner les marchands établis, patentés et demeurant dans la commune (*Arr. Cass.* 3 *juill.* 1829, 7 *janv. et* 25 *mars* 1830; 12 *juill.* 1849, 16 *juin* 1854, 5 *fév. et* 1er *juill.* 1859); s'ils étaient empêchés de vendre chez eux, l'exercice de leur commerce se trouverait interdit, et l'autorité municipale ne saurait, en aucun cas, posséder un pouvoir aussi exorbitant. La prohibition dont il s'agit n'atteindrait pas, par exemple, un marchand boucher, domicilié dans la ville, qui aurait vendu dans son étal (*Arr. Cass.* 5 *juin* 1844); il en serait de même du commerçant qui aurait vendu des grains dans son magasin, où il exerce constamment son commerce (*Arr.* 29 *mars* 1856). Mais on considérerait comme forain et on soumettrait aux arrêtés prescrivant la vente exclusivement dans le marché un fabricant qui aurait sa fabrique hors de la ville et porterait sa marchandise en ville, alors même qu'il aurait loué pour cela un magasin où il ne vendrait, d'ailleurs, que les jours de foire et de marché (*Arr. Cass.* 26 *janv.* 1856). Les marchands domiciliés eux-mêmes ne sont exempts de l'application des règlements sur la vente au marché que lorsqu'ils font le commerce dans leurs boutiques ou magasins, et nullement quand ils veulent vendre hors de chez eux. (*Arr. Cass.* 7 *mai* 1840, 30 *août* 1844.) La défense aux particuliers d'acheter devant leurs portes, aux jours et heures des marchés, s'applique même à ceux qui résident sur la place du marché. (*Cass.* 24 *avril* 1860.)

545. Aux considérations de tranquillité publique qui légitiment la défense de vendre, les jours de marché, ailleurs que dans les lieux fixés, se joignent, pour les objets de la consommation journalière et de la nourriture des populations, les besoins de l'approvisionnement qui assure les subsistances, et la nécessité de veiller à la fidélité du débit de denrées si nécessaires, en même temps que de garantir, par la concurrence, la loyauté des prix. Tel est le double fondement des arrêtés municipaux concernant la vente des blés, farines et grains, des fruits et autres denrées. D'abord on admet, *à fortiori,* comme pour les autres objets de commerce, la légalité des règlements municipaux qui ordonnent de vendre exclusivement à la halle ou au marché les blés ou farines apportés dans la commune (*Arr. Cass.* 24 *fév.* 1820); est également légal l'arrêté d'un maire qui détermine le lieu où doivent être déposés les grains destinés à l'approvisionnement du marché, et celui où ils doivent être renfermés lorsqu'ils n'ont pas été vendus (*Arr.* 11 *juin* 1813). Les règlements dont il s'agit ici peuvent être pris non-seulement quant aux grains et farines apportés au marché, mais aussi quant à ceux qui entrent dans la commune à une époque très-rapprochée du jour du marché; ainsi est exécutoire, sous la sanction de la peine légale, l'arrêté municipal portant que les grains, graines et farines introduits dans la ville depuis la veille des jours de foires et marchés, à partir de midi, jusqu'à l'heure fixée, ces jours-là, pour la fermeture de la halle, seront déposés aux halles, ces mesures étant prises dans le but d'assurer l'approvisionnement de la localité, l'inspection de la marchandise exposée en vente, et l'établissement des bases pour les mercuriales (*Arr. Cass.* 27 *fév.* 1858). Mais des blés pourraient ne pas être considérés comme achetés en contravention, s'ils l'avaient été hors de la ville, longtemps avant leur introduction, un mois, par exemple, et pour n'être pas revendus, mais transformés en farines. (*Arr. Cass.* 2 *oct.* 1847.)

546. La légalité des arrêtés une fois admise, ils doivent être exécutés à la lettre. Il y a contravention qui doit être déférée au tribunal de police et punie par lui, dans le fait de marchander sur la voie publique, durant le trajet des blés amenés au marché, alors même qu'il n'y aurait eu aucune vente conclue, surtout si l'arrêté defend aux commerçants et revendeurs de se transporter sur les routes et chemins pour y attendre les marchands, et de leur acheter leurs grains avant leur arrivée sur les marchés, et déclare en outre, que les grains offerts en vente ou achetés seront saisis (*Arr. Cass.* 28 *sept.* 1855). Cette dernière clause a été sanctionnée en particulier par un arrêt de la cour suprême du 21 août 1857. La contravention d'acheter des grains sur la voie publique, peut atteindre les particuliers non marchands, et ne saurait être excusée sous prétexte que le prévenu qui avait mar-

chandé des grains, les aurait immédiatement consommés chez lui (*Cass.* 17 *juill.* 1858). Quand l'arrêté municipal n'établit pas de distinction entre l'exposition en vente et la vente de denrées alimentaires, notamment des blés, qu'il défend de faire en dehors du marché, le tribunal de police ne peut acquitter le contrevenant sous prétexte que si la marchandise a été offerte hors du marché, la vente n'a pas été effectuée de même (*Arr. Cass.* 4 *juin* 1847). On a demandé s'il y a contravention (et, par conséquent, lieu à poursuites judiciaires) de la part des gens de la campagne qui viennent au marché de la ville avec un échantillon de grains, et de la part des marchands de grains qui achètent sur cet échantillon, la vente se concluant dans une auberge ou un café, et le grain vendu étant conduit et livré sur le lieu prescrit le jour du marché suivant? Nous pensons que oui. Tous les motifs qui autorisent les maires à prescrire la vente des grains dans un local déterminé, exigent que toutes les opérations relatives à cette vente soient publiques, et que les grains soient publiquement exposés en vente. Ces conditions ne sont pas remplies quand la vente se conclut sur simple échantillon, non porté au marché, mais seulement dans un local particulier. L'inconvénient prend encore plus de gravité quand le lieu où l'on traite est un café, un cabaret, une auberge; là, une partie de mauvaise foi peut employer la boisson pour faire consentir l'autre à un marché qu'elle n'aurait pas conclu si elle avait eu tout son sang-froid.

547. Ce que nous venons de dire pour les blés, grains et farines, est appliqué fréquemment par les maires pour assurer l'approvisionnement des marchés de comestibles tels que : légumes, beurre, poissons, fruits, etc.; la jurisprudence consacre la légalité des arrêtés qui prescrivent ou que les comestibles ne puissent être vendus ailleurs que dans le marché qui leur est attribué, ou qu'ils soient portés directement au marché : ce qui arrive au même but; seulement il faut remarquer que la contravention à l'injonction de porter une denrée directement au marché, entraînerait la peine alors même qu'aucun fait de vente dans le local où le transport aurait été fait ne serait établi. Enfin, pour compléter les garanties de l'approvisionnement suffisant et loyal, il peut être défendu par l'autorité municipale d'aller s'approvisionner ailleurs qu'au marché. Ces prescriptions concernant soit les vendeurs, soit les acheteurs, ont été sanctionnées par la jurisprudence.

Ainsi, jugé que doivent être punis les marchands forains qui ont vendu leurs denrées hors du marché, et les individus même non marchands qui sont allés au-devant d'eux pour acheter les denrées en chemin, ou qui seulement les ont arrhées au préjudice de l'approvisionnement de la ville (*Arr. Cass.* 4 *fév.* 1826, 19 *avril* 1834). Décidé qu'un maire peut défendre aux boulangers forains de vendre du pain hors du marché public et d'en colporter dans la rue (*Arr. Cass.* 11 *juin* 1830, 3 *janv.* 1835). Un boulanger forain avait été renvoyé des poursuites dirigées contre lui pour avoir été trouvé dans la rue portant du pain à ses pratiques; mais la cour de cassation avait cassé le jugement (*Arr.* 22 *juin* 1832); depuis, la même cour a déclaré, ce qui paraît plus juste, que le fait de porter du pain à des pratiques attitrées ne doit pas être confondu avec le fait de colportage de pain sur la voie publique pour le vendre à tout venant (*Arr. Cass.* 5 *janv.* 1838). Le règlement de police qui enjoint aux habitants des campagnes et autres qui apportent des provisions dans la commune pour les vendre, les exposer et distribuer sur les marchés et non ailleurs, est obligatoire et s'applique à tout colporteur de denrées quels que soient les lieux d'où elles proviennent et le jour où elles sont vendues ou mises en vente (*Arr. Cass.* 30 *août* 1844). Les marchands domiciliés pourraient eux-mêmes se trouver sous le coup de la défense de colporter, mais non sous l'interdiction de vendre dans leurs boutiques. Aussi a-t-il été jugé que l'arrêté municipal qui défend de vendre certaines denrées, du poisson, par exemple, sur aucun point de la commune autre que le marché, ni dans les maisons particulières, est réputé avoir voulu s'opposer seulement au colportage sur la voie publique et au domicile des acheteurs, mais non à la vente en boutique de ces denrées, laquelle est de droit, tant qu'elle n'a pas été l'objet d'une prohibition expresse (*Arr. Cass.* 16 *juin* 1854). Un arrêté de police contiendrait même un excès de pouvoir s'il défendait expressément la vente en boutique, à moins que la prohibition ne fût fondée sur des considérations évidentes d'utilité publique. Nous avons eu connaissance d'un règlement de police rendu pour une grande ville, lequel ordonnait aux marchands de poissons de ne s'approvisionner qu'au marché spécial de la poissonnerie, ce qui était fort légal, mais qui leur défendait de revendre nulle part ailleurs que dans cette poissonnerie les poissons qu'ils auraient achetés. Cette dernière clause nous paraît exorbitante; les marchands domiciliés et patentés ne peuvent être empêchés d'exercer leur commerce dans les maisons qu'ils ont louées dans ce but; si leurs boutiques sont sujettes à des émanations incommodes ou insalubres, l'autorité doit leur imposer des conditions pour les assainir, et ne saurait en interdire l'usage qu'autant qu'il y aurait danger irremédiable pour la sûreté publique.

548. L'obligation de ne vendre qu'au marché désigné est légale pour les différentes espèces de comestibles; telle est celle imposée à Paris aux marchands forains, de débiter des volailles et gibiers ailleurs qu'au marché de la Vallée (*Arr. Cass.* 17 déc. 1841). Il en est de même pour les poissons. Le marchand qui les porte dans un hôtel est punissable, comme aussi l'hôtelier qui les achète (*Arr. Cass.* 25 sept. 1847). Sur ce dernier point, toutefois, il avait été jugé précédemment que le règlement qui défend la vente des comestibles ailleurs que sur l'emplacement à ce destiné, peut être déclaré ne pas s'appliquer aux personnes qui achètent (*Arr. Cass.* 23 janv. 1841), solution qui ne devrait pas être érigée en principe, mais qui dépend des termes employés par l'arrêté.

549. Nous avons dit que l'autorité qui fait les règlements de police a le droit d'ordonner que ceux qui introduisent des comestibles pour l'approvisionnement d'une commune les portent directement au marché qui leur est assigné. Lorsqu'il existe un tel arrêté, il est obligatoire pour les marchands domiciliés, qui font venir du dehors, comme pour les forains qui apportent ou envoient (*Arr. Cass.* 22 juill. 1859). Un revendeur qui conduit chez lui des denrées ou comestibles achetés au dehors, ne peut être excusé de la contravention, sous prétexte qu'il ne vend ces objets que sur le marché, où il paye un droit de plaçage (*Arr. Cass.* 15 juill. 1830). L'arrêté qui prescrit l'apport sur le marché de la ville de tous les beurres destinés à la vente, est obligatoire même pour les producteurs, lorsqu'ils n'amènent pas leurs produits chez des particuliers consommateurs, mais chez des marchands, qui font commerce de cette espèce de denrées (*Arr. Cass.* 6 mars 1857). Aux termes d'une ordonnance du préfet de police de Paris, en date du 31 octobre 1825, la vente des fruits et légumes ne peut s'y faire que sur le marché, où il est procédé à une vérification dans l'intérêt de la salubrité; l'enlèvement ne peut être effectué qu'après cette opération. L'ordonnance affranchit de la vente sur le carreau de la halle les denrées *à destinations particulières*. Des contestations se sont élevées sur l'étendue de ces expressions. La cour de cassation, par un premier arrêt, du 16 avril 1857, les avait restreintes aux denrées achetées, soit par un consommateur non commerçant, soit par un marchand, avant l'introduction dans Paris; interprétation qui excluait du bénéfice de l'exception, le marchand qui n'avait agi que comme consignataire pour compte d'autrui, puisqu'à son égard, il n'y avait pas eu de vente préalable; mais la même affaire était revenue une seconde fois devant la cour suprême, celle-ci a rendu un arrêt différent du premier; elle a jugé, le 24 mars 1858, que l'exception faite par l'ordonnance de police en faveur des denrées *expédiées à destinations particulières*, n'admet pas de distinction entre le destinataire étranger au commerce et le destinataire marchand; que le marchand de fruits et légumes peut vendre, chez lui, dans son magasin, ces denrées à lui expédiées, qu'il les ait reçues pour son compte.ou à titre de consignataire ou commissionnaire, et n'est pas tenu d'en opérer le transport préalable sur le carreau de la halle: Un arrêté municipal prescrivant de porter et déposer sur les marchés toutes les denrées et marchandises venant en ville, et défendant de les vendre ou acheter avant leur introduction sur les marchés, ne s'applique pas à des denrées achetées hors de la ville avant leur introduction, et destinées non à l'approvisionnement de la ville, mais à l'exportation, par un acheteur négociant en gros, faisant l'exportation et jamais la vente en détail sur les marchés (*Arr. Cass.* 26 *fév.* 1858, 21 *juill.* 1860). Mais s'il s'agit d'un marchand qui est venu, malgré l'arrêté municipal, acheter des denrées (telles que du beurre et des œufs) ailleurs qu'au marché, il ne peut être excusé sous prétexte qu'il est venu acheter seulement pour revendre au dehors les mêmes denrées; cet acte étant directement contraire au but de l'arrêté, qui est d'assurer l'approvisionnement (*Arr. Cass.,* 13 *juill.* 1858). L'arrêté qui prescrit l'apport des denrées au marché public pour une vérification. préalable, est certainement obligatoire et applicable aux denrées et comestibles destinés par l'acheteur à être mis en circulation dans l'intérieur de la commune. (*Arr. Cass.* 5 *mars* 1860.)

550. Il nous reste à parler, en ce qui touche l'approvisionnement des denrées et comestibles, de la défense d'aller s'approvisionner ailleurs qu'au marché; les arrêtés qui la contiennent sont obligatoires, comme ceux qui portent la même disposition relativement aux blés, grains et farines. Il peut donc être défendu, par arrêté municipal, aux revendeurs, d'acheter ailleurs qu'au marché, et celui qui a acheté du poisson dans un lieu voisin du marché ne peut être acquitté sous prétexte que le règlement porte atteinte à la liberté de l'industrie (*Arr. Cass.* 12 *avril* 1834). Le règlement municipal qui interdit d'acheter ou de vendre

des fruits ailleurs qu'au marché, s'oppose à ce que des fruits destinés à être vendus en ville soient achetés sur pied dans des communes voisines, et à ce que la livraison en puisse être faite directement par le producteur au domicile de l'acheteur, sous prétexte qu'ils ont été vendus sur pied et à condition d'être livrés. Cette disposition peut être déclarée obligatoire pour les particuliers aussi bien que pour les revendeurs (*Arr. Cass.* 13 *déc.* 1844).

551. Ce que les maires peuvent faire pour l'approvisionnement de blés, farines et comestibles, ils ont aussi le droit de le faire pour l'approvisionnement des fourrages. Ainsi, la cour de cassation a déclaré obligatoire l'ordonnance du préfet de police de Paris, portant que les cultivateurs et marchands de fourrages à Paris ne pourront les vendre et acheter que sur les marchés publics désignés dans cette ville, sans qu'il leur soit permis de faire les achats aux domiciles de ces cultivateurs demeurant au dehors. (*Arr.* 12 *nov.* 1830.)

552. On vient de voir que l'autorité municipale a le droit de désigner la place des foires et marchés, et de défendre que les marchands forains, et même pour certaines denrées, tous les marchands vendent ou achètent ailleurs. Ajoutons que, de plus, elle peut, dans les marchés, marquer la place où devront se tenir les vendeurs de telle espèce de denrées; les prévenus de contravention à cette disposition ne pourraient tirer une excuse de ce qu'ils viennent rarement au marché, et qu'il y a eu, de leur part, erreur seulement et non intention de se soustraire aux obligations imposées par l'arrêté (*Arr. Cass.* 23 *fév.* 1855); ils devraient être condamnés, alors même que sur l'injonction du garde de police, ils auraient repris la place qu'ils devaient occuper (*Arr. Cass.* 24 *août* 1848). On a demandé s'il appartient aux maires, non-seulement de désigner les emplacements affectés dans les marchés à telle ou telle nature de marchandises, mais de désigner des places individuelles. Par une décision prise en 1856, le ministre de l'intérieur a répondu: « lorsque le tarif des droits à percevoir ne détermine pas les emplacements affectés aux divers genres de marchandises, il appartient au maire, en vertu des pouvoirs de police qui lui sont confiés par la loi, de faire cette désignation, afin d'assurer le bon ordre dans le marché, de faciliter l'inspection sur la fidélité du débit et la salubrité des denrées. Mais, à moins de stipulation expresse à cet égard, le maire ne saurait assigner, pour tous les jours de marché, la place réservée exclusivement à chaque marchand, sans porter atteinte aux droits du fermier, et s'immiscer dans l'exécution même des clauses du bail. » Nous avouons que cette solution, qui ne paraît pas complétement d'accord avec la jurisprudence judiciaire, nous laisse quelques doutes. Les mêmes considérations d'ordre et de bonne tenue qui autorisent le maire à désigner la place des diverses espèces de marchands, appuient le droit qu'il aurait de marquer une place pour chaque marchand ; sans cette précaution, ne pourrait-il pas survenir de la confusion, du trouble, des rixes même sur le choix des places entre marchands de la même classe? Il n'y a pas plus violation du contrat du fermier dans le second cas que dans le premier, et pas davantage lésion de ses intérêts, si le maire ne fait rien qui ne soit conforme au tarif des places. Au lieu de dire qu'il faut une stipulation expresse pour attribuer au maire le droit de désigner les places individuelles, il nous paraît plus juste et plus logique de dire que ce pouvoir lui appartient de droit, à moins qu'une clause expresse du bail n'ait stipulé autrement.

Non-seulement la place de chaque marchand dans le marché peut lui être assignée, mais on a déclaré légalement pris les arrêtés qui, dans l'intérêt d'une facile constatation d'identité dans l'affluence des vendeurs, ordonnent aux marchands de placer sur leurs étalages des écriteaux mentionnant leurs noms, leur demeure, et même le numéro d'ordre de leur place (*Arr. Cass. 26 vendém. an XIII*). Il peut être défendu, par règlement municipal, aux marchands, d'abandonner leurs denrées pendant la tenue du marché, à moins qu'ils ne se fassent représenter, à la place qu'ils occupent, par quelque personne. (*Arr. Cass.* 10 *nov.* 1837.)

553. La place des marchands dans une halle ou dans un marché donne lieu le plus souvent à la perception d'un droit qui est un revenu pour la commune, et qui est ordinairement perçu par un fermier ou adjudicataire; l'acte qui l'établit et qui en règle la perception n'est pas un règlement de police, de sorte que le défaut de paiement ne peut constituer une contravention, de la compétence des tribunaux de police. La jurisprudence sur ce point est constante (*Arr. Cass.* 30 *juill.* 1829, 1er *déc.* 1832, 6 *mars* 1840, 9 *mars* 1854, 14 *août* 1856). Le principe qu'elle consacre a reçu, d'un arrêt solennel rendu par les chambres réunies, une restriction importante, mais d'une application peut-être difficile. Cet arrêt juge que lorsqu'une mesure dictée en réalité par un intérêt financier de la commune est prise en même temps dans

l'ordre des attributions appartenant à l'autorité municipale pour le maintien de l'ordre, les contraventions doivent être réprimées par le tribunal de police (*Arr.* **24** *fév.* **1858**). Cette décision pourrait être invoquée s'il s'agissait de foires ou marchés; dans l'espèce elle était intervenue à l'occasion d'un arrêté relatif à des voitures; il prévenait les encombrements de la voie publique, quoique au fond il eût pour but de garantir les intérêts d'un particulier, adjudicataire exclusif des transports en commun dans la commune.

554. L'autorité municipale a le droit de déterminer le jour de la tenue des marchés, l'heure de l'ouverture et de la fermeture, aussi bien que le lieu où ils se tiennent. Un tribunal de police excéderait ses pouvoirs en acquittant un prévenu de contravention à un arrêté municipal sur les jours de marché, et en l'autorisant à vendre et exposer sous la halle d'une commune, même les jours prohibés par l'administration municipale. (*Arr. Cass.* **29** *frim. an VII.*)

555. Il en est de même quant aux heures : un maire peut fixer l'heure du marché et défendre d'exposer sur la place aucune espèce de marchandises, ce qui comprend les comestibles; le juge de police doit donc comdamner les marchands qui, en contravention, ont vendu ces denrées aux heures prohibées, et il ne peut ni arrêter ni restreindre l'effet de ce règlement (*Arr. Cass.* **18** *oct.* **1816**, **18** *août* **1860**). Lorsqu'un arrêté municipal oblige d'amener les grains à l'heure d'ouverture du marché, il s'applique aux meuniers qui font moudre comme à ceux qui vendent, si d'ailleurs les premiers font aussi des actes de commerce (*Arr. Cass.* **5** *déc.* **1846**). Pour assurer aux habitants les avantages d'une loyale concurrence, il arrive souvent que les règlements défendent à certaines classes de personnes de s'introduire dans les marchés avant une heure déterminée. Ces dispositions ont été reconnues légales, comme étant une conséquence directe du droit qu'ont les maires de prendre des mesures pour le maintien de l'ordre et pour la tenue des marchés.

556. La prohibition d'entrer avant une certaine heure peut légalement atteindre et atteint ordinairement les revendeurs ; elle a toujours été déclarée être dans le droit de l'autorité municipale; ainsi décidé, en principe, par des arrêts de la cour de cassation des **23** décembre **1841** et **26** juin **1843**. Les intéressés ont fréquemment essayé d'éluder la défense; mais les prétextes qu'ils ont imaginés pour se soustraire aux condamnations encourues ont été repoussés par la jurisprudence. Il a été jugé que les contrevenants à un arrêté qui défend aux regrattiers, et autres personnes qui achètent pour revendre, de paraître dans les marchés publics avant dix heures du matin, ne peuvent être relaxés par cela que le fait ne serait puni par aucune loi (*Arr. Cass.* 6 *mars* 1824); que la prohibition faite aux revendeurs de s'introduire dans le marché avant une certaine heure n'excède point les limites du pouvoir municipal, et n'est point contraire aux principes de liberté individuelle (*Arr. Cass.* 11 *mai* 1832, 5 *déc.* 1833, 18 *juill.* 1840); que le prévenu ne peut échapper à la répression en soutenant qu'au moment où il a été rencontré au marché il n'achetait ni ne marchandait aucune des denrées mises en vente (*mêmes arrêts et Arr. du* 24 *juin* 1831, 29 *fév.* 1856); que la défense s'applique même aux revendeurs étrangers qui n'habitent pas la commune (*Arr. Cass.* 29 *nov.* 1839); que la contravention ne peut être excusée sous prétexte que le prévenu, à la fois coquettier et marchand de rouenneries, ne se serait introduit au marché que pour parler à une personne qui venait de lui marchander à sa boutique, près du marché, quelques objets de rouennerie (*Arr. Cass.* 23 *mai* 1840); qu'une revendeuse qui n'est venue acheter au marché qu'une seule botte d'asperges avant l'heure fixée ne peut être excusée sous le prétexte qu'il ne serait pas constaté que l'achat n'a pas eu lieu pour la consommation (*Arr. Cass.* 26 *juin* 1842); que l'arrêté du maire qui défend aux revendeurs de poissons et autres comestibles de s'approvisionner pendant telles heures de la durée du marché, est légal et obligatoire. (*Arr.* 27 *nov.* 1841.)

La défense dont il s'agit, étant une entrave pour le commerce, ne doit pas être étendue au delà des termes qui la contiennent; quand elle est imposée aux revendeurs elle ne saurait donc atteindre des personnes qui n'auraient pas cette profession : par revendeur on doit entendre les marchands qui achètent des denrées ou marchandises pour les revendre dans le même état et sans leur faire subir aucune transformation. Ainsi ne seraient point passibles de l'interdiction faite aux revendeurs les confiseurs d'une ville qui auraient acheté, avant l'heure déterminée, tous les abricots portés au marché (*Arr. Cass.* 1er *oct.* 1846). Un pâtissier a aussi été considéré comme étranger à la classe des revendeurs. (*Arr. Cass.* 9 *sept.* 1825)

557. C'est surtout à l'égard des blés et farines que l'autorité municipale a le droit de prendre des mesures qui préviennent l'accaparement et garantissent les consommateurs contre le préjudice qu'ils éprouveraient si on ne leur laissait pas le temps de

faire leurs achats avant ceux que pourraient opérer ou concerter les commerçants, dans la vue de produire une hausse dans les prix. Dans ce but le maire peut prescrire par un règlement que les meuniers, commerçants et commissionnaires ne pourront entrer dans la halle aux grains qu'à une heure fixée après l'ouverture du marché ; ils sont en contravention par le seul fait de leur entrée dans la halle avant l'heure réglementaire, alors même qu'ils n'y feraient aucun achat de grains (*Arr. Cass.* 23 *avril* 1841, 25 *mai* 1855). La disposition d'un arrêté portant que le marché sera ouvert aux habitants et aux boulangers de la localité, non marchands de grains, une heure plus tôt qu'aux marchands de grains et meuniers, est légale et obligatoire, et elle est censée exclure du bénéfice qu'elle renferme les boulangers des autres localités, même quand ils ne sont pas marchands de grains (*Arr. Cass.* 17 *fév.* 1855). Il n'y a que l'autorité municipale qui puisse prescrire des conditions et des prohibitions concernant les heures des marchés ; en aucun cas une défense de ce genre ne peut être suppléée par les tribunaux de police. (*Arr. Cass.* 23 *déc.* 1841.)

558. Quand un arrêté défend aux marchands de vendre et de se présenter au marché avant une certaine heure, ils ne peuvent pas s'installer dans leur étalage avant l'heure (*Arr. Cass.* 13 *nov.* 1847). S'il s'agit de la prohibition d'acheter, on a demandé si un revendeur, à qui le règlement interdit d'acheter au marché avant dix heures, et d'aller attendre les marchands hors de la ville, peut être condamné s'il achète dans son domicile. La question est délicate et controversée ; d'une part, le but du règlement n'est pas atteint si le revendeur peut impunément prévenir tous les consommateurs en faisant venir chez lui les marchands avant l'heure et en traitant avec eux, et c'est sans doute cette considération qui a déterminé la cour suprême à se prononcer dans le sens de la condamnation (*Arr.* 13 *mai* 1830) ; d'une autre part, la vente et l'achat à domicile sont, pour le négociant patenté, le droit commun, et il ne se trouve pas, pour ce fait, sous le coup du règlement qui prévoit des opérations faites au marché ou sur la voie publique.

559. De même qu'elle peut réglementer le lieu, le jour et l'heure de la tenue des foires et marchés, de même encore l'autorité municipale a le droit de les soumettre à diverses conditions qui assurent, à l'occasion de ces grandes réunions, la tranquillité publique, la salubrité, la circulation, ainsi que la loyauté dans les transactions publiques. Ainsi, sous le double rapport du maintien de l'ordre et de la salubrité, un maire peut, pour empêcher que les comestibles gâtés ne soient mis en vente, ordonner que tout ce qui restera après l'heure du marché sera déposé dans une resserre (*Arr. Cass.* 31 *mars* 1838); interdire d'apporter du dehors des viandes mortes ailleurs qu'au marché et aux jours où il se tient, interdiction qui devrait s'appliquer aux bouchers de la commune aussi bien qu'aux bouchers forains (*Arr. Cass.* 13 *mai* 1841). Les mêmes raisons et d'autres, prises de l'obligation d'assurer la fidélité du débit des denrées, établissent la légalité du règlement qui détermine le lieu où doivent être déposés les grains destinés à l'approvisionnement du marché, et celui où ils doivent être renfermés lorsqu'ils n'ont pas été vendus (*Cass.* 11 *juin* 1813); celui qui prescrit aux marchands de déposer à la halle les grains destinés à être vendus avec défense de les exposer et vendre dans un autre lieu. (*Arr. Cass.* 24 *fév.* 1820.)

560. Dans l'intérêt de la sûreté et de la commodité du passage sur la voie publique, celui qui, contrairement à un arrêté municipal, expose en vente des grains, sous une halle, les jours autres que ceux indiqués, peut être condamné comme ayant gêné ou embarrassé la voie publique (*Arr. Cass.* 2 *vendém. an VII*). De même lorsqu'un règlement municipal a ordonné que pendant les heures du marché une halle couverte restera libre pour servir d'asile aux vendeurs en cas de pluie, un tribunal ne peut excuser un quincaillier qui aurait, par son étalage, obstrué la place qui devait rester libre, sous le prétexte que la prohibition n'aurait eu pour objet que d'exclure de la place publique les marchands de comestibles. Une pareille interprétation restreint l'application d'un règlement dont la disposition était absolue (*Arr. Cass.* 13 *juin* 1828). L'arrêté municipal qui interdit de mettre des charrettes sous la halle de la commune s'oppose même à ce que en temps de pluie une charrette y soit momentanément abritée (*Arr. Cass.* 3 *mars* 1854). Il est interdit à toute personne, en vertu du Code pénal, art. 471, n° 14, et du décret du 10 août 1852, de laisser stationner des voitures attelées ou non attelées sur la voie publique. Cette prohibition ne concerne que les particuliers isolés, et elle ne peut évidemment recevoir son application les jours de foires et de marchés; dans ces circonstances il se forme, avec l'agrément de l'autorité qui a ouvert les marchés, des agglomérations de voitures qui, nécessairement, stationnent plus ou moins longtemps dans la commune pendant la durée des ventes. Les maires peuvent et doivent prévenir les inconvénients de l'encombrement, en fixant par leurs arrêtés, les rues ou places, ou les portions de

rues ou places destinées au stationnement des voitures, et en limitant le temps pendant lequel ce stationnement sera permis; de tels arrêtés seraient certainement obligatoires.

561. A été considéré comme légal et obligatoire le règlement qui impose la condition de ne déposer sur le marché aux grains que des sacs contenant l'hectolitre ou des divisions légales de l'hectolitre (*Arr. Cass.* 10 *avril* 1856). On s'est fondé, pour juger ainsi, sur ce qu'un tel règlement a pour objet d'assurer la fidélité du débit des denrées et de garantir la sincérité et l'exactitude des mercuriales, ce qui est dans les attributions de l'autorité municipale. Décidé, par des raisons du même ordre, que le maire peut ordonner, en vue d'assurer la fidélité du débit du beurre, que cette denrée ne pourra être vendue à la halle qu'en mottes telles qu'elles sont achetées des cultivateurs. (*Arr. Cass.* 15 *sept.* 1854.)

562. Quelles que soient les mesures que les maires peuvent prendre pour la tenue des marchés, leur droit ne va pas jusqu'à l'exclusion de certains marchands, ou de certaines classes de marchands; il ne leur appartient pas, par exemple, d'interdire l'entrée des halles et marchés aux bouchers forains. Nous aurions donc de la peine à souscrire à l'arrêt de la cour de cassation du 2 frimaire an XIV, qui a déclaré légal un arrêté qui avait défendu aux bouchers forains vendant sous échoppe de venir s'approvisionner dans la commune. Cela nous paraît contraire aux principes de l'égalité civile, qui repousse le monopole résultant de l'interdiction des forains, et de la liberté de l'industrie et du commerce.

563. Quand les ventes aux enchères publiques se font dans les marchés ou aux halles, elles sont soumises aux prescriptions destinées à maintenir le bon ordre dans ces lieux. Mais le droit de vendre à l'encan n'est pas, en lui-même, un des objets sur lequel puisse agir l'autorité réglementaire des municipalités. Cette solution, qui avait d'abord paru douteuse, est maintenant consacrée par la jurisprudence, même quand il s'agit de marchands forains (*Arr. Cass.* 28 *nov.* 1828, 3 *déc.* 1840, 28 *août* 1841). C'est la prescription absolue des ventes à l'enchère qui outre-passe les pouvoirs des municipalités, mais non les restrictions dont on les entourerait dans l'intérêt de l'ordre et de la foi publique; par exemple a été jugé légal et obligatoire l'arrêté municipal qui défend de faire des enchères publiques à la lumière. (*Arr. Cass.* 16 *oct.* 1847.)

§ 11. — DES ARRÊTÉS CONCERNANT LES THÉÂTRES ET SPECTACLES.

564. Les spectacles sont au nombre des occasions de rassemblements qui motivent l'intervention de l'autorité municipale, et par conséquent, de son action réglementaire pour le maintien de l'ordre. L'art. 4 de la loi du 24 août 1790, qui suit immédiatement celui dont nous rappelons ici une disposition, porte que les spectacles publics ne peuvent être permis et autorisés que par les officiers municipaux, article qui a été changé par la législation ultérieure, ainsi qu'on va le voir.

565. Les plus importants des spectacles publics sont ceux qu'on va chercher dans les théâtres; ils forment une classe à part et portent plus particulièrement la dénomination de théâtres; le nom de spectacles publics est attribué à toutes les autres espèces de représentations ou exhibitions qui attirent des spectateurs dans des lieux publics : ils sont soumis à des règlements particuliers, et ne porteront plus le titre de théâtres, dit l'art. 15 du décret du 8 juin 1806.

L'autorisation de l'établissement des théâtres proprement dits n'appartient plus au droit des municipalités : elle doit être donnée, à Paris par le ministre de l'intérieur, et, dans les départements, par le préfet; depuis le décret du 23 juin 1854, le service des théâtres de Paris, non subventionnés, des théâtres de départements, et de la censure dramatique, a passé du ministère de l'intérieur au ministère d'État.

566. Aux termes du décret du 8 juin 1806, l'autorité municipale peut permettre ou défendre des spectacles de curiosité, ou petits spectacles, tels que danses de corde, voltiges, exercices d'équitation, feux d'artifice, jeux de physique, ménageries, collections de curiosités, les cafés spectacles, etc. La loi du 9 septembre 1835, art. 21, porte qu'il ne pourra être établi, soit à Paris, soit dans les départements, *aucun* théâtre ni *spectacle*, de quelque nature qu'ils soient, sans l'autorisation préalable du ministre de l'intérieur à Paris, *et des préfets dans les départements*. Cet article retire tout droit d'autorisation à la municipalité. La loi de 1835 a été abrogée par un décret du 6 mars 1848. La loi transitoire du 30 juillet 1850, sur la police du théâtre, et le décret du 20 décembre 1852, ne parlent que de l'autorisation nécessaire pour la représentation des ouvrages dramatiques et non de celle de l'ouverture des théâtres. Il semble dès lors que l'on retombe sous la législation du décret du 8 juin 1806, qui n'a jamais été expressément abrogé, et que les permissions des spectacles de curiosité doivent être accordées par le maire, ou par les préfets dans les localités où ils exercent les attributions de la police municipale.

567. Si les municipalités ont vu leurs droits diminuer quant à l'autorisation des théâtres, elles n'ont rien perdu de leurs pouvoirs quant à la surveillance et à la police des théâtres et spectacles de toute nature. Indépendamment de la loi du 24 août 1790, le décret du 13 janvier 1791 veut que les entrepreneurs ou les membres des différents théâtres soient, à raison de leur état, sous l'inspection des municipalités. La loi sur la propriété littéraire, du 1er septembre 1793, dit, art. 3, que la police des spetacles continuera d'appartenir exclusivement aux municipalités. Le décret du 12 messidor an VIII, place la police des théâtres dans les attributions du préfet de police (*Voy. chap. 1er, sect. 2, art. 3*). Enfin le décret du 24 frimaire an XIV charge les commissaires généraux de surveiller les théâtres seulement en ce qui concerne les ouvrages qui y sont représentés, et laisse aux maires, sous tous les autres rapports, le soin de la police des théâtres et du maintien de l'ordre et de la sûreté. Les lois postérieures n'ont point changé cet état de choses.

Il reste donc certain que les maires ont le droit de prendre des arrêtés pour la police des théâtres et pour le maintien de l'ordre et de la tranquillité qui doivent toujours y régner ; comme chargés de prévenir les accidents dans les lieux où il se fait de grands rassemblements, notamment en ce qui concerne les incendies, ils ont le droit de faire fermer la salle, s'il se manifeste des troubles sérieux pendant la représentation, et d'en défendre ou suspendre l'usage si la construction ou les dégradations qu'elle a subies présentent des dangers pour les spectateurs. Ils peuvent, par des arrêtés, prendre des mesures pour empêcher le trouble à l'entrée et à la sortie des spectacles, déterminer le lieu de stationnement des voitures qui y conduisent, les rues par lesquelles elles devront arriver et repartir, prescrire aux cochers des voitures de place ou de remise de se faire payer avant l'arrivée aux salles de spectacle, comme cela a lieu à Paris, afin de ne pas produire d'encombrement par leur stationnement à la porte de ces établissements. Ils n'ont pas le pouvoir légal de fixer le prix des places, seulement il leur appartiendrait de suspendre les représentations si l'élévation de ce prix produisait des troubles. L'autorisation de la représentation des pièces n'est pas dans leurs attributions; mais ils peuvent suspendre la représentation ou même l'empêcher d'avancer si elle occasionne ou fait pressentir du tumulte.

568. Dans l'intérêt du repos des habitants de la ville, qui serait troublé si les représentations se prolongeaient trop avant dans la nuit, le maire peut enjoindre aux directeurs et régisseurs de terminer le spectacle et de baisser la toile à une heure déterminée (*Arr. Cass.* 6 *juin* 1856), alors même que la pièce qui se jouerait à ce moment ne serait pas achevée. La contravention aux arrêtés qui fixent l'heure de la fermeture des théâtres, n'est excusable qu'en cas de force majeure (*Arr. Cass.* 8 *août* 1840). Ordinairement la police accorde une tolérance après l'heure réglementaire, et elle donne des permissions pour des représentations extraordinaires, dont la composition, qui lui est soumise, prolonge la durée des spectacles.

569. Tout ce qui peut troubler l'ordre pendant les représentations est de la compétence du pouvoir réglementaire de la mucipalité, même à l'égard des directeurs et acteurs (*Arr. Cass.* 10 *avril* 1806). Les maires peuvent donc, par leurs arrêtés, défendre aux acteurs de rien changer aux pièces telles qu'elles ont été autorisées par le ministre d'État ou par le préfet ; la contravention ne pourrait être excusée alors même que le changement introduit n'a causé aucun inconvénient (*Arr. Cass.* 4 *avril* 1835). Si un préfet avait autorisé une pièce sous la condition du retranchement d'un certain passage, et que la pièce eût été jouée sans cette suppression, il y aurait lieu à condamnation pour infraction d'un règlement administratif légal. (*Arr. Cass.* 17 *avril* 1856.)

570. Quant aux spectateurs, les arrêtés municipaux peuvent leur interdire de siffler les acteurs sur la scène (*Arr. Cass.* 11 *avril* 1844). Le fait de siffler n'est pas par lui-même une contravention si aucun règlement municipal ne l'interdit (*Arr. Cass.* 25 *juill.* 1846). Si l'arrêté défend de troubler le spectacle *en aucune manière*, il semble que des sifflets persévérants seraient en contravention à cette disposition ; toutefois il a été jugé qu'il n'y aurait pas lieu à condamnation si les sifflets avaient été provoqués par la négligence du directeur à tenir les promesses qu'il aurait faites au public par la voie des journaux (*Arr. Cass.* 14 *nov.* 1840), décision dont nous hésitons à adopter la doctrine, les torts d'une administration dramatique ne pouvant justifier les démonstrations tumultueuses des spectateurs. Quand l'interruption des acteurs est prohibée par un règlement, il y a contravention

par la demande faite à grands cris de la présence du régisseur sur la scène. (*Arr. Cass.* 15 nov. 1844.)

571. Par suite d'un mauvais usage encore subsistant dans certaines contrées, des manifestations bruyantes accueillent les débuts des acteurs qui ne plaisent pas au public ou à une partie du public. Quand cette façon brutale et turbulente d'exprimer un avis a été interdite par un règlement municipal, les contrevenants sont punissables, quoique l'acteur qui en était l'objet se soit retiré de la scène, malgré la défense du règlement. (*Arr. Cass.* 6 août 1841.)

572. Le port des cannes, bâtons, parapluies, dans l'intérieur des théâtres, peut être défendu par les arrêtés municipaux; toutefois, ce fait peut être excusé s'il y a force majeure, par exemple s'il s'agit d'une personne blessée ou infirme qui ne peut marcher qu'avec l'aide d'une canne dont il lui est impossible de se séparer. Le tribunal de police apprécie souverainement s'il y a réellement force majeure. (*Arr. Cass.* 1er mars 1855.)

§ 12. — DES ARRÊTÉS SUR LE MAINTIEN DE L'ORDRE DANS LES ÉGLISES, ET POUR L'EXERCICE DU CULTE, SUR L'OBSERVATION DES DIMANCHES ET FÊTES, SUR LES CIMETIÈRES.

573. Les églises sont rangées, par la loi de 1790, parmi les lieux publics où se forment de grands rassemblements, et placés, par ce motif, sous la surveillance de l'autorité municipale. Quels sont les arrêtés que les maires peuvent prendre pour la police du culte, soit à l'intérieur, soit à l'extérieur des églises?

Dans l'intérieur des églises, temples, synagogues, l'intervention du pouvoir municipal n'a jamais pour objet l'exercice d'aucun acte religieux; les maires n'ont à cet égard aucune injonction à faire (*Circul. min. du* 22 mars 1831), mais ils ont le droit et le devoir de veiller à ce que pendant les réunions dans les églises il ne se commette aucun désordre : c'est ainsi qu'à Paris, les jours des grandes fêtes, des sergents de ville se tiennent dans les églises, afin de prévenir les dangers de la foule et des encombrements, et les actes des malfaiteurs qui profitent des grands rassemblements pour commettre des vols. De ce que l'autorité municipale n'a aucune action sur l'exercice du culte dans les églises, il s'ensuit qu'elle ne peut exiger du clergé d'une paroisse les prières de l'église pour un mort. En cas de refus d'un prêtre pour l'inhumation d'un corps, le maire est chargé de prendre des arrêtés pour faire porter, présenter à l'église, déposer et inhumer les corps ; il peut aussi commettre un autre ministre du culte pour remplir les fonctions de celui qui a refusé ; mais le tout, sans que ses injonctions aient rien d'obligatoire pour le clergé ; une circulaire du ministre des cultes, du 15 juin 1847, porte que le prêtre ainsi désigné n'est point forcé d'accepter la commission, et que si l'autorité ecclésiastique refuse de recevoir le corps dans l'église, on n'a pas le droit de l'y introduire malgré elle.

574. Incompétent pour intervenir en aucune façon dans les prières et cérémonies religieuses qui se pratiquent dans l'intérieur des églises, le maire a certaines attributions relatives à l'usage d'un signe qui annonce au dehors les exercices religieux ; nous voulons parler de la sonnerie des cloches. Les cloches servent non-seulement à un usage religieux, mais encore à des usages purement civils, par exemple pour marquer l'heure de la fermeture des portes d'une ville, celle de la retraite et de la clôture des lieux publics, pour annoncer des incendies, inondations ou autres fléaux ; il y a donc lieu de régler l'emploi des cloches par l'autorité ecclésiastique et par l'administration civile ; c'est ce que fait l'art. 48 de la loi du 18 germinal an X, qui pose la distinction suivante : pour la sonnerie religieuse, l'usage des cloches est déterminé d'accord entre l'évêque et le préfet ; pour toute autre cause, on ne peut sonner qu'avec la permission de l'autorité locale, c'est-à-dire du maire ou du préfet, dont les arrêtés, à ce sujet, sont légaux et obligatoires. S'il s'agit, non plus de permettre, mais de prescrire des sonneries, le même partage d'attributions existe ; on avait pensé, et tel avait été l'avis du comité de l'intérieur au conseil d'État, du 21 juillet 1835, que l'autorité civile étant indépendante de l'autorité ecclésiastique quand elle juge à propos de disposer des cloches dans un intérêt purement civil, le maire peut donner des ordres directs aux sonneurs, sauf à avertir le curé ou desservant, sans même, pour les sonneries accidentelles, lui indiquer les motifs. Cette décision rigoureuse a paru pouvoir altérer les bons rapports entre le clergé et l'administration ; aux termes d'un avis du comité de législation, l'autorité civile ne pourrait arbitrairement imposer l'usage des cloches dans un but non religieux : seulement, si une loi ou des règlements non contraires aux droits que le clergé tient de la loi organique prescrivaient d'employer les cloches à un usage déterminé, la police locale pourrait d'office exiger la sonnerie, et donner les ordres nécessaires, sur le refus du curé ou desservant. Tel est le cercle dans lequel peuvent se mouvoir les arrêtés des maires concernant les cloches.

575. Dans les localités où, d'après la loi, les cérémonies religieuses peuvent avoir lieu hors de l'enceinte des églises et de leurs dépendances, les maires ont le droit de prendre toutes les mesures propres à maintenir l'ordre et le respect que toute personne, quelle que soit sa croyance, doit à l'exercice public du culte. Les arrêtés municipaux, s'ils ont pourvu à ce qu'exigent la liberté du culte, la décence et la tranquillité publique, ne peuvent imposer à aucun citoyen une participation directe ou indirecte, aux manifestations d'un culte qui n'est pas le sien ; de là la jurisprudence, que nous avons rappelée ailleurs, qui refuse la force obligatoire aux arrêtés de police municipale ordonnant à tout habitant de tendre le devant de sa maison lors du passage d'une procession catholique. De même dans les fêtes publiques non religieuses, le maire n'aurait pas le droit d'obliger les citoyens à des démonstrations extérieures, par exemple à arborer un drapeau (*Arr. Cass.* 27 *janv.* 1820), à illuminer les fenêtres de leurs maisons.

576. Une loi spéciale, celle du 8 novembre 1814, que la cour de cassation a déclaré être encore en vigueur, contient des dispositions obligatoires relativement à la célébration des fêtes et dimanches ; l'autorité municipale peut les rappeler, prendre des mesures pour en assurer l'exécution (*Arr. Cass.* 23 *juin* 1838), mais non rien ajouter à leurs injonctions ou prohibitions. Ainsi, conformément à la loi, un arrêté municipal peut défendre aux aubergistes, dans une localité de moins de 5000 âmes, de donner à boire pendant les offices (*Arr. Cass.* 10 *avril* 1830), mais non interdire hors les heures des offices, les jeux et les danses, les jours de dimanche et de fête patronale (*Arr. Cass.* 18 *juill.* 1823); l'interprétation donnée à la loi par l'autorité municipale ne pouvant jamais avoir un sens extensif, l'arrêté d'un maire qui défend de charger des voitures publiquement, le dimanche, ne doit être appliqué que conformément à ce que porte la loi de 1814, c'est-à-dire aux seuls chargements faits par des voituriers dans le lieu où ils sont notoirement domiciliés (*Arr. Cass.* 4 *juin* 1857). Est pris dans la limite des attributions municipales l'arrêté qui défend de travailler le dimanche dans une carrière de plâtre, de pierre ou d'ardoise, s'il n'est pas constaté que les travaux avaient un caractère d'urgence (*Arr. Cass.* 26 *mars* 1847). Une circulaire du ministre de l'intérieur, du 15 décembre 1851, prescrit la cessation des travaux publics les dimanches et jours fériés, et elle ajoute : «enfin, pour ce qui concerne les règlements municipaux

9.

destinés à prohiber, pendant les exercices du culte, les réunions de cabarets, chants et autres démonstrations extérieures qui troubleraient ces mêmes exercices, vous userez, avec une sage prudence et un zèle éclairé, de votre influence, pour diminuer, autant que possible, les fâcheux scandales qui se produisent trop souvent. »

577. La police des cimetières appartenant à l'autorité municipale, celle-ci a le droit de faire des règlements sur cet objet, soit sous le rapport de la salubrité, soit sous celui de l'ordre et de la décence. Elle doit marquer dans le cimetière la place séparée que la loi a cru bon de maintenir entre les morts de religions différentes. On a demandé si les maires pourraient prendre des arrêtés pour ordonner d'autres séparations que celle qui se fonde sur la différence des cultes. L'administration a répondu : « L'art. 15 du décret du 24 prairial an XII n'admet d'autre subdivision dans les cimetières que celle qu'exige la différence des cultes professés par la population d'une commune. Les administrations locales peuvent, il est vrai, en tenant compte des habitudes du pays et de la disposition des esprits, consacrer un endroit spécial du cimetière commun à l'enterrement des personnes étrangères au culte catholique et des enfants morts sans baptême, attendu que cette séparation n'a au fond rien d'injurieux et de blessant pour ceux auxquels elle s'applique; mais cette mesure ne saurait être étendue à une autre classe de personnes, telles que les suicidés, les duellistes, les morts civilement, etc. En un mot, toute autre séparation que celle qui serait fondée sur la différence des religions entre les individus défunts est formellement interdite; telle est, à cet égard, la jurisprudence bien fixée des deux ministères de l'intérieur et des cultes. » (*Bullet. offic. du min. de l'intér.*, année 1857.)

§ 13. — DES ARRÊTÉS SUR LA POLICE DES CAFÉS, CABARETS, HÔTELS ET AUBERGES, JEUX ET BALS PUBLICS, CERCLES OU CASINOS, CABINETS DE LECTURE, MAISONS DE BAINS, BAINS PUBLICS, MAISONS DE TOLÉRANCE.

578. Parmi les établissements de la nature de ceux dont nous avons à nous occuper ici, où le public est admis, où se forment des réunions plus ou moins considérables, et où, par des considérations diverses, l'autorité municipale doit intervenir pour le maintien de l'ordre, la loi de 1790 ne mentionne spécialement que les jeux et cafés : mais elle comprend les autres sous la dénomination générale de *autres lieux publics*. Nous allons en passer en revue les principales espèces.

579. *Cafés, cabarets, auberges et hôtelleries, maisons garnies.* — Ces établissements ont pour caractères communs d'être des lieux ouverts au public, et de fournir des objets de consommation aux personnes qui s'y présentent, bien que les auberges et hôtels puissent donner le logement seul sans aliments ni boissons, ce qui a presque toujours lieu pour les maisons garnies.

580. Comme endroits où se débitent des boissons à consommer sur place, les cafés et cabarets sont soumis à une autorisation préalable qui ne peut être délivrée que par les préfets, et non par les maires (voy. à ce sujet, n° 101 et suiv.). Nous supposons un établissement autorisé, dans tous les cas où la loi exige qu'il le soit, et nous examinons les conditions que l'autorité municipale peut prescrire par ses règlements pour les industries qui s'y exercent.

581. Les points principaux consacrés à leur égard par la jurisprudence se rapportent aux arrêtés concernant les heures où ils peuvent être ouverts ou doivent être fermés, la défense d'y donner à boire, à manger ou à jouer après une certaine heure, les personnes que ces règlements peuvent atteindre, les excuses admissibles en cas de contraventions.

582. On ne peut plus demander, comme on le faisait avant la révision du Code pénal en 1832, s'il y a lieu de prononcer une peine, et laquelle, contre les infractions aux règlements municipaux sur les heures d'ouverture et fermeture des lieux publics. Le nouvel article 471, n° 15, porte expressément la peine de 1 fr. à 5 fr. d'amende contre ceux qui contreviennent aux arrêtés administratifs pris légalement : la légalité des mesures dont il s'agit ne saurait être douteuse, la loi de 1790 ayant expressément chargé les municipalités de maintenir l'ordre dans tous les lieux publics. Il est également certain qu'en rendant de tels arrêtés, les maires n'ont aucun droit de modifier la peine légale ; s'ils l'avaient fait, les tribunaux de police ne devraient y avoir aucun égard ; ils demeureraient compétents, bien que l'arrêté eût établi une peine correctionnelle, et ils ne pourraient appliquer d'autre peine que celle de la loi. (*Arr. Cass.* 10 *avril* 1819 *et* 17 *juin* 1825.)

583. Si les maires ont le droit de faire des règlements sur la fermeture des lieux publics, ils n'ont pas celui de dispenser un individu de l'exécution des arrêtés municipaux, ni, à plus forte raison, des arrêtés généraux pris par le préfet pour tout le département; le tribunal de police ne devrait avoir aucun égard à une pareille dispense (*Arr. Cass.* 18 *avril* 1828), surtout si le prévenu n'alléguait qu'une autorisation purement verbale (*Arr. Cass.* 4 *janv.* 3 *et* 8 *août* 1855, 22 *août* 1856). Mais l'autorité municipale peut, par un arrêté, retarder l'heure de la fermeture pour un jour de grande fête, patronale ou autre. S'il ne l'a pas fait, une sorte d'usage, une tolérance exceptionnelle, doit rendre le commissaire de police moins rigoureux dans la constatation des contraventions à un règlement fait pour les circonstances ordinaires.

584. Les arrêtés sur la fermeture des lieux publics s'appliquent à tous les établissements de cette nature compris dans la circonscription de la commune ou du département, selon qu'ils ont été pris par un maire ou par un préfet; un prévenu de contravention à un arrêté qui défend aux particuliers de rester dans les lieux publics après une certaine heure ne saurait être excusé par cela qu'il n'était pas habitant de la commune, surtout s'il habitait le département (*Arr. Cass.* 12 *juin* 1828), et qu'il n'était entré dans l'établissement qu'en cédant au besoin de se rafraîchir (*Arr. Cass.* 23 *janv.* 1857); de tels arrêtés, émanés du maire, obligent ceux qui sont étrangers à la commune. (*Arr. Cass.* 13 *nov.* 1835.)

585. Une règle générale, applicable ici comme dans tous les cas de contravention à des arrêtés de police, c'est que le tribunal de police ne peut admettre aucune autre excuse que celles qui sont expressément écrites dans les arrêtés ou dans la loi. On va voir que l'intérêt privé s'efforce d'échapper à l'exécution des arrêtés sur la fermeture des lieux publics, non-seulement en invoquant des excuses sans valeur, mais encore par toutes sortes de ruses, à l'aide desquelles les prévenus prétendent ne pas se trouver dans les conditions du règlement qui les condamne. La jurisprudence a constamment et justement déjoué ces manœuvres, et prêté son concours aux mesures par lesquelles l'autorité prévient légalement les dangers de la fréquentation nocturne d'établissements publics si souvent nuisibles aux mœurs et à la tranquillité générale.

586. Parlons d'abord des excuses proprement dites. La bonne foi du prévenu ne serait pas admise comme telle (*Arr.* 1er *sept.* 1859). Cela est, du reste, constant pour toutes les contraventions de police. L'ignorance du règlement n'excuserait pas (*Arr. Cass.* 5 *oct.* 1822); comment, d'ailleurs, pourrait-elle être prouvée?

Il faudrait admettre l'excuse qui serait tirée de la force majeure bien prouvée. Par exemple, un cabaretier ne peut être condamné pour n'avoir pas fermé sa porte à l'heure prescrite, s'il est établi que les buveurs l'ont mis dans l'impossibilité de le faire (*Arr. Cass. 7 juill.* 1827); ici la violence physique faisait disparaître le délit. Le simple refus de sortir, de la part des buveurs, sans qu'il soit prouvé qu'il y ait eu tentative réelle d'expulsion, et résistance physique, ne suffirait pas, par lui-même, pour constituer la force majeure; aussi la cour de cassation a-t-elle décidé que ne peut être renvoyé des poursuites un cabaretier qui a contrevenu à un arrêté défendant de donner à boire après dix heures du soir, sous le prétexte que sa mère qui le remplaçait pendant qu'il voyageait, aurait vainement engagé les consommateurs à sortir (*Arr. Cass.* 1er *août* 1829); et qu'un limonadier chez lequel des personnes ont été trouvées jouant après l'heure de la fermeture, ne peut être renvoyé de la poursuite sous prétexte que ces personnes n'avaient pas voulu s'en aller : ce n'est pas là une excuse légale. (*Arr. Cass.* 1er *fév.* 1833.)

De même, lorsque le fait de la contravention est constant, les circonstances qui sembleraient détruire ou atténuer l'intention de la commettre ne peuvent être admises comme excuses; telle serait la considération prise de ce que le fait a eu lieu très-peu après l'heure fixée pour la clôture; il y aurait là un motif pour le commissaire de ne pas dresser procès-verbal : mais s'il a cru devoir le faire, le tribunal n'a plus qu'à appliquer la peine. La jurisprudence a dû se prononcer en ce sens. Ainsi, jugé que ne peut être acquitté un cabaretier chez qui des personnes ont été trouvées après l'heure, sous prétexte qu'elles n'y sont restées que peu après (*Arr. Cass.* 9 *fév.* 1833); qu'il suffit que des cafés et débits de liqueurs aient encore été ouverts un quart d'heure après le moment fixé pour la clôture, pour que leurs propriétaires soient condamnés sans qu'ils puissent invoquer comme excuse qu'ils étaient occupés à faire sortir le public, et que d'ailleurs le temps écoulé a été fort court (*Arr. Cass.* 13 *déc.* 1834); les consommateurs eux-mêmes, lorsque les termes de l'arrêté les atteignent, ne peuvent s'excuser d'être restés dans un café après l'heure, par cela qu'ils n'auraient été en retard que de quelques minutes, et qu'ils seraient restés sans opposition du propriétaire (*Arr. Cass.* 16 *oct.* 1844); ni parce qu'ils ignoraient l'heure et seraient sortis à la première réquisition. (*Arr. Cass.* 3 *déc.* 1825.)

Voici encore des exemples d'excuses qui devaient être rejetées.

Un cabaretier. qui avait laissé son établissement ouvert après l'heure, avait été relaxé, parce que c'était un jour de fête publique, le 15 août; ce jugement fut annulé(*Arr. Cass.* 1ᵉʳ *déc.* 1855); de même qu'un jugement qui avait distingué, en s'appuyant sur l'usage des lieux, entre les jours fériés et les jours ouvrables (*Arr. Cass.* 15 *janv.* 1859); la cassation fut également prononcée contre un brasseur dans la brasserie duquel des personnes étrangères avaient été trouvées après l'heure, et qui avait donné comme excuses que ces personnes étaient des comédiens entrés après leur représentation pour se désaltérer, que la brasserie était près de leur domicile, et que le prévenu avait même donné du pain à emporter à l'un d'eux (*Arr. Cass.* 28 *juin* 1856). Le fait d'absence de toute personne étrangère dans un café ou cabaret, laissé ouvert après l'heure, n'excuse pas la contravention qui résulte du seul fait de l'ouverture tardive; cela résulte, entre autres, d'un arrêt de cassation du 18 janvier 1859, et d'une autre décision de la même cour du 28 avril 1859, rendu, *à fortiori*, dans une espèce où, s'il n'y avait pas, après l'heure, de consommateurs dans la salle principale, il s'en était trouvé dans une autre pièce. En général, quand un arrêté a prescrit la fermeture à une heure fixée, les portes doivent être fermées après ce terme-là; sinon il y a contravention punissable, alors même que rien n'aurait été consommé, le fait prévu par l'arrêté n'étant pas la consommation, mais l'ouverture après l'heure réglementaire. (*Arr. Cass.* 3 *mars* 1859.)

587. Une règle générale qui ne doit jamais être perdue de vue et qui domine toutes les solutions que les tribunaux ont à donner sur cette matière, c'est que l'étendue des prescriptions concernant l'ouverture et la fermeture des lieux publics dépend des arrêtés qui contiennent ces injonctions ou prohibitions. Les juges de police doivent les appliquer strictement sans en restreindre ni en augmenter la portée, sans y introduire aucune distinction; c'est d'après leurs termes seulement qu'on peut déterminer quelles personnes y sont soumises, quelles parties des établissements en sont atteintes, quels actes sont prohibés, de quelle manière se précise l'heure réglementaire, etc. Les décisions particulières qui se rattachent à ces divers points ne sont que des conséquences du principe que nous venons de rappeler; on va en avoir la preuve.

588. C'est par les termes de l'arrêté que les juges de police doivent décider si une profession est ou n'est pas comprise dans

ses dispositions. Ainsi un cabaretier, contrevenant à un arrêté fixant l'heure de fermeture des *cabarets,* ne peut être acquitté par le motif qu'à la profession de débitant de boissons il joint celle d'aubergiste; en effet, l'arrêté ne distinguait pas entre les cabaretiers qui donnent à loger et ceux qui donnent seulement à boire; la qualité d'aubergiste ne saurait effacer les obligations attachées à celle de débitant de boissons; d'ailleurs, il n'est nullement nécessaire qu'un aubergiste qui attend des voyageurs la nuit, laisse sa porte ouverte, puisqu'il peut, à toute heure, aller du dedans pour leur ouvrir (*Arr. Cass.* 26 *janv.* 1856). Jugé, de même, que les dispositions sur la fermeture des cafés et cabarets s'appliquent aux établissements mixtes qui sont à la fois auberges et cabarets, et, en général, aux débits de boissons annexés même accessoirement à un autre commerce (*Arr. Cass.* 27 *nov.* 1858); mais dans un établissement mixte, l'exploitation de l'auberge peut être continuée après l'heure de la clôture (*Arr. Cass.* 14 *août* 1845); la difficulté consiste, dans ce dernier cas, à caractériser les actes qui constituent la profession d'aubergiste; nous reviendrons sur ce point. Dès maintenant, nous ferons observer que le simple débitant de boissons ou cabaretier ne doit pas être confondu avec l'aubergiste, quand celui-ci est l'objet de dispositions spéciales dans les arrêtés; ainsi l'exception faite, dans un règlement sur la fermeture, en faveur de ceux qui reçoivent des voyageurs venant prendre gîte, ne s'étend pas aux simples cabaretiers; elle ne les comprend qu'autant qu'ils sont, en même temps et notoirement, aubergistes, hôteliers ou logeurs. (*Arr. Cass.* 4 *juin* 1858.)

589. Ce sont les termes des arrêtés qui décident la question de savoir si les limonadiers, cabaretiers, aubergistes, etc., sont seuls soumis aux règles qu'ils établissent pour l'heure de la clôture, ou si l'on doit y comprendre aussi les personnes étrangères qui y sont trouvées après l'heure. En général, les consommateurs ne peuvent être poursuivis à raison de cette contravention que lorsque les arrêtés les mentionnent expressément: ils ne sauraient, en effet, répondre de l'inexécution de l'obligation de fermeture qui est imposée, non à eux, mais seulement aux chefs de l'établissement; les consommateurs que ceux-ci ne renvoient pas ne font qu'user de leur liberté; ils ne peuvent être non plus poursuivis comme complices, la loi n'admettant jamais la complicité comme punissable en matière de contraventions de police. La cour de cassation a jugé explicitement que lorsque les termes

d'un arrêté ne s'appliquent qu'aux cafetiers, cabaretiers, débitants de boissons, la peine qui sanctionne ses dispositions ne peut être étendue aux consommateurs. (*Arr. Cass.* 4 *sept.* 1856, 26 *fév.* 1857.)

590. Supposez que les termes de l'arrêté s'appliquent expressément aux consommateurs attardés, ou à toute personne trouvée après l'heure dans l'établissement; ces dispositions sont-elles légales ? On a élevé des doutes sur ce point ; on a demandé si ce ne serait pas porter une grave atteinte à la liberté individuelle, et si des particuliers peuvent être déclarés responsables, avec sanction pénale, de la négligence, de la mauvaise volonté ou des calculs intéressés des maîtres d'établissement. On a répondu que la police des lieux publics appartient à l'autorité municipale ou préfectorale, qui a le droit de prendre des arrêtés pour y maintenir l'ordre et la tranquillité, qu'il n'y a pas de raison pour ne pas soumettre à des conditions d'ordre (et de ce nombre sont celles qui empêchent les réunions du public à des heures avancées de la nuit) à toutes les personnes qui fréquentent ces lieux. La cour de cassation a sanctionné ces idées, en déclarant la légalité d'un arrêté défendant aux particuliers d'entrer dans des lieux publics durant les heures de leur fermeture (*Arr. Cass.* 25 *juill.* 1856). Il en serait de même d'un arrêté ordonnant à toute personne de se retirer des cafés et cabarets aux heures fixées pour la fermeture. Au surplus, la jurisprudence n'a jamais été indécise sur cette question; les débats qui ont été soulevés n'ont pas eu pour objet le droit des maires ou préfets de prendre des arrêtés comprenant des particuliers trouvés dans les lieux publics après l'heure, mais d'apprécier si ces particuliers étaient réellement dans la situation de ceux que les termes des arrêtés avaient en vue. On a vu déjà et l'on va voir encore de nombreux exemples de cette appréciation. Quant aux chefs d'établissements eux-mêmes, il est certain que, dans un intérêt public, l'autorité municipale peut légalement leur défendre de recevoir et garder chez eux, après une heure fixée, certaines classes de personnes, par exemple, des militaires après l'heure de la retraite. (*Arr. Cass.* 23 *nov.* 1860.)

591. La légalité des arrêtés qui atteignent, quant à la fermeture des lieux publics, d'autres personnes que les chefs d'établissements, étant bien reconnue, les tribunaux de police sont tenus d'en assurer l'exécution, sans admettre ni distinctions ni excuses non prévues textuellement. Ainsi lorsqu'un arrêté enjoint à toutes

personnes de se retirer des cafés, cabarets et autres lieux publics après l'heure qu'il a fixée pour leur fermeture, sans qu'il soit besoin de les y contraindre ou de les avertir, les individus trouvés en contravention dans un café, ne peuvent être relaxés sous prétexte qu'ils ne s'étaient réfugiés dans cet établissement qu'à raison de sa proximité de la gare d'un chemin de fer, et pour y attendre, à l'abri d'un froid rigoureux, le départ du prochain convoi (*Arr. Cass.* 11 *fév.* 1858). Pour que les consommateurs doivent être punis, il n'est pas nécessaire que le règlement leur ait littéralement prescrit de sortir des lieux publics, ou défendu d'y rester après l'heure de la fermeture; il suffit qu'il ait interdit à tout particulier d'entrer dans les établissements publics pendant le temps où ils doivent rester fermés; la défense conçue en ces termes entraîne virtuellement celle de prolonger le séjour au delà de l'heure réglementaire. (*Arr. Cass.* 19 *mai* 1859.)

592. La présence, dans un café, cabaret, etc., après l'heure de la clôture, de personnes étrangères à l'établissement suffit pour obliger le tribunal de police à prononcer la peine soit contre le limonadier, brasseur, cabaretier, débitant de boissons, etc., soit contre ces personnes elles-mêmes, si les termes du règlement le comportent. Cette règle est générale pour tous les établissements où l'on ne vient que pour consommer soit des boissons seulement, soit des aliments solides; on doit prendre ses dispositions de manière à ce que les besoins de nourriture soient satisfaits à des heures convenables, ce qui est presque toujours possible aux personnes demeurant dans la localité. La nature des choses exige qu'il y ait une exception pour les établissements qui donnent à loger à des voyageurs étrangers; momentanément ils sont chez eux, dans l'hôtel, l'auberge, le garni où ils ont été reçus : on ne saurait évidemment les obliger de rentrer dans leur chambre particulière après l'heure où le public ne doit plus être admis, ni leur défendre de se faire servir un repas dans les salles de l'hôtel ou auberge, par exemple, s'ils débarquent au milieu de la nuit, ou si, durant leur séjour, ils rentrent tard d'un spectacle, d'un bal, etc. Logés dans l'établissement, ils n'y sont pas considérés comme des étrangers.

Ces distinctions sont trop justes, et, pour ainsi dire, trop nécessaires pour n'avoir pas été admises par la jurisprudence. Il a donc été jugé qu'un cafetier-aubergiste ne peut être puni pour avoir gardé après l'heure des personnes venues chez lui pour y loger (*Arr. Cass.* 14 *août* 1845). Ce bénéfice n'est acquis à un cabaretier-aubergiste qu'autant qu'il justifie que les personnes étaient venues chez lui comme logeur et pour lui demander le logement (*Arr. Cass.* 6 *janv.* 1859). On est allé encore plus loin ; en considération des nécessités de la situation des voyageurs, nécessités auxquelles la profession d'aubergiste a pour but de satisfaire, on a déclaré non punissable le fait de la part d'un aubergiste d'avoir reçu, après l'heure réglementaire, des individus en cours de route qui demandaient à faire un repas et non à loger (*Arr. Cass.* 17 *fév.* 1859). De même, si l'arrêté sur la clôture des lieux publics fait une exception pour les voyageurs logés dans une auberge, cette exception peut être étendue à des voyageurs qui ne se sont arrêtés dans un hôtel que pour s'y rafraîchir et y faire manger l'avoine à leurs chevaux. (*Arr. Cass.* 26 *fév.* 1857.)

593. Outre les voyageurs, il y a une classe de personnes qui peuvent rester dans l'auberge après la fermeture imposée à l'égard du public : ce sont les pensionnaires qui paient pour être logés et nourris; ceux qui paieraient pour être nourris seulement ne sont considérés comme pensionnaires qu'aux heures des repas et ne seraient pas autorisés à rester, en dehors de ces heures, pendant la nuit, dans les salles de l'hôtel (*Arr. Cass.* 25 *juill.* 1856). Les vrais pensionnaires, qui sont logés et nourris, ne sont pas regardés comme des étrangers : ils font partie de la maison, presque de la famille; ce motif a fait reconnaître comme légale et non susceptible de poursuite leur présence à une heure quelconque. (*Arr. Cass.* 20 *janv.* 1837, 8 *janv.* 1857.)

594. Ici les tribunaux ont à combattre les ruses de l'intérêt privé mises en œuvre pour éluder les prescriptions de l'autorité administrative; les aubergistes et hôteliers ont souvent essayé d'élargir le cercle des personnes considérées comme pensionnaires, ou qu'ils prétendaient devoir être assimilées aux voyageurs ou pensionnaires. Mais ces manœuvres ont été déjouées par la jurisprudence. Quand il s'agit de personnes qui se disent voyageurs logés dans l'hôtel ou auberge, et dont on prétend que la présence tardive n'est pas une contravention, il faut que ces personnes soient venues pour coucher; l'aubergiste dirait en vain qu'il pouvait croire qu'après avoir quitté la table, elles coucheraient dans son établissement (*Arr. Cass.* 6 *mars* 1845). L'exception que ferait un arrêté pour les voyageurs logés dans l'hôtel, auberge, etc., ne s'appliquerait qu'aux voyageurs inscrits sur le registre qui doit y être tenu, et nullement aux voyageurs qui ne

seraient entrés que pour se faire servir à boire et à manger (*Arr. Cass.* 17 *fév.* 1855). Ces décisions ne sont point en contradiction avec celles que nous avons rapportées ci-dessus et qui concernent des voyageurs non stationnaires, mais forcés de s'arrêter la nuit et de demander, pendant une halte momentanée, dont ils ne sont pas libres de choisir le lieu ni l'heure, des aliments pour eux ou pour leurs chevaux. Il n'en est pas de ces voyageurs, dominés par leur situation, comme de ceux qui, arrivés au terme de leur voyage, resteraient, sans nécessité, dans une auberge, uniquement pour s'y faire servir à boire et à manger, sans y loger.

595. Les pensionnaires, avons-nous dit, ne sont pas regardés comme des étrangers dans l'établissement ; mais ce privilége n'appartient qu'à leur personne, et il n'a pas pour conséquence de faire considérer l'hôtel ou l'auberge comme étant, dans toutes ses parties, leur domicile, de manière à leur permettre d'en disposer pour y introduire, à toute heure, des étrangers. Ainsi, un aubergiste ou cafetier contreviendrait à l'arrêté de fermeture des lieux à une heure déterminée si des personnes étrangères y étaient reçues après l'heure, lors même qu'elles ne seraient venues que sur l'invitation des pensionnaires, et qu'elles se seraient réunies dans les chambres de ces derniers (*Arr. Cass.* 24 *déc.* 1824, 25 *juill.* 1856). Par les mêmes raisons, et parce que toutes les parties d'un hôtel, auberge, etc., restent soumises à la surveillance alors même qu'elles sont occupées par des voyageurs ou pensionnaires, ces derniers ne peuvent y convoquer des réunions, y donner des soupers, des bals, qui se prolongent après les heures de clôture. Sous ce rapport, les pensionnaires ou voyageurs ne sauraient avoir plus de droit que l'hôtelier lui-même ; ils doivent, en pareil cas, pour échapper à toute responsabilité pénale, se munir d'une autorisation ; il est dans les attributions de la municipalité de permettre les bals ou autres réunions dans les lieux publics pour des heures avancées de la nuit.

596. En dehors des voyageurs et des pensionnaires, les aubergistes, etc., ne peuvent, sans contravention, recevoir, après l'heure réglementaire, des personnes qui leur sont étrangères. Nous disons avec intention *des personnes qui leur sont étrangères,* car nous ne pensons pas qu'il y ait lieu de les poursuivre parce qu'ils auraient donné un repas, une soirée à leur famille, à leurs amis, et que la réunion se serait prolongée, si, d'ailleurs, ils avaient fermé l'établissement à l'heure voulue, ou bien s'ils

n'avaient consacré à la réunion que la partie de l'établissement réservée à leur habitation personnelle. Mais le prétexte d'une réunion de parents ou d'amis ne doit jamais couvrir une infraction des règlements. Lors donc que, dans les salles où l'on reçoit le public, des personnes sont trouvées après l'heure à laquelle les arrêtés locaux ordonnent que les lieux publics soient évacués, la contravention ne peut être excusée sous prétexte que ces personnes sont des parents ou des amis, reçus gratuitement dans l'établissement. (*Arr. Cass.* 28 *mars et* 5 *oct.* 1822, 14 *févr.* 1840, 24 *févr.* 1842, 5 *févr.* 1846.)

597. Il est bien évident que les arrêtés ordonnant l'évacuation des lieux publics à une certaine heure ne concernent ni les chefs de ces établissements, ni leur famille, ni les gens à leur service. Toutes ces personnes ont le droit de rester dans la maison, d'y prendre des repas aux heures qui leur conviennent, de rester sur pied toute la nuit si elles le veulent, pourvu qu'en tout cela elles ne fassent rien qui trouble au dehors la tranquillité publique ou le bon ordre. Par gens de la maison il faut entendre seulement les serviteurs ou domestiques à gages qui demeurent et couchent dans l'établissement ; ceux-là peuvent impunément rester dans les salles après l'heure avec les propriétaires, les voyageurs et les pensionnaires. Mais il n'en serait pas de même d'ouvriers appelés accidentellement, ni des musiciens soit de la commune, soit du dehors, qui, dans certains pays, sont appelés à se faire entendre pendant les repas ou durant les réunions, alors même qu'ils seraient employés habituellement ou tous les jours par le maître de l'hôtel, de l'auberge, du café, etc.

598. Si les gens de la maison peuvent passer la nuit dans quelque partie que ce soit de l'établissement, sans que la police ait à leur en demander compte, au contraire les personnes étrangères qui s'y trouveraient en contravention à un arrêté, ne sauraient, non plus que les aubergistes, hôteliers, etc., invoquer comme excuse qu'elles se tenaient dans une partie de l'établissement non consacrée au public, par exemple, dans une chambre haute, autre que celle où le public est admis (*Arr. Cass.* 5 *avril* 1811) ; dans la chambre à coucher d'un cafetier qui les aurait invitées (*Arr. Cass.* 8 *déc.* 1832). Il serait trop facile à un aubergiste-cabaretier, etc., d'éluder les règlements, s'il lui suffisait de faire entrer les consommateurs dans son appartement particulier pour les y garder après l'heure et leur servir à boire et à manger fort tard, peut-être pendant toute la nuit.

599. Dans quelque lieu de la maison que les personnes étrangères soient trouvées, la contravention est encourue, sans qu'il soit permis aux tribunaux d'admettre des excuses à l'indue présence de ces étrangers, excuses tirées, par exemple, de ce que le prévenu attendait le départ d'une voiture publique exploitée par lui et partant à une heure du matin (*Arr. Cass.* 30 *mai* 1840), de ce que les personnes trouvées chez un cabaretier à une heure indue étaient du pays et connues, et qu'elles passaient tranquillement la soirée au cabaret (*Arr. Cass.* 18 *avril* 1845) ; ou qu'elles étaient étrangères à la localité. (*Arr. Cass.* 13 *août* 1846.)

600. Une distinction, toutefois, a été proposée quant à la culpabilité des personnes étrangères trouvées dans l'établissement après l'heure, et cette distinction provient de la différence des clauses contenues dans les arrêtés dont les termes, ainsi que nous l'avons dit, doivent être la règle suprême des juges pour l'application de la peine. Il y a des règlements qui ordonnent la fermeture des lieux publics à une heure déterminée; quand ils n'ajoutent aucune injonction ou prohibition spéciale, le fait seul qu'à l'heure indiquée, des personnes, ne faisant point partie de la maison, y aient été trouvées, constitue une contravention punissable, quoique ces personnes aient prétendu ou même prouvé qu'elles ne faisaient aucune consommation et qu'elles étaient venues pour de tout autres motifs; ainsi, en pareil cas, des individus ne peuvent être acquittés parce qu'ils n'avaient pas pu encore terminer des affaires de commerce traitées dans l'établissement, ou parce qu'ils étaient venus pour des affaires, parce qu'ils attendaient quelqu'un qui devait leur amener leur voiture, parce que le maître de l'établissement les avait gardés par complaisance (*Arr. Cass.* 4 *févr.* 1831), parce que, revêtus d'un grade dans la garde nationale, leur réunion avait pour objet des détails de service dans lesquels ils se faisaient aider par le maître du café (*Arr. Cass.* 15 *mai* 1835), parce qu'ils s'étaient réunis dans un cabaret pour une expertise (*Arr. Cass.* 11 *févr.* 1859). Si l'arrêté, sans fixer précisément une heure de clôture, interdit certains actes particuliers, par exemple s'il défend de donner à boire après une certaine heure, on peut ne pas considérer comme une contravention la présence, dans l'établissement, d'une personne (un notaire ou son clerc) venu pour un rendez-vous d'affaires dans le but de préparer un acte. (*Arr. Cass.* 15 *nov.* 1810.)

601. Remarquez, à l'égard de l'industriel, que l'ordre de fermer son établissement à une heure marquée entraîne, sans qu'il soit besoin de le mentionner en termes exprès, l'interdiction de faire, après cet acte, aucun acte de son commerce ; autrement, l'ordre de clôture serait sans efficacité. Aussi a-t-il été jugé que le cabaretier qui a vendu et livré de l'eau-de-vie après l'heure ne peut être relaxé sous prétexte que l'eau-de-vie n'était pas destinée à être consommée sur place ; il n'y a pas de distinction à faire : dès que l'arrêté a ordonné la clôture des cabarets, il a proscrit, par là même, tout débit de boissons pendant la fermeture, puisque la vente ne peut avoir lieu qu'en ouvrant l'établissement, ce qui caractérise la contravention (*Arr. Cass.* 16 *juin* 1855). Le cabaretier ou autre industriel n'échapperait pas à la peine en débitant des boissons, non pas dans l'intérieur de son établissement, mais en les passant ou faisant passer du dedans au dehors ; c'est ainsi qu'un cabaretier avait prétendu n'encourir aucune peine pour avoir, après l'heure réglementaire, vendu, par la fenêtre de son établissement fermé, et dans la rue, une bouteille d'eau-de-vie ; le tribunal de police avait accueilli ce système, mais son jugement fut annulé par la cour de cassation, le 9 août 1855. S'il en était autrement, a-t-on dit avec raison dans le *Journal des commissaires de police,* le débit de boissons se continuerait impunément par une imposte au-dessus de la porte, par les fenêtres, par les larmiers des caves, par-dessus les murs d'une cour ou d'un jardin ; d'un cabaret fermé il ne doit plus rien sortir pour la vente au dehors : sans cela le règlement serait illusoire, la fermeture purement nominale ; le désordre causé par l'abus des vins et liqueurs se déplacerait, mais ne cesserait pas ; l'esprit et la lettre des règlements seraient méconnus si un cabaretier pouvait, après avoir dû fermer sa porte, ouvrir sa fenêtre, et faire encore acte de commerce aux heures avancées de la nuit.

602. Pour achever ce qui concerne la fermeture des lieux publics, il nous reste à dire quelques mots sur la manière dont se constate l'heure à laquelle cette fermeture doit avoir lieu. Lorsque les arrêtés se bornent à prescrire que les lieux publics soient fermés à telle heure, on se règle, pour savoir si l'heure est arrivée, d'après les horloges publiques de la localité, ou, si cela est mentionné dans les arrêtés, d'après telle horloge particulière, par exemple celle de la mairie, de la paroisse ou de telle paroisse. Quand cette spécification n'est pas établie, c'est l'horloge publique la plus voisine de chaque établissement qui doit faire loi. Souvent l'autorité ordonne que l'heure de la clôture sera celle de la retraite donnée par une cloche, ordinairement celle du beffroi dans

les communes qui en ont gardé, ou d'une église centrale. Quand l'arrêté parle seulement de la retraite comme point de départ de la fermeture obligatoire, tant que la retraite n'a pas été sonnée, les chefs d'établissement et les consommateurs ne peuvent être mis en contravention, car ils sont en droit de dire qu'ils attendaient, pour se conformer aux arrêtés de clôture, d'avoir été averti par le son de la cloche de retraite; cela résulte d'un arrêt de la cour de cassation du 21 février 1811. Mais si l'arrêté fixe une heure de fermeture, et ajoute la mention de la retraite, la fermeture doit se faire dès que l'heure a sonné aux horloges publiques: la cloche de retraite n'est qu'un avertissement, et non la marque du moment de la clôture obligatoire; s'il en était autrement, l'instant où les lieux publics doivent être fermés n'aurait plus rien de stable, et dépendrait de la négligence du sonneur ou d'un accident survenu à la cloche. Ainsi jugé par la cour de cassation le 17 février 1855. Les consommateurs et les chefs d'établissement doivent régler leurs montres ou leurs pendules d'après l'horloge publique; faute de l'avoir fait, si les montres ou pendules sont en retard, leurs possesseurs ne peuvent s'en faire un moyen d'excuse (*Arr. Cass.* 11 *mai* 1843). Si, dans un lieu public, il n'y a point de pendule, les consommateurs attardés ne peuvent s'en prendre qu'à eux-mêmes de ne s'être pas assurés de l'heure; ils n'ont aucun droit d'intenter une action civile contre le cabaretier, aubergiste, etc., qui ne les aurait pas avertis; aucune loi ne lui prescrit de donner cet avertissement, et il doit d'autant moins être déclaré responsable pour ne l'avoir pas fait, qu'il est le premier passible de peine s'il n'a pas fermé son établissement au moment voulu. — Lorsqu'il y a très-peu de temps que l'heure réglementaire est écoulée, et qu'il s'agit d'un établissement dont le chef n'a point l'habitude de s'écarter de l'ordre et de la soumission due aux ordres légaux de l'autorité, le commissaire de police doit s'abstenir de dresser procès-verbal et de diriger des poursuites qui, dans un cas semblable, paraîtraient d'une rigueur non justifiée. Quant au tribunal, une fois qu'il est saisi, il ne lui est pas permis de ne pas punir, quelque excusable que la contravention soit aux yeux de l'équité. — Comme il est toujours possible de savoir l'heure qu'il est, l'ignorance de l'heure de la clôture ne peut jamais être alléguée comme excuse. (*Arr. Cass.* 3 *déc.* 1825.)

603. La contravention se prouve par un procès-verbal constatant que le café, cabaret, etc., a été trouvé ouvert après l'heure

où il ne devait plus l'être, sauf pour le prévenu le droit d'établir le contraire. L'officier de police ne rencontre alors aucune difficulté ; s'il trouve l'établissement fermé, qu'il ait lieu de croire qu'il y reste induement des consommateurs, et que le propriétaire ou chef lui ouvre la porte pour qu'il s'assure de la vérité, il n'y a pas de difficulté non plus. Mais si l'entrée lui est refusée, que doit-il et que peut-il faire ? La question est embarrassante. Il semblerait qu'elle dût être résolue par la loi du 19 juillet 1791 sur la police ; l'article 9 porte : « à l'égard des lieux où tout le monde est admis indistinctement, tels que cafés, cabarets, boutiques et autres, les officiers de police pourront *toujours* y entrer, pour prendre connaissance des ordres ou contraventions aux règlements... *art.* 10 : ils pourront aussi entrer *en tout temps,* dans les maisons où l'on donne habituellement à jouer des jeux de hasard ; ils pourront également entrer *en tout temps* dans les lieux livrés notoirement à la débauche. » Pour les maisons de jeu et les lieux de débauche on prétendit, dans une pétition adressée à la convention nationale, que les visites des officiers de police ne pouvaient pas être faites pendant la nuit ; mais un décret d'ordre du jour, fondé sur les termes de la loi du 19 juillet 1791, repoussa cette prétention. Quelle raison y aurait-il d'entendre le mot *toujours,* quand il s'agit des cafés, cabarets, etc., autrement que les mots *en tout temps* employés à l'égard des maisons de jeu et de débauche ? Grammaticalement on n'en voit pas, et on n'en saurait trouver non plus dans la nature des établissements surveillés, la nécessité d'y maintenir l'ordre étant la même pour les uns et pour les autres. On a invoqué la constitution de l'an III, dont l'art. 359 veut que la maison de chaque citoyen soit un asile inviolable, et que pendant la nuit nul n'y puisse entrer qu'en cas d'incendie, d'inondation ou de réclamation venue de l'intérieur, disposition confirmée par l'art. 76 de la constitution de l'an VIII. Par une modification provenant du sens qu'il faut attacher au mot *nuit,* les lois sur la gendarmerie (loi du 28 germinal an VI et décret du 1er mars 1854) ne permettent à la gendarmerie d'entrer dans une auberge, un cabaret, ou tout autre logis ouvert au public où elle est autorisée à se transporter pendant la nuit, que jusqu'à l'heure où les lieux doivent être fermés d'après les règlements de police. La même règle est imposée par la loi du 28 avril 1816, art. 235, aux employés des contributions indirectes pour les visites de nuit chez les débitants de boissons. Dans une affaire où il s'agissait d'une vérification et d'un acte de surveillance administrative, la cour de cassation jugea que c'est dans ce sens restrictif qu'il fallait entendre les mots *toujours* et *en tout temps* (*Arr. Cass.* 19 *nov.* 1829). Cette interprétation fortement appuyée par M. le procureur général à la cour suprême, et adoptée par M. Hélie dans son traité de l'instruction criminelle, nous paraît contestable quand il s'agit des visites de police administrative et de simple surveillance ; en effet, elle contrarie les termes de la loi, en posant qu'il y a des temps où les visites des lieux publics ne peuvent pas être faites, quand la loi, interprétée par un décret de la convention, porte qu'elles pourront l'être *toujours*, *en tout temps*. D'un autre côté, les textes spéciaux relatifs à la gendarmerie et aux contributions indirectes ne peuvent pas être étendus. Mais ce n'est nullement ici le lieu de réfuter le système qu'on oppose au droit des officiers de police d'agir pendant la nuit ; ce système, appuyé sur un arrêt de la cour de cassation du 19 novembre 1829, rendu sur un réquisitoire développé de M. le procureur général Mourre, s'applique à des faits qui peuvent être constatés pendant le jour, ou à l'égard desquels l'autorité peut attendre au lendemain sans inconvénient, en prenant les précautions nécessaires, pour que sa surveillance ne soit pas illusoire. Il s'agit ici de tout autre chose. Quand des arrêtés ont ordonné la fermeture des lieux publics à certaine heure, après laquelle ils doivent être évacués et ne servir à aucun acte de l'industrie qui s'y exerce, la contravention résulte de la présence des consommateurs après l'heure ; or, si le café, cabaret, etc., est fermé, et que la police n'y puisse plus pénétrer, comment saura-t-on s'il y a contravention, autrement qu'en y entrant malgré le refus des propriétaires ? Le refus de ces derniers leur assurerait donc l'impunité ? car rien ne serait plus facile que de faire disparaître toute trace de contravention. Bien certainement on ne peut supposer que ce soit là ce que la loi a voulu ; aussi a-t-elle sciemment et expressément autorisé les officiers de police à entrer *toujours,* dans les cafés, cabarets, etc., pour y *prendre connaissance des contraventions aux règlements* qui peuvent s'y commettre. Lors donc qu'un commissaire de police, entendant du bruit, ou voyant de l'éclairage dans les lieux publics après leur fermeture, est amené à soupçonner qu'il s'y passe des choses illégales, il doit s'assurer du fait : pour cela il faut qu'il entre ; si on refuse de lui ouvrir, il ne doit point s'arrêter devant cet obstacle ; la volonté d'un individu suspecté de fraude ne saurait être plus forte que le droit d'un agent de la loi dans l'accompli sement de sa mission. Qu'on ne parle pas de la violation du domicile privé ; le lieu où l'on exerce une industrie ouverte à tout venant ne peut être considéré comme un domicile ordinaire; c'est un lieu de réunion publique et non une habitation particulière. Si on opposait qu'après la fermeture de l'établissement, il devient un domicile, on répondrait qu'il n'en est ainsi qu'à la condition que la fermeture soit réelle et sincère, et qu'elle n'a pas ce caractère quand la porte ne se ferme que pour cacher la continuation illégale des opérations qui devaient cesser absolument après l'heure réglementaire.

Nous devons reconnaître que notre opinion est contraire à celle de MM. Hélie et Dalloz, et qu'elle semble avoir aussi contre elle deux arrêts de la cour de cassation des 7 mars 1839 et 12 novembre 1840. Toutefois, nous ferons remarquer que si, en principe, ces deux décisions consacrent les mêmes idées que celui du 19 novembre 1829 qu'elles invoquent, elles ont pour objet spécial de juger si un cabaretier ou autre chef d'un lieu public commet une contravention punissable par cela seul qu'il aura refusé d'ouvrir sa porte à un officier de police après l'heure réglementaire. Or ce n'est pas là précisément la question que nous avons examinée; nous n'avons pas recherché si le cabaretier, aubergiste, etc., encourt une peine pour avoir refusé d'ouvrir, mais si le commissaire de police a le droit de requérir l'ouverture pour s'assurer si, à l'intérieur, il se commet des contraventions aux arrêtés municipaux. Or nous croyons devoir maintenir ce droit, par les raisons que nous avons déduites.

604. Jusqu'à présent nous avons parlé du temps pendant lequel les cafés, cabarets, auberges, etc., peuvent être ouverts; cette sorte de prescriptions n'est pas la seule que les arrêtés municipaux imposent légalement aux chefs de ces établissements. Les maires ont le droit de défendre tout ce qui pourrait s'y passer de contraire aux bonnes mœurs, à l'ordre, à la tranquillité, par exemple, défendre aux cafetiers, cabaretiers, etc., de loger chez eux des filles publiques, ou d'établir des communications intérieures avec les chambres qu'elles habitent (*Arr. Cass.* 3 *juill.* 1835, 11 *sept.* 1840), de tenir chez eux à demeure des chanteurs ou autres musiciens (*Arr. Cass.* 7 *juill.* 1838, 12 *juin et* 5 *déc.* 1846), de donner à jouer des jeux de hasard, ce qui ne s'applique pas aux jeux de cartes ou autres, tels que les dames, les échecs, etc., où la combinaison a la plus grande part. La jurisprudence est allée plus loin encore; elle a regardé comme légal, parce

qu'il tend à prévenir des désordres, des rixes, l'arrêté qui prohibe toute espèce de jeux de cartes dans les cafés et autres lieux publics (*Arr. Cass.* 19 *janv.* 1837), celui qui défend d'établir dans les cafés et autres lieux publics aucune sorte de jeux indistinctement sans une autorisation spéciale (*Arr. Cass.* 22 *avril* 1837). Si un arrêté portait défense de jouer, dans les établissements publics, soit aux cartes, soit à aucun jeu de hasard, il ne devrait s'entendre que de la prohibition des jeux de cartes ou autres constituant des jeux de hasard ou loteries, interdits par la loi; il ne devrait donc pas s'appliquer au piquet, qui n'est point compris dans ces catégories. (*Arr. Cass.* 8 *janv.* 1857.)

·605. Est légal et obligatoire l'arrêté communal ou préfectoral qui enjoint aux cafetiers, cabaretiers, etc., de la commune ou du département d'avertir immédiatement l'autorité des scènes de désordre qui auraient lieu dans leurs établissements (*Arr. Cass.* 15 *mars* 1855), celui qui leur défend de recevoir des gens ivres, et de faire sortir ceux chez lesquels l'ivresse se manifesterait après leur entrée (*Arr. Cass.* 2 *juin* 1855, 28 *août* 1858); de laisser les consommateurs boire jusqu'à l'ivresse, et les cabaretiers ou cafetiers ne seraient pas excusés parce qu'ils n'auraient pas remarqué cet état d'ivresse (*Arr. Cass.* 30 *nov.* 1860); celui qui leur défend de recevoir des enfants, ou des personnes mineures, au-dessous d'un certain âge. Cette prohibition a été reconnue légale par un arrêt de la cour de cassation, du 19 février 1858, qui ne met pas même en doute son caractère obligatoire, et décide que la contravention à un tel arrêté ne peut être excusée par cette circonstance qu'elle aurait eu lieu pendant l'absence du cabaretier. Précédemment, la cour s'était montrée plus facile, et elle avait admis comme excuse en faveur du cabaretier le fait que le jeune homme à qui il avait donné à boire avait été appelé dans le cabaret par ses camarades (*Arr. Cass.* 1er *juill.* 1826). Il y a plus : une lettre du ministre de l'intérieur, du 4 février 1839, porte qu'il y a lieu d'inviter un maire à rapporter un arrêté par lequel il avait défendu aux cafetiers et cabaretiers de recevoir des enfants âgés de moins de 16 ans; le ministre se fonde sur ce que l'arrêté n'avait point pour objet d'assurer la sûreté et la tranquillité de la commune, ce qui est du droit de l'autorité municipale, mais de préserver les jeunes gens de mauvaises habitudes, ce qui n'est pas la mission du magistrat, mais de la famille et des directeurs de l'éducation; il ajoute qu'il y aurait des difficultés d'exécution presque insurmontables, et il termine en exprimant, au nom de la morale publique, le regret que la mesure ne puisse pas subsister. — Ces raisons ne sont pas sans réplique : elles auraient une puissance irrésistible si elles ne s'appliquaient qu'aux enfants, dont, en effet, les maires ne sont pas les précepteurs; mais il ne faut pas oublier qu'il s'agit d'arrêtés ayant pour objet de réglementer la police des lieux publics; le droit d'y pourvoir entraîne pour l'autorité municipale celui d'imposer aux chefs d'établissement toutes les conditions relatives, non à l'exercice purement mercantile de leur industrie, mais à l'ordre public : or, n'est-ce pas une condition de cette nature que celle qui a pour but non-seulement de sauvegarder la moralité et la santé des jeunes générations, mais encore de prévenir les scandales, les querelles, les violences que peut susciter l'usage des vins et liqueurs chez des personnes dont le tempérament n'est pas assez formé pour résister à l'influence des boissons, augmentée encore par l'excitation des exemples et des conversations? L'adoption de cette opinion par la jurisprudence la plus récente a pu être déterminée par les facilités que présente à la jeunesse la multiplication des débits de boissons de toute espèce, et par la tendance à l'abus des jouissances précoces qui est un des malheurs de notre époque, tendance qu'il est sage de restreindre en diminuant les occasions que les calculs de l'industrie offrent à la jeunesse sous toutes les formes. Sans doute, il est difficile à un cafetier, cabaretier, etc., d'avoir la preuve de l'âge des jeunes gens qu'il reçoit, et il serait ridicule d'exiger des consommateurs la justification de leur identité et la production de leur acte de naissance: cette difficulté s'atténuera dans l'exécution, et les commissaires de police ne dresseront procès-verbal que dans les cas où l'extrême jeunesse se manifestera d'une manière évidente. Il est certain, d'après les principes que nous avons déjà exposés, que l'arrêté rendu contre les chefs d'établissement n'autoriserait pas des poursuites contre les mineurs. (*Arr. Cass.* 34 *mars* 1855.)

606. Il nous reste à parler des arrêtés municipaux concernant les obligations imposées aux aubergistes et logeurs relativement à la connaissance qu'ils doivent donner à l'autorité des voyageurs reçus chez eux. Le droit de l'autorité municipale se puise dans son attribution générale de surveillance sur tous les lieux publics; mais ce droit est limité par l'art. 475, n° 2, du Code pénal, et l'on se rappelle que les arrêtés municipaux ne peuvent jamais ni contredire ni aggraver les dispositions d'une loi. L'art. 475 frappe d'une peine deux classes de contrevenants : 1° Les aubergistes,

hôteliers, logeurs ou loueurs de maisons garnies, qui ont négligé d'inscrire de suite, sur un registre tenu régulièrement, les noms, qualité, domicile habituel, dates d'entrée et de sortie de toute personne qui aurait couché ou passé une nuit dans leurs maisons; 2° ceux d'entre eux qui auraient manqué de représenter ce registre aux époques déterminées par les règlements, ou lorsqu'ils en auraient été requis, aux maires, adjoints, officiers ou commissaires de police, ou aux citoyens commis à cet effet. Deux faits sont donc prévus par ces dispositions: celui de la tenue du registre, et celui de la représentation du même registre; le premier étant précisé par la loi, l'autorité municipale ne peut rien y ajouter, ni en rien retrancher; le second fait est déterminé de telle sorte que la loi laisse au pouvoir réglementaire le soin de fixer les époques où le registre devra être représenté aux fonctionnaires chargés de recevoir ou requérir la représentation.

607. La loi ne disant rien sur le lieu ni sur le mode de la représentation du registre, l'autorité municipale peut y suppléer par ses arrêtés, et même prendre des mesures de sûreté autres que celles de la tenue et de la représentation du livre des logeurs, pouvoir qu'elle tient de son droit général de surveillance et de police des lieux publics. La jurisprudence a fait une large application de ces principes. Ainsi, jugé que les tribunaux de police sont tenus de traiter comme légaux et obligatoires : l'arrêté qui ordonne aux aubergistes et loueurs de maisons garnies de faire à la mairie la déclaration des personnes qui ont passé une nuit chez eux (*Arr. Cass.* 9 *juill.* 1829); celui qui prescrit aux cafetiers ou cabaretiers qui sont en même temps logeurs de déclarer à la police les étrangers qui viennent s'établir chez eux à résidence (*Arr. Cass.* 17 *mai* 1838); celui qui ordonne aux logeurs d'inscrire chaque jour sur leur registre le nom des étrangers qui viennent loger chez eux, disposition qui est générale et comprend même les filles domestiques qui viennent d'une campagne voisine pour se placer en ville (*Arr. Cass.* 22 *fév.* 1844); celui qui ordonne aux aubergistes, logeurs, etc., d'envoyer chaque jour au commissaire de police le relevé du registre qu'ils sont obligés de tenir (*Arr. Cass.* 23 *juill.* 1830); celui qui leur prescrit de porter ou envoyer chaque jour, avant midi, au commissaire de police, les passe-ports des voyageurs arrivés (*Arr. Cass.* 10 *avril* 1844); celui qui les oblige à exiger des voyageurs la présentation de leurs passe-ports avant l'inscription sur le registre (*Arr. Cass.* 8 *mai* 1858), ou à mentionner sur le registre la date du passe-

port ou du dernier visa (*Arr. Cass.* 6 *oct.* 1832); celui qui leur enjoint de remettre tous les jours à la police un bulletin du mouvement de leur maison, et la contravention ne pourrait être excusée sous prétexte qu'un agent de police ayant visé le registre, le prévenu avait pu croire qu'il avait satisfait à l'arrêté (*Arr. Cass.* 13 *janv.* 1837); quant au lieu et au mode de représentation du registre, un arrêté peut exiger qu'indépendamment de la représentation à domicile, exigée par la loi, les logeurs aillent soumettre leur registre au commissaire de police, soit dans son bureau, soit à la mairie (*Arr. Cass.* 14 *oct.* 1847); mais si l'arrêté leur enjoint seulement de représenter le registre à époques fixes *à la mairie*, il ne résulte pas contravention de ce que le prévenu n'aurait pas porté son registre au bureau du commissaire de police, placé ailleurs qu'à la mairie. (*Arr. Cass.* 15 *mai* 1856.)

608. La légalité des arrêtés défendant aux aubergistes et logeurs de recevoir des étrangers non munis de cartes de sûreté ou de permis de séjour est contestée; nous serions disposés à ne pas l'admettre, parce que l'opinion contraire tendrait à accroître la sévérité de la législation sur les passe-ports. On n'admet pas non plus la légalité des arrêtés qui ordonnent aux aubergistes et hôtelleries de recevoir toutes personnes (voy. n° 409), ou qui défendent de recevoir des mendiants, classe de personnes très-difficile à caractériser. (*Arr. Cass.* 12 *juin* 1845.)

609. Les obligations concernant la tenue et la représentation du registre n'étant imposée par l'art. 475 du Code pénal qu'aux aubergistes et autres logeurs, l'autorité municipale n'a aucun droit de les étendre à d'autres personnes. Pour bien délimiter ici la sphère des attributions réglementaires communales ou préfectorales, il faut donc avant tout savoir ce que la loi entend par logeur et à qui on doit attribuer ce caractère. Nul doute, quand il s'agit d'aubergistes, hôteliers, logeurs de profession et la qualité de propriétaire n'est pas exclusive de la profession de logeur (*Arr. Cass.* 11 *févr.* 1860); il n'y en a pas davantage, dans un sens contraire, à l'égard des particuliers qui reçoivent pendant une nuit, ou pendant quelques jours accidentellement, des voyageurs chez eux (*Arr. Cass.* 4 *juill.* 1828, 14 *déc.* 1832). La difficulté sérieuse commence alors que les circonstances semblent permettre d'assimiler les propriétaires aux logeurs. L'assimilation n'a pas lieu par cela seul qu'un propriétaire ou locataire loue quelques chambres, garnies ou non garnies, qui sont de trop dans sa maison ou son appartement; il en est de même des personnes qui, sans être ·logeurs, louent, pendant la saison des bains thermaux ou des bains de mer, tout ou partie de leur habitation à des baigneurs. L'assimilation aux logeurs de profession ne peut exister que contre les propriétaires ou locataires qui ont l'habitude d'admettre des étrangers, comme moyen de spéculation, dans des maisons, appartements ou chambres, organisés à cet effet; quand cette circonstance est-elle réalisée? on ne peut le dire d'une manière générale; c'est aux tribunaux de police d'apprécier dans chaque affaire : ils ne devraient pas s'arrêter au seul fait d'une location en garni d'une ou plusieurs chambres à des personnes connues, ou admises dans la famille comme pensionnaires (*Arr. Cass.* 3 *nov.* 1827, 14 *août* 1845); mais ils regarderaient avec raison comme logeurs des personnes faisant état de recevoir habituellement des étrangers dans leurs maisons (*Arr. Cass.* 29 *avril* 1831), ou tenant des chambres garnies pour les louer au mois, par exemple, à des officiers de la garnison (*Arr. Cass.* 6 *oct.* 1851). Ce n'est qu'aux personnes considérées légalement comme logeurs que l'autorité municipale peut appliquer ses prescriptions concernant cette espèce d'industrie : elle excéderait ses pouvoirs en étendant soit ses arrêtés, soit les dispositions de l'art. 475, à toutes autres personnes, par exemple, en soumettant à l'obligation de l'inscription sur un registre tous les habitants d'une ville (*Arr. Cass.* 14 *déc.* 1832), ou en exigeant, de tous les habitants qui donnent à loger temporairement à titre onéreux dans leurs maisons, la déclaration au commissaire de police de l'entrée et de la sortie des personnes qu'ils ont reçues. (*Arr. Cass.* 4 *juin* 1858.)

610. Nous ne devons pas omettre de dire que les obligations des logeurs sont étendues *à tous particuliers, de quelque qualité qu'ils soient,* par d'anciens règlements faits pour Paris, notamment celui du 8 novembre 1780, renouvelés par les ordonnances du préfet de police des 10 juin 1820 et 15 juin 1832, et reconnus par un arrêt de la cour de cassation du 17 décembre 1852 comme étant encore en vigueur. Cette décision de la cour suprême n'a pas reçu l'assentiment unanime des jurisconsultes, et on peut espérer que la question agitée de nouveau recevrait une autre solution, les anciens règlements paraissant abrogés par la loi générale de 1790 et par le Code pénal. D'un autre côté, ces règlements et les ordonnances de police qui les reproduisent ne concernent que Paris et ne semblent pas devoir être étendus aux autres communes de France.

611. 2° *Jeux et bals publics, loteries*. — Les maisons de jeux de hasard sont absolument défendues par la loi (*Art.* 410 *et* 475, n° 5 *du Code pénal*); les maires n'ont donc pas le droit d'en autoriser aucune.

Le caractère absolu de l'interdiction des jeux de hasard est trop souvent méconnu; aussi le ministre de l'intérieur a sagement prescrit aux préfets de prendre des mesures pour assurer l'exécution de la loi. Voici les termes de sa circulaire, du 9 janvier 1859 : «Au mépris de ces dispositions (*art.* 475 *du Code pénal*), on rencontre trop souvent dans les foires et dans les marchés des individus qui, munis de permissions en qualité de marchands forains, exploitent la crédulité publique et font des dupes en établissant des loteries ou des jeux de hasard sur la voie publique. Ces industriels cherchent, d'ailleurs, à dissimuler la contravention sous l'apparence de vente de diverses marchandises qui servent d'enjeu. L'abus que je vous signale est non - seulement préjudiciable aux marchands honnêtes, auxquels on enlève ainsi des chances légitimes de gain; il contribue, en outre, à démoraliser les populations rurales et à leur faire contracter l'habitude des jeux aléatoires, au grand détriment des familles. Je ne saurais trop vous recommander, Monsieur le préfet, de veiller à ce que les prohibitions mentionnées au § 5 de l'art. 475 du Code pénal soient strictement observées. Je vous invite à adresser des instructions dans ce sens à MM. les sous-préfets et à MM. les maires, en leur prescrivant de s'abstenir désormais d'accorder des autorisations dont l'effet est de paralyser l'action du ministère public, quant à la répression des loteries et des jeux de hasard établis dans les lieux publics au mépris de la loi.» Malgré ces injonctions, on peut croire que des habitudes invétérées l'emportent encore souvent sur les commandements de la loi et les ordres de l'autorité; il est aisé de s'assurer que trop fréquemment encore, dans les fêtes patronales, les loteries, autorisées ou au moins tolérées, tendent leurs piéges à la crédulité des populations.

Il appartient aux maires d'accorder ou de refuser l'autorisation d'établir des jeux, tels que billards ou autres, où le hasard ne domine pas, dans les lieux ouverts au public; la permission doit être préalablement demandée et obtenue (*Arr. Cass.* 6 et 30 *déc.* 1833, 13 *déc.* 1834, 23 *avril* 1835). A Paris, une ordonnance de police du 7 juillet 1860 soumet à la permission préalable du préfet de police, la tenue de tout billard public, c'est-à-dire établi dans une maison ouverte au public; elle prescrit différentes mesures d'ordre, et défend toute combinaison qui ferait dégénérer le jeu de billard en jeu de hasard. Quand la municipalité a interdit toute espèce de jeux dans les cafés et autres lieux publics, la prohibition s'applique même au piquet et à l'écarté. (*Arr. Cass.* 23 *avril* 1837.)

Les opérations offertes au public sous forme de loteries sont interdites par la loi du 21 mai 1836. Par exception, l'art. 5 de cette loi permet les loteries d'objets mobiliers destinées à des actes de bienfaisance ou à l'encouragement des arts, quand elles auront été autorisées. Le droit de les autoriser est attribué, non aux maires, mais aux préfets (*Ord. du* 29 *mai* 1844, *art.* 1er). Les maires ont le droit de proposer l'autorisation, et de surveiller le tirage, quand les loteries ont été autorisées. Les tirages se font aux jours et heures déterminés par l'autorité municipale, sous son inspection : elle peut faire intervenir à cette opération des délégués, ou des commissaires agréés par elle. (*Art.* 2.).

612. Les jeux publics, tels que carrousels, exercices divers, paumes, etc., ne peuvent être établis sur la voie publique sans autorisation du maire.

613. Il en est de même des bals ou danses publiques, qui appellent spécialement la surveillance de l'autorité municipale. L'arrêté qui oblige toute personne qui veut tenir des bals publics de se munir d'une autorisation est obligatoire (*Arr. Cass.* 11 *mai* 1832, 13 *avril et* 7 *nov.* 1833), ainsi que celui qui défend à tous autres qu'aux entrepreneurs ou adjudicataires des fêtes et jeux publics de donner des bals et autres divertissements pendant la durée d'une fête (*Arr. Cass.* 19 *janv.* 1837, 25 *sept.* 1841); cette défense ne saurait empêcher les bals donnés par des particuliers, dans leurs maisons, à leurs parents ou amis, sans aucun caractère de publicité. L'autorisation peut être soumise à des conditions ou restrictions; un arrêté, par exemple, pourrait défendre d'ouvrir des bals publics sans autorisation tout autre jour que le dimanche; et la contravention serait encourue pour un bal ouvert un jour que l'on prétendrait pouvoir être assimilé à un dimanche, par exemple, les jours gras, y compris le mercredi des cendres. (*Arr. Cass.* 15 *mai* 1851.)

614. Les bals sont publics quand ils sont ouverts, moyennant rétribution, par des personnes qui ont des locaux disposés à cet effet; on devrait leur assimiler, sous le rapport de l'autorisation, les danses dans un lieu public non destiné habituellement à cet usage, tel qu'un café, un cabaret (*Arr. Cass.* 27 *déc.* 1828). Un

bal donné dans une maison particulière peut être, suivant les circonstances, soumis à l'appréciation souveraine des juges de police, s'il a lieu par souscription et qu'il y ait un grand nombre de souscripteurs. La cour suprême a considéré comme un simple bal privé, dispensé d'autorisation, celui qui est donné dans une salle de restaurant louée même à des individus cotisés, et où le public n'était pas admis. (*Arr. Cass.* 18 *nov.* 1836.)

615. Le maire a le droit de déterminer l'heure à laquelle les bals publics devront finir ; le contrevenant qui aurait dépassé l'heure ne pourrait être excusé par cela seul que le maire constaterait que l'usage du pays est de prolonger les heures réglementaires aux jours de fêtes (*Arr. Cass.* 18 *août* 1832). Quand un arrêté est général et fixe l'heure des bals publics donnés dans la commune, soit en tout temps, soit dans une circonstance particulière, les maîtres des établissements où les bals ont lieu peuvent garder les danseurs jusqu'à cette heure. Supposez une commune où les bals publics ne soient pas soumis à l'autorisation municipale, mais où l'heure de fermeture des lieux publics soit déterminée ; les cabaretiers, aubergistes, hôteliers qui ont ouvert leurs établissements pour les danses, doivent fermer, sous peine de poursuites, à l'heure réglementaire : ils diraient en vain qu'ils avaient loué leur local à des particuliers ou à une société pour une soirée de bal : cette location, vraie ou simulée, n'efface pas leur responsabilité (*Arr. Cass.* 2 *mai* 1835 ; 30 *avril* 1846). Le moyen de tout concilier, c'est que les chefs d'établissement obtiennent une autorisation pour les bals qu'ils veulent donner chez eux, et qui se prolongeraient au delà de l'heure ordinaire de la clôture des lieux publics.

616. Ce n'est pas seulement la durée des bals vraiment publics que l'autorité municipale peut régler, mais les conditions diverses propres à y maintenir l'ordre et la décence. Les mesures prescrites doivent être notifiées au public pour qu'il ait à s'y conformer : si elles ne l'avaient pas été, et qu'aucun arrêté ne lui en eût imposé l'obligation, celui qui donnerait le bal ne pourrait être puni pour n'avoir pas fait afficher dans son local les mesures d'ordre à observer pendant le bal (*Arr. Cass.* 14 *juill.* 1838). Au nombre des conditions prescrites on trouve quelquefois celle de ne pas admettre des mineurs au-dessous d'un certain âge ; elle est obligatoire pour les chefs d'établissements ; mais, à moins d'une disposition expresse, dont la légalité serait peut-être même douteuse, elle ne peut donner lieu à aucunes poursuites contre les mineurs, ni contre leurs parents. (*Arr. Cass.* 31 *mars* 1855, voy. *sup.* n° 605.)

617. Les danses en plein air, les bals champêtres, peuvent occasionner des rassemblements, des encombrements, qui les font rentrer dans le domaine de la compétence municipale ; les maires peuvent donc légalement les soumettre à une autorisation préalable, les défendre, les assujettir à toutes les conditions de police qu'ils jugent nécessaires, en désigner le lieu quand un arrêté les défend partout ailleurs que dans certains endroits désignés exclusivement ; elles ne peuvent, sans contravention punissable, avoir lieu, s'il n'y a pas autorisation, sur un terrain non clos joignant la voie publique, au-devant de la grange d'un particulier (*Arr. Cass.* 8 *déc.* 1842). Ce sont là en effet de véritables danses publiques.

618. *Cercles ou casinos, cabinets de lecture.* — Les cercles ou casinos peuvent être considérés comme des lieux publics, où il se forme des rassemblements ou réunions considérables ; à ce titre, ils se trouvent, en vertu de la loi du 24 août 1790, sous la surveillance de l'autorité municipale. Ceux où se débitent des boissons, ce qui les assimile à des cafés, doivent être autorisés par les préfets. Quand ils se tiennent dans une salle ou dépendance d'un café ou d'un hôtel, ils me paraissent devoir être régis par les arrêtés pris sur les lieux publics. Mais il n'en serait pas de même si, soit dans un local faisant partie d'une maison où se trouverait un café, un restaurant, un hôtel, soit dans une maison particulière, il se formait un cercle composé exclusivement d'associés, ayant seuls le droit d'occuper le local loué par eux, pouvant en exclure le public, et n'admettant comme associés ou comme visiteurs que des personnes de leur choix. De telles réunions échappent à l'application des règlements faits pour les cafés et autres lieux publics ; mais elles demeurent soumises aux mesures de police spéciales que l'autorité pourrait prendre à leur égard. Il faut en dire autant des cercles purement littéraires. Quant aux cabinets littéraires ouverts à tout venant, ce sont de véritables lieux publics.

619. 4° *Bains publics, écoles de natation.* — Ces établissements publics sont sous la surveillance de l'autorité municipale, qui a le droit et le devoir de prendre toutes les mesures propres à y maintenir l'ordre, la décence, la sûreté publique. Ses attributions comprennent les bains publics libres, en rivière et dans la mer, comme ceux que l'on va prendre dans des constructions ou

maisons disposées à cet effet. Les maires peuvent donc légalement prendre des arrêtés pour défendre les bains publics dans des endroits trop fréquentés, pour marquer par des poteaux les limites des parties de rivière ou de mer où il est permis de se baigner, pour indiquer la place réservée aux femmes et défendre aux hommes de s'y baigner, prohibition dont les tribunaux de police doivent punir l'infraction. (*Arr. Cass.* 15 oct. 1824.)

Les maisons ou établissements de bains, soit sur les rivières, soit au bord de la mer, peuvent être réglementés par les maires, lesquels peuvent aussi prendre des arrêtés pour assurer l'exécution de ceux des préfets dans ces établissements, tels que bains minéraux, dont la police appartient à ces derniers magistrats, en vertu de l'ordonnance royale du 18 juin 1823.

Du droit de police et de surveillance que possèdent les maires il résulte, par exemple, qu'ils peuvent interdire de faire aucune opération chirurgicale en public, ou dans une partie de l'établissement ouverte au public ; aucune considération ne peut excuser la contravention, qui, toutefois, n'est pas encourue si l'opération a eu lieu dans l'établissement avant l'heure où il est permis au public de s'y introduire. (*Arr. Cass.* 10 et 11 sept. 1841.)

Quant aux bains de mer, « il est des précautions que l'administration ne saurait nulle part négliger sans compromettre gravement sa responsabilité ; ainsi, dans les nombreuses localités où il n'existe pas d'établissement de bains de mer organisé, mais où un certain nombre de personnes se réunissent pour se baigner, les mesures propres à prévenir les accidents doivent être l'objet de la sollicitude de MM. les maires. Indépendamment de la surveillance particulière qu'ils ont à exercer sur ces points du rivage dans l'intérêt de l'ordre public et des mœurs, ils ne doivent pas permettre l'établissement de cabanes ou de tentes sur la plage pour l'usage des baigneurs sans que les propriétaires de ces abris s'engagent à y entretenir les moyens et appareils de sauvetage déterminés par l'autorité, et sans qu'un marinier exercé à l'art de la natation soit toujours présent lorsque les baigneurs sont réunis. » Ainsi s'exprime une circulaire du ministre de l'agriculture, du commerce et des travaux publics, en date du 24 juin 1855.

620. 5° *Maisons de tolérance.* — Si des établissements publics appellent la surveillance et l'action de police municipale, ce sont assurément ceux qui sont consacrés à la prostitution, cette triste nécessité imposée à l'autorité, qui se voit obligée de tolérer un mal afin d'en prévenir de plus grands. L'intérêt de la salubrité, de la moralité, de la tranquillité dans la commune, doit engager les tribunaux à apprécier fort largement les pouvoirs des maires sur ce sujet ; il ne faut pas leur marchander les moyens de protéger les habitants contre les scandales et contre les désordres produits par les malheureuses femmes livrées à la prostitution.

621. On a, bien à tort suivant nous, mis en doute le droit des municipalités d'autoriser ou de défendre les maisons de tolérance ou de passe ; le droit de maintenir l'ordre dans les lieux publics, a-t-on dit, suppose des établissements existants : entraîne-t-il celui de soumettre leur création à une autorisation préalable ? Cet argument aurait de la valeur, sous l'empire de notre principe de la liberté industrielle, s'il s'agissait d'une industrie ordinaire où l'intérêt public ne serait pas directement engagé. Mais une maison de tolérance, comme son nom l'indique, n'est pas une industrie ; c'est une classe d'établissement à part, qui, assurément, n'a aucun droit à aucune faveur ; on a dit avec raison qu'il faut les considérer comme des maisons de santé. Comment les maires pourraient-ils veiller à la santé publique et aux mœurs, s'ils étaient condamnés à voir s'augmenter indéfiniment, sans pouvoir l'empêcher, le nombre de maisons si dangereuses ? La jurisprudence qui valide les arrêtés défendant, même aux particuliers, de loger des filles publiques (jurisprudence que nous exposerons bientôt) consacre implicitement le droit des municipalités de s'opposer à l'établissement de maisons de tolérance. Au surplus, à Paris, la nécessité de l'autorisation, qui ne se donne qu'après des enquêtes sévères, est admise sans difficulté ; ces autorisations émanent de la préfecture de police.

Le droit de permettre les maisons de tolérance comporte aussi, et par les mêmes motifs, celui de les supprimer.

622. Si les maires ne jugent pas nécessaire de faire fermer soit les maisons de tolérance, soit les maisons de passe, qui présentent peut-être encore plus d'inconvénients et de dangers pour les mœurs, ils peuvent entourer de précautions leur établissement ou leur maintien, par exemple, ordonner que des maisons de filles publiques ne pourront s'établir que dans tel quartier ou telle rue ; qu'il n'y en ait jamais dans le voisinage des églises ou des pensionnats ; défendre que les filles publiques stationnent sur la voie publique, ou même qu'elles y paraissent avant ou après telle heure du soir. Le simple stationnement, sans aucun acte de provocation ou d'invitation de la part de ces femmes, suffirait pour faire encourir la peine (*Arr. 23 avril 1842*). Mais c'est seulement le stationnement qui est interdit, ou la promenade sur la voie publique ; ainsi des filles publiques ne seraient pas en contravention par cela seul qu'il serait constaté qu'elles étaient absentes de leur maison où il leur était défendu de se montrer sur la porte ou dans les lieux publics (*Arr. Cass. 23 juill.* 1842); il en est ainsi surtout, si elles ne se sont absentées que pour des causes étrangères à leur métier, par exemple pour aller dans le voisinage acheter des provisions (*Arr. Cass. 29 mars* 1844). Si l'arrêté municipal était entendu autrement, il en résulterait que la voie publique serait absolument interdite à ces malheureuses, même pour des causes urgentes et de force majeure, ce qui ne saurait être dans la pensée, et ne serait pas dans le droit du pouvoir municipal. Les visites de santé figurent parmi les précautions les plus utiles prises contre les dangers de la prostitution ; sont donc obligatoires les règlements municipaux qui assujettissent les filles publiques à se faire visiter à des époques déterminées et à faire constater les visites sur leur livret, alors même qu'il n'existerait aucun fait prouvant qu'il y avait lieu à la visite (*Arr. Cass. 3 déc.* 1847) ; ceux qui enjoignent aux individus tenant des maisons de tolérance, de conduire tous les jours à la visite les femmes publiques dont la santé deviendrait suspecte dans l'intervalle des visites hebdomadaires (*Arr. Cass. 28 sept.* 1849). Les personnes qui tiennent des maisons où les filles publiques sont logées et nourries, sont assimilées à des logeurs, et, en conséquence tenues de se pourvoir d'un registre. (*Arr. Cass. 29 nov.* 1844.)

623. Les motifs qui font attribuer à l'autorité municipale le droit de permettre, de supprimer, de réglementer les lieux de prostitution, doivent aussi lui faire reconnaître la faculté d'empêcher la prostitution de se dissimuler et de s'exercer secrètement. Son pouvoir, à cet égard, n'est point contesté quand il s'agit des lieux publics, tels que cafés, cabarets, auberges, hôtels, etc., dont elle a pleinement la surveillance et la police; l'arrêté défendant aux maîtres de ces établissements d'y loger ou recevoir des filles publiques est donc légal, ainsi que nous l'avons déjà dit (*Voy.* n° 604). Il y a plus de difficulté pour les arrêtés qui prennent des dispositions concernant les particuliers non industriels. La jurisprudence a déclaré valables et obligatoires les arrêtés municipaux qui enjoignent à *toute personne* logeant des femmes publiques d'en faire la déclaration au maire (*Arr. Cass. 30 mai* 1844); ceux qui interdisent à *tous propriétaires ou*

locataires de louer chez eux à des filles publiques (*Arr. Cass.* 19 *juin* 1846); ceux qui appliqueraient comme encore en vigueur l'ordonnance du 6 novembre 1778, qui punit toute personne qui s'est entremise pour faire louer un logement à des filles publiques (*C. de Paris* 18 *févr.* 1846). On a prétendu que de pareils règlements empiètent sensiblement sur les prérogatives et la liberté de la propriété privée. Mais s'il est vrai qu'en général un propriétaire ou locataire est maître de disposer de son local de la manière qui lui convient, dans les limites des conventions qu'il a volontairement consenties, il ne l'est pas moins que l'intérêt public lui interdit de dénaturer son appartement ou sa maison, et de le transformer, sans l'intervention de l'autorité, en établissement public, surtout en établissement public dangereux pour les mœurs. Laisser à toute personne la faculté de loger chez elle des filles publiques, n'est-ce pas lui accorder la possibilité d'établir une vraie maison de prostitution, maison de la pire espèce, puisque la débauche s'y exercerait sans condition, sans surveillance? Les maisons déclarées sont assujetties à des précautions ; ces sortes de maisons clandestines n'en admettraient aucune, et l'autorité publique n'aurait aucun moyen de protéger, contre leurs honteux mystères, la santé et la moralité de la commune ! non, les priviléges de la propriété ne sauraient abriter une aussi périlleuse impunité.

§ 14. ARRÊTÉS RELATIFS A LA FIDÉLITÉ DU DÉBIT DES DENRÉES VENDUES AU POIDS OU A LA MESURE ; POIDS PUBLICS.

624. La loi du 24 août 1790, tit. II, art. 3, n° 4, range parmi les objets confiés à la vigilance et à l'autorité des maires l'inspection sur la fidélité du débit des denrées qui se vendent au poids, à l'aune ou à la mesure. De cette attribution découle celle de faire des règlements sur la même matière. Ces règlements municipaux ne doivent pas être confondus avec ceux qui ont pour but d'assurer l'uniformité légale des poids et mesures, et qui ne peuvent émaner que des préfets ; les changements survenus dans les lois sur les poids et mesures ne changent donc point, n'abrogent point les dispositions concernant la fidélité du débit : le droit des maires a été reconnu sous le Code pénal (*Arr. Cass.* 1er *avril* 1826); il l'est, depuis la loi du 4 juillet 1837, par l'ordonnance d'exécution du 17 avril 1839, dont l'art. 55 porte que les contraventions aux arrêtés des préfets *et à ceux des maires* seront poursuivies conformément aux lois.

625. Pour que la loi atteigne son but, il faut admettre que l'inspection et les arrêtés municipaux sur la fidélité du débit portent sur toute espèce de *denrées*, en donnant à ce mot une acception égale à celle de marchandises. L'art. 31 de l'ordonn. du 17 avril 1839 statue que les règlements peuvent avoir à s'exercer sur la fidélité du débit des denrées qui, étant fabriquées au moule ou à la forme, se vendent à la pièce ou au paquet comme correspondant à un poids déterminé. Les règlements pouvant porter sur toute espèce de marchandises, ils assujettissent légalement à certaines précautions le débit du charbon de terre (*Arr. Cass.* 10 *janv.* 1823); ils peuvent défendre aux fabricants ou débitants de chandelles de les mettre en vente avec un papier et des ficelles excédant un poids déterminé (*Arr. Cass.* 12 *juin* 1828); il en serait de même pour la bougie, pour le sucre en pain, etc.

Les mesures prises pour réprimer les fraudes dans la vente des chandelles et des bougies ont varié suivant les localités ; il en est résulté des inconvénients qui ont fait comprendre la nécessité de règles uniformes. Le Gouvernement a institué à cet égard une enquête, et s'est livré à des études dont le résultat a été résumé dans une circulaire du ministre de l'agriculture, du commerce et des travaux publics, du 14 mai 1855, et qui consiste dans l'adoption d'une réglementation uniforme : les préfets annulleraient les arrêtés municipaux qui s'en écarteraient. La circulaire est suivie du modèle d'arrêté que les maires sont tenus de suivre ; il porte : la chandelle et la bougie ne pourront être vendues qu'au poids net. Les paquets de chandelles et de bougies devront porter sur l'enveloppe, en caractères d'un centimètre au moins de hauteur, une inscription indicative de leur poids net, enveloppe non comprise, précédée des mots : poids net.

626. Dans le débit en détail de boissons ou autres liquides, il importe que la vente ne soit pas faite à raison d'une mesure déterminée, sans que le mesurage ait eu lieu en effet. Les bouteilles ou futailles n'étant jamais légalement réputées mesures de capacité (*Art.* 32 *de l'ordonn. de* 1839), l'autorité municipale peut défendre de les employer sans que la contenance en ait été vérifiée. Ainsi il a été jugé (avant la loi de 1837 et l'ordonnance de 1839, il est vrai, mais ces actes législatifs ne font que donner une nouvelle force à ces décisions), que les tribunaux de police doivent appliquer l'arrêté qui défend de faire usage de bouteilles non vérifiées, alors même que la boisson qu'elles contiennent aurait été mesurée auparavant avec les mesures légales (*Arr. Cass.* 31 *oct.* 1822), et celui qui prescrit de ne faire usage que de bouteilles de la contenance d'un litre ou de ses fractions (*Arr. Cass.* 13 *mai* 1820) ; il a été décidé de même, quant à un règlement relatif à la vente des grains, portant que les sacs présentés au marché devront contenir l'hectolitre ou ses divisions (*Arr. Cass.* 1er *avril* 1826). Ces règlements ont l'avantage de préparer, pour les choses qui se vendent au litre, à ses multiples ou à ses fractions, l'adoption rigoureuse du nouveau système décimal, suivi quant aux monnaies, au mètre, au stère ; il est bien temps que les appareils destinés aux mesures de capacité cessent d'être arbitraires, anomalie bizarre qui ouvre facilement la porte à la fraude, et qu'ils soient partout conformes à ce que la loi prescrit.

627. Nous n'avons pas à nous occuper ici des prescriptions contenues dans les lois et ordonnances concernant la détention et l'usage des poids et mesures; elles ont attribué de grands pouvoirs aux préfets. Pour s'assurer de la fidélité dans le débit des denrées, mission qui reste confiée aux maires, ceux-ci et les offi- de police municipale ont le droit de pénétrer dans les boutiques et autres lieux où se font les ventes au public. (*Arr. Cass.* 20 *avril* 1809.)

628. Il est naturel que la surveillance municipale s'exerce plus sévèrement sur les marchands forains, et sur la fidélité dans le débit de leurs marchandises, que sur les commerçants et vendeurs domiciliés dans la commune. Ainsi est obligatoire et doit être sanctionné par les tribunaux de police au moyen de l'application de la peine légale l'arrêté municipal qui défend aux marchands forains de débiter leurs marchandises publiquement avant de les avoir pesées ou mesurées devant les acheteurs (*Arr. Cass.* 8 *mai* 1841), celui qui veut que la vente publique de leurs marchandises ne puisse être faite qu'à la mesure légale, et leur interdit toute vente de coupon d'étoffe sans indication écrite de l'aunage (*Arr. Cass.* 7 *mai* 1841). La qualité de marchand forain n'autorise toutefois pas les maires à prendre à leur égard aucune mesure qui sortirait du cercle de l'inspection sur la fidélité du débit, et qui, sous prétexte de protéger les habitants des communes contre les éventualités de fraude, imposerait au commerce des restrictions ou entraves arbitraires. Aussi est-ce avec raison qu'on a regardé comme illégal l'arrêté soumettant les marchands forains et colporteurs à une vérification préalable, par experts, de leurs marchandises, et à l'apposition, sur chaque article, de l'indication, en caractères usuels et lisibles, des défectuosités et du bon ou faux teint (*Arr. Cass.* 7 *mai* 1841), ou bien à la production des

factures légalisées de leurs marchandises. (*Arr. Cass.* 8 *mai*
1841.)

629. Le pouvoir réglementaire des maires s'exerce, dans certaines limites, pour la surveillance des ventes, à l'égard des bureaux de pesage et mesurage publics. Ces bureaux sont établis
par le Gouvernement, et, dans certains cas, par les préfets ; quand
il en existe, nul n'est contraint de s'en servir, si ce n'est dans les
cas de contestation : d'un autre côté, aucune autre personne que
les employés ou préposés ne peut exercer dans l'enceinte des
marchés, halles et ports, la profession de peseur, mesureur et
jaugeur (*Arrêtés consulaires du* 17 *brumaire an IX, et loi du*
29 *floréal an X.*) Les municipalités ont le droit, d'après ces
actes, de faire des règlements pour l'exercice des droits de pesage, mesurage et jaugeage.

630. De ce que l'emploi du poids public n'est déclaré obligatoire que lorsqu'il y a contestation, on a conclu que, hors ce
cas, toute personne peut, en tout lieu, peser, mesurer, jauger
sa marchandise. Toutefois, cette interprétation a été contestée ;
de l'étendue donnée aux termes de la législation découle nécessairement celle qu'il faut attribuer au pouvoir municipal. Si on
admet que les particuliers qui ne sont pas en contestation peuvent
mesurer ou peser leurs denrées comme ils le veulent, par exemple
sur un quai où est amarré le bateau où elles ont été amenées (*Arr.*
Cass. 16 *mai* 1834), on doit refuser le caractère de légalité au
règlement municipal portant que les préposés du poids public
devront intervenir dans toutes les ventes faites à la grande mesure (demi-hectolitre) dans les marchés, halles, rues, places,
carrefours, quais, et à bord des navires (*Arr. Cass.* 7 *mars*
1835). D'autres décisions sont contraires à ces idées, et elles font
une distinction qui doit servir à bien fixer le sens de la loi. Si le
pesage ou mesurage a lieu dans une maison ou édifice privé, ou
partout ailleurs qu'à un marché, une halle, un port, l'intervention
des préposés du poids public n'est point nécessaire, lorsque,
d'ailleurs il n'y a pas contestation (*Arr. Cass.* 19 *juill.* 1833 ; 17
mars 1848, 11 *mai* 1850, 4 *févr.* 1853) ; de là il suit qu'un maire
ne peut obliger les citoyens à faire peser et mesurer, dans tous
cas, aux poids et mesures publics (*Arr. Cass.* 13 *avril* 1833) ;
que lors même qu'un arrêté municipal défend indistinctement de
peser et mesurer ailleurs que sur les foires et marchés, les marchandises qu'on y a exposées en vente, elles-peuvent être transportées hors du marché pour être pesées dans une maison parti-

culière (*Arr. Cass.* 29 *août* 1850). Il y aurait une exception à la règle ordinaire, si un décret législatif d'intérêt local exigeait l'emploi exclusif des employés du poids public même chez des particuliers, quand le pesage ne serait pas fait par l'un des intéressés à la vente ou à l'achat, disposition qui devrait être appliquée, par exemple, à un pesage fait dans une remise d'auberge ou dans le chantier d'un marchand de bois. (*Arr. Cass.* 24 *févr.* 1851.)

631. Hors ce cas de dérogation exceptionnelle, le pesage public n'est pas obligatoire dans les maisons particulières, à moins qu'il n'existe contestation. Mais il n'est pas nécessaire qu'il se soit élevé aucune contestation entre les parties pour que le pesage soit exclusivement réservé aux employés du poids public lorsqu'il se fait dans les marchés, halles et autres lieux publics où se pratiquent publiquement les achats et ventes de marchandises ; à cet égard, les ports doivent être assimilés aux halles et marchés. En conséquence de ces principes, est obligatoire le règlement municipal qui interdit à tous autres qu'aux préposés du poids public, le pesage ou mesurage des marchandises dans l'enceinte des marchés, halles, ports, etc., et s'applique notamment au mesurage, sur un quai, de marchandises reçues en consignation (*Arr. Cass.* 12 *nov.* 1842 ; 4 *nov.* 1850); par les mêmes motifs, l'arrêté municipal qui porte que nul ne sera contraint de recourir au bureau public pour le pesage ou mesurage, si ce n'est en cas de contestation, doit être entendu en ce sens, qu'il ne concerne que le pesage et mesurage opérés dans les maisons privées, et ne saurait être étendu à ceux faits dans l'enceinte des halles, ports et marchés, alors même qu'ils auraient eu simplement pour but la fixation, entre le consignataire et le capitaine du navire de transport, du montant du fret. (*Arr. Cass.* 14 *août* 1852.)

632. C'est un corollaire nécessaire de l'emploi obligatoire du poids public qu'il ne puisse y être procédé par nulle autre personne que les préposés nommés à cet effet par l'autorité. Cette prérogative d'une profession exclusive peut être garantie par des règlements, lesquels ont la même étendue et les mêmes limites que ceux relatifs à l'obligation de recourir au poids public. Ainsi, d'une part, donne lieu à poursuites pour contravention à un arrêté municipal le fait, par un individu non peseur public, de s'être livré, dans l'enceinte des ports et marchés, au mesurage des marchandises achetées (*Arr. Cass.* 8 *avril* 1847) ; la contravention à celui qui porte, en termes généraux, que « nul autre que le fermier

des droits de pesage, mesurage et jaugeage, ne pourra exercer sur les halles, chantiers et autres voies publiques, la profession de peseur et mesureur public; » et, à défaut de distinctions, cette prohibition s'oppose au mesurage ou pesage des marchandises, dans un marché, par le vendeur lui-même (*Arr. Cass.* 2 *juin* 1854). D'une autre part, la profession de peseur, étant libre en dehors des halles, marchés, etc., est illégal l'arrêté municipal qui défend aux citoyens de l'exercer dans aucune partie de la commune (*Arr. Cass.* 15 *oct.* 1840); celui qui étend cette prohibition jusqu'aux limites de la ville et des faubourgs, ou jusqu'à celles de l'octroi. (*Arr. Cass.* 7 *nov.* 1851, 29 *juin* 1844.)

633. Il peut être quelquefois difficile de préciser les limites de l'enceinte dans laquelle doit se renfermer l'exercice de la profession privilégiée des peseurs publics, et par suite l'action des règlements municipaux sur ce sujet. L'enceinte des marchés est déterminée par l'autorité administrative; elle ne peut s'étendre au delà, par exemple à une rue qui aboutit au marché, dont on prétendrait qu'elle serait la suite et la continuation (*Arr. Cass.* 17 *juill.* 1855); de même ne serait pas compris dans l'enceinte du port un abattoir établi sur le lieu où le port commence (*Arr. Cass.* 11 *mai* 1850). La limite entre une rivière et un port peut rester indécise; il a été jugé que la partie d'une rivière située dans l'intérieur d'une ville est censée faire partie du port de cette ville, et, en conséquence, soumise à la défense faite par un arrêté municipal, d'exercer dans le port les fonctions de peseur et jaugeur sans avoir été nommé à cet effet, quand même on n'aurait pas désigné l'endroit jusqu'auquel la rivière sera censée faire partie du port. (*Arr.* 12 *nov.* 1842.)

Certaines portions des communes, qui n'ont pas ordinairement la destination de halles, marchés ou ports, peuvent prendre momentanément ce caractère; il appartient à l'autorité municipale d'opérer et réglementer cette transformation temporaire. Un arrêté du maire est donc légal quand il classe, pour le temps de la foire, les quais et promenades publiques parmi les halles et ports, ce qui entraîne la défense, pour tous autres que les préposés du poids public, d'y peser des marchandises (*Arr. Cass.* 8 *oct.* 1842); mais cela seulement pour le temps et les circonstances qui ont motivé la décision (*Arr. Cass.* 24 *juin* 1843). Quand cette prohibition est faite par un arrêté pour les rues adjacentes aux halles, elle n'est non plus réputée établie que pour la durée des foires et marchés qui s'y tiennent à certaines époques. (*Arr.* 26 *mai* 1854.)

634. On a reconnu aux municipalités le droit de dispenser les négociants de s'adresser au poids public, quand ils font procéder, devant les employés de la douane, pour le règlement des droits d'entrée, au pesage des marchandises importées à leur consignation, et déchargées sur les quais et cales du port ; cette dispense s'applique aux pesages ainsi faits à bord de navires de cabotage (*Arr. Cass. 26 nov.* 1852); mais elle ne profite qu'aux consignataires, et non à ceux à qui les consignataires ont transféré, par voie de connaissement, les marchandises à eux expédiées. (*Arr. Cass. 14 août* 1852.)

635. Le pesage public n'étant constitué que lorsque son établissement et le tarif des droits à percevoir ont été approuvés par le ministre de l'intérieur, jusque là les contraventions à l'arrêté municipal sur le poids public ne sont point punissables. (*Arr. Cass. 12 mars* 1847.)

§ 15. Arrêtés concernant la salubrité des comestibles mis en vente.

636. Aux termes de la loi de 1790 et de celle de 1837, les maires ont sur cette matière le droit d'inspection et de réglementation. La sévérité de la législation pénale contre la vente et la mise en vente des substances et boissons falsifiées ou corrompues a été aggravée par les lois du 27 mars 1851 et du 5 mai 1855, qui ont laissé peu à faire à la réglementation municipale. Ces lois ont abrogé l'art. 475, § 14, contre ceux qui exposent en vente des comestibles gâtés, corrompus *ou nuisibles*; l'abrogation de cet article est expresse et absolue, bien que les dispositions nouvelles ne parlent que de substances falsifiées ou corrompues, mais non de substances nuisibles, quoique non gâtées ni falsifiées. De là la question de savoir si, dans l'état actuel des choses, la mise en vente de comestibles seulement nuisibles demeure impunie. Quelque opinion que l'on adopte sur l'existence ou la non-existence de textes de loi encore en vigueur, on ne saurait avoir de doute sur les droits que les maires puisent dans leurs obligations générales de veiller à la salubrité des comestibles, pour prendre des mesures contre les substances nuisibles; on doit d'autant moins hésiter que les arrêtés municipaux sur cet objet donnent le moyen de combler la lacune que laisse l'abrogation du § 14 de l'art. 475 du Code pénal.

637. Remarquez que la partie de la loi de 1790 dont nous nous occupons ici ne parle que de la salubrité des comestibles, c'est-à-dire des substances qui servent à l'alimentation des hommes et des animaux, ce qui exclut du droit des municipalités, du moins en le fondant sur cette disposition spéciale, la réglementation sur les substances nuisibles qui ne sont pas des comestibles. Les substances vénéneuses mêlées à des comestibles pouvant les rendre extrêmement nuisibles, les maires peuvent et doivent prendre des précautions pour l'emploi de ces substances, et-veiller à l'exécution de la loi du 19 juillet 1845 et de l'ordonnance royale du 29 octobre 1846, sur le mode et les conditions de la vente des poisons. Quant à l'emploi des substances vénéneuses pour certaines fabrications étrangères aux comestibles, telles que les couleurs minérales, l'arsenic pour la bougie, etc., on a pensé que, comme chargée d'assurer la salubrité publique et de prévenir les accidents, l'autorité municipale peut les soumettre à ses règlements ; c'est ce que font des ordonnances du préfet de police de Paris défendant plusieurs substances dans la confection de divers produits ; il n'y a pas de difficulté quand ces ordonnances portent sur la confiserie, dont les produits rentrent dans la classe des comestibles.

638. Sont obligatoires, sous la sanction pénale, les arrêtés municipaux qui défendent ou assujettissent à des précautions la vente des comestibles nuisibles, tels que les champignons, dont les espèces vénéneuses offrent de si grands dangers, celle de la viande d'animaux morts de maladie, ou des agneaux et veaux tués trop jeunes, prohibition qui se trouve dans d'anciens règlements ou statuts ; les règlements qui soumettent l'entrée de la viande à une visite préalable (*Arr. Cass.* 21 *déc.* 1832 ; 7 *avril* 1837); ceux qui défendent l'entrée dans la commune, de viandes malsaines (*Arr. Cass.* 15 *juill.* 1836, 24 *juin* 1843); ceux qui, pour empêcher les effets des qualités nuisibles que des comestibles peuvent contracter dans certaines circonstances, imposent des précautions spéciales et préventives, interdisent, par exemple, aux charcutiers de laisser refroidir ni séjourner leurs produits dans des ustensiles de cuivre, étamés ou non étamés, aux chaudronniers d'employer du plomb dans l'étamage, aux épiciers ou marchands de comestibles de conserver du vinaigre ou des denrées salées ou vinaigrées dans des vases de terre vernis.

639. Une mesure très-utile, et qui rentre dans les limites du pouvoir municipal, c'est la condition d'apporter au marché, pour y être visités, tous les comestibles dangereux ou nuisibles ; c'est ce qui a été décidé pour les poissons et coquillages apportés dans un port pour y être vendus par tous capitaines, maîtres de barque, ou toutes autres personnes que les marchands domiciliés dans la ville (*Arr. Cass.* 25 *oct.* 1827), et pour les produits de pêche achetés par toutes personnes pour les livrer à la consommation. (*Arr. Cass.* 20 *juin* 1828.)

640. Si, malgré toutes les précautions ordonnées, il se trouve, chez les commerçants ou sur les marchés des comestibles qui sont, par leur nature, nuisibles, ou qui le sont devenus, il appartient à l'autorité municipale de les faire saisir et détruire d'urgence par les soins du commissaire de police (*Arr. Cass.* 18 *oct.* 1832). De leur côté, en cas de contravention à un arrêté sur les comestibles nuisibles, les tribunaux de police peuvent et doivent prononcer la confiscation et la destruction si elles sont demandées par le ministère public ou de la partie civile.

§ 16. Arrêtés sur la boulangerie et la boucherie ; taxe du pain et de la viande.

641. Les règlements municipaux sur la boucherie et la boulangerie ont pour base le droit, consacré par la loi de 1790, de surveillance à la fois sur la fidélité du débit et sur la salubrité des comestibles mis en vente ; on peut y ajouter l'obligation de prévenir les fléaux, au nombre desquels se rangent bien certainement les disettes. C'est à raison de l'importance que la boucherie et la boulangerie ont sur les deux objets principaux de l'alimentation publique, qu'il a été dérogé, quant à ces deux professions, à la liberté constitutionnelle de l'industrie ; cette dérogation porte sur les conditions d'établissement et d'exercice de la profession, et sur le prix de la marchandise, qui peut être fixé par une taxe obligatoire. Le principe de la taxe, contraire aux principes de liberté de l'assemblée constituante, n'a été admis par elle que d'une manière provisoire et dans des limites étroites ; la taxe des subsistances, porte l'art. 30, tit. I, de la loi du 19 juillet 1791, ne pourra provisoirement avoir lieu dans aucune ville ou commune du royaume que sur le pain et la viande de boucherie, sans qu'il soit permis en aucun cas de l'étendre sur le vin, sur le blé et les autres grains, ni autre espèce de denrées, et cela sous peine de destitution des officiers municipaux. Quand une taxe a été établie, ceux qui ne s'y conforment pas sont punis aux termes de l'art. 479, § 6 du Code pénal.

La boucherie, et surtout la boulangerie sont soumises à des règlements de diverses espèces, qui accusent et font regretter l'absence d'une législation générale et uniforme. Il existe, à ce sujet, des décrets ou ordonnances qui réglementent cette matière dans un grand nombre de communes, des arrêtés de préfets qui s'appliquent à des départements entiers. Le droit de les faire a été confirmé aux préfets par le décret de décentralisation du 25 mars 1852 ; enfin il y a des arrêtés pris par les maires dans des communes particulières, et qui ne peuvent déroger ni aux arrêtés des préfets, ni, à plus forte raison, aux règlements émanés du Gouvernement. Ainsi que nous l'avons déjà fait remarquer, l'attribution aux préfets, par le décret de décentralisation, de la *réglementation complète* de la boulangerie et de la boucherie, n'a pas pour effet d'enlever toute compétence, dans cette matière, au pouvoir municipal, mais seulement d'affranchir les préfets, à l'égard du Gouvernement, et de leur permettre de réglementer, en ce cas, sans avoir besoin d'attendre l'approbation du ministre. La réglementation de la boucherie et de la boulangerie reste dans les termes des attributions respectives ordinaires des préfets et des maires. Aussi va-t-on voir des arrêts de la cour suprême qui statuent sur des arrêtés des maires postérieurs au décret de 1852. Nous ne parlerons ici que des arrêtés des maires, et nous traiterons séparément de la boulangerie, puis de la boucherie.

642. 1° *Règlements municipaux sur la boulangerie.* — Les arrêtés dont la légalité a été le plus souvent contestée sont ceux qui soumettent l'exercice de la profession de boulanger à une autorisation préalable ; la cour de cassation, sous les régimes politiques les plus différents, les a déclarés valables et obligatoires ; ils sont, d'ailleurs, conformes à ce que portent la plupart des règlements établis par des décrets ou des ordonnances royales, et dont la force légale a été aussi reconnue par la jurisprudence. Pour ce qui est particulier aux règlements municipaux, il a été souvent jugé qu'ils peuvent légalement contenir la clause de la soumission de l'exercice de la profession de boulanger à une autorisation préalable du maire (*Arr. Cass.* 30 *avril* 1842, 19 *août* 1848, 11 *oct.* 1851, 15 *juin* 1855). L'autorisation ne peut être imposée qu'aux boulangers de profession ; elle ne saurait donc être exigée de l'individu qui confectionne chez lui du pain pour sa personne et sa famille ; mais quand un arrêté municipal l'a prescrite, il y a contravention de la part de l'individu non boulanger, qui confectionne, sans autorisation du maire, des pains qu'il distribue aux membres d'une association dont il fait partie (*Arr. Cass.* 13 *sept.* 1850) ; de même est considéré comme exerçant

la boulangerie celui qui fabrique du pain pour le compte d'autrui et le vend au poids, alors même qu'il ne le fournirait qu'à une assemblée, si elle n'est pas composée de personnes vivant en commun, et dont le nombre est variable ; il ne peut s'excuser sur ce qu'il n'aurait été que l'ouvrier de l'association, et que les pains par lui vendus lui avaient été abandonnés comme salaire et formaient l'excédant de la consommation journalière (*Arr. Cass.* 28 *juill. et* 1er *déc.* 1848). Il en est de même encore, et à plus forte raison, de l'exploitation d'une boulangerie destinée à l'alimentation d'une association dont les membres, en nombre non limité, ne sont soumis qu'à l'obligation de verser à la caisse sociale une somme déterminée. (*Arr. Cass.* 27 *juin* 1851.)

L'autorisation ne s'étend pas au delà des termes de l'arrêté qui l'accorde ; ainsi, lorsqu'un boulanger a été autorisé pour un quartier, il ne peut former un autre établissement dans un quartier différent sans une nouvelle autorisation (*Arr. Cass.* 16 *avril* 1841). Le droit d'accorder au même individu l'autorisation d'exploiter plusieurs boulangeries, d'avoir plusieurs endroits de dépôt et de vente de pain, appartient à la municipalité, s'il ne lui est pas refusé par un acte législatif ou un règlement d'administration publique (*Arr. Cass.* 26 *nov.* 1857). La permission est purement personnelle à celui qui l'a obtenue, et ne peut être cédée comme l'achalandage d'une boulangerie.

Si le maire a refusé une autorisation, ou si les boulangers veulent attaquer celle qui a été donnée à l'un d'eux, la décision du maire étant un acte purement administratif et nullement contentieux, la réformation de l'arrêté doit être portée devant l'autorité administrative hiérarchiquement supérieure, et la décision de celle-ci ne peut être non plus attaquée par la voie contentieuse. (*Arr. Cons. d'Ét.* 17 *mars* 1835.)

643. Puisque le maire a le droit d'exiger une autorisation préalable, à plus forte raison peut-il imposer, au lieu de cette permission, la simple déclaration de ceux qui veulent s'établir boulangers, qu'ils ont l'intention d'exercer cette profession et qu'ils entendent se soumettre aux règlements qui la concernent. Cette déclaration pourrait même être appliquée aux boulangers soumis à l'autorisation.

644. Le cercle des prohibitions relatives à l'exercice de la boulangerie est étendu. On a douté de la légalité de celle qui aurait pour objet le cumul de toute autre profession avec celle de boulanger. La cour de cassation, par arrêt du 1er avril 1830, a déclaré

obligatoire un arrêté municipal rappelant à l'observation d'un arrêt du parlement, lequel défendait le cumul des professions de boulanger et de fourgonnier, c'est-à-dire qui s'opposait à ce que les boulangers fissent cuire le pain préparé par des particuliers. Cette décision est regardée par M. Dalloz comme très-contestable ; nous partageons son opinion ; l'arrêt du parlement repose sur le système de la division et des priviléges particuliers et exclusifs des professions, système abrogé par le principe de la liberté des industries. On concevrait la prohibition du cumul si elle s'appuyait sur quelque raison d'intérêt public, sur quelque inconvénient relatif à l'approvisionnement, à la bonne confection du pain ; mais ici, rien de semblable : si le service public n'én souffre pas, on ne voit aucune raison légale d'empêcher les boulangers de cuire le pain que des particuliers ont fait pour leur propre usage, et qu'ils leur apportent pour l'enfourner ; c'est ce qui se pratique dans beaucoup de localités sans opposition de l'autorité.

645. On reconnaît à la municipalité le droit de défendre absolument le *regrat*, c'est-à-dire la revente du pain (*Arr. Cass.* 30 *avril* 1842). Le *regrat* n'embrasse pas seulement la revente de pain de qualité inférieure, ayant déjà passé sur la table des hôteliers, cabaretiers, aubergistes, mais celle de pain de première qualité, frais et entier (*Arr. Cass.* 4 *août* 1838) ; celui qui fabrique et cuit lui-même des pains pour les vendre ne peut être puni comme regratier, mais seulement comme boulanger non autorisé, si les règlements exigent l'autorisation : le regrat suppose nécessairement une vente faite de seconde main (*Arr. Cass.* 19 *nov.* 1858). Un arrêté peut défendre d'établir le regrat dans quelque lieu public que ce soit, et frapper de la prohibition toutes les classes de personnes ; la portée de cette disposition dépend des termes qui l'expriment. (*Arr. Cass.* 20 *avril* 1844.)

Le maire qui peut refuser à un habitant de sa commune, quand les règlements l'y autorisent, la permission de s'établir comme boulanger, a le même droit à plus forte raison, quant aux forains. Aussi a-t-il jugé que dans une ville où les boulangers sont autorisés et en nombre limité, l'autorité municipale peut interdire l'apport et la distribution du pain fabriqué en dehors du rayon de l'octroi (*Arr. Cass.* 14 *mai* 1859). Cette solution a pour but d'assurer l'exécution des règlements du pouvoir municipal pour la bonne fabrication du pain, règlements qu'il serait facile d'éluder en fabriquant au dehors de la commune et en venant vendre à l'intérieur. (Voy. sur les ventes faites par les forains, ce qui a été dit au paragraphe concernant les marchés.)

Il n'est pas douteux que les boulangers forains sont soumis à tous les règlements municipaux sur la boulangerie dans les communes où ils viennent vendre. (*Arr. Cass.* 7 *mars* 1845.)

646. Quant à la limitation du nombre des boulangers, qui est admise par l'arrêt que nous venons de citer, elle est établie dans plusieurs localités, notamment à Paris, par des actes législatifs, par des règlements d'administration publique, et même par des arrêtés municipaux, dont, nous devons le reconnaître, la légalité a été contestée, parce qu'on les a considérés comme portant atteinte, sans nécessité, au principe de liberté de l'industrie.

647. Si ce principe de liberté n'empêche pas l'autorité municipale de soumettre la boulangerie à une autorisation préalable, permet-il aux boulangers de refuser de vendre du pain, si cela leur convient? Il semble, au premier abord, que la négative ne saurait faire difficulté, puisque c'est comme si on demandait s'il peut dépendre des boulangers d'affamer momentanément la population d'une commune. Toutefois, s'il s'agit d'une commune où la boulangerie ne soit réglementée ni par le Gouvernement, ni par le préfet, ni par la municipalité, on ne voit guère sur quel texte on se fonderait pour exiger des boulangers qu'ils vendent, ou pour les punir de n'avoir pas voulu vendre. Dans une commune où les boulangers sont autorisés, et surtout en nombre limité, l'autorisation contient virtuellement la condition de vendre du pain à tous ceux qui le demanderont en payant comptant; la condition d'être toujours approvisionnés oblige implicitement les boulangers à vendre à toutes les personnes de la commune, en faveur desquelles, en effet, l'approvisionnement est exigé; enfin, là où le pain est taxé, la jurisprudence décide que le refus de vendre à la taxe constitue une contravention.

648. Après les conditions de l'établissement des boulangeries, se présentent celles que les règlements imposent aux boulangers pendant l'exercice de leur profession : elles portent généralement sur l'approvisionnement, sur le poids, la marque et la qualité du pain, enfin, sur la taxe. Ajoutons que le droit a été reconnu pour les maires d'ordonner l'affiche, dans les boutiques des boulangers, de la taxe du pain (*Arr. Cass.* 29 *août* 1838); il devrait en être de même pour le droit d'ordonner l'affiche des autres obligations imposées aux boulangers à l'égard du public.

649. Il est d'une sage administration, et la loi et la jurispru-

dence donnent aux municipalités le moyen d'y pourvoir, d'obliger les boulangers de fournir aux besoins de l'alimentation des habitants de la commune où ils sont établis. Dans les communes où cet objet n'a pas été réglé par le Gouvernement ou par le préfet, le maire peut prendre des arrêtés ordonnant que les boulangers aient toujours un approvisionnement de pain suffisant, eu égard aux besoins de la commune, et déterminer la quantité de cet approvisionnement. La légalité de ces arrêtés est hors de doute : la jurisprudence n'a guère eu à statuer que sur l'appréciation de leurs termes pour en faire l'application aux prévenus, et sur les prétextes allégués par les boulangers pour se soustraire aux peines encourues pour contravention. Jugé que l'infraction à un arrêté prescrivant aux boulangers d'avoir leur boutique *garnie de pain*, ne peut être excusée sous prétexte qu'il est trop vague pour pouvoir être exécuté, et que, d'ailleurs, la fournée de la nuit a été enlevée par des gens venus des villages voisins (*Arr.* 27 *août* 1853); que la contravention à un règlement qui prescrit aux boulangers de tenir leur boutique suffisamment garnie de pain pour l'approvisionnement de la ville ne peut être excusée par cela que le jour du procès-verbal dressé contre lui, le boulanger a dû satisfaire aux besoins de la banlieue, et a livré au public la même quantité de pain que les jours précédents (*Arr. Cass.* 17 *fév.* 1855), et que s'il a refusé, malgré le règlement, de vendre les quelques kilogrammes qui lui restaient, c'était pour ne pas avoir sa boutique entièrement dégarnie (*Arr. Cass.* 29 *août* 1856). Lorsque l'arrêté ordonne que les boutiques des boulangers soient constamment approvisionnées de pain, un boulanger qui n'a pas pu fournir à la demande d'un consommateur ne saurait être excusé sous prétexte qu'il faisait, à ce moment, cuire une nouvelle fournée et qu'il avait offert à l'acheteur d'attendre quelques minutes, le pain étant sur le point d'être cuit (*Arr. Cass.* 21 *janv.* 1853). Lorsque l'arrêté porte que les boulangers seront tenus d'avoir leurs boutiques *convenablement* garnies de pains, le tribunal de police apprécie cette convenance, et il peut renvoyer de la poursuite un boulanger chez lequel on n'aurait trouvé que deux pains d'un kilogramme chacun (*Arr. Cass.* 9 *nov.* 1855). Le tribunal aurait également à apprécier dans le cas où il serait prescrit aux boulangers d'être *constamment et suffisamment approvisionnés de pain;* il peut donc, sans méconnaître et violer l'arrêté, déclarer que l'approvisionnement requis avait existé autant que possible, bien que le commissaire de police, en se présentant, n'ait plus trouvé de pain dans la boutique, s'il est établi que, par suite de l'affluence des consommateurs, le pain était aussitôt enlevé que cuit, que le boulanger était à sa troisième fournée, que les fournées se sont succédé sans interruption du matin au soir (*Arr. Cass.* 22 *août* 1856). Mais l'arrêté prescrivant que les boutiques soient *convenablement* garnies est violé, si des boutiques ont été trouvées entièrement dépourvues de pain, et les boulangers ne peuvent s'excuser par cette circonstance qu'ils avaient de la pâte dans le pétrin ou dans le four, cette pâte n'étant pas du pain ; les faits de force majeure ne peuvent être invoqués non plus pour eux s'ils ne sont pas établis par des preuves légales. (*Arr. Cass.* 14 *nov.* 1856.)

650. Il arrive souvent que le maire ne se borne pas à exiger, par ses arrêtés, que les boulangers aient leurs boutiques garnies, qu'ils gardent toujours, pour les besoins des consommateurs, un approvisionnement suffisant, convenable, constant, mais qu'ils fixent, avec plus de précision, le nombre des fournées que chaque boulanger devra cuire, le minimum de pains qu'il devra toujours avoir, même en spécifiant les qualités de ces pains. Ces prescriptions sont dans le droit municipal. Lorsqu'un arrêté oblige les boulangers à avoir un certain nombre de kilogrammes de pain en réserve, le boulanger chez lequel cette quantité n'a pas été trouvée, n'est pas contrevenant si elle était complétée par le pain cuisant au four au même moment, et si, d'ailleurs, il n'est pas prouvé qu'il n'ait pas satisfait, ce jour-là, à toutes les demandes du public (*Arr. Cass.* 24 *fév.* 1855). Si le règlement astreint les boulangers à faire un certain nombre de fournées par jour et à confectionner, aussi chaque jour, des pains d'un certain poids, un boulanger n'est pas en contravention par cela seul qu'il n'avait pas, au moment de la visite, de pain d'un des modes prescrits (*Arr.* 19 *juin* 1846); en effet, ces sortes de pain peuvent avoir été déjà vendus, ou se trouver dans les fournées qui restent à faire. Si le règlement prescrit à la fois d'avoir du pain constamment loyal et bien cuit, et de tenir toujours la boutique garnie de chaque espèce de pain comprise dans la taxe, il y a contravention de la part du boulanger, chez qui il n'a été trouvé qu'un seul pain bis de 1 kilogramme, invendable à cause de sa sécheresse (*Arr. Cass.* 28 *juin* 1856). Quand le maire a prescrit, et il en a le droit, aux boulangers «de tenir leurs boutiques convenablement garnies de pains taxés, et d'en débiter par morceaux quelque faible quantité qui leur soit demandée,» il y a contravention, sauf le cas de force majeure, s'il ne se trouve pas dans la boutique de pains des qualités taxées, et si un acheteur a déclaré qu'il ne restait plus à vendre de pains de ces qualités. (*Arr. Cass.* 24 *janv.* 1853, 20 *et* 27 *juill.* 1854.)

Pour prouver qu'il a toujours des pains pour les consommateurs, le boulanger peut légalement être obligé, par un règlement municipal, de les tenir exposés en vente sur des étagères : il ne lui suffirait pas de les avoir dans un placard ouvert et ne fermant pas à clef. (*Arr. Cass.* 16 *sept.* 1853.)

651. Quand les boulangers contreviennent aux arrêtés relatifs à leur approvisionnement, la peine qui leur est appliquée est celle que l'art. 471, n° 15, du Code pénal prononce contre toute violation des arrêtés administratifs. On a demandé si, indépendamment de cette punition, le maire avait le droit de leur infliger celle, beaucoup plus grave, de l'interdiction, absolue ou momentanée, de l'exercice de leur profession? Des ordonnances royales ont, assez fréquemment, attribué aux maires ce pouvoir, et la jurisprudence en a légalisé l'exercice; cette jurisprudence a été critiquée par M. Dalloz; nous n'entrerons point dans le débat, parce que nous n'avons à examiner en ce moment que les limites du pouvoir réglementaire des municipalités. Or il nous paraît que les maires excéderaient leurs attributions si, au lieu de régler l'exercice de la profession de boulanger, ils allaient jusqu'à le supprimer entièrement. S'il y a des infractions, les tribunaux de police les répriment de la manière prévue : mais il n'appartient à l'autorité municipale ni de s'ériger en juge, ni de modifier la nature et le taux des peines. Le droit d'autoriser une boulangerie n'entraîne pas celui de la fermer; l'autorisation a pour objet de faciliter la surveillance de la police, mais non de mettre le sort d'une industrie, qui a nécessité des dépenses, à la merci du maire. Pour qu'il en fût ainsi, il faudrait qu'il y eût une disposition expresse de la loi, comme celle qui permet aux préfets de supprimer les débits de boissons après les avoir autorisés.

652. Afin d'éviter que, dans une commune, l'approvisionnement ne puisse être brusquement interrompu, des ordonnances ont voulu que les boulangers ne puissent, sans autorisation, quitter leur profession; d'autres, conformes à l'édit de 1776, leur ont défendu de l'abandonner avant un certain délai depuis la déclaration faite à l'autorité. L'édit de 1776 ayant été lui-même aboli sous l'ancien régime, il aurait cessé d'être applicable; en tous cas, il serait contraire aux lois de 1789 sur la liberté de

l'industrie, et il ne dépendrait pas de l'autorité municipale de le faire revivre par ses arrêtés, ni des tribunaux de police de sanctionner par une peine l'infraction à ces règlements, prudents peut-être jusqu'à un certain point, mais surannés, et qui peuvent être suppléés par des mesures d'une autre espèce.

653. En vertu de leur droit de surveillance sur la fidélité du débit, et sur la salubrité des comestibles, les maires font légalement des règlements relatifs au poids, à la forme et à la qualité du pain, à la marque qui sert à les faire reconnaître; tous ces arrêtés sont obligatoires, et leur violation par les boulangers entraîne la peine portée par l'art. 471, n° 15, du Code pénal. Ces règlements doivent se combiner avec la loi du 27 mars 1851 relative à la tromperie sur les objets vendus, et ne peuvent plus régler aucun des objets prévus par cette loi.

654. Les maires peuvent, indépendamment du poids et de la qualité, prescrire le mode de vente, par exemple ordonner de débiter les pains par morceaux, formant soit le kilogramme, soit un multiple ou une fraction de kilogramme, ce qui se pratique dans un très-grand nombre de communes, surtout dans les villes.

655. Les arrêtés municipaux règlent de différentes manières ce qui concerne le poids du pain; ils prescrivent, ou que les pains aient tel poids déterminé, ou que leur poids soit indiqué par une marque, ou que l'indication du poids de chaque pain résulte de sa forme, ou que le pain soit vendu au poids. Ces divers règlements sont légaux, et obligatoires pour les citoyens et pour les tribunaux, sans qu'on puisse admettre d'autres excuses que celles prévues par les règlements eux-mêmes. (*Arr. Cass. 28 avril 1859.*)

656. Lorsque le poids des pains est déterminé par la municipalité, fixation qu'elle peut ordonner pour chaque espèce de pain, avec défense d'en faire d'autres (*Arr. Cass. 15 oct. 1848*), ce n'est pas seulement la vente, mais la fabrication même et la mise en vente qui constituent contravention; la simple détention d'un pain d'un poids différent suffit pour faire encourir la peine (*Arr. Cass. 13 juill. 1843, 6 nov. 1847*), alors même que le poids serait supérieur à celui du règlement (*Arr. Cass. 19 juin 1846*). La fixation des différentes sortes de pains qui devront être confectionnés, et du poids de chaque sorte, entraîne virtuellement la défense d'en faire et vendre d'autres poids et d'autres qualités, sans qu'on puisse prétendre que cette fabrication n'était pas expressément interdite (*Arr. Cass. 15 juill. 1843*); il en résulte aussi la prohibition des pains dits de fantaisie, qui présenteraient un déficit, par exemple de 100 grammes, sur le poids légal (*Arr. Cass.* 30 *mai* 1844, 13 *nov.* 1847), à moins que les arrêtés ne contiennent des dispositions exceptionnelles relativement aux pains de fantaisie. C'est l'autorité municipale seule et non le tribunal de police qui peut dispenser les boulangers de marquer et de vérifier les pains d'un poids inférieur réputés pains de luxe (*Arr. Cass.* 13 *oct.* 1854). La dispense faite par un arrêté, de la vente au poids pour certains pains de fantaisie de 1 kilogr. et au-dessous, ne s'appliquerait pas à des pains de fantaisie d'un poids supérieur (*Arr. Cass.* 10 *nov.* 1859). Les règlements prescrivant de donner aux pains le poids annoncé par leur forme s'appliquent non-seulement aux pains fabriqués dans la commune, mais aussi à ceux fabriqués dans les communes voisines, et apportés au marché de la ville. (*Arr. Cass.* 7 *mai* 1845.)

657. Les prescriptions relatives au poids des pains étant d'ordre public, il ne peut y être dérogé valablement par les conventions des particuliers (*Arr. Cass.* 19 *juin* 1841). Ainsi un déficit dans le poids des pains ne peut être excusé sous prétexte que les pratiques exigeant du pain très-cuit, tolèrent et approuvent le déficit (*Arr. Cass.* 7 *sept.* 1844); de même le boulanger qui n'exécute pas les règlements municipaux sur la forme et le poids des pains ne peut être excusé par la preuve que les pains lui avaient été commandés. (*Arr. Cass.* 7 *nov.* 1844, 3 *juill.* 1847, 25 *mars* 1854.)

658. L'autorité municipale, qui a le droit de fixer le poids du pain, a aussi celui de déterminer une tolérance sur ce poids (*Arr. Cass.* 1er *juill.* 1842); mais lorsqu'aucune tolérance n'est autorisée, tout déficit au poids réglementaire est une contravention, qui ne peut être excusée sous aucun prétexte, par exemple, celui que les pains auraient été cuits la veille et que le déficit ne provenait que d'un déchet de cuisson ou du desséchement opéré depuis lors (*Arr. Cass.* 1er *juill.* 1842, 14 *août* 1847); que le boulanger tenait compte à l'acheteur du déficit (*Arr. Cass.* 16 *déc.* 1842); que le pain n'aurait pas été mis en vente, mais fabriqué pour le compte particulier de celui auquel il aurait été vendu, et avec du blé fourni par lui (*Arr. Cass.* 20 *mars* 1851); que le consommateur aurait pu faire peser le pain en sa présence, ce qui le garantissait de toute fraude (*Arr. Cass.* 14 *juill.* 1853), qu'il serait impossible d'arriver à un poids fixe et invariable. (*Même arrêt.*)

659. Les accidents de cuisson ou de desséchement qui peuvent faire descendre les pains au-dessous du poids déterminé sont quelquefois prévus par des arrêtés municipaux, qui exigent alors qu'une marque particulière indique que les pains n'ont pas le poids légal; dans ce cas, c'est le boulanger qui a vendu le pain sans y mettre sa marque, et non le débitant à qui la vente a été faite, qui est passible de la peine (*Arr. Cass.* 9 *juill.* 1853). Quelquefois les règlements exigent que, comme signe d'un poids inférieur à celui qu'ils doivent avoir, les pains soient écroutés, prescription qui s'applique à toutes les sortes de pains, quand il n'y en a pas qui soient formellement exceptés. (*Arr. Cass.* 24 *nov.* 1853, 13 *oct.* 1854.)

660. Dans beaucoup de localités, particulièrement à Paris, le pain se vend au poids, et la municipalité ordonne aux boulangers de peser le pain devant les acheteurs, alors même que ceux-ci ne le demandent pas. Les arrêtés qui exigent cette garantie ont été reconnus légaux; mais, depuis la loi du 27 mars 1851, la question s'est élevée de savoir si les contraventions à des arrêtés de cette nature doivent être réprimées par la peine de simple police contenue dans l'art. 471, n° 15, du Code pénal ou par la peine correctionnelle de la loi de 1851. Il y a eu incertitude, à ce sujet, dans la jurisprudence; le système qui tend à prévaloir est celui de l'application de la loi du 27 mars 1851, punissant ceux qui trompent ou tentent de tromper les acheteurs par des indications frauduleuses tendant à faire croire à un pesage antérieur et exact, aux boulangers qui livrent, sans les peser devant les acheteurs, et en les vendant comme ayant le poids indiqué par leur forme, suivant l'usage ou les règlements locaux, des pains n'ayant qu'un poids inférieur; c'est ce qui résulte notamment de divers arrêts des cours de Bourges, 18 juillet 1851, d'Orléans; 11 novembre 1851; de Bordeaux, 3 août 1853; de la cour de cassation, 30 juin 1854. Nous n'insistons pas, cette jurisprudence concernant moins l'application des arrêtés municipaux sur la boulangerie, du 12 décembre 1856, que celle de la loi sur la tromperie, relativement à la quantité des marchandises vendues.

Quand les règlements de la municipalité ordonnent le pesage, même non demandé par l'acheteur, au moment de la vente, le seul fait de la vente n'ayant pas le poids prescrit, suffit pour que la contravention existe (*Arr. Cass.* 24 *juin* 1858). Si le pesage préalable a été imposé relativement aux livraisons de pain, cette obligation n'existe que pour les livraisons *après vente*, et non a la remise de pains a un autre dépositaire pour les vendre ailleurs que dans la boutique principale. (*Arr. Cass.* 8 *mai* 1858). Le règlement qui ordonne le pesage préalable n'a rien d'inconciliable avec un règlement antérieur qui aurait défendu de mettre en vente du poids n'ayant pas le poids fixé. (*Arr. Cass.* 18 *févr.* 1858; 14 *juill.* 1860.)

661. En général, et sauf les cas où le fait prend le caractère de tromperie sur la marchandise vendue, les contraventions aux arrêtés des maires concernant le poids et la marque du pain fabriqué et vendu par les boulangers sont jugées par les tribunaux de police; cette juridiction doit prononcer, contre le boulanger qui a exposé en vente des pains n'ayant pas le poids réglementaire, autant d'amendes qu'il y a eu de ces pains exposés (*Arr. Cass.* 16 *sept.* 1853), ou qu'il a été saisi chez le boulanger de pains sans la marque prescrite (*Arr. Cass.* 22 *juill.* 1852). Les termes du règlement municipal, qui fait la base et la règle du jugement de police, entraîneraient une décision différente s'ils ne faisaient de l'infraction relative au poids des pains qu'une infraction unique; si, par exemple, le règlement prévoit l'exposition en vente de *un ou plusieurs* pains d'un poids inférieur au poids réglementaire: la mise en vente simultanée de plusieurs pains défectueux n'est alors passible que d'une seule amende (*Arr. Cass.* 28 *avril* 1854). Remarquez qu'il ne s'agit ici que d'une vente simultanée de plusieurs pains; il est évident que la contravention se renouvelle autant de fois qu'il y a successivement vente de un ou plusieurs pains.

662. Les arrêtés peuvent légalement fixer la qualité, les conditions de cuisson et de salubrité du pain, tout aussi bien que leur forme et leur poids. Ainsi est obligatoire le règlement par lequel un maire interdit la mise en vente des pains qui ne seraient pas entièrement cuits (*Arr. Cass.* 1er *avril* 1854), ou qui ne seraient pas cuits convenablement. Si le règlement prescrit que le pain soit constamment *bien cuit, bon, loyal*, et que les boulangers aient toujours leur boutique garnie, la contravention est encourue par celui chez lequel on n'a trouvé qu'un pain invendable à cause de sa sécheresse (*Arr. Cass.* 28 *juin* 1856). Les contraventions aux arrêtés sur la qualité du pain sont punies par l'art. 471, n° 15, du Code pénal, et non par la loi du 27 mars 1851, qui ne s'applique qu'à la tromperie ou tentative de tromperie sur la quantité des marchandises vendues; le doute naîtrait peut-être de ce qu'en trompant sur la qualité du pain, le bou-

langer pourrait, dans certains cas, arriver indirectement à tromper sur la quantité, le pain trop peu cuit étant plus lourd que le pain cuit à point. Remarquez que si le pain est corrompu ou fabriqué de manière à être nuisible, la contravention est punie non plus par l'art. 471, n° 15, comme cela a lieu quand il n'y a qu'infraction des conditions établies par des règlements municipaux, mais par les dispositions spéciales des art. 475, n°ˢ 14 et 47 du Code pénal (*Arr. Cass.* 18 *oct.* 1839). Les tribunaux de police saisis d'une poursuite contre un boulanger pour violation des règlements municipaux ordonnant pour tous les pains une cuisson convenable, ne peuvent admettre aucune excuse non prévue, par exemple, celle que le pain était du jour et qu'ayant été enveloppé pendant qu'il était encore chaud, il avait été amolli par la vapeur (*Arr. Cass.* 2 *oct.* 1856). Dans le cas de cuisson insuffisante, la contravention au règlement doit être punie d'autant d'amendes qu'il a été saisi de pains défectueux. (*Arr. Cass.* 18 *fév.* 1858.)

663. Par qualité de pain, il faut entendre, non-seulement comme on vient de le voir, les conditions de bonne cuisson, de bonne fabrication, mais aussi les différentes classes que les règlements peuvent établir, d'après les matériaux employés, pour diverses espèces de pain. Cette classification a pour objet ordinaire l'application de la taxe. Les maires peuvent donc astreindre les boulangers à ne fabriquer que du pain de certaines qualités, par exemple, du pain blanc et du pain mêlé (*Arr. Cass.* 7 *mars* 1839), et il y a contravention de la part de celui qui met en vente des pains de qualité différente, surtout s'il vend cette qualité au-dessus de la taxe (*Arr. Cass.* 9 *juin* 1832). De même qu'ils peuvent ordonner, les maires peuvent interdire certaines espèces de pain (*Arr. Cass.* 30 *mai* 1834). De pareilles prohibitions ont pour but d'assurer l'application loyale de la taxe. Dans les communes où il n'y a point de taxe, les règlements municipaux pourraient légalement défendre la fabrication de certaines espèces de pains insalubres ou dangereuses pour la santé publique : mais il n'y aurait pas de motif d'intérêt public qui dût faire attribuer force obligatoire à des arrêtés ordonnant aux boulangers de ne vendre que du pain de première qualité ou de certaines qualités.

664. C'est comme moyen de garantir que les règlements relatifs au poids et à la qualité des pains seront fidèlement exécutés, et pour faire reconnaître les contrevenants, que les maires ordonnent aux boulangers de marquer d'un signe les pains qu'ils vendent. La légalité de cette prescription a toujours été admise (*Arr. Cass.*

13 mars 1834). Les contraventions ne peuvent être excusées sous prétexte que la marque rendrait les pains difformes et nuirait à leur débit (*Arr. Cass.* 28 *janv.* 1837). Quand la marque est exigée d'une manière générale, de tout le commerce de la boulangerie, les débitants et revendeurs de pain y sont tenus aussi bien que les boulangers qui le fabriquent. (*Arr. Cass.* 9 *avril* 1858.)

665. Enfin, les derniers arrêtés municipaux sur la boulangerie, dont nous ayons à parler, sont ceux qui concernent la taxe du pain. Le droit de taxer périodiquement le pain est attribué aux municipalités par l'art. 30 de la loi du 19 juillet 1791; ce droit n'appartient qu'à elles, et non à l'autorité administrative supérieure. La taxe est essentiellement temporaire, et variable selon le prix des grains et farines; il est arrivé quelquefois, pour des besoins extraordinaires, qu'une surtaxe permanente ait été ajoutée à la taxe mobile; mais cette addition n'a été considérée comme obligatoire qu'autant qu'elle a été approuvée par le ministre de l'intérieur. Cela résulte implicitement d'un arrêt de la cour de cassation du 30 janvier 1828; dans ces limites même, la surtaxe permanente est fort contestable et fort contestée, parce qu'elle constitue, en réalité, une imposition extraordinaire, laquelle ne peut être établie que par le pouvoir législatif. La taxe du pain ne pouvant être faite que par la municipalité, un usage local sur le prix du pain ne saurait y suppléer, ni servir de base à une condamnation contre un boulanger qui aurait vendu à un prix supérieur (*Arr. Cass.*, 14 *nov.* 1840). De ce que la taxe ne peut émaner que des maires, il s'ensuit encore qu'elle ne peut être réformée que par l'autorité administrative supérieure, et qu'un tribunal de police excéderait ses pouvoirs en rejetant la taxe légale, et en en fixant une lui-même. (*Arr. Cass.* 29 *prair. an IX.*)

666. Comme tous les arrêtés purement temporaires, ceux qui déterminent la taxe du pain sont obligatoires aussitôt après qu'ils ont été publiés; la publication qui fixe le point de départ se fait suivant les formes usitées dans chaque commune. Souvent elle résulte de l'affichage dans les rues de la commune: cet affichage est habituellement accompagné ou suivi de celui que les boulangers doivent faire et garder dans leurs boutiques. Il y a des communes où la taxe du pain se publie à son de caisse ou de trompe, par ordre de l'autorité municipale. Dans ce cas, le boulanger qui ne s'est pas conformé à la taxe publiée ne peut s'excuser sur ce qu'il n'aurait pas encore reçu la taxe imprimée qui devait être affichée à l'intérieur de sa boutique (*Arr. Cass.* 23 *nov.* 1854). Mais s'il est établi que l'administration municipale a oublié de faire remettre à un boulanger un exemplaire de la taxe imprimée, le défaut d'affichage dans la boutique ne constitue pas une contravention (*Arr. Cass.* 24 *mars* 1846). Le boulanger est plus facilement en faute, lorsque, d'après les arrêtés municipaux, c'est lui-même qui doit se procurer un exemplaire de la taxe imprimée, et l'afficher dans sa boutique; celui qui, à dix heures du matin, n'aurait pas encore affiché la taxe publiée la veille dans i'après-midi, ne saurait prétendre, pour s'excuser, qu'il n'aurait pas eu un temps suffisant pour se procurer un exemplaire de l'arrêté. (*Arr. Cass.* 29 *nov.* 1838.)

667. Le fait, par un boulanger, de vendre du pain au-dessus de la taxe est puni par l'art. 479 du Code pénal, de la peine la plus forte qu'un tribunal de police puisse prononcer, c'est-à-dire d'une amende de 11 à 15 francs. Les arrêtés contenant taxe du pain étant faits dans un intérêt d'ordre public, aucune convention entre le boulanger et les acheteurs ne peut y déroger, de sorte que le consentement du consommateur à payer le pain plus cher que le prix de la taxe n'affranchirait pas le boulanger des poursuites et de l'application de la peine (*Arr. Cass.* 23 *août* 1839, 19 *juin* 1841, 5 *mars* 1842); les parties ne pourraient traiter de gré à gré que pour des espèces de pain que la municipalité aurait exemptées de la taxe; l'exemption peut résulter de ce que la taxe ne mentionne que certaines espèces de pains, de qualités et de poids déterminés, laissant en dehors des pains de fantaisie, de diverses formes et poids, si des règlements particuliers n'en défendent pas, d'ailleurs, la fabrication et la vente.

668. La contravention à l'arrêté de taxe ne peut être excusée ni par l'erreur involontaire (*Arr. Cass.* 26 *mai* 1854), ni par l'exiguïté de la différence entre le prix de la vente et celui de la taxe, ni par la difficulté de se procurer les centimes qui formaient cette différence. (*Arr. Cass.* 16 *août* 1855.)

669. C'est le chef de l'établissement de boulangerie qui répond de l'infraction à la taxe réglementaire; il ne pourrait invoquer, pour excuse, que la vente à un prix supérieur a été faite par sa femme (*Arr. Cass.* 27 *sept.* 1839), ou par ses commis ou garçons. Un boulanger qui joint à sa profession celle d'aubergiste, peut vendre aux consommateurs de son établissement le pain au-dessus de la taxe: l'augmentation qu'il perçoit en cette qualité représente ses bénéfices d'aubergiste (*Arr. Cass.* 27 *sept.* 1844).

A plus forte raison les restaurateurs, qui ne fabriquent pas le pain et ne le débitent pas isolément, peuvent le faire payer plus cher que la taxe aux personnes qui viennent chez eux prendre leurs repas.

L'arrêté contenant taxe est obligatoire pour les boulangers, en ce sens qu'il les astreint à vendre au prix fixé, sans qu'ils puissent s'y refuser, sous prétexte de la liberté de leur profession; le refus de vendre au prix de la taxe est assimilé au fait de vente au-dessus de la taxe. (*Arr. Cass.* 20 *juin* 1846, 13 *août* 1847, 24 *juill.* 1852, 12 *mai* 1854.)

970. Il a été décidé, avec raison, qu'un boulanger n'encourt aucune peine en vendant au-dessous du prix réglementaire. (*Arr. Cass.* 28 *juin* 1851, 11 *mars* 1852.)

671. A Paris, la boulangerie est soumise à un régime particulier, déterminé par le besoin et la difficulté d'assurer l'approvisionnement et la bonne nourriture d'une immense population.

672. 2° *Règlements municipaux sur la boucherie.* — Le commerce de la boucherie, comme celui de la boulangerie, est réglementé, pour certaines grandes communes, par des décrets ou des ordonnances royales; ailleurs, par des arrêtés préfectoraux, qui embrassent tout un département; enfin, dans le plus grand nombre des communes, par des règlements municipaux, lesquels suppléent à l'absence des arrêtés de préfets, ou des décrets, mais ne peuvent jamais leur être contraires quand il en existe. La divergence des règlements locaux, et la difficulté de concilier leurs dispositions restrictives avec le principe de la liberté industrielle, ont déterminé le ministre de l'intérieur à adresser aux préfets, le 22 décembre 1825, une instruction détaillée sur le commerce de la boucherie et de la charcuterie, instruction destinée à servir de guide aux administrations municipales dans la confection des arrêtés sur cet important objet, et à en ramener, autant que possible, les dispositions à des bases uniformes.

673. La profession de boucher, et celles qui en sont des dépendances ou des spécialités, telles que celles de charcutiers, de tripiers, etc., sont libres; chacun peut les exercer, en se soumettant aux précautions légales de police imposées par les autorités compétentes. La liberté industrielle de la boucherie n'admet pas la limitation du nombre des bouchers; cette limitation existe exceptionnellement à Paris; on pense généralement que l'administration préfectorale et municipale n'aurait pas le droit de l'é-

tablir ailleurs, non plus que d'exiger, pour l'exercice de l'état de boucher, une autorisation préalable : l'infraction aux arrêtés qui dépasseraient ainsi les limites du pouvoir administratif n'entraînerait aucune peine judiciaire. Il en serait de même à l'égard de tout arrêté qui constituerait un monopole, par exemple, celui qui concéderait à un boucher le droit exclusif de vendre une certaine nature de viande. (*Ord. cons. d'Ét.* 31 *mai* 1807.)

674. Si l'autorité municipale n'a pas le droit de soumettre à une permission préalable l'exercice de la boucherie, ni de l'ériger en monopole, la mission de surveillance qui lui est conférée par la loi du 24 août 1790, rend très-légale la condition imposée à ceux qui veulent s'établir bouchers de faire leur déclaration à la mairie, ou au bureau de police, et d'indiquer le lieu de leur étal ou boutique (*Arr. Cass.* 26 *mars* 1831), même de renouveler leur déclaration chaque année. De la légalité de ces arrêtés résulte celle des règlements qui obligeraient les bouchers à déclarer la cessation de leur industrie, mais non pas celle des arrêtés qui les astreindraient, dans l'intérêt de l'approvisionnement, à laisser un certain temps entre la déclaration de leur intention et la cessation réelle de leur commerce ; c'est aussi ce que porte l'instruction du 22 décembre 1825, bien qu'on puisse induire le contraire d'un arrêt de rejet de la cour de cassation, du 20 novembre 1812. L'autorité municipale outrepasserait aussi son droit, en supprimant l'étal d'un boucher, ce qui serait l'interdiction de l'exercice de sa profession.

L'abrogation des anciennes corporations et le principe de la liberté d'industrie ne permettraient plus aux municipalités de rétablir ou de faire des règlements interdisant aux bouchers d'être en même temps ou aubergistes ou rôtisseurs. Telle est également l'opinion de M. Dalloz.

675. Les mesures relatives à la sûreté et à la salubrité publiques dans l'abattage des animaux rentrent essentiellement dans les attributions des municipalités. Le maire peut donc ordonner aux bouchers de la commune de tuer les bœufs, moutons, vaches, etc., dans l'intérieur de leurs maisons et de tenir leurs portes fermées pendant l'abattage (*Arr. Cass.* 5 *juin* 1823). Déjà sous l'ancienne monarchie, des tentatives avaient été faites pour la suppression des tueries à domicile dans l'intérieur des villes, et pour leur translation au dehors ; mais la puissance des corporations privilégiées de bouchers mit toujours obstacle à ces sages dispositions. L'établissement régulier des abattoirs ne date que du premier

Empire. Les abattoirs sont rangés dans la première classe des établissements dangereux, insalubres ou incommodes, et leur mise en activité entraîne de plein droit la suppression des tueries particulières situées dans la localité (*Ord. roy.* 15 *août* 1838). Le boucher qui a tué un bœuf ailleurs qu'à l'abattoir, malgré la défense d'un règlement municipal, ne peut s'excuser en alléguant qu'il lui avait été interdit d'introduire ce bœuf dans l'abattoir (*Arr. Cass.* 22 *sept.* 1836). La défense, par la municipalité, d'abattre ailleurs qu'à l'abattoir, est parfaitement légale (*Arr. Cass.* 24 *juin* 1842, 12 *sept.* 1851). La contravention ne saurait être excusée sous prétexte de l'insuffisance de l'emplacement attribué dans l'abattoir. (*Arr. Cass.* 12 *mars* 1847.)

676. On a demandé si l'autorité municipale avait le droit de déclarer supprimés, par le fait de l'établissement d'un abattoir, les fonderies de suif, triperies, dépôts de graisse et autres accessoires de la boucherie, précédemment autorisés. L'instruction du 22 décembre 1825 considère cette décision comme attentatoire à la liberté industrielle et aux droits acquis. Mais la jurisprudence de la cour de cassation est contraire : elle ne s'arrête pas à la circonstance que l'établissement nuisible à la salubrité aurait été régulièrement autorisé; jugé donc qu'un arrêté municipal peut légalement ordonner que les suifs provenant des bestiaux ne pourront être fondus que dans les fonderies des abattoirs (*Arr. Cass.* 11 *fév.* 1837, 4 *déc.* 1840); une ordonnance du conseil d'État, du 2 janvier 1835, a décidé aussi que, dans une ville où il y a un abattoir, la municipalité a le droit d'ordonner la suppression des tueries, de saleurs de porcs dans la ville. A plus forte raison le maire peut-il ordonner que les triperies non autorisées seront transférées à 100 mètres de la ville (*Arr. Cass.* 13 *nov.* 1835). La suppression d'un séchoir situé hors la ville et dans des conditions telles qu'il n'en peut résulter aucune atteinte à la salubrité publique, n'étant pas légale, le boucher qui garde son établissement ne peut être condamné. (*Arr. Cass.* 24 *juin* 1842.)

677. L'arrêté municipal portant que les bouchers seront tenus d'abattre le bétail à l'abattoir et non ailleurs, est obligatoire pour tous les bouchers de la commune, même pour ceux qui habitent hors des limites de l'octroi de la ville (*Arr. Cass.* 28 *oct.* 1827; 1er *juin* 1832, 2 *mai* 1846, 12 *sept.* 1851). L'abattage, par un boucher de la ville, hors de l'enceinte de l'octroi, dans un local particulier, ne peut être excusé sous prétexte qu'une très-faible partie de la viande aurait été introduite dans la ville (*Arr. Cass.* 2 *mai* 1846). Mais on reconnaît comme excessive et illégale la mesure par laquelle un maire prétendrait obliger les bouchers et charcutiers des communes de la banlieue qui approvisionnent la ville à venir abattre leurs bestiaux à la tuerie commune; c'est la solution donnée par l'instruction du 22 décembre 1825.

678. Les ordonnances qui autorisent des abattoirs défendent ordinairement aux charcutiers d'abattre leurs porcs dans des tueries particulières. Là où il n'existe point d'abattoir, la municipalité a certainement le droit d'empêcher le spectacle hideux des porcs égorgés dans la rue et criant jusqu'à ce qu'ils aient perdu toutes leurs forces: On tolère, dans certaines villes qui ont des abattoirs, l'usage que conservent des particuliers, de tuer chez eux des porcs pour l'alimentation de leur maison; mais il faut que l'opération se fasse dans des lieux clos et séparés de la voie publique. (*Inst. du* 22 *déc.* 1835 ; *Ord. Cons. d'Ét.* 2 *janv.* 1835.)

679. Les mesures quelconques prises par les arrêtés municipaux relativement aux abattoirs doivent toujours, ainsi que nous l'avons déjà montré, se concilier avec la liberté du commerce et de l'industrie ; c'est pourquoi on a jugé illégale la disposition qui interdit à ceux qui abattent dans les abattoirs publics de se prêter mutuellement assistance, et leur prescrit de recourir exclusivement, et moyennant rétribution, à certains préposés, quand ils n'opèrent pas par eux-mêmes ou par leurs agents (*Arr. Cass.* 1er *déc.* 1849; 25 *juill.* 1850). Quant à ce qui touche seulement les précautions à observer dans l'emploi des objets servant à l'abattoir, cela rentre dans les attributions légales du pouvoir municipal; telle est la défense, faite aux garçons bouchers et charcutiers, de laisser ouverts sans nécessité les robinets des conduits d'eau de l'abattoir. (*Arr. Cass.* 18 *fév.* 1843.)

680. Comme les boulangers, les bouchers peuvent être soumis, dans le but de prévenir le fléau de la disette d'une nourriture essentielle, à l'obligation d'avoir toujours un approvisionnement de viande suffisant pour satisfaire à tous les besoins des consommateurs, et les arrêtés peuvent légalement exiger qu'en particulier les étaux soient garnis de viande de bœuf, ou, en outre, de viande de mouton, veau, brebis, agneau. Ces conditions ont toujours été déclarées obligatoires (*Arr. Cass.* 11 *sept.* 1840, 17 *mars* 1841). Lorsqu'un règlement municipal porte que les bouchers seront constamment approvisionnés de viande en quantité et qualité suffisantes pour satisfaire aux besoins journaliers de la consommation, un boucher contrevenant n'est pas excusable par cela qu'il aurait tué la veille une quantité suffisante de moutons pour satisfaire à la vente présumée (*Arr. Cass.* 12 *juin* 1856). Cette décision paraîtra peut-être rigoureuse; toutefois il faut considérer que l'excès des besoins réels sur les prévisions du boucher ne saurait s'assimiler à un cas de force majeure, et si on s'en rapportait à ses appréciations, il en résulterait que l'exécution du règlement municipal serait à la merci de ceux qui sont obligés de s'y soumettre. Le boucher qui n'a pas un approvisionnement suffisant, prescrit par les arrêtés municipaux, ne peut s'excuser sur ce qu'il aurait fait son approvisionnement ordinaire; une telle contravention est réprimée par l'art. 471, n° 15, du Code pénal, et non par l'art. 479, n° 6, uniquement relatif à la vente de la viande au-dessus de la taxe. (*Arr. Cass.* 26 *déc.* 1857.)

681. La surveillance n'allant pas jusqu'au droit d'interdire l'exercice d'une profession, un arrêté municipal ne peut légalement ordonner la fermeture d'un étal par le motif qu'il aurait cessé pendant quelque temps d'être garni. Cela est permis à Paris, en vertu de règlements spéciaux que leur nature exceptionnelle ne permet pas d'établir ailleurs.

682. L'obligation, pour les bouchers, d'être constamment approvisionnés, n'entraîne pas, pour les citoyens, celle de ne se pourvoir que dans les boucheries de la commune; l'exiger, ce serait porter atteinte à la liberté personnelle des acheteurs, et aucune loi n'autorise cette dérogation aux principes. Aussi la cour de cassation a-t-elle décidé qu'il ne peut être interdit aux habitants d'une ville, ni directement ni indirectement, de s'approvisionner ailleurs que chez les bouchers de la commune. (*Arr.* 11 *août* 1842.)

683. Les maires ont le droit de prendre des arrêtés qui, dans l'intérêt de la fidélité du débit, dans celui de la salubrité générale et de la salubrité particulière des viandes mises en vente, imposent des conditions aux bouchers pour l'ordre, la propreté, la tenue de leurs boutiques et étaux, pour le soin et la bonne qualité des viandes livrées à la consommation. Il demeure bien entendu que ces conditions cessent d'être légales si elles apportent des entraves équivalentes à l'empêchement de l'exercice de la boucherie.

684. D'après ces règles conciliées, un arrêté municipal peut

défendre légalement la vente dé la viande dé boucherie ailleurs
qu'en boutique spécialement destinée à cet usage, et en interdire
le colportage à domicile, prohibition qui s'applique même aux
viandes déjà vendues et livrées en vertu d'une commande antérieure (*Arr. Cass.* **25** *juin* 1851). Ainsi que nous l'avons déjà
dit, d'une manière générale, pour les diverses espèces de denrées,
les règlements municipaux peuvent défendre à des marchands
forains de venir vendre ailleurs qu'aux halles ou marchés ; mais
ils ne seraient pas obligatoires, s'ils prétendaient empêcher les
bouchers domiciliés dans la commune de vendre leurs viandes
dans leurs boutiques ou étaux (*Arr. Cass.* **5** *janv.* 1844,
12 *juill.* 1849); la cour de cassation, qui avait d'abord jugé le
contraire, a, comme on le voit, abandonné sa première jurisprudence. L'autorité municipale peut bien prescrire aux tripiers de ne
transporter en ville les abats et issues qu'après les avoir échaudés,
lavés et nettoyés, mais non d'exiger qu'ils ne les sortent de l'abattoir, que cuits et prêts à être livrés à la consommation. (*Cons.
d'Ét.* 30 *juin* 1859.)

685. La municipalité a le droit d'interdire aux bouchers ceux
des actes de leur profession qui seraient de nature à nuire à la
salubrité publique : ses règlements prohibent donc légalement
l'existence, dans l'intérieur d'une ville, d'une sécherié de matières
animales provenant d'une boucherie (*Arr. Cass.* **24** *juin* 1842);
ils peuvent défendre aux charcutiers ou autres, de conserver en
dépôt, dans la ville, au delà du temps nécessaire pour leur repos,
les porcs destinés à être abattus (*Arr. Cass.* **22** *mars* 1851), aux
bouchers d'égorger aucun animal malade, défense à laquelle on a
jugé qu'il y avait contravention dans le fait de l'introduction, par
un boucher, d'un cochon mort du croup (*Arr. Cass.* **24** *juin*
1843). L'interdiction par un règlement municipal d'introduire
dans une ville aucune viande morte ne concerne que les bouchers,
les citoyens étant, comme nous l'avons fait observer, libres d'aller
acheter au dehors la viande dont ils ont besoin (*Arr. Cass.*
11 *août* 1842). Pour prévenir des dangers épizootiques, il peut
être ordonné aux bouchers de ne vendre que des viandes provenant des bestiaux abattus dans les tueries publiques. (*Arr. Cass.*
22 *sept.* 1836.)

686. Du reste, les maires règlent légalement les conditions de
disposition, d'aérage, de clôture des boutiques ou étaux, ainsi que
tout ce qui, dans l'exercice de la profession, peut porter atteinte
à la propreté, à la salubrité de la voie publique. A été considéré

comme obligatoire l'arrêté qui défend aux bouchers de vendre s'ils n'ont un étal particulier, et qui en fixe la largeur, la hauteur et la situation ; on ne saurait prétendre que la fixation de la dimension de chaque étal ne rentre pas dans les attributions légales du pouvoir municipal (*Arr. Cass.* 24 *juin* 1834). Si l'autorité municipale n'a pas le droit d'interdire aux bouchers de vendre dans leurs boutiques ou étaux conformes aux prescriptions de police, elle peut très-légalement leur défendre d'exercer le droit de vente sur la voie publique, par exemple d'y étaler en vente des agneaux (*Arr. Cass.* 19 *avril* 1834). Elle peut régler la forme des voitures destinées au transport des viandes dans la ville, et défendre de placer dans ces voitures des objets autres que les viandes, abats et issues préparés aux abattoirs ; ce sont là des mesures prises dans l'intérêt de la salubrité publique et de la propreté des rues. (*Cons. d'Et.* 30 *juin* 1859.)

687. Aucune considération d'ordre public ou de salubrité ne soutiendrait un règlement qui, en s'inspirant des anciennes ordonnances royales, défendrait aux bouchers d'exposer de la viande durant le carême ; cette prohibition serait illégale, ainsi que le reconnaît l'instruction ministérielle du 22 décembre 1825, comme contraire au principe de la liberté des cultes.

688. Une fois les boutiques ou étaux établis selon les prescriptions de la police, et approvisionnés, l'autorité municipale doit veiller à ce qu'il n'y soit vendu que de la viande saine ; « les précautions qu'on peut prendre à cet égard, dit M. Dalloz, v° *Boucherie* n° 60, paraissent se réduire aux points suivants : « que les bestiaux soient tués et non morts de maladie ; que l'apprêt de leurs chairs se fasse promptement, enfin que les chairs elles-mêmes soient débitées dans un délai convenable après la mort de l'animal, c'est-à-dire ni trop promptement ni trop tardivement. » Ajoutons à ces trois moyens celui d'une inspection fréquente.

689. La vente ou mise en vente de viandes corrompues est punie de peines correctionnelles par l'art. 1er de la loi du 27 mars 1851. Quant à la viande non gâtée, mais seulement malsaine, il faut qu'un règlement municipal en prohibe la mise en vente pour que le boucher puisse encourir une condamnation ; il en est de ce cas comme du pain non corrompu, mais nuisible à la santé. (*Voy. n*° 662.)

690. La viande de porc a toujours été l'objet d'une surveillance particulière, à cause de la ladrerie, maladie à laquelle ces animaux

sont sujets. Les municipalités prennent légalement des arrêtés pour défendre la vente des porcs qui, avant d'être tués, n'auraient pas été visités, et pour nommer des langueyeurs ou vétérinaires chargés de cet examen, qui, d'ailleurs, ne saurait donner lieu à la perception d'aucun droit. (*Instruction du 22 déc.* 1825.)

691. Le mode de vente de la viande dans les boutiques ou étaux peut être réglementé par la municipalité. On a contesté la légalité des règlements qui défendraient, comme à Paris, la vente à la cheville. L'opinion la plus générale se prononce en faveur de la prohibition, s'agissant, dans ce cas, d'une opération qui a pour but et pour résultat de hausser le prix d'une denrée de première nécessité, d'en rendre l'approvisionnement plus difficile et plus onéreux, enfin d'éluder les dispositions de la taxe. La vente à la main doit être surveillée avec soin par l'autorité municipale, qui peut ordonner, par exemple, que la viande de telle espèce soit coupée de telle manière. Enfin, la vente la plus sûre et la plus ordinaire entre les bouchers et les consommateurs, c'est la vente au poids. Les bouchers sont soumis, pour ces ventes, aux lois et règlements sur les poids et mesures, et à la surveillance municipale quant à la fidélité du débit. Sous ce dernier rapport, a été déclaré légal et obligatoire l'arrêté portant que les bouchers ne pourront donner pour surpoids ni foie, ni tête, ni jambe, ni pied, ni fessure, et que le surpoids ne pourra excéder un hectogramme par kilogramme. (*Arr. Cass.* 10 *juin* 1836.)

692. Le prix de la viande est fixé de gré à gré entre le boucher et le consommateur, à moins que la vente n'ait lieu dans une commune où existerait la taxe. La taxe a été supprimée à Paris comme contribuant à l'élévation du prix de la viande ; depuis lors le prix a encore monté, par l'effet de causes différentes : les deux principales sont l'augmentation de la consommation provenant de l'accroissement de la population des villes, et l'espèce d'accaparement fait par un petit nombre de riches bouchers qui possèdent les capitaux nécessaires pour les immenses achats qu'exige l'approvisionnement de la capitale ; ces bouchers sont les maîtres du marché, et le taux de la viande dépend de celui qu'ils sont libres d'imposer. La taxe ne pouvait pas empêcher le mal, et sa suppression n'y a pas apporté remède. L'un des moyens les plus efficaces serait une concurrence sérieuse opposée au monopole ; nous ne pourrions discuter ce sujet sans entrer dans des détails étrangers à la législation, que nous avons ici pour seule mission de commenter et d'interpréter.

693. L'établissement de la taxe par l'autorité municipale est permis par l'art. 30 de la loi du 19 juillet 1791 comme celle du pain ; les règles concernant la taxe du pain sont applicables en général à celle de la viande, et les contraventions sont punies par le même article 479 du Code pénal. Les arrêtés pris relativement à la taxe sont légaux et obligatoires ; tel est celui qui fixe le prix de la viande au kilogramme ; cette réglementation étant d'ordre public, il ne peut y être dérogé par des conventions particulières, et devrait être puni le boucher qui aurait vendu à un prix supérieur, bien qu'il alléguât que l'acheteur avait consenti pour obtenir un morceau de choix ou à faire écarter les os, ou à en admettre moins que la taxe n'en autorise. (*Arr. Cass.* 25 *mai et* 18 *nov.* 1855.)

694. Les bouchers contreviennent à la taxe, non-seulement en vendant à un prix supérieur, mais encore en refusant de vendre au prix déterminé ; ne pas vouloir vendre au taux réglé, c'est vouloir vendre à un taux plus élevé, c'est violer la taxe. Cela a été décidé pour le pain (*Voy.* n° 969) ; il en doit être de même pour la viande, la loi mettant sur la même ligne la taxe de la viande et celle du pain, et la viande étant aussi une denrée nécessaire à l'alimentation des populations. C'est cette nécessité qui oblige à restreindre la liberté industrielle, et à ne pas admettre pour les bouchers, surtout dans les communes où ils ont le privilége d'être en nombre limité, le droit de vendre ou de ne pas vendre. La cour de cassation a décidé, en ce sens, que lorsqu'un arrêté municipal a prescrit aux bouchers, sans distinction d'espèce ni quantité, de vendre la viande selon la taxe fixée, le refus par un boucher qui a son étal garni, de vendre une petite quantité, 125 grammes, ou au taux réglementaire, doit être assimilé à la vente au-dessus de la taxe. (*Arr.* 2 *août* 1856.)

695. Les peines prononcées pour contravention à des arrêtés légaux sur quelque partie que ce soit du commerce de la boucherie, doivent l'être contre le boucher personnellement ; il ne peut se faire renvoyer des poursuites sous prétexte que la contravention a été commise, en son absence, par sa femme ou par un commis ou garçon (*Arr. Cass.* 10 *juin* 1836.)

696. De même que la boulangerie, la boucherie est soumise, à Paris, à un régime spécial, déterminé par des règlements exceptionnels, dans le détail desquels nous ne croyons pas devoir entrer.

§ 17. — Des arrêtés pris pour prévenir ou faire cesser des accidents ou fléaux, tels qu'incendie, épidémie, épizootie, etc.

697. La loi du 24 août 1790 confie expressément aux munici_palités le soin de prévenir par des précautions convenables, et celui de faire cesser, par la distribution des secours nécessaires, les accidents et fléaux calamiteux, tels que les incendies, les épizooties, les épidémies. Les maires ont donc, aux termes de la loi du 18 juillet 1837, le droit de prendre des arrêtés sur cette matière.

698. Bien que le texte de la loi de 1790 ne mentionne pas spécialement les inondations, il n'est pas moins certain qu'elles sont au nombre des accidents ou fléaux que les arrêtés des maires peuvent et doivent prévenir ou faire cesser. Sans doute, les moyens les plus puissants pour prévenir les inondations consistent dans des systèmes de grands travaux qui sont entrepris par le Gouvernement, ou, au moins, combinés entre plusieurs départements intéressés à conjurer un fléau toujours menaçant ; mais il y a un certain ordre de précautions qui restent dans les limites du pouvoir municipal, et qui contribuent à prévenir les dangers, soit des inondations, soit des eaux courantes ou stagnantes dans une commune ; telles sont les prohibitions, imposées par les maires, de faire des tranchées, d'établir des mares, d'ouvrir des puits près d'un cours d'eau non navigable, de conduire des animaux ou voitures, même de passer à pied le long de l'eau dans certains endroits périlleux, de creuser des puits sans les entourer d'un mur ou d'une margelle, ou sans les couvrir de manière qu'on n'y puisse pas tomber, etc.

699. Les accidents les plus fréquents, dont les maires ont à défendre les habitants, ce sont les incendies. « Dans le but de prévenir les incendies, dit M. Dalloz, v° *Communes*, n° 1279, l'autorité est dans l'usage de défendre de couvrir les bâtiments en matières inflammables, de porter dans les rues des charbons allumés, de faire du feu dans les ports, sur les halles ou autres lieux publics sans avoir prévenu la police, de fumer même dans les rues ou d'y débiter des matières susceptibles de s'enflammer facilement, par exemple des allumettes chimiques ou d'autres matières analogues, d'allumer du feu dans des cheminées malpropres. » Cette énumération n'est pas et ne pouvait guère être complète, les mesures préventives des municipalités variant essentiellement selon les circonstances et selon les localités. On va voir quelles sont celles qui ont été sanctionnées par la jurisprudence. Elles concernent le mode de couverture des édifices, les matériaux et certaines conditions des bâtisses, le ramonage, les feux de cheminée, le feu allumé ou porté près de matières inflammables, l'usage des eaux publiques.

700. Les règlements portant interdiction d'employer certains matériaux pour établir ou réparer des toitures de maisons contiennent une restriction au droit de propriété privée ; cette espèce d'entrave est légitimée par l'intérêt public de la conservation, intérêt dans lequel, d'ailleurs, chaque propriétaire a une part directe, et qui a motivé les dispositions de la loi municipale permettant et ordonnant de prendre des précautions contre les incendies, si souvent déterminés par l'emploi du chaume, des roseaux, du bois léger, dans la couverture des maisons. Nous avons rappelé la distinction qui a été faite, quant au droit des propriétaires, entre les couvertures existantes et celles qui ne sont pas encore faites (*Voy. n°* 417). C'est sous la réserve de cette distinction que doivent être interprétés et appliqués les règlements et les arrêts rendus sur cette matière. Il a été jugé que les tribunaux sont tenus de considérer comme obligatoires les arrêtés des maires qui défendent de recouvrir les maisons ou les bâtiments avec de la paille ou des roseaux, et de réparer les couvertures avec ces matériaux (*Arr. Cass.* 23 *avril* 1849, 12 *déc.* 1835). Celui qui a contrevenu à la défense de réparer en paille doit être condamné à l'amende et à la démolition des travaux, sans pouvoir invoquer ni sa bonne foi, ni le défaut de poursuites de contravention de la même nature (*Arr. Cass.* 9 *nov.* 1850), ni le peu d'importance de la réparation (*Arr. Cass.* 19 *févr.* 1858). Ces règlements doivent être appliqués tels qu'ils sont, c'est-à-dire sans distinction, comme aussi sans extension de leurs termes ; ainsi, quand un arrêté municipal défendant l'emploi du chaume ou autres matières combustibles à la réparation des toitures, ne fait pas de distinction, il doit s'appliquer même aux cas de réparations urgentes (*Arr. Cass.* 24 *sept.* 1855) ; et on ne doit avoir aucun égard à la distance (par exemple plus de 20 mètres) qui sépare la maison couverte en contravention, de l'habitation la plus rapprochée, et quand même dans la maison réparée on n'aurait pu faire de feu, n'y ayant point de cheminée (*Arr. Cass.* 6 *mai* 1852). De ce que le danger prévu par l'arrêté semble, dans ce cas, ne pas exister, il ne s'en-

suit pas que les tribunaux de police peuvent n'en tenir aucun compte ; leur devoir est de l'appliquer tel qu'il existe. C'est aux particuliers intéressés de demander à l'autorité municipale une modification dans ses prescriptions, et, si elle s'y refuse, de recourir au préfet ; jusqu'à ce que le règlement soit changé, il doit être exécuté. D'un autre côté, aucun acte de l'autorité ne devant être étendu au delà de ses termes, le règlement qui défend l'emploi, dans la *couverture* des bâtiments, de matières combustibles, n'empêche pas d'employer ces matières pour le revêtement latéral des édifices (*Arr. Cass.* 14 *déc.* 1844). Les préfets peuvent faire, à l'égard des couvertures des maisons dans tout le département, ce que les maires font pour leur commune. (*Arr. Cass.* 12 *déc.* 1845.)

701. Ce ne sont pas seulement les matériaux employés pour les couvertures qui sont de nature à s'enflammer et à communiquer l'incendie ; l'emploi du bois, surtout de certaines espèces de bois, dans la construction ou le revêtement des murs, présente le même inconvénient ; on sait quels ravages cause le feu dans les villes où les maisons sont construites en bois. De là la légalité des arrêtés municipaux qui défendent aux habitants de bâtir ou réparer leurs maisons en bois ou colombage ; outre la condamnation à l'amende, le tribunal de police doit ordonner la démolition (*Arr. Cass.* 29 *déc.* 1820). Le contrevenant n'échapperait pas à la peine en alléguant qu'il n'avait fait qu'une construction provisoire, avec l'intention de la détruire aussitôt après la mauvaise saison (*Arr. Cass.* 11 *mars* 1820). L'autorité municipale peut prescrire que les maisons d'habitation, anciennes ou nouvelles, seront construites, jusqu'au comble, en maçonnerie de pierres de taille, moellons ou briques bien cuites (*Arr. Cass.* 1er *juill.* 1853).

702. L'obligation de garantir la commune contre les dangers du feu autorise les maires, non-seulement à prohiber l'emploi de certains matériaux, mais à prescrire certaines conditions pour des parties de maisons qui, plus que d'autres, peuvent donner naissance à l'incendie. Ansi on a reconnu aux maires le droit de régler la hauteur à donner aux tuyaux de poêles, même quand ils sortent sur les cours (*Arr. Cass.* 17 *janv.* 1845). Est encore obligatoire un ancien règlement municipal qui veut que les cheminées soient assez larges pour l'introduction du ramoneur (*Arr. Cass.* 13 *avril* 1849). Il faut attribuer la même force à l'arrêté municipal défendant de pratiquer des tuyaux de cheminée dans l'épaisseur d'un mur ayant face sur la voie publique ; le contreve-

nant ne peut s'excuser sous prétexte qué les cheminées n'étaient
pas terminées lors des poursuites, qu'il les avait entreprises de
bonne foi, à l'exemple de ses voisins, et sans qu'on lui eût fait
nulle observation, qu'enfin il avait exécuté l'arrêté dès qu'il en avait
mieux connu les dispositions (*Arr. Cass.* 13 *mars* 1852). Les
règlements municipaux sur le mode de construction des cheminées
obligent aussi bien le propriétaire que l'homme de l'art qui a
construit pour ce propriétaire. (*Arr. Cass.* 30 *mai* 1844.)

703. Les règlements sur le ramonage des cheminées rentrent
évidemment dans les attributions du pouvoir municipal ; ses droits
ne paraissent pas aller jusqu'à la création d'entreprises de ramonage imposées exclusivement à tous les habitants ; on pourrait
voir là un monopole contraire à la liberté de l'industrie (*Voy.*
n° 40). Il existe, dans un grand nombre de communes, des
règlements qui veulent qu'on poursuive comme contrevenants aux
arrêtés de police ceux dans la cheminée desquels le feu aura pris ;
il y a là une présomption de culpabilité, que le prévenu doit être
admis à combattre : ce serait une iniquité de lui refuser de prouver qu'il a pris toutes les précautions exigées ; par exemple, il
doit être renvoyé des poursuites s'il est constaté qu'il a fait ramoner la cheminée où le feu s'est déclaré, à l'époque fixée par les
règlements de police, et que l'accident doit être attribué à un vice
de construction dont il ne répondait pas, le bâtiment appartenant
à la commune. (*Arr. Cass.* 25 *juin* 1842.)

704. La municipalité a des précautions à prendre relativement
aux endroits où se trouvent de grandes quantités de matières
combustibles, tels que les chantiers de bois ou de charbons. Les
dangers de ces dépôts les ont fait classer parmi les ateliers dangereux ou insalubres. Tant que l'autorité supérieure ne les a pas
réglementés, les maires conservent leur pouvoir à leur égard ;
ils peuvent défendre d'empiler du bois contre les murs des maisons et cheminées, soit absolument, soit jusqu'à une certaine
hauteur : le contrevenant ne peut se faire excuser sous prétexte
que le bois est déposé sur un terrain qu'il a affermé et à l'occasion duquel il est en contestation avec le propriétaire. (*Arr. Cass.*
3 *sept.* 1807.)

705. Les dépôts de paille et de foin sont d'autant plus dangereux que l'incendie peut s'y déclarer même spontanément ; aussi
des arrêts ont déclaré obligatoire un arrêté municipal qui défend
de placer des meules de paille à 20 mètres des cheminées (*Arr.*
Cass. 18 *avril* 1828), celui qui défend d'établir des meules de

foin, paille, blé, fagots, landes et autres matières combustibles à moins de 40 mètres des habitations, maisons et logements, sans que les contraventions puissent être excusées sous le prétexte de la désuétude du logement (*Arr. Cass.* 2 *mars* 1844), celui d'un préfet qui défend de placer des meules de grains et de fourrages à moins de 100 mètres de distance des habitations et exploitations; le prévenu ne pourrait alléguer comme excuse qu'il n'aurait déposé les meules que provisoirement (*Arr. Cass.* 20 *sept.* 1822). Sans doute il est à désirer que les règlements municipaux fassent une exception pour les meules formées momentanément dans le but d'éviter, aussitôt après la récolte, les effets de la pluie. Mais si les termes du règlement n'admettent pas cette exception, il n'est point permis aux juges de la suppléer. Les maires pourront, à cet égard, s'inspirer de la loi spéciale sur la police des chemins de fer, du 15 juillet 1845 : elle défend d'établir des meules de paille, ou de fourrages ou d'autres matières inflammables à moins de 20 mètres des chemins desservis par des machines à feu; et elle excepte de la prohibition les dépôts de récoltes faits seulement pour le temps de la moisson. Du reste, quand une pareille prohibition est établie par un arrêté municipal, à l'égard des habitations, elle s'entend aussi bien des lieux clos et privés que des endroits ouverts et publics (*Arr.* 7 *sept.* 1848); si ce sont les bois autres que ceux de chauffage ou rondins que le règlement défend d'empiler, l'infraction ne peut avoir pour excuse la petite quantité du bois, l'exiguïté du logement du prévenu, ni, comme nous l'avons déjà dit, la désuétude. (*Arr. Cass.* 14 *août* 1852.)

706. Plus une matière est inflammable, plus la municipalité doit augmenter les précautions; aussi a-t-il été jugé que l'arrêté d'un maire qui interdit, dans l'intérieur de la ville, tout dépôt d'huile de pétrole, est obligatoire, et que la violation est réprimée par le tribunal de police. (*Arr. Cass.* 4 *janv.* 1840.)

707. Les maires peuvent prendre des mesures rigoureuses pour empêcher que les personnes qui tiennent ou portent du feu ne le mettent en contact avec des matières inflammables placées ou passant près d'elles. C'est pour prévenir l'incendie des chariots chargés de foin, paille, ou autres matières facilement combustibles, qu'on a reconnu la force obligatoire d'un arrêté défendant à toutes personnes de porter, soit de nuit, soit de jour, dans les rues, des tisons ardents, des morceaux de bois allumés, ou d'autres combustibles en ignition (*Arr. Cass.* 6 *juin* 1807); de

celui qui interdit de transporter de la braise dans l'intérieur d'une ville autrement que dans un vase couvert ; l'usage contraire ne serait pas une excuse valable. (*Arr. Cass.* 28 *mars* 1844.)

708. La généralisation excessive de l'habitude de fumer, en tout lieu et à toute heure, doit éveiller la sollicitude spéciale des maires. Des incendies considérables, des malheurs individuels terribles sont dus fréquemment aux imprudences des fumeurs, particulièrement à la déplorable légèreté avec laquelle des bouts de cigarre non éteints sont lancés au loin, sans le moindre souci de l'endroit où ils tomberont et des catastrophes qui en pourront résulter. Les règlements des chemins de fer sont impuissants pour conjurer le mal, qui rencontre souvent l'incurie, si ce n'est la complicité des agents chargés de le réprimer. Il faut que, du moins, l'action du pouvoir municipal se fasse sentir, dans tous les lieux où elle peut pénétrer, pour atténuer les abus de l'usage de fumer ; il faut aussi que les agents de la surveillance remplissent exactement leur mission. Les maires peuvent, par leurs règlements, interdire de fumer dans tous les lieux publics, principalement à proximité des arbres, des forêts, des champs non moissonnés ; de jeter des bouts de cigarre ou des allumettes dont le feu n'est pas éteint, en quelque endroit que ce soit, soit sur la voie publique, soit de la voie publique dans une habitation ou un bâtiment privé.

L'action de fumer peut être défendue quand elle a lieu à une porte ou fenêtre donnant sur la voie publique, ou du moins, dans l'état actuel des mœurs qui n'admettrait pas une prohibition absolue, des précautions peuvent être imposées aux fumeurs, par exemple, celle de ne pas fumer dans les rues ou près des granges avec une pipe non fermée (*Arr. Cass.* 5 *sept.* 1842 ; 15 *déc.* 1827). Mais il ne serait pas légal d'exiger la même chose d'un propriétaire fumant dans l'intérieur de son habitation, de sa grange, de son grenier. Comment, d'ailleurs se constateraient les contraventions commises au sein du foyer domestique ? Cette dernière observation nous ferait douter, sinon de la légalité, du moins de l'efficacité du règlement qui ordonnerait aux habitants, sans distinction du dedans ou du dehors des habitations, de n'approcher du foin avec une lumière qu'autant qu'elle serait enfermée dans une lanterne. (*Arr. Cass.* 5 *déc.* 1833.)

709. Le tir de pièces d'artifice présente des dangers non-seulement pour les propriétés qu'elles peuvent incendier, mais aussi pour les personnes qu'elles peuvent blesser : aussi l'autorité mu-

nicipale a-t-elle le droit de l'interdire dans l'intérieur des villes,
et quand la prohibition est générale, elle doit s'observer non-
seulement sur la voie publique, mais aussi dans les enclos et
jardins situés dans l'enceinte de la ville, et le maire ne peut
accorder une dispense individuelle (*Arr. Cass.* 12 *déc.* 1846).
Dans les jours de réjouissances publiques, il arrive souvent, notamment à Paris, où pourtant la prohibition existe, que des
pétards soient tirés dans les rues, et qu'il en résulte des accidents.
L'interdiction des fusées volantes, en particulier, peut être ordonnée, ou leur emploi soumis à une permission préalable. Les
maires peuvent ordonner des précautions pour la conservation
dans les magasins, et pour la vente des pièces d'artifice, et pour
que dans les fabriques de poudre, pièces d'artifice, capsules fulminantes, allumettes, gaz hydrogène, etc., quoique soumises à
des règlements particuliers, les matières inflammables soient
placées et conservées de manière à prévenir l'ignition.

710. Dans certaines contrées il est d'usage d'allumer, à des
époques de fête, des feux de joie. Il entre dans le droit du maire
de ne les autoriser qu'à des conditions de garantie contre les incendies, et même de les interdire absolument. Quand un règlement
municipal défend, d'une manière générale, d'allumer du feu avec
du bois, de la paille ou autres débris, dans les rues et dans les
cours des maisons, cette interdiction est légale, et elle comprend
aussi bien les feux allumés pour une opération industrielle que
ceux qui le sont par plaisir. (*Arr. Cass.* 25 *juin* 1859.)

711. Empêcher que l'eau manque au moment où un incendie
éclaterait, c'est prendre une sage précaution. Aussi a-t-il été jugé
qu'un arrêté municipal peut ordonner que les eaux de la fontaine
de la commune suivront leur cours ordinaire, sans interruption,
pendant deux jours de la semaine (*Arr. Cass.* 5 *nov.* 1825).
La contravention à un arrêté qui défend de puiser de l'eau dans
les abreuvoirs publics, pour en remplir des cuves ou tonneaux,
ne peut être excusée sous prétexte que les bassins sont restés
pleins, et que les contrevenants avaient un urgent besoin d'eau
pour commencer leurs travaux. (*Arr. Cass.* 4 *août* 1837.)

712. Il rentre aussi dans les attributions du pouvoir municipal
d'ordonner des rondes de nuit pour prévenir les tentatives des
incendiaires. (*Arr. Cass.* 22 *juill.* 1819 ; 3 *avril* 1830.)

713. Dans tous les cas où les mesures tendant à prévenir les
incendies consistent en prohibitions ou injonctions relatives à
certaines constructions ou à certains modes de construire, les

tribunaux de police doivent, indépendamment de la condamnation
à la peine, ordonner la destruction des ouvrages faits en contravention. C'est une règle générale pour toutes les contraventions
aux arrêtés de police. Mais le droit municipal de prévenir les
incendies ne va pas jusqu'à ordonner la démolition de constructions déjà existantes, par exemple de barraques en planches; il
peut seulement défendre d'en élever à l'avenir. (*Arr. Cass.* **28**
nov. 1856.)

De même, si les précautions contre l'incendie peuvent soumettre certaines industries à des conditions plus ou moins gênantes, elles ne sauraient en aucun cas, autre que ceux prévus
par les lois, interdire l'exercice d'une industrie. Jugé, en conséquence, que l'arrêté municipal qui, au lieu de se borner à prescrire les mesures de précaution nécessaires pour prévenir les
dangers d'incendie qu'un établissement industriel fait courir aux
propriétés voisines, ordonne la fermeture de cet établissement,
est illégal. (*Arr. Cass.* **23** *nov.* 1850.)

714. Malgré la plus active surveillance, malgré les précautions
réglementaires les mieux combinées, un incendie peut éclater. La
loi investit alors le maire de la mission d'en arrêter les effets. Il
peut, dans ce but, prendre toutes les mesures, donner tous les
ordres nécessaires. Ses arrêtés, pris d'urgence, sont immédiatement exécutoires. C'est lui qui, dès qu'il est sur les lieux, a la
direction de tout ce qui doit se faire. Il fait les réquisitions de
secours, droit qui appartient aux autorités administratives en
général, tels que commissaires de police, gendarmerie, etc. Le
refus d'obtempérer aux réquisitions légales de secours délivrées
par le maire, non-seulement à l'occasion des incendies, mais pour
toute autre espèce de fléaux ou d'accidents publics, est puni, non
par l'art. 471, n° 15 du Code pénal, mais par l'art. 475, n° 12, qui
prononce une peine plus forte pour ce cas spécial.

715. Les épidémies et les épizooties sont rangées par la loi
parmi les accidents et les fléaux calamiteux, que les municipalités
sont chargées de prévenir ou de soulager. Quand une épidémie
est menaçante, les maires doivent faire tous les arrêtés qui
peuvent retarder sa marche, peut-être l'empêcher d'éclater, en
indiquant aux habitants les meilleures mesures hygiéniques, en
veillant à la salubrité des habitations, en établissant à l'avance
des secours pour les malades, en rassurant publiquement les esprits. Si l'invasion du mal est imminente ou accomplie, les autorités municipales doivent redoubler de surveillance et d'activité;

elles peuvent instituer des commissions de secours ou de visite, prescrire des mesures de salubrité, prévenir par des avis, et, au besoin, par des mesures de police, les émotions publiques causées quelquefois par l'invasion des maladies contagieuses. Les droits des maires, dans ces circonstances, prennent une extension nécessitée par le péril; il importe toutefois de les concilier avec ceux de la propriété privée : à cet égard, il a été jugé qu'un arrêté municipal ordonnant à un propriétaire de creuser un fossé sur son fond, pour l'écoulement des eaux malsaines, n'est pas obligatoire. (*Arr. Cass.* 3 *mai* 1833.)

716. Il en est des épizooties comme des épidémies; les maires doivent agir de manière à empêcher la contagion de se répandre, ou à la prévenir. Quand le propriétaire ou détenteur d'un animal soupçonné d'être attaqué d'une maladie contagieuse, en a averti le maire, comme le Code pénal lui en fait une obligation rigoureuse, ce fonctionnaire doit immédiatement faire procéder à une expertise. S'il s'agit d'une maladie qui se gagne par le contact des animaux, comme la morve, le charbon, le maire a le droit de prendre des mesures d'isolement, et ses arrêtés sont immédiatement exécutoires. En vertu d'un arrêté du Directoire exécutif du 25 messidor an V, l'arrêt du conseil du 16 juillet 1784 est encore en vigueur, et forme un règlement de haute police, obligatoire pour toute la France, concernant les maladies épizootiques. C'est en vertu des dispositions légales sur l'épizootie qu'il a été décidé que lorsqu'un maire a des raisons de croire qu'un troupeau a été infecté d'une maladie contagieuse, il peut, avant même d'avoir fait constater le fait, cantonner le troupeau sur une partie du terrain soumis au parcours ou à la vaine pâture. (*Arr. Cass.* 1er *févr.* 1822.)

§ 18. — DES ARRÊTÉS CONCERNANT LA SALUBRITÉ EN GÉNÉRAL.

747. La loi du 24 août 1790 confie à l'autorité et à la vigilance des municipalités des objets spéciaux qui se rattachent à la salubrité de la commune : le balayage et le nettoiement des voies publiques ; la défense de rien jeter ou exposer qui puisse causer des exhalaisons nuisibles ; l'inspection sur la salubrité des comestibles exposés en vente ; le soin de prévenir ou faire cesser les épidémies ou épizooties. Cette énumération est-elle limitative, et en résulte-t-il que les maires n'ont pas le droit de prendre des arrêtés relatifs à la salubrité de la commune dans les cas autres que ceux qui viennent d'être rappelés? Le bon sens répugne à

cette interprétation, qui mettrait les maires dans l'impossibilité de pourvoir à une condition essentielle du bien-être de la commune. Nous avons déjà dit, en exposant l'énumération générale des objets que la loi de 1790 confie aux soins des municipalités, que cette énumération ne peut pas être considérée comme exclusive. Ajoutons, quant à la salubrité, que la lacune que nous signalons est comblée d'une manière suffisante par la loi du 14 décembre 1789, constitutive du nouveau système municipal. dont l'article 50 pose ce principe : les fonctions propres au pouvoir municipal sont.... de faire jouir les habitants des avantages d'une bonne police, notamment de la propreté, de la *salubrité*, de la sûreté et de la tranquillité dans les rues, lieux et édifices publics.

718. La jurisprudence a constamment sanctionné les arrêtés municipaux contenant des mesures de salubrité autres que celles énumérées dans la loi de 1790, lorsque d'ailleurs, ils n'excèdent pas les limites des attributions municipales. Le droit des maires doit être concilié, ce qui n'est pas toujours facile, avec les prérogatives de la propriété privée ; nous en avons donné des exemples (*Voy. art.* 1er n° 418); on va en voir d'autres encore. De même les arrêtés sur la salubrité cessent d'être obligatoires s'ils portent atteinte à la liberté individuelle ou industrielle. Dans cette matière, le principe est incontestable ; il n'y a d'embarrassant que les applications que les maires sont appelés à en faire. Si les citoyens y voient un excès de pouvoir, un arbitraire illégal, ils ont un recours ouvert contre l'arrêté devant le préfet, et les tribunaux en refuseraient l'exécution s'il n'était pas dans les limites légales.

719. L'intérêt de la salubrité ne saurait fournir un prétexte pour ériger en monopole l'exercice d'une industrie, autoriser, par exemple, un maire à confier à une seule entreprise exclusivement le droit d'opérer, dans la commune, la vidange des fosses d'aisance. (*Voy. ci-dessus art.* 1er, n° 407.)

720. La police de tous les lieux publics appartient aux maires sous le rapport de la salubrité, comme sous celui de la sûreté, de la tranquillité, du bon ordre. Est donc obligatoire l'arrêté qui défend de faire sur la voie publique des dépôts d'immondices autres que ceux provenant des balayures, et il s'applique à un individu qui fait des ordures sur la voie publique, le long d'un mur particulier (*Arr. Cass.* 8 sept. 1837). Les maires ont une action directe sur les cafés, cabarets, auberges, débitants de boissons, etc., considérés comme lieux publics ; aussi a-t-on jugé

qu'ils peuvent prescrire aux maîtres de ces établissements de placer, dans leur domicile, ou même sur la voie publique s'ils ne peuvent le faire à l'intérieur de leur domicile, des urinoirs, à l'usage des personnes qui fréquentent leurs maisons. (*Arr. Cass.* 12 *oct.* 1850.)

721. C'est pour assurer la salubrité publique que compromettraient les exhalaisons nuisibles des eaux où on trempe le poisson salé, qu'un maire peut défendre aux épiciers, marchands de poissons et autres, de tenir et étaler dans leurs maisons et boutiques ou sur les rues et places publiques, de la morue ou autre poisson salé trempé ; les contrevenants ne peuvent être renvoyés des poursuites sous prétexte que l'arrêté porte atteinte à l'exercice de la libre industrie d'une classe de marchands (*Arr. Cass.* 26 *janv.* 1821). Un arrêté est légal quand il défend de laisser couler sur la voie publique du sang, des eaux grasses ou sales provenant de l'intérieur des maisons ; et il atteint celui qui a laissé couler des eaux répandant des exhalaisons infectes produites par le tannage de peaux dans une maison, alors même que l'habitant exercerait depuis longtemps la profession de mégissier (*Arr. Cass.* 16 *juin* 1832). D'après les mêmes raisons, l'autorité municipale peut et doit empêcher que les fosses d'aisances, les égouts, puisards ou puits perdus, appartenant à des particuliers, s'étendent sous le sol des voies publiques quelconques ; le conseil d'État a même reconnu aux maires le droit de prohiber le passage dans une ruelle par mesure de salubrité. (*Décr. du* 19 *sept.* 1806.)

722. Les maires, aux termes du décret du 23 prairial an XII, sont chargés de la police des cimetières ; ils peuvent donc prendre des règlements et précautions pour assurer la salubrité des inhumations et des exhumations qui s'y font. Ils ont aussi le droit de faire des arrêtés sur le placement des amphithéâtres de dissection, leurs dispositions, les conditions de salubrité auxquelles les opérations pourront y avoir lieu.

723. L'arrosement des rues et places est une mesure de salubrité qui peut être mis, par les règlements municipaux, à la charge des propriétaires riverains, comme un complément du nettoiement. Dans beaucoup de villes l'arrosage est l'objet d'une entreprise, qui est alors à la charge de la commune.

724. Le droit municipal s'exerce sur la salubrité des rivières, du moins durant leur trajet à travers la commune. Ainsi les maires peuvent défendre aux habitants de faire rouir du chanvre dans les rivières, y empêcher le lavage des laines grasses, etc., interdire

11.

d'y jeter des immondices ou toute espèce d'objets malsains. Serait obligatoire l'arrêté qui défendrait de nettoyer des ustensiles de cuivre dans les bassins d'une fontaine publique (*Arr. Cass.* 4 *août* 1837) ; celui qui, pour l'assainissement d'un cours d'eau traversant la ville et servant de lavoir aux riverains, prescrit la suppression des conduits de latrines établis sur ce cours d'eau. (*Arr. Cass.* 28 *févr.* 1861.)

725. Les ateliers qualifiés insalubres sont soumis, suivant leurs classes, à certaines conditions d'autorisation. Même lorsqu'ils ont été autorisés, ils peuvent être soumis, par la municipalité, à des mesures et réglementations de salubrité ; pourvu qu'elles ne contredisent pas les clauses de l'autorisation accordée par l'administration supérieure, par exemple, il a été jugé, à l'égard d'une féculerie, que celui qui a contrevenu à un règlement municipal ordonnant de transporter les résidus à une certaine distance des habitations, ne peut être relaxé sous prétexte qu'il a transformé ces résidus en tourteaux (*Arr. Cass.* 1er *déc.* 1842). Si un établissement de l'espèce de ceux que le décret du 15 décembre 1810 qualifie insalubres est exploité sans avoir été autorisé, l'autorité municipale est en droit de le soumettre à toutes les mesures propres à prévenir ou faire cesser les inconvénients de l'insalubrité, et même, s'il y avait urgence, d'ordonner la suppression ; c'est ce qu'avait fait un maire qui, durant une épidémie cholérique, avait ordonné de transférer à cent mètres au moins hors de la ville toutes les triperies non autorisées (*Arr. Cass.* 13 *nov.* 1835). Sur les boucheries et abattoirs, voy. ci-dessus § 16.

726. Indépendamment des ateliers ou établissements légalement déclarés insalubres, il y a des métiers dont l'exercice peut entraîner, pour la localité, de mauvaises conditions de salubrité. Pour ceux-là, le maire a le droit de les assujettir à des précautions plus ou moins rigoureuses ; par exemple, il peut prescrire à un marchand dont l'industrie n'est pas classée, de transporter hors de la ville un dépôt d'os répandant une odeur putride et dangereuse pour la salubrité publique (*Arr. Cass.* 21 *déc.* 1848). On pense même qu'il peut écarter entièrement de la commune les industries non classées ; M. Merlin, *Répert.*, v° *Maire*, conseille, dans ce cas, de prendre l'avis motivé d'un ou plusieurs médecins, afin de bien constater que le maire n'agit que dans l'intérêt de la salubrité, et non par aucune considération hostile à la profession repoussée.

727. La propriété privée, ainsi qu'on l'a vu n° 418, peut

être atteinte par les arrêtés de police lorsqu'il s'y fait des actes qui ont une influence certaine et fâcheuse sur la salubrité publique ; il est évident que si d'un foyer d'infection placé dans une propriété particulière il s'échappe des miasmes malsains, le rayonnement ne s'arrêtera pas, du moins le plus ordinairement, et dans l'intérieur des villes, à la limite de la propriété d'où il part, et qu'il se répandra sur la voie publique et sur les habitations voisines. Tel est le fondement de diverses applications du pouvoir municipal. Ainsi, afin d'éviter les maladies qui attaquent les animaux dans les écuries et étables mal tenues, et produisant au dehors des émanations insalubres, le maire peut prescrire des mesures d'assainissement pour cette partie des constructions. Il n'a pas besoin d'interdire les dépôts d'immondices sur la voie publique : la loi a statué ; mais il peut et doit le faire quand ces dépôts, pratiqués dans une propriété privée, produisent des exhalaisons nuisibles (*Arr. Cass.* 6 *févr.* 1823); un contrevenant ne pourrait être soustrait à la condamnation par cela qu'il aurait adressé une pétition contre la validité de l'arrêté municipal (*Arr. Cass.* 9 *mai* 1828). Est également obligatoire l'arrêté par lequel un maire fait défense aux habitants de former aucun dépôt de boues et d'immondices, et de continuer d'en transporter, sans son autorisation, sur un point quelconque de la commune (*Arr. Cass.* 9 *oct.* 1832). Il en est de même de l'arrêté qui prohibe le curage des fossés : la qualité de propriétaire des fossés ne dispense pas de l'observation de ce règlement (*Arr. Cass.* 11 *févr.* 1830), non plus que de celui qui ordonnerait d'éloigner des propriétés particulières les matières susceptibles d'infecter l'air et de compromettre la salubrité publique (*Arr. Cass.* 6 *févr.* 1829). Il peut être défendu, dans un intérêt de salubrité publique, de conserver, à l'intérieur des maisons particulières, des dépôts de suif ou de graisses fraiches (*Arr. Cass.* 18 *mai* 1850). A été déclaré légal et obligatoire l'arrêté municipal qui interdit de placer des écuries le long de la voie publique (*Arr. Cass.* 1ᵉʳ *mars* 1851). Nul doute sur la validité d'un règlement qui défendrait d'avoir, dans le voisinage des habitations, des dépôts de fumier : cette décision est conforme aux principes que nous venons de rappeler : mais nous hésiterions à souscrire à l'extension qui a été donnée à un arrêté contenant cette disposition, quoiqu'il n'interdit que les dépôts de *fumiers*, expression dont le sens est spécial et ne se confond pas avec la désignation d'autres matières, la cour suprême a décidé que la prohibition devait être considérée comme générale, et non comme restreinte aux fumiers corrompus , bien que ce ne fût que postérieurement qu'il eût été ajouté une mention comprenant « les autres immondices capables de répandre l'infection » (*Arr. Cass.* 27 *juill.* 1854). L'interprétation des lois pénales doit être restrictive, et le texte de l'arrêté appliqué nous semble résister à celle qui a été adoptée.

728. Le Code de la police rurale ordonne d'enfouir immédiatement les animaux morts. L'autorité municipale peut prescrire la même mesure dans l'intérieur des communes, pour les animaux qui ne sont propres à aucun usage après leur mort, ou pour ceux qui seraient morts de telle ou telle maladie, par exemple un cheval mort de la morve (*Arr. Cass.* 7 *juin* 1839). L'enfouissement de matières animales corrompues ou susceptibles d'une prompte décomposition peut aussi être ordonné ; tel est celui des chrysalides des vers à soie qui sont employés à la nourriture des porcs, des matières animales entassées pour favoriser l'éclosion des vers destinés à la pêche. La contravention à un tel arrêté, résultant de la conservation ou de la vente de matières dont l'enfouissement était ordonné, ne peut être excusée sous prétexte que de pareilles ventes se faisaient publiquement, avec la tolérance de l'autorité ; que chacun est libre de tirer parti de ce qui lui appartient ; que les matières dont il s'agit sont tenues à une telle distance des maisons particulières et de la voie publique qu'il ne saurait en résulter aucune incommodité ; que ces matières, quoique répandant une odeur incommode, ne sont point insalubres. (*Arr. Cass.* 12 *juin* 1828.)

729. Les parties des propriétés privées dont l'usage peut devenir nuisible à la santé publique tombent sous le droit de la réglementation municipale ; le maire peut donc prendre des arrêtés relatifs à l'établissement, au curage et nettoyage des citernes, puisards, égouts, fosses d'aisance, dans les propriétés particulières. Les arrêtés de cette [nature ne doivent, pas plus qu'aucun autre, être étendus au delà de leurs termes ; ainsi un particulier qui a creusé une fosse près de la voie publique, mais sur son terrain et de manière à ne pouvoir pas nuire à la salubrité de l'air, ne peut être puni comme contrevenant à un règlement de police qui défendait de déposer du fumier dans les rues. (*Arr. Cass.* 15 *oct.* 1825). L'autorité municipale peut, comme nous venons de le dire, ordonner d'établir des fosses d'aisance dans les maisons particulières. Si un arrêté municipal a prescrit aux propriétaires de le faire dans un délai déterminé, le tribunal de police doit, sur

la demande du ministère public, non-seulement condamner les contrevenants à l'amende, mais encore ordonner qu'il soit procédé à leurs frais à la construction des fossés. (*Arr. Cass.* 18 *août* 1860.)

730. Nous n'avons rien à dire des règlements concernant la salubrité des comestibles mis en vente ; nous avons traité ce sujet ci-dessus § 15.

731. On a contesté, en se fondant sur le droit qu'a chaque citoyen de faire ce qui lui plaît dans l'intérieur de son domicile, la légalité des arrêtés par lesquels il est défendu aux habitants de garder dans l'enceinte des villes des animaux immondes, tels que porcs, sangliers, lapins, oies, canards, pigeons, etc. Une prohibition absolue nous semblerait, à l'égard de la plupart des animaux qu'on peut considérer comme immondes, excéder les limites des attributions municipales ; mais le maire nous paraît avoir le droit de fixer des conditions d'espace, d'aménagement, de nettoiement, sans lesquelles les émanations de ces animaux et de leurs excréments pourraient devenir dangereuses. C'est sous la réserve de cette restriction que nous entendrions l'arrêt de la cour de cassation, portant qu'un tribunal de police ne peut refuser de punir, comme n'étant atteinte par aucune loi, la contravention à un arrêté municipal défendant de garder, dans l'intérieur d'une commune, des porcs et autres animaux immondes (*Arr. Cass.* 6 *fév.* 1807), et la contravention à un arrêté interdisant d'élever et nourrir dans la ville, des lapins, pigeons, etc. (*Arr. Cass.* 1er *juill.* 1808). Les prohibitions ne devant pas s'étendre au delà de leurs termes, la défense, par un règlement municipal, de nourrir, dans les maisons, des porcs, pigeons, lapins et autres animaux qui peuvent causer de l'infection, n'emporte pas celle de posséder des coqs. (*Arr. Cass.* 23 nov. 1849.)

§ 19. — Arrêtés concernant la divagation des fous et des animaux.

732. L'énumération, faite par la loi de 1790, des objets spécialement confiés à la vigilance et à l'autorité des maires, se termine par « le soin d'obvier ou de remédier aux événements fâcheux qui pourraient être occasionnés par les insensés ou les furieux laissés en liberté, et par la divagation des animaux malfaisants ou féroces. » Cette attribution est confirmée, quant aux insensés, par la loi du 30 juin 1838, sur les aliénés, qui veut qu'en cas de danger imminent, les maires ordonnent, à l'égard des per-

sonnes atteintes d'aliénation mentale, toutes les mesures provisoires nécessaires, à la charge d'en référer, dans les 24 heures, au préfet qui statue sans délai (*art.* 18 et 19). Quand il n'y a pas urgence, la même loi règle tout un système de mesures bienfaisantes et de garanties pour le placement des malheureux dont la raison est troublée. Il n'est besoin d'aucun arrêté pour faire punir les individus qui, ayant sous leur garde des insensés ou des furieux, les laissent divaguer ; le Code pénal les atteint : art. 475, n° 7.

733. La divagation des animaux malfaisants est surtout dangereuse dans les campagnes ; les inconvénients en sont prévenus par les actes des maires chargés de la police rurale (*Voy.* § 1er). Nous ne répéterons pas ce que nous avons dit à ce sujet ; il sera facile de voir quelles sont les dispositions rurales applicables à la police intérieure des communes. Les unes et les autres, de même que l'article 475 n° 7 du Code pénal, supposent qu'il s'agit de la divagation d'animaux malfaisants et féroces, ce qui semblerait laisser celle des animaux purement domestiques en dehors de toute action de l'autorité municipale ; mais cette conclusion, prise dans un sens absolu, serait inexacte, dangereuse, inconciliable avec les exigences d'une bonne police. Au rang des animaux malfaisants ou féroces, il ne faut pas placer seulement ceux qui le sont par la nature de leur race, mais encore ceux qui, appartenant à une race généralement inoffensive, ont individuellement des instants féroces ; par exemple un chien qui mord, un cheval qui rue, un bœuf ou une vache qui donne des coups de corne ; le maire a le droit de prendre des arrêtés pour prévenir les malheurs que des défauts de cette espèce peuvent occasionner, et ordonner, dans les cas particuliers qui viendraient à se déclarer, les mesures nécessaires. Les porcs ont été considérés comme malfaisants par leur nature, ce qui, toutefois, a été contesté. Les chevaux, surtout les étalons, pouvant développer, à un moment donné, des défauts dangereux, on ne peut guère refuser aux maires le pouvoir de soumettre à des conditions la circulation de ces animaux sur la voie publique. La loi elle-même prévoit la violation des règlements sur la rapidité et la mauvaise direction des attelages de voitures. (*Cod. pén., art.* 475, *n°* 4.)

734. Ainsi que nous l'avons fait pressentir, le pouvoir réglementaire municipal n'est pas désarmé contre les périls de la divagation des animaux domestiques. C'est son devoir et son droit d'assurer, par des arrêtés, la sûreté et la commodité du passage

sur la voie publique, contre la présence ou la divagation des animaux qui pourraient produire de l'encombrement, ou causer du préjudice, soit aux personnes, soit aux propriétés; il peut, dans cet intérêt, défendre de laisser divaguer des troupeaux sur les promenades publiques, des chevaux ou juments dans les rues (*Arr. Cass.* 17 oct. 1822, 27 *août* 1825). Toutefois, on le comprend aisément, il y aurait abus si un maire défendait, d'une manière absolue, en toute saison, et alors même que rien ne ferait craindre un danger public, la sortie d'une espèce d'animaux inoffensifs; c'est ainsi qu'on a regardé comme excessifs des arrêtés municipaux prohibant absolument la sortie et l'usage des chiens lévriers. (*Arr. Cass.* 16 *déc.* 1826, 20 *juin* 1842.)

735. C'est encore en vertu de leurs droits, fort étendus sur tout ce qui se passe dans la voie publique, que les maires peuvent défendre la divagation d'animaux dont la présence serait contraire à la salubrité ou à la propreté publiques; ils prohibent donc légalement la circulation, dans les rues et places, d'animaux tels que les cochons et les oies (*Arr. Cass.* 20 *juin* 1842, 2 *juin* 1821), les canards (*Arr.* 20 *août* 1844), les volailles de toute espèce, ce qui comprend les poules aussi bien que les canards (*Arr. Cass.* 4 *mars* 1826, 13 *déc.* 1843, 20 *août* 1844). Ces sortes de règlements semblent ne pas pouvoir être contestés, quant à leur légalité, en présence de la jurisprudence qui sanctionne même ceux qui défendent aux habitants d'entretenir chez eux des animaux immondes. (Voy. § 18.)

736. Les animaux qui donnent le plus souvent lieu à une réglementation municipale, ce sont les chiens. Remarquez d'abord qu'il y a des espèces de chiens dont les instincts féroces autorisent une entière proscription; ainsi, à Paris, les ordonnances de police interdisent la circulation, sur la voie publique, de chiens appelés boules-dogues. En dehors des espèces essentiellement malfaisantes, l'autorité municipale peut et doit ordonner, non pas une interdiction, mais des mesures de précaution: la prohibition de la divagation de tous les chiens est légale dans certaines saisons, ou dans certaines circonstances accidentelles, en vue de prévenir l'invasion ou la propagation de la rage. Si la divagation des chiens a été défendue par des motifs d'intérêt pour la sûreté des personnes, les tribunaux de police doivent appliquer les arrêtés de prohibition, sans y introduire aucune modification ni distinction. (*Arr. Cass.* 11 nov. 1824.)

Quelle que soit la nature ou l'étendue des mesures prises par les municipalités relativement à la divagation des chiens, toutes les espèces y sont soumises, à moins qu'il n'y ait des exceptions formelles, ce qui a lieu, dans quelques cas, mais ne peut se suppléer, par exemple, à l'égard des chiens de berger.

La précaution habituelle que l'autorité prend est d'ordonner que les chiens circulant sur la voie publique soient muselés : les arrêtés qui le prescrivent sont légaux et obligatoires (*Arr. Cass.* 1ᵉʳ *juill.* 1842). Il arrive quelquefois que les maires se contentent, comme ils en ont le droit, d'ordonner qu'aucun chien ne puisse sortir sans porter un collier, ou une marque attachée à un cordon, avec indication du nom de leur maître (*Arr. Cass.* 5 *août* 1841). Au lieu de cette précaution, insuffisante pour prévenir les accidents qui peuvent résulter de la frayeur ou de l'excitation d'un animal circulant sur la voie publique, les maires disposent souvent que les chiens même muselés ne devront sortir que conduits en laisse, soit en tous lieux, soit, comme cela a lieu à Paris, dans les promenades et jardins publics fermés. Les tribunaux ne peuvent, sous aucun prétexte, se dispenser d'appliquer les arrêtés ordonnant de conduire les chiens muselés et en laisse; ils ne sauraient s'y refuser par le motif que les infractions ne sont punies par aucune loi (*Arr.* 22 *oct.* 1829), que les chiens étaient destinés à la conduite d'un troupeau (*Arr. Cass.* 15 *déc.* 1827, 1ᵉʳ *juill.* 1842), que ces animaux se seraient échappés (*Arr. Cass* 15 *déc.* 1827, 20 *janv.* 1837; 4 *oct.* 1845); qu'ils n'avaient pas cessé d'être sous la garde de leur maître (*Arr. Cass.* 24 *juin* 1843), que le chien était jeune, et marchait près de son maître (*Arr. Cass.* 5 *août* 1831), que le contrevenant était étranger à la ville, et n'aurait pas eu connaissance du règlement (*Arr. Cass.* 14 *mai* 1853). Ces arrêtés, quand ils ne sont pas expressément limités à une certaine durée de mois ou d'années, continuent d'être obligatoires tant qu'ils n'ont pas été abrogés (*Arr. Cass.* 8 *août* 1846). La loi du 22 juillet 1791 vient au secours de la vigilance municipale en décidant qu'après avoir recommandé, par un arrêté publié et affiché, de tenir les chiens à l'attache et de ne les laisser sortir que pourvus d'une muselière, peuvent faire tuer ceux qui seraient trouvés errants. Une circulaire énergique du ministre de la police générale, du 12 juillet 1852, après avoir rappelé les prescriptions des lois et les droits des maires relativement aux précautions à prendre pour prévenir les désastres causés par les chiens enragés, conclut ainsi : « Des mesures sévères et promptes doivent être prises pour la destruction immé-

diate des chiens qu'on laisserait errer dans les rues ou sur les
chemins sans les avoir muselés et mis dans l'impuissance de nuire.
Le dépôt sur la voie publique de substances empoisonnées présente des inconvénients graves, et ce moyen ne doit être employé
que dans les grandes villes; mais les maires de toutes les communes peuvent faire conduire en fourrière les chiens trouvés en
contravention, et faire abattre ceux qui, au bout de quelques
jours, ne seraient pas réclamés. » Au § 1er, nous avons parlé des
précautions que les maires peuvent prendre contre les chiens
enragés ou ceux que l'on peut craindre de voir atteints ou menacés
de cette horrible maladie.

ARTICLE III. — Publication nouvelle des anciens règlements.

737. Les maires ne sont pas autorisés seulement à prendre des
arrêtés de police sur tous les objets que l'on vient de voir confiés
par les lois à leurs soins, mais aussi à publier de nouveau les lois
et règlements de police, et à rappeler les citoyens à leur observation (*L.* 18 *juill.* 1837, *art.* 11). Quand ils donnent cette publicité nouvelle à des lois, décrets, règlements d'administration
publique, leurs arrêtés n'ajoutent rien à la force de ces actes, qui
seraient aussi exécutoires sans ce rappel. La nouvelle publication
ne fait que rafraîchir la mémoire des citoyens qui s'exposeraient
à des peines s'ils ne faisaient pas ce que les dispositions légales
de police leur imposent, ou s'ils faisaient ce qu'elles leur défendent, faute d'en avoir le souvenir présent.

738. Si l'acte publié de nouveau est un arrêté de police, émané
de la municipalité, le maire de la même commune peut se borner
à en rappeler le texte, et à en prescrire l'observation; il a aussi
le droit d'y introduire des modifications. Il est bon, l'on pourrait
même dire nécessaire, quand un maire change, sur une matière,
les précédents règlements, qu'il ne se borne pas à publier les dispositions qu'il abroge, laissant aux autres leur entier effet, mais
qu'il comprenne dans une même publication l'ensemble des dispositions, tant anciennes que nouvelles, et qu'il les fonde dans
un même règlement. C'est la manière la plus sûre de bien faire
connaître aux citoyens leurs obligations. Si le maire n'emploie
pas ce procédé, il doit, du moins, quand il change certains articles
ou certaines parties d'arrêtés antérieurs, reproduire textuellement les dispositions abrogées, avant d'énumérer celles par lesquelles il les remplace.

Le mode de publication nouvelle des anciens arrêtés municipaux est le même que celui qui doit être suivi pour les arrêtés
publiés pour la première fois.

739. Les arrêtés municipaux portant règlement contiennent
d'abord la mention de l'autorité qui les prend, puis le visa des
lois, décrets, etc., sur lesquels ils s'appuient, les considérants
qui les ont déterminés, le texte de leurs dispositions, la date et
la signature du maire. Ils sont revêtus du cachet de la mairie. Les
mêmes formes s'appliquent aux arrêtés concernant seulement des
individus.

SECTION III. — Formes des arrêtés municipaux; leur force exécutoire, moyens de recours.

740. Pour que des arrêtés soient exécutoires, il faut, avant
tout, qu'ils parviennent à la connaissance de ceux qui doivent les
exécuter. La loi ne prescrit aux maires aucun mode spécial de
publication; les moyens ordinaires sont la publication à son de
caisse ou de trompe dans toutes les parties de la commune, la
proclamation à la porte de l'église ou de la mairie, l'affiche dans
la commune, surtout près de l'entrée des édifices publics où se
forment des rassemblements de citoyens. L'affichage, ayant plus
de durée et de fixité, est un des modes de publicité les plus efficaces; il est bon de l'employer toujours; il n'est pas nécessaire,
dans les communes où il n'y a pas d'imprimerie ou qui sont trop
pauvres pour faire des frais extraordinaires, que ces affiches soient
imprimées; elles peuvent être placardées manuscrites, avec la
signature du maire et le cachet de la mairie. Les maires font bien
de suivre, en général, sur ce point, les usages de la commune;
toutefois, il a été jugé que le maire peut introduire un changement à ces usages, qu'ainsi dans une commune où on avait coutume
de publier à son de caisse, il pouvait suffire d'une affiche à la
porte de l'église (*Arr. Cass.* 31 *juill.* 1830). Du reste, aucun
mode de publication n'étant exclusivement imposé, on ne peut
prétendre que la publication à son de caisse n'est pas légalement
suffisante. (*Arr. Cass.* 13 *avril* 1833.)

741. La publication n'est qu'une formalité extrinsèque des arrêtés; elle ne saurait suppléer aucune des conditions de leur existence, ni constituer, par elle-même, un arrêté. Ainsi un règlement municipal ne peut être modifié par un simple avertissement
verbal donné à son de caisse; il faut, pour cela, un arrêté en
forme, légalement publié (*Arr. Cass.* 14 *juill.* 1854). D'un autre

côte, et par les mêmes raisons, quand un arrêté existe légalement, il doit être exécuté, alors même qu'il n'y aurait ultérieurement ni avis ni aucun fait nouveau de publicité. Par exemple, un particulier ne pourrait échapper à la peine pour contravention à un règlement municipal, légalement publié, sous prétexte que dans une copie de l'arrêté qui lui aurait été remise surabondamment, la disposition à laquelle il avait contrevenu aurait été omise. (*Arr. Cass.* 5 *nov.* 1842.)

742. Si le prévenu prétend que l'arrêté municipal qui motive des poursuites contre lui n'a pas été publié, sur qui tombe l'obligation de prouver que la publication a eu lieu? La cour de cassation avait d'abord mis la preuve à la charge du prévenu (*Arr. Cass.* 5 *mars* 1836). Cette décision, contraire à la règle que nul ne peut être tenu de prouver un fait négatif, a été critiquée par M. Dalloz, v° *Communes*, n° 646. La cour a, depuis, abandonné, avec raison, sa première doctrine, et elle a jugé que la preuve de la publication retombe sur le ministère public (*Arr. Cass.* 26 *juin* 1857); si cette preuve n'est pas faite, le prévenu doit être relaxé. Le ministère public fournirait une preuve complète s'il apportait un certificat du fonctionnaire chargé de la publication, qui constaterait que cette formalité a été accomplie. (*Arr. Cass.* 18 *sept.* 1847.)

743. L'inscription des arrêtés municipaux sur des registres spéciaux est une bonne mesure, recommandée par le Gouvernement, et facilitée par l'emploi de registres uniformes (*Circ. min.* 3 *janv.* 1838). Mais elle n'est pas nécessaire à la force obligatoire des règlements, et les tribunaux de police ne pourraient se dispenser de les faire exécuter, ni parce qu'ils ne seraient point inscrits, ni parce qu'ils seraient portés sur des feuilles volantes, au lieu de l'être sur des registres. (*Arr. Cass.* 13 *avril* 1833.)

744. Lorsqu'un arrêté municipal, au lieu d'être un règlement fait pour toute la commune, ne concerne qu'une ou plusieurs personnes, celles-ci ne peuvent être tenues d'y obtempérer que lorsqu'il leur en a été adressé une notification; un simple avertissement verbal, qui ne laisse point de trace, serait insuffisant (*Arr. Cass.* 31 *août* 1821). S'il y a plusieurs personnes atteintes par un même arrêté, il doit être notifié individuellement à chacune d'elles (*Arr. Cass.* 11 *mai* 1844). La preuve que la notification a eu lieu doit se faire par la représentation de l'original de la copie qui a dû être laissée à chacun; la représentation d'un

projet de notification inscrit sur l'ampliation même de l'arrêté, ne peut y suppléer (*Arr. Cass.* 9 *juill.* 1859). Dès que la notification a été faite, la mesure prise par l'arrêté est exécutoire à l'égard de celui qui l'a reçue, alors surtout que son objet était urgent, comme lorsqu'il s'agit de salubrité publique (*Arr. Cass.* 13 *oct.* 1859). Dans les cas de péril imminent, par exemple d'incendie, inondation, etc., les ordres du maire, même donnés verbalement, doivent être obéis, comme le seraient de véritables arrêtés; la loi punit le refus ou la négligence d'obtempérer aux réquisitions de secours faites dans de telles circonstances (*art.* 475 *n°* 12 *du Code pénal*); l'urgence ne permet pas qu'on s'arrête alors aux formes de l'écriture et de la notification.

745. L'époque où les arrêtés des maires acquièrent la force exécutoire varie selon la nature de ces arrêtés; mais quels qu'ils soient, ils demeurent soumis à l'autorité supérieure, sous le contrôle de laquelle les maires agissent, et qui est chargée de réprimer les abus de pouvoir, les dispositions illégales, ou passionnées, ou inopportunes, auxquelles les autorités locales peuvent se laisser entrainer. La loi attribue aux municipalités un pouvoir réglementaire qui leur est propre et qui s'exerce avec une entière indépendance; mais la surveillance de l'administration supérieure est appelée à en arrêter les écarts.

746. De ces principes, sur la conciliation de deux autorités qui ont chacune leur droit certain et leur sphère d'action bien tracée, il s'ensuit plusieurs conséquences. D'abord, les arrêtés de police municipale ayant leur pleine force en eux-mêmes, ils n'ont nullement besoin, pour être obligatoires, de l'approbation du préfet, lequel n'a aucun visa à y apposer: c'est ce qui a été reconnu par la circulaire du 1er juillet 1840, relative à l'exécution de l'art. 11 de la loi du 18 juillet 1837. En second lieu, aux termes de cet article, le préfet ayant le pouvoir d'annuler les arrêtés municipaux ou d'en suspendre l'exécution, il faut, pour que son droit puisse être exercé, que ces arrêtés lui soient connus; à cet effet, les maires doivent les adresser immédiatement au sous-préfet, qui les transmet au préfet. Cette manière de faire concourir les droits du préfet et ceux du maire est clairement expliquée dans la circulaire du 1er juillet 1840: « La loi nouvelle, y est-il dit, comme la législation antérieure, n'attribue aux préfets qu'un droit de contrôle et de révision sur les arrêtés des maires; tous les arrêtés que prennent les maires, sur quelque objet qu'ils portent et quelque peu d'importance qu'ils aient, sont soumis nécessairement à ce contrôle; tous doivent être adressés au préfet, et le maire qui négligerait de remplir cette obligation contreviendrait à une injonction formelle de la loi.... En règle générale, les préfets ne doivent pas apposer sur les arrêtés des maires un visa approbatif que la loi n'exige pas d'eux, et qui pourrait les gêner plus tard dans l'exercice du droit d'annulation dont ils sont investis, en ce qu'ils sembleraient alors se mettre en contradiction avec l'approbation d'abord exprimée. Toutefois, il est des circonstances dans lesquelles l'approbation du préfet peut donner plus de force morale aux arrêtés du maire, en témoignant de l'adhésion et du concours de l'autorité supérieure, et comme aucune disposition de la loi ne s'oppose à ce que les préfets donnent une telle approbation, si elle leur est demandée, je ne vois pas d'empêchement à ce qu'ils l'accordent lorsque l'intérêt public leur parait l'exiger. »

747. Quoique les arrêtés municipaux, légalement rendus et régulièrement publiés, soient obligatoires par eux-mêmes, ils ne sont investis de la force exécutoire que sous la réserve de la distinction suivante, que nous avons annoncée, et qui est écrite dans l'art. 11 de la loi du 18 juillet 1837, ainsi conçu : « ceux de ces arrêtés qui portent règlement permanent ne seront exécutoires qu'un mois après la remise de l'ampliation, constatée par les récépissés donnés par le sous-préfet. » Pour les arrêtés qui ne contiennent pas de règlement permanent, la loi ne fixant pas un délai avant lequel ils ne sont pas exécutoires, on en conclut qu'ils le sont immédiatement.

748. Ici plusieurs difficultés s'élèvent. D'abord en quoi consiste la différence entre les arrêtés portant règlement permanent et ceux qui ne le portent pas ? La circulaire du 1er juillet 1840 attribue aux premiers le caractère de dispositions d'intérêt général, et aux seconds celui de dispositions d'intérêt individuel. Cette sorte de définition nous paraît manquer d'exactitude : la permanence n'est pas la généralité : un arrêté pris d'urgence, dans un cas déterminé, peut intéresser toute la commune, et il n'est point permanent. Les arrêtés individuels peuvent avoir une durée très-longue : mais ils ne constituent pas ce que, dans le langage du droit, on appelle un règlement; ils gardent, suivant les circonstances, la dénomination d'ordres ou d'arrêtés. Nous donnerons plus loin des exemples d'arrêtés, les uns permanents, les autres purement temporaires ou transitoires.

749. On a demandé si, pour les arrêtés qui ne contiennent pas

un règlement permanent, il y avait un délai, passé lequel, les préfets ne pouvaient plus les suspendre ou les annuler. La circulaire du 1er juillet 1840 répond en ces termes : « Le texte même de l'article de la loi que nous examinons répond pleinement à cette question. Les arrêtés des maires doivent tous, et sans aucune exception, être envoyés au sous-préfet, aussitôt qu'ils sont rendus, et il en est donné récépissé. Ceux de ces arrêtés qui ne portent pas règlement permanent, c'est-à-dire qui statuent sur des cas individuels, n'étant soumis par la loi à aucun délai pour leur mise à exécution, sont exécutoires de plein droit dès que le récépissé en a été donné ; mais aussi, le préfet peut les annuler à quelque époque que ce soit, car cette attribution lui est conférée d'une manière générale, absolue et sans restriction de temps. Il est entendu, toutefois, que les faits accomplis pendant que ces arrêtés étaient exécutoires sont légalement accomplis, et que l'annulation de l'arrêté n'entraîne pas la nullité de ce qui a été fait précédemment en vertu de cet acte. »

750. Si en l'absence de délai pour la mise à exécution des arrêtés ne portant pas règlement permanent, on ne peut pas limiter la durée du droit des préfets quant à l'annulation et à la suspension, ce droit peut-il s'exercer, à l'égard des règlements permanents, même après le délai fixé pour qu'ils aient force exécutoire ? La question a été posée et résolue de la manière suivante par la circulaire du 1er juillet 1840 : « il a été demandé si les préfets avaient perdu le droit d'annuler ces actes ou d'en suspendre l'exécution lorsqu'ils avaient laissé écouler sans user de ce droit un mois après la remise de l'ampliation. Le doute manifesté sur ce point ne peut provenir que de ce qu'on n'a pas bien saisi la corrélation qui existe entre le 3e et le 4e paragraphes de l'article de loi que nous examinons Comme je viens de le dire, tous les arrêtés des maires, quels qu'ils soient, doivent être adressés en ampliation au préfet, par l'intermédiaire du sous-préfet qui en délivre récépissé. Ceux de ces arrêtés qui portent règlement permanent, c'est-à-dire qui sont d'intérêt général, ne sont pas, comme les autres, exécutoires de plein droit. Du moment que le récépissé de l'ampliation a été délivré, un mois est accordé à l'autorité supérieure pour examiner si l'arrêté soumis à sa révision est ou n'est pas conforme à la législation sur la matière, si les dispositions en sont bonnes et utiles, ou si leur exécution n'aurait pas des inconvénients qui auraient pu échapper à l'auteur de cet acte, et pendant le délai d'un mois, le maire ne pourrait,

sans contrevenir à la loi, mettre son arrêté à exécution. Mais de ce que les arrêtés portant règlement permanent sont soumis à un examen plus prolongé que les autres, ils n'en restent pas moins sous l'empire de la disposition générale contenue dans le 3º paragraphe de l'article de loi, qui dit : le préfet peut les annuler ou en suspendre l'exécution. Cette disposition est faite en termes absolus ; elle s'applique par sa généralité aux arrêtés portant règlement permanent comme aux autres. Ainsi donc, si le délai d'un mois ne suffit pas au préfet pour bien apprécier la légalité ou l'utilité de l'acte soumis à son contrôle, il pourrait, avant l'expiration de ce délai, suspendre l'exécution de cet acte, car la loi n'a apporté aucune restriction de délai au droit de suspension donné à l'autorité supérieure. Si le préfet laisse écouler le délai d'un mois sans avoir notifié au maire l'annulation ou la suspension de l'arrêté, cet acte devient alors exécutoire de plein droit ; mais le préfet n'en demeure pas moins investi du droit absolu que lui donne le 3º paragraphe de l'article de la loi, d'annuler l'arrêté ou d'en suspendre l'exécution, à quelque époque que ce soit et pendant quelque temps qu'il ait déjà été exécuté ; le préfet ne serait même pas empêché dans son droit d'annulation ou de suspension par l'approbation qu'il aurait d'abord donnée à l'arrêté : car il n'a pu se dépouiller, par cette approbation, du droit absolu et permanent que lui donne la loi ; seulement, et comme je l'ai déjà dit, les faits accomplis sous l'empire de l'arrêté, pendant qu'il avait une existence légale, ne sont pas atteints par l'annulation ou la suspension de cet acte. On comprend, du reste, que telle a bien dû être la pensée du législateur lorsqu'il rédigeait l'art. 11 de la loi du 18 juillet 1837. En effet, il se peut que, dans des cas rares sans doute, mais qui peuvent se présenter, le délai d'un mois ne suffise pas au préfet pour apprécier toutes les parties d'un règlement municipal fort étendu, et qui, par exemple, aurait pour objet de rappeler des dispositions d'une législation ancienne, qui pourrait n'être plus en harmonie avec notre législation actuelle ; il fallait, dès lors, que le préfet eût la possibilité d'empêcher l'exécution de ce règlement jusqu'à ce qu'il eût reconnu la légalité de tous les articles, et il fallait pour cela qu'il pût prolonger la demande d'examen, en prononçant la suspension de l'exécution du règlement. De même il se peut qu'un règlement municipal qui, à l'examen, avait paru bon et utile, suscite, lorsqu'il est mis à exécution, des difficultés qui n'avaient pas pu d'abord être prévues. Il était donc indispensable que le préfet pût, à quelque époque que ce fût, annuler cet acte ou en suspendre l'exécution, soit sur les réclamations qu'il recevrait, soit même d'office et sur la connaissance qu'il acquerrait des inconvénients auxquels donne lieu l'exécution de l'acte municipal. »

Il résulte d'un arrêt du conseil d'État, du 11 août 1859, que le préfet peut annuler un arrêté municipal même quand il l'a approuvé dans le principe.

751. Le droit que la loi reconnaît aux préfets d'annuler ou de suspendre les arrêtés portant règlement permanent leur appartient, non pas en propre, mais comme une délégation de l'autorité supérieure, qui a son contrôle hiérarchique sur leurs décisions. Lors donc qu'un règlement permanent peut atteindre plusieurs départements, et, dans tous les cas, pour éviter que de mauvaises mesures soient acceptées par le préfet, par un excès de condescendance pour les maires, ou par une fausse interprétation des lois, le ministre de l'intérieur exige que les règlements permanents lui soient adressés aussitôt qu'ils seront parvenus aux préfectures (*Circulaire du minist. de l'int.* 26 oct. 1841).

752. On a vu que le préfet a un mois, terme qui n'a même rien de péremptoire, pour l'examen des règlements permanents. « On a demandé, porte la circulaire du 1er juillet 1840, si, lorsqu'un arrêté paraît bon et utile, le préfet peut en autoriser l'exécution immédiate, en déclarant qu'il n'usera pas du droit d'annuler ou de suspendre; ou bien, si le délai d'un mois, indiqué par la loi, est tellement obligatoire qu'il doive nécessairement s'écouler avant que cet arrêté soit obligatoire pour les citoyens? » Cette question est grave et a soulevé des controverses; le Gouvernement l'a résolue dans le sens de la légalité de l'anticipation d'approbation du préfet. « Pour résoudre cette question, dit la circulaire, il faut rechercher quel est l'esprit de la disposition dont nous nous occupons, et on reconnaîtra que le délai d'un mois, laissé par la loi aux préfets pour user de leur droit d'annulation, n'a été établi qu'afin de donner à ces magistrats la possibilité d'un mûr examen, et de leur permettre de statuer en parfaite connaissance de cause; mais il est bien évident que ce délai n'a pas été établi dans l'intérêt des tiers, sans quoi, des formes auraient été consacrées par la loi dans cet intérêt. Ainsi, par exemple, si le délai eût dû toujours être observé, la loi eût prescrit de conserver, sur l'arrêté même porté à la connaissance du public, la date de la remise de l'ampliation à la sous-préfecture, afin d'établir que le délai d'un mois était expiré. Le législateur n'a pas prescrit cette

mention, parce qu'en donnant à l'autorité supérieure, dans l'intérêt public, un délai d'examen, il ne créait pas un droit pour l'intérêt privé; or, dès qu'il est reconnu que le délai d'un mois n'a été établi que dans l'intérêt public, il est évident que l'autorité supérieure peut, dans ce même intérêt, renoncer à se prévaloir de ce délai. Il ne peut donc y avoir aucun obstacle à ce que les préfets autorisent l'exécution immédiate d'un arrêté municipal portant règlement permanent, en l'approuvant avant l'expiration du délai d'un mois de la remise de l'ampliation. Si cette faculté n'existait pas, si, dans certaines circonstances graves et urgentes, il fallait nécessairement attendre un mois avant de pouvoir mettre un arrêté à exécution, il pourrait y avoir dommage public, et telle n'a pu être l'intention du législateur. »

Cette interprétation de la loi n'a point été admise par la cour de cassation. Des prévenus, poursuivis avant l'expiration du mois, pour contravention à un règlement permanent, ayant soutenu que l'approbation anticipée donnée par le préfet n'avait pu lui enlever le bénéfice du temps avant lequel le règlement ne devenait pas exécutoire, la Cour suprême leur a donné raison; plusieurs arrêts ont prononcé dans ce sens (*Arr. Cass.* 6 *janv.* 1844, 17 *mars* 1848, 14 *mars* 1851). Entre une jurisprudence aussi imposante qui, s'en tenant à la lettre très-formelle et très-claire de la loi, déclare que, durant un mois, les règlements municipaux permanents ne peuvent recevoir aucune exécution, et, par conséquent, servir de base à aucune condamnation judiciaire, et l'interprétation ministérielle qui n'accorde pas au délai d'un mois l'effet de suspendre, d'une manière absolue, toute exécution des règlements; mais qui ne le considère que comme une facilité donnée au préfet pour qu'il ait le temps d'examiner les arrêtés avant qu'ils soient mis à exécution, il y a une différence radicale; l'intervalle qui sépare les deux systèmes ne peut pas être comblé avec sûreté par des opinions individuelles. Il est à désirer qu'un acte législatif intervienne, à moins qu'une des autorités dissidentes ne se dédise après un nouveau et solennel examen de la question.

753. Si on s'en tient aux termes rigoureux de la loi, c'est le récépissé des sous-préfets qui, seul, peut faire courir le délai d'un mois. Ce n'est pas à dire, toutefois, que cet acte ne puisse être suppléé; il ne peut être exigé lorsque le préfet a donné son approbation et qu'il en est justifié (*Arr. Cass.* 3 *déc.* 1840, 22 *mars* 1851), et, selon la cour de cassation, ce n'est qu'à compter de cette approbation que court le délai d'un mois pendant lequel la mise à

exécution des arrêtés est suspendue. Avant même que le préfet ait statué, le délai, s'il n'a pas été donné de récépissé, court à partir de l'avis du sous-préfet exprimant qu'il y a lieu d'approuver l'arrêté municipal (*Arr. Cass.* 11 *juin* 1857). Le récépissé étant délivré au maire, celui-ci en a nécessairement connaissance ; pour que l'avis du sous-préfet puisse tenir lieu du récépissé, il faut qu'il ait été notifié au maire ; sans quoi ce serait un simple acte d'administration intérieure accompli entre le sous-préfet et le préfet, et qui ne pourrait avoir, quant à l'exécution de l'arrêté municipal, aucune influence sur les obligations des citoyens. Lorsque le maire fait exécuter un de ses règlements, il y a présomption qu'il s'est conformé à l'art. 11 de la loi du 18 juillet 1837 ; le juge ne peut donc pas renvoyer un prévenu de contravention sous le prétexte que le maire ne justifie pas du récépissé, ou de l'acte qui en tient lieu ; mais cette présomption cesse si, sur la demande des parties ou du tribunal, la justification de la remise de la pièce et de la date de cette remise était refusée. (*Arr. Cass.* 19 *oct.* 1842.)

754. Quand le préfet a été saisi, par l'envoi du sous-préfet, de la connaissance d'un règlement municipal permanent, il peut toujours, selon la loi, l'annuler ou en suspendre l'exécution. N'y a-t-il pas de milieu entre l'annulation complète ou l'approbation sans restriction ? en d'autres termes, comme le dit la circulaire du 1er juillet 1840, « le droit d'annuler les arrêtés des maires donne-t-il aux préfets le droit de les modifier, c'est-à-dire d'en annuler seulement une partie, en laissant à quelques articles leur force exécutoire, ou bien l'annulation doit-elle frapper l'acte dans son ensemble ? C'est ce qui a été demandé, et à l'appui de la première opinion, il a été dit qu'un arrêté de maire pouvait renfermer des dispositions bonnes et utiles et d'autres qui ne pouvaient être maintenues. Il paraissait donc fâcheux d'empêcher l'exécution de la partie de l'arrêté qui présente de l'utilité, par cela qu'il contient quelques défectuosités, et on en concluait que le préfet pouvait, par une annulation partielle, amender ce que l'arrêté aurait de défectueux. Quelque avantage que pût présenter cette manière de procéder, il faut reconnaître que le silence de la loi la rend inadmissible. L'art. 11 donne au préfet le droit d'annuler ou de suspendre ; il ne lui donne pas celui de modifier. En n'accordant pas à l'autorité supérieure cette dernière faculté, le législateur a craint, sans doute, que des modifications apportées aux arrêtés municipaux n'allassent jusqu'à en changer l'esprit, à les rendre autres que ce qu'ils devaient être dans l'intention du magistrat qui les a rédigés. Le droit d'annulation suffisait à l'intérêt public, et le concert qui doit exister entre le préfet et les maires donne toujours la certitude de voir disparaître, des arrêtés municipaux, les dispositions qui devraient apporter à leur exécution un empêchement absolu. En effet, pendant le délai d'examen d'un arrêté portant règlement permanent, le préfet doit signaler au maire les dispositions de cet acte qui, se trouvant en opposition avec la législation ou l'intérêt public, ferait obstacle à ce que force exécutoire y fût laissée; il peut indiquer au maire quelles modifications, quelles suppressions devraient y être faites. Il n'est pas douteux que ces avertissements auront presque toujours pour résultat d'amener le maire à modifier son premier travail; s'il en était autrement, le droit d'annulation reste entier, et il devrait être exercé. L'annulation pourrait même être motivée, afin d'établir d'une manière claire et patente l'obligation dans laquelle s'est trouvée l'autorité supérieure de remplir le devoir que la loi lui impose. »

Puisque le préfet n'a que le droit d'annuler et non celui de modifier les règlements municipaux, à plus forte raison n'a-t-il pas le pouvoir de remplacer le règlement annulé, par un autre, si l'objet sur lequel il avait été pris rentrait dans les attributions exclusives de l'autorité municipale. (*Arr. Cass. 23 nov. 1859; Arr. Cons. d'État 11 août 1850.*)

755. Si, par suite de communications officieuses entre le maire et le préfet, le premier modifie un règlement permanent, le nouvel arrêté doit être envoyé au sous-préfet, puis au préfet, et il faut suivre les formes qui font courir le délai d'un mois pendant lequel l'exécution est suspendue; car c'est un nouvel arrêté qui est substitué à l'ancien : le préfet peut encore avoir des observations à faire. Il n'y a aucun doute possible sur la nécessité de suivre les formes tracées par l'art. 11, lorsque le premier arrêté a été expressément annulé par le préfet. En tous cas, le second règlement, après que le premier a été modifié ou annulé, ne peut être obligatoire pour les citoyens et les tribunaux qu'après avoir été régulièrement publié.

756. La nécessité d'attendre un mois pour la mise à exécution dépend du caractère des arrêtés; à cet égard, il y a quelquefois difficulté à reconnaître si un règlement est permanent ou seulement temporaire. Ceux dont l'effet n'est pas limité à une ou plusieurs années, sont permanents, alors même que leur application n'a lieu qu'avec des intermittences. Ainsi, sont considérés comme règlements permanents les arrêtés municipaux qui enjoignent aux marchands de présenter leurs patentes lorsqu'ils en seront requis (*Arr. Cass.* 30 *mai* 1844) ; ceux qui interdisent la divagation des chiens non muselés (*Arr. Cass.* 8 *août* 1846); ceux qui soumettent l'exercice de la boulangerie dans la commune à une autorisation préalable (*Arr. Cass.* 15 *juin* 1855). Au contraire, on doit réputer temporaires, et par conséquent immédiatement exécutoires, les arrêtés par lesquels le maire fixe l'ouverture du ban des vendanges (*Arr. Cass.* 16 *déc.* 1842); ceux qui prescriraient des mesures de salubrité, prises en raison de la chaleur de l'année (*Arr. Cass.* 22 *déc.* 1842); ceux qui, à cause de la cherté momentanée des farines, enjoignent aux boulangers d'avoir toujours du pain en évidence (*Arr. Cass.* 24 *sept.* 1847); ceux qui prescrivent à chaque boulanger ou débitant de pain de représenter à la mairie, avant une époque déterminée, la marque dont il doit faire usage. (*Arr. Cass.* 23 *fév.* 1844.)

757. Il est évident que, par leur nature, les arrêtés déterminés par une circonstance urgente ne peuvent jamais être considérés comme permanents, et doivent pouvoir s'exécuter immédiatement; sans cela ils n'atteindraient pas leur but. Ainsi est exécutoire, à partir du jour de sa publication dans la commune, l'arrêté qui, sous la menace d'une invasion d'hydrophobie, prend des mesures contre la divagation des chiens non muselés et non tenus en laisse (*Arr. Cass.* 18 *nov.* 1852). Ne peut pas être considéré comme urgent l'arrêté portant règlement quand il fixe un délai de plusieurs semaines pour sa mise à exécution, par exemple celui qui, pris le 8 mai, porte qu'il ne sera obligatoire que le 1er juin suivant. (*Arr. Cass.* 6 *janv.* 1844.)

758. Enfin, ne sont pas soumis au délai nécessaire pour qu'ils soient mis à exécution les arrêtés municipaux qui, sans contenir de nouvelles dispositions, ne font que rappeler les citoyens à l'exécution de règlements précédents, légalement obligatoires et exécutoires (*Arr. Cass.* 23 *fév.* 1844, 8 *avril* 1852); ceux qui se bornent à renouveler l'injonction d'obéir à des dispositions de la loi, par exemple celle d'éclairer les dépôts de matériaux laissés pendant la nuit sur la voie publique. (*Arr. Cass.* 28 *fév.* 1846.)

759. Lorsqu'un arrêté, permanent ou temporaire, est devenu exécutoire, l'exécution n'en saurait être empêchée par aucune demande de sursis devant les tribunaux, lesquels ne peuvent prononcer que par voie d'annulation dans le seul cas où l'arrêté est

illégal, ainsi que nous allons le dire avec plus de détails. Les citoyens ont toujours le droit de demander le sursis ou l'annulation à l'autorité administrative supérieure : nous pensons, comme M. Dalloz, qu'ils ne perdent pas ce droit parce qu'ils auraient laissé s'écouler le mois après lequel les arrêtés permanents deviennent exécutoires ; car, d'une part, les citoyens ne doivent pas avoir une faculté plus restreinte que celle des préfets qui peuvent annuler ou suspendre les arrêtés même après le mois; d'une autre part, ils n'ont un véritable intérêt né et actuel qu'après que les arrêtés peuvent être mis à exécution, c'est-à-dire quand le mois est écoulé.

760. Les tribunaux ne peuvent jamais être saisis directement de l'appréciation des réclamations élevées contre les arrêtés municipaux, réclamations qui ne peuvent être soumises qu'à l'autorité administrative supérieure et jugées que par elle (*Arr. Cass.* 7 *août* 1829, 7 *novemb.* 1833). Les juges de police, saisis d'une poursuite fondée sur un règlement municipal, ne peuvent qu'appliquer ce règlement, s'il est pris dans les limites du pouvoir municipal, et s'il remplit les conditions qui le rendent exécutoire ; ils n'ont aucun droit d'examen ni de sursis, même pour cause de réclamations suivies administrativement, ni de dispense d'exécution. Sur ce point, la jurisprudence présente des décisions nombreuses et uniformes (*Arr. Cass.* 1er *fév.* 1822, 18 *avril et* 9 *mai* 1828, 26 *juill.* 1827, 5 *nov.* 1825, 1er *juill.* 1830, 30 *juin et* 18 *août* 1832). Il a été bien explicitement jugé que le recours contre les arrêtés municipaux qui prescrivent des mesures de police placées dans les attributions de l'autorité municipale, n'en suspend pas l'exécution (*Arr. Cass.* 1er *avril* 1841, 8 *nov.* 1850); le tribunal de police ne peut surseoir à statuer pour donner le temps à l'autorité administrative supérieure de prononcer sur la demande à fin de suppression de la disposition violée, alors surtout que cette réclamation n'a été formée qu'après le procès-verbal de contravention. (*Arr. Cass.* 18 *juin* 1846.)

761. Des doutes se sont élevés pour les cas où l'application même de l'arrêté présenterait au juge des difficultés d'exécution ou d'interprétation ; il a été jugé que cela ne devait rien changer à la règle générale de compétence. La cour de cassation a donc décidé que si la contestation ne porte que sur des difficultés d'exécution d'un arrêté pris légalement, il n'y a pas lieu de surseoir, que le tribunal doit prononcer la peine, sauf à la partie à réclamer administrativement quant à l'exécution de l'arrêté (*Arr.*

Cass. 20 *oct.* 1831, 13 *mars* 1834); que le tribunal doit condamner le contrevenant, quoique ce dernier oppose que le règlement violé par lui est inexécutable (*Arr. Cass.* 4 *août* 1832), que
l'ambiguité qui existerait dans les termes d'un règlement municipal n'autoriserait pas les tribunaux à surseoir à son exécution,
jusqu'à ce que l'autorité administrative se soit expliquée (*Arr.
Cass.* 19 *avril* 1834). Il faut dire que la cour avait d'abord rendu
un arrêt contraire, le 16 juillet 1824.

762. Lorsque le règlement qui sert de base aux poursuites ne
présente pas les caractères qui en font un acte obligatoire (*Voy.
art.* 1er.), le tribunal de police ne doit point surseoir, ni se déclarer
incompétent, mais renvoyer le prévenu. La question porte alors
sur la-validité, sur les conditions de l'existence légale du règlement;
on a trouvé dans les divers paragraphes de l'article 2 ci-dessus
de nombreux exemples de discussion de cette espèce. Nous n'a-
vons besoin d'appuyer le principe sur aucune citation nouvelle.
Nous nous bornerons à dire que si l'illégalité d'un arrêté a pour
fondement un fait qui ne soit pas suffisamment prouvé, par
exemple si on prétend qu'il a été pris par un conseiller municipal
incompétent pour exercer les fonctions de maire, le tribunal de
police doit surseoir jusqu'après décision de cette question (*Arr.
Cass.* 3 *janv.* 1835). Lorsque la qualité de propriétaire ou de
possesseur fait disparaître la contravention, il y a lieu à un sursis pour faire statuer sur la question préjudicielle de propriété;
dans ce cas, ce n'est pas l'exécution, la force exécutoire du règlement municipal qui est contestée, c'est son applicabilité à une
personne que, d'après l'arrêté lui-même, sa qualité devrait y
soustraire.

763. On a vu que le préfet, saisi de l'examen des arrêtés municipaux, par la transmission à lui faite par le sous-préfet, a le
droit de les annuler d'office. Les citoyens ont, de leur côté, le
droit de demander cette annulation. Leur recours doit être
adressé au préfet, jamais à l'autorité judiciaire. Le conseil d'État
ne peut en connaître que lorsque la matière est contentieuse par
sa nature, ou en vertu d'une disposition expresse de la loi, comme
lorsqu'il s'agit d'alignements délivrés par les maires (*L. du* 16
sept. 1807). En règle générale, pour qu'on puisse prendre la
voie contentieuse contre un acte administratif, il ne suffit pas
qu'un intérêt eût été froissé, il faut qu'un droit ait été violé. C'est
ainsi qu'il a été décidé que des boulangers ne peuvent se pourvoir
par la voie contentieuse contre un arrêté du maire portant taxe

du pain (*Ord. cons. d'Ét.* 14 *août* 1822). Le conseil de préfecture n'est pas autorisé à connaître des réclamations contre les arrêtés municipaux (*Cons. d'Ét.* 8 *sept.* 1819). Si le préfet a refusé aux réclamants l'annulation ou la suspension d'un arrêté, ils peuvent en appeler au ministre de l'intérieur.

764. Aucune forme spéciale n'est exigée pour le recours administratif contre les arrêtés municipaux. On suit ordinairement la forme de lettre ou mémoire adressé au préfet, avec les pièces à l'appui, s'il y a lieu. Ce mémoire parait devoir être mis sur papier timbré, d'après les termes généraux de l'art. 12, § 1, de la loi du 13 brum. an VII. La réponse du préfet à une réclamation présentée sous forme de lettre peut être donnée de la même manière. (*Arr. Colmar* 25 *mai* 1841.)

765. Quant aux effets de l'annulation prononcée, d'office ou sur réclamations, d'un arrêté municipal, il est évident que si elle a eu pour motif que cet arrêté était illégal et pris en dehors des attributions de l'autorité municipale, elle entraîne de droit la nullité de tout ce qui en a été la suite, sauf les droits acquis avant l'annulation (*Arr. Cass.* 17 *mai* 1836). Cela s'étendrait aux arrêtés qui auraient été la conséquence de celui qui se trouverait annulé. Relativement aux poursuites intentées pour contravention à un arrêté annulé postérieurement, nous pensons, avec M. Dalloz, qu'elles ne pourraient plus être suivies de condamnation ; il en est de ce cas comme de celui où une loi pénale a été rapportée. Bien entendu, s'il y a chose jugée, la condamnation reste irrévocable malgré l'annulation du règlement sur lequel elle était fondée.

766. L'autorité supérieure peut réformer les arrêtés municipaux ; les maires, non pas en vertu d'un pouvoir de même nature qu'ils ne sauraient jamais exercer sur leurs propres actes, mais en conséquence de leur autorité réglementaire, peuvent abroger leurs arrêtés, les faire cesser sans les remplacer, ou en créer de nouveaux ; dans ce dernier cas, les nouveaux arrêtés sont soumis aux formes et délais auxquels la loi subordonne leur force exécutoire.

CHAPITRE III.

INFRACTION DES LOIS, RÈGLEMENTS ET ARRÊTÉS DE POLICE.

767. Il y a lieu de considérer la violation des actes législatifs ou réglementaires, d'abord sous le rapport de leur caractère pénal

et des répressions diverses qui en résultent, ensuite sous le rapport des autorités chargées de constater, poursuivre et punir les contraventions.

SECTION Ire. — Caractère, classification, répression pénale des faits.

768. Le maintien de l'ordre, l'établissement d'une bonne police. sont garantis par les lois, par des règlements d'administration publique, par des arrêtés administratifs. Nous devons nous expliquer, au moins brièvement, sur la violation de chacune de ces espèces d'actes.

ARTICLE Ier. — Infraction des lois de police.

769. Ces infractions sont prévues et punies de peines plus ou moins fortes, selon la gravité des atteintes portées à l'ordre public. Le Code pénal et les autres lois de la même nature définissent chaque infraction et y attachent une peine ; c'est la nature et l'élévation de la peine qui caractérisent les violations commises, et déterminent le tribunal qui doit en connaître. Ainsi sont des crimes les infractions punies d'une peine afflictive et infamante, et ils sont jugés par les cours d'assises ; celles que répriment des peines correctionnelles sont des délits, soumis aux tribunaux correctionnels, celles auxquelles s'appliquent des peines de police sont des contraventions, déférées au jugement des tribunaux de simple police. La nomenclature des infractions faites aux lois de la police générale de l'État et les peines dont elles sont frappées appartiennent au domaine de la législation criminelle ; elles ne touchent qu'indirectement au sujet du présent traité : c'est pourquoi nous n'entrerons à cet égard dans aucun détail.

Le Code pénal et des lois spéciales définissent un grand nombre de contraventions ; il en est une qui embrasse toute une classe d'actes de la même nature, à savoir la désobéissance aux arrêtés de l'autorité administrative : nous en ferons l'objet d'un examen particulier.

770. Une remarque à faire sur toutes les lois de police, c'est que les actes qui y portent atteinte ne sont punissables qu'autant qu'ils ont été prévus par une disposition expresse, et frappés d'une peine déterminée. Quand cette condition n'est pas accomplie, les tribunaux doivent renvoyer des poursuites l'accusé ou le prévenu. L'impunité, dans ces cas, d'ailleurs assez rares, a paru moins dangereuse que l'arbitraire du juge ; la loi seule a le pouvoir de dire dans quelles circonstances et dans quelle mesure les citoyens peuvent être atteints par les répressions pénales.

771. Les faits qui troublent l'ordre dans un endroit destiné soit au jugement d'une contravention, soit à l'exercice d'une fonction publique, donnent lieu à la mise en action du pouvoir de police que la loi a établi à cet effet. Aux termes de l'art. 504 du Code d'instruction criminelle, lorsqu'à l'audience ou en tout autre lieu où se fait publiquement une instruction judiciaire, l'un ou plusieurs des assistants donneront des signes publics soit d'approbation soit d'improbation, ou exciteront du tumulte de quelque manière que ce soit, le président ou le juge les fera expulser. S'ils résistent à ses ordres, ou s'ils rentrent, il ordonnera de les arrêter et conduire dans la maison d'arrêt ; il sera fait mention de cet ordre dans le procès-verbal ; et, sur l'exhibition qui en sera faite au gardien de la maison d'arrêt, les perturbateurs y seront reçus et retenus pendant 24 heures. Ce pouvoir de police n'est pas réservé exclusivement au président ou au juge ; l'art. 509 porte que les préfets, sous-préfets, maires et adjoints, officiers de police administrative ou judiciaire, lorsqu'ils rempliront publiquement quelques actes de leur ministère, exerceront aussi les fonctions de police, réglées par l'art. 504, et après avoir fait saisir les perturbateurs, ils dresseront procès-verbal du délit, et enverront ce procès-verbal, s'il y a lieu, ainsi que les prévenus, devant les juges compétents.

ARTICLE II. — Infraction des règlements d'administration publique.

772. Nous avons établi (*Chap. 2, art. 2*) les caractères des règlements d'administration publique, et ce qui les distingue des simples règlements administratifs. On a vu qu'ils constituent un complément des lois, et qu'en vertu de la délégation législative qu'ils contiennent, ils peuvent créer des peines, prérogative réservée à la loi seule quand le législateur ne l'a pas déléguée.

773. Si un règlement d'administration publique ne contient pas de disposition pénale, peut-il être impunément violé ? Le défaut de sanction peut-il être admis, et n'est-il pas surtout périlleux lorsqu'il s'agit de mesures de police ? Cette question est grave, difficile, et s'est présentée plusieurs fois déjà. On cite des ordonnances royales dont l'exécution n'a pu être assurée judiciairement par une peine, parce que ces ordonnances n'en prononçaient aucune. La même décision semblerait devoir s'appliquer aux règlements d'administration publique, puisque, s'ils sont examinés et délibérés

en conseil d'État, ils ne tirent leur existence légale et leur force que de la signature du chef du Gouvernement ; ils sont donc, en réalité, des actes du pouvoir exécutif, lequel n'a le droit d'établir des peines qu'en vertu d'une délégation législative : ce droit étant déjà, par lui-même, exorbitant, ne saurait être suppléé par le juge quand il n'a pas été exercé par le prince.

Voilà l'objection dans toute sa force. On répond : la violation d'une loi de police ne doit jamais rester impunie ; autrement l'ordre public serait le jouet des malfaiteurs ou des perturbateurs : une sanction pénale est donc indispensable ; si le législateur ne l'a pas établie, si, dans le règlement qui lui est confié comme une délégation du pouvoir législatif, le Gouvernement a gardé le même silence, il faut pourtant que cette lacune soit comblée. Il y est pourvu par une disposition générale du Code pénal, celle qui punit la contravention aux *règlements légalement faits par l'autorité administrative :* ces expressions sont générales ; elles comprennent toutes les autorités administratives ayant pouvoir de faire des règlements : il n'y a pas de raison pour excepter les règlements les plus importants, émanés de l'autorité administrative la plus élevée, le conseil d'État ; quoique signés par le prince, ils ne sont pas moins l'œuvre du conseil : la signature du chef de l'État n'intervient que pour leur donner la force exécutoire, comme elle est mise sur les décisions contentieuses du conseil.

La cour de cassation est allée encore plus loin ; elle ne s'est pas bornée à assimiler un règlement d'administration publique à un règlement ou arrêté administratif, elle a posé la même assimilation à l'égard d'un décret impérial, considéré indépendamment de la coopération du conseil d'État. Voici dans quelles circonstances : un directeur de théâtre avait fait rétablir dans la représentation d'une pièce un passage dont la suppression avait été la condition de la permission de jouer la pièce ; y avait-il lieu d'appliquer une peine, et laquelle ? La loi du 30 juillet 1850, prorogée par celle du 30 juillet 1851, avait établi la peine d'amende contre le défaut d'autorisation des pièces représentées ; le décret du 30 décembre 1851 a abrogé ces lois, et, en exigeant de nouveau l'autorisation, a omis d'édicter une peine. Il était évident que celle de l'amende, prononcée par les lois abrogées, ne pouvait plus être appliquée ; mais il était difficile de déterminer la sanction de la disposition nouvelle. La cour de cassation l'a trouvée dans une combinaison de la loi du 24 août 1790 avec le décret de 1852 ; elle a motivé son système dans les termes suivants :

« Attendu que la loi des 16-24 août 1790, par son article 3, confie à la surveillance et à l'autorité des corps municipaux le maintien du bon ordre dans les spectacles, dans les lieux publics et partout où il se fait de grands rassemblements d'hommes ;

« Que la même loi, dans son article 4, remet, par une délégation expresse, aux officiers municipaux le droit de permettre et d'autoriser les spectacles publics ;

« Que, dans cette double attribution se trouve renfermé, pour l'administration municipale, le droit de régler la police intérieure et extérieure des théâtres, et celui de prononcer sur leur ouverture et leur établissement ; qu'il en résulte également un droit de surveillance et d'examen sur les ouvrages offerts à la scène, puisqu'on ne comprendrait pas que l'autorité, qui peut retirer l'autorisation donnée à l'existence même du théâtre et le faire fermer, demeurât impuissante pour écarter une représentation qui lui paraîtrait dangereuse ;

« Attendu que si, par des lois et des règlements postérieurs, notamment par la loi des 13-19 janvier 1791, par le décret du 8 juin 1806, par les lois des 30 juillet 1850 et 30 juillet 1851, et par le décret du 30 décembre 1852, tout ce qui concerne les mesures de police relatives à la censure théâtrale a été, à raison de sa gravité et de son importance pour l'ordre public, retiré à l'autorité des maires, la loi du 24 août 1790 est restée en vigueur pour déterminer les objets sur lesquels pouvait s'exercer le droit de faire des règlements de police en cette matière, et pour autoriser les pouvoirs publics à soumettre les représentations théâtrales à une surveillance et à une autorisation préalables, nécessaires au maintien du bon ordre et de la tranquillité publique ;

« Attendu que le décret du 30 décembre 1852, qui régit toute l'étendue de l'Empire, a le caractère d'un règlement général de police qui trouve sa sanction dans les dispositions de l'art. 471 § 15 du Code pénal ; que le fait imputé à... était une infraction aux dispositions de ce décret, et était, dès lors, passible de la peine portée par cet article ;

« Attendu que le chef de l'État, chargé de pourvoir à la sûreté générale, a incontestablement le droit de faire des règlements dans ce but et dans les limites déterminées par les lois. » (*Arr. Cass.* 16 *avril* 1856.)

Cette décision, que nous avons reproduite textuellement, à cause des conséquences qu'on peut en tirer par analogie, empêche le scandale de l'impunité d'une atteinte ouverte portée à un décret du chef de l'État. Mais le moyen pris pour arriver à ce résultat peut laisser quelques doutes dans l'esprit des jurisconsultes. En généralisant la théorie que l'arrêt applique au décret de 1852 sur les théâtres, on est conduit à ceci : l'article 3 de la loi du 24 août 1790 s'étend à toutes les mesures de police, quelle que soit l'autorité qui les prenne, fût-ce même le chef de l'État. N'est-ce pas là méconnaître le texte et détourner le sens de cette loi ? Dans l'article dont il s'agit, le législateur a voulu marquer les limites de l'autorité municipale en déterminant les objets confiés aux soins des maires ; il ne s'occupe pas de la police en général, mais uniquement des droits et devoirs de la police municipale. Il n'a donc en vue que les arrêtés que les maires peuvent prendre ; qu'y a-t-il de commun entre ce règlement des attributions d'une autorité toute locale, et les pouvoirs du chef de l'État investi du droit de maintenir l'ordre sur tout le territoire et relativement à toutes les espèces d'actes qui peuvent intéresser la sûreté, la tranquillité, la salubrité, etc., de la France entière ? Évidemment, les droits de l'Empereur ne sont pas puisés à la même source et ne reposent pas sur les mêmes considérations que ceux des maires. Dès lors la violation des décrets impériaux ne saurait être assimilée à celle des arrêtés municipaux, ni sanctionnée par la même peine. Les mettre sur la même ligne, c'est, en quelque sorte, faire déchoir la dignité impériale, et, d'ailleurs, établir, entre des infractions qui peuvent être graves et la peine minime portée contre la contravention aux arrêtés municipaux, une disproportion quelquefois dérisoire, et d'un aussi mauvais exemple que l'impunité ; pour un fait susceptible de jeter peut-être le trouble dans une population, qu'est-ce qu'une amende de 1 à 5 francs ? Ne vaut-il pas mieux s'en tenir au principe de droit criminel, qui défend d'appliquer une peine à un fait non puni par une disposition d'un acte législatif, que de briser la démarcation entre les autorités, et de confondre des pouvoirs aussi essentiellement distincts que le pouvoir exécutif de l'Empereur et les attributions d'un maire, le tout pour arriver à une répression insignifiante ? Les inconvénients de l'impunité sont réels ; mais il serait facile d'en prévenir le retour en les signalant au Gouvernement, et en sollicitant le complément des décrets ou des règlements d'administration publique, au besoin même le vote d'une loi qui fixe la peine.

ARTICLE III. — Infraction des arrêtés administratifs.

774. La condition fondamentale pour que la violation des arrêtés des préfets et des maires puisse entraîner l'application d'une peine, c'est qu'ils présentent les caractères et les formes qui les rendent obligatoires. (*Voy. chap. 2, sect. 1ʳᵉ, art. 3; — chap. 3, sect. 2, art. 1 et 2.*)

775. Si un arrêté qui a pour objet des mesures de police n'est pas susceptible de la sanction pénale de la part des tribunaux lorsqu'il n'a pas été pris légalement, il en est de même, à plus forte raison, quand l'arrêté n'est réellement pas un arrêté de police municipale, mais un acte d'administration civile des intérêts de la commune. Ce principe est incontestable et non contesté. Les difficultés ne s'élèvent que quand il s'agit de l'appliquer, et de distinguer ce qui est mesure de police et ce qui est acte d'administration civile. A cet égard, on ne peut poser aucune règle générale ; il faut décider selon les circonstances et le contenu de chaque arrêté particulier. Mais on doit admettre comme règle que les arrêtés pris par le maire en sa qualité d'administrateur des biens et revenus de la commune ne sauraient être assimilés à des règlements de police, ni par conséquent donner lieu à l'application d'une peine : les infractions à leurs dispositions ne donnent naissance qu'à une action civile dans l'intérêt privé de la commune.

Le principe, ainsi posé par M. Dalloz, a été consacré fréquemment par la jurisprudence. Par exemple, jugé que lorsqu'un arrêté a fixé le prix des places dans les halles et marchés, le fermier qui perçoit indûment ce droit à l'entrée de la ville ne commet pas une contravention passible de peine (*Arr. 12 mai 1843*) ; qu'il en est de même de l'infraction à un arrêté qui défend aux marchands forains et autres d'étaler leurs marchandises sous les portes charretières donnant sur un marché sans acquitter le droit de location de place (*Arr. Cass. 24 fév. 1842*) ; de l'infraction à un arrêté qui fixe les droits à payer au fermier d'un abattoir (*Arr. Cass. 20 sept. 1851*) ; du refus d'un marchand de payer à l'adjudicataire des droits d'étalage dans un marché le droit qu'il prétend lui être dû (*Arr. Cass. 9 mars 1854*) ; de l'infraction au règlement municipal qui détermine le droit à payer par les propriétaires forains pour chaque tête de bétail qu'ils feront paître dans les terrains communaux (*Arr. Cass. 27 déc. 1851*) ; de l'infraction à un arrêté municipal pris dans l'intérêt des finances de la commune, par exemple dans le but d'assurer la perception d'un droit sur la vidange des latrines d'un camp (*Arr. Cass. 7 mars 1857*) ou à celui par lequel un préfet enjoint à des habitants de délaisser certains terrains qu'il considère comme biens communaux usurpés. (*Arr. Cass. 13 août 1858.*)

776. Quand un débat s'élève entre la commune et un adjudicataire ou concessionnaire, sur l'inexécution du marché ou de la concession, il semble que la nature du litige est purement civile, puisqu'il s'agit de l'accomplissement d'un contrat passé entre deux parties, ce qui échappe à la répression pénale. C'est ce que la cour de cassation a décidé dans plusieurs circonstances : ainsi, jugé que l'adjudicataire des fournitures de pain à faire à des militaires de passage, qui a délivré à ces militaires du pain inférieur à celui fixé par son adjudication, ne peut être condamné à aucune peine, lorsqu'il n'existe pas de règlement municipal qui détermine le poids de ces pains (*Arr. Cass.* 25 *juill.* 1846); que l'arrêté inséré au cahier des charges d'une compagnie concessionnaire de l'éclairage au gaz, et qui porte réduction du prix du gaz, est une stipulation civile et non un règlement de police sanctionné par une peine (*Arr. Cass.* 24 *janv.* 1852). Une exception a été faite pour l'adjudication du nettoyage des rues, et l'enlèvement des boues dans une commune ; la cour de cassation n'avait vu d'abord qu'une simple violation de contrat dans l'inexécution des clauses d'adjudication de l'enlèvement des boues d'une ville (*Arr.* 2 *mars* 1844); mais cette jurisprudence n'était pas constante, et elle paraît avoir été abandonnée. Un arrêt du 17 septembre 1841 porte que la clause du cahier des charges de l'adjudication de l'enlèvement des boues d'une ville qui enjoint à l'adjudicataire de balayer et nettoyer les rues et places, a la force d'un règlement municipal obligatoire pour l'adjudicataire, sous peine de contravention. Un autre arrêt, du 23 mars 1848, porte que la contravention à la clause du cahier des charges qui soumet les entrepreneurs de l'enlèvement des boues et immondices d'une ville à les transporter à une distance déterminée des murs de la ville, est passible d'une peine de police, alors surtout qu'un règlement municipal astreint les habitants sans distinction à éloigner à la même distance les dépôts d'immondices. Indépendamment de ces deux solutions, on peut voir celles que nous avons mentionnées au chap. 3, sect. 2, art. 2, § 3, relatives à la question, contestée, et qui se confond avec celle que nous traitons ici, de savoir si les contraventions à l'obligation du nettoyage des rues et places rendent l'adjudicataire personnellement passible de la peine.

SECTION II. — Autorités chargées de constater, de poursuivre et de juger les contraventions.

777. Les règles que nous exposons dans cette section concernent toutes les contraventions de police; mais afin de ne pas nous écarter du sujet spécial du présent traité, la police administrative, nous parlerons particulièrement de la preuve, de la poursuite et du jugement de la contravention,. qui consiste dans la violation des arrêtés ou règlements administratifs de police, pris par les préfets ou par les maires. Nous n'insisterons pas sur les dispositions qui constituent la législation de la police judiciaire.

ARTICLE Ier. — Autorités chargées de constater les contraventions aux arrêtés administratifs.

778. Ce sont les commissaires de police, et, là où il n'y en a pas, les maires, et, au défaut de ceux-ci, les adjoints de maire, qui recherchent les contraventions aux arrêtés et règlements administratifs, comme toutes les autres contraventions de simple police; ils ont cette attribution même quant aux arrêtés dont l'exécution est surveillée spécialement par les gardes champêtres et forestiers, ainsi que nous l'expliquerons bientôt. Ils reçoivent les rapports, dénonciations et plaintes concernant les contraventions dont il s'agit ici. Enfin, ils consignent, dans des procès-verbaux, la nature et les circonstances des contraventions, le temps et le lieu où elles ont été commises, les preuves ou indices à la charge de ceux qui en ont été déclarés coupables. (*Cod. d'inst. crim., art.* 10.)

779. Dans les communes où il y a un commissaire de police, les contraventions aux arrêtés administratifs sont recherchées et constatées, quand il est empêché, par le maire, et, à défaut de celui-ci, par son adjoint (*Cod. d'inst. crim., art.* 14); la loi ne spécifie pas quels sont les empêchements qui permettent au maire de suppléer légalement le commissaire de police, et à l'adjoint de remplacer le maire : peu importe donc que cet empêchement provienne de décès, de maladie, de démission ou révocation, de simple absence. Il est bon que l'officier qui agit en remplacement mentionne dans ses procès-verbaux la cause d'empêchement : toutefois l'absence de cette mention n'est pas une cause de nullité. (*C. cass.* 1er *sept.* 1809; 6 *sept. et* 15 *déc.* 1838.)

780. Lorsque le commissaire de police est cantonal, il a qualité pour constater les contraventions aux arrêtés dans toute l'étendue du canton pour lequel il a été institué (*Décr.* 17 *janv.* 1853, *art.* 1er); cela ne s'oppose pas à ce que les maires des communes autres que celle de sa résidence fassent les mêmes constatations quand il n'est pas sur les lieux; autrement l'impunité serait trop

souvent assurée aux contrevenants. On va même jusqu'à décider que le maire peut verbaliser concurremment avec le commissaire de police dans la commune où celui-ci réside : il est vrai que cette opinion a été controversée. S'il y a plusieurs commissaires de police dans un même canton, ils peuvent verbaliser dans toutes les communes de ce canton, alors même que le préfet aurait, dans l'intérêt du service, déterminé les limites de la circonscription placée spécialement sous la surveillance de chacun d'eux. Il en est de même dans les villes divisées en plusieurs cantons et où il y a plusieurs commissaires ; s'il n'y existe qu'un commissaire, la juridiction s'étend à toutes les parties de ces cantons. (*Cod. d'inst. crim.*, art. 12 ; *Décr.* 17 *janv.* 1853, *art.* 2.)

781. Dans les limites de leurs attributions, les maires sont chargés de la police rurale (*L.* 18 *juill.* 1837, *art.* 10), et, par suite, investis du droit de faire des arrêtés sur cet objet (voy. chap. 3, sect. 2, art. 2, § 1er). Les contraventions à ces arrêtés peuvent être constatées par les gardes champêtres et forestiers que l'art. 16 du Code d'instruction criminelle charge de rechercher, dans le territoire pour lequel ils ont été assermentés, les contraventions de police qui portent atteinte aux propriétés rurales et forestières. Cette attribution, à la différence du pouvoir des commissaires de police et des maires, qui s'étend à toutes les contraventions, est spéciale et restrictive : elle ne comprendrait donc pas le droit de constater la violation d'un arrêté préfectoral ou municipal étranger à la police rurale. Cette interprétation de la loi est généralement admise. Il ne dépend pas d'un préfet d'ajouter à la compétence des gardes champêtres et forestiers ; nous partageons l'opinion des jurisconsultes qui regardent comme illégale la mission donnée par quelques préfets aux gardes champêtres de verbaliser contre les infractions aux arrêtés relatifs aux cabarets et autres lieux publics existant dans la commune. Les attributions des gardes forestiers et champêtres, telles qu'elles sont déterminées par le Code d'instruction criminelle, ne peuvent être étendues que par une loi ; c'est ce qu'a fait celle du 30 mai 1851, qui autorise les gardes champêtres à verbaliser contre les infractions en matière de police du roulage.

782. Si le garde champêtre n'a pas le droit de constater les contraventions aux règlements municipaux commises dans l'intérieur de la commune, le maire ne peut pas lui conférer ce pouvoir en le nommant à un emploi d'agent de la police communale. Nous avons dit ailleurs que les maires sont autorisés à établir, sous les

noms d'appariteurs, sergents de ville, gardes de police, etc., des agents préposés au maintien de l'ordre dans la commune. Ces agents, quelle que soit leur dénomination, ne figurent point parmi les officiers de police judiciaire auxquels la loi confère le droit de constater des contraventions; leurs rapports, adressés au maire, n'ont pas la force probante de procès-verbaux; ils ne valent que comme simples renseignements. Un garde champêtre, nommé appariteur, n'acquiert pas, par cette nomination, la faculté, qui lui manquait comme garde champêtre, de constater la violation des règlements municipaux. La réunion des deux fonctions ne saurait ajouter à chacune d'elles ce que la loi lui refuse quand elles sont séparées.

783. L'art. 488 du décret du 1er mars 1854 sur la gendarmerie porte que la gendarmerie dresse procès-verbal des crimes, délits et *contraventions de toute nature* qu'elle découvre; cette attribution générale embrasse les infractions aux arrêtés administratifs, et constitue une concurrence avec les commissaires de police et les maires.

784. Quant aux agents spéciaux, dépendant de diverses administrations, tels que les conducteurs des ponts et chaussées, les ingénieurs, les cantonniers, les commissaires des chemins de fer, les ingénieurs et gardes des mines, les employés des contributions indirectes, des forêts, des postes, les membres des autorités sanitaires, les inspecteurs de la salubrité, ceux du travail des enfants dans les manufactures, etc., ils n'ont compétence que relativement à la constatation des violations relatives à leurs attributions particulières et pour les matières qui en font partie. Les contraventions de droit commun, énumérées dans les articles 471 et suivants du Code pénal ne sont pas de leur ressort, et c'est à cette catégorie qu'appartiennent les infractions aux arrêtés administratifs, prévues et punies par l'art. 474, n° 45; il s'ensuit que les agents spéciaux des diverses administrations n'ont pas compétence pour les constater, alors même que les arrêtés violés auraient pour but d'assurer, dans le département ou dans la commune, et en se renfermant dans les limites des attributions de la police municipale, l'exécution d'une loi ou d'un règlement d'administration publique qui statuerait sur des matières ressortissant à leur administration.

785. En vertu de la disposition tout exceptionnelle de l'art. 10 du Code d'instruction criminelle, les préfets des départements, et à Paris le préfet de police, peuvent dresser des procès-verbaux à

l'effet de constater les crimes, délits et contraventions. On comprend que des fonctionnaires d'un ordre aussi élevé usent bien rarement du droit de constater des actes aussi peu importants, dans l'ensemble général de l'administration publique, que des contraventions de simple police.

786. La loi ne détermine pas la forme des procès-verbaux destinés à constater les contraventions. Ils doivent, en général, mentionner la date, par mois, an et jour, où ils sont dressés, la qualité de celui qui les rédige, les circonstances détaillées du fait, l'arrêté qui y donne lieu, les preuves ou indices contre le prévenu ; ils portent la signature et le cachet de l'officier rédacteur. (*Cod. d'inst. crim.*, art. 11.)

787. Les contraventions aux arrêtés administratifs sont prouvées par les procès-verbaux émanés des officiers qui ont droit de les dresser. Cette preuve peut être combattue par des écrits, par des témoignages, par tous les moyens qui établissent que le prévenu n'a pas commis la contravention à lui imputée. L'aveu du prévenu peut être considéré comme une preuve suffisante pour le faire condamner ; cela suppose qu'il n'y a pas eu de procès-verbal : car s'il en existe un, l'aveu du prévenu est indifférent ; la condamnation intervient dès que les faits constatés ne sont pas détruits par la preuve contraire. Un procès-verbal annulé n'est plus qu'un simple renseignement, dont l'auteur peut être entendu comme témoin (*Arr. Cass.* 3 *fév.* 1816, 6 *juill.* 1821, 13 *août* 1841). Quand il n'y a, contre un prévenu, qu'un rapport dressé par un agent sans qualité pour faire un procès-verbal, ce rapport peut être combattu par toute espèce de preuve, même par une simple dénégation, dont le juge de police apprécie la valeur. Lorsqu'il n'y a ni procès-verbal, ni rapport, mais une simple citation devant le tribunal, le commissaire de police qui a poursuivi peut prouver par des témoins que l'arrêté administratif a été violé par la personne qu'il a fait citer. (*Arr. Cass.* 2 *mars* 1830, 4 *juin* 1842, 21 *mars* 1845, 10 *fév.* 1848.)

ARTICLE II. — Autorité chargée de poursuivre les contraventions aux arrêtés de police.

788. Le juge ordinaire des contraventions aux arrêtés ou règlements administratifs des maires ou des préfets est, comme on le dira bientôt, le juge de paix, et, par exception, le maire dans les communes non chefs-lieux de canton. Devant ces juridictions, la poursuite est introduite par l'officier qui exerce le ministère public.

Auprès de la justice de paix, cet officier est le commissaire de police; quand il a lui-même dressé le procès-verbal, ou reçu les rapports, plaintes ou renseignements, et qu'il estime qu'il y a lieu à poursuivre, il saisit le tribunal du jugement de l'affaire. Les maires et adjoints de maires doivent lui remettre, pour qu'il puisse exercer les poursuites, toutes les pièces et renseignements dans les trois jours au plus tard, y compris celui où ils ont reconnu le fait sur lequel ils ont procédé (*Cod. d'instr. crim.*, *art.* 15). Dans le même délai, les procès-verbaux des gardes champêtres des communes, et ceux des gardes champêtres et forestiers des particuliers, sur des faits portant atteinte aux propriétés rurales, et prévus, en exécution des lois, par des arrêtés administratifs, sont remis au commissaire de police. (*Cod. d'instr. crim.*, *art.* 15, 20, 21.)

789. Le commissaire de police n'est pas tenu absolument de poursuivre quand il a été constaté qu'un individu a enfreint un arrêté de police; c'est à lui d'apprécier si la contravention est assez importante pour mériter punition, si la position de l'auteur du fait conseille l'indulgence, surtout si le fait a été commis de bonne foi : cette dernière circonstance doit d'autant plus peser dans l'esprit du commissaire de police, qu'il est de principe général, ainsi qu'on l'a vu par de nombreux exemples, qu'une fois le prévenu cité devant le juge de police pour un fait de contravention à un règlement de police, ce juge doit prononcer sans pouvoir admettre l'excuse tirée de la bonne foi : le fait étant prouvé, il doit condamner.

790. Dans les communes où il n'y a point de commissaire de police, les maires ou adjoints qui ont dressé procès-verbal d'une contravention aux règlements municipaux qu'ils connaissent et dont ils doivent surveiller l'exécution, sont tenus d'envoyer leurs procès-verbaux au commissaire de police du canton, comme il a été dit ci-dessus, afin qu'il puisse, s'il y a lieu, poursuivre devant le juge de paix. S'il s'agit d'une commune, non chef-lieu de canton, où soit constitué un tribunal communal de police, tenu par le maire, les procès-verbaux de contravention aux arrêtés municipaux doivent être adressés, dans le délai légal, à l'adjoint, parce que c'est lui qui exerce alors les fonctions du ministère public; en l'absence de l'adjoint, ou lorsque l'adjoint remplace le maire comme juge de police, l'envoi doit se faire au membre du conseil municipal, qui aura été désigné par le procureur impérial pour exercer pendant un an l'office du ministère public. (*Cod. d'inst. crim.*, *art.* 15, 166, 167.)

ARTICLE III. — **Autorités chargées de juger les contraventions aux arrêtés de police.**

791. La connaissance de ces contraventions est attribuée aux tribunaux de simple police, qui instruisent, et prononcent selon les règles tracées par la loi. L'inobservation, par le juge, des règles de sa compétence, des formalités essentielles de l'instruction ou du jugement, peut donner lieu à des recours contre la décision et en amener l'annulation. Par ce motif, et toujours en subordonnant notre exposé à la limite de la matière spéciale que nous traitons, nous parlerons brièvement de la compétence du tribunal et de la manière dont il est saisi des affaires à lui déférées, de l'instruction faite devant lui, des jugements qu'il prononce et des peines qu'il applique, de leur exécution, et des voies de recours dont ils sont passibles Nous éviterons les détails : ils appartiennent à la sphère de la police judiciaire et de l'instruction criminelle.

§ 1er. — DE LA COMPÉTENCE EN MATIÈRE DE CONTRAVENTIONS AUX ARRÊTÉS ET RÈGLEMENTS ADMINISTRATIFS.

792. L'art. 471, n° 15, range parmi les contraventions de police, et punit comme tel, le fait de ceux qui ont contrevenu aux règlements légalement faits par l'autorité administrative, et de ceux qui ne se sont pas conformés aux règlements ou arrêtés publiés par l'autorité municipale, en vertu des art. 3 et 4, tit. II de la loi du 16 - 24 août 1790, et de l'art. 46, tit. Ier de la loi du 19-22 juillet 1791.

793. De cette qualification de contravention de simple police, il s'ensuit que la connaissance des infractions aux arrêtés administratifs et municipaux est attribuée, selon le droit commun, au juge de paix, en général, et, dans certains cas, au maire. Le juge de paix en connaît dans toute l'étendue de la commune chef-lieu de canton, dans les autres communes du canton, lorsque les contrevenants sont non domiciliés ou non présents dans la commune, ou lorsque les témoins qui doivent y déposer n'y sont pas résidents ou présents, le tout hors le cas de flagrant délit; enfin, lorsque la partie lésée par la contravention demande pour dommages-intérêts une somme indéterminée ou excédant 15 fr. (*Cod. d'inst. crim.*, art. 139). Pour la connaissance des contraventions aux arrêtés, le juge de paix a la concurrence avec les maires des autres communes du canton (*Cod.*, *art.* 140). Ceux-ci ne peuvent prononcer, concurremment avec les juges de paix, que sur les contraventions commises dans l'étendue de leur commune par les personnes prises en flagrant délit, ou par des personnes qui résident dans la commune ou qui y sont présentes, lorsque les témoins y sont aussi résidents ou présents, et lorsque la partie réclamante conclut pour ses dommages-intérêts à une somme déterminée qui n'excède pas 15 francs (*art.* 166). Ces attributions des maires ne peuvent être exercées que dans les communes où le tribunal municipal de police est constitué : or, la loi n'étant pas suffisamment impérative, le tribunal du maire n'est organisé que dans un assez petit nombre de communes ; c'est presque toujours au juge de paix que doit être demandée, pour tout le canton, la répression des contraventions aux arrêtés de police.

794. C'est le tribunal du lieu où la contravention a été commise qui est compétent pour en connaître ; si, dans ce lieu, le fait constaté n'était prévu par aucun règlement préfectoral ou communal, il n'y aurait aucun motif de condamnation, alors même que le règlement existerait dans la commune du domicile du prévenu. Réciproquement, le prévenu ne pourrait décliner la compétence du tribunal du lieu où il aurait contrevenu à un arrêté, sous prétexte qu'il n'a pas été rendu d'arrêté semblable dans la commune de sa résidence. La contravention doit être poursuivie et punie dans le lieu où elle a été constatée comme actuellement commise, quoiqu'elle ait commencé sur un autre territoire. Par exemple, si, à l'entrée d'une commune située dans un département où un arrêté préfectoral a ordonné l'éclairage, pendant la nuit, des voitures particulières, il a été dressé procès-verbal contre le conducteur ou propriétaire d'une voiture non éclairée, c'est le tribunal de la commune où le procès-verbal a été fait qui statuera sur la contravention, bien qu'elle ait commencé dans une autre commune, la voiture étant arrivée non éclairée.

795. Les personnes qui ont enfreint des arrêtés ou règlements de police sont justiciables du tribunal du juge de paix ou du maire, sans distinction entre les fonctionnaires publics ou magistrats et les simples particuliers. Il en est de même des gendarmes hors de leur service ; il reste des doutes sur la question de savoir si, dans le même cas, les militaires tombent sous la compétence des tribunaux de simple police. On a vu (*Sect.* 1re *art.* 3, *et sect.* 2 *art.* 1er.) que les arrêtés de police obligent toute personne trouvée dans la commune ou le département, quand même elle n'y serait

12.

pas domiciliée, solution qui comprend même les étrangers non Français; tout contrevenant, sans distinction de domicile ni de nationalité, peut être jugé, pour les infractions dont nous nous occupons, par le tribunal de police du lieu où le fait a été commis : il n'y a d'exception que pour les agents diplomatiques étrangers et pour les personnes de leur suite.

796. Les tribunaux de police ne pouvant punir que lorsque les arrêtés ont été pris légalement, il s'ensuit qu'ils sont compétents pour décider si les règlements dont la violation leur est déférée, sont réguliers et renfermés dans le cercle des attributions légales de l'autorité qui les a rendus. Mais, ainsi que nous l'avons exposé ailleurs, ils n'ont pas le droit, quand un arrêté est légal et obligatoire, de se déclarer incompétents, ni d'interpréter, de modifier, de restreindre ou d'étendre les dispositions de l'arrêté.

797. Les infractions aux arrêtés et règlements de police constituent des contraventions de police, et, par conséquent, sont dévolues au jugement des juges de paix ou des maires, quel que soit l'objet de ces actes; on ne pourrait admettre d'exception qu'autant qu'elle résulterait expressément d'une loi spéciale. On a prétendu qu'une exception existait relativement aux arrêtés concernant la voirie. La loi du 9 ventose an XIII règle ce qui a rapport aux plantations d'arbres, et à la largeur des routes impériales et départementales; elle a deux articles spéciaux, le 6ᵉ et le 7ᵉ, relatifs aux chemins vicinaux; le dernier est ainsi conçu : « A l'avenir, nul ne pourra planter sur le bord des chemins vicinaux, même dans sa propriété, sans leur conserver la largeur qui leur aura été fixée en exécution de l'article précédent; » et l'art. 8 porte : « Les poursuites en contravention de la présente loi seront portées devant les conseils de préfecture, sauf le recours au conseil d'État. » Cette législation a été modifiée, d'abord par l'art. 479, n° 11, du Code pénal, ordonnant que ceux qui auront dégradé ou détérioré, de quelque manière que ce soit, les chemins publics, ou usurpé sur leur largeur, soient punis d'une amende de 11 à 15 fr.; ensuite par la loi du 21 mai 1836, particulière aux chemins vicinaux. D'après cette loi, des arrêtés du préfet portent reconnaissance et fixation de la largeur des chemins vicinaux et leur attribuent définitivement le sol compris dans les limites qu'ils déterminent (art. 15). Chaque préfet a dû faire, pour assurer l'exécution de la loi, un règlement, communiqué au conseil général, et transmis au ministre de l'intérieur, pour être approuvé s'il y a lieu (art. 21). Remarquons, en passant, que le tribunal de police,

saisi d'une poursuite de contravention à un arrêté de cette espèce. est compétent pour vérifier si ces formalités ont été remplies, car sans leur accomplissement, l'arrêté ne serait pas obligatoire (*Arr. Cass.* 15 *déc.* 1858). Le règlement du préfet fixe, dans chaque département, le maximum de la largeur des chemins vicinaux, les alignements, les autorisations de construire le long des chemins, l'écoulement des eaux, les plantations, les fossés et tous autres détails de surveillance et de construction (*même article* 21). Ces règlements doivent être publiés et affichés dans toutes les communes du département (*Arr. Cass.* 24 *juill.* 1852). En 1854, tous ces règlements des préfets furent ramenés à l'uniformité, par un modèle envoyé du ministère de l'intérieur. De la combinaison des art. 471, n° 15, 479, n° 11 du Code pénal, et de la loi du 21 mai 1836, il semble résulter que les tribunaux de police sont compétents pour réprimer toutes les contraventions aux arrêtés concernant la largeur des chemins vicinaux, les plantations d'arbres qui s'y font, etc., et qu'ils ont cette compétence exclusivement aux conseils de préfecture. C'est en ce sens que s'est établie et se maintient la jurisprudence de la cour de cassation (voy. entre autres, *Arr.* 10 *sept.* 1840). De son côté, le conseil d'État persiste dans un système mixte, qui consiste à reconnaître au conseil de préfecture le droit d'ordonner la restitution de la portion du sol des chemins vicinaux usurpée, et à juger toutes les questions soulevées par cette usurpation, puis à laisser au tribunal de police, quand l'usurpation a été constatée, le droit de prononcer la peine portée par l'art. 479 du Code pénal (*Cons. d'Ét.* 26 *déc.* 1854); ce système est appliqué aux cas où l'usurpation résulte d'une plantation d'arbres ou de haies sur le sol des chemins (*Cons. d'Ét.* 6 *fév.* 1837); il l'est aussi aux anticipations et dégradations commises sur les fossés, qui sont considérés comme faisant partie des chemins vicinaux (*Cons. d'Ét.* 14 *juill.* 1838, 30 *juin* 1839). Ce conflit entre deux juridictions souveraines est regrettable, et ne paraît pouvoir cesser que par une intervention législative.

798. Si le tribunal de police est compétent pour statuer sur les contraventions aux arrêtés et règlements de police, quel que soit leur objet, d'un autre côté il n'a aucun droit de connaître de l'application des arrêtés qui ne concernent pas la police, mais l'administration civile des intérêts du département ou de la commune. (Voy. ci-dessus, *art.* 3.)

799. La compétence des tribunaux de police est en dernier res-

sort, lorsqu'ils n'appliquent aux contraventions aux arrêtés administratifs des préfets ou des maires que l'amende, qui est de 1 à 5 fr.; mais si la condamnation monte à une somme plus forte, composée de l'amende et des restitutions ou réparations civiles, outre les dépens, ou bien que, en cas de récidive, il y ait un emprisonnement, quelque court qu'il soit, le jugement n'est rendu qu'en premier ressort (*Cod. d'inst. crim., art.* 172, *Cod. pén.* 464. 471, *n°* 15, 474). On peut l'attaquer par la voie de l'appel; nous reviendrons plus loin sur ce sujet. L'amende est encourue pour chaque contravention; si donc un même individu a plusieurs fois enfreint des règlements de police du maire ou du préfet, le tribunal de police ne cesse pas d'être compétent par cela que le montant des amendes applicables à ces contraventions dépasse 15 fr., chiffre de la compétence la plus élevée de cette juridiction. (*Arr. Cass.* 17 *août* 1843.)

800. Les tribunaux de police ne sont compétents, quant à la peine, que pour appliquer celle que la loi a établie, et ils ne doivent avoir aucun égard à celle que le préfet ou le maire auraient indûment mise dans leurs arrêtés de police. L'art. 471, n° 15, introduit dans le Code pénal lors de la révision de 1832, ne peut plus laisser aucun doute sur ce point: il lève également les incertitudes sur le point de savoir si, en appliquant d'anciens règlements non abrogés par les lois rendues depuis la Révolution, les tribunaux de police peuvent prononcer les anciennes peines, souvent arbitraires ou très-fortes; la loi actuelle ne leur reconnaît jamais le droit de sanctionner des règlements anciens que par la peine édictée dans l'art. 471, n° 15.

801. Enfin, indépendamment de l'amende, des réparations civiles, et de l'emprisonnement en cas de récidive, les tribunaux de police sont compétents pour assurer l'exécution des règlements municipaux ou préfectoraux par la destruction, qu'ils peuvent et doivent ordonner, des ouvrages, des travaux faits contrairement aux arrêtés. (Voy. ce que nous avons dit n°ˢ 423, 456, 541, 512.)

802. Pour qu'un tribunal de police puisse connaître d'une contravention à un arrêté de police, préfectoral ou municipal, il faut qu'il en soit régulièrement saisi. C'est ce qui a lieu au moyen d'une citation donnée au contrevenant, par un huissier, à la requête du ministère public; la citation fait connaître les faits qui ont motivé les poursuites, mais il n'est pas indispensable qu'elle renferme la copie du procès-verbal, s'il en a été dressé un (*Arr. Cass.* 31 *mars* 1848). Un simple avertissement, donné sous

forme de lettre, sans frais, et transmis par le commissaire de police, suffit pour saisir le tribunal (*C. d'inst. crim.*, *art.* 145 *et* 147). Le contrevenant peut même comparaître volontairement, par un simple accord verbal, avec le commissaire de police, et cette comparution de fait autorise le tribunal à connaître de l'affaire qui lui est déférée de cette façon. (*Art.* 147.)

§ 2. — DE L'INSTRUCTION.

803. L'instruction devant le tribunal de police, des procès ayant pour objet des contraventions aux arrêtés de police, se fait de la même manière que celle de toutes les autres contraventions. Si, avant l'audience, le prévenu demande la communication des pièces qui peuvent exister contre lui, il doit l'obtenir des commissaires de police, mais seulement au greffe et sans déplacement. (*Arr. Cass.* 14 *mai* 1835.)

804. S'il ne s'élève pas de difficultés sur la constitution du tribunal, ou après qu'elles ont été levées, l'huissier procède à l'appel des causes; les parties doivent répondre; elles peuvent se faire représenter par un fondé de procuration; ensuite l'huissier appelle les témoins qui ont été cités. Après quoi, le greffier lit le procès-verbal (*Cod. d'inst. crim.*, *art.* 153), s'il y en a, sinon la citation. Les témoins sont entendus conformément à la loi; la partie civile, s'il y en a une, prend ses conclusions; le prévenu présente sa défense; le commissaire de police résume l'affaire et donne ses conclusions, ce qui est indispensable pour la validité du jugement (*art.* 153). Le prévenu peut répliquer au ministère public; mais si le juge se trouve suffisamment éclairé, il n'est pas tenu de lui accorder cette réplique. (*Arr. Cass.* 9 *juin* 1832.)

§ 3. DU JUGEMENT.

805. Il est prononcé, par le tribunal de police, dans l'audience où l'instruction a été terminée, ou, au plus tard, dans l'audience suivante (*Cod. d'inst. crim.*, *art.* 153). Le juge doit prononcer, sous peine de nullité, sur tout ce qui lui a été soumis, sur l'application de la peine et sur les demandes de la partie civile: il ne pourrait statuer sur une partie seulement, par exemple, sur les réparations civiles, et réserver au ministère public ses conclusions à prendre dans l'intérêt de la répression pénale. (*Arr. Cass.* 16 *janv.* 1806.)

806. Les formes du jugement qui prononce sur une poursuite de contravention à un arrêté administratif sont les mêmes que pour tous les jugements de police, et il y a lieu à l'annulation de la sentence si le juge n'a pas observé celle de ces formes que la loi a prescrites sous la sanction de nullité. (*Cod. d'inst. crim.*, *art.* 163.)

807. Si le fait qui a fait traduire le prévenu devant le tribunal ne constitue pas une contravention, soit parce que le fait n'est pas compris dans l'arrêté qui a servi de base à la poursuite, soit parce que l'arrêté n'était pas un arrêté de police entraînant une peine, mais un simple acte civil, soit parce que l'arrêté de police manquerait des conditions nécessaires pour qu'il fût obligatoire, le tribunal annule la citation et tout ce qui a suivi, et prononce, par le même jugement, sur les dommages-intérêts, s'il en a été demandé. (*Cod. d'inst. crim.*, *art.* 159.)

§ 4. — DE L'EXÉCUTION DU JUGEMENT.

808. Un jugement ne peut être exécuté s'il est susceptible d'un recours, ou s'il a été accordé un sursis. Quand l'exécution n'est pas empêchée par un obstacle légal, elle doit avoir lieu immédiatement. Pour ce qui regarde la condamnation à la peine, c'est-à-dire, dans les cas de contraventions à des arrêtés administratifs, l'amende, et s'il y a récidive, l'emprisonnement, c'est le ministère public qui poursuit l'exécution (*C. d'inst. crim.*, *art.* 165). Si le condamné consent que le jugement soit exécuté, le ministère public, pour éviter les frais, lui envoie un simple avertissement; s'il se refuse à l'exécution, ou s'il la diffère sans donner son adhésion, le jugement lui est signifié, de manière à faire courir le délai du recours qu'il pourrait avoir (*art.* 174). Cette signification se fait par huissier. L'exécution peut avoir lieu aussitôt après l'expiration du délai des recours. Quand le jugement a été rendu contradictoirement, il devient exécutoire de plein droit, et sans qu'il soit besoin de signification, le cinquième jour à compter de sa date, s'il n'a pas été formé de pourvoi en cassation.

809. Les sursis à l'exécution des condamnations pénales ne peuvent être accordés par les commissaires de police que dans des circonstances et pour des motifs très-graves.

810. Il y a des cas où la loi elle-même empêche l'exécution des condamnations à l'amende et à l'emprisonnement; ainsi l'emprisonnement ne peut plus être exigé quand le contrevenant est mort; il n'y a lieu qu'au paiement de l'amende et des dommages-intérêts, contre ses héritiers (*Déc. Min. Just.* 13 *août* 1833; *Av. Cons. d'Et.* 26 *fruct. an XIII*; 5 *déc.* 1806; 16 *janv.* 1811).

L'amnistie ne permet pas d'exécuter la condamnation quant à l'amende, à l'emprisonnement et aux frais, mais seulement quant aux restitutions et dommages-intérêts; au contraire, la grâce laisse subsister toutes les condamnations, excepté celle de l'emprisonnement, contre le contrevenant aux arrêtés ou aux lois de police (*Av. Cons. d'Ét.* 3-25 *janv.* 1807; *Déc. Min. Just.* 25 *juill.* 1821, 16 *fév.* 1825). Si la peine est prescrite, le ministère public ne peut faire exécuter la condamnation.

811. Le commissaire de police (ou l'adjoint devant le tribunal du maire) n'est chargé de poursuivre l'exécution des condamnations pour contravention qu'en ce qui concerne l'emprisonnement, quand il a lieu, ce qui n'est pas le cas le plus ordinaire; quant aux condamnations pécuniaires, amendes, frais, confiscations, prononcées par le tribunal de police, le recouvrement est poursuivi, au nom du procureur impérial, par le directeur de l'enregistrement et des domaines. (*Cod. d'inst. crim.*, art. 197.)

812. Enfin, comment doit être exécutée la sentence des juges de police, lorsque, indépendamment de la condamnation à l'amende pour violation d'un arrêté ou règlement, elle ordonne la destruction d'ouvrages indûment faits, tels que le comblement d'un trou ou fossé, l'enlèvement de matériaux, la démolition d'édifices ou de constructions quelconques? Après qu'un tel jugement est devenu exécutoire, le commissaire de police avertit le condamné, et s'il n'obtempère pas à l'avertissement ou à une sommation d'exécuter, cet officier fait opérer les travaux par des ouvriers qu'il requiert, et aux frais du condamné. S'il s'agit de démolir des constructions élevées contrairement à des arrêtés d'alignement, les travaux ne peuvent être entrepris qu'avec le consentement du maire. Il résulte même de l'art. 9 de la loi du 18 juillet 1837, que s'il s'agit de travaux qui peuvent intéresser la sûreté générale, le maire doit en être chargé : il exécuterait alors le jugement par suite d'une expédition qui lui en serait transmise par le commissaire de police, ou même d'un simple avertissement qui aurait pour but d'éviter des frais.

§ 5. — Des voies de recours contre les jugements.

813. Le jugement qui a prononcé sur une poursuite pour contravention aux arrêtés administratifs, soit préfectoraux, soit municipaux, peut être frappé de divers recours, selon sa nature et selon ce qu'il a décidé.

814. D'abord, le prévenu qui a été condamné par défaut peut se pourvoir contre le jugement par voie d'opposition devant le tribunal qui a prononcé. Il est jugé par défaut quand, assigné à comparaître devant le juge de paix dans le délai accordé par la loi, il ne comparaît pas au jour et à l'heure fixés par la citation (*Cod. d'inst. crim., art.* 146, 149); un simple avertissement donné par le commissaire de police ne produirait pas le même effet que la citation; il n'autoriserait pas le tribunal à condamner comme défaillant l'individu ainsi averti. Quant à l'avertissement et à son effet, il n'en est pas devant le tribunal de police du maire, comme devant celui des juges de paix; l'avertissement remplace complétement la citation par huissier, et celle-ci est déclarée expressément n'être pas nécessaire. Elle peut être faite, porte l'art. 169 du Code d'instruction criminelle, par un avertissement du maire. Si donc l'inculpé ne se présente pas au jour et à l'heure indiqués, le maire peut le condamner par défaut. Une citation par huissier ne serait pas nulle; la loi en dispense seulement, pour éviter des frais. Le condamné peut former opposition, par une déclaration au bas de la signification qui lui est faite du jugement, ou par un acte séparé de la signification, dans les trois jours, outre un jour par trois myriamètres; l'opposition n'est pas recevable, et le premier jugement se trouve confirmé de droit, si le condamné ne se présente pas, pour faire vider son opposition, à la première audience qui suit l'expiration des délais (*art.* 150, 151). Ne peut pas être condamné par défaut celui qui comparaît par une personne qui a reçu de lui une procuration spéciale à cet effet. (*Art.* 152.)

815. Les contraventions aux arrêtés de police n'étant punies que d'une amende de 1 à 5 fr., les jugements qui les répriment ne sont pas sujets à l'appel lorsqu'ils ne prononcent que cette amende, aux termes de l'art. 172 du Code d'instruction criminelle: mais, en vertu du même article, le condamné peut appeler s'il a été prononcé contre lui une amende et des réparations civiles excédant 5 fr., ou l'emprisonnement, en cas de récidive. Le bénéfice du jugement, s'il est favorable au prévenu, ne peut lui être enlevé par un appel du ministère public. L'appel, quand il y a lieu, est porté devant le tribunal correctionnel. Il suspend l'application de la peine. (*Cod. d'inst. crim., art.* 173, 174.)

816. Le condamné, de même que le ministère public, peut se pourvoir en cassation contre le jugement de police en dernier ressort dont il a été l'objet (*art.* 177). Le pourvoi peut être formé pendant les trois jours qui suivent celui où le jugement a été prononcé au condamné. Si le jugement a été rendu par défaut, et qu'il ne soit plus susceptible d'opposition, il peut être attaqué par la voie de cassation dans les trois jours francs après l'échéance du temps accordé pour l'opposition (*art.* 373 ; *Arr. Cass.* 26 *janv.* 1854). La déclaration de pourvoi se fait au greffier d'un tribunal de police (*art.* 447). Le greffier ne pourrait, sous prétexte que le pourvoi serait tardif ou non recevable, refuser la déclaration; la cour de cassation a seule le droit de prononcer sur la recevabilité du pourvoi. (*Déc. Min. Just.* 17 *janv.* 1826). La déclaration peut être faite par le condamné lui-même ou par un fondé de procuration spéciale. (*Art.* 447.)

817. Celui qui se pourvoit en cassation doit consigner au greffe une amende de 150 fr. ou de 75 fr., si le jugement a été par défaut, laquelle sera perdue pour lui s'il succombe dans son recours; sont dispensées de l'amende les personnes qui paient moins de 6 fr. d'impôt, et celles qui présentent un certificat d'indigence (*art.* 449, 420). De plus, s'il y a eu condamnation à l'emprisonnement, le condamné n'est admis à se pourvoir qu'en se constituant prisonnier (*art.* 424). En faisant sa déclaration, et dans les dix jours suivants, le condamné peut déposer au greffe une requête contenant les moyens de cassation. Jusqu'à l'arrêt de la cour de cassation, l'exécution de la condamnation est suspendue (*art.* 423). Si la cour annule le jugement, elle renvoie l'affaire devant un autre tribunal de police; si elle rejette le pourvoi, la partie qui l'avait formé ne peut plus en élever un autre contre le même jugement, sous quelque prétexte et par quelque moyen que ce soit. (*Art.* 427, 438.)

818. Les moyens sur lesquels la loi permet de fonder un pourvoi en cassation sont, pour le condamné, l'omission ou la violation, soit dans l'instruction, soit dans le jugement, de formalités prescrites à peine de nullité, l'incompétence du juge, l'omission de prononcer sur une ou plusieurs demandes du prévenu tendant à user d'une faculté ou d'un droit accordé par la loi, l'application d'une peine autre que celle prononcée par la loi (*art.* 408, 440, 443). Quand la peine appliquée par le juge est bien celle que la loi attache à la contravention, le condamné ne peut demander l'annulation du jugement sous prétexte qu'il y aurait erreur dans la citation du texte de la loi (*art.* 411, 414). Le condamné seul peut se pourvoir en invoquant la violation ou l'omission des formes prescrites pour assurer sa défense; s'il a été renvoyé de la poursuite, personne n'a le droit de se prévaloir contre lui de ce moyen. (*Art.* 413.)

ADDITIONS.

Nº 194, à la fin du 2ᵉ alinéa.

La permission accordée par le décret de l'an XII de se faire inhumer dans sa propriété a été revendiquée comme un droit absolu, non soumis à aucune autorisation ; mais l'autorité supérieure a toujours considéré son autorisation comme nécessaire, en vertu de l'article 16 du décret, et cette interprétation du décret a été consacrée par la cour de cassation (*Arr. 14 avril 1838 et 10 oct. 1856*), comme par le conseil d'État (*Arr. 27 déc. 1860*). L'inhumation dans une propriété privée ne peut être demandée que par des individus, et ne saurait être accordée à des congrégations religieuses, qui voudraient établir, sur des terrains à elles appartenant, un cimetière exclusivement destiné à l'inhumation de leurs membres. C'est ce qu'a décidé un avis du comité de l'intérieur du conseil d'État, du 12 mai 1846.

A la fin du nº 212.

L'autorité municipale étant chargée d'assurer le logement des troupes de passage chez les habitants, un maire peut prendre un arrêté ayant pour but d'interdire aux habitants de faire loger des militaires, qui leur étaient adressés par un billet régulier, hors de leur propre domicile, sans son autorisation ; il peut aussi défendre aux aubergistes et autres logeurs de recevoir des militaires de passage sans que leurs billets de logement aient été visés à la mairie. (*Arr. Cass. 13 juill. 1860.*)

A la fin du nº 230.

Les dispositions du décret du 27 février 1855 ont été modifiées, à l'égard des commissaires de police centraux, établis dans les villes chefs-lieux de préfecture de première classe ; le décret du 15 mai 1861 porte qu'ils formeront une classe exceptionnelle et seront rémunérés de la manière suivante : traitement 5000 fr. ; frais de bureaux 1000 fr. ; total 6000 fr. La différence entre ce chiffre et celui de la 1ʳᵉ classe des commissaires de police est payée sur les fonds de l'État.

A la fin du n° 255.

Le décret du 15 janvier 1855 sur l'émigration a été remplacé par toute une législation nouvelle, composée des mesures suivantes : loi sur l'émigration du 18 juillet 1860 ; décret d'exécution du 14 mars 1861 ; décret du 9 mars 1861, déterminant les conditions imposées aux entreprises d'émigrants, diverses instructions du ministre de l'intérieur. Indépendamment de leur qualité ordinaire d'officiers de police judiciaire, qui leur donne le droit de verbaliser en matière d'émigration, les commissaires de police sont appelés, par l'instruction ministérielle du 22 mai 1861, à suppléer les commissaires spéciaux pour l'émigration dans les localités où il n'en existe pas.

A la fin du n° 417.

L'art. 29, titre 1er de la loi du 19-22 juillet 1791, déclare « confirmés provisoirement les règlements qui subsistent touchant la voirie, ainsi que ceux actuellement existants, à l'égard de la construction des bâtiments et relatifs à leur solidité et sûreté. » Cette disposition s'applique même aux parties de bâtiments qui, ne confinant point à la voie publique, ne tombent point sous l'application des règies de la voirie ; elle maintient, en tant du moins qu'ils ne violent pas essentiellement les principes du nouveau droit public, des règlements minutieux dont la plupart ne concernent que la ville de Paris. Quelques-uns sont surannés et ne s'accordent plus avec les progrès et les ressources actuelles de l'art de bâtir ; néanmoins l'administration en poursuit l'exécution, en se fondant sur la loi de 1791.

ERRATA.

———

Page 33, à la fin du n° 52, au lieu de 1855, lisez 1851.

Page 47, à la fin du n° 65, au lieu de 1849, lisez 1843.

Page 65, n° 98 après POLICE RELATIVE AU COMMERCE, ajouter *Poids et mesures*.

Page 79, au lieu de *Décret* du..... lisez *Loi* du.....

Page 97, n° 163, au lieu de *Décret du 12*, lisez *Décret du 16*.

Page 117, au lieu de *Circul.* du 27 prair. lisez *Arrété* du.....

Page 117, au lieu de *Ordonn.* du 18 déc. 1835, *art. 4*, lisez *Ordonn. du 18 déc.* 1839, *art. 5*.

Page 134, note 2, au lieu de 1850, lisez 1853.

———

TABLE DES CHAPITRES.

TABLE ALPHABÉTIQUE DES MATIÈRES.

J.

L.

M.

Voy. Affiches, balayage, dépôts de matériaux, éclairage, encombrements, enseignes, étalage, exposition d'objets nuisibles, immondices, jet d'objets nuisibles, passage.

CPSIA information can be obtained
at www.ICGtesting.com
Printed in the USA
BVHW09*1735200818
525056BV00014B/1565/P